ZIVILPROZESSRECHT
FÜR DIE MIETRECHTSPRAXIS

ACTIO
Prozessrecht für die Praxis
Droit procédural en pratique
Diritto processuale in prattica
Procedure law for practice

Richard Püntener

ZIVILPROZESSRECHT FÜR DIE MIETRECHTSPRAXIS

Helbing Lichtenhahn Verlag

Zitiervorschlag: Püntener, N...

Bibliographische Information der Deutschen Nationalbibliothek

Die Deutsche Nationalbibliothek verzeichnet diese Publikation in der Deutschen Nationalbibliographie; detaillierte bibliographische Daten sind im Internet unter http://dnb.d-nb.de abrufbar.

Alle Rechte vorbehalten. Dieses Werk ist weltweit urheberrechtlich geschützt. Insbesondere das Recht, das Werk mittels irgendeines Mediums (grafisch, technisch, elektronisch und/oder digital, einschliesslich Fotokopie und Downloading) teilweise oder ganz zu vervielfältigen, vorzutragen, zu verbreiten, zu bearbeiten, zu übersetzen, zu übertragen oder zu speichern, liegt ausschliesslich beim Verlag. Jede Verwertung in den genannten oder in anderen als den gesetzlich zugelassenen Fällen bedarf deshalb der vorherigen schriftlichen Einwilligung des Verlags.

ISBN 978-3-7190-3805-2

© 2016 Helbing Lichtenhahn Verlag, Basel
www.helbing.ch

Vorwort

Als die Schweizerische Zivilprozessordnung (ZPO) am 19. Dezember 2008 von den eidgenössischen Räten verabschiedet wurde und nach einigen Turbulenzen am 1. Januar 2011 «ihren Betrieb aufnahm», richtete sich mein erstes Augenmerk fast schon instinktiv – *déformation professionnelle* – auf das Kapitel «Schlichtungsversuch». Das Schlichtungsverfahren ist das zentrale Rechtsinstitut im Mietrecht, werden doch in den allermeisten Fällen Konflikte zwischen Vermietern und Mietern auf dieser niederschwelligen Stufe gelöst, was den Rechtsfrieden wieder herstellt.

Auf den ersten Blick imponierte die schlanke Regelungsdichte des Schlichtungsversuchs. Bei näherem Studium bemerkte ich aber rasch, dass das Schlichtungsverfahren nicht wirklich durchkomponiert ist. Die Einbettung in das allgemeine Verfahrensrecht ist bruchstückhaft. Plötzlich tauchen Probleme auf, die im alten Recht gelöst oder gar nicht vorhanden waren. Es stellen sich u.a. Fragen nach der Mieter-Zweiklassengesellschaft (Raum- versus Flächenmietverhältnisse), nach der Kostenregelung und nach der Kompetenz-Kompetenz der Schlichtungsbehörden.

Die offenen Fragen bewogen mich, die Anwendung der ZPO im Mietrecht umfassend aufzuarbeiten. Der Fokus ist dabei stets auf die mietrechtliche Umsetzung gerichtet. In der Summe hat die ZPO weder für Vermieter noch für Mieter sichtbare Fortschritte gebracht. Ich erlaube mir deshalb, durchaus aus parteiischer Sicht, einen Katalog von *De-lege-ferenda*-Wünschen anzubringen.

Erfreulicherweise versucht die ZPO laientauglich zu sein, was für mietrechtliche Streitigkeiten von grosser Bedeutung ist, weil die Parteien sehr häufig – insbesondere im Schlichtungsverfahren – nicht anwaltlich vertreten sind. Das Bundesgericht folgt der ZPO und betont in seiner jüngeren Rechtsprechung die dienende Funktion des Verfahrensrechts. In diesem Sinne ist die ZPO quasi der Rollator zum materiellen Mietrecht.

Mein herzlicher Dank geht an Beat Brüllhardt, leitender Gerichtsschreiber der Schlichtungsbehörde Emmental-Oberaargau, der mich von seiner jahrzehntelangen Erfahrung in sehr freundschaftlicher Weise profitieren liess.

Ebenso danke ich Denise Cosandier, meiner Lebenspartnerin. Sie hat mich mit ihrem alerten Sprachgefühl auf dem Pfad der Lesbarkeit gehalten.

Grossen Dank gebührt schliesslich Frau Dorothea Schöll, MLaw, Rechtsanwältin, vom Helbing Lichtenhahn Verlag. Sie hat das Buch zielgerichtet, wohlwollend und professionell lektoriert.

Schafis/La Neuveville, im Juli 2016   Richard Püntener

Inhaltsübersicht

Vorwort		V
Inhaltsverzeichnis		XI
Literaturverzeichnis		XXVII
Abkürzungsverzeichnis		XXXVII
Verzeichnis der kantonalen Erlasse		XLIII

Teil 1 Einleitung ... 1

Kapitel 1 Allgemeines zur Streitschlichtung im Mietwesen ... 1

Kapitel 2 Die Schweizerische Zivilprozessordnung (ZPO) ... 3

Teil 2 Gerichtsorganisation ... 9

Kapitel 3 Grundsatz der kantonalen Zuständigkeit (Art. 122 Abs. 2 BV; Art. 3 ZPO) ... 9

Kapitel 4 Die Gerichtsinstanzen (Art. 4 ff. ZPO) ... 10

Kapitel 5 Die Schlichtungsbehörde ... 17

Kapitel 6 Das Handelsgericht (Art. 6 ZPO) ... 30

Teil 3 Allgemeine Verfahrensbestimmungen ... 35

Kapitel 7 Ausstand (Art. 47 ff. ZPO) ... 35

Kapitel 8 Öffentlichkeit des Verfahrens (Art. 54 ZPO) ... 41

Kapitel 9 Verhandlungs- und Untersuchungsgrundsatz (Art. 55 ff. ZPO) ... 43

Kapitel 10 Prozessvoraussetzungen (Art. 59 ff. ZPO) ... 47

Kapitel 11 Rechtshängigkeit und Klagerückzug (Art. 62 ff. ZPO) ... 69

Kapitel 12 Fehlende Zuständigkeit und falsche Verfahrensart (Art. 63 ZPO) ... 72

Kapitel 13 Persönliches Erscheinen – Vertretung – Begleitung (Art. 68 ff. ZPO; Art. 204 ZPO) ... 75

Kapitel 14 Beteiligung Dritter (Art. 78 ff. ZPO) ... 83

Kapitel 15 Klagen (Art. 84 ff. ZPO) 92

Kapitel 16 Streitwert (Art. 91 ff. ZPO) 101

Kapitel 17 Prozesskosten (Art. 95 ff. ZPO) 106

Kapitel 18 Unentgeltliche Rechtspflege (Art. 117 ff. ZPO) 128

Kapitel 19 Prozessleitung (Art. 124 ZPO) 142

Kapitel 20 Vereinfachung des Prozesses (Art. 125 ZPO) 144

Kapitel 21 Sistierung des Verfahrens (Art. 126 ZPO) 147

Kapitel 22 Eingabe der Parteien (Art. 130 ff. ZPO) 149

Kapitel 23 Gerichtliche Vorladung und gerichtliche Zustellung
            (Art. 133 ff. ZPO) 155

Kapitel 24 Beginn, Berechnung und Stillstand der Fristen (Art. 142 ff. ZPO) 166

Kapitel 25 Säumnis (Art. 147 ZPO; Art. 206 ZPO) 176

Kapitel 26 Wiederherstellung (Art. 148 ZPO) 180

Kapitel 27 Beweismittel (Art. 168 ff. ZPO) 183

Teil 4 Schlichtungsverfahren 197

Kapitel 28 Aufgaben der Schlichtungsbehörden (Art. 201 ZPO) 197

Kapitel 29 Beratungstätigkeit (Art. 200 Abs. 2 ZPO) 198

Kapitel 30 Schlichtungsverfahren (Art. 202 ZPO) 201

Kapitel 31 Protokollierungs- und Verwertungsverbot (Art. 205 ZPO) 214

Kapitel 32 Abschluss des Schlichtungsverfahrens (Art. 208 ff. ZPO) 217

Teil 5 Gerichtsverfahren 235

Kapitel 33 Das ordentliche Verfahren (Art. 219 ff. ZPO) 235

Kapitel 34 Das vereinfachte Verfahren (Art. 243 ff. ZPO) 253

Kapitel 35 Das Summarverfahren (Art. 248 ff. ZPO) 260

Kapitel 36 Das Ausweisungsverfahren 290

Teil 6 Rechtsmittel 298

Kapitel 37 Die Berufung (Art. 308 ff. ZPO) 298

Kapitel 38 Die Beschwerde (Art. 319 ff. ZPO) 308

Kapitel 39 Die Revision (Art. 328 ff. ZPO) 311

Kapitel 40 Erläuterung und Berichtigung (Art. 334 ZPO) 314

Kapitel 41 Die Beschwerde an das Bundesgericht 316

Teil 7 Vollstreckung 327

Kapitel 42 Vollstreckung (Art. 335 ff. ZPO) 327

Teil 8 Alternative Streitbeilegung 342

Kapitel 43 Schiedsgerichtsbarkeit (Art. 353 ff. ZPO) 342

Kapitel 44 Mediation (Art. 213 ff. ZPO) 347

Anhänge 351

Sachregister 427

Inhaltsverzeichnis

Vorwort	V
Inhaltsübersicht	VII
Literaturverzeichnis	XXVII
Abkürzungsverzeichnis	XXXVII
Verzeichnis der kantonalen Erlasse	XLIII

Teil 1 Einleitung 1

Kapitel 1 Allgemeines zur Streitschlichtung im Mietwesen 1

Kapitel 2 Die Schweizerische Zivilprozessordnung (ZPO) 3
1. Entstehung 3
2. Leitgedanken der ZPO 3
3. Auswirkungen der ZPO auf Änderungen im Mietrecht 5
    a) Formelle Änderungen 5
    b) Inhaltliche Änderungen – erste Beurteilung 5
4. Verbleibende kantonale Zuständigkeit 7

Teil 2 Gerichtsorganisation 9

Kapitel 3 Grundsatz der kantonalen Zuständigkeit (Art. 122 Abs. 2 BV; Art. 3 ZPO) 9

Kapitel 4 Die Gerichtsinstanzen (Art. 4 ff. ZPO) 10
1. Drei-Stufen-Modell 10
2. Ausnahmen 10
3. Erste kantonale Instanz 10
    a) Kantone mit Mietgerichten 11
    b) Ordentliche Gerichte 13
4. Zweite kantonale Instanz 14
5. Letzte Instanz – Bundesgericht 15

Kapitel 5 Die Schlichtungsbehörde 17
1. Organisation der Schlichtungsbehörden 17
    a) Allgemeine Schlichtungsbehörde 17

	b) Paritätische Schlichtungsbehörde im Mietrecht	17
2.	Zusammensetzung der paritätischen Schlichtungsbehörde	18
3.	Vorschlagsrecht der Interessenverbände	18
4.	Funktion der Beisitzerinnen und Beisitzer	20
5.	Fachliche Voraussetzungen	20
6.	Parität der Schlichtungsbehörde nur bei Raum-Mieten?	21
	a) Problematik	21
	b) Lehrmeinungen und Lösungsansätze	23
	c) Parität bei Ferien- und Luxuswohnungen und diversen Mietobjekten	25
7.	Obligatorischer Schlichtungsversuch	26
	a) Grundsatz	26
	b) Ausnahmen	27
	aa) Summarverfahren (Art. 198 lit. a ZPO i.V.m. Art. 248 ff. ZPO)	27
	bb) Aberkennungsklage (Art. 198 lit. e Ziff. 1 ZPO; Art. 83 Abs. 2 SchKG)	27
	cc) Übrige Klagen aus dem SchKG (Art. 198 lit. e Ziff. 2–8 ZPO)	28
	dd) Handelsgerichtliche Verfahren	28
	ee) Übrige Ausnahmen (Art. 198 lit. b–d und g–h ZPO)	28
	c) Verzicht auf das Schlichtungsverfahren	29
8.	Kein Schlichtungsverfahren bei kontrollierten Mietzinsen	29

Kapitel 6   Das Handelsgericht (Art. 6 ZPO) 30
1. Allgemeines 30
2. Voraussetzungen 30
3. Zuständigkeit im Allgemeinen 31
4. Zuständigkeit der Handelsgerichte in mietrechtlichen Streitsachen .. 32

Teil 3   Allgemeine Verfahrensbestimmungen 35

Kapitel 7   Ausstand (Art. 47 ff. ZPO) 35
1. Ausstandsgründe 35
2. Ausstand im Schlichtungsverfahren 36
3. Aus der Kasuistik über die Ausstandsgründe 37
   a) Kein Ausstandsgrund 37
   b) Ausstandsgrund gegeben 38
4. Ausstandsgesuch und Rechtsmittel 39

Kapitel 8 Öffentlichkeit des Verfahrens (Art. 54 ZPO) 41
1. Allgemeines 41
2. Öffentlichkeit im Schlichtungsverfahren 41

Kapitel 9 Verhandlungs- und Untersuchungsgrundsatz (Art. 55 ff. ZPO) 43
1. Verhandlungsgrundsatz – die Regel 43
2. Fragepflicht 43
3. Untersuchungsgrundsatz 44

Kapitel 10 Prozessvoraussetzungen (Art. 59 ff. ZPO) 47
1. Allgemeines 47
2. Doppelrelevante Tatsachen 47
3. Prüfung der Prozessvoraussetzungen durch die Schlichtungsbehörde? 48
   a) Problemstellung 48
   b) Diskussion 48
   c) Lösungsansatz 52
4. Die einzelnen Prozessvoraussetzungen 53
   a) Schutzwürdiges Interesse 53
   b) Örtliche Zuständigkeit 55
      aa) Binnenverhältnisse 55
      bb) Internationale Verhältnisse 55
      cc) Prorogationsverbot 58
   c) Sachliche Zuständigkeit 59
      aa) Prüfung durch die Schlichtungsbehörde 59
      bb) Sachlicher Geltungsbereich des Mietrechts 59
      cc) Anwendung des Mietrechts bei gemischten bzw. zusammengesetzten Verträgen 62
   d) Partei- und Prozessfähigkeit 64
      aa) Parteifähigkeit 64
      bb) Prozessfähigkeit 65
   e) Anderweitige Rechtshängigkeit 66
   f) Keine abgeurteilte Sache (*«res iudicata»*) 66
   g) Leistung des Kostenvorschusses und der Sicherheitsleistungen ... 67
   h) Klagebewilligung 67
   i) Weitere Prozessvoraussetzungen 67

Kapitel 11 Rechtshängigkeit und Klagerückzug (Art. 62 ff. ZPO) 69
1. Rechtshängigkeit 69

2. Klagerückzug 71

Kapitel 12 Fehlende Zuständigkeit und falsche Verfahrensart (Art. 63 ZPO) 72
1. «Eingaben» i.S.v. Art. 63 ZPO 72
2. Einräumung der Notfrist 73

Kapitel 13 Persönliches Erscheinen – Vertretung – Begleitung (Art. 68 ff. ZPO; Art. 204 ZPO) 75
1. Persönliches Erscheinen: Grundsatz 75
2. Persönliches Erscheinen im Schlichtungsverfahren 75
3. Dispensationsgesuch 76
4. Vertretung und Begleitung 77
   a) Nicht berufsmässige Vertretung 77
   b) Berufsmässige Vertretung 77
   c) Vertretung durch Sachwalter und Rechtsagenten 78
   d) Vertretung durch die Liegenschaftsverwaltung 78
   e) Vertretung vor dem Mietgericht 79
   f) Begleitung 80
5. Orientierung der Gegenpartei 81
6. Unvermögen – Bestellung einer Vertretung 81

Kapitel 14 Beteiligung Dritter (Art. 78 ff. ZPO) 83
1. Einfache Streitverkündung 83
2. Streitverkündungsklage 84
3. Hauptintervention 86
4. Nebenintervention 86
5. Streitgenossenschaft 88
   a) Notwendige Streitgenossenschaft 88
   b) Einfache Streitgenossenschaft 89
6. Parteiwechsel 90

Kapitel 15 Klagen (Art. 84 ff. ZPO) 92
1. Leistungsklagen 92
2. Unbezifferte Forderungsklage 92
3. Teilklage 93
4. Gestaltungsklage 95
5. Feststellungsklage 96
   a) Feststellungsinteresse 96

	b) Negatives Feststellungsinteresse	97
6.	Klagenhäufung	99

Kapitel 16 Streitwert (Art. 91 ff. ZPO) ... 101

1.	Allgemeines	101
2.	Streitwert in miet- und pachtrechtlichen Angelegenheiten	102
	a) Mietzinsänderungen	102
	b) Kündigungen	103
	c) Erstreckung	103
	d) Ausweisungsverfahren	104
	e) Mietminderung wegen Mängeln	105
	f) Streitwert bei Pachtverträgen	105
3.	Streitgenossenschaft und Klagenhäufung	105

Kapitel 17 Prozesskosten (Art. 95 ff. ZPO) ... 106

1.	Allgemeines	106
2.	Der Kostenvorschuss	106
	a) Allgemeines und Festlegung	106
	b) Fristansetzung	108
	c) Fristeinhaltung	108
	d) Rechtsmittel	110
3.	Sicherheit für die Parteientschädigung	110
4.	Entscheid über die Kosten und Kostenverteilung	112
	a) Allgemeines	112
	b) Entscheid über die Gerichtskosten	113
	c) Entscheid über die Parteientschädigung	114
	d) Verteilungsgrundsätze im Allgemeinen	115
	e) Verteilung nach Ermessen	116
	f) Unnötige Prozesskosten	119
5.	Ordnungsbussen	119
	a) Allgemeines	119
	b) Ordnungsbussen im Schlichtungsverfahren	120
	aa) Zulässigkeit	120
	bb) Ordnungsbussen und Säumnisfolgen	120
	cc) Rechtsmittel	122
6.	Kostenregelung im Schlichtungsverfahren	123
	a) Grundsätzliches	123

	b)	Kontroverse über die Kosten beim Urteilsvorschlag und Entscheid	123
	c)	Lösungsansatz	124
7.		Kostenbefreiung nach kantonalem Recht	127

Kapitel 18 Unentgeltliche Rechtspflege (Art. 117 ff. ZPO) ... 128
1. Allgemeines ... 128
2. Prozessarmut ... 129
3. Aussichtslosigkeit ... 130
4. Umfang der unentgeltlichen Rechtspflege ... 132
   a) Befreiung von Vorschuss- und Sicherheitsleistungen ... 132
   b) Befreiung von Gerichtskosten ... 132
   c) Die Bestellung eines unentgeltlichen Rechtsbeistandes ... 133
   d) Ausschluss von der unentgeltlichen Rechtspflege ... 135
5. Einreichung des Gesuchs um unentgeltliche Rechtspflege ... 135
6. Zuständigkeit ... 136
   a) Im Schlichtungsverfahren ... 136
   b) Im Gerichts- und Rechtsmittelverfahren ... 137
7. Entscheid über das Gesuch um unentgeltliche Rechtspflege ... 137
8. Festsetzung des amtlichen Honorars ... 138
9. Teilweise Gewährung der unentgeltlichen Rechtspflege ... 140

Kapitel 19 Prozessleitung (Art. 124 ZPO) ... 142
1. Grundsätze ... 142
2. Prozessleitung im Schlichtungsverfahren ... 142

Kapitel 20 Vereinfachung des Prozesses (Art. 125 ZPO) ... 144
1. Allgemeines ... 144
2. Beschränkung des Verfahrens ... 144
3. Vereinigung von Verfahren ... 145

Kapitel 21 Sistierung des Verfahrens (Art. 126 ZPO) ... 147
1. Allgemein ... 147
2. Sistierung im Schlichtungsverfahren ... 147

Kapitel 22 Eingabe der Parteien (Art. 130 ff. ZPO) ... 149
1. Form der Eingabe im Allgemeinen ... 149
2. Elektronische Eingaben ... 150
3. Mangelhafte, querulatorische und rechtsmissbräuchliche Eingaben ... 153
   a) Grundsätze ... 153

	b) Fehlende Unterschrift und Vollmacht	153
	c) Inhaltliche Mängel	154

Kapitel 23 Gerichtliche Vorladung und gerichtliche Zustellung (Art. 133 ff. ZPO) 155

1.	Allgemeines zur gerichtlichen Vorladung	155
2.	Zuzustellende Urkunden	155
3.	Zeitpunkt	156
4.	Form und Bestätigung der Zustellung	156
5.	Zustellungsfiktion	159
	a) Grundsätzliches	159
	b) Relative Zustelltheorie	160
	c) Zustellungsfiktion und Prozessrechtsverhältnis	161
	d) Abwesenheitsmeldungen	162
	e) Falsche Abholfristen und Rückhalteaufträge	163
6.	Verschiebungsgesuche	165

Kapitel 24 Beginn, Berechnung und Stillstand der Fristen (Art. 142 ff. ZPO) 166

1.	Beginn und Berechnung der Frist	166
2.	Einhaltung der Frist – Vertrauensschutz	167
	a) Zeitliche und örtliche Fristwahrung	167
	b) Sachliche und funktionelle Fristwahrung	167
	c) Vertrauensschutz bei falscher Fristbelehrung	170
3.	Stillstand der Frist	170
4.	Auswirkungen des Fristenstillstands auf den Fristenlauf	171
5.	Kein Fristenstillstand	173
	a) Im Schlichtungsverfahren	173
	b) Sonderregelung nach SchKG	174
6.	Erstreckung der Fristen	174

Kapitel 25 Säumnis (Art. 147 ZPO; Art. 206 ZPO) 176

1.	Im Allgemeinen	176
2.	Säumnis im Schlichtungsverfahren	177
	a) Allgemeines	177
	b) Säumnis der klagenden Partei	177
	c) Säumnis der beklagten Partei	178
	d) Säumnis beider Parteien	178

	e) Abschreibung des Verfahrens wegen Säumnis	178

Kapitel 26 Wiederherstellung (Art. 148 ZPO) 180
1. Wiederherstellungsgründe 180
2. Fristen, Verfahren und Rechtsmittel 182

Kapitel 27 Beweismittel (Art. 168 ff. ZPO) 183
1. Allgemeines 183
2. Vorsorgliche Beweisführung 185
3. Die einzelnen Beweismittel 187
   - a) Zeugnis 188
   - b) Urkunden 189
   - c) Augenschein 190
   - d) Gutachten 190
   - e) Schiedsgutachten 191
   - f) Schriftliche Auskunft 193
   - g) Parteibefragung und Beweisaussage 194
4. Beweismittel im Schlichtungsverfahren 194
   - a) Allgemeines 194
   - b) Urkunden 195
   - c) Augenschein 196

Teil 4 Schlichtungsverfahren 197

Kapitel 28 Aufgaben der Schlichtungsbehörden (Art. 201 ZPO) 197

Kapitel 29 Beratungstätigkeit (Art. 200 Abs. 2 ZPO) 198
1. Allgemeines 198
2. Beratung als Kernaufgabe der Schlichtung 198
3. Schnittstellen Beratung/Schlichtungsverfahren 200

Kapitel 30 Schlichtungsverfahren (Art. 202 ZPO) 201
1. Einleitung des Verfahrens 201
2. Inhalt des Schlichtungsgesuchs 201
   - a) Allgemeines 201
   - b) Die Bezeichnung der Parteien 202
     - aa) Grundsätzliches 202
     - bb) Anforderungen bei anwaltlichen Eingaben 203
     - cc) Anforderungen bei Laieneingaben 203

		dd) Falsche Parteibezeichnung	204
	c)	Bezeichnung des Rechtsbegehrens	206
	d)	Bezeichnung des Streitgegenstandes	207
3.	Vom Gesuchseingang bis zur Schlichtungsverhandlung		208
	a)	Einladung zum Schlichtungstermin	208
	b)	Prüfung des Gesuchs	208
	c)	Schriftenwechsel – Konsultationsverfahren	208
	d)	Einigung vor der Schlichtungsverhandlung	209
	e)	Strategiediskussion über den Ablauf der Schlichtungsverhandlung	209
4.	Die Durchführung der Schlichtungsverhandlung		210
	a)	Erläuterung des Zwecks der Schlichtungsverhandlung	210
	b)	Sachverhaltsermittlung	211
	c)	Schlichtungsphase	211
	d)	Abschlussphase	212
		aa) Weitere Verhandlungstermine	212
		bb) Sistierung des Verfahrens	213

Kapitel 31 Protokollierungs- und Verwertungsverbot (Art. 205 ZPO) ... 214

1.	Grundsatz	214
2.	Ausnahmen	215
3.	Grenzen des Protokollierungsverbotes	215

Kapitel 32 Abschluss des Schlichtungsverfahrens (Art. 208 ff. ZPO) ... 217

1.	Einigung der Parteien		217
	a)	Einigung in der Schlichtungsverhandlung	217
	b)	Einigung ausserhalb einer Schlichtungsverhandlung	218
	c)	Rechtliche Bedeutung des Vergleichs	218
2.	Klageanerkennung		219
3.	Klagerückzug		219
4.	Der Widerrufsvorbehalt		220
5.	Nichteinigung – Klagebewilligung		220
	a)	Allgemeines	220
	b)	Mangelhafte und ungültige Klagebewilligungen	221
	c)	Rechtliche Natur der Klagebewilligung	222
	d)	Adressat der Klagebewilligung	222
	e)	Klagefrist	223
6.	Der Urteilsvorschlag		224

	a) Allgemeines	224
	b) Kann-Vorschrift	224
	c) Zulässigkeit des Urteilsvorschlages	225
	d) Ausstellung und Eröffnung des Urteilsvorschlages	226
	e) Annahme des Urteilvorschlages	227
	f) Ablehnung des Urteilvorschlages	227
	g) Ausstellung der Klagebewilligung und Fristenlauf	228
	h) Folgen der Nichteinreichung der Klage – Rückzug der Klage	229
7.	Der Entscheid	230
	a) Allgemeines	230
	b) Entscheidantrag	231
	c) Änderung der Klage im Schlichtungsverfahren	232
	d) Entscheidverfahren	233
	e) Entscheid und Rechtsmittel	234

Teil 5 Gerichtsverfahren ... 235

Kapitel 33 Das ordentliche Verfahren (Art. 219 ff. ZPO) ... 235

1.	Allgemeines und Geltungsbereich	235
2.	Einreichung der Klage	236
3.	Schriftenwechsel	238
	a) Klageantwort	238
	b) Replik – Duplik	239
4.	Unbedingtes Replikrecht	239
	a) Rechtsanspruch auf das Replikrecht	239
	b) Zeitliche Geltendmachung	240
5.	Die Widerklage	242
	a) Voraussetzungen	242
	b) Autonome Prosequierung?	242
	c) Zeitpunkt der Einreichung	243
6.	Klageänderung	244
7.	Die Hauptverhandlung	245
8.	Protokoll	245
9.	Novenrecht	245
10.	Entscheid	246
	a) End- und Zwischenentscheid	246
	b) Eröffnung des Entscheids	247
	c) Begründung des Entscheids	248

11. Beendigung des Verfahrens ohne Entscheid 249
    a) Vergleich, Klageanerkennung, Klagerückzug 249
    b) Gegenstandslosigkeit 251

Kapitel 34 Das vereinfachte Verfahren (Art. 243 ff. ZPO) 253
1. Allgemeines 253
2. Geltungsbereich 253
    a) Bei mietrechtlichen Forderungsstreitigkeiten 253
    b) Im Kernbereich des sozialen Mietrechts 255
3. Einreichung der Klage 256
4. Begründung der Klage 256
    a) Keine Begründung 256
    b) Begründete Klage 257
5. Vorladung zum Verhandlungstermin 258
6. Durchführung der Verhandlung 258
    a) Obligatorium der mündlichen Verhandlung 258
    b) Verzicht auf Durchführung der Verhandlung 259
    c) Beschleunigungs- und Erledigungsprinzip 259

Kapitel 35 Das Summarverfahren (Art. 248 ff. ZPO) 260
1. Allgemeines 260
2. Geltungsbereich 260
3. Verfahren 262
    a) Einleitung 262
    b) Schriftenwechsel 262
    c) Säumnis 263
    d) Beweismittel 264
    e) Aktenprozess versus mündliche Verhandlung 264
4. Entscheid 265
5. Das Rechtsöffnungsverfahren 265
    a) Voraussetzungen 265
    b) Die Glaubhaftmachung der Einwendungen 266
    c) Rechtsöffnungsverfahren nach Art. 257 ZPO 266
6. Der Rechtsschutz in klaren Fällen 267
    a) Allgemeines 267
    b) Voraussetzungen 267
    c) Liquider Sachverhalt 267

	d) Klare Rechtslage	269
	e) Verfahren	271
	f) Gutheissung des Gesuchs	272
	g) Abweisung des Gesuchs	272
	h) Nichteintretensentscheid	274
	i) Rechtsmittel	276
7.	Das gerichtliche Verbot	276
	a) Allgemeines	276
	b) Voraussetzung	276
	c) Einreichung des Gesuchs und Bekanntmachung	277
	d) Rechtsmittel	278
	aa) Einsprache	278
	bb) «Aberkennungsklage»	279
	cc) Bestreitung des Verbots im Strafverfahren	279
8.	Vorsorgliche Massnahmen	279
	a) Grundsätzliches	279
	b) Voraussetzungen	280
	c) Inhalt der vorsorglichen Massnahmen	281
	aa) Allgemeines	281
	bb) Vermieter-Begehren um vorsorgliche Massnahmen	282
	cc) Mieter-Begehren um vorsorgliche Massnahmen	283
	d) Einreichung des Gesuchs – Prosequierungslast	283
	e) Entscheid	284
	f) Rechtsmittel	285
	g) Sicherheitsleistungen	285
9.	Superprovisorische Massnahmen	286
	a) Voraussetzungen	287
	b) Anordnung und Ablehnung der superprovisorischen Massnahme	287
	c) Anhörung der Gegenpartei und definitiver Entscheid	288
	d) Rechtsmittel	288

Kapitel 36 Das Ausweisungsverfahren ... 290

1. Im Rechtsschutzverfahren in klaren Fällen ... 290
2. Ausweisung bei hängigem Kündigungsschutzverfahren ... 293
3. Ausweisung im ordentlichen bzw. vereinfachten Verfahren ... 294
   a) Funktion des Schlichtungsverfahrens ... 294
   b) Ausweisung im ordentlichen oder im vereinfachten Verfahren? ... 294
4. Kostenregelung und Vollstreckungsmassnahmen ... 296

Teil 6 Rechtsmittel 298

Kapitel 37 Die Berufung (Art. 308 ff. ZPO) 298
1. Gegenstand der Berufung 298
2. Streitwert 298
3. Berufungsgründe 299
4. Einreichung der Berufung 299
5. Einreichung der Berufung bei der falschen Instanz 300
6. Rechtsbegehren und Begründung 301
7. Berufungsantwort 303
8. Replikrecht? 303
9. Anschlussberufung 303
10. Aufschiebende Wirkung und vorzeitige Vollstreckung 304
11. Verfahren 305
12. Rechtsmittelentscheid 306

Kapitel 38 Die Beschwerde (Art. 319 ff. ZPO) 308
1. Gegenstand der Beschwerde 308
2. Beschwerdegründe 308
3. Beschwerdefrist 309
4. Verfahren 309
5. Entscheid 309

Kapitel 39 Die Revision (Art. 328 ff. ZPO) 311
1. Gegenstand der Revision 311
2. Fristen 312
3. Verfahren 312
4. Entscheid 312

Kapitel 40 Erläuterung und Berichtigung (Art. 334 ZPO) 314
1. Grundsätzliches 314
2. Gegenstand des Gesuchs 314
3. Fristen und Verfahren 315
4. Rechtsmittel 315

Kapitel 41 Die Beschwerde an das Bundesgericht 316
1. Formelle Zulässigkeit – Vorinstanzen 316
2. Materielle Zulässigkeit – Beschwerderecht 316
3. Parteivertreterinnen und Parteivertreter 317

4.	Streitwertgrenze	318
	a) Regel	318
	b) Ausnahme	319
	c) Grundsätze der Streitwertberechnung	319
5.	Kosten im Bundesgerichtsverfahren	321
6.	Beschwerdeverfahren	322
	a) Zwischen-, Vor-, Teil- und Endentscheide	322
	b) Massgeblicher Sachverhalt – neue Vorbringen	323
	c) Aufschiebende Wirkung	324
7.	Beschwerdefrist	324
8.	Urteilsverfahren	324
9.	Subsidiäre Verfassungsbeschwerde	326
10.	Revision, Erläuterung und Berichtigung	326

Teil 7 Vollstreckung 327

Kapitel 42 Vollstreckung (Art. 335 ff. ZPO) 327

1.	Geltungsbereich	327
2.	Vollstreckbarkeit	328
	a) Vollstreckungsfähiger Inhalt	328
	b) Rechtskraftbescheinigung	329
3.	Direkte Vollstreckung	330
	a) Voraussetzungen und Verfahren	330
	b) Gesuch um Einstellung der Vollstreckung	332
4.	Indirekte Vollstreckung	332
	a) Allgemeines	332
	b) Verfahren – Einwände	333
	c) Prinzip der schonenden und verhältnismässigen Rechtsausübung	334
	d) Vollstreckung einer bedingten oder von einer Gegenleistung abhängigen Leistung	335
	e) Verpflichtung zu einem Tun, Unterlassen oder Dulden – Vollstreckungsmassnahmen	336
	f) Abgabe einer Willenserklärung	337
	g) Schadenersatz und Umwandlung in Geld	338
5.	Vollstreckung öffentlicher Urkunden	339
	a) Allgemeines	339
	b) Ausnahmen	339

    c) Urkunde über eine Geldleistung 340
    d) Urkunde über eine andere Leistung 340

Teil 8 Alternative Streitbeilegung 342

Kapitel 43 Schiedsgerichtsbarkeit (Art. 353 ff. ZPO) 342
1. Allgemeine Grundsätze 342
2. Schiedsverfahren im Mietrecht 344
3. Keine Schiedsgerichtsbarkeit bei Wohnraum-Mietverhältnissen 345
4. Rechtsmittel 346

Kapitel 44 Mediation (Art. 213 ff. ZPO) 347

Anhänge 351

Anhang 1: Verfahrensabläufe 351

Anhang 2: Musterformulare 356

Anhang 3: Schlichtungswesen und Gerichtsorganisation in den
           Kantonen 365

Anhang 4: Adressen der kantonalen Schlichtungsbehörden 403

Anhang 5: Kantonale Vollstreckungsinstanzen 415

Anhang 6: Gesetzliche Feiertage gemäss Art. 142 Abs. 3 ZPO 416

Sachregister 427

Literaturverzeichnis

Verwendete Literatur

Arnold, ZZZ 2011/2012 Arnold Christian, Vom Schlichtungs- zum Entscheidverfahren, ZZZ 2011/2012, S. 286 ff. (mit Verweisen und einer Übersicht über Fragen beim Entscheid)

Baeriswyl, SJZ 21/2015 Baeriswyl Dominik, Replikrecht, Novenrecht und Aktenschluss – endloser Weg zur Spruchreife, SJZ 21/2015, S. 513 ff.

Bisang, MRA 3/2010 Bisang Raymond, Neue Zivilprozessordnung: Neuerungen im Schlichtungsverfahren bzw. Mietprozess unter besonderer Berücksichtigung der Ausweisung, MRA 3/2010, S. 101 ff.

BK-Bearbeiter Berner Kommentar zur Schweizerischen Zivilprozessordnung (ZPO); Bd. I: Art. 1–149 ZPO; Bd. II: Art. 150–352 und Art. 400–406 ZPO, Bern 2013; Bd. III: Art. 353–399 und Art. 407 ZPO, Bern 2014

Bohnet, 16ᵉ Séminaire Bohnet François, Le droit du bail en procédure civile suisse, 16ᵉ Séminaire sur le droit du bail, Neuenburg 2010, S. 1 ff.

Bohnet/Conod, 17ᵉ Séminaire Bohnet François/Conod Philippe, Bail et procédure civile suisse: premiers développements, Universität Neuenburg, 17ᵉ Séminaire sur le droit du bail, Basel/Neuenburg 2014, S. 211 ff.

Bohnet/Conod, 18ᵉ Séminaire Bohnet François/Conod Philippe, La fin du bail et l'expulsion du locataire, Universität Neuenburg, 18ᵉ Séminaire sur le droit du bail, Basel/Neuenburg 2014, S. 79 ff.

Botschaft ZPO Botschaft vom 28. Juni 2006 zur Schweizerischen Zivilprozessordnung (ZPO), BBl 2006 S. 7221 ff.

Brückner, BJM 2007 Brückner Christian, Das Schweizerische im Schweizer Recht, BJM 2007, S. 153 ff.

BSK BGG-Bearbeiter Niggli Marcel Alexander/Uebersax Peter/Wiprächtiger Hans (Hrsg.), Basler Kommentar zum Bundesgerichtsgesetz (BGG), 2. Aufl., Basel 2011

BSK OR I-Bearbeiter Honsell Heinrich/Vogt Nedim Peter/Wiegand Wolfgang (Hrsg.), Basler Kommentar zum Obligationenrecht I (Art. 1–529 OR), 6. Aufl., Basel 2015

BSK OR II-Bearbeiter Honsell Heinrich/Vogt Nedim Peter/Watter Rolf (Hrsg.), Basler Kommentar zum Obligationenrecht II, 4. Aufl., Basel 2012

BSK ZPO-Bearbeiter Spühler Karl/Tenchio Luca/Infanger Dominik (Hrsg.), Basler Kommentar zur Schweizerischen Zivilprozessordnung, 2. Aufl., Basel 2013

Bühler, plädoyer 5/2015 Bühler Alfred, Wo ist die Rechtsprechung des Bundesgerichts zur unentgeltlichen Rechtspflege verfassungswidrig?, plädoyer 5/2015, S. 22 ff.

Byrde, 13ᵉ Séminaire Byrde Fabienne, Les mesures provisionnelles en droit du bail à loyer, 13ᵉ Séminaire sur le droit du bail, Neuenburg 2004, S. 17 ff.

Byrde, mp 3/2006 Byrde Fabienne, Vorsorgliche Massnahmen im Mietrecht: Eine Untersuchung der neueren Rechtsprechung, mp 3/2006, S. 157 ff.

Chanson, Anwaltsrevue 9/2010 Chanson Georges, Fristenfallen bei «A-Post Plus» + Einschreiben, Anwaltsrevue 9/2010, S. 384 ff.

CHK-Bearbeiter Müller-Chen Markus/Huguenin Claire (Hrsg.), Handkommentar zum Schweizer Privatrecht, Vertragsverhältnisse Teil 1: Innominatkontrakte, Kauf, Tausch, Schenkung, Miete, Leihe, 3. Aufl., Zürich 2016

Colombini, JdT 2011 III 85 Colombini Jean-Luc, Notes sur quelques questions liées à la procédure d'expulsion, JdT 2011 III 85

CPC-Bearbeiter Bohnet François/Haldy Jacques/Jeandin Nicolas/Schweizer Philippe/Tappy Denis, Code de procédure civile commenté, Basel 2011

CPra Bail-Bearbeiter Bohnet François/Montini Marino (Hrsg.), Droit du bail à loyer, Commentaire pratique, Basel 2010

CR CO I-Bearbeiter Thévenoz Luc/Werro Franz (Hrsg.), Commentaire Romand, Code des obligations I (Art. 1–529), 2. Aufl., Basel 2012

Diggelmann, SJZ 4/2010 Diggelmann Peter, Vom GVG zum GOG, SJZ 4/2010, S. 85 ff.

DIKE-Komm-ZPO-Bearbeiter Brunner Alexander/Gasser Dominik/Schwander Ivo (Hrsg.), Schweizerische Zivilprozessordnung, Kommentar, Zürich/St. Gallen 2011

Dolge/Infanger Dolge Annette/Infanger Dominik, Schlichtungsverfahren nach Schweizerischer Zivilprozessordnung, Zürich 2012

Ducrot, ZWR 1991 Ducrot Michel, Procédure et contentieux en matière de bail à ferme non agricole en particulier dans le canton de valais, ZWR 1991, S. 127 ff.

Egger Rochat Egger Rochat Gwendoline, Les squatters et autres occupants sans droit d'un immeuble, Zürich 2002

Ehrenzeller/Schweizer Ehrenzeller Bernhard/Schweizer Rainer J. (Hrsg.), Reorganisation der Bundesrechtspflege – Neuerungen und Auswirkungen in der Praxis, St. Gallen 2006

Eichenberger Eichenberger Kurt, Die richterliche Unabhängigkeit als staatsrechtliches Problem, Bern 1960

Feller/Meili, SJZ 8/2015 Feller Urs/Meili Mark, Schweizer Schlichtungsgesuch im euro-internationalen Verhältnis, SJZ 8/2015, S. 194 ff.

Foëx/Hottelier/Jeandin Foëx Bénédict/Hottelier Michel/Jeandin Nicolas (Hrsg.), Les recours au Tribunal fédéral, Zürich/Basel/Genf 2007

Gasser/Rickli Gasser Dominik/Rickli Brigitte, Schweizerische Zivilprozessordnung, Kurzkommentar, 2. Aufl., Zürich/St. Gallen 2014

Gehri/Kramer, ZPO-Kommentar Gehri Myriam A./Kramer Michael, ZPO Kommentar, Zürich 2010

Guyan, SZZP 3/2015 Guyan Peter, Klärung der Aussichten gemäss Art. 158 Abs. 1 lit. b ZPO, SZZP 3/2015, S. 271 ff.

Habscheid Habscheid Walther J., Schweizerisches Zivilprozess- und Gerichtsorganisationsrecht, 2. Aufl., Basel 1990

Haldy, SZZP 6/2013 Haldy Antoinette, La capacité d'être partie, la capacité d'ester en justice et la représentation des parties, SZZP 6/2013, S. 523 ff.

HAP-Immobiliarmietrecht-Bearbeiter Müller Jürg P. (Hrsg.), Wohn- und Geschäftsraummiete, Beraten und Prozessieren im Immobiliarmietrecht, Basel 2016

Hofmann/Lüscher Hofmann David/Lüscher Christian, Le Code de procédure civile, 2. Aufl., Bern 2015

Hulliger/Maag, MRA 3/2014 Hulliger Urban/Maag Andreas, Zur sachlichen Zuständigkeit der Handelsgerichte in mietrechtlichen Streitigkeiten – ein Zwischenbericht, MRA 3/2014, S. 103 ff.

Karlen Karlen Peter, Das neue Bundesgerichtsgesetz, Basel 2006

Kiener Kiener Regina, Richterliche Unabhängigkeit, Bern 2001

Koller, ZBJV 11/2014 Koller Thomas, Die mietrechtliche Rechtsprechung des Bundesgerichts im Jahr 2013, ZBJV 11/2014, S. 917 ff.

Koller, ZBJV 1/2016 Koller Thomas, Die mietrechtliche Rechtsprechung des Bundesgerichts im Jahr 2014, ZBJV 1/2016, S. 1 ff.

Korak-Disler Korak-Disler Annina, Streitigkeiten betreffend die Miete von Wohn- und Geschäftsräumen nach der Schweizerischen Zivilprozessordnung, insbesondere das Schlichtungsverfahren und das vereinfachte Verfahren, Diss. Basel 2015

KUKO ZPO-Bearbeiter Oberhammer Paul/Domej Tanja/Haas Ulrich (Hrsg.), Kurzkommentar Schweizerische Zivilprozessordnung (ZPO), 2. Aufl., Basel 2014

Kummer Kummer Max, Grundriss des Zivilprozessrechtes, Bern 1984

Lachat, CPC Lachat David, Procédure civile en matière de baux et loyers, Lausanne 2011

Leuch/Marbach/Kellerhals/Sterchi Leuch Georg/Marbach Omar/Kellerhals Franz/Sterchi Martin H., Die Zivilprozessordnung für den Kanton Bern, 5. Aufl., Bern 2000

Leuenberger, SZZP 2/2013 Leuenberger Christoph, Rechtshängigkeit bei fehlender Zuständigkeit und falscher Verfahrensart (Art. 63 ZPO), SZZP 2/2013, 169 ff.

Leuenberger, SZZP 1/2014 Leuenberger Christoph, Das Recht, zweimal unbeschränkt Tatsachen und Beweise vorzutragen: ein Grundsatz und seine Anwendung, SZZP 1/2014, S. 81 ff.

Leuenberger, ZBJV 3/2015 Leuenberger Christoph, Die Rechtsprechung des Bundesgerichts zum Zivilprozessrecht im Jahr 2013, Teil I, ZBJV 3/2015, S. 242 ff.

Leuenberger/Uffer Leuenberger Christoph/Uffer-Tobler Beatrice, Schweizerisches Zivilprozessrecht, Bern 2010

Lienhard Lienhard Andreas, Die materielle Prozessleitung der Schweizerischen Zivilprozessordnung, Zürich 2013

Maag, MRA 1/2014 Maag Andreas, Kündigungsschutz und Ausweisung – ausgewählte zivilprozessuale Aspekte, MRA 1/2014, S. 1 ff.

Markus/Wuffli, ZBJV 2/2015 Markus Alexander R./Wuffli Daniel, Rechtskraft und Vollstreckbarkeit, zwei Begriffe, ein Konzept?, ZBJV 2/2015, S. 75 ff.

Meichssner Meichssner Stefan, Das Grundrecht auf unentgeltliche Rechtspflege, Basel 2008

Meier, SJZ 12/2014 Meier Isaak, Vorsorgliche Beweisführung zur Wahrung eines schutzwürdigen Interesses, SJZ 12/2014, S. 309 ff.

Meier, ZPO Meier Isaak, Schweizerisches Zivilprozessrecht, Zürich 2010

Meyer, MRA 2/2010 Meyer Caroline, Zur Sachlegitimation der Parteien im Mietprozess, MRA 2/2010, S. 47 ff.

Mordasini-Rohner Mordasini-Rohner Claudia M., Gerichtliche Fragepflicht und Untersuchungsmaxime nach der ZPO, Diss. Basel 2013

MP-Bearbeiter Mieterinnen- und Mieterverband Deutschschweiz/MVD (Hrsg.), Mietrecht für die Praxis, 9. Auflage, Zürich 2016

Müller, AJP 1/2013 Müller Boris, Prüfung der Prozessvoraussetzungen durch Schlichtungsbehörden, AJP 1/2013, S. 69 ff.

Müller, MRA 3/2006 Müller Jürg P., Immobilien-Leasingvertrag, Begriff, rechtliche Qualifikation und anwendbare Gesetzesbestimmungen, MRA 3/2006, S. 117 ff.

Portmann Portmann Urs (Hrsg.), La nouvelle loi sur le Tribunale fédéral, Lausanne 2007

Püntener, mp 4/2011 Püntener Richard, Das mietrechtliche Verfahren in der Zivilprozessordnung, mp 4/2011, S. 243 ff.

Rapold/Ferrari-Visca, AJP 3/2013 Rapold Manuela/Ferrari-Visca Reto, Die Widerklage nach der Schweizerischen Zivilprozessordnung, AJP 3/2013, S. 387 ff.

Rickli Rickli Samuel, Der Streitwert im Schweizerischen Zivilprozessrecht, Diss. Basel, Zürich 2014

Roberti Roberti Aristide, Institut und Verfahren der Schlichtungsbehörde in Mietsachen, Diss. 1993, Entlebuch

Schmid, ZZZ 2011/2012 Schmid Martin, Praktische Fragen zum Schlichtungsverfahren, ZZZ 2011/2012, S. 182 ff.

Schrank Schrank Claude, Das Schlichtungsverfahren nach der Schweizerischen Zivilprozessordnung, Diss. Basel 2015

Schütz Schütz Jürg Gian, Mediation und Schiedsgerichtsbarkeit in der Schweizerischen Zivilprozessordnung, Bern 2009

Schumacher, ZBJV 5/2015 Schumacher Peter, Der Richter als Freund und Helfer, Frage- und Hinweispflichten im Zivilprozess, ZBJV 5/2015, S. 381 ff.

SHK ZPO-Bearbeiter Baker & McKenzie (Hrsg.), Schweizerische Zivilprozessordnung, Stämpflis Handkommentar, Bern 2010

Spichtin, SZZP 6/2014 Spichtin Nicolas, Die materielle Abweisung eines Gesuchs um Rechtsschutz in klaren Fällen – ein kritischer Blick auf BGer 4A_68/2014 vom 16.6.2014, SZZP 6/2014, S. 579 ff.

Staehelin/Staehelin/Grolimund Staehelin Adrian/Staehelin Daniel/Grolimund Pascal, Zivilprozessrecht, 2. Aufl., Zürich 2012

Stanischewski Stanischewski Flora, Die vorsorgliche Beweisführung nach der ZPO, Zürich 2015

Sühler/Dolge/Gehri Spühler Karl/Dolge Annette/Gehri Myriam, Schweizerisches Zivilprozessrecht und Grundzüge des internationalen Zivilprozessrechts, Bern 2010

Bearbeiter, in: Sutter-Somm/Hasenböhler/Leuenberger (Hrsg.) Sutter-Somm Thomas/Hasenböhler Franz/Leuenberger Christoph, Kommentar zur Schweizerischen Zivilprozessordnung (ZPO), 3. Aufl., Zürich 2016

SVIT-Kommentar SVIT (Hrsg.), Das schweizerische Mietrecht, 3. Aufl., Zürich 2008

Terrapon, FZR 1992 Terrapon Pierre, Quelques considérations sur le Tribunale des baux en procédure fribourgeois, FZR 1992, S. 223 ff.

Thanei, mp 4/2009 Thanei Anita, Auswirkungen der neuen Schweizerischen Zivilprozessordnung auf die mietrechtlichen Verfahren, insbesondere auf das Schlichtungsverfahren, mp 4/2009, S. 179 ff.

Weingart/Penon, ZBJV 6/2015 Weingart Denise/Penon Ilija, Ungeklärte Fragen im Schlichtungsverfahren, ZBJV 6/2015, S. 465 ff.

Winter, mp 3/2013 Winter Patrick, Anträge an die Schlichtungsbehörde, mp 3/2013, S. 177 ff.

Tagungsbeiträge

Berti, ZPO-Einführungstagung 2010 Berti Stephen V., Verfahren erster Instanz, Einführungstagung zur Schweizerischen ZPO, Universität St. Gallen, Bern 31.8.2010

Brunner, Recht aktuell 2012 Brunner Alexander, Vereinfachtes Verfahren, Recht aktuell, Tagung, Basel 2.11.2012

Domej, Recht aktuell 2014 Domej Tanja, Vereinfachtes Verfahren: Wo liegen die Hauptprobleme, Recht aktuell, Tagung, Basel 7.11.2014

Domej, Recht aktuell 2015 Domej Tanja, Das vereinfachte Verfahren: Wo liegen die Hauptprobleme, Recht aktuell, Basler ZPO-Tag 2015, Basel 6.11.2015

Egli, Recht aktuell 2015 Egli Rainer, Ausgewählte Problempunkte des summarischen Verfahrens, Recht aktuell, Basler ZPO-Tag 2015, Basel 6.11.2015

Egli, Richter-Weiterbildung 2010 Egli Rainer, Vollstreckung, Referat, Tagung der Stiftung für die Weiterbildung schweizerischer Richterinnen und Richter, Olten 27.8.2010

Fellmann, ZPO-Einführungstagung 2010 Fellmann Walter, Rechtsmittel, Einführungstagung zur Schweizerischen ZPO, Universität St. Gallen, Bern 31.8.2010

Gasser, St. Galler-Mietrechtstag 2010 Gasser Dominik, Exmission nach der CH-ZPO, St. Galler Mietrechtstag, Bern 18.6.2010

Gasser, St. Galler-Mietrechtstag 2011 Gasser Dominik, Vollstreckung – Welche Möglichkeiten des neuen Rechts sind wann zu empfehlen? Erste Erfahrungen mit der Ausweisung gemäss Rechtsschutz in klaren Fällen, St. Galler Mietrechtstag, Zürich 29.11.2011

Gasser, Vollstreckung ZPO/SchKG 2011 Gasser Dominik, Vollstreckung ZPO/SchKG, Recht aktuell, Tagung, Basel 21.10.2011

Gasser, Vollstreckung ZPO/SchKG 2012 Gasser Dominik, Vollstreckung ZPO/SchKG, Recht aktuell, Tagung, Basel 2.11.2012

Gasser, Vollstreckung ZPO/SchKG 2014 Gasser Dominik, Vollstreckung ZPO/SchKG, Recht aktuell, Tagung, Basel 7.11.2014

Gasser, Vollstreckung ZPO/SchKG 2015 Gasser Dominik, Vollstreckung ZPO/SchKG, Recht aktuell, Basler ZPO-Tag 2015, Basel 6.11.2015

Gasser, ZPO-Einführungstagung 2010 Gasser Dominik, Überblick über die neue ZPO, Einführungstagung zur Schweizerischen ZPO, Universität St. Gallen, Bern 31.8.2010

Gränicher/Courvoisier, Recht aktuell 2011 Schiedsgerichtsbarkeit, Recht aktuell, Tagung, Basel 21.10.2011

Grütter, Recht aktuell 2011 Grütter Myriam, Vereinfachtes Verfahren, Recht aktuell, Tagung, Basel 21.10.2011

Gut, Tagung 1999 Gut Beat, Streitwertberechnung in mietrechtlichen Verfahren, Tagung, St. Gallen 1999

Hasenböhler, Recht aktuell 2011 Hasenböhler Franz, Summarisches Verfahren, insb. vorsorgliche Massnahmen, Recht aktuell, Tagung, Basel 21.10.2011

Hellstern, BWO-Tagung 2008 Hellstern Sibylle, Die Verfahrensgarantien vor der Schlichtungsbehörde, 3. Tagung des BWO, Grenchen 12.6.2008

Higi, BWO-Tagung 2014 Higi Peter, Verfahren der Schlichtungsbehörde in Miet- und Pachtsachen, 6. Tagung des BWO, Grenchen 26.6.2014

Huggenberger, St. Galler Mietrechtstag 2011 Huggenberger Felicitas, Erste Erfahrungen mit dem Kostenvorschuss und der unentgeltlichen Rechtspflege in Mietstreitigkeiten, Referat, St. Galler Mietrechtstag, Zürich 29.11.2011

Infanger, BWO-Tagung 2012 Infanger Dominik, Das Schlichtungsverfahren in Mietsachen nach ZPO, 5. Tagung des BWO, Grenchen 21.6.2012

Klett, Recht aktuell 2015 Klett Kathrin, Zentrale Gesichtspunkte der bundesgerichtlichen Rechtsprechung zur ZPO, Recht aktuell, Basler ZPO-Tag 2015, Basel 6.11.2015

Koumbarakis, Tagung 2011 Koumbarakis Zinon, Das Schlichtungsverfahren in Mietsachen nach der neuen Zivilprozessordnung, Tagung Europainstitut Zürich, Zürich 7.6.2011

Leuenberger, Recht aktuell 2011 Leuenberger Christoph, Das ordentliche Verfahren, Ausgewählte Problempunkte, Recht aktuell, Tagung, Basel 21.10.2011

Leuenberger, Recht aktuell 2012 Leuenberger Christoph, Das ordentliche Verfahren, Besondere Problempunkte, Recht aktuell, Tagung, Basel 2.11.2012

Leuenberger, Recht aktuell 2014 Leuenberger Christoph, Das ordentliche Verfahren: Zentrale Aspekte für die Praxis, Recht aktuell, Tagung, Basel 7.11.2014

Leuenberger, Recht aktuell 2015 Leuenberger Christoph, Das ordentliche Verfahren: Zentrale Aspekte für die Praxis, Recht aktuell, Basler ZPO-Tag 2015, Basel 6.11.2015

Lötscher-Steiger, Recht aktuell 2014 Lötscher-Steiger Bruno, Das Schlichtungsverfahren: Wichtige praktische Gesichtspunkte, Recht aktuell, Tagung, Basel 2.11.2014

Lötscher-Steiger, Recht aktuell 2015 Lötscher-Steiger Bruno, Das Schlichtungsverfahren: Wichtige praktische Gesichtspunkte, Recht aktuell, Basler ZPO-Tag 2015, Basel 6.11.2015

Mirimanoff, BWO-Tagung 2006 Mirimanoff Jean, Conciliation et médiation, 2. Tagung des BWO, Grenchen 12.5.2006

Reetz, Recht aktuell 2011 Reetz Peter, Berufung, Recht aktuell, Tagung, Basel 21.10.2011

Reetz, Recht aktuell 2012 Reetz Peter, Die Berufung, Recht aktuell, Tagung, Basel 2.11.2012

Reetz, Recht aktuell 2014 Reetz Peter, Die Berufung, Recht aktuell, Tagung, Basel 7.11.2014

Reetz, Recht aktuell 2015 Reetz Peter, Die Berufung, Recht aktuell, Basler ZPO-Tag 2015, Basel 6.11.2015

Schlumpf, St. Galler Mietrechtstag 2013 Schlumpf Michael, Mietzinsgestaltung bzw. -kalkulation bei der Miete von geförderten und kontrollierten Mieten, St. Galler Mietrechtstagung 2013, Zürich 27.11.2013

Schwander, Recht aktuell 2014 Schwander Daniel, Das summarische Verfahren, insbesondere die vorsorgliche Beweisführung, Recht aktuell, Tagung, Basel 7.11.2014

Schwander, ZPO-Einführungstagung 2010 Schwander Daniel, Beweis, Einführungstagung zur Schweizerischen ZPO, Universität St. Gallen, Bern 31.8.2010

Sutter-Somm, Recht aktuell 2011 Sutter-Somm Thomas, Das Schlichtungsverfahren, Ausgewählte Problempunkte, Recht aktuell, Tagung, Basel 21.10.2011

Sutter-Somm, Recht aktuell 2012 Sutter-Somm Thomas, Das Schlichtungsverfahren, Ausgewählte Aspekte, Recht aktuell, Tagung, Basel 2.11.2012

Thanei, SJWZ-Weiterbildung 2013 Thanei Anita, Organisation der Mietgerichte, Referat an der Tagung «ZPR! Fachgerichte nach der neuen ZPO» der Stiftung juristische Weiterbildung Zürich (SJWZ), Zürich 19.6.2013

Tschudi, St. Galler Mietrechtstag 2009 Tschudi Matthias, Allgemeine Verbote, St. Galler Mietrechtstag, Zürich 15.12.2009

Uffer-Tobler, Recht aktuell 2015 Uffer-Tobler Beatrice, Rechtsmittel, Die Beschwerde, Recht aktuell, Basler ZPO-Tag 2015, Basel 6.11.2015

Walter, Recht aktuell 2011 Walther Fridolin, Beschwerde, Recht aktuell, Tagung, Basel 21.10.2011

Walter, Recht aktuell 2012 Walther Fridolin, Rechtsmittel: Die Beschwerde, Recht aktuell, Tagung, Basel 2.11.2012

Walter, Recht aktuell 2014 Walther Fridolin, Rechtsmittel: Die Beschwerde, Recht aktuell, Tagung, Basel 7.11.2014

Weiterführende Literatur

Berti Stephen V., Einführung in die Schweizerische Zivilprozessordnung, Basel 2011

Boesch Kurt/Güngerich Andreas/Stittmatter Reto, Tafeln zur Schweizerischen Zivilprozessordnung, Basel 2015

Bohnet François, Das mietrechtliche Schlichtungsverfahren im schweizerischen Zivilprozessrecht, SZZP 4/2010, S. 419 ff.

Bohnet François, Das Übergangsrecht zur neuen ZPO – offene Fragen und mögliche Antworten, SZZP 4/2010, S. 409 ff.

Bohnet François, La procédure civile en schémas, Basel/Neuenburg 2014

Bohnet François, Procédure civile, 2. Aufl., Basel/Neuenburg 2014

Brutschin Sarah, Luxusobjekte i.S.v. Art. 253*b* Abs. 2 OR, mp 3/2015, S. 153 ff.

Hasenböhler Franz, Das Beweisrecht der ZPO, Allgemeine Bestimmungen, Mitwirkungspflichten und Verweigerungsrechte, Bd. I, Zürich 2015

Kunz Oliver M./Hoffmann-Novotny Urs H./Stauber Demian, ZPO Rechtsmittel Berufung und Beschwerde, Kommentar zu den Art. 208–327*a* ZPO, Basel 2013

Muller Carole, Die Anfechtung von prozessleitenden Verfügungen, Zürich 2016

Rickli Samuel, Der Streitwert im Schweizerischen Zivilprozessrecht, Diss. Basel, Zürich 2014

Sutter-Somm Thomas, Schweizerisches Zivilprozessrecht, 2. Aufl., Zürich 2012

Walder-Richli Hans Ulrich/Grob-Andermacher Béatrice, Zivilprozessrecht, 5. Aufl., Zürich 2009

Abkürzungsverzeichnis

Für die Abkürzungen der kantonalen Gesetze und Verordnungen siehe das Verzeichnis der kantonalen Erlasse.

a.M.	anderer Meinung
AB/Amtl. Bull.	Amtliches Bulletin der Bundesversammlung
Abs.	Absatz
AGB	Allgemeine Geschäftsbedingungen
AJP	Aktuelle juristische Praxis (Zürich)
aOR	ausser Kraft gesetzte Fassung des Obligationenrechts
AppGer	Appellationsgericht
Art.	Artikel
AS	Amtliche Sammlung des Bundesrechts
ASLOCA	Association Suisse des Locataires
Aufl.	Auflage
BauR	Baurecht, Mitteilungen zum privaten und öffentlichen Baurecht (Zürich)
BBl	Bundesblatt
Bd.	Band
betr.	betreffend
BezGer	Bezirksgericht
BG	Bundesgesetz
BGBl.	deutsches Bundesgesetzblatt
BGE	Amtliche Sammlung der Entscheidungen des Schweizerischen Bundesgerichts
BGer	Bundesgericht; nicht in der amtlichen Sammlung publizierte Entscheidungen des Schweizerischen Bundesgerichts
BGG	Bundesgesetz über das Bundesgericht vom 17.6.2005 (*Bundesgerichtsgesetz*; SR 173.110)
BGS	Bereinigte Gesetzessammlung Kanton Solothurn; Bereinigte Gesetzessammlung des Kantons Zug
bGS	Bereinigte Sammlung der Gesetze des Kantons Appenzell Ausserrhoden
BJM	Basler Juristische Mitteilungen
BK	Berner Kommentar

Abkürzungsverzeichnis

BMM	Bundesbeschluss über Massnahmen gegen Missbräuche im Mietwesen (SR 221.213.1; aufgehoben)
BR	Bündner Rechtsbuch
BSG	Bernische Systematische Gesetzessammlung
BSK	Basler Kommentar
BV	Bundesverfassung der Schweizerischen Eidgenossenschaft vom 18.4.1999 (SR 101)
BWO	Bundesamt für Wohnungswesen, Grenchen
bzw.	beziehungsweise
CAN	Raccolta delle leggi vigenti del Cantone Ticino; Zeitschrift für kantonale Rechtsprechung (Zürich)
CdB	Cahiers du Bail (Lausanne)
CHK	Handkommentar zum Schweizer Privatrecht
CPC	Code de Procédure Civile, s. ZPO
CPra	Commentaire pratique (= Praxiskommentar)
CR	Commentaire romand
DB	Droit du bail, Publication annuelle du Séminaire sur le droit du bail, Universität Neuenburg (Basel)
Diss.	Dissertation
E.	Erwägung
EG	(kantonales) Einführungsgesetz
EGMR	Europäischer Gerichtshof für Menschenrechte
eidg.	eidgenössisch
EJPD	Eidgenössisches Justiz- und Polizeidepartement
etc.	et cetera (= und so weiter)
EuGH	Gerichtshof der europäischen Gemeinschaften
evtl.	eventuell
f.	und folgende Seite/Artikel
ff.	und folgende Seiten/Artikel
FN	Fussnote
FusG	Bundesgesetz über Fusion, Spaltung, Umwandlung und Vermögensübertragung vom 3.10.2003 (*Fusionsgesetz*; SR 221.201)
FZR	Freiburger Zeitschrift für Rechtsprechung
GDB	Gesetzesdatenbank des Kantons Obwalden
gl.M.	gleicher Meinung
GOG	Gerichtsorganisationsgesetz, s. *Verzeichnis der kantonalen Erlasse*
GS	Bereinigte Sammlung der Gesetze des Kantons Appenzell Innerrhoden; Gesetzessammlung des Kantons Glarus
HAP	Handbücher für die Anwaltspraxis

HGer	Handelsgericht
Hrsg.	Herausgeber, Herausgeberin
i.S.v.	im Sinne von
i.V.m.	in Verbindung mit
in dubio	Publikationsorgan des Bernischen Anwaltsverbandes (Bern)
IPRG	Bundesgesetz über das Internationale Privatrecht vom 18.12.1987 (SR 291)
ius.focus	ius.focus, aktuelle Rechtsprechung kompakt (Basel)
JdT	Journal des Tribunaux (Kanton Waadt)
Kap.	Kapitel
KassGer	Kassationsgericht
KGer	Kantonsgericht
Komm	Kommentar
KSG	Konkordat über die Schiedsgerichtbarkeit vom 27.3.1969 (mit der Einführung der ZPO ist das KSG abgelöst worden)
KUKO	Kurzkommentar
lit.	litera (= Buchstabe)
LPG	Bundesgesetz über die landwirtschaftliche Pacht vom 4.10.1985 (SR 221.213.2)
LS	Loseblattsammlung des Kantons Zürich
LugÜ	Übereinkommen über die gerichtliche Zuständigkeit und die Anerkennung und Vollstreckung von Entscheidungen in Zivil- und Handelssachen vom 30.10.2007 (*Lugano-Übereinkommen*; SR 0.275.12)
Mio.	Million
Mitteilung BWO	Mitteilungen des Bundesamtes für Wohnungswesen (BWO) zum Mietrecht
mp	mietrechtspraxis/mp, Zeitschrift für schweizerisches Mietrecht (Zürich)
MRA	Mietrecht aktuell (Zürich)
N	Nationalrat; Note, Randnote
NG	Nidwaldner Gesetzessammlung
NR	Nationalrat
Nr.	Nummer
OGer	Obergericht
OR	Bundesgesetz betreffend die Ergänzung des Schweizerischen Zivilgesetzbuches (Fünfter Teil: Obligationenrecht) vom 30.3.1911 (SR 220)
PG	Postgesetz vom 17.12.2010 (SR 783.0)

Abkürzungsverzeichnis

Plädoyer	Plädoyer, Magazin für Recht und Politik (Zürich)
Praxis	Die Praxis, Entscheidungen des Schweizerischen Bundesgerichts und des Eidgenössischen Versicherungsgerichts, Entscheidungen des Europäischen Gerichtshofes für Menschenrechte (Basel)
RB	Thurgauer Rechtsbuch; Urner Rechtsbuch
RJN	Recueil de jurisprudence neuchâteloise (Neuenburg)
rs/GE	Recueil systématique genevois
RSJU	Recueil systématique jurassien
RSN	Recueil systématique de la législation neuchâteloise
RSV	Recueil systématique de la législation vaudoise
Rz	Randziffer
S.	Seite
s.	siehe
SAR	Systematische Sammlung des Aargauischen Rechts
SchKG	Bundesgesetz über Schuldbetreibung und Konkurs vom 11.4.1889 (SR 281.1)
SG	Systematische Gesetzessammlung Basel-Stadt
SGF	Systematische Gesetzessammlung des Kantons Freiburg
SGS	Systematische Gesetzessammlung des Kantons Basel-Landschaft; Systematische Gesetzessammlung des Kantons Wallis
sGS	Systematische Gesetzessammlung des Kantons St. Gallen
SHR	Schaffhauser Rechtsbuch
SJ	La Semaine Judiciaire (Genf)
SJWZ	Stiftung juristische Weiterbildung Zürich
SJZ	Schweizerische Juristen-Zeitung (Zürich)
SMV	Schweizerischer Mieterinnen- und Mieterverband
SOG	Solothurnische Gerichtspraxis
sog.	sogenannt
SR	Systematische Sammlung des Bundesrechts
SRL	Systematische Rechtssammlung des Kantons Luzern
SRSZ	Systematische Gesetzessammlung des Kantons Schwyz
StGB	Schweizerisches Strafgesetzbuch vom 21.12.1937 (SR 311.0)
SVW	Schweizerischer Verband für Wohnungswesen, Zürich; neu: Wohnbaugenossenschaften Schweiz
SVZ	Schweizerische Versicherungs-Zeitschrift (Bern)
SZZP	Schweizerische Zeitschrift für Zivilprozessrecht (Basel)
u.a.	unter anderem
u.U.	unter Umständen
vgl.	vergleiche

VMWG	Verordnung über die Miete und Pacht von Wohn- und Geschäftsräumen vom 9.5.1990 (SR 221.213.11)
z.B.	zum Beispiel
ZBJV	Zeitschrift des Bernischen Juristenvereins (Bern)
ZertES	Bundesgesetz über Zertifizierungsdienste im Bereich der elektronischen Signatur vom 19.12.2003 (*Bundesgesetz über die elektronische Signatur*; SR 943.03)
ZGB	Schweizerisches Zivilgesetzbuch vom 10.12.1907 (SR 210)
Ziff.	Ziffer
ZK	Zivilkammer; Zürcher Kommentar
ZMP	Zürcher Mietrechtspraxis, Entscheide des Mietgerichtes und der Schlichtungsbehörde Zürich (Zürich)
ZPO	Schweizerische Zivilprozessordnung vom 19.12.2008 (*Zivilprozessordnung*; SR 272)
ZR	Blätter für Zürcherische Rechtsprechung (Zürich)
ZZZ	Schweizerische Zeitschrift für Zivilprozess- und Zwangsvollstreckungsrecht (Zürich)

Verzeichnis der kantonalen Erlasse

AG – Aargau

EG ZPO   Einführungsgesetz zur Schweizerischen Zivilprozessordnung vom 23.3.2010 (SAR 221.200)

GOG   Gesetz über die Organisation der ordentlichen richterlichen Behörden vom 6.11.2012 (*Gerichtsorganisationsgesetz*; SAR 155.100)

AI – Appenzell Innerrhoden

EG ZPO   Einführungsgesetz zur Schweizerischen Zivilprozessordnung vom 25.4.2010 (GS 270.000)

GOG   Gerichtsorganisationsgesetz vom 25.4.2010 (GS 173.000)

AR – Appenzell Ausserrhoden

JG   Justizgesetz vom 13.9.2010 (bGS 145.31)

BE – Bern

EG ZSJ   Einführungsgesetz zur Zivilprozessordnung, zur Strafprozessordnung und zur Jugendstrafprozessordnung vom 11.6.2009 (BSG 271.1)

GSOG   Gesetz über die Organisation der Gerichtsbehörden und der Staatsanwaltschaft vom 11.6.2009 (BSG 161.1)

BL – Basel-Land

EG ZPO   Einführungsgesetz zur Schweizerischen Zivilprozessordnung vom 23.9.2010 (SGS 221)

GOG   Gesetz über die Organisation der Gerichte vom 22.2.2001 (*Gerichtsorganisationsgesetz*; SGS 170)

–   Gesetz über die Behörden und das Verfahren bei Streitigkeiten aus Miete und Pacht von unbeweglichen Sachen vom 22.3.1995 (SGS 223)

BS – Basel-Stadt

EG ZPO   Gesetz über die Einführung der Schweizerischen Zivilprozessordnung vom 13.10.2010 (SG 221.100)

Verzeichnis der kantonalen Erlasse

GOG   Gesetz betreffend Wahl und Organisation der Gerichte sowie der Arbeitsverhältnisse des Gerichtspersonals und der Staatsanwaltschaft vom 27.6.1895 (*Gerichtsorganisationsgesetz*; SG 154.100)

FR – Freiburg

JG   Justizgesetz vom 31.5.2010 (SGF 130.1)

GE – Genf

LaCC   Loi d'application du code civil suisse et d'autres lois fédérales en matière civile du 11 octobre 2012 (rs/GE E 1 05)

LOJ   Loi sur l'organisation judiciaire du 26 septembre 2010 (rs/GE E 2 05)

GL – Glarus

EG ZPO   Einführungsgesetz zur Schweizerischen Zivilprozessordnung vom 2.5.2010 (GS III C/1)

GOG   Gesetz über die Gerichtsorganisation des Kantons Glarus vom 6.5.1990 (*Gerichtsorganisationsgesetz*; GS III A/2)

GR – Graubünden

EGzZPO   Einführungsgesetz zur Schweizerischen Zivilprozessordnung vom 16.6.2010 (BR 320.100)

GOG   Gerichtsorganisationsgesetz vom 16.6.2010 (BR 173.000)

JU – Jura

LiCPC   Loi d'introduction du Code de procédure civile suisse du 16 juin 2010 (RSJU 271.1)

LOJ   Loi d'organisation judiciaire du 23 février 2000 (RSJU 181.1)

TBF   Loi instituant le Tribunal des baux à loyer et à ferme du 30 juin 1983 (RSJU 182.35)

LU – Luzern

JusG   Gesetz über die Organisation der Gerichte und Behörden in Zivil-, Straf- und verwaltungsgerichtlichen Verfahren vom 10.5.2010 (*Justizgesetz*; SRL 260)

–   Kantonsratsbeschluss über die Sitze der Gerichte und Schlichtungsbehörden und die Einteilung des Kantons in Gerichtsbezirke vom 10.5.2010 (SRL 261)

NE – Neuenburg

LI-CPC   Loi d'introduction du code de procédure civile du 27 janvier 2010 (RSN 251.1)

OJN   Loi d'organisation judiciaire neuchâteloise du 27 janvier 2010 (RSN 161.1)

NW – Nidwalden

GerG   Gesetz über die Gerichte und die Justizbehörden vom 9.6.2010 (*Gerichtsgesetz*; NG 261.1)

OW – Obwalden

GOG   Gesetz über die Gerichtsorganisation vom 22.9.1996 (GDB 134.1)

SG – St. Gallen

EG ZPO   Einführungsgesetz zur Schweizerischen Zivilprozessordnung vom 15.6.2010 (sGS 961.2)

GerG   Gerichtsgesetz vom 2.4.1987 (sGS 941.1)

–   Verordnung über die Schlichtungsbehörden vom 14.11.2008 (sGS 941.112)

SH – Schaffhausen

JG   Justizgesetz vom 9.11.2009 (SHR 173.200)

SO – Solothurn

EG ZPO   Einführungsgesetz zur Schweizerischen Zivilprozessordnung vom 10.3.2010 (BGS 221.2)

GO   Gesetz über die Gerichtsorganisation vom 13.3.1977 (BGS 125.12)

SZ – Schwyz

EGzOR Einführungsgesetz zum Schweizerischen Obligationenrecht vom 25.10.1974 (SRSZ 217.110)

JG Justizgesetz vom 18.11.2009 (SRSZ 231.110)

TG – Thurgau

ZSRG Gesetz über die Zivil- und Strafrechtspflege vom 17.6.2009 (RB 271.1)

ZSRV Verordnung des Obergerichts über die Zivil- und Strafrechtspflege vom 27.5.2010 (*Zivil- und Strafrechtspflegeverordnung*; RB 271.11)

TI – Tessin

LACPC Legge di applicazione del codice di diritto processuale civile svizzero del 24 giugno 2010 (CAN 3.3.2.1)

LOG Legge sull'organizzazione giudiziaria del 10 maggio 2006 (CAN 3.1.1.1)

UR – Uri

GOG Gesetz über die Organisation der richterlichen Behörden vom 17.5.1992 (*Gerichtsorganisationsgesetz*; RB 2.3221)

VD – Waadt

CDPJ Code de droit privé judiciaire vaudois du 12 janvier 2010 (RSV 211.02)

LJB Loi sur la juridiction en matière de bail du 9 novembre 2010 (RSV 173.655)

LOJV Loi d'organisation judiciaire du 12 décembre 1979 (RSV 173.01)

VS – Wallis

EGZGB Einführungsgesetz zum Schweizerischen Zivilgesetzbuch vom 24.3.1998 (SGS 211.1)

EGZPO Einführungsgesetz zur Schweizerischen Zivilprozessordnung vom 11.2.2009 (SGS 270.1)

OAJ Ordonnance sur l'assistance judiciaire du 9 juin 2010 (SGS 177.700)

RPflG Gesetz über die Rechtspflege vom 11.2.2009 (SGS 173.1)

ZG – Zug

EG OR Einführungsgesetz zum schweizerischen Obligationenrecht vom 28.8.2003 (BGS 216.1)

GOG Gesetz über die Organisation der Zivil- und Strafrechtspflege vom 26.8.2010 (BGS 161.1)

ZH – Zürich

Anwaltsgesetz Anwaltsgesetz vom 17.11.2003 (LS 215.1)

GOG Gesetz über die Gerichts- und Behördenorganisation im Zivil- und Strafprozess vom 10.5.2010 (LS 211.1)

Teil 1　　　　　　　　　　　　　　　　　　　Einleitung

Kapitel 1　Allgemeines zur Streitschlichtung im Mietwesen

Eine Meinungsverschiedenheit zwischen den Parteien eines Mietverhältnisses sollte bevorzugt durch Dialog und Verhandlung gelöst werden. Eine *einvernehmliche Lösung* spart Zeit und Geld (z.B. Prozesskosten). Zudem wird auf diese Weise die Fortsetzung des Mietverhältnisses weniger belastet, als wenn ein gerichtliches Verfahren bis zum bitteren Ende geführt wird.　　1

Der Gesetzgeber fördert die ausserbehördliche Lösung von Konflikten. So ist bei der Mietzinsherabsetzung ausdrücklich vorgesehen, dass sich die *Mieterschaft zuerst an die Vermieterschaft wenden* muss, bevor sie die Schlichtungsbehörde anrufen kann (Art. 270a Abs. 2 OR). Im Weiteren löst eine ausserbehördliche Einigung – gleich wie ein Entscheid oder ein Vergleich vor der Schlichtungsbehörde oder dem Gericht – eine Kündigungssperrfrist aus (Art. 271a Abs. 2 OR).　　2

Auch die der Schlichtungsbehörde aufgetragene *Rechtsberatung* wirkt schlichtend und ausgleichend und dient der Förderung des Dialogs sowie der Vermittlung zwischen Mietern und Vermietern.　　3

Immer häufiger versuchen Mieter und Vermieter, ihre Konflikte in einem *Mediationsverfahren* zu lösen. Die Schweizerische Zivilprozessordnung vom 19. Dezember 2008[1] (ZPO) hat die Mediation integriert (Art. 213–218 ZPO; vgl. N 1248 ff.).　　4

Wenn die Parteien ausserhalb eines Schlichtungs- oder Gerichtsverfahrens eine Vereinbarung treffen, sollte diese unbedingt *schriftlich festgehalten* werden (Art. 271a Abs. 2 OR). Einerseits besteht der Kündigungsschutz der Mieterschaft gegen eine Kündigung in der Sperrfrist gemäss Art. 271a Abs. 1 lit. e OR nur unter dieser Voraussetzung. Andererseits verändert eine derartige Vereinbarung häufig eine oder mehrere Vertragsbestimmungen; solche Änderungen sind aber – wie dies in einer Vielzahl von Verträgen vereinbart ist – nur gültig, wenn die schriftliche Form gewahrt worden ist. Schliesslich sprechen auch Gründe der Beweissicherung für die Schriftform.　　5

---

[1] SR 272.

6 Wenn die Parteien untereinander keine einvernehmliche Lösung finden, haben sie sich – vorbehältlich einiger Ausnahmen[2] – zuerst an die *Schlichtungsbehörden* und anschliessend an die *Gerichtsbehörden* zu wenden. Vorbehalten bleiben zwischen den Parteien getroffene Vereinbarungen, eine Streitigkeit vor einem *Schiedsgericht* auszutragen (vgl. N 1228 ff.). Schlichtungsbehörden (Art. 197 ff. ZPO) und Gerichte (Art. 124 Abs. 3 ZPO) haben die Aufgabe, die Parteien bei der Suche nach einer einvernehmlichen Regelung zu unterstützen.

---

[2] Insbesondere findet im Summarverfahren kein Schlichtungsversuch statt (Art. 198 lit. a ZPO).

Kapitel 2 Die Schweizerische Zivilprozessordnung (ZPO)

1. Entstehung

In der eidgenössischen Volksabstimmung vom 12. März 2000 verschafften Volk und Stände dem Bund die Verfassungsgrundlage für die Zivilprozessordnung (Art. 122 Abs. 1 BV[3]). Nachdem der Bundesrat zuerst lediglich eine *Harmonisierung des Prozessrechtes* ins Auge gefasst hatte, entschied er sich aufgrund des Vernehmlassungsverfahrens, für eine vollständige Vereinheitlichung des Prozessrechts und legte am 28. Juni 2006 den eidgenössischen Räten die Botschaft zur Schweizerischen Zivilprozessordnung vor[4]. Die ZPO wurde von den Räten am 19. Dezember 2008 verabschiedet und vom Bundesrat auf den 1. Januar 2011 in Kraft gesetzt.

2. Leitgedanken der ZPO

Der Bundesrat hat in der Botschaft zur ZPO die *Leitideen* wie folgt umschrieben[5]:

«*Keine Mehrbelastung der kantonalen Gerichte – aber auch kein Abbau an Rechtsschutz*»[6]: Eine Angelegenheit muss von zwei kantonalen Instanzen beurteilt sein, bevor sie ans Bundesgericht gezogen werden kann (*Grundsatz der «double instance»*[7], Art. 75 Abs. 2 BGG). Die ZPO betont im grösseren Ausmass als bisher, die Zivilgerichtsbarkeit finde schwerpunktsmässig in den Kantonen statt. Sie will den Kantonen allerdings keine zusätzlichen Kosten aufbürden[8].

«*Schlichten statt Richten*»[9]: Die Anrufung der Schlichtungsbehörde oder des Gerichts sollte die ultima ratio der Konfliktbereinigung sein. «Das Gericht ist und bleibt eine Autorität»[10]. Die *gütliche Einigung* hat immer Vorrang. Eine einvernehmlich zustande gekommene Lösung spart Zeit und Geld (z.B. Prozesskosten). Zudem wird auf diese Weise die Fortsetzung des Mietverhältnisses weniger belastet, als wenn ein gerichtliches Verfahren bis zu seinem Ende geführt wird. Die ZPO kann von den Mietschlichtungsstellen lernen, die bereits seit über zwanzig Jahren bundesrechtlich vorgeschrieben sind. Diese Behörden weisen eine hohe Erledigungsquote vor – zur Zufriedenheit der Betroffenen.

---

3   SR 101.
4   Botschaft ZPO, S. 7221 ff.
5   Botschaft ZPO, S. 7241 ff.; *Gasser*, ZPO-Einführungstagung 2010.
6   Botschaft ZPO, S. 7241.
7   Vgl. N 30 und N 50.
8   Botschaft ZPO, S. 7241.
9   Botschaft ZPO, S. 7241.
10 Botschaft ZPO, S. 7242.

11 «*Stärkung der Selbstverantwortung der Parteien*»[11]: Die Parteien sollen sich vorerst im *Dialog* zu einigen versuchen, dies als Ausdruck der Selbstverantwortung. Bleibt dies erfolglos, wird vor dem Gang ans Gericht eine Schlichtungsverhandlung «vorgeschaltet». Diese ist zwar formalisiert, in ihrem Aufbau aber ganz auf Einfachheit und Raschheit ausgerichtet[12].

12 «*Einbau der Mediation und Schiedsgerichtsbarkeit*»[13]: Nicht nur Schlichtungsbehörden können zur Entlastung der Gerichte beitragen. Mit der *Mediation* (Vermittlung) steht ein aussergerichtliches, nicht öffentliches Verfahren konstruktiver Konfliktregelung zur Verfügung, bei dem die Parteien eines (Rechts-)Streits mit Unterstützung eines Dritten, des Mediators, einvernehmliche Regelungen suchen, die ihren Bedürfnissen und Interessen dienen. Eine qualitativ gute Schiedsgerichtsbarkeit kann ebenfalls zur Entlastung der staatlichen Justiz beitragen.

13 «*Kein Kanton darf gezwungen werden, neue Gerichte einzuführen*»[14]: Die ZPO zwingt keinen Kanton, neue Gerichte (z.B. Mietgerichte) einzuführen. Dies gilt auch in Bezug auf das *vorgerichtliche Schlichtungsverfahren*. Eine Friedensrichterin kann durchaus diese Funktion ausüben. Wie die Kantone die nicht paritätischen, allgemeinen Schlichtungsbehörden organisieren, bleibt ihnen überlassen. Die Schlichtungsbehörde muss auch kein Gericht im formellen Sinne sein – nur auf Unabhängigkeit ist zu achten.

14 «*Der Zivilprozess – eine Palette verschiedener Verfahren*»[15]: Die ZPO hat einen Mittelweg gefunden zwischen den Grundanliegen einer schnellen, einfachen und *kostengünstigen Erledigung* einerseits, und einer richtigen (weil auf der materiellen Wahrheit beruhenden) Entscheidung anderseits. Eine Kündigungsanfechtung eines KMU-Mieters folgt anderen Verfahrensabläufen als ein Patentstreit zweier multinationaler Unternehmen.

15 «*Das ordentliche Verfahren als klassischer Zivilprozess*»[16]: Das ordentliche Verfahren ist die «Mutter» der Verfahrensarten. Es ist ritualisiert und baut auf den Grundsätzen *der Verhandlungsmaxime und der Dispositionsmaxime* auf. Obwohl hohe Streitwerte im Spiel sein können, finden Prozesse im Kernbereich des sozialen Mietrechts in der Regel im vereinfachten Verfahren statt.

16 «*Ein einfaches, bürgernahes und laienfreundliches Verfahren für den Gerichtsalltag*»[17]: Bei Forderungsstreitigkeiten bis 30 000 Franken und in Materien des *sozialen Privatrechts* gelten einfachere Regeln, nämlich jene des vereinfachten Verfahrens. Das vereinfachte

---

11   Botschaft ZPO, S. 7242.
12   Botschaft ZPO, S. 7242.
13   Botschaft ZPO, S. 7243.
14   Botschaft ZPO, S. 7243.
15   Botschaft ZPO, S. 7245.
16   Botschafz ZPO, S. 7245.
17   Botschaft ZPO, S. 7245.

Verfahren ist ein ganzheitlicher Prozess mit voller Beweis- und Kognitionsbefugnis. Merkmale sind erleichterte Formen (Art. 244 ZPO), grundsätzliche Mündlichkeit, Anwendung der sozialen Untersuchungsmaxime, Möglichkeit anderer als anwaltlicher Vertretungsverhältnisse und eine verstärkte Prozessleitung.

3. Auswirkungen der ZPO auf Änderungen im Mietrecht

a) Formelle Änderungen

Mit der *Inkraftsetzung der ZPO per 1. Januar 2011* wurde der vierte Abschnitt des Mietrechts, «Behörden und Verfahren» (Art. 274–274g aOR), ersatzlos gestrichen und in die ZPO übernommen[18]. Damit wurde der per 1. Juli 1990 erfolgte – eigentlich systemwidrige – Einbau des Verfahrensrechts ins OR wieder korrigiert.

- Art. 259i OR, der das Verfahren bei der Mietzinshinterlegung regelte, wurde aufgehoben und ersetzt durch die Formulierung «Das Verfahren richtet sich nach der ZPO».
- Art. 273 OR wurde insofern geändert, als seine Absätze 4 und 5 aufgehoben und wie folgt ersetzt wurden:
   «⁴ Das Verfahren vor der Schlichtungsbehörde richtet sich nach der ZPO.
   ⁵ Weist die zuständige Behörde ein Begehren des Mieters betreffend Anfechtung der Kündigung ab, so prüft sie von Amtes wegen, ob das Mietverhältnis erstreckt werden kann.»
- Art. 276a Abs. 2 OR wurde aufgehoben und ersetzt durch die Formulierung «Im Übrigen gilt das Obligationenrecht mit Ausnahme der Bestimmungen über die Pacht von Wohn- und Geschäftsräumen».
- Art. 301 OR wurde aufgehoben und ersetzt durch die Formulierung «Das Verfahren richtet sich nach der ZPO».

b) Inhaltliche Änderungen – erste Beurteilung

Dass die Schweiz endlich eine *einheitliche ZPO* erhalten hat, ist unter allen Titeln zu begrüssen. Die Schweiz hat sich damit – mit der landesüblichen Verzögerung – dem Standard aller europäischen Staaten angepasst. Dies öffnet dem Anwaltsberuf die kantonalen Grenzen, läuft man doch – mindestens theoretisch – nicht mehr Gefahr, am fremden kantonalen Prozessrecht zu scheitern. Es versteht sich von selbst, dass ein solches Jahrhundertwerk eingespielt und justiert werden muss. Der Grundgedanke «Schlichten vor Richten» ist zentral und erfährt durch die Ausweitung auf alle Streitigkeiten die nötige Stärkung[19].

---

18 Die Übernahme erfolgte nicht vollständig und entpuppte sich teilweise als Verschlechterung der Verfahrensbestimmungen im Mietrecht. Vgl. dazu die Kritik in den einzelnen Kapiteln.
19 Zum Ganzen: *Bohnet/Conod*, 17ᵉ Séminaire, S. 211 ff.

19 Ironischerweise bringt die ZPO ausgerechnet für das Rechtsgebiet, das die Schlichtung seit Jahrzehnten *à fond* kennt, neben einigen Verbesserungen (Ausweitung des Urteilsvorschlags, Möglichkeit des Entscheids, unentgeltliche Rechtspflege auch im Schlichtungsverfahren etc.) insbesondere im Schlichtungsverfahren leider auch *Verschlechterungen*, unter anderem:
    – die Mieter-Zweiklassengesellschaft (Raum- versus Flächenmieter; vgl. N 72),
    – den Wegfall der obligatorischen Entscheidkompetenz bei Hinterlegungen, Kündigungen und Erstreckungen nach gescheiterter Schlichtung,
    – die Säumnisregelung,
    – die Einschränkung der Untersuchungsmaxime,
    – den Wegfall des Schlichtungsversuches bei der Aberkennungsklage,
    – die unklare Kostenregelung im Schlichtungsverfahren.

    Zudem tauchen auf einmal Probleme auf, die im alten Recht geklärt waren und zu keinen Auseinandersetzungen führten, zum Beispiel die Kostenfrage im Schlichtungsverfahren.

20 Im *Ausweisungsverfahren* bringt die ZPO eine schwer verständliche (aber sehr wahrscheinlich gut gemeinte) *Verkomplizierung* mit dualen Rechtswegen, nachdem man im alten Recht mit der Kompetenzattraktion dies gerade vermieden hatte. *De lege ferenda muss das System der Ausweisung neu geregelt werden*[20].

21 Der einheitlichen Zivilprozessordnung widerspricht eine *faktische Föderalisierung* durch Kann-Vorschriften (Urteilsvorschlag, Art. 210 ZPO; Entscheid, Art. 212 ZPO), die dazu führt, dass je nach Schlichtungsbehörde von den beiden Rechtsinstituten rege oder aber gar nicht Gebrauch gemacht wird. So ist es ein offenes Geheimnis, dass im Kanton Genf kaum Urteilsvorschläge unterbreitet werden, im Kanton Basel-Landschaft dagegen – wenn möglich – immer. *De lege ferenda müssten diese beiden Rechtsinstitute obligatorisch erklärt und umgebaut werden*[21].

22 Es zeigt sich, dass der 1. Titel der besonderen Bestimmungen, «Schlichtungsversuch» (Art. 197 ff. ZPO), nicht durchkomponiert ist[22]. Nichts belegt dies besser als die Kurzdefinition in der Botschaft, wonach es sich beim Schlichtungsversuch um eine «formalisierte Verhandlungsrunde» handle[23]. Formalisiert deutet auf die Einbindung ins Prozessrecht hin. Mit Verhandlung ist aber die formlose Verhandlung nach Art. 201 Abs. 1 ZPO gemeint. Wo liegt nun der *Regelungsschwerpunkt*: Auf der Formalisierung oder auf der Formlosigkeit? Die Formlosigkeit ist verbunden mit dem Fehlen von

---

20 *Lachat*, CPC, S. 25.
21 *Lachat*, CPC, S. 25.
22 *Korak-Disler*, S. 1: «Zwar wurden die im materiellen Recht bestehenden mietrechtlichen Normen zu Behörde und Verfahren (Art. 274–274f aOR) teilweise vom Gesetzgeber in die ZPO integriert, doch erfolgte deren Überführung unsystematisch und unvollständig.»
23 Botschaft ZPO, S. 7327.

Kompetenzen. Einige Autoren gehen so weit, der Schlichtungsbehörde die Kompetenz-Kompetenz abzusprechen[24]. Dies ist in sich wiederum inkonsequent, versehen doch sowohl die ZPO als auch die Rechtsprechung die Schlichtungsbehörde sehr wohl mit Kompetenzen (vgl. N 150 ff.).

Schliesslich ist die Schlichtungsbehörde – in jeweils gleicher Zusammensetzung – auf drei[25] Ebenen tätig, die *unterschiedliche Verfahrensabläufe* aufweisen und sich allenfalls im gleichen Verhandlungstermin ablösen: 23

- *Schlichtungsebene*: formlos, rasch und erfolgreich[26]; nach gewissen Lehrmeinungen ohne Kompetenz-Kompetenz, gleichwohl in der Praxis verfügend und gestaltend tätig.
- *Urteilsvorschlagsebene*: Der Urteilsvorschlag nimmt eine Mittelstellung ein zwischen einem behördlichen Vergleichsvorschlag und einem Entscheid. Theoretisch sind alle klassischen Verfahrensbestimmungen anwendbar, insbesondere das Beweis- und Beweisabnahmerecht. Die Schlichtungsbehörde begibt sich auf unsicheres Terrain und verschanzt sich oft hinter der «Kann»-Vorschrift, um nicht einen Urteilsvorschlag unterbreiten zu müssen.
- *Entscheidebene*: Der Gesetzgeber hat mitten in das formlose Verfahren vor der Schlichtungsbehörde eine erstinstanzliche Urteilskompetenz implantiert. Der Schlichtungsbehörde wird einiges abverlangt, passiert es doch nicht selten, dass im Verlauf der Schlichtungsphase ein Antrag nach einem Entscheid (Art. 212 ZPO) gestellt wird. Die Regelungsdichte des Entscheids (ein Artikel, Art. 212 ZPO) ist ein deutlicher Hinweis dafür, dass man mit diesem Rechtsinstitut nicht allzu viel anzufangen wusste. Es ist ein schwacher Trost, dass alle Entscheide auch in einen Urteilsvorschlag umgepolt werden können.

Da Streitigkeiten im Kernbereich des sozialen Mietrechts (Hinterlegung, Mietzinserhöhung, Kündigung und Erstreckung) im vereinfachten Verfahren (Art. 243 ff. ZPO) verhandelt werden, ist *de lege ferenda zu fordern, dass dieses Verfahren integral auf alle Streitigkeiten aus Miete und Pacht ausgedehnt wird*. 24

Zentral für eine erfolgreiche Schlichtung ist allerdings nicht das Prozessrecht, sondern der *Schlichtungswille* der Parteien und die fundierte *Kenntnis und Anwendung des Mietrechts* durch die Schlichtungsbehörde. 25

4. Verbleibende kantonale Zuständigkeit

Art. 3 ZPO hält den verfassungsrechtlichen Grundsatz fest, wonach die Kantone für die *Organisation ihrer Gerichte* zuständig bleiben (vgl. Art. 122 Abs. 2 BV). So soll wie 26

---

24 *Higi*, BWO-Tagung 2014.
25 Eigentlich auf vier Ebenen, wenn man die Rechtsberatung (Art. 201 Abs. 2 ZPO) hinzuzählt.
26 Vgl. die Statistik des BWO, ‹www.bwo.admin.ch/themen› (19.5.2016).

bis anhin kantonales Recht regeln, ob für Mietsachen Mietgerichte und für handelsrechtliche Streitigkeiten Handelsgerichte zuständig sind, wie und von wem die Gerichtspersonen gewählt werden, ob die Gerichte Kollegial- oder Einzelgerichte sind, wie die Spruchkompetenzen lauten, wie die Gerichte bezeichnet werden (z.B. «Einzelrichter», «Bezirksgericht», «Mietgericht», «Kantonsgericht», «Obergericht»), wie sie territorial organisiert sind (Gerichtsbezirke, Kreise oder Regionen), wie – ob im Original oder auf elektronischen Datenträgern – die Akten aufzubewahren sind usw[27].

27 Das Zusammenspiel zwischen kantonalem Recht und Bundesrecht findet sinnfälligen Ausdruck in der *Organisation der Schlichtungsbehörden*. Diese bleibt Sache der Kantone (Art. 3 ZPO). Bundesrechtlich ist verlangt, dass die Kantone Schlichtungsbehörden einsetzen (Art. 197 ZPO).

28 Die Kantone können auch Regelungen über die *Vertretung in Mietstreitigkeiten* erlassen[28]. Patentierte Sachwalter und Rechtsagenten sind unter anderem vor der Schlichtungsbehörde und im vereinfachten Verfahren zugelassen, wenn das kantonale Recht es vorsieht (Art. 68 Abs. 2 lit. b ZPO)[29]. Vor den Mietgerichten können schliesslich beruflich qualifizierte Vertreter (Verbandsvertreter) auftreten, wenn das kantonale Recht dies vorsieht (Art. 68 Abs. 2 lit. d ZPO)[30].

---

27 Botschaft ZPO, S. 7258.
28 Zur prozessrechtlichen Stellung der Liegenschaftsverwaltung (Vertreterin oder Zeugin?) vgl. *Terrapon*, FZR 1992, S. 240. Wenn die Verwaltung zur Vertretung der Vermieter berechtigt ist (Art. 204 Abs. 3 lit. c ZPO), kann sie diese Aufgabe einer angestellten Person übertragen, selbst wenn diese im Handelsregister nicht eingetragen ist: Cour de justice GE, 20.11.1995, in: mp 1/1997, S. 55.
29 Patentierte Sachwalter sind im Kanton Luzern vorgesehen, Rechtsagenten in den Kantonen St. Gallen, Waadt («agent d'affaires breveté») und Genf («agent d'affaires»). Für die Westschweiz: *Lachat*, CPC, S. 93 ff.; vgl. Anhang 3.
30 Über die Kontroverse, ob Verbandsvertreter zuzulassen sind, wenn das kantonale Recht dies vorsieht, der Kanton jedoch keine Mietgerichte kennt: befürwortend: BSK ZPO-*Tenchio*, Art. 68 N 13; **a.M.** *Gasser/Rickli*, Art. 68 ZPO N 7.

Teil 2 Gerichtsorganisation

Kapitel 3 Grundsatz der kantonalen Zuständigkeit (Art. 122 Abs. 2 BV; Art. 3 ZPO)

Die Bundesverfassung[31] hält in Art. 122 Abs. 2 BV fest, dass für die *Organisation der Gerichte und die Rechtsprechung in Zivilsachen* die Kantone zuständig sind, soweit das Gesetz nichts anderes vorsieht. An diesem Grundsatz rüttelte der Gesetzgeber nicht, wohl wissend, dass er sonst das Projekt ZPO gefährdet hätte. Folgerichtig hält Art. 3 ZPO fest, dass die Organisation der Gerichte und der Schlichtungsbehörden Sache der Kantone ist, soweit das Gesetz nichts anderes bestimmt. Die ZPO hält sich mit der Anwendung dieser Kompetenznorm sehr zurück. Sie verlangt zum Beispiel weder die Einführung von Mietgerichten noch von Handelsgerichten. Im Interesse der einheitlichen Durchsetzung des sozialen Mietrechts hat der Gesetzgeber das Paritätsgebot für die Schlichtungsstellen in Miet- und Pachtsachen (Art. 200 Abs. 1 ZPO) vorgeschrieben. Allerdings galt dies schon für das alte Recht[32].   29

Die ZPO verzichtet darauf, den *Grundsatz der «double instance»* zu erwähnen, denn dieser Grundsatz ist bereits im Bundesgerichtsgesetz ausdrücklich festgehalten (Art. 75 Abs. 2 BGG)[33]. Ferner ergibt er sich unmittelbar aus dem System der Rechtsmittel (Art. 308 ff. ZPO).   30

Wenn es um die *Wahlgremien* der Gerichtsbehörden geht, feiert der Föderalismus Urständ. Das Spektrum reicht von der Volkswahl bis zur Ernennung durch den Regierungsrat.   31

---

31 Bundesverfassung der Schweizerischen Eidgenossenschaft vom 18.4.1999 (SR 101).
32 Botschaft ZPO, S. 7259.
33 Vgl. N 9.

Teil 2 Gerichtsorganisation

Kapitel 4   Die Gerichtsinstanzen (Art. 4 ff. ZPO)

1. Drei-Stufen-Modell

32 Die Gerichtsinstanzen stehen in einer *dreistufigen Hierarchie*:
- erste Instanz: Bezirksgericht, Landgericht, Kreisgericht, Regionalgericht, Amtsgericht, Zivilgericht, Mietgericht etc.;
- zweite Instanz: Obergericht, Kantonsgericht, Appellationsgericht etc.;
- dritte Instanz: Bundesgericht.

Den drei Instanzen wird faktisch eine vierte vorangestellt: die Schlichtungsbehörde. Obwohl sie keine Gerichtsinstanz ist (wenn sie nicht nach Art. 212 ZPO entscheidet), beschäftigt sie sich materiell mit der Streitsache und unterbreitet – im Mietwesen als Kollegialbehörde – einen Vergleichsvorschlag.

2. Ausnahmen

33 Das Drei-Stufen-Prinzip kommt dann nicht zur Anwendung, wenn eine *einzige kantonale Instanz* vorgesehen ist (Art. 5 ZPO). Das Mietrecht ist davon nicht berührt. Für handelsrechtliche Streitigkeiten ist in denjenigen Kantonen, die ein *Handelsgericht* kennen, dieses die einzige kantonale Instanz (Art. 6 Abs. 1 ZPO)[34].

34 In *vermögensrechtlichen Streitigkeiten* kann die klagende Partei mit Zustimmung der beklagten Partei direkt an das obere Gericht gelangen, sofern der Streitwert mindestens 100 000 Franken beträgt. Die Parteien können zudem auf die Durchführung einer Schlichtungsverhandlung verzichten (Art. 199 Abs. 1 ZPO). Dieses Gericht entscheidet als einzige kantonale Instanz (Art. 8 ZPO). Da es in der Regel weder im Interesse der Vermieter noch der Mieter ist, auf das (u.a. kostenlose) Schlichtungsverfahren zu verzichten, wird sich die Anwendung von Art. 8 und Art. 199 Abs. 1 ZPO auf wenige Fälle im Geschäftsmietbereich beschränken.

3. Erste kantonale Instanz

35 Die Kantone gestalten das *erstinstanzliche Verfahren* ganz unterschiedlich[35]. Zu unterscheiden sind dabei Kantone mit und ohne Mietgerichte.

---

34   Kantone Aargau, Bern, St. Gallen, Zürich (vgl. N 102 ff.).
35   Die jeweilige Organisationsstruktur ist für jeden Kanton im Anhang 3 dokumentiert.

a)   Kantone mit Mietgerichten

Folgende Kantone kennen *Mietgerichte*: Freiburg, Genf, Jura, Waadt und Zürich. 36

Mietgerichte sind *Spezialgerichte*, und nicht Sondergerichte. Sie sind in der Regel pari- 37
tätisch zusammengesetzt und vermitteln mit dem Beizug von juristischem und fachspezifischem Sachverstand vielfach ein Vertrauen, das zu einer höheren Akzeptanz von Vergleichsvorschlägen und Urteilen führt[36]. Die Parität der Zusammensetzung ist allerdings – im Unterschied zur Schlichtungsbehörde – nicht konsequent vorgeschrieben. Sie hängt in den Kantonen, Freiburg, Jura und Zürich vom Streitwert ab[37].

Auf welcher *Organisationsstufe* die Mietgerichte angesiedelt sind, bleibt den Kantonen 38
überlassen. In den Kantonen Genf, Jura und Waadt existiert ein Mietgericht, zuständig für den ganzen Kanton. Im Kanton Freiburg wird die Mietgerichtsbarkeit von drei Mietgerichten wahrgenommen[38]. Im Kanton Zürich hat jeder Bezirk ein Mietgericht.

Die Mietgerichte sind *paritätisch zusammengesetzt*, bestehend aus einer Vorsitzenden 39
bzw. einem Vorsitzenden, die in der Regel erstinstanzliche Gerichtsfunktionen ausüben. Je die Hälfte der Beisitzenden sind Vertreterinnen und Vertreter der Vermieter- bzw. der Mieterseite. Das Wahlgremium holt Vorschläge entsprechender Verbände ein, die es nach Möglichkeit berücksichtigt[39].

Über die *fachlichen Voraussetzungen der Beisitzenden* schweigen sich die Mietgerichtsge- 40
setze aus. Man geht wohl davon aus, dass die Interessenverbände kompetente Beisitzende vorschlagen. Die Wahl- und Aufsichtsbehörden tragen die Verantwortung dafür, dass die Beisitzenden auch als juristische Laien fachlich in der Lage sind, zur Urteilsbildung beizutragen. Das Bundesgericht führt dazu aus, wenn dies nicht der Fall sei, könne der Anspruch auf einen unabhängigen Richter bzw. auf ein faires Verfahren berührt sein, wenn unerfahrene Laienrichter ohne Möglichkeit der Mithilfe einer unabhängigen Fachperson ihres Amtes walten müssten; diesfalls würde sich jedenfalls die Frage stellen, ob nicht von einem *iudex inhabilis* gesprochen werden müsste, also einem Richter, dem es an den für eine sachgerechte Entscheidfindung erforderlichen Eigenschaften fehlt[40].

Die *sachliche Zuständigkeit* der Mietgerichte ist unterschiedlich geregelt. Die Kantone 41
Freiburg[41], Jura[42], Waadt[43] und Genf[44] kennen eine umfassende Zuständigkeit für Im-

---

36 *Leuenberger/Uffer*, N 2.15.
37 Eine Zusammenstellung der kantonalen Gerichtsorganisationen, der Zuständigkeiten und der Einführungsgesetze zur ZPO findet sich im Anhang 3.
38 Saanebezirk, Sense- und Seebezirk, Greyerz-, Glane-, Broye- und Vivisbachbezirk.
39 Vgl. dazu das Wahlprozedere bei der Bestellung der Schlichtungsbehörden, N 60 ff.
40 BGE 134 I 16 E. 4.3.
41 Art. 56 Abs. 1 JG.
42 Art. 2 Abs. 1 TBF.
43 Art. 1 Abs. 1 und 2 LJB.
44 Art. 89 Abs. 1 lit. a LOJ.

mobiliar-Streitigkeiten zwischen Vermietern und Mietern bzw. (nicht landwirtschaftlichen) Verpächtern und Pächtern; mithin wird kein Unterschied zwischen Raum- und Flächenmietverhältnissen gemacht (vgl. N 72 ff.). Der Kanton Freiburg erweitert die sachliche Zuständigkeit für Streitigkeiten zwischen Mietern und Untermietern (allenfalls auch zwischen anderen am Vertrag Beteiligten), die aus einem Mietvertrag oder einem nicht-landwirtschaftlichen Pachtvertrag über eine im Kanton gelegene unbewegliche Sache samt Zugehör entstehen[45].

42   Im Kanton Zürich entscheidet das Mietgericht erstinstanzlich Streitigkeiten aus Miet- und aus Pachtverhältnissen für Wohn- und Geschäftsräume und Streitigkeiten aus landwirtschaftlicher Pacht gemäss Art. 17 Abs. 2, Art. 26 und 28 LPG[46]. Ist für eine Streitigkeit auch ein anderes Gericht zuständig, können die Parteien schriftlich dessen Zuständigkeit vereinbaren. Der Ausschluss des Mietgerichts darf nicht im Voraus vereinbart werden[47]. Der Kanton Zürich kennt folglich die «*Mieter-Zweiklassengesellschaft*», indem lediglich Streitigkeiten aus Raum-Mietverhältnissen vom Mietgericht beurteilt werden.

43   Die Mietgerichte sind als erstinstanzliche Gerichte ausgestaltet. Fällt die Schlichtungsbehörde einen mietrechtlichen Entscheid (Art. 212 ZPO), ist sie anstelle des Mietgerichtes erste Instanz und entscheidet als paritätische Schlichtungsbehörde (Art. 200 Abs. 1 ZPO) mit Mehrheitsentscheid (Art. 236 Abs. 2 ZPO). Dies führt zur folgenden, leicht paradoxen Situation:

– Entscheidet die Schlichtungsbehörde nach Art. 212 ZPO, wird dieser Entscheid von einer Kollegialbehörde getroffen[48].
– Kommt keine Einigung zustande, gelangt die Streitsache ans Mietgericht. In den Kantonen, Freiburg[49], Jura[50] und Zürich[51] entscheidet das Mietgericht in Einzelrichterkompetenz, in den Kantonen Waadt und Genf hingegen als Kollegialgericht.

Ob dieses *Zuständigkeits-Splitting* der Weisheit letzter Schluss ist, darf füglich hinterfragt werden. Das Mietgericht – als Spezialgericht – zeichnet sich, wie die vorgelagerte Schlichtungsbehörde, ganz wesentlich durch das Etikett «paritätisches Fachgericht» aus. Die Einzelrichterkompetenz passt nicht zu diesem Rechtsinstitut.

---

45   Art. 56 Abs. 1 JG.
46   Bundesgesetzes über die landwirtschaftliche Pacht vom 4.10.1985 (SR 221.213.2).
47   § 21 GOG.
48   Und ist m.E. kostenlos, vgl. N 415 ff.
49   Bei Streitwerten unter 8000 Franken entscheidet der Präsident des Mietgerichtes, Art. 56 Abs. 2 lit. a JG.
50   Bei Streitwerten unter 10 000 Franken entscheidet der Gerichtspräsident (Art. 29 Abs. 1 TBF).
51   Bei Streitwerten unter 30 000 bzw. 15 000 Franken entscheidet der Gerichtspräsident (§ 26 GOG). Er ist berechtigt und bei Streitwerten von mindestens 15 000 Franken auf Verlangen einer Partei verpflichtet, die Streitigkeit dem Kollegialgericht zu unterbreiten (§ 26 GOG).

b) Ordentliche Gerichte

In allen Kantonen, mit Ausnahme der Kantone mit Mietgerichten, ist das ordentliche erstinstanzliche Zivilgericht zur Behandlung von Streitigkeiten aus Miet- und Pachtrecht zuständig. Es spielt keine Rolle, ob es sich um *Mobiliar- oder Immobiliar-Mietverhältnisse* handelt, nicht von Belang ist auch die Kontroverse Raum- versus Flächenmiete. 44

Von Belang ist der Charakter der Mietstreitigkeit (Raum- oder Flächenmiete) hingegen bei der Frage der *Verfahrensart* (ordentliches oder vereinfachtes Verfahren) und damit verbunden bei der Höhe des Streitwertes zur «Auslösung» der Untersuchungsmaxime (Art. 243 Abs. 2 lit. c und Art. 247 Abs. 2 lit. b Ziff. 1 ZPO). 45

Die Kantone regeln die gebietsmässige Aufteilung der *erstinstanzlichen Gerichte* ganz unterschiedlich[52]. So kennen zum Beispiel die Kantone Genf, Basel-Stadt und Appenzell-Innerrhoden ein einziges Gericht für den ganzen Kanton. Einige Kantone haben die erste Gerichtsinstanz auf der Bezirksstufe angesiedelt (z.B. Kantone Aargau, Schwyz und Zürich), andere nennen die erste Gerichtsinstanz Kreisgericht (z.B. Kanton St. Gallen) oder Regionalgericht (z.B. Kanton Bern). 46

Auch die *Zuständigkeit* ist ganz unterschiedlich geregelt. Zur Beurteilung miet- und pachtrechtlicher Angelegenheiten sind zwei Zuständigkeitsmodelle anzutreffen: 47

- einzelrichterliche Kompetenz unabhängig vom Streitwert: z.B. Kanton Schwyz[53] und Kanton Bern[54];
- gesplittete Kompetenz je nach Streitwert: z.B. Basel-Stadt:

§ 9 EG ZPO
Für Verfahren vor dem Zivilgericht sind zuständig:
1. Einzelrichterin oder der Einzelrichter:
   a) im vereinfachten Verfahren (Art. 243 Abs. 1 ZPO) bei einem Streitwert unter 10 000 Franken sowie in den Fällen von Art. 243 Abs. 2 Bst. b bis d ZPO unabhängig vom Streitwert;
   b) für Rechtsschutz in klaren Fällen (Art. 257 ZPO) bis einem Streitwert unter 10 000 Franken und unabhängig vom Streitwert in miet- und pachtrechtlichen Ausweisungsverfahren;
   c) für alle übrigen summarischen Verfahren unabhängig vom Streitwert.
2. das Dreiergericht:
   a) im vereinfachten Verfahren bei einem Streitwert ab 10 000 Franken bis zu einem Streitwert von 30 000 Franken (Art. 243 Abs. 1 ZPO) sowie in den Fäl-

---

52 Eine Zusammenstellung der kantonalen Gerichtsorganisationen, der Zuständigkeiten und der Einführungsgesetze zur ZPO findet sich im Anhang 3.
53 § 31 Abs. 2 JG.
54 Art. 81 Abs. 4 GSOG.

len von Art. 243 Abs. 2 Bst. a und e ZPO unabhängig vom Streitwert, soweit nicht das Arbeitsgericht zuständig ist;
b) im ordentlichen Verfahren bei einem Streitwert von über 30 000 Franken und unter 100 000 Franken sowie den nicht vermögensrechtlichen Streitigkeiten;
c) für Rechtsschutz in klaren Fällen mit einem Streitwert ab 10 000 Franken sowie in nicht vermögensrechtlichen Streitigkeiten (Art. 257 ZPO).
3. die Kammer des Zivilgerichts:
im ordentlichen Verfahren ab einem Streitwert von 100 000 Franken.

48 Für das Summarverfahren gilt durchgehend die *Einzelrichterkompetenz*.

49 Der Spruchkörper kann sich im Verlauf des Verfahrens ändern. Nach der neueren Rechtsprechung kann der Anspruch auf ein durch Gesetz geschaffenes Gericht verletzt sein (Art. 30 Abs. 1 BV), wenn die Zusammensetzung des Spruchkörpers im Verlauf des Verfahrens ohne hinreichende sachliche Gründe geändert wird. Jede Besetzung, die sich nicht mit sachlichen Gründen rechtfertigen lässt, verletzt die *Garantie des verfassungsmässigen Richters*[55]. Eine Veränderung der Besetzung ist einzelfallbezogen zulässig, beispielsweise wenn ein Mitglied des Gerichts aus Altersgründen ausscheidet oder wegen einer länger dauernden Krankheit oder wegen Mutterschaftsurlaub das Amt nicht ausüben kann oder wenn eine Neukonstituierung des Gerichts die Auswechslung erfordert. Das Gericht hat die beabsichtigte Änderung des Spruchkörpers bekannt zu geben und sich zu deren Gründen zu äussern[56].

4. Zweite kantonale Instanz

50 Als Ausfluss des Prinzips der «*double instance*» muss jeder Kanton zwei Instanzen zur Verfügung stellen, damit das erstinstanzliche Urteil an eine höhere, zweite kantonale Instanz weitergezogen werden kann. Dieses Gericht wird in den meisten (Deutschschweizer) Kantonen «Obergericht» genannt[57]. Die obere Instanz kann das erstinstanzliche Urteil sowohl bezüglich Rechts- wie auch Tatfragen frei überprüfen, oder die Überprüfungsbefugnis ist allenfalls auf Willkür beschränkt[58].

51 In der *zweiten Instanz* ist das Kollegialgericht die Regel. Im Kanton Zürich etwa entscheiden die Kammern des Obergerichts in Dreierbesetzung, soweit nicht Fünferbe-

---

55 BGE 137 I 340 E. 2.2.1 mit weiteren Hinweisen.
56 BGer 4A_271/2015 vom 29.9.2015 E. 8.2, in: SZZP 1/2016, Nr. 1757, Kommentar *Guillaume Jéquier*.
57 Nähere Angaben im Anhang 3.
58 Vgl. für die Berufung N 1051 und für die Beschwerde N 1089.

setzung vorgeschrieben wird[59]. Im Kanton Schwyz tagt das Kantonsgericht in Fünferbesetzung[60]. Es gibt Kantone, die je nach Streitwert die Einzelrichterkompetenz kennen. So ist zum Beispiel im Kanton Luzern die Einzelrichterin oder der Einzelrichter bei Rechtsmitteln oder Klagen zuständig, wenn der Streitwert weniger als 10 000 Franken beträgt[61]. Darunter fallen unter anderem sämtliche Entscheide nach Art. 212 ZPO. Im Kanton Genf existiert faktisch ein Mietgericht in zweiter Instanz. Eine spezielle Kammer, «la chambre des baux et loyers», behandelt Berufungen und Beschwerden gegen Urteile des Mietgerichtes («Tribunal des baux et loyers»)[62].

Die *Obergerichte* sind grossmehrheitlich mit juristisch ausgebildeten Richterinnen und Richtern besetzt[63]. Diese müssen nicht unbedingt vollamtlich tätig sein. Nicht selten sind Gerichtsvorsitzende der ersten Instanz bei Arbeitsüberlastung oder anderen wichtigen Gründen als Suppleanten am Obergericht tätig[64]. Es gibt aber auch Kantone, die eine Mischung von (juristisch ausgebildeten) Berufs- und Laienrichtern kennen, so zum Beispiel der Kanton Uri. 52

Wahlgremium ist sehr oft das Kantonsparlament, so zum Beispiel in den Kantonen Luzern, Bern, Wallis und Zürich. Im Kanton Uri wählen die Stimmberechtigten das Obergericht. In den Landsgemeindekantonen Glarus und Appenzell Innerrhoden werden die Richterinnen und Richter an der Landsgemeinde gewählt. 53

Die kantonalen Parlamente üben die *Oberaufsicht* über die Gerichte aus. Die oberen Gerichte sind ihrerseits Aufsichtsorgan über die unteren Instanzen und die Schlichtungsbehörden. 54

5. Letzte Instanz – Bundesgericht

Die Hauptrolle des *Bundesgerichts* besteht in der Beurteilung von Rechtsmitteln, die gegen letztinstanzliche kantonale und eidgenössische Entscheide in Rechtssachen des Bundes ergriffen werden. Diese betreffen das Zivilrecht, Strafrecht, Verwaltungsrecht und das Verfassungsrecht. Durch seine Urteile, die es als letzte schweizerische Instanz fällt, sichert das Bundesgericht eine einheitliche Anwendung des Bundesrechts und bildet dieses fort. 55

Das Bundesgericht zählt 38 Richterinnen und Richter. Derzeit (2016) bekleiden 12 Frauen und 26 Männer das Amt einer Bundesrichterin bzw. eines Bundesrichters. 56

---

59 § 39 Abs. 1 GOG.
60 § 11 Abs. 3 JG.
61 § 18 Abs. 1 lit. a JusG.
62 Art. 121 LOJ.
63 Der Kanton Bern verlangt z.B. ein Anwaltspatent oder das bernische Notariatspatent (Art. 29 Abs. 1 GSOG).
64 Z.B. Kanton Bern: Art. 26 Abs. 1 GSOG.

Den Richtern ist es untersagt, neben ihrer Tätigkeit als Bundesrichter eine entgeltliche Tätigkeit auszuüben. Die Bundesrichter haben den *Status von Magistratspersonen*. Das Bundesgericht zählt zudem 19 nebenamtliche Richterinnen und Richter.

57 Die haupt- und nebenamtlichen Bundesrichter werden durch die *Vereinigte Bundesversammlung* (Nationalrat und Ständerat) auf Vorschlag ihrer Gerichtskommission für jeweils eine Amtsperiode von sechs Jahren gewählt. Sie können bis zum 68. Lebensjahr unbeschränkt oft wiedergewählt werden. Als Bundesrichterin oder Bundesrichter wählbar ist jedermann, der das Stimmrecht auf Bundesebene besitzt; das Gesetz schreibt keinerlei juristische Ausbildung vor. In der Praxis werden jedoch ausschliesslich bewährte Juristinnen und Juristen aus der Justiz, der Anwaltschaft, der Verwaltung oder von Universitäten gewählt.

58 Die meisten Miet- und Pachtstreitigkeiten werden von der *ersten zivilrechtlichen Abteilung* behandelt[65] (Art. 31 Abs. 1 lit. a BGerR).

59 Die Bundesverfassung sieht vor, dass die Urteile öffentlich verkündet werden. *Die Leitentscheide des Bundesgerichts* werden in der Amtlichen Sammlung der Entscheidungen des Bundesgerichts (BGE) veröffentlicht. Sie können online in der Datenbank «BGE ab 1954 (Leitentscheide)»[66] abgerufen werden. Seit 2007 sind alle Bundesgerichtsentscheide seit dem Jahr 2000, grundsätzlich in anonymisierter Form, in der Datenbank der «weiteren Urteile ab 2000»[67] zugänglich.

---

[65] Gegenwärtig (2016) besetzt mit Christina Kiss (Präsidentin), Gilbert Kolly, Kathrin Klett, Fabienne Hohl, Martha Niquille.

[66] ‹www.bger.ch›, dort unter: Rechtsprechung > Leitentscheide (BGE); oder unter: Rechtsprechung > Rechtsprechung (gratis) > BGE und EGMR-Entscheide.

[67] ‹www.bger.ch›, dort unter: Rechtsprechung > Rechtsprechung (gratis) > Weitere Urteile ab 2000.

Kapitel 5   Die Schlichtungsbehörde

1. Organisation der Schlichtungsbehörden

a)   Allgemeine Schlichtungsbehörde

Wie die Kantone die *nicht paritätischen* allgemeinen Schlichtungsbehörden organisieren, bleibt ihnen überlassen. Dies ist im Mietrecht insofern von Bedeutung, da – nach einem Teil der Lehre – bei Streitigkeiten über «Flächenmieten» die Zuständigkeit der allgemeinen Schlichtungsbehörde gegeben ist (vgl. N 72 ff.).   60

Beispiele für allgemeine Schlichtungsbehörden[68]:   61

- Im *Kanton Zürich* sind die Friedensrichterinnen und Friedensrichter der einzelnen Gemeinden als Schlichtungsbehörde i.S.v. Art. 197 ZPO tätig. Jede politische Gemeinde hat einen oder mehrere Friedensrichter. Mehrere Gemeinden desselben Bezirks können die Aufgaben des Friedensrichters von einem gemeinsamen Amtsinhaber besorgen lassen.
- Im *Kanton Bern* besteht für jede Gerichtsregion eine Schlichtungsbehörde. Diese tagt in Einerbesetzung. Das Amt wird von einer Gerichtspräsidentin oder einem Gerichtspräsidenten ausgeübt.
- Im *Kanton Graubünden* besteht als Schlichtungsbehörde in jedem Bezirk ein Vermittleramt. Dieses besteht aus einer Vermittlerin oder einem Vermittler sowie einer Stellvertreterin oder einem Stellvertreter, welche vom Bezirksgericht für die Dauer von vier Jahren gewählt werden. Das Vermittleramt ist für alle Angelegenheiten zuständig, die nicht in die Zuständigkeit einer spezialisierten Schlichtungsbehörde fallen.

b)   Paritätische Schlichtungsbehörde im Mietrecht

Die Kantone regeln auch die Organisation der paritätischen Schlichtungsbehörden (Art. 200 Abs. 1 ZPO) ganz unterschiedlich[69]. Es bestehen kantonale[70], regionale[71], Bezirks-[72] und Gemeinde[73]-Schlichtungsbehörden[74]. Die *föderale Organisationsvielfalt* führt dazu, dass Schlichtungsbehörden bestehen, die nur wenige Fälle behandeln,   62

---

68   Eine Übersicht über die kantonalen Regelungen findet sich im Anhang 3.
69   Eine Übersicht über die kantonalen Regelungen findet sich im Anhang 3.
70   Z.B. Kantone Basel-Landschaft und Luzern.
71   Z.B. Kanton Bern.
72   Z.B. Kantone Zürich und Aargau.
73   Z.B. Kanton Thurgau.
74   Eine Übersicht über die kantonalen Schlichtungsbehörden gibt die Broschüre «Daten und Adressen zum Mietrecht».

während andere sich jährlich mit mehreren hundert Fällen befassen. Auch die Zusammensetzung und Arbeitsweise unterscheiden sich in entsprechender Weise, wobei in allen Kantonen die paritätische Schlichtungsbehörde in Dreierbesetzung tagt[75].

2. Zusammensetzung der paritätischen Schlichtungsbehörde

63 Wie schon im alten Recht (Art. 274 ff. aOR) wird für Streitigkeiten aus Miete und Pacht von Wohn- und Geschäftsräumen eine *paritätische Schlichtungsbehörde*[76] eingerichtet (Art. 200 Abs. 1 ZPO), die sich unter einem unabhängigen und neutralen Vorsitz[77] aus je einer Vertretung mieter- und vermieterseits zusammensetzt. Die Schlichtungsbehörde kann auch in Fünferbesetzung tagen. Die Kantone regeln die Wahlvoraussetzungen und das Wahlgremium in der ZPO-Anschlussgesetzgebung[78].

3. Vorschlagsrecht der Interessenverbände

64 Aus dem in Art. 200 Abs. 1 ZPO festgeschriebenen Grundsatz der Parität ergibt sich, dass als Schlichter vermieter- und mieterseits nur tätig sein soll, wer eindeutig der Vermieter- oder der Mieterseite zugeordnet werden kann[79]. Art. 274a Abs. 2 [a]OR, welcher mit dem Inkrafttreten der ZPO am 1. Januar 2011 ausser Kraft gesetzt wurde, sah noch vor, dass die Mieter und Vermieter «durch ihre Verbände oder andere Organisationen, die ähnliche Interessen wahrnehmen, in den Schlichtungsbehörden paritätisch vertreten» sein sollen. Art. 200 Abs. 1 ZPO regelt demgegenüber nicht mehr ausdrücklich, wie sicherzustellen ist, dass die Vermieter- und Mietervertreter eindeutig der Vermieter- oder der Mieterseite zugeordnet werden können. Der Botschaft zur ZPO sowie den parlamentarischen Beratungen kann aber nicht entnommen werden, dass der Gesetzgeber die *besondere Stellung der Interessenverbände* bei der Besetzung der Schlichtungsbehörden bei Streitigkeiten aus Miete und Pacht von Wohn- und Geschäftsräumen in Frage stellen bzw. ändern wollte[80].

---

75 Die Statistik des BWO gibt eine Übersicht über die Erledigung der Schlichtungsfälle: ‹www.bwo.admin.ch›.
76 Die Schlichtungsbehörde ist eine Gerichtsbehörde und nicht eine Verwaltungsbehörde. Ihr Verfahren ist typisch justizmässig (ZK-*Higi*, Art. 274a [a]OR N 27) und hat daher trotz der Ausrichtung auf das Schlichtungsziel grundsätzlich den Anforderungen an ein Gerichtsverfahren zu genügen, BSK OR I-*Weber*, vor Art. 253–273c N 8; **a.M.**: SVIT-Kommentar, Art. 274a [a]OR N 1a; BK-*Alvarez/Peter*, Art. 200 ZPO N 2, halten fest, es müsse sich nicht unbedingt um eine gerichtliche Behörde handeln, sie müsse aber weisungsfrei sein. Näheres zur Kontroverse unter N 150 ff.
77 Jedenfalls eine Person, die weder dem einen noch dem anderen Interessenverband zugehört oder nahesteht. Beispiele: Kanton Aargau Bezirksamtmann, Kanton Solothurn Oberamtmann, Kanton Zürich Gerichtsschreiberinnen oder -schreiber des Bezirksgerichtes.
78 Eine Übersicht über die kantonalen Regelungen findet sich im Anhang 3.
79 BGer 1P.68/2003 vom 24.11.2003 E. 2.3 mit Hinweisen.
80 Botschaft ZPO, S. 7221.

Die Wahlbehörde ist an den *Vorschlag der Verbände* gebunden, wenn nicht gravie- 65
rende Ablehnungsgründe vorliegen[81]. Die Mitgliedschaft in einem Verband stellt
allein nicht sicher, dass die betreffende Person auch tatsächlich die Interessen des
Verbands einbringt. Die Mitglieder grösserer Verbände decken erfahrungsgemäss
ein breites Meinungsspektrum ab, das nicht notwendigerweise mit den vorrangigen
Verbandszielen übereinstimmt. Der Umstand, dass eine Person Mitglied eines vorschlagsberechtigten Mieterverbands ist, erlaubt deshalb noch nicht, sie eindeutig
der Mieterseite zuzuordnen, wie dies der in Art. 200 Abs. 1 ZPO festgeschriebene
Grundsatz der Parität verlangt. Eine eindeutige Zuordnung zur Mieterseite setzt zusätzlich voraus, dass die betreffende Person auch das Vertrauen des Interessenver-
bands geniesst, was sich darin ausdrückt, dass dieser sie zur Wahl vorschlägt[82]. Eine
Wahlbehörde verletzt Art. 200 Abs. 1 ZPO, wenn sie die vom Mieterverband nicht
oder nicht mehr zur Wahl vorgeschlagene Mieter-Beisitzerin trotzdem als die Mieterseite vertretendes Mitglied der paritätischen Schlichtungsbehörde in Miet- und
Pachtsachen wählt[83].

Auf Mieterseite sind unbestrittenermassen die jeweiligen kantonalen Sektionen des 66
Schweizerischen Mieterinnen- und Mieterverbandes (SMV) vorschlagsberechtigt. Auf
der Vermieterseite gibt es verschiedene Vermieterkategorien, die sich teilweise konkur-
renzieren[84]. Der Gesetzgeber verzichtete bewusst darauf, die Vermieterkategorien zu
umschreiben, mithin bleibt es dabei, dass die Vermieterseite aus verschiedenen Vermieterkategorien zusammengesetzt ist[85].

---

81 Regierungsrat des Kantons Bern vom 2.2.2000, in: mp 2/2000, S. 87.
82 BGE 141 III 439 = BGer 1C_634/2014 vom 14.9.2015 E. 3.2.2.
83 BGE 141 III 439 = BGer 1C_634/2014 vom 14.9.2015 E. 4.1. «Das Bundesrecht schliesst […] nicht aus, dass die kantonale Wahlbehörde die vorschlagsberechtigten Verbände verpflichten kann, mehr Vorschläge einzureichen als Mandate zu besetzen sind, um der Wahlbehörde eine echte Wahl aus verschiedenen Kandidierenden zu ermöglichen. Auch ist von Bundesrechts wegen nicht ausgeschlossen, dass die Wahlbehörde von den vorschlagsberechtigten Verbänden im Einzelfall verlangen kann, zusätzliche Wahlvorschläge nachzureichen, wenn im konkreten Fall sachliche Gründe gegen die Wahl einer vorgeschlagenen Person sprechen» (BGE 141 III 439 E. 3.2.2).
84 Im Kanton Basel-Stadt wurde der Einsitz eines Vertreters des SVW (heute Wohnbaugenos-senschaften Schweiz) als Vermietervertreter in der Schlichtungsbehörde geschützt (BGer 1P.68/2003 vom 24.11.2003). Im Kanton Zürich hingegen wurde einem Vertreter des SVW (heute Wohnbaugenossenschaften Schweiz) der Einsitz als Vermietervertreter verweigert: BGer 1P.10/2007 vom 26.3.2007, in: mp 2/2007, S. 104.
85 AB 2007 S S. 522.

4. Funktion der Beisitzerinnen und Beisitzer

67 Bei den beiden Interessenvertretungen (Beisitzenden) wird eine gewisse *Parteilichkeit* suggeriert[86]. Sie haben aber ihr Mandat nicht als Parteivertreter zu definieren, sondern es unvoreingenommen und unparteiisch auszuüben (Wille zur Objektivität). Sie stehen über den Parteien und sollen sich als Schlichter nur dem Gesetz, ihrem eigenen Gewissen und ihrem Fachwissen verantwortlich fühlen. In einer Behörde kann sehr wohl ein Jurist, der für die Association suisse des locataires (ASLOCA) arbeitet, als Beisitzer der Mieter Einsitz nehmen[87]. Ob eine Schlichterin nach Stellenantritt bei einer Liegenschaftsverwaltung der Schlichtungsbehörde weiterhin als Mietervertreterin angehören kann, bleibt eine offene Frage. In aller Regel muss sie aber in den Ausstand treten, wenn ihre Arbeitgeberin Gegenpartei der klagenden Mietpartei ist, auch wenn dies nicht das Verfahren betrifft, in dem sie eingesetzt ist[88].

5. Fachliche Voraussetzungen

68 Oftmals sind die Schlichtungsbehörden in Miet- und Pachtsachen insofern teilweise *Laienbehörden*, als zum Beispiel lediglich die Vorsitzende über eine juristische Ausbildung verfügt. Dies ist so lange relativ unbedenklich, als die Behörde rein schlichtend tätig ist. Unterbreitet sie aber einen Urteilsvorschlag (Art. 210 ff. ZPO), was prozessual zu einer Umkehr der Klägerfunktion führen kann, oder fällt sie einen Entscheid (Art. 212 ZPO), stellt sich die Frage der fachlichen Kompetenz und Unabhängigkeit. Damit ist die Frage der Bildungsvoraussetzung für die Ausübung des Schlichtungsamtes angesprochen[89].

69 Die Bundesverfassung macht eine juristische Ausbildung explizit nicht zur Voraussetzung für die Wahl als Richter oder als Mitglied einer Schlichtungsbehörde. Zwischen der richterlichen Unabhängigkeit und den Bildungsvoraussetzungen, die für die Ausübung richterlicher Tätigkeit erforderlich sind, besteht jedoch insofern ein Konnex, als nur ausreichende fachlich-sachliche Kenntnisse den Richter zu unabhängiger Willensbildung und richtiger Rechtsanwendung befähigen. Der Richter muss in der Lage sein, den Fall in seinen Einzelheiten zu erfassen, sich darüber eine Meinung zu bilden

---

86 Ähnlich ZK-*Higi*, Art. 274a [a]OR N 17–18; a.M.: BSK OR I-*Weber*, N 8 vor Art. 253–273c, der unter Berufung auf Art. 29 Abs. 1 und Art. 30 BV Unparteilichkeit und Unabhängigkeit von den Interessenvertretern verlangt. M.E. kann von den Interessenvertretern nicht in allgemeiner Weise eine Unabhängigkeit von den Verbänden erwartet werden, auf deren Vorschlag sie in die Behörde gewählt werden; allerdings erscheint eine Einflussnahme eines Verbandes in einem Einzelfall als stossend.
87 BGE 126 I 235 = BGer 4P.87/2000 vom 9.11.2000, in: mp 1/2001, S. 40.
88 BGer 4A_3/2012 vom 27.6.2012, in: mp 4/2012, S. 300. Weiteres über die Ausstandsgründe vgl. N 122 ff.
89 *Schmid Hans*, Abschied vom Laienrichtertum im Kanton Zürich, SJZ 22/2015, S. 556. Die Stimmbürgerinnen und Stimmbürger des Kantons Zürich haben am 5. Juni 2016 der Abschaffung des Laienrichtertums deutlich zugestimmt.

und das Recht darauf anzuwenden[90]. Fehlt es daran, kann nicht von einem *fairen Verfahren* gesprochen werden, zumal auch ein Zusammenhang mit dem Anspruch auf rechtliches Gehör besteht.

Die Schlichtungsbehörde muss in der Lage sein, sich mit den Anliegen und Argumenten der Verfahrensparteien angemessen auseinanderzusetzen. Der Anspruch auf einen unabhängigen Richter bzw. auf ein faires Verfahren kann dann verletzt sein, wenn unerfahrene Beisitzende ohne Möglichkeit der Mithilfe einer unabhängigen Fachperson ihres Amtes walten müssen. In einer solchen Konstellation muss Gewähr dafür stehen, dass die *Verfahrensleitung und Entscheidfindung* unter Mitwirkung juristisch ausgebildeter Personen erfolgt[91]. 70

Die Kantone haben Gewähr dafür zu leisten, dass die Mitglieder der Schlichtungsbehörden regelmässig *aus- und weitergebildet* werden. So sorgt zum Beispiel im Kanton St. Gallen das Kantonsgericht für die Weiterbildung[92]. Die Teilnahme an solchen Weiterbildungsveranstaltungen sollte, wie zum Beispiel im Kanton Waadt, für obligatorisch erklärt werden[93]. 71

6. Parität der Schlichtungsbehörde nur bei Raum-Mieten?

a) Problematik

Der Begriff «Miete» ist ein umfassender. Jede Sache kann gemietet werden (Art. 253 OR). Im Vordergrund steht die *Immobiliar-Miete*. Innerhalb der Immobiliar-Miete existieren zwei Kategorien von Mietverhältnissen, nämlich die Wohn- und Geschäftsraum-Mieten und die übrigen Mietverhältnisse, hier als «Flächenmieten» bezeichnet. 72

Der Gesetzgeber hat den Missbrauchsschutz in den Kernbereichen Schutz vor missbräuchlichen Mietzinsen (Art. 269 ff. OR), Kündigungsschutz (Art. 271 ff. OR) und Erstreckungsrecht (Art. 272 ff. OR) auf die *Raum-Miete* beschränkt. Einzig der Kernbereich des Hinterlegungsrechts ist auf alle Immobiliar-Mietverhältnisse anwendbar. 73

Es ist schwer verständlich und sachlich nicht zu rechtfertigen, dass der Grossteil des Missbrauchsschutzes[94] an das Kriterium «Raum» angebunden wird[95]. Bei der Wohnmiete stellen sich keine Probleme, da Wohn- und Wohnraum-Miete identisch sind 74

---

90 *Eichenberger*, S. 234 ff.; *Kiener*, S. 263 ff.
91 BGE 134 I 16 E. 4.2 = BGer 5A_369/2007 vom 15.11.2007; BGE 139 I 161 = BGer 8C_827/2012 vom 22.4.2013, in: ZBJV 3/2015, S. 245, Kommentar *Christoph Leuenberger*; CPC-*Bohnet*, Art. 47 ZPO N 34.
92 Art. 14 Verordnung über die Schlichtungsbehörden.
93 Art. 53 LOJV.
94 Insbesondere der zweite (Art. 269 ff. OR) und dritte (Art. 271 ff. OR) Abschnitt des Mietrechts.
95 BK-*Giger*, Art. 253 OR N 155.

(«Ein Dach über dem Kopf»). Die Geschäftstätigkeit wird hingegen oft nicht in Räumen ausgeübt. Der Verfassungstext, Art. 109 Abs. 1 BV, lässt jedenfalls eine *Einschränkung des Missbrauchsschutzes* auf eine bestimmte Kategorie von Mietobjekten nicht zu[96]; dies umso weniger, weil die Ausübung einer Geschäftstätigkeit zu den existentiellen Grundbedürfnissen gehört. Die Anknüpfung des Missbrauchsschutzes an den Raum führt bei Geschäftsmieten zu absurden Resultaten: Der Geschäftsmieter, der einen Auto-Occasionshandel auf einem unbebautem Grundstück betreibt, geniesst keinen Mietzins- und Kündigungsschutz[97], wohl aber derjenige, der auf einem Grundstück eine Selbstbedienungs-Autowaschanlage mit überdeckter Waschzelle aufstellt, die gegen vorne offen ist[98].

75 Die ZPO übernimmt nun unreflektiert durchgehend[99] den Begriff «Miete von Wohn- und Geschäftsräumen». Einzig bei der örtlichen Zuständigkeit, Art. 33 ZPO, wird der *umfassende Begriff «Miete und Pacht»* verwendet[100]. Eine Einschränkung in der Anwendung wird lediglich für bewegliche Sachen vorgenommen.

76 Es ist ein Rätsel, warum das bewährte *Institut «Paritätische Schlichtungsbehörde»* in seiner Zuständigkeit hätte eingeschränkt werden sollen. Die Botschaft und alle Kommentatoren sprechen davon, in der Praxis habe sich die Parität sehr bewährt[101]. Weder von der Lehre noch von den Mieter- und Vermieterverbänden kamen Forderungen und Anregungen für eine Änderung des früheren Zustandes.

77 Die Einschränkung der Zuständigkeit der paritätischen Schlichtungsbehörde führt zu Problemen, Unklarheiten und einer *ungleichen Behandlung der Mietparteien* innerhalb des gleichen Rechtsgebietes:
- Ist die paritätische Schlichtungsbehörde nur für Wohn- und Geschäftsraum-Mieten zuständig, gilt folglich für die übrigen Mietverhältnisse die Imparität[102]? Trifft dies zu, so ist dies eine klare Schlechterstellung zum bisherigen Recht, da nach Art. 274a aOR die paritätische Schlichtungsbehörde umfassend für alle Arten von Immobiliar-Mietverhältnissen zuständig war. Mit der Aufhebung der Art. 274 ff. aOR per 1. November 2011 und mit der inhaltlichen Übernahme in die ZPO war keine materielle Änderung beabsichtigt.
- Können Flächenmieter auch die Beratungstätigkeit der Schlichtungsbehörden nach Art. 201 Abs. 2 ZPO beanspruchen?

---

96 Vgl. zum Ganzen: MP-*Püntener*, Kap. 4/4.3.1.
97 BGer vom 5.9.1996; BGer 4P.80/2002 vom 16.5.2002, in: MRA 2/2003, S. 62 ff.; BGer 4P.99/2006 vom 10.5.2006.
98 BGE 124 III 108, in: MRA 3/1998, S. 88 ff.
99 Und nicht «gelegentlich», wie BSK ZPO-*Infanger*, Art. 200 N 2b, suggeriert.
100 CPC-*Bohnet*, Art. 200 ZPO N 4: «sans raison apparente».
101 Botschaft ZPO, S. 7330.
102 *Bohnet*, 16ᵉ Séminaire, N 20.

- Gilt für Klagen aus Flächenmiete die dreimonatige Frist nach Art. 209 Abs. 3 ZPO und für solche aus Raum-Miete die 30-Tage-Frist gemäss Art. 209 Abs. 4 ZPO?
- Das Hinterlegungsrecht (Art. 259g ff. OR) gilt für das ganze Immobiliar-Mietrecht, inklusive Flächenmiete. Kann ein Urteilsvorschlag unabhängig vom Streitwert nur für Raum-Mietverhältnisse unterbreitet werden und gilt im Gegenzug bei Flächenmieten ein Streitwert von 5000 Franken (Art. 210 Abs. 1 lit. c ZPO)?
- Werden nur bei Streitigkeiten aus Raum-Mietverhältnissen keine Gerichtskosten gesprochen. Fallen bei Streitigkeiten über andere Mietverhältnisse Gerichtskosten an[103]?
- Gilt nur für Wohn- und Geschäftsraum-Mieten bei einem Streitwert bis 30 000 Franken die Untersuchungsmaxime (Art. 247 Abs. 2 lit. b Ziff. 1 ZPO)?
- Gilt die mietrechtliche Streitwertgrenze gemäss Art. 74 Abs. 1 lit. a BGG nur für Raum-Mietverhältnisse, ist mithin für Flächenmietverhältnisse ein Streitwert von 30 000 Franken erforderlich[104]?

b) Lehrmeinungen und Lösungsansätze

Erstaunlicherweise bearbeiten eine ganze Reihe von Kommentaren diese Problematik nicht[105]. Es ist zu vermuten, dass die stereotype und unreflektierte Übernahme des Begriffspaares «Wohn- und Geschäftsraummiete» aus dem OR in die ZPO, die Meinung aufkommen liess, damit entspreche die paritätische Schlichtungsbehörde nach neuem Recht derjenigen nach altem Recht, umso mehr, als die Art. 274–274g aOR aufgehoben und *tel quel* in die ZPO integriert worden seien[106]. Dabei wird geflissentlich übersehen, dass die altrechtliche Kompetenz der Schlichtungsbehörde eine umfassendere war und sich nicht am *Begriff des Raumes* orientierte. Der altrechtliche Art. 274a Abs. 1 lit. b aOR wurde durch Art. 200 Abs. 1 ZPO ersetzt, aber nicht gleichlautend übernommen[107].

78

Die *welschen Kommentare* sehen die Problematik durchwegs und bieten unterschiedliche Lösungsansätze an: *Lachat* fordert eine Gleichbehandlung der Mietverhältnisse, mithin für alle eine paritätische Schlichtungsbehörde[108]. Da die Organisation der Schlichtungsbehörden Sache der Kantone sei, könnten diese, gestützt auf Art. 4 Abs. 1 ZPO, die Parität auch auf Flächenmieten ausdehnen. *Hofmann/Lüscher* sind grundsätzlich gleicher Meinung und fordern, dass alle Mietverhältnisse der gleichen (paritä-

79

---

103 *Bohnet*, 16ᵉ Séminaire, N 91.
104 BSK BGG-*Rudin*, Art. 74 N 12; vgl. N 1125.
105 DIKE-Komm-ZPO-*Egli*, Art. 200 N 1; *Gasser/Rickli*, Art. 200 ZPO N 2; *Gehri/Kramer*, ZPO-Kommentar, Art. 200 N 3; *Spühler/Dolge/Gehri*, S. 287; *Leuenberger/Uffer*, N 11.7; SHK ZPO-*Frey*, Art. 200 N 2.
106 So, stellvertretend für viele Kommentare, *Spühler/Dolge/Gehri*, S. 287: Der Gesetzgeber sieht eine Schlichtungsstelle für Streitigkeiten aus Miete und Pacht von Wohn- und Geschäftsräumen vor, «welche bisherigem Recht entspricht».
107 BSK ZPO-*Infanger*, Art. 200 N 2c.
108 *Lachat*, CPC, S. 41.

tischen) Behörde unterstellt werden[109]. *Bohnet* schliesslich sieht durchaus eine Zweimietergesellschaft, fordert aber für möblierte Zimmer und Geschäftsmietverhältnisse die paritätische Schlichtungsbehörde[110].

80 *Gloor/Umbricht* verlangen die Parität nur für Wohn- und Geschäftsraum-Mietverhältnisse, nicht aber für andere Mietverhältnisse[111]. *Honegger* plädiert für eine generelle Anwendung der Parität auf Miete und Pacht von Immobilien: «Im Interesse einer kohärenten Praxis ist der Begriff der Miete und Pacht von Wohn- und Geschäftsräumen deshalb ausdehnend auf die Miete und Pacht sämtlicher unbeweglicher Sachen auszudehnen.» Als mögliche Lösung wird auch eine Ausdehnung des Zuständigkeitsbereichs der paritätischen Schlichtungsbehörde über die kantonale Anschlussgesetzgebung befürwortet[112]. Auch *Infanger* sieht diese Möglichkeit. Allenfalls stünden dem Kosten in der Umsetzung entgegen[113]. *Koumbarakis* widerspricht dieser Auffassung und lehnt eine über den Wortlaut von Art. 200 ZPO hinausgehende Auslegung ab[114]. Dabei übersieht der Autor, dass Schlichtungsbehörden im Kanton Zürich gemäss § 52 lit. c GOG «die Paritätischen Schlichtungsbehörden in Miet- und Pachtsachen» sind und nach § 63 GOG jeder Bezirk eine «paritätische Schlichtungsbehörde in Miet- und Pachtsachen» hat. § 66 Abs. 1 GOG engt allerdings die Zuständigkeit auf Streitigkeiten aus Miete und Pacht von Wohn- und Geschäftsräumen ein. Nach hier vertretener Auffassung ist die Zuständigkeit der paritätischen Schlichtungsbehörde im Kanton Zürich im Sinne der Generalnorm auf alle (Immobiliar-)Miet- und Pachtverhältnisse auszudehnen.

81 Sollte sich eine Ausdehnung im Sinne von *Honegger* nicht verwirklichen lassen, muss die Anregung von *Lachat* aufgenommen und über die kantonale Anschlussgesetzgebung die Zuständigkeit der paritätischen Behörde ausgedehnt werden[115]. *Alvarez/Peter* unterstützen diese Möglichkeit[116]. Der Kanton Basel-Landschaft hat in diesem Sinne die Zuständigkeit der Schlichtungsbehörde für Mietangelegenheiten auf alle Streitigkeiten aus Miete und Pacht von unbeweglichen Sachen ausgedehnt[117]. Auch der Kanton Luzern spricht von der «paritätischer Schlichtungsbehörde Miete und Pacht» und dehnt den Zuständigkeitsbereich auf die ganze Immobiliar-Miete

---

109 *Hofmann/Lüscher*, S. 168, FN 490.
110 *Bohnet*, 16ᵉ Séminaire, N 20.
111 KUKO ZPO-*Gloor/Umbricht*, Art. 200 N 3.
112 *Honegger*, in: Sutter-Somm/Hasenböhler/Leuenberger (Hrsg.), Art. 200 ZPO N 4; *Lachat*, CPC, S. 41.
113 BSK ZPO-*Infanger*, Art. 200 N 2 f.
114 *Koumbarakis*, S. 9.
115 *Honegger*, in: Sutter-Somm/Hasenböhler/Leuenberger (Hrsg.), Art. 200 ZPO N 4.
116 BK-*Alvarez/Peter*, Art. 200 ZPO N 9; ebenso: *Honegger*, in: Sutter-Somm/Hasenböhler/Leuenberger (Hrsg.), Art. 200 ZPO N 4.
117 § 2 lit. d EG ZPO.

aus[118]. Schliesslich kennt auch der Kanton Neuenburg eine Erweiterung der paritätischen Zuständigkeit[119].

Da eine recht umfangreiche höchstrichterliche Rechtsprechung zur Abgrenzung 82
Raummiete–Flächenmiete existiert[120] und das Bundesgericht wenig Lust zeigt, den Begriff der Raum-Miete offener zu interpretieren, ist zu befürchten, dass verfahrensrechtlich, je nach Kanton, *zwei Kategorien* von Mietenden geschaffen werden[121]. Dies widerspricht dem Grundsatz der einheitlichen Zivilprozessordnung und ist weder im Interesse der Vermieter noch der Mieter.

Die Kantone müssen von ihren Möglichkeiten Gebrauch machen, über die *Anschlussge-* 83
setzgebung alle Immobiliar-Mietverhältnisse der paritätischen Schlichtungsbehörde zu unterstellen. Dabei ist die sachliche Zuständigkeit weit zu fassen[122]. *De lege ferenda muss eine Korrektur der gesetzgeberischen Fehlleistung betreffend Einschränkung der Zuständigkeit der paritätischen Schlichtungsbehörde erfolgen. Es genügt, wenn anstelle des Abgrenzungskriteriums «Raum-Miete» dasjenige der Mobiliar-Miete versus Immobiliar-Miete tritt*[123].

c) *Parität bei Ferien- und Luxuswohnungen und diversen Mietobjekten*

Die paritätische Schlichtungsbehörde ist auch zuständig für *Ferienwohnungen*, die für 84
höchstens drei Monate gemietet werden (Art. 253*a* Abs. 2 OR), und für *luxuriöse Wohnungen* (Art. 253*b* Abs. 2 OR).

Bei *Ferienwohnungen, die für höchstens drei Monate gemietet werden*, sind insbesondere die 85
beiden Kernbereiche Mietzinsschutz (Art. 269 ff. OR) und Kündigungsschutz bzw. das Erstreckungsrecht (Art. 271 ff. OR) materiell nicht anwendbar. Da es sich um eine Immobiliar-Miete mit Raumcharakter handelt, sind die übrigen Bestimmungen des Mietrechts anwendbar, insbesondere der Kernbereich des Mängel- bzw. Hinterlegungsrechtes[124]. Das materielle Recht, das gegenüber dem Verfahrensrecht Vorrang geniesst, bindet

---

118   § 43 Abs. 1 i.V.m. § 47 JusG.
119   Art. 12 Abs. 1 OJN.
120   MP-*Püntener*, Kap. 4/4.3.1; BGE 124 III 110; BGer 4P.80/2002 vom 16.5.2002; BGer 4C.180/ 2002 vom 26.8.2002, E. 3.2; BGer 4C.317/2004 vom 22.3.2005; BGer 4P99/2006 vom 10.5.2006; BGer vom 11.6.1997, in: MRA 5/1997, S. 224; BGE 110 II 51; BGer 4A_9/2010 vom 25.6.2010.
121   *Bohnet*, 16ᵉ Séminaire, N 238: *Bohnet* spricht von einer Einschränkung der Regeln für die Wohn- und Geschäftsraum-Miete durch die ZPO-Bestimmungen.
122   Vgl. N 193 ff.
123   Interessant zu erwähnen ist in diesem Zusammenhang, dass aus dem Wortlaut des bundesrätlichen Entwurfs zu Art. 267*a* aOR (BBl 1968 II S. 860) geschlossen werden kann, Kündigungsbeschränkungen im Mietrecht sollten schlechthin für alle unbeweglichen Sachen gelten. Der Nationalrat folgte dem Bundesrat allerdings nicht und führte das Begriffspaar «Wohn- und Geschäftsräume» als Kriterium der Missbrauchsgesetzgebung ein (Amtl. Bull. NR 1970 S. 21).
124   SVIT-Kommentar, Art. 253*a* OR N 13.

das Hinterlegungsrecht an die Kriterien der Immobiliar-Miete und nicht an die Raumqualität. Die paritätische Schlichtungsbehörde ist deshalb auch für Ferienwohnungen mit einer Mietdauer von höchstens drei Monaten zuständig[125].

86 Die gleiche Problematik zeigt sich bei der Miete von *Parkplätzen, Bootsanlegeplätzen, Flächenmieten* etc., die nicht mit der Hauptsache zusammen gemietet werden (Art. 253*a* Abs. 1 OR). Da es sich um Immobiliar-Mietverhältnisse handelt, ist nach hier vertretener Ansicht die paritätische Schlichtungsbehörde zuständig.

87 Schliesslich ist für Streitigkeiten aus *Mietverträgen über luxuriöse Wohnungen* (Art. 253*b* Abs. 2 OR) die paritätische Schlichtungsbehörde zuständig[126]. Es handelt sich um eine Wohnraum-Miete, bei der lediglich die Mietzinsbestimmungen der Art. 269 ff. OR nicht anwendbar sind, davon abgesehen aber das ganze übrige Mietrecht gilt.

7. Obligatorischer Schlichtungsversuch

a) Grundsatz

88 Eine Maxime der ZPO ist die Streiterledigung in einem einfachen, raschen und formlosen Verfahren: schlichten statt richten. Das Institut der Schlichtungsbehörde ist für Mietstreitigkeiten schon seit Jahrzehnten bekannt und hat sich bewährt. Mit Inkrafttreten der ZPO hat der Gesetzgeber den Schlichtungsversuch für alle Streitigkeiten zivilrechtlicher Art vorgeschrieben (Art. 197 ZPO). Der *Schlichtungsversuch ist Prozessvoraussetzung*. Die Klagebewilligung (Art. 209 ZPO) kann nur dann erteilt werden, wenn der Schlichtungsversuch durchgeführt wurde. Wurde er nicht durchgeführt und ist deswegen das Gericht nicht auf eine Klage eingetreten, kann das Schlichtungsverfahren neu eingeleitet werden[127].

89 «Jeder Zivilprozess ist ein Übel.»[128] Das Schlichtungsverfahren mit seinen niederschwelligen Eintrittsvoraussetzungen versucht, die Parteien in einem frühen Stadium vor aufwendigen und teuren Prozessen zu bewahren und trägt damit zum sozialen Frieden bei. Es entlastet auch die Gerichte. Dank der *hohen Erfolgsquote* nehmen die Gerichtsverfahren ab, namentlich in Mietsachen.

90 Die Ausgestaltung und Organisation der Schlichtungsbehörde ist *Sache der Kantone*. Sie bestimmen auch, ob der Schlichtungsversuch von einer Einzelperson oder einem Kollegium durchgeführt wird. Einzig bei der paritätischen Behörde (Art. 200 ZPO)

---

125 *Lachat*, CPC, S. 44; *Honegger*, in: Sutter-Somm/Hasenböhler/Leuenberger (Hrsg.), Art. 200 ZPO N 4; BK-*Alvarez/Peter*, Art. 200 ZPO N 9; *Hofmann/Lüscher*, S. 168 FN 490; **a.M.** BSK ZPO-*Infanger*, Art. 200 N 2e (ohne Begründung); *Dolge/Infanger*, S. 140 (ohne Begründung).
126 *Lachat*, CPC, S. 44.
127 OGer ZH, RZ 110005-O/U, 7. 10. 2011.
128 *Kummer*, S. 6.

sind die Kantone an die bundesrechtlichen Vorgaben gebunden. Sogar der erstinstanzliche Richter kann Schlichtungsbehörde sein. Seine Doppelrolle, besonders wenn er im Schlichtungsverfahren bereits einen Urteilsvorschlag oder ein Urteil gefällt hat, ist nicht unproblematisch, wird aber vom Gesetz im Grundsatz bewusst geduldet (Art. 47 Abs. 2 ZPO).

b) Ausnahmen

Nicht immer findet ein Schlichtungsversuch statt. Der *Ausnahmekatalog* von Art. 198 ZPO ist abschliessend[129]. In folgenden, mietrechtlich relevanten Verfahren entfällt er: 91

aa) Summarverfahren (Art. 198 lit. a ZPO i.V.m. Art. 248 ff. ZPO)

Der Schlichtungsversuch entfällt, wenn der Erlass *vorsorglicher Massnahmen* (Art. 248 lit. d ZPO) verlangt wird, was auch vor Rechtshängigkeit möglich ist. Er entfällt ebenso beim Rechtsschutz in klaren Fällen (Art. 257 ZPO). 92

Beispiel

Der Vermieter weigert sich, auf den Vertragsbeginn die Schlüssel zu übergeben. Die Mieterin verlangt im Befehlsverfahren die sofortige Übergabe der Schlüssel. Diese Klage ist beim zuständigen Summarrichter als vorsorgliche Massnahme einzureichen[130].

bb) Aberkennungsklage (Art. 198 lit. e Ziff. 1 ZPO; Art. 83 Abs. 2 SchKG)

Nach einem für den Vermieter positiven Rechtsöffnungsentscheid muss die Mieterschaft die *Aberkennungsklage* direkt im ordentlichen, evtl. im vereinfachten Verfahren einreichen. Art. 198 lit. e Ziff. 1 ZPO bringt eine markante Schlechterstellung der Mieter mit sich, wurde doch bisher die Aberkennungsklage vorgängig im (kostenlosen) Schlichtungsverfahren behandelt[131]. Obsolet ist daher der sehr sorgfältig begründete BGE 133 III 645 E. 5, wo das Bundesgericht das Schlichtungsverfahren im Interesse eines raschen, einfachen und billigen Verfahrens auch bei Aberkennungsklagen in Mietstreitigkeiten über Wohn- und Geschäftsräume als obligatorisch bezeichnete. Es ist schwer verständlich, weshalb der Gesetzgeber diesen Wink mit dem Zaunpfahl nicht zur Kenntnis nahm, insbesondere weil sich das Bundesgericht hier gestützt auf Art. 74 Abs. 2 lit. a BGG einer Rechtsfrage von grundsätzlicher Bedeutung annahm[132]. *De lege ferenda ist die Aberkennungsklage aus dem Katalog von Art. 198 ZPO zu streichen.* 93

---

129 BSK ZPO-*Infanger*, Art. 197/198 N 1.
130 Vgl. N 995.
131 **A.M.** *Bisang*, der die Neuerung als sinnvoll begrüsst: MRA 3/2010, S. 106.
132 BSK ZPO-*Weber*, vor Art. 253–273c OR N 11.

94 Anträge auf Verurteilung zu einer Zahlung sind nicht vom Schlichtungsverfahren ausgenommen, so dass eine Zahlungs- und Aberkennungsklage nicht gehäuft werden können. *Die Vereinigung* ist aber im Gerichtsverfahren möglich[133].

cc) Übrige Klagen aus dem SchKG (Art. 198 lit. e Ziff. 2–8 ZPO)

95 Das Schlichtungsverfahren entfällt zudem nach Art. 198 lit. e Ziff. 2–8 ZPO bei diesen Klagen gemäss *SchKG*:

– Feststellungsklage (Art. 85a SchKG),
– Widerspruchsklage (Art. 106–109 SchKG),
– Anschlussklage (Art. 111 SchKG),
– Aussonderungs- und Admassierungsklage (Art. 242 SchKG),
– Kollokationsklage (Art. 148 und 250 SchKG),
– Klage auf Feststellung neuen Vermögens (Art. 265a SchKG),
– Klage auf Rückschaffung von Retentionsgegenständen (Art. 284 SchKG).

dd) Handelsgerichtliche Verfahren

96 Bei Streitigkeiten, für die nach den Art. 5 und 6 der ZPO eine *einzige kantonale Instanz* zuständig ist, entfällt die Schlichtung (Art. 198 lit. f i.V.m. Art. 6 ZPO). Allerdings: Streitigkeiten, welche entweder zwingend einer Schlichtungsbehörde zu unterbreiten sind oder für die zwingend das vereinfachte Verfahren gilt, können nicht dem Handelsgericht unterbreitet werden (vgl. N 102 ff.).

ee) Übrige Ausnahmen (Art. 198 lit. b–d und g–h ZPO)

97 Eine *Schlichtung entfällt* gemäss Art. 198 lit. b–d sowie lit. g und h ZPO in diesen Fällen:

– bei Klagen über den Personenstand (Art. 198 lit. b ZPO),
– im Scheidungsverfahren (Art. 198 lit. c ZPO),
– im Verfahren zur Auflösung der eingetragenen Partnerschaft (Art. 198 lit. d ZPO),
– bei der Hauptintervention, der Widerklage und der Streitverkündungsklage (Art. 198 lit. g ZPO),
– wenn das Gericht Frist für eine Klage gesetzt hat (Art. 198 lit. h ZPO)[134].

---

133 BGer 4A_413/2012 vom 14.2.2013.
134 Für das Einklagen einer Forderung, welche dem Pfandrecht zugrunde liegt, bedarf es keiner vorgängigen Schlichtung, soweit die Forderung gemeinsam mit der definitiven Eintragung des Bauhandwerkerpfandrechts geltend gemacht wird und sie sich gegen dieselbe Partei richtet. In diesem Fall ist die Forderungsklage von der Ausnahme von Art. 198 lit. h ZPO mitumfasst; vgl. OGer BE, ZK 15 153, 25.6.2015, in: CAN 4/2015, Nr. 77, kritischer Kommentar *Karl Spühler*.

Kapitel 5   Die Schlichtungsbehörde

c)   *Verzicht auf das Schlichtungsverfahren*

Auf das Schlichtungsverfahren können die Parteien bei vermögensrechtlichen Streitigkeiten von mindestens 100 000 Franken *verzichten* (Art. 8 i.V.m. Art. 199 Abs. 1 ZPO). Bei solchen Streitigkeiten kann die klagende Partei mit Zustimmung der beklagten Partei auf die erstinstanzliche Beurteilung verzichten und die Klage direkt beim oberen Gericht einreichen (Art. 8 Abs. 1 ZPO). Sind sich die Parteien nur darüber einig, dass auf einen Schlichtungsversuch verzichtet wird, ist die Klage erstinstanzlich im ordentlichen bzw. vereinfachten Verfahren anhängig zu machen. 98

Die Auffassung von *Bohnet*, der Verzicht auf das Schlichtungsverfahren könne schon zum Voraus (im Mietvertrag) vereinbart werden, ist abzulehnen[135]. Wie bei der örtlichen Zuständigkeit kann erst nach Entstehung der Streitigkeit auf die Durchführung einer Schlichtungsverhandlung verzichtet werden. Der Verzicht ist formlos möglich, evtl. auch durch konkludentes Verhalten[136]. Der Verzicht ist spätestens im erstinstanzlichen Verfahren zu erklären[137]. 99

Die klagende Partei kann zudem auf das Schlichtungsverfahren verzichten, wenn die beklagte Partei *Sitz oder Wohnsitz im Ausland* hat oder unbekannten Aufenthaltes ist (Art. 199 Abs. 2 lit. a und b ZPO). 100

8.   Kein Schlichtungsverfahren bei kontrollierten Mietzinsen

Streitigkeiten über den *behördlich kontrollierten Mietzins* (Art. 253*b* Abs. 3 OR), mit Ausnahme der Nebenkosten, fallen nicht in die Zuständigkeit der Schlichtungsbehörden. Wenn eine Beschwerdemöglichkeit gegen die Verwaltungsentscheide über die Mietzinserhöhungen vorgesehen ist, ist diese im verwaltungsinternen bzw. im verwaltungsgerichtlichen Beschwerdeverfahren wahrzunehmen[138]. 101

---

135   *Bohnet*, 16ᵉ Séminaire, N 55; *Lachat*, CPC, S. 90 FN 40 ist skeptisch, ob ein derartiger Vorausverzicht gültig ist.
136   *Honegger*, in: Sutter-Somm/Hasenböhler/Leuenberger (Hrsg.), Art. 199 ZPO N 2.
137   KGer GR, ZK 2 1125, 22.6.2011.
138   *Schlumpf*, St. Galler Mietrechtstag 2013.

Kapitel 6 Das Handelsgericht (Art. 6 ZPO)

1. Allgemeines

102 **Art. 6 Abs. 1 ZPO**

Die Kantone können ein Fachgericht [Spezialgericht] bezeichnen, welches als einzige kantonale Instanz für handelsrechtliche Streitigkeiten zuständig ist (Handelsgericht).

Handelsgerichte gibt es nur in der *Deutschschweiz*, und zwar in den Kantonen Aargau, Bern, St. Gallen und Zürich. Es fällt auf, dass es in der Westschweiz keine Handelsgerichte gibt, wohl aber Mietgerichte. Ob die Handelsgerichte wirklich die Erwartungen an ein einfaches, rasches und kostengünstiges Verfahren erfüllen, sei dahingestellt[139]. Die Schlichtungsbehörde steht unter den gleichen Verfahrensmaximen, allerdings mit dem wesentlichen Unterschied, dass das Verfahren kostenlos ist. Es ist jedenfalls kaum anzunehmen, dass in Kantonen ohne Handelsgerichte handelsrechtliche Streitigkeiten weniger kompetent beurteilt werden.

103 Im Mietwesen jedenfalls ist ein handelsgerichtliches Verfahren infolge Wegfalls des kostenlosen Schlichtungsverfahrens und allenfalls auch kostenlosen Mietgerichtsverfahrens (Art. 116 und Art. 198 lit. f ZPO) in der Regel für die Mietparteien nachteilig. Zudem ist das mietrechtliche Fachwissen in der (echt) paritätischen Schlichtungsbehörde garantiert. *De lege ferenda ist zu fordern, dass sämtliche mietrechtlichen Streitigkeiten dem vereinfachten Verfahren (Art. 243 ff. ZPO) unterstellt werden*[140].

2. Voraussetzungen

104 **Art. 6 Abs. 2 ZPO**

Eine Streitigkeit gilt als handelsrechtlich, wenn:
a. die geschäftliche Tätigkeit mindestens einer Partei betroffen ist;
b. gegen den Entscheid die Beschwerde in Zivilsachen an das Bundesgericht offen steht; und
c. die Parteien im schweizerischen Handelsregister oder in einem vergleichbaren ausländischen Register eingetragen sind.

Eine handelsrechtliche Streitigkeit liegt nur vor, wenn es sich beim Vertragsgegenstand um die charakteristische Leistung im Rahmen der *«geschäftlichen Tätigkeit»* einer Streit-

---

139 DIKE-Komm-ZPO-*Brunner*, Art. 6 N 7.
140 Vgl. N 886 ff.

partei handelt[141]. Der Abschluss von Mietverträgen über Geschäftsliegenschaften und damit grundsätzlich auch Streitigkeiten aus solchen Verträgen fallen unter den Begriff «geschäftliche Tätigkeit» gemäss Art. 6 Abs. 2 lit. a ZPO[142].

3. Zuständigkeit im Allgemeinen

Sieht das kantonale Recht ein Handelsgericht vor, so ergibt sich dessen Zuständigkeit gleichwohl ausschliesslich aus dem Bundesrecht. Die Kantone dürfen keine von Art. 6 Abs. 2 ZPO abweichende Regelung der sachlichen Zuständigkeit erlassen, insbesondere ist es ihnen verwehrt, alternative Zuständigkeiten anderer Spezialgerichte, zum Beispiel der Mietgerichte, vorzusehen[143]. Mit Art. 6 ZPO hat der Bundesgesetzgeber die *sachliche Zuständigkeit von Handelsgerichten* für handelsrechtliche Streitigkeiten (Art. 6 Abs. 2 lit. a–c ZPO) abschliessend geregelt[144]. Für eine weitere Zuständigkeitsregelung durch den Kanton bleibt kein Raum und eine Einlassung ist ausgeschlossen[145].

105

Sowohl im Fall der passiven notwendigen als auch der passiven einfachen *Streitgenossenschaft* ist die sachliche Zuständigkeit des Handelsgerichts für sämtliche eingeklagten Streitgenossen abzulehnen, wenn die Voraussetzungen der sachlichen Zuständigkeit nicht für jeden einzelnen Streitgenossen erfüllt sind[146].

106

Nach Art. 6 Abs. 2 lit. b ZPO gilt eine Streitigkeit nur dann als handelsrechtlich, wenn gegen den Entscheid die *Beschwerde in Zivilsachen an das Bundesgericht* offensteht. Handelsgerichte sind in der ZPO und damit in einem Bundesgesetz i.S.v. Art. 74 Abs. 2 lit. b BGG vorgesehen. Dies bedeutet nach einhelliger Lehre, dass der Streitwert gemäss Art. 74 Abs. 1 BGG bei Einreichung der Klage erreicht sein muss.

107

Im Anwendungsbereich von Art. 6 Abs. 2 ZPO bildet die Streitwertgrenze nach Art. 74 Abs. 1 BGG somit eine Voraussetzung der *sachlichen Zuständigkeit des Handelsgerichts*. Für Streitigkeiten aus dem Recht der Handelsgesellschaften und Genossenschaften gemäss Art. 6 Abs. 4 lit. b ZPO fehlt zwar eine entsprechende Voraussetzung. Nach der Botschaft zur ZPO ist den Kantonen allerdings vorbehalten, mit der Zuweisung dieser Streitigkeiten an das Handelsgericht auch eine Streitwertgrenze einzuführen[147]. Der Kanton Zürich schreibt für Streitigkeiten gemäss Art. 6 Abs. 4 lit. b ZPO eine Streitwertgrenze von 30 000 Franken vor[148]. Auch für diese Streitigkeiten ist somit der Min-

108

---

141 DIKE-Komm-ZPO-*Brunner*, Art. 6 N 20.
142 BGE 139 III 457 E. 3.2 = BGer 4A_346/2013 vom 22.10.2013; *Koller*, ZBJV 11/2014, S. 949.
143 BGE 140 III 355 = BGer 4A_480/2013 vom 10.2.2014, in: SZZP 4/2014, S. 307.
144 BGE 138 III 471.
145 BGE 140 III 155 = BGer 4A_480/2013 vom 10.2.2014; BGE 140 III 355 = BGer 4A_480/2013 vom 10.2.2014.
146 HGer BE, HG 12 127, 9.12.2012, in: CAN 3/2013, S. 145.
147 Botschaft ZPO, S. 7261.
148 § 44 lit. b GOG.

deststreitwert eine Voraussetzung der sachlichen Zuständigkeit des (Zürcher) Handelsgerichts[149]. Dies gilt – im Unterschied zu den Kantonen Luzern, Aargau und St. Gallen – auch für mietrechtliche Verfahren.

109 Auch wenn das Handelsgericht erst ab Streitwerten über 30 000 Franken zuständig ist, werden bei einer *Klagenhäufung* die Streitwerte der einzelnen Klagen zusammengezählt. Das Handelsgericht ist zuständig, wenn ein Kläger, gestützt auf mehrere Verträge Forderungen von jeweils unter 30 000 Franken einklagt[150].

4. Zuständigkeit der Handelsgerichte in mietrechtlichen Streitsachen

110 Es ist nicht erstaunlich, dass die Frage der sachlichen Zuständigkeit bei mietrechtlichen Streitsachen zu teilweise widersprüchlichen Urteilen führt, wird doch rasch der verfahrensrechtliche *Schutzgedanke des sozialen Mietrechts* tangiert[151].

111 Die Auswertung der *aktuellen Rechtsprechung* ergibt im Wesentlichen Folgendes:

112 Das *vereinfachte Verfahren* findet vor Handelsgericht keine Anwendung (Art. 243 Abs. 3 ZPO). Gewisse Konfliktfelder des Mietrechts sind vom ordentlichen Verfahren ausgenommen und in das vereinfachte Verfahren gewiesen. Das vereinfachte Verfahren kommt für diese Kernbereiche des Mieterschutzes unabhängig vom Streitwert zum Zug (Art. 243 Abs. 2 lit. c ZPO)[152]. Beim Begehren um Anfechtung einer Mietzinserhöhung i.S.v. Art. 270*b* OR handelt es sich um eine mietrechtliche Streitigkeit, bei welcher der Schutz vor missbräuchlichen Mietzinsen i.S.v. Art. 243 Abs. 2 lit. c ZPO betroffen ist. Somit ist das vereinfachte Verfahren (nach Art. 243 Abs. 2 lit. c ZPO mit vorgängiger Schlichtung) unabhängig vom Streitwert anzuwenden, weshalb das Handelsgericht nicht zuständig ist[153].

113 Dass im *Kernbereich des Mietrechts* ein Schlichtungsobligatorium und somit die Zuständigkeit der ordentlichen Gerichte besteht, ergibt sich auch daraus, dass das OR weiterhin etliche Zuständigkeitsvorschriften enthält: Die Bestimmungen von Art. 270 OR (Anfechtung Anfangsmietzins), Art. 270*a* OR (Herabsetzung des Mietzinses), Art. 270*b* OR (Anfechtung von Mietzinserhöhungen), Art. 270*c* OR (Anfechtung indexierter Mietzinse), Art. 273 OR (Anfechtung Kündigung und Erstreckung) sowie Art. 259*h* und 259*i* OR (Herausgabe hinterlegter Zinse) sehen die Zuständigkeit der Schlichtungsbehörde ausdrücklich vor[154]. Solche Zuständigkeitsvorschriften aus dem

---

149 BGE 139 III 67 = BGer 4A_435/2012 vom 4.2.2011.
150 HGer BE, HG 13 98, 23.6.2014, in: plädoyer 1/2015, S. 62.
151 *Urban Hulliger/Andreas Maag*, Zur sachlichen Zuständigkeit der Handelsgerichte in mietrechtlichen Streitigkeiten – ein Zwischenbericht, MRA 3/2014, S. 103 ff.
152 Botschaft ZPO, S. 7346.
153 HGer AG, HOR.2011.48, 29.11.2011, in: CAN 1/2012, Nr. 3.
154 *Maag*, MRA 1/2014, S. 14.

materiellen Recht stehen über den Vorschriften des Zivilprozessrechts. Da das Zivilprozessrecht eine dienende Funktion hat, ist es darauf ausgerichtet, dem materiellen Recht zum Durchbruch zu verhelfen. Die dienende Funktion bestimmt auch, wie es auszulegen ist[155].

Entscheidend für die Beantwortung der Frage, ob die Zuständigkeit des Handelsgerichtes gegeben ist oder nicht, ist das Vorliegen einer *schwerpunktmässig mietrechtlichen Streitsache*. Das Bundesgericht hat die Kontroverse[156], ob die sachliche Zuständigkeit dem anzuwendenden Verfahren vorgehe, wie folgt gelöst[157]: Handelt es sich um eine Frage im Kernbereich des Mietrechts, wie dies der Fall ist bei der Missbräuchlichkeit, Unwirksamkeit, Ungültigkeit und Nichtigkeit einer Kündigung, geht die Regelung der Verfahrensart jener über die sachliche Zuständigkeit der Handelsgerichte vor. Es geht um einen Fall von Kündigungsschutz gemäss Art. 243 Abs. 2 lit. c und Art. 210 Abs. 1 lit. b ZPO. Mithin kommt das vereinfachte Verfahren zur Anwendung, das die Zuständigkeit des Handelsgerichtes ausschliesst.

114

Zum *Kernbereich* gehören nach der in Praxis und Lehre[158], vor allem in der welschen Schweiz, immer stärker propagierten weiten *Auslegung des Kündigungsschutzbegriffes* nicht nur die Anfechtung, sondern alle Bestreitungsmöglichkeiten der Kündigung wie Missbräuchlichkeit, Unwirksamkeit, Ungültigkeit, Nichtigkeit inklusive Ausweisung. Zum Kernbereich des Mietrechts gehören unter anderem alle Streitigkeiten gemäss Art. 210 Abs. 1 lit. b ZPO und Art. 243 Abs. 2 lit. c ZPO[159].

115

Zusammenfassend ergibt sich folgende *Zuständigkeit der Handelsgerichte*:

116

- Handelt es sich um eine Frage im Kernbereich des Mietrechts (z.B. Missbräuchlichkeit, Unwirksamkeit, Ungültigkeit und Nichtigkeit einer Kündigung), geht die Regelung der Verfahrensart jener über die sachliche Zuständigkeit der Handelsgerichte vor. Die Handelsgerichte sind nicht zuständig.
- Das Handelsgericht Zürich ist in Mietstreitigkeiten über Wohn- und Geschäftsräume nur dann zuständig, wenn es um – nicht im vereinfachten Verfahren zu behandelnde – Streitigkeiten, insbesondere Forderungsklagen mit einem Streitwert

---

155 BGE 139 III 457 = BGer 4A_346/2013 vom 22.10.2013 E. 4.4.3.3., in: mp 1/2014, S. 66.
156 HGer BE, HG 13 2, 3.5.2013, in: CAN 4/13, Nr. 76, Kommentar *Karl Spühler*.
157 BGE 139 III 457 = BGer 4A_346/2013 vom 22.10.2013, in: mp 1/2014, S. 59 ff.; und in: ZBJV 3/2015, S. 252, Kommentar *Christoph Leuenberger*; BGer 4A_383/2015 vom 7.1.2016 E. 2.4.
158 Vgl. Übersicht BGE 139 III 457 = BGer 4A_346/2013 vom 22.10.2011 E. 5.2, in: mp 1/2014, S. 67 f., und *Maag*, MRA 1/2014, S. 5 f.
159 Der Begriff der Hinterlegung i.S.v. Art. 243 Abs. 2 lit. c ZPO umfasst sämtliche Mängelrechte, die der Mieter im Rahmen des Hinterlegungsverfahrens durchsetzen will, u.a. auch Schadenersatzforderungen. Zur Anwendung kommt das vereinfachte Verfahren. Zuständig ist auch in handelsrechtlichen Streitigkeiten das Mietgericht, OGer ZH, NG15007, 13.11.2015, ZR 2/2016 Nr. 6.

von mindestens 30 000 Franken geht und die Voraussetzungen einer handelsrechtlichen Streitigkeit nach Art. 6 Abs. 2 ZPO erfüllt sind.
- Die Streitwertgrenze auch in mietrechtlichen Fällen mit 30 000 Franken anzusetzen, wie es der Kanton Zürich tut, obwohl nach Art. 74 BGG 15 000 Franken ausreichen würden, dürfte von Bundesrechts wegen nicht zu beanstanden sein, vorbehältlich anderer Auffassung des Bundesgerichts[160].
- Eine konkurrierende Zuständigkeit von Handels- und Mietgericht kommt im Kanton Zürich nur noch ausserhalb des Anwendungsbereichs von Art. 243 Abs. 2 lit. c ZPO in Frage. Bei konkurrierenden Zuständigkeiten entscheidet das Zürcher Obergericht[161]. Allerdings hat das Bundesgericht klare Kriterien für die Zuständigkeit festgesetzt, mithin einer kantonalen Regelung klare Grenzen gesetzt: Sind die Voraussetzungen gemäss Art. 6 Abs. 2 lit. a–c ZPO gegeben, ist das Handelsgericht ausschliesslich zuständig; prozessökonomische Gründe oder Einlassung können keine sachliche Zuständigkeit schaffen[162].
- In den drei Kantonen Aargau, Bern und St. Gallen, welche Handelsgerichte, aber keine Mietgerichte kennen, ist das Handelsgericht zuständig für mietrechtliche Streitigkeiten, falls die Voraussetzungen von Art. 6 ZPO und Art. 74 BGG erfüllt sind und nicht eine Streitigkeit gemäss Art. 243 ZPO vorliegt. Anders als im Kanton Zürich heben die kantonalen Einführungsgesetze den Streitwert in mietrechtlichen Fällen nicht von 15 000 Franken auf 30 000 Franken an. Aufgrund von Art. 243 Abs. 3 ZPO ist das vereinfachte Verfahren vor Handelsgericht ausdrücklich ausgeschlossen, so dass die Handelsgerichte auch zwischen 15 000 Franken und 30 000 Franken Streitwert zuständig sind, sofern es nicht um Bereiche geht, in denen die Verfahrensvorschriften von Art. 243 Abs. 2 ZPO zur Anwendung gelangen (sog. Kernbereich)[163].

---

160 *Hulliger/Maag*, MRA 3/2014, S. 111; ZR 112 Nr. 37, E. 4; *Diggelmann*, SJZ 4/2010, S. 88.
161 OGer ZH, LF130045, 21.8.2013, in: ius.focus 4/2014, S. 23, Kommentar *Tina Jäger*.
162 BGE 140 III 155 = BGer 4A_480/2013 vom 10.2.2014; Mietgericht Zürich, MD130012, 18.12.2014, in: mp-flash 2/2015, S. 3.
163 *Hulliger/Maag*, MRA 3/2014, S. 112.

Teil 3   Allgemeine Verfahrensbestimmungen

Kapitel 7   Ausstand (Art. 47 ff. ZPO)

1. Ausstandsgründe

Nach Art. 30 Abs. 1 Satz 1 BV und Art. 6 Ziff. 1 EMRK hat jede Person, deren Sache in einem gerichtlichen Verfahren beurteilt werden muss, Anspruch auf ein durch Gesetz geschaffenes, zuständiges, *unabhängiges und unparteiisches Gericht* («Fair Trial»). Nach dem Bundesgericht wird die Garantie des verfassungsmässigen Richters verletzt, «wenn bei objektiver Betrachtung Gegebenheiten ersichtlich sind, die den Anschein der Befangenheit oder die Gefahr der Voreingenommenheit zu begründen vermögen, die somit geeignet sind, Misstrauen in die Unparteilichkeit des Richters zu erwecken. Solche Umstände können in einem bestimmten Verhalten des betreffenden Richters oder in gewissen äusseren Gegebenheiten funktioneller und organisatorischer Natur begründet sein. Bei ihrer Beurteilung ist nicht auf das subjektive Empfinden einer Partei abzustellen. Für die Ablehnung wird nicht verlangt, dass der Richter tatsächlich befangen ist.»[164]

117

Art. 47 ZPO umschreibt die *Ausstandsgründe* für die Zivilgerichte und Schlichtungsbehörden. Die Ausstandsgründe betreffen nicht nur Richterinnen und Richter, sondern alle Gerichtspersonen, die direkt mit der Sache befasst sind und das Verfahren zu beeinflussen vermögen. Es sind dies unter anderem Beisitzerinnen und Beisitzer im Schlichtungsverfahren, aber auch die Gerichtsschreiber, Aktuare und Sachverständigen nach Art. 183 ZPO, kaum aber das Kanzleipersonal.[165]

118

Die *Ausstandsgründe* sind in Art. 47 Abs. 1 ZPO genannt:

119

Art. 47 Abs. 1 ZPO
Eine Gerichtsperson tritt in den Ausstand, wenn sie:
a. in der Sache ein persönliches Interesse hat;
b. in einer anderen Stellung, insbesondere als Mitglied einer Behörde, als Rechtsbeiständin oder Rechtsbeistand, als Sachverständige oder Sachverständiger, als Zeugin oder Zeuge, als Mediatorin oder Mediator in der gleichen Sache tätig war;

---

164 BGE 140 III 221 E. 4.1; BGE 140 I 240 = BGer 2C_89/2013 vom 13.6.2014 E. 2.2; BGer 4A_326/2014 vom 18.9.2014.
165 Es wird nicht mehr zwischen Ausstands- und Ablehnungsgründen unterschieden.

c. mit einer Partei, ihrer Vertreterin oder ihrem Vertreter oder einer Person, die in der gleichen Sache als Mitglied der Vorinstanz tätig war, verheiratet ist oder war, in eingetragener Partnerschaft lebt oder lebte oder eine faktische Lebensgemeinschaft führt;
d. mit einer Partei in gerader Linie oder in der Seitenlinie bis und mit dem dritten Grad verwandt oder verschwägert ist;
e. mit der Vertreterin oder dem Vertreter einer Partei oder mit einer Person, die in der gleichen Sache als Mitglied der Vorinstanz tätig war, in gerader Linie oder im zweiten Grad der Seitenlinie verwandt oder verschwägert ist;
f. aus anderen Gründen, insbesondere wegen Freundschaft oder Feindschaft mit einer Partei oder ihrer Vertretung, befangen sein könnte.

120 Aus Gründen einer ökonomischen Gerichtsorganisation sowie im Interesse eines zügigen Verfahrens darf jedoch nicht jede Vorbefasstheit *eo ipso* einen Ausstandsgrund schaffen. Art. 47 Abs. 2 ZPO führt daher beispielartig typische Fälle auf, in denen die *Mitwirkung in einem vorherigen Verfahren* keinen selbstständigen Ausstandsgrund darstellt. Die Regelung entspricht der bundesgerichtlichen Rechtsprechung[166].

121 Ein *Ausstandsbegehren kann sich nur gegen Personen*, und nicht gegen Behörden richten; nur die für eine Behörde tätigen Personen können befangen sein, nicht die Behörde als solche (Art. 47 Abs. 1 lit. b ZPO)[167]. Ausstandsbegehren gegen sämtliche Mitglieder einer Behörde sind zulässig, wenn gegen jedes einzelne Mitglied spezifische Ausstandsbegehren geltend gemacht werden, die über die generelle Kritik hinausgehen, die Gesamtbehörde als solche sei befangen[168]. Im Übrigen ist festzuhalten: Der Ausstand einer ganzen Behörde ist nur dann begründet, wenn konkrete Ausstandsgründe gegen betroffene Mitarbeiter glaubhaft gemacht werden[169].

2. Ausstand im Schlichtungsverfahren

122 Einfache Schlichtungstätigkeit oder blosse Rechtsberatung durch die Schlichtungsstelle (Art. 201 Abs. 2 ZPO) begründen keine *Ausstandspflicht* (Art. 47 Abs. 2 lit. b ZPO). Selbstverständlich kann auch in Fällen des Art. 47 Abs. 2 ZPO Befangenheit vorliegen: Es müssen jedoch zusätzlich besondere Umstände gegeben sein – die Befasstheit allein genügt nicht. Dies kann der Fall sein, wenn eine Schlichtungsrichterin die unentgeltliche Rechtspflege ablehnt und dabei durchblicken lässt, dass sie in der Sache entsprechend entscheiden werde. Fragwürdig wäre es auch, wenn eine Gerichts-

---

166 BGE 131 I 113 (betr. negative Beurteilung der Prozessaussichten bei der unentgeltlichen Prozessführung); BGer 5P.58/2005 vom 30.3.2005 (betr. vorsorgliche Beweisführung).
167 BGer 4A_326/2014 vom 18.9.2014 E. 2.3., in: SZZP 2/2015, S. 109; BGE 139 I 121 E. 4.3; 137 V 210 E. 1.3.3.
168 BGer 8C_978/2012 vom 20.6.2013 E. 5.2.2.
169 BGer 1B_133/2914 vom 1.7.2014.

präsidentin in einem Schlichtungsverfahren nach Durchführung eines Beweisverfahrens (Art. 203 Abs. 2 ZPO) einen Urteilsvorschlag erlässt (Art. 210 ZPO). Sie dürfte jedenfalls eine spätere Klage nicht mehr beurteilen[170].

3. Aus der Kasuistik über die Ausstandsgründe

a) Kein Ausstandsgrund

Kein Ausstandsgrund liegt in diesen Fällen vor: 123

- Die blosse Kollegialität unter Gerichtsmitgliedern gebietet keine Ausstandspflicht. Dementsprechend gilt der Ausstandsgrund der Vorbefassung bloss für diejenige Person, die selber in der gleichen Sache tätig war (vgl. Art. 47 Abs. 1 lit. b ZPO)[171].
- Reine Duz-Verhältnisse oder die Bande der Kollegialität allein genügen für einen Ausstand nicht[172].
- Der Umstand, dass ein Parteivertreter in Drittverfahren am Gericht ein Ersatzrichteramt bekleidet, stellt die Unbefangenheit der Gerichtsmitglieder nicht generell in Frage. Fehlt ein Verbot für das Auftreten von Ersatzrichtern als Parteivertreter, müssen über die äusseren Gegebenheiten funktioneller und organisatorischer Natur hinaus Umstände vorliegen, die den Anschein der Befangenheit und die Gefahr der Voreingenommenheit der einzelnen Gerichtsmitglieder zu begründen vermögen[173].
- Ein Richter verliert seine Unabhängigkeit nicht, wenn er regelmässig als Anwalt für eine Mieterschutzvereinigung gearbeitet hatte und später in einem Verfahren urteilte, in welchem eine Partei durch diese Vereinigung vertreten war[174].
- War die Schlichtungsbehörde in einer anderen Zusammensetzung in einer nicht mietrechtlichen Angelegenheit in ein Verfahren gegen den Gesuchsteller tätig, der nun ein Gesuch um Herausgabe einer Mieterkaution stellt, bewirkt dies nicht die Befangenheit der Behörde. Das amtliche Handeln einzelner Behördenmitglieder im Namen der Behörde macht grundsätzlich nicht den Ausstand aller Mitglieder dieser Behörde notwendig[175].
- Dass eine Schlichtungsbehörde den Parteien Vergleichsvorschläge unterbreitet, ist nach der klaren Rechtsprechung des Bundesgerichts nicht zu beanstanden, solange sie nicht etwa eine durch den Prozess erst noch abzuklärende Tatsache als schon erwiesen ansieht oder sich bereits in einer Art festgelegt hat, dass Zweifel darüber

---

170 Botschaft ZPO, S. 7272.
171 BGer 4A_326/2014 vom 18.9.2014, in: SZZP 2/2015, S. 109.
172 BGer 1P.267/2006 vom 17.7.2006 E. 2.1.2.
173 BGE 139 I 121 E. 5.2–5.4, in: ZBJV 3/2015, S. 242, Kommentar *Christoph Leuenberger*.
174 BGer vom 24.11.1997, in: SZIER 1998, S. 494.
175 BGE 133 I 1 E. 6.4.4; BGer 1B_139/2014 vom 1.7.2014 E. 3.

bestehen, ob sie einer anderen Bewertung der Sach- und Rechtslage aufgrund weiterer Abklärungen noch zugänglich wäre[176].
- Die Mitwirkung einer Schlichtungsbehörde an einem negativen Entscheid über die unentgeltliche Rechtspflege wegen Aussichtslosigkeit bildet für sich allein keinen Ausstandsgrund[177].
- Es begründet keine Befangenheit des Mietgerichtspräsidenten, dass der Vermietervertreter und Verwalter der Mietliegenschaft als regelmässiger Beisitzer des Mietgerichtes amtet[178].
- Die Zusammensetzung des Mietgerichts im Kanton Waadt verstösst unter objektiven und organbezogenen Gesichtspunkten nicht gegen Art. 6 Abs. 1 EMRK. Der von der ASLOCA gestellte beisitzende Richter muss nicht in den Ausstand treten, wenn ein anderer Angestellter dieser Vereinigung eine der Parteien berät. Ausgenommen bleiben die Fälle, in denen die ASLOCA ein unmittelbares Interesse am Verfahrensergebnis hat, oder der Beisitzer im konkreten Fall nicht genügend Gewähr für Unabhängigkeit und Unparteilichkeit bietet[179].
- Ein Richter, der eine Kammer des Mietgerichts präsidiert, kann nicht einzig mit der Begründung abgelehnt werden, dieser habe zuvor als Anwalt für den SMV (Schweizerischer Mieterinnen- und Mieterverband) gearbeitet. Freundschaft oder Feindschaft zwischen einem Richter und einem Anwalt stellen nur dann einen Ausstandsgrund dar, wenn zwischen diesen eine Verbindung besteht, die durch ihre Intensität oder Qualität bei objektiver Betrachtung geeignet ist, den Richter in seiner Verfahrensleitung oder seiner Entscheidung zu beeinflussen[180].
- Ein Sachverständiger unterliegt den gleichen Ausstandsgründen wie ein Richter[181].
- Kein Ausstandsgrund ist gegeben, wenn ein Richter mit der betroffenen Partei im Wahlkampf um ein Richteramt steht. Geht man davon aus, dass ein Wahlkampf grundsätzlich keinen Ausstandsgrund begründet, gilt dies auch für die Zeit nach erfolgter Wahl[182].

b) Ausstandsgrund gegeben

124 *Ein Ausstandsgrund ist in diesen Fällen gegeben*:

- Ein Rechtsanwalt, der die Funktion eines beisitzenden Richters in einer Berufungsinstanz in Mietsachen bekleidet, erscheint objektiv als befangen, wenn er in einem

---

176 BGer 5A_382/2007 vom 25.2.2008 E. 3.2.2.
177 BGE 131 I 113 E. 3.6.
178 Tribunal des baux de la Sarine, 20 2012 117, 25.10.2012, in: Freiburger Zeitschrift für Rechtsprechung, 3/2013Nr. 14; mp-flash 6/2014, S. 2.
179 BGE 126 I 235 E. 2b–2e = BGer 4P.87/2000 vom 9.11.2000, in: mp 1/2001, S. 40.
180 BGE 138 I 1.
181 OGer ZH, PF120017, 10.5.2012, in: CAN 2/2012, Nr. 29.
182 BGer 5A_283/2014 vom 3.9.2014 E. 4.1 und 4.2, in: SZZP 2/2015, S. 110.

anderen hängigen Verfahren die Gegenpartei einer der vor dieser Instanz prozessierenden Parteien vertritt[183].
- Ob eine Schlichterin nach Stellenantritt bei einer Liegenschaftsverwaltung weiterhin der Schlichtungsbehörde als Mietervertreterin angehören kann, bleibt eine offene Frage. In aller Regel muss sie aber in den Ausstand treten, wenn ihre Arbeitgeberin Gegenpartei der klagenden Mietpartei ist, auch wenn sie mit dem Dossier operativ nicht befasst war[184].
- Durch Vergleichsgespräche mit lediglich einer der Parteien weckt das Gericht objektiv den Anschein von Befangenheit[185]. Im Schlichtungsverfahren sind nach der hier vertretenen Auffassung getrennte Vergleichsgespräche allerdings zulässig, insbesondere mit Einverständnis der Parteien (vgl. N 730).
- Eine auf eine frühere Bürogemeinschaft zurückgehende Freundschaft zwischen dem verfahrensleitenden Richter und dem Anwalt eines Verfahrensbeteiligten vermag den objektiven Anschein der Befangenheit auch dann zu begründen, wenn die geltend gemachten einzelnen Elemente für sich allein dafür nicht ausreichen würden[186].

4. Ausstandsgesuch und Rechtsmittel

Eine Partei, die eine Gerichtsperson ablehnen will, hat nach Kenntnis des Ausstandsgrundes dem Gericht unverzüglich («so früh als möglich») ein entsprechendes Gesuch zu stellen[187]. Die Tatsachen, die den Ausstand begründend, sind glaubhaft zu machen (Art. 49 Abs. 1 ZPO)[188]. Das *Ausstandsgesuch* kann mündlich oder schriftlich gestellt werden, doch muss die Partei unverzüglich handeln. Wenn zum Beispiel der Ausstandsgrund an einer Schlichtungsverhandlung entdeckt wird, so ist die Ablehnung noch während dieser Verhandlung zu beantragen. Bei Verspätung ist das Ablehnungsrecht verwirkt. Die betroffene Gerichtsperson nimmt zum Gesuch Stellung (Art. 49 Abs. 2 ZPO). 125

Die Kantone regeln die gerichtliche Zuständigkeit, wenn der *Ausstandsgrund* bestritten wird (Art. 50 ZPO). Von welchem Organ des (sachlich) zuständigen Gerichts ein Ausstandsbegehren im Rahmen eines Prozesses auszugehen hat, ist eine Frage der funktionellen Zuständigkeit. Die funktionelle Zuständigkeit der Gerichte regelt gemäss Art. 4 Abs. 1 ZPO das kantonale Recht, soweit das Gesetz nichts anderes bestimmt. 126

---

183 BGE 139 III 120 E. 3.2 = BGer 4A_425/2012 vom 26.2.2013, in: Praxis 2013, Nr. 97; und in: ZBJV 3/2015, S. 243, Kommentar *Christoph Leuenberger*.
184 BGer 4A_3/2012, 27.6.2012, in: mp 4/2012, S. 300.
185 OGer ZH, PC130031-O/U, 23.7.2013, in: ius.focus 9/2014, S. 23, Kommentar *Nicolas Fuchs*.
186 BGer 1B_55/2015 vom 17.8.2015, in: SZZP 6/2015, S. 478.
187 BGE 132 II 485 E. 4.3.
188 Botschaft ZPO, S. 7273.

Art. 50 Abs. 1 ZPO beinhaltet keine bundesrechtliche Regelung der funktionellen Zuständigkeit über den Ausstandsentscheid[189].

127   Bei Vorliegen eines Ausstandsgrundes bestimmt die Schlichtungsbehörde eine andere Kammer. Bei Ablehnung aller Kammern, entscheidet das nach Art. 50 Abs. 1 ZPO zuständige kantonale Gericht. Im *Kanton Zürich* besteht hinsichtlich der Frage, welche Behörde den Ersatz eines in den Ausstand tretenden Vorsitzenden der Schlichtungsbehörde zu bestimmen hat, eine systematische Gesetzeslücke. Entgegen dem Gesetzeswortlaut (Art. 117 GOG) ist das Obergericht und nicht das Bezirksgericht zuständig[190]. Im *Kanton Bern* ist das Obergericht zur Behandlung von Ausstandsgesuchen im Schlichtungsverfahren zuständig[191].

128   Der Entscheid ist mit *Beschwerde* anfechtbar (Art. 50 Abs. 2 ZPO). Ist der Ausstand unbestritten, braucht es keinen gerichtlichen Entscheid, es ist lediglich über die Fallzuteilung zu befinden[192]. Wird erst nach Abschluss des Verfahrens, bei der Zustellung des Entscheids, ein Ausstandsgrund entdeckt, so steht die Beschwerde (Art. 319 ff. ZPO) zur Verfügung; die *Revision* (Art. 328 ff. ZPO) ist subsidiär[193].

---

189   BGer 5A_194/2014 vom 21.5.2014.
190   OGer ZH, KD130001-O/U, 18.4.2013, in: ZR 2/2013 Nr. 12; und in: mp-flash 4/2013, S. 2.
191   Art. 18 Abs. 2 EG ZSJ i.V.m. Art. 28 Abs. 1 lit. d OrR OG.
192   *Wullschleger*, in: Sutter-Somm/Hasenböhler/Leuenberger (Hrsg.), Art. 50 ZPO N 4.
193   BGE III 466 = BGer 5A_544/2013 vom 28.10.2013.

Kapitel 8 Öffentlichkeit des Verfahrens (Art. 54 ZPO)

1. Allgemeines

Art. 54 Abs. 1 ZPO

Verhandlungen und eine allfällige mündliche Eröffnung des Urteils sind öffentlich.
Die Entscheide werden der Öffentlichkeit zugänglich gemacht.

129

Dieser Grundsatz konkretisiert das in der Verfassung verankerte *Öffentlichkeitsprinzip* (Art. 30 Abs. 3 BV).

Die Rechtsprechung des Bundesgerichts geht davon aus, dass auf die *Durchführung einer öffentlichen Verhandlung verzichtet* werden kann[194]. Ebenso lässt es der Europäische Gerichtshof für Menschenrechte (EGMR) grundsätzlich zu, auf den Anspruch auf ein kontradiktorisches Verfahren wirksam zu verzichten[195].

130

Wird das *Urteil mündlich eröffnet*, muss es öffentlich eröffnet werden (Art. 54 Abs. 1 ZPO)[196]. Ob die *Urteilsberatung* öffentlich ist, bestimmt das kantonale Recht (Art. 54 Abs. 2 ZPO)[197]. Im Kanton Bern zum Beispiel ist die Urteilsberatung öffentlich[198], im Kanton Zürich hingegen nicht[199].

131

2. Öffentlichkeit im Schlichtungsverfahren

Damit sich die Parteien frei äussern können, sind die *Verhandlungen im Schlichtungsverfahren nicht öffentlich* (Art. 203 Abs. 3 Satz 1 ZPO). Nur vor den paritätischen Schlichtungsbehörden wird dieser Grundsatz gelockert. In den Angelegenheiten nach Art. 200 ZPO kann die Schlichtungsbehörde die Öffentlichkeit ganz oder teilweise zulassen, wenn ein öffentliches Interesse besteht, die Praxis dieser Spezialbehörden zu kennen (Art. 203 Abs. 3 ZPO)[200]. Die Kantone können die Öffentlichkeit der Mietschlichtungsverhandlungen grundsätzlich vorschreiben.

132

Dies ist zu begrüssen[201]. Einerseits kannten mehrere Kantone im alten Prozessrecht öffentliche Verhandlungen und machten damit gute Erfahrungen[202]. Anderseits ist es

133

---

194 BGE 132 I 42 E. 3.3.1.
195 Urteile i.S. Meftah gegen Frankreich, Recueil CEDH 2002-VII, 26.7.2002, S. 231, § 51; Voisine gegen Frankreich, 27362/95, 8.2.2000, § 32.
196 Zur Form der Eröffnung BSK ZPO-*Gehri*, Art. 54 N 13 f.
197 Eine kantonale Übersicht über die Öffentlichkeit der Urteilsberatung gibt der *Sutter-Somm/Seiler*, in: Sutter-Somm/Hasenböhler/Leuenberger (Hrsg.), Art. 54 ZPO N 15.
198 Art. 16 Abs. 1 EG ZSJ.
199 § 134 Abs. 1 GOG.
200 Botschaft ZPO, S. 7331.
201 **A.M.** *Lachat*, CPC, S. 72; BSK ZPO-*Infanger*, Art. 203 N 15; CPC-*Bohnet*, Art. 203 ZPO N 8.
202 Z.B. der Kanton Bern (Art. 12 [altes] Dekret über die Mietämter).

wichtig zu wissen, welche *Praxis die Schlichtungsbehörden* und bei grossen Behörden die einzelnen Kammern insbesondere zu Ermessentatbeständen (z.B. Wertvermehrungsanteil, Erstreckungsdauer, Umfang der Mietminderung bei Mängeln) entwickeln. Mieterverbände machen immer wieder die Erfahrung, dass sich anwaltlich nicht vertretene Mieterinnen und Mieter darüber beklagen, sie seien von der Schlichtungsbehörde regelrecht zu einem (ungünstigen) Vergleich gedrängt worden. Hier kann die Öffentlichkeit der Verhandlung eine präventive Funktion ausüben[203].

134 *De lege ferenda ist zu fordern, dass in Miet- und Pachtsachen die Öffentlichkeit grundsätzlich nach Art. 54 ZPO zugelassen wird, unter entsprechender Änderung von Art. 203 Abs. 3 ZPO.*

---

203 Vgl. N 723.

Kapitel 9 Verhandlungs- und Untersuchungsgrundsatz (Art. 55 ff. ZPO)

1. Verhandlungsgrundsatz – die Regel

Im Zivilprozess, namentlich im ordentlichen Verfahren, gilt der *Verhandlungsgrundsatz* (Verhandlungsmaxime). Gemäss Art. 55 Abs. 1 ZPO haben die Parteien dem Gericht die Tatsachen, auf die sie ihre Begehren stützen, darzulegen und die Beweismittel anzugeben. Man spricht in diesem Zusammenhang von der Behauptungs-, Substantiierungs- und der Beweisführungslast[204]. Eine Prozesspartei muss rechtserhebliche Tatsachen so umfassend detailliert und klar darlegen, dass darüber Beweis abgenommen werden kann. Das Bundesrecht bestimmt, wie weit ein Sachverhalt zu substanziieren ist, damit er unter die Bestimmungen des materiellen Rechts subsumiert werden kann[205].

135

2. Fragepflicht

Die gerichtliche Fragepflicht (Art. 56 ZPO) schwächt den strengen Verhandlungsgrundsatz ab. Sie ist quasi die *kleine Schwester der Untersuchungsmaxime*[206]. Der Zweckgedanke der allgemeinen gerichtlichen Fragepflicht nach Art. 56 ZPO besteht darin, dass eine Partei nicht wegen Unbeholfenheit ihres Rechts verlustig gehen soll. Der Richter ist verpflichtet, bei klaren Mängeln der Parteivorbringen helfend einzugreifen. Dabei steht die gerichtliche Fragepflicht in einem Spannungsverhältnis zur richterlichen Unparteilichkeit. Das Bundesgericht betont, gerichtliche Hinweise auf Mängel der Sachverhaltsdarstellung und Beweislücken dürften nicht so weit gehen, dass dadurch das Gebot der richterlichen Unparteilichkeit und Neutralität verletzt wird. Vor allem diene die gerichtliche Fragepflicht nicht dazu, prozessuale Nachlässigkeiten der Parteien auszugleichen. Wie weit das Gericht eingreifen soll, hängt von den Umständen des Einzelfalls ab, namentlich von der Unbeholfenheit der betroffenen Partei[207].

136

In jedem Fall wird die gerichtliche Fragepflicht nur ausgelöst, wenn die gesetzlichen Voraussetzungen nach Art. 56 ZPO gegeben sind, wenn also ein *unklares, widersprüch-*

137

---

204 Ausführlich: BSK ZPO-*Gehri*, Art. 55 N 3 ff.; *Sutter-Somm/von Arx*, in: Sutter-Somm/Hasenböhler/Leuenberger (Hrsg.), Art. 55 ZPO N 20 ff.
205 BGer 4A_155/2014 vom 5.8.2014, in: ius.focus 2/2015, S. 23, Kommentar *Nadine Grieder*.
206 *Mordasini-Rohner Claudia M.*, Gerichtliche Fragepflicht und Untersuchungsmaxime nach der ZPO, Diss. Basel 2013; *Schumacher*, ZBJV 5/2015, S. 381 ff.
207 BGer 4D_57/2013 vom 2.12.2013; BGer 4A_78/2014 und BGer 4A_80/2014 vom 23.9.2014 E. 3.3, in: SZZP 1/2015, S. 7; BGer 4A_78/2014 vom 23.9.2014, in: ius.focus 9/2015, S. 21, Kommentar *Deborah Büttel*.

liches, unbestimmtes oder offensichtlich unvollständiges Parteivorbringen vorliegt. Dies kann auch ein offensichtlich unvollständiges oder unverständliches Beweisangebot sein. Ein mangelhaftes Beweisangebot i.S.v. Art. 56 ZPO liegt beispielsweise vor, wenn die Partei vergisst, die Adresse eines angerufenen Zeugen anzugeben. Hier kann der Richter nachfragen, um die Abnahme des Beweises zu ermöglichen.

138 Die *gerichtliche Fragepflicht* trägt dem Richter freilich nicht auf, einer Partei bei der Beweisführung behilflich zu sein. Voraussetzung ist allemal ein i.S.v. Art. 56 ZPO mangelhaftes Parteivorbringen. Deshalb greift die gerichtliche Fragepflicht nicht, wenn eine Partei für eine wesentliche Behauptung überhaupt kein Beweismittel offeriert[208].

139 Wo die *Untersuchungsmaxime* gilt, geht die Fragepflicht wesentlich weiter[209].

3. Untersuchungsgrundsatz

140 Für das Miet- und Pachtrecht gilt bei Streitigkeiten von Wohn- und Geschäftsräumen der sog. beschränkte oder abgeschwächte Untersuchungsgrundsatz *(soziale Untersuchungsmaxime)*[210]. Er bildet die Ausnahme zur Verhandlungsmaxime. Der Sachverhalt wird von Amtes wegen festgestellt und erforscht (Art. 55 Abs. 2 ZPO). Dies gilt auch für den Schlichtungsversuch (Art. 197 ff. ZPO).

141 Der Untersuchungsgrundsatz wird im 1. Titel «Schlichtungsversuch» nicht erwähnt, obwohl dies unbestritten ist und der Regelung des alten Rechts entspricht (Art. 274*d* Abs. 3 aOR), das aufgehoben und in die ZPO integriert wurde[211]. Der klassische Anwendungsbereich des Untersuchungsgrundsatzes erstreckt sich auf die sozial sensiblen Bereiche des Privatrechts[212]. Der Zweck der *abgeschwächten Untersuchungsmaxime* besteht darin, die wirtschaftlich schwächere Partei zu schützen, die Gleichheit zwischen den Parteien herzustellen sowie das Verfahren zu beschleunigen[213]. Der Beschleunigung des Verfahrens wurde legislatorisch bei den Bestimmungen zum Schlichtungsverfahren besonderes Gewicht beigemessen (vgl. Art. 202 Abs. 3, Art. 203 Abs. 1 ZPO). Vor diesem Hintergrund drängt sich die abgeschwächte Untersuchungsmaxime weiterhin auch im paritätischen Schlichtungsverfahren auf, und zwar auch dann, wenn ein Urteilsvorschlag nach Art. 210 ZPO oder ein Entscheid nach Art. 212 ZPO in Frage kommt[214].

---

208 BGer 4A_444/2013 vom 5.2.2014.
209 Botschaft ZPO, S. 7275.
210 *Mordasini-Rohner*, S. 85.
211 Nach *Lienhard*, S. 321, kommen der Schlichtungsbehörde dieselben Kompetenzen und Pflichten zu wie den Gerichten in den Verfahren unter der Herrschaft der eingeschränkten Untersuchungsmaxime.
212 BK-*Hurni*, Art. 55 ZPO N 69.
213 BGE 125 III 231 E. 4a.
214 BGer 4A_544/2010 vom 8.12.2010, in: MRA 4/2011, S. 154, Kommentar *Raymond Bisang*.

Ausdrücklich erwähnt wird der Untersuchungsgrundsatz im vereinfachten Verfahren (Art. 247 Abs. 2 ZPO). Im ordentlichen Verfahren gilt die Untersuchungsmaxime auch in mietrechtlichen Angelegenheiten nicht (N 818). Dies stellt eine markante Verschlechterung zum alten Recht dar, wo der Untersuchungsgrundsatz unabhängig vom Streitwert und für alle kantonalen Instanzen galt. *Wird das vereinfachte Verfahren in Mietsachen nicht erweitert, ist de lege ferenda zu fordern, dass der Untersuchungsgrundsatz auch im ordentlichen Verfahren gilt.*

142

Was bedeutet der *Untersuchungsgrundsatz*?

143

- Die Schlichtungsbehörden oder Gerichte können selber bzw. von Amtes wegen Beweis erheben und Beweismassnahmen anordnen (Art. 153 Abs. 1 ZPO). Das ist insbesondere der Fall im vereinfachten Verfahren (Art. 243 ff. ZPO). Hier ist das Gericht für die Beweiserhebung nicht an die Parteianträge gebunden[215].
- Beweismittel können bis zur Urteilseröffnung vorgebracht werden[216].
- Die Behörden sind an die Beweisanträge der Parteien nicht gebunden.
- Sie können einem Schlichtungsversuch oder einem Urteilsvorschlag bzw. Entscheid auch unbehauptete Tatsachen zugrunde legen.
- Die allgemeine Fragepflicht (Art. 56 und Art. 247 Abs. 1 ZPO) wird erweitert[217].
- Die Beweise werden nach freiem Ermessen gewürdigt.

> **Beispiel**
>
> Die Mieterin erhält eine massive Mietzinserhöhung wegen umfassenden Sanierungsarbeiten. Sie ficht die Mietzinserhöhung als missbräuchlich an, stellt selber aber keine Beweisanträge. Die Schlichtungsbehörde verfügt die Vorlage der Bauabrechnung, des Mieterspiegels und vorgängiger Mietzinserhöhungen und ordnet einen Augenschein an.

Bei den Beweismitteln Augenschein (Art. 181 ZPO) und Gutachten (Art. 183 ff. ZPO) wird ausdrücklich festgehalten, dass diese *Beweismassnahmen auch von Amtes* wegen angeordnet werden können. Beim Gutachten sind die Parteien vorgängig anzuhören. Sie sollen sich zu den Kosten der Expertise und zur Person der Expertin oder des Experten (Unabhängigkeit, Fachkompetenz) äussern können (Art. 183 Abs. 1 ZPO)[218]. Wegen der zu erwartenden Kosten sollen sich die Parteien auch grundsätzlich darüber äussern können, ob überhaupt ein Gutachten einzuholen ist[219]. Bei Anordnung eines Gutachtens von Amtes wegen liegt es im Ermessen des Gerichtes, von den Parteien

144

---

215 Botschaft ZPO, S. 7313.
216 DIKE-Komm-ZPO-*Glasl*, Art. 55 N 37, bemerkt, «ein Nebeneffekt des Untersuchungsgrundsatzes ist ein offenes Novenrecht».
217 BSK ZPO-*Gehri*, Art. 56 N 4.
218 Botschaft ZPO, S. 7324; vgl. N 643 ff.
219 DIKE-Komm-ZPO-*Müller*, Art. 183 N 12.

einen Kostenvorschuss zu verlangen (Art. 102 Abs. 3 ZPO). Für die Beantwortung der Frage, in welchem Verhältnis der Kostenvorschuss auf die Parteien verteilt wird, sind die Beweislast und die Mitwirkungspflicht zu berücksichtigen. Im Hinblick auf die oft entscheidende Bedeutung eines Gutachtens gelten für die Fachperson dieselben Ausstandsgründe wie für Gerichtspersonen (Art. 183 Abs. 2 ZPO).

145 Der Untersuchungsgrundsatz entbindet die Parteien nicht, beim *Verfahren mitzuwirken* und aktiv Beweismittel zu beschaffen oder zu benennen[220]. Die Parteien haben alle für die Beurteilung des Streitfalls notwendigen Unterlagen vorzulegen und sind nicht davon befreit, bei der Feststellung des entscheidwesentlichen Sachverhalts aktiv mitzuwirken und die allenfalls zu erhebenden Beweise zu bezeichnen. Sie tragen auch im Bereich der Untersuchungsmaxime die Verantwortung für die Sachverhaltsermittlung[221]. Es genügt nicht, in der Klage Behauptungen aufzustellen und pauschal auf die Klagebeilagen zu verweisen. Selbst unter Geltung der sozialen Untersuchungsmaxime ist es nicht Sache des Gerichts, die Beweismittel danach zu durchforsten, ob sich etwas zu Gunsten der Parteien daraus ableiten lässt[222]. Der Untersuchungsgrundsatz ist nicht dafür da, ungeschicktes Prozessverhalten zu korrigieren, und er berechtigt die Parteien auch nicht, den Verfahrensablauf zu stören, indem sie ohne Rücksicht auf gerichtliche Anordnungen und die Reihenfolge der Prozessstadien vorgehen[223].

146 *Verweigert eine Partei die Mitwirkung*, kann sich dies negativ auswirken, zum Beispiel bei der Kostenregelung im Gerichtsverfahren. Stellt sich beispielsweise heraus, dass eine Beweismassnahme bei kooperativem Verhalten einer oder beider Parteien unnötig gewesen wäre, können Prozesskosten dem Verursacher überbunden werden (Art. 107 und 108 ZPO).

147 Die Schlichtungsbehörde und das Gericht dürfen den Parteien auch unter dem sozialen Untersuchungsgrundsatz *nicht mehr und nichts anderes zusprechen*, als diese fordern (Dispositionsmaxime).

---

220 BGE 125 III 231 E. 4a; 128 III 411 = BGer 5C.14/2005 vom 11.4.2005 E. 1.2.3.; BGE 133 III 507 E. 5.4.
221 BGE 141 III 569 E. 2.3.1 = BGer 4A_179/2015 vom 16.12.2015; BGer 4A_150/2011 vom 24.6.2011; BGE 125 III 231 E. 4a.
222 BGE 140 III 602 = BGer 4A_195/2014 vom 27.11.2014 E. 7.3.3, in: SZZP 2/2015, S. 114, Kommentar *Valentin Rétornaz*.
223 BGer 4A_252/2011 vom 22.8.2011.

Kapitel 10 Prozessvoraussetzungen (Art. 59 ff. ZPO)

1. Allgemeines

Das Gericht hat *von Amtes wegen* zu prüfen, ob die Grundlagen zur Durchführung eines Verfahrens überhaupt gegeben sind (Art. 60 ZPO). In der Realität sind die Schlichtungsbehörde und das Gericht jedoch auf entsprechende Parteibehauptungen angewiesen, zum Beispiel wenn es um Fragen der fehlenden anderweitigen Rechtshängigkeit oder der fehlenden materiellen Rechtskraft geht[224]. Die ZPO äussert sich nicht, wann oder bis wann die Überprüfung zu erfolgen hat. Man ist sich einig, dass aus prozessökonomischen Gründen dies möglichst früh zu geschehen hat[225]. Ebenso äussert sich die ZPO nicht über die Reihenfolge der Überprüfung. Diese hat nach Zweckmässigkeitsüberlegungen vonstattenzugehen[226].

148

2. Doppelrelevante Tatsachen

Doppelrelevante Tatsachen sind Tatsachen, die sowohl für die Zuständigkeit des angerufenen Gerichts als auch die Begründetheit der Klage erheblich sind[227]. Die doppelrelevanten Tatsachen werden einzig auf der Stufe der Begründetheit geprüft. Sie werden erst im Moment der materiellen Prüfung des eingeklagten Anspruchs untersucht; diesbezügliche Einwände der Gegenpartei sind im Rahmen der Zuständigkeitsprüfung unbeachtlich[228]. Das Gericht unterstellt die von der klagenden Partei behaupteten Tatsachen, welche sowohl für die Zuständigkeit des angerufenen Gerichts als auch für die Begründetheit der Klage erheblich sind, bei der Beurteilung der Zuständigkeit als wahr[229]. Macht die Mieterin zum Beispiel geltend, ein Mietvertrag beziehe sich auf Wohnräume, ist der Streitwert betreffend Nichtigerklärung der Kündigung (der Theorie über die doppelrelevanten Tatsachen folgend) nach den Grundsätzen zu berechnen, die für diese Art von Mietverträgen gelten[230].

149

Beispiel

Behauptet der Vermieter, die Wohnung gegen einen Mietzins von 1500 Franken pro Monat vermietet zu haben, und stellt sich die (angebliche) Mieterin auf den

---

224 Botschaft ZPO, S. 7276.
225 Z.B. *Zürcher*, in: Sutter-Somm/Hasenböhler/Leuenberger (Hrsg.), Art. 60 ZPO N 13; BK-*Zingg*, Art. 60 ZPO N 33.
226 *Zürcher*, in: Sutter-Somm/Hasenböhler/Leuenberger (Hrsg.), Art. 60 ZPO N 15.
227 Ein mietrechtlicher Anspruch kann in Kantonen mit Mietgericht dessen Zuständigkeit begründen, HAP-Immobiliarmietrecht-*Schneider*, N 11.29.
228 BGE 137 III 32 E. 2.2 und 2.3 = BGer 4A_461/2010 vom 22.11.2010.
229 BK-*Zingg*, Art. 60 ZPO N 40.
230 BGer 4A_109/2015 vom 23.9.2015 E. 1, in: SZZP 1/2016, S. 52.

Standpunkt, sie könne die Wohnung ohne Bezahlung benutzen, liegt im ersten Fall Miete (Art. 253 OR), im zweiten Fall Leihe (Art. 305 OR) vor. Klagt nun der Vermieter in einem Kanton mit Mietgericht bei diesem auf Bezahlung des Mietzinses, so stützt sich das – nach Durchführung des Schlichtungsverfahrens – angerufene Mietgericht zur Beurteilung seiner sachlichen Zuständigkeit einzig auf die Darstellung des Hauseigentümers und prüft deren Richtigkeit erst im Rahmen der materiellen Anspruchsprüfung[231].

3. Prüfung der Prozessvoraussetzungen durch die Schlichtungsbehörde?

a) Problemstellung

150 Obwohl in den Art. 59 und 60 ZPO nur das «Gericht» erwähnt ist, müssen einige Prozessvoraussetzungen, insbesondere die *örtliche wie sachliche Zuständigkeit*, auch von der *Schlichtungsbehörde* geprüft werden[232], umso mehr, wenn sie in der Gerichtsorganisation des Kantons als Gerichte aufgeführt sind, wie dies unter anderem in den Kantonen Bern und Aargau der Fall ist[233].

151 Diese Ansicht ist umstritten[234]. Da die Schlichtungsbehörde in Art. 59 ZPO nicht explizit genannt wird, schliesst ein Teil der Lehre auf ein *qualifiziertes Schweigen des Gesetzgebers*, mit der Folge, dass sie die Prozessvoraussetzungen nicht zu prüfen habe, nicht einmal prüfen dürfe. Die Schlichtungsbehörde sei keine richterliche Behörde i.S.v. Art. 59 ZPO[235].

b) Diskussion

152 Die Frage, ob – und wenn ja, wie weit – die Schlichtungsbehörde befugt ist, die *Prozessvoraussetzungen* zu prüfen, wird in letzter Zeit auch deshalb sehr kontrovers diskutiert, weil das Obergericht Zürich eine Kehrtwende machte und im Entscheid vom 12. Oktober 2011 der Schlichtungsbehörde das Recht absprach, Nichteintretensent-

---

231 HAP-Immobiliarmietrecht-*Schneider*, N 11.29.
232 DIKE-Komm-ZPO-*Müller*, Art. 60 N 7; BK-*Zingg*, Art. 60 ZPO N 22 ff.
233 Kanton Bern: Art. 2 Abs. 4 lit. c GSOG; Kanton Aargau: § 3 lit. a EG ZPO.
234 Eine gute Übersicht über den Stand der Kontroverse gibt KUKO ZPO-*Domej*, Art. 59 N 10.
235 Dass die Schlichtungsbehörde keine richterliche Behörde oder kein Gericht ist, mag im Schosse der kantonalen Gerichtsorganisation zutreffen und ist durchaus zulässig, sagt doch die Botschaft selber, dass auch eine Verwaltungsbehörde mit diesen Aufgaben betraut werden könne. Nichtsdestotrotz hat die Schlichtungsbehörde den Anforderungen von Art. 29 BV und Art. 6 EMRK zu entsprechen, indem sie unabhängig, weisungsfrei und nur sich selber sowie dem Gesetz gegenüber verantwortlich ist. Sie übt zweifelsohne auch dann gerichtliche Funktionen aus, wenn sie im Rahmen von Verfahrenserledigungen Urteilssurrogate fällt (gerichtlich genehmigter Vergleich, Art. 208 Abs. 2 ZPO; ebenso aufgrund von Art. 217 ZPO), die die Wirkung eines rechtskräftigen und vollstreckbaren Entscheids erlangen.

scheide zu fällen[236]. Dieser Entscheid blieb verschiedentlich nicht unwidersprochen. Das Abstellen rein auf den Begriff «Gericht» scheint wenig zielführend und öffnet ein weites Feld zusätzlicher Fragen zum Geltungsbereich der allgemeinen Bestimmungen der ZPO[237].

Die Zivilabteilungskonferenz des *Obergerichts des Kantons Bern* (ZAK) hat am 26. Januar 2012 bezüglich der in Art. 198 ZPO vom Schlichtungsverfahren ausgenommenen Materien folgende Praxis festgelegt[238]: «Wenn sich ohne aufwändige Abklärungen ergibt, dass es sich um eine Streitigkeit i.S.v. Art. 198 ZPO handelt, hat die Schlichtungsbehörde einen Nichteintretensentscheid zu fällen, wobei die klagende Partei zunächst auf die Problematik hingewiesen werden sollte. Andernfalls ist das Schlichtungsverfahren durchzuführen und der Entscheid über die Voraussetzungen und Folgen von Art. 198 ZPO dem Gericht zu überlassen.» Anders als die Obergerichte Zürich und Aargau geht die Zivilabteilungskonferenz somit davon aus, dass die Schlichtungsbehörde ein Gericht i.S.v. Art. 59 ZPO ist und Nichteintretensentscheide fällen kann, was auch der Auffassung von *Müller* und weiterer von ihm zitierter Autoren entspricht[239].

153

Steht es der *Schlichtungsbehörde nicht zu, die Prozessvoraussetzungen zu prüfen*, führt dies zu Erschwernissen bei der Rechtsverfolgung, Verzögerungen, Leerläufen, Rechtsunsicherheiten und einer ganzen Anzahl offener Rechtsfragen.

154

Beispiel[240]

Wenn die gesuchstellende Partei das Gesuch nicht zurückzieht, hat die Schlichtungsbehörde die Klagebewilligung auszustellen. Das erstinstanzliche Gericht wird auf die Klage nicht eintreten, wenn die Schlichtungsbehörde nicht zuständig war, denn die Klagebewilligung einer unzuständigen Schlichtungsbehörde ist un-

---

236 OGer ZH, RU 110019, 12.10.2011; ähnlich OGer AG, ZVE. 2011.7.4, 16.11.2011, in: ius. focus 2/2013, S. 21, kritischer Kommentar *Joelle Berger*.
237 Das Nichtnennen der Schlichtungsbehörde in Art. 59 ZPO als qualifiziertes Schweigen des Gesetzgebers auszulegen, ist nach der hier vertretenen Ansicht schon im Ansatz fragwürdig, sprachlich spitzfindig und hat etwas Willkürliches an sich. Die allgemeinen Bestimmungen der ZPO sprechen fast ausnahmslos nur vom Gericht, auch wenn unbestrittenermassen die Schlichtungsbehörde ebenfalls angesprochen ist, so beispielsweise in Art. 33 ZPO, wo in Ablösung des Gerichtsstandsgesetzes (GestG) einzig das Gericht des Ortes der gelegenen Sache als zuständig bezeichnet wird oder in Art. 56 ZPO (gerichtliche Fragepflicht) oder in Art. 69 ZPO (Unvermögen der Partei). (Weitere Beispiele bei *Weingart/Penon*, ZBJV 6/2015, S. 473 f.) Mit der Reduktion auf die Verwendung oder Nichtverwendung des Begriffs «Gericht», kann der Absicht des Gesetzgebers nicht Genüge getan werden. Eine korrekte Abgrenzung hat anhand anderer Kriterien von der Sache her zu erfolgen.
238 OGer BE, ZK 13 114+139, 26.3.2013.
239 *Müller*, AJP 1/2013, S. 69 ff.
240 Nach *Leuenberger*, SZZP 2/2013, S. 175.

gültig[241], womit eine Prozessvoraussetzung fehlt. Es besteht für die gesuchstellende Partei dann die Möglichkeit, ein neues Gesuch innert Frist von Art. 63 ZPO bei der richtigen Behörde einzureichen.

155 Eine umfassende Übersicht über den Stand der Diskussionen findet sich bei *Müller*[242], der zum Schluss kommt, dass Art. 59 ZPO lückenhaft ist, und dass die Schlichtungsbehörden sehr wohl gerichtliche Behörden seien, die die Prozessvoraussetzungen unter eingeschränktem Prüfungsumfang zu beachten haben. Zu einem ähnlichen Ergebnis gelangen *Weingart/Penon*, die die Schlichtungsbehörde unter den Begriff des Gerichts i.S.v. Art. 59 Abs. 1 ZPO und Art. 60 ZPO subsumieren[243].

156 Führt die Schlichtungsbehörde lediglich eine Schlichtungsfunktion aus, erfolgt *die Prüfung der Prozessvoraussetzungen summarisch*. Eine umfassende Prüfung der Zuständigkeit kann und muss nicht erfolgen. Ist die Zuständigkeit der Schlichtungsbehörde unsicher, sind die Parteien darüber zu belehren[244], und das Schlichtungsverfahren ist durchzuführen[245]. Das erstinstanzliche Gericht prüft die Prozessvoraussetzungen in der Folge umfassend[246]. Ist die Unzuständigkeit offensichtlich, so fällt die Schlichtungsbehörde einen Nichteintretensentscheid.

157 In diesem Zusammenhang darf nicht vergessen werden, dass dem vor der Schlichtungsbehörde abgeschlossenen Vergleich, der Klageanerkennung und dem vorbehaltlosen Klagerückzug die *Wirkung eines rechtskräftigen Entscheids* zukommt. Hält die Schlichtungsbehörde die Klage für unzulässig, dürfte sie die genannten Verfahrenserledigungen gar nicht zu Protokoll nehmen[247]. Zudem ist eine Klagebewilligung einer offensichtlich unzuständigen Schlichtungsbehörde absolut nichtig[248].

Beispiel

Die klagende Partei stellt ein Gesuch um Erstreckung des Mietverhältnisses. Die Parteien schliessen hierauf in der Schlichtungsverhandlung einen Vergleich, der eine einmalige Erstreckung um 10 Monate vorsieht. Kurz vor Ablauf der Erstreckungsfrist stellt die klagende Partei erneut ein Gesuch um angemessene Erstreckung. Mit der Begründung, dass es sich um eine rechtskräftig entschiedene Sache *(res iudicata)* handelt und demzufolge die Prozessvoraussetzung von Art. 59 Abs. 2 lit. e ZPO nicht gegeben ist, erlässt die Vorsitzende der Schlichtungsbehörde eine Nichteintretensverfügung.

---

241 Kontrovers: **a.M.** *Gasser/Rickli*, Art. 203 ZPO N 6.
242 DIKE-Komm-ZPO-*Müller*, Art. 59 N 23; *Müller*, AJP 1/2013, S. 69 ff.
243 *Weingart/Penon*, ZBJV 6/2015, S. 477.
244 BSK ZPO-*Infanger*, Art. 202 N 13 ff.
245 In diesem Sinne: KGer BL, 410 11 322, 10.1.2012, in: ius. focus 3/2013, S. 22.
246 *Leuenberger/Uffer*, N 11.10.
247 KUKO ZPO-*Domej*, Art. 59 N 10; BK-*Zingg*, Art. 59 ZPO N 24.
248 BGE 139 III 273 E. 2.1 = BGer 4A_28/2013 vom 3.6.2013.

Schliesslich gilt es noch einen *verfahrens-ökonomischen Aspekt* zu berücksichtigen. 158
Nicht selten kann beim Eingang eines Gesuchs bei der Schlichtungsbehörde noch
keine sichere Aussage über die Erledigungsart (Vergleich, Nichteinigung, Urteilsvorschlag, Entscheid) gemacht werden. Wird ohne seriöse Prüfung der Prozessvoraussetzungen (Art. 59 ZPO) oder der Zuständigkeit (Art. 63 ZPO) zur Schlichtungsverhandlung vorgeladen, und stellt sich heraus, dass materiell ein Urteilsvorschlag oder ein
Entscheid in Frage kommen könnte, müsste das Verfahren mit einem Nichteintretensentscheid beendet werden, wenn Prozessvoraussetzungen fehlen oder die Zuständigkeit nicht gegeben ist. Aus Gründen der Prozessökonomie sind die Prozessvoraussetzungen möglichst früh zu prüfen[249].

Einen vermittelnden Standpunkt nimmt *Spühler* ein, der betont, entscheidend sei, 159
dass die Parteien vor einem prozessual fehlerhaften Schlichtungsverfahren geschützt
werden[250]. Es wird dem Grundsatz der Prozessökonomie zuwidergehandelt, wenn
erst das Gericht seine örtliche Unzuständigkeit feststellen muss, weil im Schlichtungsverfahren keinerlei Prüfung der betreffenden Prozessvoraussetzung vorgenommen
wurde. Denn bereits mit der Einreichung des Schlichtungsgesuchs entsteht Rechtshängigkeit (Art. 62 ZPO) mit all ihren Folgen.

Auch die *sachliche Zuständigkeit* sollte deshalb im Schlichtungsverfahren geprüft werden, besteht doch in vielen Kantonen, nach Sachmaterien organisiert, mehr als eine 160
Schlichtungsbehörde[251]. Die sachliche Zuständigkeit ist von Amtes wegen zu prüfen[252]. Im verneinenden Fall teilt die Schlichtungsbehörde der klagenden Partei dies
mit oder überweist die Sache der sachlich zuständigen Schlichtungsbehörde (Art. 198
ZPO, Art. 200 ZPO). Eine Überweisung an das zuständige Gericht erscheint wegen der
unterschiedlichen Anforderungen an ein Schlichtungsgesuch und eine Klageschrift sowie angesichts der Kostenfolgen jedoch nicht sinnvoll[253].

Schliesslich sollte die Schlichtungsbehörde auch die *negativen Prozessvoraussetzungen* 161
der lis pendens[254] und der *res iudicata* (Art. 59 Abs. 2 lit. d und e ZPO) nicht ausser
Acht lassen. Auch hier ist an die Prozessökonomie zu denken.

---

249 BK-*Zingg*, Art. 60 ZPO N 33.
250 *Karl Spühler*: Kommentar zum Urteil des OGer AG, ZVE. 2011.7, 16.11.2011, in: CAN 2/
2012, Nr. 32.
251 DIKE-Komm-ZPO-*Müller*, Art. 59 N 26.
252 *Dolge/Infanger*, S. 32.
253 *Dolge/Infanger*, S. 32.
254 «Rechtshängigkeit (Litispendenz) bedeutet das Bestehen eines noch nicht abgeschlossenen
Entscheidverfahrens über einen streitigen Anspruch. Ihre Hauptwirkungen sind die Sperrwirkung, die Fixationswirkungen, die Fortführungslast sowie die Möglichkeit der Prozessüberweisung» (*Staehelin/Staehelin/Grolimund*, § 12.1).

c) Lösungsansatz

162 Nach hier vertretener Auffassung müssen die *Prozessvoraussetzungen*, insbesondere die örtliche wie sachliche Zuständigkeit, auch von der *Schlichtungsbehörde geprüft* werden[255], obwohl in den Art. 59 und 60 ZPO nur das «Gericht» erwähnt ist. Dogmatische Reinheit oder prozessökonomischer Pragmatismus – auf diese Frage läuft die teleologische Auslegung letztlich hinaus. Pragmatismus bildet einen Wesenskern schweizerischen Rechts[256]. Deshalb ist die Schlichtungsbehörde unter den Begriff des Gerichts i.S.v. Art. 59 Abs. 1 und Art. 60 ZPO zu subsumieren. Die Schlichtungsbehörde soll und muss die Prozessvoraussetzungen prüfen und kann gegebenenfalls auch einen Nichteintretensentscheid fällen[257].

163 Dies umso mehr, als bei Eingang eines Gesuchs die Möglichkeit eines *Urteilsvorschlages* oder eines *Entscheids* nicht ausgeschlossen werden kann. Die Prüfung der Prozessvoraussetzungen erst im Verlaufe der Schlichtungsverhandlung vorzunehmen, ist nicht vertretbar und würde auch dem Prinzip des einfachen und raschen Verfahrens widersprechen[258].

164 Das *Obergericht des Kantons Zürich* hat in einem Fall einer offensichtlichen Unzuständigkeit die Kompetenz der Schlichtungsbehörde zur Fällung eines Nichteintretensentscheids anerkannt. Müsste die Schlichtungsbehörde die Prüfung und den Entscheid über die Zuständigkeit stets dem Gericht überlassen, stünde dies im Widerspruch zu den Zielen des Schlichtungsverfahrens wie der raschen Streiterledigung und der Entlastung des Gerichts[259].

165 Die *Prüfung hat sich auf das Notwendige* zu beschränken. Bei offensichtlich fehlender örtlicher Zuständigkeit soll die Schlichtungsbehörde der klagenden Partei Gelegenheit zur Stellungnahme bzw. zum Rückzug des Gesuchs geben.

166 Interessant in diesem Zusammenhang ist es, wenn der *London High Court of Justice* im Zusammenhang mit der Frage der Rechtshängigkeit und Sistierung zweier Prozesse in London und Zürich der Argumentation widerspricht, eine Schlichtungsbehörde könne ihre eigene Zuständigkeit nicht selbst feststellen[260]. Der High Court of Justice kam zum Schluss, dass ein Schweizer Schlichtungsverfahren Rechtshängigkeit gemäss

---

255 DIKE-Komm-ZPO-*Müller*, Art. 60 N 7; BK-*Zingg*, Art. 60 ZPO N 22 ff. *Zürcher*, in: Sutter-Somm/Hasenböhler/Leuenberger (Hrsg.), hat in der 3. Auflage eine Differenzierung vorgenommen, wenn er in Art. 59 ZPO N 6a ff. anmerkt, die Schlichtungsbehörde solle diejenigen Prozessvoraussetzungen prüfen können, die für ihr eigenes Tätigwerden bedeutsam sind. Darunter falle die örtliche und sachliche Zuständigkeit.
256 *Brückner*, BJM 2007, 160 ff.
257 *Weingart/Penon*, ZBJV 6/2015, S. 476.
258 Cour d'appel civile du Tribunal cantonal VD, 16.8.2011, in: JdT III 6/11, S. 185; und in: mp-flash 2/2012.
259 OGer ZH, LU130001-O/U, 30.4.2013, E. 3.2; OGer ZH, RU110021, 28.7.2011, E. 3.
260 *Feller/Meili*, SJZ 8/2015, S. 194.

Art. 30 LugÜ begründet. Folglich war die englische Leistungsklage zu sistieren bzw. nicht weiterzuführen[261].

Es ist fraglich, ob es gestützt auf kantonales Recht zulässig ist, bei offensichtlicher sachlicher und funktioneller Unzuständigkeit die Eingabe von Amtes wegen an die *zuständige Behörde* innerhalb des Kantons weiterzuleiten[262]. Die ZPO sieht keine interkantonale Überweisung vor[263].

4. Die einzelnen Prozessvoraussetzungen

Der Gesetzgeber hat darauf verzichtet, in Art. 59 ZPO einen *abschliessenden Katalog* von Voraussetzungen zu erstellen[264].

a) Schutzwürdiges Interesse

Die Schlichtungsbehörde oder das Gericht muss prüfen, ob ein *schutzwürdiges Interesse* vorliegt (Art. 59 Abs. 2 lit. a ZPO)[265]. Ein solches ist dann vorhanden, wenn die Durchsetzung des materiellen Rechts gerichtlichen Rechtsschutz nötig macht[266]. Kein schutzwürdiges Interesse liegt zum Beispiel vor, wenn die Mieterschaft im Zeitpunkt der Einreichung des Erstreckungsgesuchs bei der Schlichtungsbehörde bereits eine andere Wohnung gefunden hat.

Wenn in einem *Ausweisungsverfahren* der Mieter vor Beschwerdeeinreichung an das Bundesgericht aus der Wohnung ausgezogen ist, hat dieser schon im Zeitpunkt der Beschwerdeeinreichung kein *aktuelles Interesse* an der Aufhebung und Änderung des angefochtenen Entscheids[267].

---

261 Im vorliegenden Fall nahm der *High Court of Justice* mit dem Urteil noch keine Sistierung vor (vgl. E. 72), weil er Zweifel hatte, ob die negativen Feststellungsklagen in der Schweiz immer noch rechtshängig waren und auf diese letztinstanzlich eingetreten worden war. Der *High Court of Justice* ordnete deshalb ein weiteres Hearing an, in welchem er über den Stand des Schweizer Verfahrens hätte informiert werden sollen. Da den Parteien jedoch bewusst war, dass die negativen Feststellungsklagen in der Schweiz weiterhin rechtshängig waren und das Urteil des *High Court of Justice* bezüglich der Stellung des Schweizer Schlichtungsverfahren im LugÜ keinen Spielraum für Interpretationen beliess, beschlossen die Parteien eine «Agreed Consent Order» einzureichen, in welcher sie sich auf eine Sistierung des englischen Verfahrens einigten und auf das weitere Hearing verzichteten.
262 Eine direkte Weiterleitung kann hingegen dann erfolgen, wenn die klagende Partei auf Anfrage hin ihr ausdrückliches Einverständnis erteilt.
263 KGer BL, 410 11 3222, 10. 1. 2012, in: CAN 2/2012, Nr. 33.
264 Z.B. fehlt als Voraussetzung die Klagebewilligung.
265 *Vogel/Spühler*, 7. Kap. Rz 12.
266 *Vogel/Spühler*, 7. Kap. Rz 12.
267 BGer 4A_576/2014 vom 25. 3. 2015 E. 1.3.

171 Probleme mit dem Feststellungsinteresse kann es unter anderem bei der gegenüber der Forderungs- bzw. Gestaltungsklage subsidiären *negativen Feststellungsklage* (Art. 88 ZPO) geben. Mit *Oberhammer* ist zu fordern, dass – insbesondere auf der Stufe Schlichtungsverfahren – die negative Feststellungsklage als «gleichwertige Rechtsschutzform» akzeptiert wird. Zu Beginn des Rechtsstreits stehen sich zwei Parteien gegenüber, bei welchen noch unbekannt ist, welche schliesslich obsiegen wird, folglich im Recht ist[268]. Im Vordergrund steht die Vorlage des Prozessstoffes in Form des Rechtsbegehrens[269].

172 Oftmals werden gegenüber Mietern Forderungen in Betreibung gesetzt und nach erfolgtem Rechtsvorschlag nicht weiter rechtlich verfolgt. Dem Betriebenen steht die negative Feststellungklage zur Verfügung, wenn er daran ein schützenswertes Interesse hat (Art. 88 i.V.m. Art. 59 Abs. 2 lit. a ZPO). Ein *ungerechtfertigter Betreibungseintrag* kann die Suchbemühungen für eine neue Wohnung stark beeinträchtigen. Die Mieterin hat folglich ein eminentes Interesse an der Feststellung, dass die in Betreibung gesetzte Forderung nicht besteht[270].

173 Das Bundesgericht stellt fest, dass die in der Lehre erhobene Forderung nach einer weiteren *Lockerung der Voraussetzungen für die Zulassung der negativen Feststellungsklage* mit Blick auf verschiedene Entwicklungen seit BGE 120 II 20 im Jahr 1994 als gerechtfertigt erscheint. Angesichts dieser Entwicklungen und unter Berücksichtigung der Lehrmeinungen, die eine weitere Zulassung der Feststellungsklage fordern, erscheine es sachgerecht und gerechtfertigt, die eingeleitete Praxis weiter zu lockern und das schutzwürdige Interesse an der Feststellung des Nichtbestands der Forderung grundsätzlich zu bejahen, sobald diese in Betreibung gesetzt worden sei, ohne dass der Feststellungskläger konkret nachweisen müsse, dass er wegen der Betreibung in seiner wirtschaftlichen Bewegungsfreiheit empfindlich beeinträchtigt werde[271].

174 Für den (angeblichen) Gläubiger, der eine Forderung ohne vorherigen Prozess in Betreibung setzt, obwohl sie bestritten ist und er daher mit der Erhebung eines Rechtsvorschlages rechnen muss, ist es *zumutbar,* diese Forderung in einem Zivilprozess zu verteidigen[272]. «Sein Interesse, sich mit der prozessualen Auseinandersetzung bis nach Ablauf der Frist nach Art. 88 Abs. 2 SchKG Zeit zu lassen, hat demjenigen des betrie-

---

268 Vgl. dazu die ausführliche Darlegung im KUKO ZPO-*Oberhammer*, Art. 88 N 22 ff.
269 Vgl. die weiterführende Kontroverse in DIKE-Komm-ZPO-*Müller,* Art. 59 N 44, insb. FN 68.
270 OGer ZH, LB140005-O/Um, 27. 5. 2014, in: ius.focus 11/2014, S. 22.
271 BGer 5A_890/2012 vom 5.3.2013 E. 5.4.
272 Dies ist häufig der Fall bei umstrittenen Nebenkostennachzahlungen und Forderungen aus angeblichen Schäden bei der Wohnungsrückgabe.

benen Schuldners, der durch die Betreibung in seiner Kreditwürdigkeit und Reputation beeinträchtigt wird, zu weichen.»[273]

b) *Örtliche Zuständigkeit*

aa) Binnenverhältnisse

Für Klagen aus Miete und Pacht unbeweglicher Sachen sind die Schlichtungsbehörde und das Gericht am *Ort der gelegenen Sache zuständig* (Art. 33 ZPO). Das Gerichtsstandgesetz (GestG) wurde per 31. Dezember 2010 aufgehoben. Für Miete- und Pachtverhältnisse brachte dies inhaltlich keine Änderung, da die aufgehobenen Art. 21, 23 und 34 GestG in die ZPO integriert wurden. 175

Klagen aus Miete und Pacht beruhen auf einer mietvertraglichen Grundlage[274], die vom Bundesgericht *weit ausgelegt* wird[275]. Immerhin schränkte das Bundesgericht den Anwendungsbereich insofern ein, dass der Streit eine mietrechtliche oder mietrechtsähnliche Grundlage haben müsse[276]. Klagen des Hauptvermieters gegen einen Untermieter werden ebenfalls von Art. 33 ZPO erfasst[277]. 176

Als *teilzwingender, besonderer Gerichtsstand* geht Art. 33 ZPO den allgemeinen Gerichtsständen von Art. 10–12 ZPO und den dispositiven besonderen Gerichtsständen vor. Im Verhältnis zu Art. 32 ZPO geht Art. 33 ZPO als *lex specialis* vor[278]. Art. 33 ZPO (wie schon Art. 23 GestG) ist für alle Immobiliar-Mietverhältnisse anwendbar, folglich auch für Flächenmieten[279], ebenso für Ferienwohnungen mit einer Mietdauer unter drei Monaten[280] und luxuriöse Wohnungen und Einfamilienhäuser (Art. 253*b* OR). 177

bb) Internationale Verhältnisse

Die Frage nach dem örtlichen Gerichtsstand bekommt dann eine *internationale Dimension*, wenn eine der Vertragsparteien, Vermieter oder Mieter, den Aufenthaltsort oder Geschäftssitz im Ausland hat und die Liegenschaft in der Schweiz liegt. 178

---

273 BGE 141 III 68 = BGer 4A_414/2014 vom 16.1.2015 E. 2.7, in: ius.focus 2/2015, S. 24, Kommentar *Andreas Güngerich/Anita Buri*.
274 Auch Klagen aus *culpa in contrahendo* fallen darunter. Weitergehend, insbesondere zur Subsumtion von gemischten Verträgen, siehe unter sachliche Zuständigkeit, N 199 ff.
275 Vgl. dazu: BSK ZPO-*Kaiser Job*, Art. 33 N 7; MP-*Püntener/Brüllhardt*, Kap. 5.9.
276 BGE 134 III 16 = BGer 4A_119/2007 vom 9.10.2007; BGer 5C.181/2003 vom 4.11.2003.
277 BGE 120 II 112.
278 SHK ZPO-*Lambelet*, Art. 33 N 10.
279 BSK ZPO-*Kaiser Job*, Art. 33 N 3 und der Verweis auf andere Lehrmeinungen.
280 BSK ZPO-*Kaiser Job*, Art. 33 N 4, ebenso *Lachat*, CPC, S. 38 und FN 17. In der Literatur werden derartige Mietverhältnisse mehrheitlich dem Gerichtsstand für Konsumentenverträge in Art. 32 ZPO unterstellt; **a.M.** KUKO ZPO-*Haas/Strub*, Art. 33 N 4; BK-*Walther*, Art. 33 ZPO N 6; CPC-*Haldy*, Art. 33 N 2, die für eine Anwendung von Art. 32 ZPO plädieren.

Teil 3 Allgemeine Verfahrensbestimmungen

Beispiele
- Ein Basler Eigentümer, der in Brüssel wohnt, vermietet sein Haus in Basel einem deutschen Staatsangehörigen.
- Ein Pariser Ehepaar mit französischer Staatsbürgerschaft mietet in Verbier ein Chalet[281].

179 Die Fragen nach der *Zuständigkeit bei internationalen Streitsachen* werden im komplizierten internationalen Privatrecht geregelt. Nach der bundesgerichtlichen Rechtsprechung liegt immer dann ein internationales Verhältnis vor, wenn eine der Parteien ihren Sitz oder Wohnsitz nicht in der Schweiz hat[282]. Für die Bestimmung des internationalen Wohnsitzes ist die Gesamtheit von Elementen entscheidend, die auf den Lebensmittelpunkt hindeuten. Amtliche Dokumente stellen dabei lediglich Indizien dar[283].

180 Bezieht sich das Mietverhältnis auf eine in der Schweiz gelegene Liegenschaft, sind die Schlichtungsbehörde und die Gerichte am Ort der gelegenen Sache zur Beurteilung einer Streitigkeit zwischen Vermieterschaft und Mieterschaft zuständig, unabhängig von Nationalität und Wohnsitz der Parteien. Dies ergibt sich aus dem *Lugano-Übereinkommen* (LugÜ). Nach Art. 22 Nr. 1 Satz 1 LugÜ sind für Klagen, welche dingliche Rechte an unbeweglichen Sachen sowie die Miete oder Pacht von unbeweglichen Sachen zum Gegenstand haben, die Gerichte des durch dieses Übereinkommen gebundenen Staates, in dem die unbewegliche Sache liegt, ohne Rücksicht auf den Wohnsitz ausschliesslich zuständig[284].

181 Art. 22 Nr. 1 LugÜ begründet eine zwingende Zuständigkeit. Die *Prorogation eines ausländischen Gerichtsstands* bei einer Miete unbeweglicher Sachen in der Schweiz ist ungültig. Die ausschliessliche Zuständigkeit hat ihren Grund in der engen Verknüpfung von Miete und Pacht mit den in der Regel zwingenden Vorschriften des Mietrechts, wie z.B. die Rechtsvorschriften über den missbräuchlichen Mietzins und über den Schutz vor missbräuchlichen Kündigungen der Mieter und Pächter[285]. Das Gericht

---
281 BGer, I. zivilrechtliche Abteilung, 19.9.1995, in: mp 1/2006, S. 21.
282 BGE 134 III 475 E. 4; 131 III 76 E. 2.
283 BGer 4A_443/2014 vom 2.2.2015, in: ius.focus 3/2015, S. 27, Kommentar *Michael Mraz*.
284 Übereinkommen über die gerichtliche Zuständigkeit und die Anerkennung und Vollstreckung von Entscheidungen in Zivil- und Handelssachen (Lugano-Übereinkommen, LugÜ; SR 0.275.12), abgeschlossen in Lugano am 30. Oktober 2007, in Kraft getreten für die Schweiz am 1. Januar 2011. Das Übereinkommen gilt für die Schweiz und die 27 Staaten der EU sowie Norwegen (in Kraft seit 1. Januar 2010) und Island (in Kraft seit 1. Mai 2011) und ist neu insbesondere auch in Tschechien, in der Slowakei, in Slowenien, Ungarn, Malta, Zypern, Estland, Lettland, Litauen, Bulgarien und Rumänien anwendbar. Polen ist bereits seit dem Jahr 2000 Vertragsstaat des LugÜ.
285 EuGH, C280/90, 26.2.1992.

am Ort der gelegenen Sache ist wegen der räumlichen Nähe am besten in der Lage, sich genaue Kenntnis des Sachverhalts zu verschaffen.

Für Klagen betreffend die *Miete oder Pacht unbeweglicher Sachen* zum vorübergehenden privaten Gebrauch für höchstens sechs aufeinander folgende Monate sind die Gerichte desjenigen Staates zuständig, in dem der Beklagte seinen Wohnsitz hat, sofern der Mieter oder Pächter eine natürliche Person ist und sowohl der Eigentümer als auch der Mieter oder Pächter ihren Wohnsitz im gleichen Staat haben (Art. 22 Nr. 1 Satz 1 LugÜ). 182

Der *Begriff der Miete von unbeweglichen Sachen* in Art. 22 Abs. 1 Satz 2 LugÜ ist «vertragsautonom» auszulegen[286] und hat keinen direkten Zusammenhang mit Art. 253*a* Abs. 2 OR. Dabei gilt Art. 22 Nr. 1 Satz 2 LugÜ für alle Verträge über die Miete oder Pacht von unbeweglichen Sachen unabhängig von ihren besonderen Merkmalen, und damit auch für kurzfristige Verträge und für Verträge, die sich nur auf die Gebrauchsüberlassung einer Ferienwohnung beziehen[287]. 183

Keine Anwendung findet Art. 22 Nr. 1 LugÜ hingegen auf *gemischte Verträge*, welche neben der Raumüberlassung weitere Pflichten beinhalten, so dass die Miete der unbeweglichen Sache nicht als Hauptgegenstand erscheint[288]. Denn Art. 22 Nr. 1 LugÜ, der eine ausschliessliche Gerichtszuständigkeit am Ort der Immobilie vorschreibt, bezieht sich allein auf diesbezügliche dingliche, miet- oder pachtrechtliche Klagen. 184

Die zweite gesetzliche Säule zur Beurteilung der internationalen Zuständigkeit bildet das *Bundesgesetz über das Internationale Privatrecht* (IPRG)[289]. Dieses bestimmt, dass auch beim schweizerischen Gericht am Erfüllungsort dieser Leistung geklagt werden kann, wenn die für den Vertrag charakteristische Leistung in der Schweiz zu erbringen ist (Art. 113 IPRG). Der Gerichtsstand gemäss Art. 113 IPRG findet alternativ Anwendung zu Art. 112 Abs. 1 IPRG, wonach für Klagen aus Vertrag die schweizerischen Gerichte am Wohnsitz des Beklagten zuständig sind, oder, wenn ein solcher fehlt, die Gerichte an seinem gewöhnlichen Aufenthalt. 185

Aus dem Gesagten ergibt sich, dass die Schlichtungsbehörden und Gerichte am Ort der gelegenen Sache für *internationale wie nationale Streitigkeiten* zuständig sind[290]. 186

Beispiel

Der Eigentümer einer Liegenschaft in Zürich ist deutscher Staatsangehöriger mit Wohnsitz in Spanien. Der Mieter hat Wohnsitz in Luzern. – In Anwendung des LugÜ sind die schweizerischen Gerichte zuständig. Im nationalen Bereich sind die

---

286 BSK ZPO-*Kaiser Job*, Art. 333 N 24; *Feller/Bloch*, in: Sutter-Somm/Hasenböhler/Leuenberger (Hrsg.), Art. 33 ZPO N 40.
287 EuGH, C241/83, 15.1.1985.
288 Vgl. dazu: BGer 4A_113/2012 vom 13.11.2012.
289 SR 291.
290 *Lachat*, CPC, S. 42.

Gerichte des Kantons Zürich zuständig (Art. 113 IPRG), alternativ diejenigen in Luzern (Art. 112 IPRG).

Variante: Der Mieter gibt seinen Wohnsitz in Luzern auf und zieht nach Lyon. Der Vermieter muss sich an die Gerichte im Kanton Zürich halten, da ihm durch den Wegzug des Mieters nach Lyon der alternative Gerichtsstand Luzern nicht mehr zur Verfügung steht.

cc) Prorogationsverbot

187 Handelt es sich um Wohn- und Geschäftsraum-Miete oder um ein landwirtschaftliches Pachtverhältnis, so kann nicht zum Voraus oder durch Einlassung auf den Gerichtsstand verzichtet werden (Art. 35 Abs. 1 lit. b ZPO)[291]. Das *Verbot des Vorausverzichts* gilt nur für die mietende oder pachtende Partei. Aus Gründen des Sozialschutzes ist der Gerichtsstand am Ort der gelegenen Sache teilzwingend. Das Verbot gilt ebenfalls für luxuriöse Wohnungen und Einfamilienhäuser, jedoch nicht für kurzzeitig gemietete Ferienwohnungen unter drei Monaten.

188 Hingegen kann *nach Entstehung der Streitigkeit* eine Gerichtsstandvereinbarung abgeschlossen werden (Art. 35 Abs. 2 ZPO), allerdings nur auf dem Wege einer schriftlichen Vereinbarung (Art. 17 ZPO), nicht durch Einlassung nach Art. 18 ZPO (Einlassungsverbot).

Beispiel

Eine Gerichtsstandsvereinbarung kann zum Voraus gültig abgeschlossen werden, durch
- den Vermieter,
- die Mieterin eines Grundstücks, das nicht den Charakter eines Wohn- oder Geschäftsraums oder einer landwirtschaftlichen Pacht hat.

189 Die Teilnahme an einer Schlichtungsverhandlung bedeutet keine *Einlassung*[292], es sei denn, die Parteien hätten sich vorbehaltlos eingelassen, obwohl ihnen die Unzuständigkeit bekannt war[293]. Hat die Behörde indessen einen Streitgegenstand gemäss Art. 243 Abs. 2 lit. c ZPO (sog. «Kernbereich» des Mietrechts; vgl. hierzu N 891 ff.) zu prüfen, so können die lokalen Verhältnisse und Besonderheiten relevant sein, weshalb die Schlichtungsverhandlung zu wiederholen wäre. Dies bedeutete, dass das ordentliche Gericht bzw. in Kantonen mit Mietgericht dieses auf die Klage nicht einzutreten hätte. Die klagende Partei könnte wiederum die Klage zurückziehen und innert eines

---

291 Art. 35 Abs. 1 lit. b ZPO gilt nicht für andere Immobiliarmietverhältnisse (*Bohnet*, 16ᵉ Séminaire, N 10).
292 *Gasser/Rickli*, Art. 18 ZPO N 2; BSK ZPO-*Infanger*, Art. 18 N 11.
293 OGer ZH, NP130005, 10.7.2013, in: ius.focus 2/2014, S. 22, Kommentar *Nicolas Fuchs*.

Monates an die zuständige Behörde gelangen, will sie den Verlust der Wirkungen der Rechtshängigkeit nicht riskieren (Art. 62 ff. ZPO)[294].

Art. 35 ZPO untersagt einzig die stillschweigende, jedoch nicht die bewusste Einlassung. Wer sich im Wissen um die *örtliche Unzuständigkeit* bewusst auf die am falschen Ort erhobene Klage einlässt, geniesst den Schutz von Art. 35 ZPO nicht mehr[295].   190

Eine *Gerichtsstandsvereinbarung*, die den ordentlichen Gerichtsstand nennt und gleichzeitig auch noch einen bestimmten Ort, der nicht mit dem ordentlichen Gerichtsstand des Beklagten übereinstimmt, ist widersprüchlich und ungültig[296].   191

Die *örtliche Zuständigkeit bei gemischten Verträgen* mit mietrechtlichem Anteil ist eine Frage des materiellen Vertragsrechts und wird bei der sachlichen Zuständigkeit behandelt.   192

c) *Sachliche Zuständigkeit*

aa) Prüfung durch die Schlichtungsbehörde

Die *sachliche Zuständigkeit* ist – nach hier vertretener Auffassung – von der Schlichtungsbehörde mindestens summarisch von Amtes wegen zu prüfen. Die Schlichtungsbehörde muss in einer von der ZPO vorgesehenen Funktion angerufen werden. Zudem hat sie die organisatorische Zuständigkeit zu prüfen. Sie hat also zu prüfen, ob sie die nach kantonalem Recht zuständige Schlichtungsbehörde ist. Den Parteien steht es nicht zu, die Schlichtungsbehörde oder das Gericht frei zu wählen, es sei denn, das kantonale Recht sehe eine solche Prorogationsmöglichkeit vor[297]. Die ZPO beantwortet die Frage nicht, welches die Rechtsfolgen sind, wenn eine Schlichtung vor einer kantonal unzuständigen Schlichtungsbehörde stattgefunden hat. Es obliegt den Kantonen, die Folgen (Nichtigkeit?) zu regeln[298].   193

bb) Sachlicher Geltungsbereich des Mietrechts

Die paritätische Schlichtungsbehörde ist zuständig, wenn ein Mietverhältnis über Wohn- und Geschäftsräume vorliegt[299]. Dabei ist der *Begriff «Miete»* sehr weit auszulegen. Er erfasst auch Ansprüche aus mietvertragsähnlichen Verhältnissen, zum Bei-   194

---

294 HAP-Immobiliarmietrecht-*Schneider*, N 11.28.
295 BSK ZPO-*Kaiser Job*, Art. 35 N 17.
296 BGer 4A_4/2015 vom 9.3.2015 E. 3.2.
297 Z.B. Kanton Zürich: § 21 Abs. 2 GOG; BSK ZPO-*Gehri*, Art. 59 N 11.
298 BSK ZPO-*Infanger*, Art. 202 N 24. Die Kantone können eine von einer kantonal unzuständigen Schlichtungsbehörde ausgestellte Klagebewilligung für die Prosequierung als ausreichend bezeichnen.
299 Zur Ausdehnung auf die Flächenmietverhältnisse vgl. N 72 ff.

spiel Forderungen aus *culpa in contrahendo*[300]. Er orientiert sich nicht am Raumbegriff der Art. 269 ff. und 271 ff. OR.

195 Ist die Zuständigkeit des Mietrechts für einzelne Ansprüche des Hauptvermieters gegenüber dem Untermieter gegeben, ist es sachgerecht, sie umfassend zu verstehen und ihr Streitigkeiten zu unterstellen, die mit dem Gebrauch der Mietsache in Zusammenhang stehen. Das Gesetz begründet die Verfahrensordnung nicht aus dem Vertrag, sondern aus dem mietrechtlichen Tatbestand als solchem. Dieser Tatbestand ist weit zu fassen. Für die Zuständigkeitsfrage tritt in den Hintergrund, ob der Anspruch materiell als vertraglicher, quasivertraglicher oder ausservertraglicher zu qualifizieren ist[301].

196 *Beispiele zum sachlichen Geltungsbereich* des Mietrechts und damit zur Zuständigkeit der paritätischen Schlichtungsbehörde (Art. 200 ZPO)[302]:

- Mietzinsstreitigkeiten bei Mietobjekten, die weder für Wohn- noch Geschäftszwecke vermietet wurden[303];
- eine Klage, die eine im Mietvertrag vorgesehene Konventionalstrafe (Art. 160 OR) betrifft;
- Streitigkeiten zwischen Hauptvermieterschaft und Untermieterschaft mit Bezug auf den Gebrauch der Mietsache[304];
- Ansprüche, welche sich aus einem mietvertragsähnlichen Verhältnis ergeben, beispielsweise Entschädigungsforderungen für eine vertragswidrige Benutzung der Räumlichkeiten[305];
- bei Vertragsrücktritt wegen eines Willensmangels (Art. 23, 24 und 28 OR) wird für die Zeit der Belegung der Räumlichkeiten von einem faktischen Mietverhältnis ausgegangen[306];
- Ansprüche, welche sich gleichzeitig aus dem Mietvertrag und den allgemeinen Bestimmungen des Obligationenrechts ergeben; so beispielsweise eine Schadener-

---

300 *Lachat*, CPC, S. 44: CPra Bail-*Bohnet/Sandoz*, Art. 274a [a]OR N 7.
301 BGE 120 II 112 E. 3c.
302 Für die Zuständigkeit bei Ferienwohnungen mit einer Mietdauer von höchstens drei Monaten (Art. 253a Abs. 2 OR) und luxuriösen Wohnungen (Art. 253b Abs. 2 OR) vgl. N 84 ff.
303 BGE 118 II 307, in: mp 1/1993, S. 44.
304 BGE 120 II 112 E. 3c, in: DB 1995, Nr. 29, Kommentar *Jean-Marc Rapp*. Klagen aus Streitigkeiten zwischen Mitmietern fallen nicht in die Zuständigkeit der Schlichtungsbehörde; Tribunal des baux VD, 30.3.1998, in: DB 2000, Nr. 14.
305 BGE 119 II 437 E. 3a/bb; 131 III 257 E. 2; MP-*Roncoroni*, Kap. 31/4.1 ff. Gemeint ist hier die Entschädigungsforderung gegenüber der Mieterschaft, die nach einer gültigen Auflösung des Mietverhältnisses die Mietsache nicht zurückgibt; Bezirksgericht Prättigau/Davos, 11.4.2001, in: Mitteilung BWO Nr. 34, S. 32. Richtet sich indessen die Entschädigungsforderung gegen Personen, die eine Mietsache vertragslos «besetzt» haben, so ist die Schlichtungsbehörde nicht zuständig. Ebenso *Ducrot*, SWR 1991, S. 129.
306 BGer 4A_125/2014 vom 2.6.2014 E. 4.2, in: mp 4/2015, S. 254.

satzforderung der Mieterschaft gegen die Vermieterschaft, welche auch Eigentümerin der Liegenschaft ist, die gleichzeitig auf die Art. 259e OR und Art. 58 OR (Werkeigentümerhaftung) gestützt ist[307];
- Klage eines Mieters, der die Nichtigkeit eines Koppelungsgeschäfts (z.b. Abschluss einer Lebensversicherung) geltend macht (Art. 254 OR);
- Streitigkeit über eine Konventionalstrafe für die Nichterfüllung eines Mietvertrags und für die Rückzahlung einer Anzahlung für den Kauf des Inventars eines Restaurants[308];
- Forderungen aus Mietvertragsverhandlungen *(culpa in contrahendo)*[309];
- Schadenersatzforderungen (Art. 97 ff. OR), welche sich aus einem Mietverhältnis ergeben[310].

Die Schlichtungsbehörde kann sich mit *Widerklagen*[311] *(Art. 224 ZPO), Zweitklagen und Einreden* befassen, sofern diese einen Bezug zu einem Immobiliar-Mietverhältnis haben. Wird ein mietrechtlicher Anspruch gegen eine Klage aus einem anderen Rechtsverhältnis nur zur Verrechnung gebracht, so wird keine Zuständigkeit der Schlichtungsbehörde begründet[312]. Fehlt aber dieser Bezug, darf sie sich nicht mit den genannten Klagen befassen.   197

Beispiele
- Die Mieterin, die den Mietzins hinterlegt hat, fordert 2000 Franken für die Instandstellung der Mieträumlichkeiten. Der Vermieter bestreitet einerseits diese Summe und verlangt widerklageweise einen Betrag von 3000 Franken als Honoraranspruch aus einem Auftrag, welchen die Mieterin ihm erteilt hatte. Für das Begehren des Vermieters ist die paritätische Schlichtungsbehörde nicht zuständig.
- Eine Genossenschaft als Vermieterin verlangt Schadenersatz für Schäden an der Mietsache. Die Mieterin als Genossenschafterin verlangt widerklageweise die Rückzahlung des Genossenschaftsanteils[313]. Für das Begehren der Mieterin ist die paritätische Schlichtungsbehörde nicht zuständig.

Mietrecht ist unter anderem in folgenden Konstellationen nicht oder nur sekundär anwendbar. Damit ist die paritätische Schlichtungsbehörde *sachlich nicht zuständig*[314]:   198

---

307 Eine Partei kann nicht gezwungen werden, ein und dieselbe Klage in zwei getrennten Verfahren geltend zu machen: BGE 92 II 305 E. 5; Cour de justice GE, 16.2.1965, E. 3, in: SJ 1965, S. 608; BGer 4C.45/2007 vom 5.4.2007, in: mp 4/2007, S. 215.
308 OGer TG, 5.8.1999, in: mp 3/2000, S. 142.
309 Tribunal des baux VD, 21.7.1998, in: DB 1999, Nr. 24.
310 SVIT-Kommentar, Art. 274a [a]OR N 8a.
311 Vgl. N 841 ff.
312 Zivilgericht TI, 13.10.1994, in: mp 3/1997, S. 177.
313 Mietgericht ZH, 25.8.1994, in: ZMP 1995, Nr. 11.
314 Nach CPra *Bail-Bohnet/Sandoz*, Art. 274a [a]OR N 8.

- Streitigkeiten des Verkäufers und des Käufers über den Kaufpreis einer Liegenschaft;
- Streitigkeiten eines Eigentümers mit Hausbesetzern[315];
- Streit eines Mieters mit dem Eigentümer der Nachbarparzelle wegen Lärmimmissionen;
- Streit eines Vermieters oder Mieters mit der Bank, die sich weigert, das Depot zu saldieren[316];
- Streit zwischen aus- und einziehender Mietpartei wegen des Verkaufs von Inventar;
- Streit zwischen der übertragenden und der übernehmenden Mietpartei (Art. 263 OR) betreffend Forderungen aus dem Geschäftsübernahmevertrag;
- Streit zwischen Rohbaumieter und Handwerkern aus Werkvertrag;
- Streit zwischen einer Mietpartei und einer Kabelfernsehfirma betreffend Programmangebot und Gebühren[317];
- Streit zwischen zwei Mietparteien wegen Beschädigung von Fahrrädern im Velokeller;
- Streit zwischen einer Mietpartei und der Haftpflichtversicherung wegen Verweigerung der Deckung eines Schadens bei der Wohnungsabgabe.

cc) Anwendung des Mietrechts bei gemischten bzw. zusammengesetzten Verträgen

199 Bei *gemischten bzw. zusammengesetzten Verträgen* muss der Regelungsschwerpunkt erforscht werden, um die Frage zu beantworten, ob und wieweit der Vertrag dem Mietrecht unterliegt[318]. Jede Streitfrage muss entsprechend den auf sie zutreffenden Gesetzesvorschriften und Rechtsgrundsätzen beantwortet werden, ausgehend vom Schwerpunkt des Vertrags, der als einheitliche Gesamtvereinbarung zu erfassen ist[319].

200 Die Zuständigkeitsfrage kann zu schwierigen *Abgrenzungsproblemen* führen, vor allem beim Beherbergungsvertrag, Gastaufnahmevertrag, Hospitalisierungsvertrag, Internatsvertrag, Pensionsvertrag in Altersheimen und Alterswohnungen und ganz allgemein bei Innominatverträgen. Es besteht dazu eine reichhaltige Kasuistik und Auseinandersetzung in der Literatur[320].

---

315 *Egger Rochat.*
316 Mietgericht Zürich, 2.4.2015, in: mp 3/2015, S. 172.
317 Wenn dieser Streit auf einem selbständigen Programmlieferungsvertrag beruht und nicht über die mietvertraglichen Nebenkosten geregelt ist.
318 MP-*Püntener*, Kap. 2/3 ff.; *Bohnet*, 16ᵉ Séminaire, N 20; BGer 4A_461/2008 vom 14.2.2009.
319 BGE 131 III 528 E. 7.1 = BGer 5C.252/2004 vom 30.5.2005.
320 Anstelle vieler: BSK OR I-*Amstutz/Morin*, Einleitung vor Art. 184 ff.

Die Anwendung des Mietrechts wurde unter anderem *bejaht*: 201

- bei der Klage eines Hauptvermieters gegen einen Untermieter[321];
- bei einem Streit über eine Konventionalstrafe für die Nichterfüllung eines Mietvertrages und für die Rückzahlung des Kaufpreises für das Inventar eines Restaurants[322];
- bei einem Reiseveranstaltervertrag (gemischter Vertrag, umfassend einerseits ein Beratungs- und Sorgeverhältnis und anderseits – als Erfolgsleistung – die Gebrauchsüberlassung einer Wohnung oder eines Hauses gegen Entgelt); die Haftung für die fehlende oder herabgesetzte Benützbarkeit der Objekte, die dem Kunden zur Verfügung gestellt werden, ist nach Mietrecht zu beurteilen[323];
- bei einem Immobilien-Leasingvertrag ist in der Regel Mietrecht anwendbar[324];
- bei einem Hauswartvertrag wird Mietrecht, nicht Arbeitsrecht angewendet, wenn der Mietzins höher ist als der Hauswartlohn[325].

Die Anwendung des Mietrechts wurde unter anderem *verneint*: 202

- bei einem Vertrag zur Bewirtschaftung eines Vereinslokals[326];
- bei einem Franchise-Vertrag, welcher die Überlassung eines voll ausgestatteten Schönheitszentrums zum Gegenstand hatte[327];
- bei einem Hotel-Managementvertrag[328];
- bei einem Zusammenarbeitsvertrag als Belegarzt in einer Klinik; der Mietvertrag hat keine selbständige Bedeutung, er ist lediglich Teil des Zusammenarbeitsvertrages und hat diesem gegenüber eine bloss untergeordnete Bedeutung[329];
- bei einer Dienstwohnung in einem öffentlich-rechtlichen Verhältnis (Hauswart in einem Gerichtsgebäude)[330];
- bei einem Beherbergungsvertrag[331];
- bei einem Miet- und Gastaufnahmevertrag[332];

---

321 BGE 120 II 112, in: mp 2/1995, S. 96.
322 OGer TG, 5.8.1999, in: mp 3/2000, S. 142.
323 BGE 115 II 474 E. 2c.
324 BGer 4C.109/2006 vom 30.6.2006; *Müller*, MRA 3/2006, S. 122 ff. Ob allerdings bei einem Streitwert unter 30 000 Franken eine Klage, gestützt auf Art. 74 Abs. 1 lit. a BGG vom Bundesgericht zugelassen würde, ist höchst fragwürdig (vgl. N 1125 ff.), BSK BGG-*Rudin*, Art. 74 N 12.
325 Cour de justice GE, 15.6.1998, in: mp 2/2000, S. 64; und in: SJ 1999 I, S. 29; vgl. für den umgekehrten Fall BGer 4A_102/2013 vom 17.10.2013, in: mp 1/2014, S. 32.
326 OGer NE, 14.7.1999, in: mp 3/2000, S. 121.
327 BGE 118 II 157; *Müller*, MRA 3/2006, S. 124.
328 BGE 131 III 528 E. 7.1 = BGer 5C.252/2004 vom 30.5.2005.
329 BGE 115 II 452 E. 3b.
330 BGer 2P.206/1998.
331 Cour de justice GE, 5.9.2005, in: mp 1/2007, S. 14.
332 BGer 4A_461/2006 vom 14.2.2009, in: mp 2/2009, S. 73 ff.

- bei einem Pensions- und Pflegevertrag in einer Altersresidenz[333];
- bei einem Vertrag mit arbeits- und mietrechtlichen Elementen, wenn der Hauswartlohn den Mietzins übersteigt[334].

203 Hegt die Schlichtungsbehörde Zweifel an ihrer *sachlichen Zuständigkeit*, hat sie dies den Parteien zu kommunizieren und allenfalls einen Nichteintretensentscheid zu fällen. Diesfalls kommt nach hier vertretener Auffassung Art. 63 Abs. 1 ZPO zur Anwendung[335].

Beispiel

Die Schlichtungsbehörde erhält ein Rechtsbegehren mit einer Forderung, die auf einer mietrechtlichen und einer forderungsrechtlichen Streitigkeit basiert. Die Schlichtungsbehörde stellt fest, dass die beiden Rechtsbegehren nicht in einem Verfahren behandelt werden können und trennt die Verfahren von Amtes wegen.

d) Partei- und Prozessfähigkeit

204 Die Parteien müssen *partei- und prozessfähig* sein (Art. 59 Abs. 2 lit. c ZPO, Art. 66 und 67 ZPO)[336]. Die Partei- und Prozessfähigkeit sind Prozessvoraussetzungen und von Amtes wegen zu überprüfen (Art. 60 ZPO). Ihr Fehlen führt zu einem Nichteintreten[337].

aa) Parteifähigkeit

205 Parteifähig ist gemäss Art. 66 ZPO, wer rechtsfähig ist oder von Bundesrechts wegen als Partei auftreten kann. Die *Parteifähigkeit* stützt sich auf die materiellrechtliche Rechtsfähigkeit.

- Natürliche Personen sind aktiv und passiv rechtsfähig (Art. 11 ZGB).
- Juristische Personen sind nach Massgabe von Art. 53 ff. ZGB rechtsfähig.
- Gesamthandschaften (z.B. Erbengemeinschaften, einfache Gesellschaften) sind nicht parteifähig. Es müssen alle Mitglieder der Gesamthandschaft im Schlichtungsgesuch bzw. der Klage vor Gericht aufgeführt werden, z.B. «Erbengemeinschaft der verstorbenen X., bestehend aus [Namen der einzelnen Erben]»[338].

---

333 BGer 4A_113/2012 vom 13.11.2012.
334 BGer 4A_102/2013 vom 17.10.2013, in: mp 1/2014, S. 32; vgl. für den umgekehrten Fall Cour de justice GE, 15.6.1998, in: mp 2/2000, S. 64; und in: SJ 1999 I, S. 29; *Siegrist*, 15ᵉ Séminaire, N 21.
335 BK-*Zingg*, Art. 59 ZPO N 53 ff.
336 *Haldy*, SZZP 6/2013, S. 523 ff.
337 BSK ZPO-*Gehri*, Art. 59 N 12.
338 BGer 4C.37/2001 vom 30.3.2001, in: mp 3/2001, S. 154; «eine Ausnahme vom Grundsatz des gemeinsamen Handelns wird nach der Rechtsprechung anerkannt, wenn ein zur Erb-

- Die unverteilte Erbschaft hingegen ist passiv parteifähig (Art. 49 und 59 SchKG).
- Die Stockwerkeigentümergemeinschaft ist Kraft einer gesetzlichen Vorschrift partei- und prozessfähig (Art. 712 l Abs. 1 ZGB).

Die *mangelnde Parteifähigkeit* führt zum Nichteintreten[339].   206

bb) Prozessfähigkeit

Prozessfähig ist, wer befugt ist, einen Prozess selbst oder durch einen selbst bestellten Vertreter rechtswirksam zu führen *(Postulationsfähigkeit)*. Die Prozessfähigkeit stützt sich auf die materiellrechtliche Handlungsfähigkeit (Art. 67 Abs. 1 ZPO).   207

Natürliche Personen sind gemäss Art. 13 ZGB handlungsfähig, wenn sie volljährig (Art. 14 f. ZGB) und urteilsfähig (Art. 16 ZGB) sind. Die *juristischen Personen* sind handlungsfähig, sobald die nach Gesetz und Statuten hiefür unentbehrlichen Organe bestellt sind (Art. 54 ZGB). Wenn jemand die Vertretung einer juristischen Person für sich in Anspruch nimmt, ist dies anhand von Handelsregisterauszügen oder von Vollmachten zu beweisen. Von der Vertretung durch vertretungsbefugte Personen hängt die Prozessfähigkeit einer juristischen Person ab, was zu den Prozessvoraussetzungen gehört[340]. Für eine *handlungsunfähige Person* handelt ihre gesetzliche Vertretung (Art. 67 Abs. 2 ZPO).   208

Die *mangelnde Prozessfähigkeit* führt zum Nichteintreten[341]. Die fehlerhafte Prozessvertretung kann hingegen geheilt werden, zum Beispiel in einer nachträglichen Beschaffung einer Vollmacht. Fehlerhafte Parteibezeichnungen sind von Amtes wegen zu korrigieren[342].   209

Das Gesetz schweigt sich darüber aus, ob und unter welchen *Voraussetzungen das Gericht zur Beurteilung der Prozessfähigkeit* ein medizinisches Gutachten heranziehen muss. Es kann diesbezüglich auf die bisherige bundesgerichtliche Praxis zum kantonalen Recht verwiesen werden. Danach ist die Prozessfähigkeit grundsätzlich durch ein medizinisches Gutachten zu klären, soweit der Vorwurf der psychopathischen Querulanz im Raum steht. Wenn der Sachverhalt klar ist, kann das Gericht ausnahmsweise auch ohne ein solches Gutachten entscheiden[343].   210

---

schaft gehörender Anspruch gegenüber einzelnen Miterben von allen übrigen Erben geltend gemacht wird, weil in diesem Fall alle Erben Prozesspartei sind und sich über ihre gegenseitigen Rechtsansprüche auseinandersetzen können» (BGer 6B_1198/2014 vom 3.9.2015 E. 2.3.2).
339 BSK ZPO-*Gehri*, Art. 59 N 12.
340 BGE 141 III 80 = BGer 4A_415/2014 vom 12.1.2015, in: Praxis 3/2015, S. VI.
341 BSK ZPO-*Gehri*, Art. 59 N 12.
342 BGE 85 II 316; vgl. N 686 ff.
343 BGer 5A_88/2013 vom 21.5.2013, in: ZBJV 3/2015, S. 256, Kommentar *Christoph Leuenberger*.

e) Anderweitige Rechtshängigkeit

211 Die Sache darf nicht *anderweitig hängig* sein (Art. 59 Abs. 1 lit. d ZPO). Es handelt sich um eine negative Prozessvoraussetzung. Eine anderweitige Rechtshängigkeit wird von Amtes wegen geprüft und führt zum Nichteintreten. Bis zur Abklärung der anderweitigen Rechtshängigkeit kann das Verfahren sistiert werden (Art. 126 ZPO).

212 Das Bundesgericht stellte klar, dass es der *Rechtshängigkeit* auch entgegensteht, wenn der gleiche Streitgegenstand nochmals beim gleichen Gericht anhängig gemacht wird. Das Gleiche gelte auch für ein Anhängigmachen in einer anderen Verfahrensart, wenn etwa bei Rechtshängigkeit eines Gesuchs um Rechtsschutz in klaren Fällen (Art. 257 ZPO) ein ordentliches Verfahren mit dem gleichen Streitgegenstand anhängig gemacht wird[344].

213 Der ZPO ist nicht fremd, dass *zwei Verfahren parallel* laufen, das eine aber so lange sistiert bleibt, bis im anderen Verfahren Klarheit über den Ausgang besteht:

- Wird die Mediation erst im Gerichtsverfahren beantragt, bleibt dieses bis zum Abschluss des Mediationsverfahrens sistiert (Art. 214 Abs. 3 ZPO). Die Rechtshängigkeit ist auf jeden Fall gewahrt. Scheitert die Mediation, wird das Gerichtsverfahren wieder aufgenommen.
- Zur Vermeidung von Verwirkungsfristen könnte ein Verfahren bei der Schlichtungsbehörde und anschliessend ein Verfahren nach Art. 257 ZPO eingeleitet werden, mit dem Antrag, dass das erste Verfahren gestützt auf Art. 126 ZPO vorerst zu sistieren sei[345].

214 Zur Frage der *Rechtshängigkeit bei «Parallelität» von Schlichtungsverfahren und Ausweisungsverfahren* siehe N 1035.

f) Keine abgeurteilte Sache («res iudicata»)

215 Hier handelt es sich um eine negative Prozessvoraussetzung, die von Amtes wegen geprüft wird. Die Sache darf nicht rechtskräftig entschieden sein (*res iudicata*, Art. 59 Abs. 2 lit. e ZPO). Zu beachten ist, dass gemäss Art. 241 Abs. 2 ZPO die Entscheidsurrogate – Vergleich und Klageanerkennung – dieselbe Wirkung haben wie ein rechtskräftiger Entscheid. Nicht erfasst werden Fälle, in denen es in einem früheren Verfahren einen Nichteintretensentscheid gab (z.B. Art. 257 Abs. 3 ZPO bei Nichteintreten)[346]. Ob die Sache schon rechtskräftig entschieden wurde (*res iudicata*), beurteilt sich nach den Art. 236 ff. ZPO.

---

344 BGer 4A_141/2013 vom 22.8.2013 E. 2.2.2, in: ZBJV 3/2015, S. 258, Kommentar *Christoph Leuenberger*.
345 *Meier*, ZPO, S. 376; BSK ZPO-*Gehri*, Art. 59 N 17; *Sutter-Somm/Lötscher*, in: Sutter-Somm/Hasenböhler/Leuenberger (Hrsg.), Art. 257 ZPO N 32.
346 DIKE-Komm-ZPO-*Müller*, Art. 59 N 62 und 63.

Eine *abgeurteilte Sache* liegt vor, wenn der strittige Anspruch mit einem schon rechtskräftig beurteilten Anspruch identisch ist. Darunter kann nach Massgabe von Art. 65 ZPO auch ein vor dem materiellen Entscheid zurückgezogenes Begehren fallen, wenn der Rückzug erfolgte, nachdem das Begehren der Gegenpartei zugestellt wurde, ohne dass diese dem Rückzug zugestimmt hat.

216

Ein Begehren, auf das wegen *fehlender Bestimmtheit* nicht eingetreten wird, ist ungeeignet, einen materiellen Entscheid über einen bestimmten Anspruch herbeizuführen. Einem solchen unbestimmten Begehren kann konsequenterweise auch keine Ausschlusswirkung im Sinne der *res iudicata* zukommen[347].

217

g)   Leistung des Kostenvorschusses und der Sicherheitsleistungen

Der *Vorschuss für die Prozesskosten* muss geleistet werden (Art. 59 Abs. 2 lit. f und Art. 97 ZPO). Ausser allenfalls bei Flächenmieten, betrifft dies das Mietverfahren auf der Stufe Schlichtungsbehörde nicht, da das Verfahren kostenlos ist (Art. 113 Abs. 2 lit. c ZPO). Die Kantone haben einen weiten Spielraum bei der Festsetzung des Kostenvorschusses, handelt es sich doch bei Art. 98 ZPO um eine Kann-Vorschrift. So ist es ihnen unbenommen, auf die Erhebung von Gerichtskosten und damit auch auf die Leistung eines Kostenvorschusses zu verzichten. Der Kanton Waadt zum Beispiel kennt ein kostenloses Mietgerichtsverfahren[348]. Bei Nichtbezahlung des Vorschusses wird eine Nachfrist gesetzt (Art. 101 Abs. 3 ZPO).

218

h)   Klagebewilligung

Gemäss Art. 197 ZPO geht dem Entscheidverfahren ein Schlichtungsversuch vor einer Schlichtungsbehörde voraus. Scheitert der Schlichtungsversuch, wird die Klagebewilligung erteilt (Art. 209 Abs. 1 ZPO). Mit der Klage ist die *Klagebewilligung als Prozessvoraussetzung* einzureichen (Art. 221 Abs. 2 lit. b ZPO).

219

i)   Weitere Prozessvoraussetzungen

Die *weiteren Prozessvoraussetzungen* sind:

220

- die Anforderungen an die Klage (Art. 221, 244, 290 ZPO);
- beim Rechtsschutz in klaren Fällen (Art. 257 ZPO) ist das Vorliegen eines klaren Falls Prozessvoraussetzung; fehlt es an dieser Prozessvoraussetzung, handelt es sich um den Sonderfall der Einreichung in falscher Verfahrensart (Art. 63 Abs. 2 ZPO)[349];

---

347 OGer ZH, LF140001-O/U, 30.1.2014, in: ius.focus 5/2015, S. 22, Kommentar *Fabienne Fischer*.
348 Art. 12 LJB.
349 DIKE-Komm-ZPO-*Müller*, Art. 59 N 75.

- Einhaltung gesetzlicher Fristen;
- bei den Rechtsmitteln ist das Vorliegen eines weiterziehbaren Urteils Prozessvoraussetzung;
- beim Mietzinsherabsetzungsbegehren ist das parteiinterne Vorverfahren (Art. 270a Abs. 2 OR) Prozessvoraussetzung[350].

---

350 BGE 132 III 702 = BGer 4C.198/2006 vom 7.9.2006, in: mp 4/2006, S. 283; MP-*Oeschger/ Zahradnik*, Kap. 17.5.

Kapitel 11 Rechtshängigkeit und Klagerückzug (Art. 62 ff. ZPO)

1. Rechtshängigkeit

Die Einreichung eines Schlichtungsgesuchs oder einer Klage begründet nach Art. 62 Abs. 1 ZPO *Rechtshängigkeit*. Unter Rechtshängigkeit (Litispendenz) ist die Zeit zwischen Beginn und Ende eines Verfahrens zu verstehen. Da die Einreichung eine empfangsbedürftige Erklärung ist, wird der Eingang eines Schlichtungsgesuchs oder einer Klage den Parteien von der Behörde bestätigt (Art. 62 Abs. 2 ZPO). Der Kündigungsschutz nach Art. 271*a* Abs. 1 lit. d OR tritt allerdings schon mit der Rechtshängigkeit und nicht erst mit deren Bestätigung ein[351].

221

Ein Gesuch oder eine Klage kann bei der Behörde direkt eingereicht oder der Post übergeben werden. Unter «*Einreichung*» ist auch die mündliche Zuprotokollgebung eines Schlichtungsgesuchs (Art. 202 Abs. 1 ZPO) bzw. einer vereinfachten Klage (Art. 244 Abs. 1 ZPO) zu verstehen. Eine allfällige Frist ist eingehalten, wenn das Gesuch oder die Klage am letzten Tag der Frist der Schweizerischen Post übergeben (Art. 143 Abs. 1 ZPO) oder in den Briefkasten der Behörde geworfen wird[352]. Mit der Postaufgabe beginnt bereits die Rechtshängigkeit.

222

Im ordentlichen Verfahren tritt die Rechtshängigkeit mit der *Einreichung des (obligatorischen) Schlichtungsgesuchs* ein (Art. 62 i.V.m. Art. 197 ZPO), unabhängig davon, ob die angerufene Behörde (örtlich, sachlich und funktionell) zuständig ist[353]. Auch wenn Prozessvoraussetzungen fehlen, tritt die Rechtshängigkeit ein und bleibt bis zum Nichteintretensentscheid bestehen. Die Rechtshängigkeit wird nur begründet, wenn die Eingabe so beschaffen ist, dass zumindest die Eintretensvoraussetzungen geprüft werden können[354].

223

Die Rechtshängigkeit bewirkt unter anderem, dass die gleiche Streitsache zwischen den gleichen Parteien nicht *anderweitig rechtshängig* gemacht werden kann (Art. 64

224

---

351 BGE 141 III 101 = BGer 4A_482/2014 vom 20.1.2015, in: mp 2/2015, S. 134, und in: MRA 4/2015 S. 234, Kommentar *Beat Rohrer*.
352 Das Bundesgericht hat sich zu den Wirkungen des Einwurfs einer Eingabe in den Briefkasten der Behörde und zu deren diesbezüglichen Pflichten geäussert. Es hat festgehalten, dass die Leerung des Briefkastens für den Zeitpunkt der Fristwahrung nicht massgeblich ist. Entsprechend der Rechtslage im privaten (geschäftlichen) Rechtsverkehr befinden sich die in den Briefkasten gelegten Briefe im Machtbereich der Behörde, weshalb eine Eingabe mit dem Einwurf in diesen Briefkasten als eingereicht gilt. Fristwahrend kann folglich der Briefkasten der Behörde benützt werden. BGer 70 III 70 E. 1; vgl. aber BGer 6B_730/2013 vom 10.12.2013, wonach es nicht genüge, die Eingabe in einen beliebigen Briefkasten im Beisein von Zeugen einzuwerfen, N 564.
353 *Hedinger*, in: Sutter-Somm/Hasenböhler/Leuenberger (Hrsg.), Art. 63 ZPO N 6.
354 BSK ZPO-*Infanger*, Art. 62 N 14.

Abs. 1 lit. a ZPO)[355]. Die Rechtshängigkeit steht einem Verfahren auch entgegen, wenn der identische Streitgegenstand nochmals beim gleichen Gericht anhängig gemacht wird. Das Gleiche gilt auch für ein Anhängigmachen in einer anderen Verfahrensart, so wenn bei Rechtshängigkeit eines Gesuchs um Rechtsschutz in klaren Fällen (Art. 257 ZPO) ein ordentliches Verfahren mit dem gleichen Streitgegenstand anhängig gemacht werden soll[356].

225 Zur *Vermeidung von Verwirkungsfristen* kann zunächst ein Verfahren bei der Schlichtungsbehörde und anschliessend ein solches nach Art. 257 ZPO eingeleitet werden, mit dem Antrag, dass das erste Verfahren gestützt auf Art. 126 ZPO vorerst zu sistieren sei[357].

226 Der Eintritt der Rechtshängigkeit ist unter anderem wichtig für die Wahrung bundesrechtlicher wie privatrechtlicher Fristen, insbesondere von *Verjährungs- und Verwirkungsfristen* (z.b. die Anfechtung der Kündigung, Art. 273 OR). Die Verjährungsunterbrechung tritt auch bei Einreichung an die sachlich unzuständige Behörde ein[358].

227 *Keine Rechtshängigkeit wird begründet*, wenn das Gesuch keine Parteibezeichnung und kein eindeutiges Rechtsbegehren enthält, ebenso, wenn es den Streitgegenstand nicht bezeichnet. Dabei ist allerdings – insbesondere im Schlichtungsverfahren – kein hoher Massstab zu setzen, da das mietrechtliche Verfahren der Untersuchungsmaxime unterliegt und deshalb die richterliche Fragepflicht weit auszudehnen ist. Unter Vorbehalt von Art. 63 Abs. 1 und 2 ZPO ist keine Rechtshängigkeit gegeben, wenn eine Klage unter Umgehung des Schlichtungsversuches direkt beim Gericht eingereicht wird.

228 Enthält das Gesuch *verbesserungsfähige Fehler* (Art. 132 Abs. 1 und 2 ZPO) wie eine mangelnde Unterschrift, oder fehlt die Vollmacht, so tritt die Rechtshängigkeit *ex tunc* ein (vgl. N 515 ff.).

> **Beispiel**
>
> Eine Miteigentümergemeinschaft (MEG) klagt gegen eine Mieterin. Die MEG ist nicht parteifähig, alle Miteigentümer müssen persönlich und gemeinsam klagen. Wird im Schlichtungsverfahren eine Vollmacht vorgelegt, die von allen Miteigentümern unterzeichnet ist, wird die mangelnde Prozessfähigkeit «geheilt», und die Postulationsfähigkeit gemäss Art. 68 ZPO ist gegeben. Am Schlichtungstermin selber ist dann die Spezialnorm von Art. 204 ZPO über die Vertretungsmöglichkeiten zu beachten.

---

355 Vgl. dazu die Ausführungen in N 211 ff.
356 BGer 4A_141/2013 vom 22.8.2013, in: ZBJV 3/2015, S. 258, Kommentar *Christoph Leuenberger*.
357 *Meier*, ZPO, S. 376; BSK ZPO-*Gehri*, Art. 59 N 17; *Sutter-Somm/Lötscher*, in: Sutter-Somm/Hasenböhler/Leuenberger (Hrsg.), Art. 257 ZPO N 32.
358 BGer 4A_592/2013 vom 4.3.2014, in: ius.focus 6/2014, S. 21, Kommentar *Joelle Berger*.

2. Klagerückzug

Wer die *Klage beim zum Entscheid zuständigen Gericht zurückzieht*, kann über die gleiche Streitsache keinen zweiten Prozess mehr führen (Art. 65 ZPO). Einer erneuten Klage steht die *res iudicata* entgegen. Die Abstandsfolge droht erst nach Eintritt der sog. Fortführungslast mit Zustellung der Klage an die Gegenpartei. 229

Im *Schlichtungsverfahren kann das Gesuch gefahrlos zurückgezogen werden* (Art. 208 Abs. 2)[359]. Eine Abstandserklärung kann zwar erfolgen, doch muss diese vorbehaltlos sein. Gleiches gilt für den Klagerückzug nach Ausstellung der Klagebewilligung (Art. 209 ZPO). Es ist deshalb im Schlichtungsverfahren wichtig, den Rückzug eines Gesuchs immer mit dem *Vorbehalt der Wiedereinbringung* zu versehen. 230

Im Verfahren vor der Schlichtungsbehörde zieht der Rückzug eines Gesuchs *keine Kostenfolgen* nach sich, da in Mietsachen keine Gerichtskosten gesprochen werden (Art. 113 Abs. 2 lit. c ZPO)[360]. Anders verhält es sich im nachfolgenden Gerichtsverfahren. Es können sowohl Partei- wie Gerichtskosten auferlegt werden (Art. 106 Abs. 1 ZPO). 231

---

359 *Thanei*, mp 4/2009, S. 187.
360 Nach hier vertrenenen Auffassung gilt die Kostenlosigkeit auch für sog. Flächenmieten, vgl. N 72 ff.

Teil 3 Allgemeine Verfahrensbestimmungen

Kapitel 12 Fehlende Zuständigkeit und falsche Verfahrensart (Art. 63 ZPO)

1. «Eingaben» i.S.v. Art. 63 ZPO

232 Was geschieht, wenn eine Kündigungsanfechtung zwar innert Frist, aber an die *unzuständige Schlichtungsbehörde* oder direkt ans Gericht einreicht wird? Eine Prozessüberweisung von Amtes wegen findet nicht statt. Die mangelnde Zuständigkeit kann sich auf alle von der ZPO geregelten Zuständigkeiten beziehen[361], also auf die örtliche, sachliche oder funktionelle Zuständigkeit[362]. Art. 63 ZPO betrifft die Wahrung der durch eine Eingabe an eine unzuständige Stelle oder in einem falschen Verfahren begründeten Rechtshängigkeit und ist nicht auf Rechtsmitteleingaben anwendbar[363].

233 Der *Begriff «Eingaben»* in Art. 63 Abs. 1 ZPO ist weit auszulegen und umfasst auch Gesuche an die Schlichtungsbehörden[364]. Es fällt auf, dass sich einige Kommentare dazu nicht äussern, obwohl eine ähnliche Problematik vorliegt wie in Art. 59 ZPO[365]. Entweder subsumieren die Kommentatoren unter den Begriff «Eingaben» auch solche an die Schlichtungsbehörden, oder sie messen dem keine weitere Bedeutung zu. Die grundsätzlich gleiche Problematik der Art. 59 und 62 ZPO wird wenig kohärent behandelt[366].

234 Die Problematik der Art. 59 und 63 ZPO ist bezüglich der *Kompetenz-Kompetenz*[367] die gleiche: Ist die Schlichtungsbehörde grundsätzlich (allenfalls in beschränktem Ausmass) befugt, *prozessleitende Verfügungen* zu erlassen? Es ist zu bedauern, dass der Gesetzgeber die Lösung dieses Fragenkomplexes der (zerstrittenen) Lehre überlässt, anstatt klare Zuständigkeiten in der ZPO festzulegen[368].

235 Nach der hier vertretenen Meinung[369] hat die Schlichtungsbehörde grundsätzlich die Zuständigkeit von Amtes wegen zu prüfen[370] und bei offenkundiger Unzuständigkeit

---

361 BGE 138 III 471; BGer 4A_592/2013 vom 4.3.2014, in: SZZP 4/2014, S. 322.
362 BK-*Berger-Steiner*, Art. 63 ZPO N 18; **a.M.** BSK ZPO-*Infanger*, Art. 63 N 6.
363 BGE 140 III 636 E. 3.2 = BGer 4A_476/2014 vom 9.12.2014.
364 BK-*Berger-Steiner*, Art. 63 ZPO N 19; DIKE-Komm-ZPO-*Müller-Chen*, Art. 63 N 4.
365 Z.B.: *Sutter-Somm/Hedinger*, in: Sutter-Somm/Hasenböhler/Leuenberger (Hrsg.), Art. 63 ZPO N 8 ff.; BSK ZPO-*Infanger*, Art. 63 N 16.
366 Dies ist nicht zuletzt dadurch bedingt, dass in praktisch allen ZPO-Kommentaren die Art. 59 und 63 ZPO von verschiedenen Kommentatoren kommentiert werden, was das Fehlen einer «unité de doctrine» erklären kann.
367 Kompetenz-Kompetenz ist die Befugnis einer Behörde (Schlichtungsbehörde oder Gericht), über die eigene Zuständigkeit hoheitlich zu entscheiden.
368 Es zeigt sich einmal mehr, dass das Verfahren vor der Schlichtungsbehörde nicht wirklich durchkomponiert wurde. Vgl. N 22.
369 Über die unterschiedlichen Lehrmeinungen gibt der BK-*Berger-Steiner*, Art. 63 ZPO N 32 eine gute Übersicht.
370 DIKE-Komm-ZPO-*Müller-Chen*, Art. 63 N 10.

einen *Nichteintretensentscheid* zu treffen. Hegt die Schlichtungsbehörde Zweifel, stellt sie die Klagebewilligung aus und lässt das Gericht über die Zuständigkeit entscheiden[371]. Zu berücksichtigen ist dabei, welche Verfahrenserledigung die Schlichtungsbehörde beabsichtigt.

2. Einräumung der Notfrist

Art. 63 Abs. 1 ZPO räumt eine *einmonatige Notfrist* ein, um das Gesuch oder die Klage erneut an die zuständige Behörde einzureichen. Rückweisung bedeutet Nichteintreten mit aufschiebender Wirkung. Die Monatsfrist beginnt mit der Zustellung des Nichteintretensentscheids[372]. Die Rechtshängigkeit wird auf den Zeitpunkt der ursprünglichen (falschen) Einreichung zurückdatiert (perpetuiert). Die gesetzliche Nachfrist findet analog Anwendung auf Verwirkungsfristen[373]. 236

Wird der *Nichteintretensentscheid* mit Berufung (Art. 311 ZPO) angefochten, beginnen die Frist für die Berufung und die Frist von einem Monat nach Art. 63 ZPO am gleichen Tag zu laufen, enden aber nicht am gleichen Datum. 237

Beispiel[374]

Die Zustellung des Nichteintretensentscheids erfolgte am 5. August 2011, so dass sowohl die Frist von 30 Tagen zur Berufung nach Art. 311 ZPO als auch die Frist von einem Monat nach Art. 63 Abs. 1 ZPO unter Berücksichtigung der Gerichtsferien vom 15. Juli bis und mit dem 15. August (Art. 145 Abs. 1 lit. b ZPO) am 16. August 2011, dem ersten Tag nach Ende des Stillstandes (Art. 146 Abs. 1 ZPO), zu laufen begonnen. Die Frist von 30 Tagen zur Einreichung der Berufung endete am 14. September 2011, die Monatsfrist nach Art. 63 Abs. 1 ZPO dagegen am 16. September 2011, dem Tag, der dieselbe Zahl trägt wie der Tag, an dem die Frist zu laufen begann (Art. 142 Abs. 2 ZPO).

Es macht keinen Unterschied, ob der Fehler von der klagenden bzw. gesuchstellenden Partei selber bemerkt und das Gesuch deswegen zurückgezogen wird, oder ob die Behörde ihn entdeckt und mit einem Nichteintretensentscheid mitteilt. In beiden Fällen gilt als *Zeitpunkt der Rechtshängigkeit* das Datum der ersten Einreichung des Gesuchs, sofern das Gesuch innert eines Monates bei der zuständigen Behörde eingereicht wird[375]. Die Überweisung an die zuständige Behörde erfolgt allerdings nicht von Amtes wegen, es sei denn, ergänzendes kantonales Recht sehe dies ausdrücklich vor[376]. Bei 238

---

371 CPC-*Bohnet*, Art. 63 ZPO N 10.
372 BGer 4A_297/2012 vom 9.10.2012, in: SZZP 1/2013, S. 4, Kommentar *Lorenz Droese*.
373 BGE 136 III 545 = BGer 4A_438/2010 vom 15.11.2010, in: ius.focus 9/2011, S. 15, Kommentar *Tatjana von Kameke/Fabian Glässer*.
374 BGer 4A_297/2012 vom 9.10.2012 E. 2.8, in: SZZP 1/2013, S. 4, Kommentar *Lorenz Droese*.
375 Art. 139 OR, der eine 60-tägige Frist kannte, wurde per 31.12.2010 aufgehoben.
376 So der Kanton Schwyz: § 94 JG.

der sachlichen Zuständigkeit kann unter Umständen eine Überweisung an die zuständige Behörde auch ohne kantonale Delegationsnorm erfolgen[377].

239   Durch Rückweisung oder Rückzug des Gesuchs bzw. der Klage kann die einmonatige Frist mehrmals ausgelöst und so das Verfahren verschleppt werden. Das Verbot des *Rechtsmissbrauchs* setzt solchem Handeln Grenzen[378]. Das Bundesgericht scheint diesbezüglich eine eher grosszügige Praxis zu entwickeln, indem es festhält, es bestünden keine überzeugenden Gründe dagegen, Art. 63 Abs. 1 ZPO auch mehrmals in der Folge anzuwenden[379].

240   Muss die gleiche Eingabe eingereicht werden? Das Bundesgericht äussert sich erstmals zur strittigen Frage, ob Art. 63 ZPO die *Einreichung der gleichen Eingabe* beim zuständigen Gericht verlangt. In der Lehre sind die Meinungen dazu geteilt. Das Bundesgericht hält fest, dem Kläger Gelegenheit zu geben, seine Eingabe im Hinblick auf die Neueinreichung zu verändern bzw. zu verbessern, liege ausserhalb der Zweckbestimmung von Art. 63 ZPO. Es schliesst sich den Autoren an, die fordern, dass die identische Eingabe einzureichen ist. Angeführte Gründe der Prozessökonomie mögen dagegen nicht aufkommen. Soweit Verbesserungen und Ergänzungen der ursprünglichen Eingabe erforderlich sind oder der Ansprecher solche für notwendig erachtet, hat er dieselben im Rahmen der Möglichkeiten vorzunehmen, die ihm das Prozessrecht nach Eintritt der Rechtshängigkeit im weiteren Verfahren vor der zuständigen Instanz einräumt[380].

241   Bei handelsgerichtlicher Zuständigkeit ist ein Schlichtungsverfahren ausgeschlossen (Art. 198 lit. f ZPO). Das irrtümlich bei der Schlichtungsbehörde eingereichte Schlichtungsgesuch begründet keine Rechtshängigkeit. Die Voraussetzungen von Art. 63 Abs. 1 ZPO sind nicht gegeben, ein Nichteintretensentscheid oder ein Klagerückzug liegt nicht vor. In dieser Konstellation hat der Gesuchsteller, anstatt an das zuständige Handelsgericht zu gelangen, Klage beim unzuständigen (Miet-)Gericht einzureichen und so einen Nichteintretensentscheid zu erwirken, oder die Klage beim (Miet-)Gericht mangels Zuständigkeit zurückzuziehen. Nur so ist die *Prozesskette* vollständig und die Rechtshängigkeit gemäss Art. 63 Abs. 1 ZPO auf den Zeitpunkt des Schlichtungsgesuchs verlegt[381].

---

377   KGer FR, 101 2011-264, 22.11.2011, in: ius. focus 2/2013, S. 21.
378   DIKE-Komm-ZPO-*Müller*, Art. 63 N 10; BSK ZPO-*Infanger*, Art. 63 N 10; *Leuenberger*, ZBJV 2/2012, S. 139.
379   BGE 141 III 481 = BGer 4A_205/2015 vom 14.10.2015 E. 3.1.
380   BGer 4A_205/2015 vom 14.10.2015 E. 3.2.4 mit zahlreichen Hinweisen.
381   HGer ZH, HG 150091, 8.6.2015, in: mp-flash 9/2015, S. 2. Nur vermeintlich vertritt das Bundesgericht in BGer 4A_592/2014 vom 4.3.2014 eine andere Auffassung bezüglich der Rechtshänggkeit bei einer Eingabe an die unzuständige Schlichtungsbehörde: Die Einreichung des Schlichtungsgesuchs begründet die Rechtshängigkeit. Diese tritt ein, unabhängig davon, ob die Prozessvoraussetzungen gegeben sind oder nicht. Die Wirkungen gemäss

Kapitel 13 Persönliches Erscheinen – Vertretung – Begleitung (Art. 68 ff. ZPO; Art. 204 ZPO)

1. Persönliches Erscheinen: Grundsatz

Grundsätzlich müssen rechtsgültig vertretene Parteien nicht *persönlich erscheinen* (Art. 68 Abs. 1 ZPO), es sei denn, das Gericht ordnet das persönliche Erscheinen an (Art. 68 Abs. 4 ZPO).

242

Es gilt zu unterscheiden: Art. 68 ZPO regelt für alle Verfahren die *Postulationsfähigkeit*, also die Fähigkeit, vor einem Gericht rechtswirksame Handlungen vorzunehmen, und legt fest, wer eine Partei sowohl bei der Einleitung eines Verfahrens wie auch im Verhandlungstermin vertreten und an ihrer Stelle handeln kann. Vor der Schlichtungsbehörde gilt für die Verfahrenseinleitung ebenfalls Art. 68 ZPO, für die Schlichtungsverhandlung besteht jedoch die Spezialvorschrift von Art. 204 ZPO.

243

2. Persönliches Erscheinen im Schlichtungsverfahren

Im Schlichtungsverfahren ist das *persönliche Erscheinen vorgeschrieben* (Art. 204 Abs. 1 ZPO). Eine Partei, die einen Vertreter in die Verhandlung schickt, ohne die Voraussetzungen von Art. 204 Abs. 3 ZPO zu erfüllen, ist daher säumig. Die ZPO regelt das persönliche Erscheinen abschliessend, es gibt keinen Platz für abweichende kantonale Regelungen[382]. Mit der persönlichen, unmittelbaren Anwesenheit an der Schlichtungsverhandlung wird beabsichtigt, ein Gespräch in Gang zu setzen, das mit Hilfe und Unterstützung der Behörde zu einer Einigung führen soll.

244

Die Schlichtungsbehörde hat an der Schlichtungsverhandlung zu prüfen, ob die *Voraussetzung* des persönlichen Erscheinens nach Art. 204 Abs. 1 ZPO erfüllt ist. Sie muss möglichst rasch und gestützt auf Urkunden (vgl. Art. 203 Abs. 2 ZPO) darüber befinden können, ob die Voraussetzung des persönlichen Erscheinens nach Art. 204 Abs. 1 ZPO erfüllt ist oder ob sie aufgrund von Säumnis das Verfahren abschreiben (Säumnis der klagenden Partei) bzw. nach Art. 209–212 ZPO verfahren soll (Säumnis der beklagten Partei). Ihr muss in diesem Sinne etwa ermöglicht werden, rasch und einfach zu prüfen, ob eine juristische Person korrekt vertreten zur Schlichtungsverhandlung erschienen ist[383].

245

Art. 64 ZPO treten jedoch zunächst nicht ein, sondern nur und erst – dann jedoch rückwirkend –, wenn die Eingabe der zuständigen Instanz gemäss Art. 63 ZPO wieder eingereicht wird. Art. 63 ZPO bezieht sich ohne weiteres sowohl auf die örtliche wie die sachliche Zuständigkeit.

382 BGer 4C_1/2013 vom 25.6.2013, in: mp 4/2013, S. 314; *Honegger*, in: Sutter-Somm/Hasenböhler/Leuenberger (Hrsg.), Art. 204 ZPO N 1a.
383 BGer 4A_51/2015 vom 20.4.2015 E. 3.2.

246 Die Pflicht zum persönlichen Erscheinen gilt auch für *juristische Personen*[384]. Bei diesen genügt die Anwesenheit eines im Handelsregister eingetragenen Prokuristen nach Art. 458 OR. Handelsregistereinträge stellen notorische Tatsachen dar, die weder behauptet noch bewiesen werden müssen[385]. Allerdings können sich juristische Personen nicht nur durch im Handelsregister eingetragene Zeichnungsberechtigte vertreten lassen. Nicht genügend ist die Vertretung einer juristischen Person durch ein faktisches Organ. Der Begriff des faktischen Organs wurde in erster Linie im Zusammenhang mit Haftungsfragen entwickelt. Bei der Vertretung vor der Schlichtungsbehörde muss auf einen Blick klar sein, ob die betreffende Person die juristische Person rechtsgültig vertreten kann. Trifft das nicht zu, kann die Schlichtungsbehörde keine Verhandlung durchführen. Zudem gilt die Klage als zurückgezogen, wenn die Klägerin nicht persönlich erscheint bzw. nicht durch eine befugte Person vertreten wird. Es ist der Rechtssicherheit abträglich, wenn die Schlichtungsbehörde zunächst abklären müsste, ob die erschienene Person die Voraussetzungen eines faktischen Organs erfüllt[386]. Liegt keine ausdrückliche Prozessvollmacht vor, so hat die Behörde eine Nachfrist zur Einreichung der Vollmacht gemäss Art. 132 Abs. 1 ZPO zu setzen[387].

247 Die *Ausnahmen* vom persönlichen Erscheinen sind in Art. 204 Abs. 3 lit. a und b ZPO geregelt: Nicht persönlich erscheinen muss, wer einen ausserkantonalen oder ausländischen Wohnsitz hat, oder wer durch Krankheit oder aus wichtigen Gründen verhindert ist.

3. Dispensationsgesuch

248 Ist das persönliche Erscheinen nicht möglich, muss eine Dispens verlangt werden. Grundsätzlich ist das *Dispensationsgesuch* vor der Verhandlung einzureichen[388]. Die Verhinderungsgründe sind zumindest glaubhaft zu machen. Die Schlichtungsbehörde sollte die Verhinderungsgründe grosszügig berücksichtigen, insbesondere bei Mietverhältnissen mit mehreren Mietparteien[389]. In der Regel genügt es, wenn eine Partei anwesend ist, die den Sachverhalt kennt und durch Vollmacht befugt ist, einen Vergleich

---

384 BGE 140 III 70 = BGer 4A_387/2013 vom 17.2.2014, in: ius.focus 3/2015, S. 22, Kommentar *Barbara Meyer*; *Honegger*, in: Sutter-Somm/Hasenböhler/Leuenberger (Hrsg.), Art. 204 ZPO N 1c.
385 BGer 4A_261/2013 vom 1.10.2013.
386 BGE 141 III 159 = BGer 4A_530/2014 vom 17.4.2015, in: SZZP 4/2015, S. 291, Kommentar *François Bohnet*; und in: ZBJV 9/2015, S. 712, Kommentar *Leonora Marti-Schreier*; und in: mp 3/2015, S. 209; und in: MRA 3/2015, S. 153, Kommentar *Andreas Maag*; und in: ius.focus 1/2016, S. 21, Kommentar *Carina Fröhli*; *Honegger*, in: Sutter-Somm/Hasenböhler/Leuenberger (Hrsg.), Art. 204 ZPO N 1d.
387 BGer 4D_2/2013 vom 1.5.2013, in: ius.focus 10/2013, S. 33, Kommentar *Balthasar Bessenich*; SZZP 4/2013, S. 293, Kommentar *François Bohnet*.
388 KGer BL, 410 13 315/LIA, 18.2.2014, in: CAN 3/2014, S. 158.
389 **A.M.** *Hofmann/Lüscher*, S. 129; KUKO ZPO-*Gloor/Lukas*, Art. 204 N 9.

abzuschliessen. Formell müssen die anderen Mietparteien ein Dispensationsgesuch stellen.

Beispiel

Eine Arztpraxis mit vier solidarischen Mietparteien macht Mängelrechte geltend. Das Hinterlegungsgesuch wird von allen Solidarmietern eingereicht, folglich werden auch alle für die Verhandlung vorgeladen. Ein Arzt hat sich innerhalb der Praxis ausschliesslich mit Mietproblemen beschäftigt und kennt dementsprechend den Sachverhalt *à fond*. Die drei «übrigen» Ärzte sind vom persönlichen Erscheinen zu dispensieren.

4. Vertretung und Begleitung

a) Nicht berufsmässige Vertretung

Jede prozessfähige Partei kann die Einreichung einer Klage oder eines Schlichtungsgesuchs (sprich die Unterzeichnung) einer Drittperson als nichtberufsmässige *Vertretung* übertragen und sich im Prozess vertreten (Art. 68 Abs. 1 ZPO) bzw. sich durch eine Vertrauensperson zur Schlichtungsverhandlung begleiten lassen (Art. 204 Abs. 2 ZPO). Als Vertreter kommen nur natürliche Personen in Frage[390]. Der Vertreter muss in der Schlichtungsverhandlung vorbehaltlos und gültig handeln können[391].

249

b) Berufsmässige Vertretung

Grundsätzlich gelten als *berufsmässige Vertreter* Anwältinnen und Anwälte, die dem Anwaltsgesetz[392] unterstehen (Art. 68 Abs. 2 lit. a und Art. 204 Abs. 2 ZPO). Vor Bundesgericht sind nur Anwältinnen und Anwälte zugelassen (Art. 40 Abs. 1 BGG).

250

Die Vorschriften über die berufsmässige Vertretung *bezwecken den Schutz des Publikums*. Entsprechend ist bei Auslegung der im Gesetz vorgesehenen Ausnahmen vom Anwaltsmonopol eine gewisse Zurückhaltung angezeigt, da im Monopolbereich die im Anwaltsgesetz vorgesehenen Qualitätssicherungsmassregeln zur Anwendung kommen. Die Frage, ob der Vertreter seine Tätigkeit gegen Entgelt oder zu Erwerbszwecken ausübt, ist nicht von entscheidender Bedeutung. Ein Schutzbedürfnis ist vielmehr schon gegeben, wenn der Vertreter bereit ist, in einer unbestimmten Vielzahl von Fällen tätig zu werden, ohne dass eine besondere Beziehung zum Vertretenen besteht[393].

251

---

390 BSK ZPO-*Tenchio*, Art. 68 N 1; gl.M. DIKE-Komm-ZPO-*Hrubesch-Millauer*, Art. 68 N 2.
391 OGer BE, ZK 15 275, 26.8.2015, in: CAN 2/2016, S. 90.
392 Bundesgesetz über die Freizügigkeit der Anwältinnen und Anwälte vom 23.6.2000 (Anwaltsgesetz, BGFA; SR 935.61).
393 BGE 140 III 555 = BGer 5A_289/2014 vom 21.10.2014, in: SZZP 1/2015, S. 13, Kommentar *François Bohnet*; und in: ius.focus 4/2015, S. 21, Kommentar *Adrienne Strahm*.

252 Wenn jemand die *Vertretung einer juristischen Person* für sich in Anspruch nimmt, ist dies anhand von Handelsregisterauszügen oder von Vollmachten zu beweisen. Von der Vertretung durch vertretungsbefugte Personen hängt die Prozessfähigkeit einer juristischen Person ab, was zu den Prozessvoraussetzungen gehört[394]. Obwohl nicht im Handelsregister eingetragen, können Prokuristen (Art. 458 OR) sowie Handlungsbevollmächtigte (Art. 462 OR) die Gesellschaft im Prozess vertreten, wenn sie über eine ausdrückliche Prozessvollmacht verfügen[395].

253 Wer nach den in Art. 204 Abs. 3 lit. a und lit. b ZPO genannten Gründen *nicht persönlich zur Schlichtungsverhandlung* erscheinen muss, kann sich durch die in Art. 68 Abs. 1 und 2 ZPO genannten Personen vertreten lassen, das heisst durch eine Drittperson eigener Wahl nach Art. 68 Abs. 1 ZPO oder berufsmässig durch einen Anwalt oder eine Anwältin oder – sofern nach kantonalem Recht vorgesehen – vor Mietgerichten durch beruflich qualifizierte Vertreterinnen oder Vertreter (bspw. Vertreter von Interessenverbänden) nach Art. 68 Abs. 2 lit. a und d ZPO.

c) Vertretung durch Sachwalter und Rechtsagenten

254 Nach kantonalem Recht können auch Sachwalterinnen und Rechtsagentinnen *(agents d'affaires brevetés)* vor der Schlichtungsbehörde auftreten (Art. 68 Abs. 2 lit. b ZPO)[396]. Das Mandat kann bis und mit Erteilung der Klagebewilligung geführt werden, nicht aber für die Einreichung der Klage und die folgenden Prozessschritte. Die Sachwalter können Mandate nur im eigenen Kanton führen.

255 Art. 68 Abs. 2 lit. b und d ZPO enthält einen föderalistischen Vorbehalt, der es den Kantonen gestattet, für ihr Gebiet besondere Bestimmungen zu erlassen. Kantone, die keine derartigen Bestimmungen kennen oder nur solche, die weniger weit gehen, als Art. 68 Abs. 2 lit. b und d ZPO es gestatten würden, sind an Art. 68 Abs. 2 lit. a ZPO gebunden. So wurde einem Rechtsagenten aus dem Kanton Waadt die Zulassung verweigert, im Kanton Bern berufsmässig Parteien in mietrechtlichen Verfahren zu vertreten[397].

d) Vertretung durch die Liegenschaftsverwaltung

256 Der Vermieter kann sich nach Art. 204 Abs. 3 lit. c ZPO durch die *Liegenschaftsverwaltung* vertreten lassen, soweit diese zum Abschluss eines Vergleiches mandatiert ist und

---

394 BGE 141 III 80 = BGer 4A_415/2014 vom 12.1.2015, in: Praxis 3/2015, S. VI.
395 BGE 141 III 80 = BGer 4A_415/2014 vom 12.1.2015 E. 1.3 in: SZZP 2/2015, S. 125, Kommentar *François Bohnet*.
396 Die Kantone GE, LU, VD und SG kennen solche Sachwalter.
397 BGE 141 II 280 = BGer 2C_701/2014 vom 13.4.2015 E. 6.2, in: SZZP 4/2015, S. 301; und in: Praxis 2016, Nr. 2.

soweit es sich um einen Fall von Art. 243 ZPO handelt[398]. Die Vollmacht muss schriftlich vorliegen, dies im Unterschied zur allgemeinen Bevollmächtigungs-Regelung (Art. 68 Abs. 3 ZPO), wonach auch eine mündliche Vollmachtserteilung gültig ist[399].

Beispiel für eine ungenügende Vollmacht

«Stellvertretung: Vertretung der Auftraggeber gegenüber Behörden, Amtsstellen wie Baubehörden, Schlichtungsstellen und Mietamt etc.»

Dieser Vollmacht fehlt die ausdrückliche Befugnis, Vergleiche abzuschliessen. Es kann sich aber aus den Umständen ergeben, dass die erteilte Ermächtigung zur Vertretung der Vermieterschaft gegenüber Schlichtungsstellen sich auch auf Vergleichsabschlüsse erstreckt[400].

Im Lichte der praktischen Bedürfnisse verlangt Art. 204 Abs. 3 lit. c ZPO, dass die delegierte angestellte Person beziehungsweise Liegenschaftsverwaltung zum Abschluss eines Vergleichs *«schriftlich ermächtigt»* ist (vgl. allgemein Art. 68 Abs. 3 ZPO). Durch diese Bestimmung soll verhindert werden, dass an der Schlichtungsverhandlung Unklarheit darüber besteht, ob die anwesenden Personen über den Streitgegenstand (vorbehaltlos) verfügen können. Denn eine beschränkte Vertretungsmacht oder bereits Zweifel an der Vertretungsmacht des Vertreters könnten die Erfolgsaussichten des Schlichtungsversuchs beeinträchtigen. Die Schlichtungsbehörde muss an der Schlichtungsverhandlung darüber befinden können, ob eine Vertretung nach Art. 204 Abs. 3 lit. c ZPO vorliegt[401].

257

e)   Vertretung vor dem Mietgericht

Die Kantone können vorsehen, dass neben den Anwältinnen und Anwälten vor den Mietgerichten *beruflich qualifizierte Vertreterinnen und Vertreter* zugelassen sind (Art. 68 Abs. 2 lit. d ZPO). Die Kantone können die Anforderung an die Qualifikation festlegen. Es bleibt ihnen überlassen, anerkannte qualifizierte Vertreter von anderen Kantonen zuzulassen[402]. Diese Regelung gilt also nur für die Kantone mit spezialisierten Mietgerichten, unter anderem in den Kantonen Zürich, Genf, Waadt[403]. Art. 68 Abs. 2 lit. b und d ZPO enthalten einen föderalistischen Vorbehalt, der es den Kantonen gestattet, für ihr Gebiet besondere Bestimmungen zu erlassen. An Art. 68 Abs. 2 lit. a ZPO gebunden sind Kantone, die keine derartigen Bestimmungen erlassen haben

258

---

398   BK-*Alvarez/Peter*, Art. 204 ZPO N 9.
399   *Staehelin/Schweizer*, in: Sutter-Somm/Hasenböhler/Leuenberger (Hrsg.), Art. 68 ZPO N 27.
400   BGer 4A_51/2015 vom 20.4.2015 E. 4.3.
401   BGer 4A_51/2015 vom 20.4.2015 E. 3.2.
402   BSK ZPO-*Tenchio*, Art. 68 N 13; Tribunal cantonal du canton de Vaud, Nr. 319, 10.9.2012, in: CdB 1/13, S. 39; und in: mp-flash 7/2013, S. 2.
403   Für den Kanton Waadt: BGer 4A_87/2012 von 10.4.2012.

oder nur solche, die weniger weit gehen, als Art. 68 Abs. 2 lit. b und d ZPO es gestatten würden[404].

259 Bezeichnet der Beklagte eine natürliche Person des «kaufmännischjuristischen Treuhandbüros B. & Partner» als Vertretung, ist zu fragen, ob diese *berufsmässig* handelt. Wenn ja, kommt es darauf an, ob sie nach Art. 68 Abs. 2 lit. d ZPO zugelassen werden kann. Der Wortlaut der ZPO legt nahe, dass das kantonale Recht zur «beruflichen Qualifikation» Bestimmungen aufzustellen hätte. Der Kanton Zürich hat das offenbar nicht so verstanden. § 11 des revidierten Anwaltsgesetzes[405] behält zwar die berufsmässige Vertretung vor den Schlichtungsbehörden und den Zivilgerichten an sich den Anwälten vor, macht aber eine Ausnahme für «Vertreterinnen und Vertreter i.S.v. Art. 68 Abs. 2 lit. d ZPO vor den Miet- und Arbeitsgerichten bis zu einem Streitwert von Fr. 30 000». Damit macht das kantonale Recht offenkundig den Kurzschluss von «berufsmässig» zu «beruflich qualifiziert». Das ist zwar logisch etwas wunderlich, aber nicht weiter zu hinterfragen[406].

260 Sind die qualifizierten Vertreterinnen und Vertreter gemäss Art. 68 Abs. 2 lit. d ZPO in einem Anstellungsverhältnis bei einem Interessenverband, fehlt ihnen die *anwaltliche Unabhängigkeit*. Sie sind deshalb nicht befugt, die Klienten vor Bundesgericht zu vertreten, auch wenn sie nebenbei als selbstständige Anwälte tätig sind[407]. Ob Anwälte, die sehr eng mit einem Mieterverband zusammenarbeiten, Mitglieder des Verbandes auch vor den kantonalen Instanzen nicht vertreten dürfen, bleibt offen. Was die Anforderungen an die anwaltliche Unabhängigkeit betrifft, ist Art. 68 Abs. 2 lit. a ZPO gleich auszulegen wie Art. 40 Abs. 1 BGG[408].

f) *Begleitung*

261 Es herrscht *kein Anwaltszwang*. Das heisst, jede prozessfähige Partei kann sich durch eine *Vertrauensperson begleiten* (verbeiständen) lassen, auch durch eine Rechtsbeiständin oder einen Rechtsbeistand ohne Anwaltspatent (Art. 204 Abs. 2 ZPO). Ein solches Mandat darf aber nicht berufsmässig ausgeübt werden[409]. Es wird die Meinung vertreten, dass die Begleitung Ausnahme und Gefälligkeit bleiben soll[410]. Andere Autoren sprechen davon, dass eine Partei sich jederzeit und voraussetzungslos von einer oder

---

404 BGE 141 II 280 = BGer 2C_701/2014 vom 13.4.2015, in: SZZP 4/2015, S. 301.
405 Anwaltsgesetz vom 17.11.2003 (LS 215.1).
406 OGer ZH, PD11004-O/U, 19.3.2011, in: SZZP 4/2011, S. 291.
407 BGE 139 III 249 = BGer 4A_38/2013 vom 12.4.2013, in: Praxis 2013, Nr. 113, S. 876 ff.; und in: *Koller*, ZBJV 11/2014, S. 965 ff.; und in: SZZP 4/2013, S. 297, Kommentar *François Bohnet*.
408 *Koller*, ZBJV 11/2014, S. 970.
409 So wurde ein bei einer Rechtsschutzversicherung angestellter Rechtsanwalt nicht zugelassen (KGer SG, BE. 2012.9, 7.3.2012).
410 *Gasser/Rickli*, Art. 68 ZPO N 2.

mehreren Personen begleiten lassen kann[411]. Es wird vorgeschlagen, die Kantone könnten auch für das Begleiten i.S.v. Art. 204 Abs. 2 ZPO Vorschriften erlassen. Jedenfalls sind Rechtsschutzversicherungen im Kanton Waadt nicht als Begleiter zugelassen[412]. Im Kanton St. Gallen können bei einer Rechtsschutzversicherung angestellte Rechtsanwälte eine Partei im Schlichtungsverfahren nicht als Vertrauenspersonen begleiten[413]. Eine *unité de doctrine* ist noch kaum auszumachen.

5. Orientierung der Gegenpartei

Die Gegenpartei muss über die Vertretung vorgängig *orientiert* werden (Art. 204 Abs. 4 ZPO). Ob dies auch bei einer Verbeiständung gilt, wird in der Literatur kontrovers behandelt[414]. Das Gesetz lässt offen, wer die Gegenpartei orientiert. In der Regel wird es die Schlichtungsbehörde sein. Der Partei, die sich vertreten lässt, ist aber zu empfehlen, die Gegenpartei selbst zu orientieren. Die Orientierung hat so rechtzeitig zu erfolgen, dass die Gegenpartei Dispositionen treffen, zum Beispiel einen Anwalt mandatieren kann. Bei unterlassener Orientierung kann die «überraschte» Partei die Verschiebung der Verhandlung verlangen[415].

262

6. Unvermögen – Bestellung einer Vertretung

Ist eine Partei offensichtlich nicht imstande, den *Prozess selbst zu führen*, so kann das Gericht sie auffordern, eine Vertreterin oder einen Vertreter zu beauftragen (Art. 69 ZPO). Art. 69 ZPO befindet sich im allgemeinen Teil der ZPO. Er gilt daher für alle Verfahren, mithin auch für das Schlichtungsverfahren[416]. Leistet die Partei innert der angesetzten Frist keine Folge, so bestellt ihr das Gericht eine Vertretung. Die Bestimmung beschränkt die im Zivilprozess anerkannte Freiheit jeder Partei, persönlich und ohne Vertretung vor Gericht die im Prozessrecht vorgezeichneten Rechte wahrzunehmen, prozessuale Anträge zu stellen, schriftliche oder mündliche Parteivorträge zu halten usw. (sog. Postulationsfähigkeit).

263

---

411 *Lachat*, CPC, S. 92; BSK ZPO-*Infanger*, Art. 204 N 5 ff.
412 Tribunal cantonal du canton de Vaud, Nr. 319, 10.9.2012, in: CdB 1/13, S. 39; und in: mpflash 7/2013, S. 3.
413 KGer SG, BE 2012.9, 7.3.2012, in: ius.focus 11/2012, S. 17, Kommentar *Peter Hostansky*.
414 Für vorgängige Orientierung bei Verbeiständung: *Gasser/Rickli*, Art. 204 ZPO N 3, und DIKE-Komm-ZPO-*Egli*, Art. 204 N 24. Sinngemäss gegen eine vorgängige Orientierung: BSK ZPO-*Infanger*, Art. 204 N 8–10, und *Lachat*, CPC, S. 93 und 94, die beide die Verbeiständung gar nicht erwähnen.
415 *Lachat*, CPC, S. 9, und *Gasser/Rickli*, Art. 204 ZPO N 3, der auch die Möglichkeit sieht, dass direkt das Erteilen der Klagebewilligung verlangt werden kann. Infanger spricht demgegenüber in diesem Kontext von einer *lex imperfecta*, ohne die Verschiebung zu erwähnen (BSK ZPO-*Infanger*, Art. 204 N 10).
416 Botschaft ZPO, S. 7240. Dies, obwohl auch hier nur die Rede vom Gericht ist, vgl. N 150 ff.

264 Die Voraussetzung, dass die Partei «offensichtlich» ausserstande sein muss, den Prozess selbst zu führen, ist nicht leichthin anzunehmen. Grundsätzlich ist jede Partei selbst dafür verantwortlich, dass ihre Eingabe den gesetzlichen Anforderungen genügt[417]. Dass die Eingabe eines Laien als lückenhaft erscheint, rechtfertigt die Annahme einer *Postulationsunfähigkeit* für sich allein nicht. Ist die Eingabe der rechtsuchenden Partei strukturiert und enthält sie sowohl verständliche Rechtsbegehren als auch eine Begründung, sind die Voraussetzungen für die Bestellung eines Rechtsanwaltes nach Art. 69 ZPO nicht gegeben[418].

265 Bei der Vertretung muss es sich nicht um eine *berufsmässige Vertretung* handeln. Da sich Art. 69 ZPO über die Kosten ausschweigt, ist analog Art. 41 Abs. 2 BGG anzuwenden. Der Vertretene hat die Kosten zu übernehmen. Ist er dazu nicht in der Lage, hat der Vertreter ein Gesuch um unentgeltliche Rechtspflege zu stellen.

---

417 BGer 4A_45/2014 vom 19.5.2014 E. 2.2.1; BGer 5A_618/2012 vom 27.5.2013 E. 3.1.
418 BGer 1B_163/2012 vom 28.3.2012 E. 3; BGer 6B_355/2008 vom 15.1.2009 E. 3.2.

Kapitel 14 Beteiligung Dritter (Art. 78 ff. ZPO)

1. Einfache Streitverkündung

Art. 78 ZPO 266

¹ Eine Partei, die für den Fall ihres Unterliegens eine dritte Person belangen will oder den Anspruch einer dritten Person befürchtet, kann diese auffordern, sie im Prozess zu unterstützen.
² Die streitberufene Person kann den Streit weiter verkünden.

Im Unterschied zur Streitverkündungsklage, die im alten Prozessrecht einzig in den Kantonen Genf, Waadt und Wallis bekannt war, ist das Institut der *einfachen Streitverkündung* dafür vorgesehen, die von einer Prozesspartei (streitverkündende Partei oder Litisdenunziant) ausgehende Aufforderung an einen Dritten (streitberufene Partei oder Litisdenunziat) zu unterstützen[419]. Die streitberufene Partei bleibt Nebenpartei und wird nicht zur Hauptpartei.

Die *streitverkündende Partei* möchte bei einer Niederlage im Hauptprozess Ansprüche gegen eine dritte Partei geltend machen. Mithin soll sichergestellt werden, dass eine Partei nicht zwei Prozesse verliert, wenn sie nach materiellem Recht einen davon gewinnen müsste[420]. 267

Beispiel

Die Mieterin verlangt vom Vermieter eine Mietzinsherabsetzung infolge Störung im Gebrauch durch eine Grossbaustelle auf dem Nachbargrundstück. Der Vermieter verkündet dem Eigentümer der Nachbarparzelle den Streit, da er im Falle einer Gutheissung der Herabsetzungsklage Regress auf diesen zu nehmen gedenkt.

Die einfache Streitverkündung ist, im Unterschied zur Streitverkündungsklage, auch im Schlichtungs- bzw. Summarverfahren möglich. Eine zeitliche Begrenzung hat der Gesetzgeber nicht vorgesehen. Eine Streitverkündung vor Eintritt der Rechtshängigkeit, also vor Einreichung des Schlichtungsgesuchs, wird wohl nicht in Betracht kommen[421]. Sie kann im Übrigen in jeder *Phase des Verfahrens* anhängig gemacht werden. 268

Ob die Streitverkündung über das Gericht vorgenommen werden muss oder ob auch eine *aussergerichtliche Streitverkündung* möglich ist, wird unterschiedlich beurteilt, mehrheitlich aber im bejahenden Sinne[422]. Auch die Form der Streitverkündung ist nicht geregelt. Man wird jedoch von der Schriftform ausgehen können. 269

---

419 BSK ZPO-*Frei*, Art. 78 N 1.
420 BSK ZPO-*Frei*, Art. 78 N 4; KUKO ZPO-*Domej*, Art. 78 N 1.
421 KUKO ZPO-*Domej*, Art. 78 N 7.
422 KUKO ZPO-*Domej*, Art. 78 N 8; BSK ZPO-*Frei*, Art. 78 N 7.

270 Das Vorhandensein eines *rechtlichen Interesses* an der Streitverkündung wird nicht geprüft. Die blosse Behauptung eines solchen genügt. Es muss, im Gegensatz zur Nebenintervention, vom Gericht nicht festgestellt werden[423].

271 Die streitberufene Person kann zugunsten der Partei, die ihr den Streit verkündet hat, *ohne weitere Voraussetzungen* intervenieren, oder anstelle der Partei, die ihr den Streit verkündet hat, mit deren Einverständnis den Prozess führen (Art. 79 Abs. 1 und 2 ZPO). Bezüglich der Wirkung der Streitverkündung verweist die ZPO auf diejenigen der Nebenintervention (Art. 80 ZPO), allerdings mit der Einschränkung, dass der Streitberufene «ohne weiteres» intervenieren kann, er muss also kein rechtliches Interesse geltend machen.

272 Lehnt die streitberufene Person den Eintritt ab oder erklärt sie sich nicht, so wird der Prozess ohne Rücksicht auf sie fortgesetzt (Art. 79 Abs. 2 ZPO). Soll sie zum Prozess gezwungen werden, muss die *Streitverkündigungsklage* gegen sie erhoben werden (vgl. N 273 ff.).

2. Streitverkündungsklage

273 **Art. 81 Abs. 1 ZPO**

Die streitverkündende Partei kann ihre Ansprüche, die sie im Falle des Unterliegens gegen die streitberufene Person zu haben glaubt, beim Gericht, das mit der Hauptklage befasst ist, geltend machen.

Mit der Streitverkündigungsklage wird die streitberufene Partei als *selbstständige Hauptpartei* in ein Prozessverfahren gezwungen[424]. Hauptklage und Streitverkündigungsklage begründen je ein spezifisches Prozessrechtsverhältnis[425].

274 Die *Zulassung der Streitverkündigungsklage* ist gemäss Art. 82 Abs. 1 ZPO mit der Klageantwort oder mit der Replik im Hauptprozess zu beantragen. Wenn der Kläger aber bereits beim Verfassen der Klageschrift die Zweckmässigkeit einer Streitverkündigungsklage beurteilen kann, darf er den Zulassungsantrag schon zu diesem Zeitpunkt stellen[426].

275 Nach Art. 198 lit. g ZPO *entfällt das Schlichtungsverfahren* unter anderem bei der Streitverkündigungsklage. Daraus wird abgeleitet, dass bei der Streitverkündigungsklage kein Schlichtungsverfahren möglich ist und anderseits im Schlichtungsverfahren keine

---

423 DIKE-Komm-ZPO-*Göksu*, Art. 78 N 9.
424 Botschaft ZPO, S. 7283.
425 BGE 139 III 67 = BGer 4A_435/2012 vom 4.2.2013, in: SZZP 3/2013, S. 212, Kommentar *Lorenz Droese*, und in: ZBJV 3/2015, S. 256, Kommentar *Christoph Leuenberger*.
426 BGer 4A_341/2014 vom 5.11.2014 E. 2.3, in: SZZP 2/2015, S. 133; ius.focus 4/2015, S. 23, Kommentar *Desirée Dietlin*.

Streitverkündungsklage angehoben werden kann. Diese Auffassung ist allerdings umstritten und die Rechtsprechung hält sich noch bedeckt[427]. Wird eine Streitverkündungsklage schon im Schlichtungsverfahren erhoben, sollte das erkennende Gericht über die Zulassung entscheiden[428]. Auch wenn die Streitverkündungsklage im Schlichtungsverfahren nicht möglich ist, steht es den Parteien offen, zu versuchen, Drittbeteiligte in einen Vergleich zu integrieren.

Entscheidet sich der Kläger nach eigenem Gutdünken, den Zulassungsantrag schon mit der Klageschrift zu stellen, ist das Gericht nicht verpflichtet, mit dem Zulassungsentscheid bis zur Replik des Klägers zuzuwarten[429]. Beim Entscheid über die *Zulassung einer Streitverkündigungsklage* prüft das Gericht nicht, ob die Ansprüche des Streitverkündungsklägers gegen den Streitberufenen sachlich gerechtfertigt sind. Die Zulässigkeit ist nicht in das Ermessen des Gerichtes gestellt[430]. Vielmehr beschränkt es seine Prüfung auf die Frage, ob zwischen Streitverkündungsklage und Hauptklage ein Sachzusammenhang besteht[431]. 276

Das *Kantonsgericht Zug* vertritt allerdings die Ansicht, bei der Streitverkündungsklage seien Fragen des Rechtsschutzinteresses und der Prozessökonomie bereits im Zulassungsverfahren zu prüfen. Ist davon auszugehen, dass der Streitverkündungsklageprozess inhaltlich so viele zusätzliche Themen umfassen wird, dass der Entscheid im ersten Prozess nur einen geringen Teil des Streitverkündungsklageprozesses ausmacht und wird die Prozessführung übermässig erschwert, so sei die Zulassung der Streitverkündungsklage zu verweigern und mangels Rechtsschutzinteresses nicht auf die Streitverkündungsklage einzutreten[432]. 277

Die *Zulässigkeit der Streitverkündungsklage* setzt voraus, dass das gleiche Gericht zuständig und die gleiche Verfahrensart anwendbar ist. Sie muss einen Anspruch zum Gegenstand haben, der von der Begründetheit des im Hauptprozess beurteilten Anspruchs abhängig ist. Dafür genügt es, dass sich dieser sachliche Zusammenhang aus den Darlegungen des Streitverkündungsklägers ergibt und ein potenzielles Regressrecht aufgezeigt wird. Die Begründetheit des Anspruchs hat das Gericht in diesem Stadium nicht zu prüfen[433]. 278

---

427 Vgl. die Übersicht über die verschiedenen Lehrmeinungen in BSK ZPO-*Frei*, Art. 82 N 1; CPC-*Bohnet*, Art. 203 ZPO N 12.
428 KUKO ZPO-*Domej*, Art. 82 N 3.
429 BGer 4A_341/2014 vom 5.11.2014 E. 2.3, in: SZZP 2/2015, S. 133.
430 BGE 139 III 67 = BGer 4A_435/2012 vom 4.2.2013, in: SZZP 3/2013, S. 212, Kommentar *Lorenz Droese*.
431 BGer 4A_467/2013 vom 23.1.2014.
432 KGer ZG, A12011 17, 12.10.2011, in: SZZP 2/2012, S. 97, Kommentare *Stephen V. Berti* und *Jacques Haldy*.
433 BGE 139 III 67 = BGer 4A_435/2012 vom 4.2.2013, in: SZZP 3/2013, S. 212, Kommentar *Lorenz Droese*.

279　Die mit Einverständnis der streitverkündenden Partei abgegebene Erklärung eines Streitberufenen, anstelle der streitverkündenden Partei den Prozess führen zu wollen, bewirkt *keinen Parteiwechsel*[434].

280　Die Nichtzulassung der Streitverkündungsklage unterliegt der *Beschwerde*[435].

3. Hauptintervention

281　**Art. 73 Abs. 1 ZPO**

Wer am Streitgegenstand ein besseres Recht behauptet, das beide Parteien ganz oder teilweise ausschliesst, kann beim Gericht, bei dem der Prozess erstinstanzlich rechtshängig ist, gegen beide Parteien Klage erheben.

Eine *Hauptintervention ist im Schlichtungsverfahren* ausgeschlossen. Die Hauptinterventionsklage wird ohne Schlichtungsverfahren direkt beim Gericht des Erstprozesses erhoben (Art. 198 lit. g ZPO). Wenn die Schlichtungsbehörde Spruchkompetenz hat (Art. 212 ZPO), muss die Hauptintervention trotz Art. 198 lit. g ZPO bereits im Schlichtungsverfahren erfolgen, da hier die Schlichtungsbehörde Erstinstanz ist[436].

Beispiel für eine Hauptintervention

Ein Vermieter vermietet eine Wohnung an zwei verschiedene Mieterinnen. Eine der Mieterinnen klagt den Vermieter auf Vertragserfüllung und Übertragung der Mietsache ein. Die zweite Mieterin, der die Wohnung übergeben wurde, klagt als Hauptintervenientin auf Feststellung ihres besseren Rechts[437].

4. Nebenintervention

282　**Art. 74 ZPO**

Wer ein rechtliches Interesse glaubhaft macht, dass eine rechtshängige Streitigkeit zugunsten der einen Partei entschieden werde, kann im Prozess jederzeit als Nebenpartei intervenieren und zu diesem Zweck beim Gericht ein Interventionsgesuch stellen.

Der Nebenintervenient unterstützt die *Hauptpartei*, an deren Obsiegen er interessiert ist.

434　OGer ZH, PP140001, 6.6.2014, in: ius.focus 10/2014, S. 22, mit Kommentar von *Raphael Butz*.
435　BGer 5A_191/2013 vom 1.11.2013, in: ZBJV 3/2015, S. 257, Kommentar *Christoph Leuenberger*.
436　BSK ZPO-*Graber/Frei*, Art. 73 N 7.
437　*Lachat*, CPC, S. 64.

Beispiele für eine Nebenintervention
- Die Mieterin verlangt vom Vermieter nach Beendigung des Mietverhältnisses die Einwilligung zur Auslösung der Kaution. Der Vermieter macht Forderungen aus dem Mietverhältnis geltend. Nach Ablauf der Frist von Art. 257e Abs. 3 OR klagt die Mieterin die Depotbank auf Herausgabe der Kaution ein. Der Vermieter tritt dem Prozess als Nebenintervenient bei, mit der Absicht, die Depotbank in ihrer Weigerung, die Kaution zu saldieren, zu unterstützen[438].
- Die A. AG errichtet auf dem Nachbargrundstück einer Mietliegenschaft eine Altersresidenz. Eine Mieterin erhebt Klage auf nachträgliche Herabsetzung des Mietzinses für die Dauer der Bauarbeiten. Die beklagte Vermieterin lässt der Bauherrin A. AG den Streit verkünden. Die A. AG tritt dem Prozess als Nebenintervenientin auf der Beklagtenseite bei, mit der Begründung, ihre Teilnahme sei unabdingbar, weil der Prozess ein Pilotprozess sei. Je nach Ausgang des Prozesses hätte dieser weitreichende Folgen für sie[439].

283 Es ist umstritten, ob die Nebenintervention (Art. 74 ff. ZPO) bereits im *Schlichtungsverfahren* zulässig ist[440]. Dafür spricht, dass sie gemäss Art. 74 ZPO jederzeit in einem rechtshängigen Prozess möglich ist[441], dagegen, dass sie Sinn und Zweck des Schlichtungsverfahrens widerspricht, die Parteien rasch in einem formlosen Verfahren zu versöhnen[442]. Nicht ausgeschlossen ist auch hier die Möglichkeit, dass ein Dritter an der Schlichtung teilnehmen kann, falls dies im Einvernehmen erfolgt und die Vergleichschancen erhöht. Die Intervention ist jederzeit zulässig, solange das Verfahren läuft. Sie kann sogar noch in zweiter Instanz erfolgen[443]. Der frühest mögliche Zeitpunkt ist die Einreichung des Schlichtungsgesuchs. Ein Schlichtungsverfahren findet nicht statt[444].

284 Das Gericht bzw. die Schlichtungsbehörde entscheidet nach Anhörung der Parteien mittels *prozessleitender Verfügung* über das Gesuch[445]. Der Entscheid ist mit Beschwerde anfechtbar (Art. 75 Abs. 2 ZPO).

285 Mit ihrer Teilnahme am Prozess nimmt die *Nebenpartei* Interessen wahr, die in diesem Rechtsverhältnis und nicht in einem Rechtsverhältnis zwischen ihr und dem Prozessgegner begründet sind. Es rechtfertigt sich daher grundsätzlich nicht, der Nebenpartei

---

438 Mietgericht Zürich, MG140018-L/U, 2.4.2015, in: mp 3/2015, S. 172.
439 OGer SO, ZKBES 2014.173, 24.2.2015, in: CAN 4/2015, Nr. 76.
440 Bei vielen Schlichtungsbehörden wird sie bei einer Subrogation der Arbeitslosenkasse gestützt auf Art. 29 AVIG ohne weiteres zugelassen.
441 BSK ZPO-*Graber/Frei*, Art. 74 N 14; CPC-*Haldy*, Art. 74 ZPO N 7; DIKE-Komm-ZPO-*Göksu*, Art. 74 N 18.
442 BK-*Zuber/Gross*, Art. 74 ZPO N 13.
443 Botschaft ZPO, S. 7282.
444 *Staehelin/Schweizer*, in: Sutter-Somm/Hasenböhler/Leuenberger (Hrsg.), Art. 75 ZPO N 3.
445 Ein weiterer Hinweis, dass die Schlichtungsbehörde – mindestens im Einzelfall – über eine Kompetenz-Kompetenz verfügt.

einen Anspruch gegenüber dem Prozessgegner auf Ersatz ihrer Parteikosten einzuräumen[446]. Dem Nebenintervenienten, dessen Mitwirkung im Beweisverfahren für die Urteilsfindung unerlässlich ist, ist je nach Fall aus Billigkeitsgründen eine Parteientschädigung zuzusprechen[447].

5. Streitgenossenschaft

a) Notwendige Streitgenossenschaft

286 *Notwendige Streitgenossenschaft* bedeutet, dass mehrere Personen als Kläger zwingend gemeinsam auftreten oder als Beklagte gemeinsam beklagt werden müssen (Art. 70 ZPO). Eine Klage, ein Gesuch oder ein Rechtsmittel muss von allen notwendigen Streitgenossen eingereicht werden, wenn diese behaupten, Träger einer Gesamtforderung zu sein[448].

287 Notwendige Streitgenossen sind im Mietrecht zum Beispiel Ehegatten bei gemeinsam gemieteten Wohnungen[449], *solidarisch haftende Mieter* (Bürogemeinschaft, Wohngemeinschaften) und Erbengemeinschaften. Sie klagen gemeinschaftlich und werden gemeinschaftlich beklagt. Ihre persönliche Anwesenheit im Schlichtungsverfahren ist notwendig[450]. Sind im Mietvertrag beide *Ehegatten* als Mieter aufgeführt, kann eine Mietzinserhöhung nur von beiden gemeinsam angefochten werden. Die Ehegatten bilden als Mitmieter eine notwendige Streitgenossenschaft. Nur die Wohnungskündigung der *Familienwohnung* kann kraft der Schutzbestimmungen für die eheliche Wohnung in jedem Fall auch von nur einem der Ehegatten gültig angefochten werden (Art. 273*a* OR)[451].

288 Wenn anstelle einer Erblasserin deren drei Töchter als *Erbengemeinschaft* in den Vertrag eintreten, wobei eine Mitmieterin mit der verstorbenen Mutter schon vor deren Tod gemeinsam in der Wohnung lebte und auch im Mietvertrag als Mitmieterin aufgeführt war und die Kündigung ausgesprochen wird, hat jede einzelne Mitmieterin das Recht, sich einer missbräuchlichen Kündigung zu widersetzen. Dies ist Ausfluss eines vom Gesetz zugestandenen Sozialschutzes. Die Mitmieterin, die effektiv in der Wohnung wohnt, kann auch gegen den Willen ihrer Miterben die Kündigung anfechten. Da es sich bei dieser Anfechtung jedoch um eine Gestaltungsklage handelt mit dem Ziel, das Mietverhältnis für alle Mitmieter beizubehalten, müssen als Gegenpartei

---

446 BGE 130 III 571 E. 6.
447 OGer SO, ZKBES 2014 173, 24.2.2015, E. 3.4, in: CAN 4/2015, Nr. 76.
448 BGer 4A_361/2010 vom 2.12.2010.
449 BGE 136 III 431 = BGer 4A_104/2010 vom 8.6.2010, in: SZZP 1/2011, S. 17, Kommentar *Stephen V. Berti*.
450 Betreffend Dispensation vgl. N 248.
451 BGE 136 III 431 = BGer 4A_104/2010 vom 8.6.2010, in: mp 4/10, S. 293.

nebst dem Vermieter auch die Mitmieter eingeklagt werden, die sich der Kündigung nicht widersetzen[452].

b)   Einfache Streitgenossenschaft

Die *einfache Streitgenossenschaft* ist ein Institut des Prozessrechtes. Sie ist zulässig, wenn ein sachlicher Zusammenhang zwischen den im Streit stehenden Ansprüchen besteht und für die einzelnen Klagen die gleiche Verfahrensart anwendbar ist (Art. 71 Abs. 1 und 2 ZPO)[453]. Im Mietrecht liegt Konnexität nach Art. 71 ZPO unter anderem bei Gruppen-Anfechtungen von Mietzinserhöhungen oder Kündigungen vor. Jeder Streitgenosse kann den Prozess unabhängig von den andern Streitgenossen führen (Art. 71 Abs. 3 ZPO). Die praktische Bedeutung liegt einerseits in der Vereinfachung des Verfahrens, anderseits gewährleistet die einfache Streitgenossenschaft eine gleiche Rechtsanwendung und Beweissicherung gegenüber allen Streitgenossen[454].

289

Gemäss Art. 93 Abs. 1 ZPO werden bei einfacher Streitgenossenschaft und (objektiver) Klagenhäufung die geltend gemachten Ansprüche *zusammengerechnet*, sofern sie einander nicht ausschliessen. Keine Zusammenrechnung erfolgt, wenn eine Forderung gleichzeitig gegen mehrere Solidarschuldner geltend gemacht wird. Hier wird wirtschaftlich bloss eine Leistung verlangt, und es liegt keine Mehrheit verschiedener Begehren vor. Dass jeder Solidarschuldner grundsätzlich das Ganze schuldet, ändert nichts daran[455].

290

Jeder Streitgenosse kann *selbständig* über den Streitgegenstand disponieren, mithin im Schlichtungsverfahren die Klage zurückziehen, anerkennen oder einen Vergleich abschliessen[456].

291

Es besteht keine Norm des Bundesrechts, welche die *einheitliche sachliche Zuständigkeit* bei der einfachen Streitgenossenschaft vorsieht. Wie das Bundesgericht darlegte, können die Kantone eine einheitliche Zuständigkeit des ordentlichen Gerichts bei einfacher passiver Streitgenossenschaft vorsehen[457]. Sie müssen dies aber nicht[458].

292

---

452   BGE 140 III 598 = BGer 4A_201/2014 vom 2.12.2014, in: mp 1/2015, S. 59.
453   BGE 125 III 95.
454   BK-*Gross/Zuber*, Art. 71 ZPO N 2.
455   BGE 139 III 24 = BGer 4A_375/2012 vom 20.11.2012, in: ZBJV 3/2015, S. 255, Kommentar *Christoph Leuenberger*.
456   KUKO ZPO-*Domej*, Art. 71 N 9.
457   BGE 138 III 471.
458   BGer 4A_239/2013 vom 9.9.2013, SZZP 1/2014, S. 1, Kommentar *Rainer Schuhmacher*.

6. Parteiwechsel

293 **Art. 83 Abs. 1 ZPO**

Wird das Streitobjekt während des Prozesses veräussert, so kann die Erwerberin oder der Erwerber an Stelle der veräussernden Partei in den Prozess eintreten.

Für den *Parteiwechsel* bedarf es keiner Einwilligung der Gegenseite. Die Verfassung garantiert dem Rechtsuchenden ein faires Verfahren (Art. 9, 29 und 30 BV), nicht jedoch, dass einer Prozesspartei die ihr genehme Gegenpartei erhalten bleibt[459]. Der Erwerber kann unter Umständen gegen den Willen des Veräusserers in den Prozess eintreten. Der Veräusserer muss es sich gefallen lassen, aus dem Prozess «gedrängt» zu werden, denn infolge der Veräusserung fehlt ihm ein schutzwürdiges Interesse, den Erwerber am Eintritt in den Prozess zu hindern[460].

294 Der häufigste Fall des Parteiwechsels im Mietrecht ist der *Verkauf der Liegenschaft*. Bei der Veräusserung einer Liegenschaft bleibt der Mietvertrag bestehen, und der Käufer tritt von Gesetzes wegen mit allen Rechten und Pflichten in diesen ein (Art. 261 Abs. 1 OR)[461]. In die hängigen Prozesse tritt der Käufer nur ein, soweit sie Sachverhalte betreffen, die sich auch nach dem Parteiwechsel auf das Mietverhältnis auswirken könnten[462]. Der Eintritt in das Vertragsverhältnis erfolgt nicht rückwirkend, und der Mieter kann nicht sämtliche Ansprüche, die er gegen den ehemaligen Vermieter besass, auch gegen den Übernehmer des Mietobjekts erheben[463]. Mit der Veräusserung ist das Verfügungsgeschäft gemeint[464]. Tritt der Erwerber in den Prozess ein, kann dies den Ausgang des Prozesses wesentlich beeinflussen.

> **Beispiel**
>
> Der Vermieter kündigt das Mietverhältnis mit der Begründung «geplanter Verkauf der Liegenschaft infolge finanzieller Schwierigkeiten». Die Mieterin ficht die Kündigung nicht an, macht aber eine Erstreckung geltend. Die Schlichtungsbehörde bzw. das nachfolgende Gericht erachtet die Härtegründe der Mieterin als schwerwiegend, die sehr vagen Verkaufsabsichten des Vermieters hingegen als wenig belegt und gewährt eine Erstreckung von zwei Jahren.
>
> Variante: Wird in derselben Konstellation noch während des Schlichtungsverfahrens die Liegenschaft verkauft und tritt der Käufer in das Verfahren ein, wird dessen ausgewiesener dringender Eigenbedarf den Härteargumenten der Mieterin gegenübergestellt. Eine Erstreckung wird lediglich für sechs Monate gesprochen.

---

459 BGer 4P.231/2005 vom 19.12.2005 E. 2.6.
460 *Schwander*, in: Sutter-Somm/Hasenböhler/Leuenberger (Hrsg.), Art. 83 ZPO N 22.
461 MP-*Spirig*, Kap. 27.4.
462 ZK-*Higi*, Art. 261–261a OR N 23.
463 BGE 127 III 273 E. 4c/aa = BGer 4C.339/2000 vom 21.3.2001, in: mp 2/2001, S. 93.
464 BSK ZPO-*Graber/Frei*, Art. 83 N 7a.

Der Erwerber kann, muss aber nicht, in den *Prozess eintreten*. Veräusserer und Erwerber können vereinbaren, dass der Veräusserer den Prozess zu Ende führt und dass das Prozessresultat von Veräusserer und Erwerber akzeptiert wird, wobei der Verkäufer den Erwerber allenfalls zu entschädigen hat[465]. 295

Ohne Veräusserung des Streitobjekts ist ein *Parteiwechsel nur mit Zustimmung der Gegenpartei* zulässig; besondere gesetzliche Bestimmungen über die Rechtsnachfolge bleiben vorbehalten (Art. 83 Abs. 4 ZPO). Diese Konstellation ist im Mietrecht kaum von Bedeutung. 296

Kein Parteiwechsel i.S.v. Art. 83 ZPO ist der *Erwerb einer Erbschaft mit dem Tode des Erblassers* (Art. 560 ZGB). Stirbt der Erblasser während eines Verfahrens, wird das Verfahren eingestellt bzw. sistiert, bis die Erben ermittelt sind. Die ZPO kennt dazu keine eigene Regelung. Diese ergibt sich aus der Prozessleitungsfunktion des Gerichts (Art. 126 ZPO). 297

Schliesslich gehen bei der *Rechtsnachfolge gemäss Fusionsgesetz*[466] Aktiven und Passiven auf den übernehmenden Rechtsträger über. Die Fusion wird mit der Eintragung ins Handelsregister rechtswirksam. In diesem Zeitpunkt gehen alle Aktiven und Passiven der übertragenden Gesellschaft von Gesetzes wegen auf die übernehmende Gesellschaft über (Art. 22 Abs. 1 FusG). 298

---

465 *Lachat*, CPC, S. 67.
466 Bundesgesetz über Fusion, Spaltung, Umwandlung und Vermögensübertragung vom 3.10.2003 (FusG; SR 221.301).

Kapitel 15 Klagen (Art. 84 ff. ZPO)

1. Leistungsklagen

299 **Art. 84 ZPO**

¹ Mit der Leistungsklage verlangt die klagende Partei die Verurteilung der beklagten Partei zu einem bestimmten Tun, Unterlassen oder Dulden.
² Wird die Bezahlung eines Geldbetrages verlangt, so ist dieser zu beziffern.

Die Leistungsklage ist die häufigste Klage des Zivilprozesses. Mit ihr kann die klagende Partei die Durchsetzung eines behaupteten Anspruches verlangen. Art. 84 Abs. 1 ZPO unterscheidet *drei in der Praxis anerkannte Typen* von Leistungsklagen, nämlich Klagen auf Tun, Klagen auf Unterlassen und Klagen auf Dulden.

300 Ein *Anspruch auf Unterlassung* besteht gemäss Rechtsprechung, wenn die Begehung oder Wiederholung einer widerrechtlichen Handlung unmittelbar droht. Das Rechtsbegehren muss bestimmt sein, was Art. 84 Abs. 2 ZPO für Klagen auf Bezahlung einer Geldleistung ausdrücklich festhält[467]. Im Mietrecht spielt die sog. *negative Leistungsklage* eine Rolle. Diese zielt zum Beispiel auf die Unterlassung von widerrechtlich von einem Nachbargrundstück ausgehenden Lärmimmissionen ab. Unterlassungsklagen müssen auf das Verbot eines genau umschriebenen Verhaltens gerichtet sein. Die verpflichtete Partei soll erfahren, was sie nicht mehr tun darf, und die Vollstreckungs- oder Strafbehörden müssen wissen, welche Handlungen sie zu verhindern oder mit Strafe zu belegen haben[468]. Ein Unterlassungsbegehren setzt ein *hinreichendes Rechtsschutzinteresse* voraus, das dann besteht, «wenn die widerrechtliche Handlung unmittelbar droht, wenn also das Verhalten des Beklagten die künftige Rechtsverletzung ernsthaft befürchten lässt»[469].

2. Unbezifferte Forderungsklage

301 Art. 85 Abs. 1 ZPO regelt sowohl die *unbezifferte Forderungsklage* im engeren Sinne einerseits wie die Stufenklage andererseits[470]. Die Stufenklage ist dadurch charakterisiert, dass ein materiellrechtlicher Hilfsanspruch auf Rechnungslegung mit einer unbezifferten Forderungsklage verbunden wird. Eine Stufenklage liegt somit definitionsgemäss nicht vor, wenn kein selbständiger Hilfsanspruch auf Auskunftserteilung besteht, der mit der unbezifferten Forderungsklage verbunden werden kann.

---

467 Botschaft ZPO, S. 7287.
468 BGE 131 III 70 E. 3.3 = BGer 4C.207/2004 vom 8.10.2004.
469 BGE 124 III 72 E. 2a.
470 BK-*Markus*, Art. 85 ZPO N 1; BSK ZPO-*Spühler*, Art. 85 N 9.

Nach Art. 85 Abs. 1 ZPO kann die klagende Partei eine unbezifferte Forderungsklage 302
erheben, wenn es ihr unmöglich oder unzumutbar ist, ihre Forderung bereits zu Beginn des Prozesses zu beziffern. Sie muss dabei einen *Mindeststreitwert* angeben, der als vorläufiger Streitwert gilt. Nach der Botschaft des Bundesrates wird damit die klagende Partei von der Verpflichtung befreit, ihr Rechtsbegehren zu beziffern[471]. Dies hat insbesondere dort zu gelten, wo erst das Beweisverfahren die Grundlage der Bezifferung der Forderung abgibt; hier ist dem Kläger zu gestatten, die Präzisierung erst nach Abschluss des Beweisverfahrens vorzunehmen.

Der Unterschied zwischen einer *Ermessensklage* nach Art. 42 Abs. 2 OR und einer un- 303
bezifferten Forderungsklage nach Art. 85 ZPO besteht darin, dass – anders als bei der unbezifferten Forderungsklage – die Forderung bei der Ermessensklage nicht beziffert werden muss. Stattdessen wird der Schaden nach Ermessen des Gerichts abgeschätzt. Die Ermessensklage setze jedoch voraus, dass ein ziffernmässiger Schadensbeweis ausgeschlossen ist.

Reicht eine Partei eine unbezifferte Forderungsklage gemäss Art. 85 ZPO ein, muss die 304
Bezifferung der Forderung erfolgen, sobald das Hindernis für die Bezifferung weggefallen ist. Ist die Bezifferung einer unbezifferten Forderungsklage *bereits im erstinstanzlichen Verfahren* möglich, so kann sie im Berufungsverfahren nicht mehr nachgeholt werden[472].

Da die ZPO die *Bezifferung von Forderungsklagen* grundsätzlich verlangt (Art. 84 Abs. 2 305
ZPO), ist der Anspruch soweit möglich und zumutbar zu substanziieren; so wird namentlich in Anwendungsfällen von Art. 42 Abs. 2 OR verlangt, dass der Geschädigte alle Umstände, die für den Eintritt eines Schadens sprechen und dessen Abschätzung erlauben oder erleichtern, soweit möglich und zumutbar behauptet und beweist[473].

Nach hier vertretener Auffassung ist Art. 85 ZPO sinngemäss auch auf *Gesuche an die* 306
Schlichtungsbehörden anzuwenden. Im Verlaufe des Schlichtungsverfahrens erhält die Mieterschaft nicht selten die nötige Auskunft nach Art. 85 Abs. 2 ZPO, was sich bei der Formulierung der Klage nach gescheitertem Schlichtungsversuch auswirkt.

3. Teilklage

Art. 86 ZPO 307
Ist ein Anspruch teilbar, so kann auch nur ein Teil eingeklagt werden.

---

[471] Botschaft ZPO, S. 7287.
[472] OGer BE, ZK 12 366, 13.3.2014, in: ius.focus 7/2015, S. 22, Kommentar *Deborah Büttel*.
[473] BGE 140 III 409 = BGer 4A_93/2014.

Beispiel

Eine Geschäftsmieterin macht eine Mietminderung geltend (Art. 259d OR), da sie in ihrer Geschäftstätigkeit durch eine Jahre dauernde Grossbaustelle beeinträchtigt ist. Aus Liquiditätsgründen klagt sie einen Teilbetrag ihrer Herabsetzungsforderung ein, obwohl die Störung weiter andauert. Sie behält sich die Geltendmachung der Mehrforderung in ihrer Klageschrift ausdrücklich vor.

Gemäss dem Dispositionsgrundsatz darf ein Gericht einer Partei nicht mehr und nichts anderes zusprechen, als sie verlangt, und nicht weniger, als die Gegenpartei anerkannt hat (Art. 58 Abs. 1 ZPO). Damit bestimmen die Parteien – soweit sie über Forderungen frei verfügen bzw. disponieren können – den vom Gericht zu beurteilenden Anspruch. Daraus folgt, dass hinsichtlich eines teilbaren Anspruchs auch nur ein Teil eingeklagt werden kann (Art. 86 ZPO). Eine solche *Teilklage* schliesst bezüglich des davon nicht erfassten Teils des Anspruchs eine nachträgliche Klage nicht aus[474]. Das Sachrecht verlangt nicht, dass der Kläger angibt, auf welchen Anspruch eine Teilzahlung anzurechnen ist; er kann sich darauf beschränken, einen Anspruch zu behaupten, der den eingeklagten Betrag übersteigt[475].

308 Die Teilklage hat *Vorteile*, indem zum Beispiel im kostengünstigen, schnelleren und einfachen Verfahren (bei Streitwerten unter 30 000 Franken) und – in Mietangelegenheiten – dazu noch unter der Untersuchungsmaxime prozediert wird[476]. Zu beachten ist das Rechtsmissbrauchsverbot und das Gebot von Treu und Glauben[477].

309 Handelt es sich um eine echte Teilklage, liegt bezüglich des beurteilten Teils *materielle Rechtskraft* vor[478]. Liegt eine sog. unechte Teilklage vor, erstreckt sich die materielle Rechtskraft nicht auf die noch nicht beurteilte Mehrforderung. Das Gericht kann sich bei der Behandlung einer neuen Klage, die andere Leistungen aus demselben Vertrag zum Thema hat, erneut mit dessen Gültigkeit auseinandersetzen[479]. Man ist gut bera-

---

474 BGer 4A_633/2012 vom 21.2.2013, in: SZZP 3/2013, S. 218, Kommentar *Patricia Dietschy*.
475 BGer 4A_519/2012 vom 30.4.2013, in: SZZP 5/2013, S. 384, Kommentar *Lorenz Droese*.
476 Bei einem behaupteten Schaden von 1,25 Mio. Franken handelt eine Klägerin nicht rechtsmissbräuchlich, wenn sie eine Teilklage über 29 900 Franken beim Einzelgericht im vereinfachten Verfahren geltend macht, auch wenn der behauptete Schaden nicht in einzelne Positionen teilbar ist. Die Inanspruchnahme der Vorteile eines bestimmten Verfahrens bzw. einer bestimmten sachlichen Zuständigkeit durch eine Teilklage, insbesondere um ein möglichst kostengünstiges und rasches Testverfahren durchzuführen, ist nicht *per se* rechtsmissbräuchlich. OGer ZH, 140020, 22.5.2015, in: ZR 114 2015, Nr. 55; auch in: SJZ 2/2016, S. 39.
477 BSK ZPO-*Spühler*, Art. 86 N 3.
478 BGE 128 III 191 E. 4a.
479 BGer 4A_352/2014 vom 9.2.2015, in: SZZP 4/2015, S. 306, Kommentar *Lorenz Droese* mit Hinweisen auf andere Lehrmeinungen.

ten für diesen Teil in der ursprünglichen Klage einen Nachklagevorbehalt geltend zu machen[480].

Verzichtet die klagende Partei jedoch ausdrücklich oder durch konkludentes Verhalten auf eine Nachklage, liegt keine Teil-, sondern eine *Vollklage mit einem Höchstbetrag* mit Forderungsverzicht vor[481]. 310

4. Gestaltungsklage

Art. 87 ZPO

Mit der Gestaltungsklage verlangt die klagende Partei die Begründung, Änderung oder Aufhebung eines bestimmten Rechts oder Rechtsverhältnisses. 311

Gestaltungsklagen sind nicht Gestaltungsrechte (wie. z.B. die Kündigung eines Mietvertrages), sondern *Gestaltungsklagerechte*[482]. Gestaltungsklagerechte werden in der Regel in der Klage oder Widerklage, selten auch als Einrede, geltend gemacht. Auch bei der Gestaltungsklage muss ein schutzwürdiges Interesse vorliegen (Art. 59 Abs. 2 lit. a ZPO).

Es wird kontrovers diskutiert, ob es einen *Numerus clausus der Gestaltungsklagerechte* gibt, oder ob die Gestaltungsrechte vertraglich erweitert werden können[483]. 312

Gestaltungsklagen im Mietrecht sind: 313

– die Herabsetzung des Mietzines bei Mängeln (Art. 259d OR[484]; vgl. dazu Art. 288 Abs. 1 OR für die Pacht);
– die Mietzinserhöhungsklage nach gescheitertem Schlichtungsversuch (Art. 269d OR[485]; vgl. dazu Art. 276a Abs. 2 OR für die Pacht);
– die Anfechtung des Anfangsmietzinses (Art. 270 OR);
– die Herabsetzung des Mietzinses während der Mietdauer (Art. 270a OR);

---

480 BSK ZPO-*Spühler*, Art. 86 N 6 ff.
481 BGer 4A_633/2012 vom 21.2.2013, in: SZZP 3/2013, S. 218, Kommentar *Patricia Dietschy*.
482 BSK ZPO-*Weber*, Art. 87 N 1.
483 Für einen *Numerus clausus*: CPC-*Bohnet*, Art. 87 ZPO N 12; *Habscheid*, Rz 359; skeptisch und eher dagegen: *Staehelin/Staehelin/Grolimund*, § 14 Rz 16; *Bessenich/Bopp*, in: Sutter-Somm/Hasenböhler/Leuenberger (Hrsg.), Art. 87 ZPO N 7; BK-*Markus*, Art. 87 ZPO N 6; BSK ZPO-*Weber*, Art. 87 N 2; DIKE-Komm-ZPO-*Füllemann*, Art. 87 N 8.
484 Umstritten, ob Art. 259d OR zu den Gestaltungsklagen gehört, dagegen: CHK-*Hulliger/Heinrich*, Art. 259d OR N 5; BK-*Markus*, Art. 87 ZPO N 17; CR CO I-*Lachat*, Art. 259d OR N 4; eher dafür: ZK-*Higi*, Art. 259d OR N 31; KUKO OR-*Walter*, 1. Aufl., Art. 259d N 8.
485 Für eine Gestaltungsklage: BK-*Markus*, Art. 87 ZPO N 17; BSK OR I-*Weber*, Art. 269d N 1a; KUKO OR-*Walter*, 1. Aufl., Art. 269d N 2; dagegen: CHK-*Hulliger/Heinrich*, Art. 269d OR N 1; ZK-*Higi*, Art. 269d OR N 58.

- die Anfechtung der Kündigung (Art. 271 OR; vgl. dazu Art. 300 OR für die Pacht);
- die Erstreckung des Mietverhältnisses (Art. 272 OR);
- die Auflösung der einfachen Gesellschaft beim solidarischen Mietvertrag (Art. 545 Abs. 1 Ziff. 7 OR).

5. Feststellungsklage

314 **Art. 88 ZPO**

Mit der Feststellungsklage verlangt die klagende Partei die gerichtliche Feststellung, dass ein Recht oder Rechtsverhältnis besteht oder nicht besteht.

Die *Feststellungsklage* führt im Gegensatz zur Gestaltungserklärung nicht zur richterlichen Änderung eines Rechtsverhältnisses. Die Feststellungsklage will die Widerrechtlichkeit bzw. Missbräuchlichkeit einer Rechtshandlung feststellen lassen.

a) Feststellungsinteresse

315 Nach der Rechtsprechung des Bundesgerichts ist die Klage auf Feststellung eines dem eidgenössischen Recht unterstehenden Rechtsverhältnisses von Bundesrechts wegen zuzulassen, wenn der *Kläger an der sofortigen Feststellung ein erhebliches Interesse* hat. An dieser Voraussetzung fehlt es in der Regel, wenn der Kläger in der Lage ist, über die blosse Feststellung hinaus eine vollstreckbare Leistung zu verlangen. In einem solchen Falle ist die Feststellung des Rechtsverhältnisses Voraussetzung des Leistungsurteils und hat als solche keine selbständige Bedeutung. Das rechtliche Interesse an der begehrten Feststellung ist dagegen zu bejahen, wenn die Rechtsbeziehungen der Parteien ungewiss sind und durch die richterliche Feststellung über Bestand und Inhalt des Rechtsverhältnisses die herrschende Ungewissheit beseitigt werden kann[486]. Dies ist namentlich der Fall, wenn es darum geht, nicht nur die fällige Leistung zu erhalten, sondern die Gültigkeit des ihr zugrunde liegenden Rechtsverhältnisses auch für dessen künftige Abwicklung feststellen zu lassen[487]. Das Bundesgericht bejaht nach konstanter Rechtsprechung das rechtliche Interesse der beklagten Partei, gegen die eine Teilklage erhoben worden ist, durch *Widerklage* den Nichtbestand des ganzen behaupteten Anspruchs feststellen zu lassen[488].

316 Art. 88 ZPO erwähnt das Feststellungsinteresse nicht, dieses ergibt sich jedoch aus Art. 59 Abs. 2 lit. a ZPO und ist zu bejahen, wenn (kumulativ) eine *erhebliche Ungewissheit über Bestand und Inhalt einer Rechtsbeziehung* besteht, wenn das *Fortdauern der Ungewissheit unzumutbar* ist und wenn *keine andere Klageform* zur Verfügung

---

[486] BGE 96 II 129; CPC-*Bohnet*, Art. 88 ZPO N 47.
[487] BGer 5A_881/2012 vom 26.4.2013.
[488] BGer 4A_414/2013 vom 28.10.2013, in: SZZP 2014, S. 112.

steht[489]. Bei der Anfechtung der Kündigung sind alle Kriterien fast prototypisch erfüllt. Bei Geldforderungen, zum Beispiel Nachforderungen aus Nebenkostenabrechnungen, hat der Mieter ein schützenswertes Interesse an der Klärung der Rechtslage, auch wenn er nicht in seiner wirtschaftlichen Existenz bedroht ist[490]. Das Bundesgericht spricht von unzumutbarer Ungewissheit, wenn es sich nicht gerade um Bagatellfälle handelt[491]. Es hält in einem Fall der Untermiete dafür, die Untervermieterin habe kein schützenswertes Interesse an der Feststellung, der Vermieter habe einer unbeschränkten Untermiete zugestimmt[492].

Das Begehren um *Feststellung der Unwirksamkeit* einer Kündigung ist zulässig, weil nur der Bestand oder der Nichtbestand eines Rechts oder eines Rechtsverhältnisses Gegenstand eines Feststellungsbegehrens sein kann[493]. Bei einer Kündigung handelt es sich um ein Gestaltungsrecht, das zu einer einseitigen Umgestaltung eines Rechtsverhältnisses führt, wenn auch die Umgestaltung des Rechtsverhältnisses von gewissen gesetzlichen Ausnahmen abgesehen nur eintritt, wenn das Gestaltungsrecht zu Recht ausgeübt wird[494]. Die Frage, ob dem Kündigenden im Einzelfall wirklich ein Recht auf Kündigung, mithin ein entsprechendes Gestaltungsrecht, zusteht, beschlägt demnach den Bestand oder Nichtbestand eines Rechts und kann grundsätzlich Gegenstand einer Feststellungsklage sein[495].

317

Ausnahmsweise ist ein Feststellungsinteresse selbst dann gegeben, wenn eine Leistungs-, Gestaltungs- oder Unterlassungsklage zur Verfügung steht[496].

318

b) Negatives Feststellungsinteresse

Probleme mit dem Feststellungsinteresse kann es unter anderem bei der gegenüber der Forderungs- bzw. Gestaltungsklage subsidiären negativen Feststellungsklage (Art. 88 ZPO) geben. Mit *Oberhammer* ist zu fordern, dass – insbesondere auf der Stufe Schlichtungsverfahren – die negative Feststellungsklage als «gleichwertige Rechtsschutzform» akzeptiert wird. Zu Beginn des Rechtsstreits stehen sich zwei Parteien gegenüber, bei welchen noch unbekannt ist, welche schliesslich obsiegen wird, folglich im Recht ist[497]. Im Vordergrund steht die Vorlage des Prozessstoffes in Form des Rechtsbegehrens[498].

319

---

489 BSK ZPO-*Weber*, Art. 88 N 9.
490 KUKO ZPO-*Oberhammer*, Art. 88 N 16.
491 BGE 120 II 20.
492 BGer 4A_316/2015 E. 2 vom 9.10.2015.
493 BGE 135 III 441 = BGer 4A_89/2009 vom 1.5.2009; 133 III 360 E. 8.1.1; 128 III 129 E. 2a.
494 BGE 133 III 360 = BGer 4P.243/2006 vom 6.3.2007; 135 III 441 E. 3.3 S. 444.
495 BGE 138 III 304 = BGer 4A_589/2011 vom 5.4.2012, in: SZZP 5/2012, S. 396, Kommentar *Francesco Trezzini*.
496 BGE 135 III 378 = BGer 4A_548/2008 vom 11.3.2009, in: Praxis 2009, Nr. 138.
497 Vgl. dazu die ausführliche Darlegung bei KUKO ZPO-*Oberhammer*, Art. 88 N 22 ff.
498 Vgl. die weiterführende Kontroverse bei DIKE-Komm-ZPO-*Müller*, Art. 59 N 44, insb. FN 68.

320 Oftmals werden gegenüber Mietern *ungerechtfertigte Forderungen in Betreibung* gesetzt und nach erfolgtem Rechtsvorschlag nicht weiter rechtlich verfolgt. Dem Betriebenen steht die negative Feststellungklage zur Verfügung, wenn er daran ein schützenswertes Interesse hat (Art. 88 i.V.m. Art. 59 Abs. 2 lit. a ZPO). Ein ungerechtfertigter Betreibungseintrag kann die Suchbemühungen für eine neue Wohnung stark beeinträchtigen. Der Mieter hat folglich ein eminentes Interesse an der Feststellung, dass die in Betreibung gesetzte Forderung nicht besteht[499].

321 Das Bundesgericht stellt dazu fest, dass die in der Lehre erhobene Forderung nach einer weiteren *Lockerung der Voraussetzungen* für die Zulassung der negativen Feststellungsklage mit Blick auf verschiedene Entwicklungen seit dem Ergehen von BGE 120 II 20 im Jahr 1994 gerechtfertigt ist[500].

322 Eine *Feststellungsklage ist im Mietrecht* zum Beispiel in diesen Fällen zulässig:
- Feststellung der Missbräuchlichkeit bzw. Unwirksamkeit/Nichtigkeit einer Kündigung (Art. 271 OR). Nach hier vertretener Auffassung handelt es sich nicht um eine Gestaltungsklage[501], wie das Bundesgericht in einem zwar altrechtlichen, aber auch unter der ZPO zutreffenden Fall urteilte[502].
- Rechtliches Interesse des Vermieters an der Feststellung der Nichtigkeit einer unbestimmten Kündigungsklausel des Mietvertrages[503].
- Interesse der Mieterin an der Feststellung der Vertragsbeendigung, nachdem der Vermieter sich geweigert hat, die Schlüssel entgegenzunehmen und die Kaution auszulösen[504].
- Zwischen den Parteien ist umstritten, ob das Mietverhältnis durch die Optionsausübung bereits wirksam verlängert wurde oder die Verlängerung noch von einer Einigung über den Mietzins abhängig ist. Der Beschwerdegegner, der sich nach wie vor im Besitz der Liegenschaft befindet, hat diesfalls kein Interesse an der Durchsetzung seines Gebrauchsüberlassungsanspruchs, sondern vielmehr an der Klärung der Gültigkeit des diesem zugrunde liegenden Mietverhältnisses. Sein Interesse geht also auf die autoritative Klärung einer Rechtslage und nicht auf die Verschaffung eines vollstreckbaren Leistungstitels. Dadurch, dass die Beschwerdeführerin die Verlängerung des Mietverhältnisses von weiteren Verhandlungen abhängig machen will, deren Ausgang unsicher ist, wird der Beschwerdegegner in seiner Bewegungsfreiheit gehindert. Es liegt somit ein genügendes Feststellungsinteresse vor, weshalb das Feststellungsbegehren des Beschwerdegegners bundesrechtlich zulässig ist[505].

---

499 OGer ZH, LB140005-O/U, 27. 5. 2014, in: ius.focus 11/2014, S. 22.
500 Vgl. dazu N 173 f.
501 Für eine Gestaltungsklage: BK-*Markus*, Art. 87 ZPO N 17 mit Verweisen.
502 BGE 132 III 65 E. 3.3.
503 BGE 96 II 129.
504 CPC-*Bohnet*, Art. 88 ZPO N 49.
505 BGer 4A_551/2008 vom 1. 7. 2002.

Die Ansprüche der Parteien sind dem Inhalt des Kündigungs-Anfechtungsgesuchs zu entnehmen, über welches die Schlichtungsbehörde bzw. das Gericht zu befinden hat. Gegenstand des Verfahrens ist im Allgemeinen die *Überprüfung einer anfechtbaren Kündigung* im Sinn von Art. 271 Abs. 1 und Art. 271*a* OR und/oder die Erstreckung des Mietverhältnisses. In Frage kommen aber auch die von einer Partei zur Beurteilung aufgeworfenen zivilrechtlichen Vorfragen, wie insbesondere die Nichtigkeit bzw. Unwirksamkeit der Kündigung. 323

Der Vermieter kann das Begehren stellen, es sei die *Wirksamkeit der Kündigung festzustellen*, nachdem die Schlichtungsbehörde im Urteilvorschlag die Kündigung als missbräuchlich erklärt hat. Aus dieser bundesrechtlichen Prozessbestimmung ergibt sich ohne weiteres, dass das vom Vermieter im Kündigungsschutzverfahren gestellte (Eventual-)Begehren zulässig ist. Dass der Vermieter kein Rechtsschutzinteresse (Feststellungsinteresse) an der alleinigen Beurteilung der Wirksamkeit der Kündigung hat, weil es ihr möglich gewesen wäre, mit einer Leistungsklage die Ausweisung der Beklagten aus der gemieteten Liegenschaft zu verlangen, trifft nicht zu. Einerseits verschafft das Gesetz den Parteien eines Miet- bzw. Pachtverhältnisses wie erwähnt einen Anspruch darauf, die Rechtswirksamkeit der Kündigung gerichtlich prüfen zu lassen (Art. 273 OR). Anderseits wäre es im Kündigungsschutzverfahren gar nicht möglich, die Ausweisung zu verlangen, weil der Richter im Fall der Wirksamkeit der Kündigung die Erstreckung des Miet- bzw. Pachtverhältnisses, die eine Ausweisung verbieten würde, zu prüfen hätte (Art. 273 Abs. 2 OR). 324

Sinngemäss gelten obige Überlegungen über die Nichtigkeit bzw. die Unwirksamkeit auch für die *Mietzinsanfechtungen*. 325

Die *Feststellung der Nichtigkeit* eines Urteils ist vorfrageweise im Rahmen einer negativen Feststellungsklage über den Bestand eines materiellen Rechts geltend zu machen[506]. 326

6. Klagenhäufung

Art. 90 ZPO 327

Die klagende Partei kann mehrere Ansprüche gegen dieselbe Partei in einer Klage vereinen, sofern:
a. das gleiche Gericht dafür sachlich zuständig ist; und
b. die gleiche Verfahrensart anwendbar ist.

Ein *sachlicher Zusammenhang der Begehren* wird nur vorausgesetzt, wenn das angerufene Gericht nicht für alle Begehren örtlich zuständig ist (Art. 15 Abs. 2 ZPO). Zur Be-

---

506 OGer ZH, LZ 140005, 22. 1. 2015, in: ius.focus 10/2015, S. 22, Kommentar *Anela Lucic*.

rechnung des Streitwerts werden die Ansprüche zusammengerechnet, es sei denn, sie würden sich gegenseitig ausschliessen (Art. 93 Abs. 1 ZPO).

Beispiele
- Der Vermieter verlangt nach der Kündigung des Mietvertrages kumulativ die Räumung, die ausstehenden Mietzinsen und die Kosten für Schäden aus Wohnungsabgabe[507].
- Verlangt die Mieterin einerseits die Festsetzung der Anfangsmiete, wenn der Mietvertrag ohne das offizielle Formular geschlossen wurde, anderseits aber die Rückerstattung des zuviel Bezahlten, so liegt Klagenhäufung vor[508].
- Eine Mieterin verlangt wegen eines Wasserschadens eine Mietzinsreduktion sowie Schadenersatz (Art. 259a OR).

---

507 *Bessenich/Bopp*, in: Sutter-Somm/Hasenböhler/Leuenberger (Hrsg.), Art. 90 ZPO N 6.
508 BGer 4A_168/2014 vom 30.10.2014, in: SZZP 1/2015, S. 17, Kommentar *François Bohnet*.

Kapitel 16 Streitwert (Art. 91 ff. ZPO)

1. Allgemeines

Dem *Streitwert* kommt mannigfache Bedeutung zu, unter anderem für 328
- die sachliche Zuständigkeit (Art. 4 Abs. 2; Art. 5 Abs. 1 lit. d; Art. 224 Abs. 2; Art. 227 Abs. 2 ZPO);
- die Zulässigkeit direkter Klagen an das obere Gericht (Art. 8 Abs. 1 ZPO);
- den Verzicht auf die Durchführung einer Schlichtungsverhandlung (Art. 199 Abs. 1 ZPO);
- die Unterbreitung eines Urteilvorschlages durch die Schlichtungsbehörde (Art. 210 Abs. 1 lit. c ZPO);
- die Entscheidkompetenz der Schlichtungsbehörde (Art. 212 ZPO);
- die Anwendbarkeit des vereinfachten Verfahrens und der Untersuchungsmaxime in diesem Verfahren (Art. 243 Abs. 1 ZPO; Art. 247 Abs. 2 ZPO);
- die Zulässigkeit der Berufung (Art. 308 Abs. 2 ZPO)[509].

Der Streitwert wird durch das *Rechtsbegehren im Zeitpunkt der Klageeinreichung* bestimmt[510]. Zinsen und Kosten des laufenden Verfahrens sowie allfällige Eventualbegehren werden nicht hinzugerechnet (Art. 91 Abs. 1 ZPO). Lautet das Rechtsbegehren – wie zum Beispiel das Feststellungsbegehren betreffend Nichtigkeit der Kündigung – nicht auf eine bestimmte Geldsumme, so setzt das Gericht den Streitwert von Amtes wegen nach Ermessen fest, sofern sich die Parteien darüber nicht einigen können oder ihre Angaben offensichtlich unrichtig sind (Art. 91 Abs. 2 ZPO, Art. 51 Abs. 2 BGG). Das Gericht muss jedoch keine eigenen Abklärungen anstellen, wenn sich der Streitwert nicht ohne weiteres aus den Rechtsbegehren oder aus den Verfahrensakten ergibt. Es ist Aufgabe der Parteien, nähere Angaben zu machen, die den Streitwert einfach zu schätzen gestatten. Das Gericht ist weder an die Schätzung noch an übereinstimmende Angaben der Parteien noch an eine offensichtlich unrichtige Schätzung einer Vorinstanz gebunden[511]. 329

Für die *Bestimmung der gerichtlichen Zuständigkeit* bemisst sich der Streitwert nach den Verhältnissen im Zeitpunkt der Klageeinreichung[512]. 330

---

509 *Rickli Samuel*, Der Streitwert im Schweizerischen Zivilprozessrecht, Diss. Basel/Zürich 2014.
510 Dieser Zeitpunkt ist nicht mit der Rechtshängigkeit gleichzustellen, die bereits mit dem Schlichtungsbegehren eintritt, Art. 62 Abs. 1 ZPO; **a.M.** *Stein-Wigger*, in: Sutter-Somm/Hasenböhler/Leuenberger (Hrsg.), Art. 91 ZPO N 12.
511 BGE 140 III 571 E. 1.2 = BGer 5A_527/2014 vom 21.10.2014, in: ius.focus 12/2015, S. 22, Kommentar *Ann Weibel*.
512 BGE 141 III 137 = BGer 4A_488/2014 vom 20.2.2015.

331 Der Streitwert kann sich im Verlaufe des Verfahrens *ändern*, zum Beispiel wenn vor der Schlichtungsbehörde Forderungen in einem Teil-Vergleich anerkannt oder eingeschränkt werden[513].

332 Eine von der Gegenpartei *vorprozessual angebotene Entschädigung* darf bei Berechnung des Streitwerts nicht abgezogen werden.

> **Beispiel**
>
> Die Mieterin fordert eine Mietzinsreduktion von 50 % für zwei Wochen (was bei einem Monatsmietzins von 1764 Franken 398 Franken ergibt) und eine Reduktion von 100 % für weitere vier Wochen (was 1633 Franken ausmacht). Der gesamte Streitwert beträgt damit 2031.40 Franken. Die vom Beklagten vorprozessual angebotene Entschädigung von 700 Franken darf nicht abgezogen werden. Damit beläuft sich der Streitwert auf über 2000 Franken, sodass ein Entscheid der Schlichtungsbehörde nach Art. 212 ZPO nicht möglich ist[514].

333 Die *Berufung* kann eingelegt werden, wenn der Streitwert der zuletzt aufrechterhaltenen Rechtsbegehren mindestens 10 000 Franken beträgt (Art. 308 Abs. 2 ZPO). Erstinstanzliche Teilrückzüge oder Teilvergleiche wirken sich auf den verbleibenden Berufungs-Streitwert aus[515].

2. Streitwert in miet- und pachtrechtlichen Angelegenheiten

a) Mietzinsänderungen

334 Bei einem auf unbestimmte Dauer abgeschlossenen Mietvertrag gilt als Streitwert der zwanzigfache Betrag der *jährlichen Mietzinserhöhung bzw. -senkung* (Art. 92 Abs. 2 ZPO)[516].

> **Beispiel**
>
> Eine Mieterin bestreitet eine Mietzinserhöhung von 80 Franken monatlich. Der Streitwert beträgt folglich: 12 × 80 Franken = 960 Franken jährlich × 20 Jahre = 19 200 Franken. Der Prozess kann bis an das Bundesgericht geführt werden.

335 Jede *monatliche Mietzinserhöhung bzw. -senkung* über 42 Franken kann mit Berufung an das kantonale Obergericht, bzw. bei 63 Franken mit Beschwerde an das Bundesgericht gezogen werden[517].

---

513 BSK ZPO-*Rüegg*, Art. 92 N 7.
514 OGer LU, 1C 11 23, 27.9.2011, in: CAN 2/2012, Nr. 34.
515 BSK ZPO-*Rüegg*, Art. 91 N 8 mit Erweiterungen zum BGG.
516 Art. 51 Abs. 4 BGG.
517 BGE 119 II 32, in: mp 2/1993, S. 75.

Die Streitwertberechnung bei Mietzinserhöhungen ist höchst *problematisch*[518]. Das Prozesskosten-Risiko ist enorm. Zudem dauern Mietverhältnisse durchschnittlich nicht zwanzig Jahre. Dieser kostentreibenden Wirkung kann über Tarifreduktionen begegnet werden[519] (Art. 96 ZPO). *De lege ferenda ist eine andere Streitwertberechnung bei Mietzinsveränderungen zu fordern*[520]. 336

b)   Kündigungen

Wird eine Kündigung als missbräuchlich, nichtig oder unwirksam angefochten, gilt als *Streitwert der dreifache Jahresnettomietzins*. Ficht der Mieter die Kündigung eines unbefristeten Mietverhältnisses an, entspricht der Streitwert dem Mietzins, der bis zum Zeitpunkt geschuldet ist, auf den frühestens eine neue Kündigung ausgesprochen werden könnte, sollte sich die angefochtene als ungültig erweisen. Nach der Rechtsprechung ist dabei die dreijährige Frist nach Art. 271*a* Abs. 1 lit. e OR zu berücksichtigen, während welcher der Vermieter nicht kündigen darf; den Beginn der Frist *(dies a quo)* bildet – mit Blick auf die Berechnung des Streitwerts – das Datum des angefochtenen kantonalen Entscheids. 337

Beispiel

Eine Kündigung wird angefochten. Der monatliche Nettomietzins beträgt 1100 Franken. Der Streitwert beträgt: 12 × 1100 Franken = 13 200 Franken × 3 = 39 600 Franken. Der Prozess kann bis an das Bundesgericht geführt werden.

Jedes Kündigungsverfahren mit einem *monatlichen Nettomietzins* über 278 Franken kann mit Berufung an die zweite kantonale Instanz, bzw. bei 417 Franken mit Beschwerde an das Bundesgericht weitergezogen werden. 338

Wo die formellen Voraussetzungen der Kündigung gestützt auf Art. 257*d* OR bestritten sind, richtet sich der Streitwert nicht nach der bis zur polizeilichen *Ausweisung* verbleibenden Zeit[521]. 339

c)   Erstreckung

Bei der *Erstreckung* bemisst sich der Streitwert nach der beantragten Erstreckungsdauer. 340

---

518   Vgl. die Kritik von BSK ZPO-*Rüegg*, Art. 92 N 3, und *Gasser/Rickli*, Art. 92 ZPO N 2.
519   *Gasser/Rickli*, Art. 92 ZPO N 2.
520   *Huggenberger*, St. Galler Mietrechtstag 2011, S. 10.
521   BGer 4A_501/2011 vom 15.11.2011, in: SZZP 2/2012, S. 106, Kommentar *François Bohnet*.

Beispiel

Die Mieterin beantragt eine Erstreckung von 18 Monaten bei einem Nettomietzins von 850 Franken. Der Streitwert beträgt: 18 × 850 Franken = 15 300 Franken. Der Prozess kann mit Berufung an die zweite kantonale Instanz bzw. mit Beschwerde an das Bundesgericht weitergezogen werden.

d) Ausweisungsverfahren

341 Das Bundesgericht stellt bei der Berechnung des Streitwertes auf den Wert ab, den die Nutzung der Wohnung während der Zeit hat, während welcher die *Ausweisung nicht vollzogen werden kann,* da ein Prozess im ordentlichen Verfahren noch hängig ist[522]. Damit richtet sich der Streitwert grundsätzlich nach dem wirtschaftlichen Interesse, das für den Vermieter im Ersatz des Schadens besteht, den ihm die verspätete anderweitige Verwendung der Mietsache verursacht[523].

342 Es gibt aber auch *kantonale Usanzen* zur Berechnung des Streitwertes:
- Im Kanton Basel-Stadt gilt die sog. «Sperrfristregel». Nach dieser Regel bestimmt sich der Streitwert nach der Höhe des Mietzinses bis zum Zeitpunkt, in dem frühestens eine Kündigung möglich wäre[524].
- Liegt bei einer Ausweisung ein Urteil bzw. ein gerichtlicher Vergleich vor, entspricht der Streitwert nach Praxis des Zürcher Obergerichtes bzw. des Zürcher Handelsgerichtes dem sechsfachen Bruttomietzins[525].
- Das Handelsgericht Zürich hat entschieden, dass sich der Streitwert im Ausweisungsverfahren nach der Summe der Bruttomietzinse «im Zeitraum ab der Zustellung des Ausweisungsbegehrens bis zum nächstmöglichen Termin, auf den der Vermieter das Mietverhältnis ordentlich auflösen könnte», bemisst, wobei die dreijährige Kündigungssperrfrist gemäss Art. 271*a* Abs. 1 lit. e OR mit einzurechnen ist[526]. Im konkreten Fall wurde das Ausweisungsbegehren am 18. Juni 2013 gestellt, während der nächstmögliche ordentliche Kündigungstermin, unter Berücksichtigung der dreijährigen Kündigungssperrfrist, der 28. Februar 2017 war. Bei einem Bruttomietzins von 713.35 Franken entsprach dies 44 Monaten und 12 Tagen, womit die erforderliche Streitwertgrenze für das vereinfachte Verfahren mit 31 672.75 Franken knapp übertroffen wurde[527].

---

522 BGer 4D_79/2015 vom 22.1.2016 E. 1; BGer 4A_266/2007 vom 26.9.2007; DIKE-Komm-ZPO-*Digglemann*, Art. 91 N 45.
523 BGer 4A_278/2011 vom 25.8.2011.
524 AppGer BS, BEZ 2012.59, 10.8.2012, in: mp.flash 10/2014, S. 2.
525 HGer ZH, HE 140067, 9.4.2014, in: mp-flash 10/2014, S. 3.
526 HGer ZH, HE 130192, 31.7.2013, in: ZR 2014 (113) Nr. 31, S. 103.
527 *Hulliger/Maag*, MRA 3/2014, S. 112.

– Das Kantonsgericht Luzern legt den Streitwert im Ausweisungsverfahren im Normalfall aufgrund der Zeitdauer zwischen Mietvertragsende und mutmasslichem Ausweisungsvollzug sowie dem monatlichen Mietzins fest[528].
– Im Kanton Bern hat das Obergericht entschieden, dass auf den Zeitraum bis zur nächstmöglichen Kündigung abzustellen ist, wobei die Sperrfrist zu berücksichtigen ist. Der Streitwertberechnung wird diesfalls eine Dauer von 45 Monaten zugrunde gelegt, bestehend aus normierter Verfahrensdauer, Sperrfrist und normierter Kündigungsdauer von drei Monaten[529].

e) Mietminderung wegen Mängeln

Kann der *Minderungsbetrag beziffert* werden, zum Beispiel 1900 Franken als Mietzinsherabsetzung während Renovationsarbeiten, stellen sich keine Probleme. Wie steht es aber, wenn der Mangel fortdauert und der Zeitpunkt der Behebung ungewiss ist? Das Bundesgericht hat entschieden, dass sich diesfalls der Streitwert auf den 20-fachen Betrag der jährlichen Mietzinsherabsetzung beläuft[530]. 343

f) Streitwert bei Pachtverträgen

Bei einem Pachtvertrag von bestimmter Dauer entspricht der *Streitwert dem Pachtzins* für die vereinbarte Dauer. Bei der Kündigung mit unbestimmter Vertragsdauer entspricht der Streitwert dem Zins bis zum Zeitpunkt der Beendigung des Vertrages bzw. bis zum Ende der Erstreckung[531]. 344

3. Streitgenossenschaft und Klagenhäufung

Gemäss Art. 93 Abs. 1 ZPO werden bei einfacher Streitgenossenschaft und (objektiver) Klagenhäufung die geltend gemachten Ansprüche zusammengerechnet, sofern sie sich nicht gegenseitig ausschliessen. Das Bundesgericht betont, dass keine Zusammenrechnung erfolge, wenn eine Forderung gleichzeitig gegen mehrere Solidarschuldner geltend gemacht werde. Es werde wirtschaftlich bloss eine Leistung verlangt und es liege keine Mehrheit verschiedener Begehren vor. Dass jeder Solidarschuldner grundsätzlich das Ganze schuldet, ändere nichts daran[532]. 345

---

528 OGer LU, 1C1121, 17.8.2011, in: CAN 3/2012, Nr. 46.
529 Praxisfestlegung der Zivilabteilung des OGer BE vom 21.6.2011.
530 BGer 4C.287/2004 vom 17.3.2005, in: mp 4/2005, S. 280.
531 BGE 136 III 196 = BGer 4A_551/2009 vom 10.2.2010.
532 BGE 139 III 24 = BGer 4A_375/2012 vom 20.11.2012, in: ZBJV 3/2015, S. 255, Kommentar *Christoph Leuenberger*.

Kapitel 17 Prozesskosten (Art. 95 ff. ZPO)

1. Allgemeines

346 Art. 95 ZPO legt fest, was «*Prozesskosten*» und «*Gerichtskosten*» sind und was die «*Parteientschädigung*» ist:

> **Art. 95 ZPO**
> ¹ Prozesskosten sind:
> a. die Gerichtskosten;
> b. die Parteientschädigung.
>
> ² Gerichtskosten sind:
> a. die Pauschalen für das Schlichtungsverfahren;
> b. die Pauschalen für den Entscheid (Entscheidgebühr);
> c. die Kosten der Beweisführung;
> d. die Kosten für die Übersetzung;
> e. die Kosten für die Vertretung des Kindes (Art. 299 und 300).
>
> ³ Als Parteientschädigung gilt:
> a. der Ersatz notwendiger Auslagen;
> b. die Kosten einer berufsmässigen Vertretung;
> c. in begründeten Fällen: eine angemessene Umtriebsentschädigung, wenn eine Partei nicht berufsmässig vertreten ist.

Die Tarife werden gemäss Art. 96 ZPO durch die *Kantone* festgesetzt.

347 Das Gericht hat die nicht anwaltlich vertretene Partei über die *mutmasslichen Prozesskosten* und die Möglichkeit der unentgeltlichen Rechtspflege aufzuklären (Art. 97 ZPO). Dies erfolgt sinnvollerweise in einem frühen Prozessstadium. Die Aufklärungspflicht trifft auch die Schlichtungsbehörde, wenn sich keine Einigung abzeichnet. Das Ausbleiben der Aufklärung ist ein Verfahrensmangel und damit eine unrichtige Rechtsanwendung nach Art. 310 lit. a und 320 lit. a ZPO.

2. Der Kostenvorschuss

a) Allgemeines und Festlegung

348 **Art. 98 ZPO**
Das Gericht kann von der klagenden Partei einen Vorschuss bis zur Höhe der mutmasslichen Gerichtskosten verlangen.

Vorschusspflichtig sind die klagende Partei (Art. 98 ZPO), die Widerklage erhebende Partei und der Hauptintervenient, nicht aber die beklagte Partei vor erster Instanz und die Gegenpartei des Rechtsmitteleinlegers[533].

Jede Partei hat die *Auslagen des Gerichts vorzuschiessen*, die durch von ihr beantragte Beweiserhebungen veranlasst werden. Beantragen die Parteien dasselbe Beweismittel, so hat jede Partei die Hälfte vorzuschiessen (Art. 102 Abs. 1 und 2 ZPO). Unabhängig von der anwendbaren Verfahrensmaxime kann von der Partei, welche einen Beweisantrag ablehnt, kein Kostenvorschuss eingefordert werden[534]. 349

Der Kostenvorschuss kann, aber muss nicht, bis zur *Höhe der mutmasslichen Gerichtskosten* verlangt werden. Da es sich um eine Kann-Vorschrift handelt, hat das Gericht einen Handlungsspielraum in der Festsetzung des Kostenvorschusses, insbesondere dann, wenn mit grosser Wahrscheinlichkeit die Prozesskosten nach Ermessen (Art. 107 ZPO) verteilt werden. Im Bereich der *Sozialschutzgesetzgebung* ist es unerlässlich, dass die besondere Situation der klagenden Partei berücksichtigt wird[535]. Man denke hier an die vorschusspflichtige Partei, welche keinen Anspruch auf unentgeltliche Prozessführung hat, gleichwohl aber nur wenig über der Grenze des zivilprozessualen Notbedarfs lebt. Wird in einem solchen Fall der volle Gerichtskostenvorschuss verlangt, wird der klagenden Partei faktisch der Zugang zum Gericht verwehrt, was mit Blick auf Art. 29 Abs. 3 BV eine verfassungswidrige Auslegung der Kann-Vorschrift darstellt[536]. 350

Zwar betont das Bundesgericht, in der Regel sei der Streitwert das massgebliche Kriterium für die Bemessung des Kostenvorschusses, es verlangt aber auch, dass dem *Äquivalenzprinzip* nachgelebt wird[537]. Das Äquivalenzprinzip konkretisiere das Verhältnismässigkeitsprinzip und das Willkürverbot (Art. 5 Abs. 2 sowie Art. 8 und 9 BV). Es bestimme, dass eine Gebühr nicht in einem offensichtlichen Missverhältnis zum objektiven Wert der Leistung stehen dürfe und sich in vernünftigen Grenzen halten müsse. Es sei nicht notwendig, dass die Gebühren in jedem Fall genau dem Aufwand entsprechen; sie sollten indessen nach sachlich vertretbaren Kriterien bemessen sein und nicht Unterscheidungen treffen, für die keine vernünftigen Gründe ersichtlich seien. Bei der Festsetzung des Kostenvorschusses dürfe deshalb innerhalb eines gewissen Rahmens auch der wirtschaftlichen Situation des Pflichtigen und dessen Interesse am Ausgang des Verfahrens Rechnung getragen werden[538]. Allerdings besteht kein Anspruch auf eine Herabsetzung des Kostenvorschusses, wenn die Voraussetzungen der unentgeltlichen Rechtspflege nicht erfüllt sind[539]. Lehnt das Gericht die unentgeltliche 351

---

533 BSK ZPO-*Rüegg*, Art. 98 N 4.
534 OGer BE, ZK 14 504, 23.12.2014, in: ius.focus 12/2015, S. 21, Kommentar *Isabelle Reding*.
535 *Huggenberger*, St. Galler Mietrechtstag 2011.
536 BSK ZPO-*Rüegg*, Art. 98 N 2; vgl. dazu Plädoyer 6/2014, S. 8.
537 BGer 4A_680/2011 vom 2.12.2011.
538 BGE 130 III 225.
539 BGer 4A_186/2012 vom 19.6.2012.

Rechtspflege ab, so hat es im ablehnenden Entscheid eine neue Frist zur Leistung des Kostenvorschusses anzusetzen[540].

352 Die problematische Art und Weise der Streitwertberechnung bei Mietzinserhöhungen (vgl. dazu N 336)[541], auf der die Berechnung des Kostenvorschusses beruht, führt zu einem *enormen Prozesskosten-Risiko*. Dieser kostentreibenden Wirkung kann über Tarifreduktionen begegnet werden (Art. 96 ZPO)[542].

353 Im Schlichtungsverfahren darf bei Streitigkeiten aus Miete und Pacht von Wohn- und Geschäftsräumen *kein Kostenvorschuss* verlangt werden (Art. 113 Abs. 2 lit. c ZPO). Zudem können die Kantone die Befreiung von den Prozesskosten gewähren (Art. 116 ZPO).

b) Fristansetzung

354 **Art. 101 ZPO**

[1] Das Gericht [oder die Schlichtungsbehörde] setzt eine Frist zur Leistung des Vorschusses und der Sicherheit.
[2] Vorsorgliche Massnahmen kann es schon vor Leistung der Sicherheit anordnen.
[3] Werden der Vorschuss oder die Sicherheit auch nicht innert einer Nachfrist geleistet, so tritt das Gericht auf die Klage oder auf das Gesuch nicht ein.

355 Die *Fristansetzung* erfolgt nach Eingang der Klage, bei der Sicherheitsleistung nach dem entsprechenden Gesuch des Beklagten. Mit der ersten Fristansetzung dürfen der pflichtigen Partei für den Fall der Säumnis die Nichteintretensfolgen nach Art. 101 Abs. 3 ZPO noch nicht angedroht werden, da ihr das Gesetz ausdrücklich das Recht auf eine Nachfrist einräumt[543]. Bevor die Nachfrist angesetzt wird, ist auch eine nach Ablauf der ersten Frist erfolgte Zahlung als rechtzeitig entgegenzunehmen[544].

c) Fristeinhaltung

356 Gemäss Art. 143 Abs. 3 ZPO ist die Frist für eine Zahlung an das Gericht eingehalten, wenn der Betrag spätestens am letzten Tag der Frist zugunsten des Gerichts der Schweizerischen Post übergeben oder einem Post- oder Bankkonto in der Schweiz belastet worden ist. Die Beweislast für die *Rechtzeitigkeit der Kostenvorschusszahlung* trägt

---

540 BGer 5D_7/2012 vom 26.3.2012.
541 Vgl. die Kritik von BSK ZPO-*Rüegg*, Art. 92 N 3, und *Gasser/Rickli*, Art. 92 ZPO N 2.
542 *Gasser/Rickli*, Art. 92 ZPO N 2.
543 BSK ZPO-*Rüegg*, Art. 101 N 1.
544 OGer ZH, PS110012, 7.3.2011; zur Einhaltung der Frist vgl. N 588 ff.

die Klägerin. Massgebend ist der Valutatag der Belastung auf dem Post- oder Bankkonto des Zahlungspflichtigen[545].

Wird der Kostenvorschuss im Fall einer Post- oder Banküberweisung dem Gericht nicht innert der angesetzten Frist gutgeschrieben, muss dieses den *Vorschusspflichtigen zum Nachweis auffordern*, dass der Betrag am letzten Tag der Frist seinem Post- oder Bankkonto in der Schweiz belastet worden ist. Falls die Bank mangels Angabe der IBAN-Nummer die Belastung zurückgebucht hat, ist die Frist gewahrt, wenn im Zahlungsauftrag das Gericht, dessen Adresse und dessen Konto angegeben wird und die Zahlung nach Entdecken der Rückbuchung neu in Auftrag gegeben wird[546]. 357

Das Gericht ist nicht gehalten, mit der *Zustellung der Klage* an die Gegenpartei und der Ansetzung einer Frist zur Klageantwort zuzuwarten, bis der Kostenvorschuss bezahlt ist, um dem Kläger allenfalls unnötige Kosten (Parteientschädigung) zu ersparen. Ebenso besteht keine ausdrückliche Vorschrift, den Prozess bis zur Leistung des Vorschusses für die Gerichtskosten nicht weiterzuführen. Ein Zuwarten ist zwar die Regel, das konkrete Vorgehen liegt aber im Ermessen der Verfahrensleitung[547]. 358

Eine *Ratenzahlung des Vorschusses* bzw. der Sicherheit ist möglich. Die Bewilligung von Ratenzahlungen ist nichts anderes als eine gestaffelte Fristerstreckung[548]. Die Bewilligung von Ratenzahlungen schliesst den Anspruch der Partei auf eine Nachfrist i.S.v. Art. 101 Abs. 3 ZPO nicht aus. Es empfiehlt sich, bei der Bewilligung von Ratenzahlungen ausdrücklich darauf hinzuweisen, bei Säumnis auch nur mit einer Rate falle die Bewilligung der Ratenzahlungen dahin und es werde für den ganzen dannzumal offenen Restbetrag eine kurze Nachfrist i.S.v. Art. 101 Abs. 3 ZPO angesetzt[549]. 359

Solange das Gericht nicht über das Gesuch des Beschwerdeführers um *unentgeltliche Rechtspflege* entschieden hat, kann es von ihm nicht die Leistung eines Kostenvorschusses verlangen[550]. 360

Das Bezahlen des Vorschusses bzw. der Sicherheit ist eine *Prozessvoraussetzung* (Art. 59 Abs. 2 lit. f ZPO). Dies bedeutet, dass nach einem Nichteintretensentscheid eine Klage jederzeit wieder neu eingereicht werden kann, wenn zwischenzeitlich nicht Verwirkungs- bzw. Rechtsmittelfristen abgelaufen sind. 361

---

545 BGE 139 III 364 E. 3.1 S. 365 = BGer 5D_101/2013 vom 26.7.2013, in: ZBJV 3/2015, S. 268, Kommentar *Christoph Leuenberger*.
546 BGer 5A_61/2014 vom 13.3.2013, in: SJZ 10/2014, S. 265.
547 BGE 140 III 159 = BGer 4A_29/2014 vom 7.5.2014.
548 *Sutter/von Holzen*, in: Sutter-Somm/Hasenböhler/Leuenberger (Hrsg.), Art. 103 ZPO N 7.
549 OGer ZH, NP110002-O/U, 27.9.2011.
550 BGE 138 III 163 = BGer 5A_818/2011 vom 29.2.2012, in: Praxis 2013, Nr. 98, S. 769.

d) Rechtsmittel

362 Kostenvorschuss-Verfügungen können mit dem Rechtsmittel der *Beschwerde* angefochten werden (Art. 103 ZPO). Bei einem zweitinstanzlichen Entscheid über die Auferlegung eines Kostenvorschusses, der das Verfahren nicht abschliesst, handelt es sich um einen selbständig eröffneten Zwischenentscheid i.S.v. Art. 93 BGG. Gegen einen solchen Zwischenentscheid ist die Beschwerde in Zivilsachen nur zulässig, wenn er einen nicht wiedergutzumachenden Nachteil bewirkt (Art. 93 Abs. 1 lit. a BGG). Dabei muss es sich um einen Nachteil rechtlicher Natur handeln, der auch durch einen für die beschwerdeführende Partei günstigen Endentscheid nicht mehr behoben werden kann[551].

3. Sicherheit für die Parteientschädigung

363 Art. 99 ZPO bestimmt, in welchen Fällen eine *Sicherheit für die Parteientschädigung* zu leisten ist, und in welchen Fällen nicht:

> **Art. 99 ZPO**
>
> ¹ Die klagende Partei hat auf Antrag der beklagten Partei für deren Parteientschädigung Sicherheit zu leisten, wenn sie:
> a. keinen Wohnsitz oder Sitz in der Schweiz hat;
> b. zahlungsunfähig erscheint, namentlich wenn gegen sie der Konkurs eröffnet oder ein Nachlassverfahren im Gang ist oder Verlustscheine bestehen;
> c. Prozesskosten aus früheren Verfahren schuldet; oder
> d. wenn andere Gründe für eine erhebliche Gefährdung der Parteientschädigung bestehen.
>
> ² Bei notwendiger Streitgenossenschaft ist nur dann Sicherheit zu leisten, wenn bei allen Streitgenossen eine der Voraussetzungen gegeben ist.
>
> ³ Keine Sicherheit ist zu leisten:
> a. im vereinfachten Verfahren mit Ausnahme der vermögensrechtlichen Streitigkeiten nach Art. 243 Abs. 1;
> b. im Scheidungsverfahren;
> c. im summarischen Verfahren mit Ausnahme des Rechtsschutzes in klaren Fällen (Art. 257).

364 Die Leistung einer Sicherheit für eine Parteientschädigung (Prozesskaution) ist eine *Prozessvoraussetzung* (Art. 59 Abs. 1 lit. f i.V.m. Art. 101 Abs. 3 ZPO). Vorausgesetzt ist immer ein Gesuch der beklagten Partei. Dieses Gesuch kann auf allen Verfahrens-

---

551 BGer 4A_680/2011 vom 2.12.2011.

stufen eingereicht werden[552]. Der Antrag auf Sicherstellung der Parteientschädigung muss nicht beziffert werden[553].

Der in der Praxis am häufigsten angerufene Kautionsgrund ist derjenige der *Zahlungs-* 365 *unfähigkeit*[554]. Die ZPO erwähnt dabei namentlich drei Fallgruppen (Art. 99 Abs. 1 lit. b ZPO): Konkurseröffnung, Nachlassverfahren, Verlustscheine. Betreibungen müssen ein gewisses Ausmass haben. Aus mehreren erfolgten Betreibungen kann nicht auf eine Gefährdung der Parteientschädigung geschlossen werden (fünf Betreibungen innert 41 Monaten reichen nicht aus)[555]. Dies ist für Mieter von einer gewissen Wichtigkeit, da sie nicht selten ungerechtfertigt betrieben werden (z.B. im Bereich der Nebenkostennachzahlung oder bei Forderungen aus Rückgabe des Mietobjekts).

Als Auffangtatbestand gilt der Kautionsgrund der *erheblichen Gefährdung der Partei-* 366 *entschädigung* (Art. 99 Abs. 1 lit. d ZPO). Dies ist vom Gericht ermessensweise zu prüfen. Für andere Gründe der erheblichen Gefährdung bedarf es konkreter Anhaltspunkte. Das Gericht verfügt dabei über ein weites Ermessen[556]. Strafbares Verhalten einer Partei im erstinstanzlichen Prozess indiziert für sich allein nicht die vom Gesetz vorausgesetzte Gefährdung[557].

Keine Sicherheit ist gemäss Art. 99 Abs. 3 ZPO zu leisten im vereinfachten Verfahren 367 mit Ausnahme der vermögensrechtlichen Streitigkeiten nach Art. 243 Abs. 1 ZPO, im Scheidungsverfahren und im summarischen Verfahren mit Ausnahme des Rechtsschutzes in klaren Fällen (Art. 257 ZPO). Der Kernbereich des Mietrechts (Art. 243 Abs. 2 lit. c ZPO) bleibt von der Kautionspflicht «verschont». In sozialen Zivilprozessen soll die Anrufung des Richters nicht an der Hürde einer Sicherheitsleistung scheitern[558]. Die Hürde der Kostenvorschussverpflichtung erschwert den Zugang zum Zivilprozess sowieso schon.

Obwohl auch unter der sozialen Untersuchungsmaxime (Art. 247 Abs. 2 lit. b Ziff. 1 368 ZPO) stehend, sind Forderungsprozesse im Mietrecht bis 30 000 Franken nicht von der Kautionspflicht befreit. Die Konsequenz ist hinzunehmen, da die gesetzliche Regelung klar ist[559]. *Nichtsdestotrotz ist die Kautionspflicht im sozialen Privatrecht de lege ferenda zu überdenken.*

---

552 BSK ZPO-*Rüegg*, Art. 99 N 5; BK-*Sterchi*, Art. 99 ZPO N 4; **a.M.** DIKE-Komm-ZPO-*Urwyler*, Art. 99 N 5.
553 BGE 140 III 444 = BGer 5A_126/2014 vom 10.7.2014, in: ius.focus 6/2015, S. 22, Kommentar *Fabienne Fischer*.
554 Für die anderen Kautionsgründe vgl. BSK ZPO-*Rüegg*, Art. 99 N 7 ff.
555 OGer ZH, LB120033, 27.9.2012.
556 BGer 5A_221/2014 vom 10.9.2014, in: SZZP 1/2015, S. 23.
557 OGer ZH, LB 120103, 11.2.2013, in: CAN 3/2013, Nr. 60.
558 BSK ZPO-*Rüegg*, Art. 99 N 20.
559 BK-*Sterchi*, Art. 99 ZPO N 29.

369 Im *Schlichtungsverfahren* gilt die Kautionspflicht nicht, was in der ZPO nicht explizit erwähnt wird (Art. 113 Abs. 1 ZPO). Nach hier vertretener Auffassung gilt dies auch, wenn die Schlichtungsbehörde einen Urteilsvorschlag unterbreitet bzw. einen Entscheid fällt[560].

370 Die Pflicht zur Leistung einer Sicherheit für die Parteientschädigung nach Art. 99 ZPO bezieht sich nicht nur auf die klagende Partei, sondern auch auf die Partei, die ein Rechtsmittel ergreift. Die *zweitinstanzliche Sicherheitsleistung* bezieht sich aber nur auf zweitinstanzliche Kosten[561].

371 Verfügungen über die Kautionspflicht können mit dem Rechtsmittel der *Beschwerde* angefochten werden (Art. 103 ZPO). Bei einem zweitinstanzlichen Entscheid über die Auferlegung einer Kaution handelt es sich um einen selbständig eröffneten Zwischenentscheid i.S.v. Art. 93 BGG. Gegen einen solchen Zwischenentscheid ist die Beschwerde in Zivilsachen nur zulässig, wenn er einen nicht wiedergutzumachenden Nachteil bewirkt (Art. 93 Abs. 1 lit. a BGG). Dabei muss es sich um einen Nachteil rechtlicher Natur handeln, der auch durch einen für den Beschwerdeführer günstigen Endentscheid nicht mehr behoben werden kann[562].

4. Entscheid über die Kosten und Kostenverteilung

a) Allgemeines

372 Der *Entscheid über die Prozesskosten* ist in Art. 104 ZPO geregelt:

Art. 104 ZPO

[1] Das Gericht entscheidet über die Prozesskosten in der Regel im Endentscheid.
[2] Bei einem Zwischenentscheid (Art. 237) können die bis zu diesem Zeitpunkt entstandenen Prozesskosten verteilt werden.
[3] Über die Prozesskosten vorsorglicher Massnahmen kann zusammen mit der Hauptsache entschieden werden.
[4] In einem Rückweisungsentscheid kann die obere Instanz die Verteilung der Prozesskosten des Rechtsmittelverfahrens der Vorinstanz überlassen.

373 Mit jedem Endentscheid (Art. 236 ZPO) müssen die Prozesskosten geregelt werden. Die Prozesskosten sind *Bestandteil des Entscheid-Dispositivs* (Art. 238 lit. d ZPO, Art. 104 f. ZPO). Der Kostenentscheid erwächst erst zusammen mit dem Endentscheid in Rechtskraft[563]. Die *selbstständige Anfechtung des Kostenentscheids* ist daher

---

[560] A.M. BK-*Sterchi*, Art. 99 ZPO N 34, vgl. dazu auch N 776 ff. und N 800 ff.
[561] BGer 4A_26/2013 vom 5.9.2013; OGer LU, 1F118, 23.12.2011, in: CAN 1/2013, Nr. 8.
[562] BGer 4A_680/2011 vom 2.12.2011.
[563] BGE 135 III 329.

erst möglich, nachdem der erstinstanzliche Entscheid in der Sache in Rechtskraft erwachsen ist, also erst nach unbenutztem Ablauf der Frist für das kantonale Rechtsmittel[564].

Für die *Kosten des Schlichtungsverfahrens* siehe N 411 ff. 374

b) *Entscheid über die Gerichtskosten*

Bund und Kantone regeln die Verfahrenskosten und legen die Tarife fest. Gerichtskosten sind *Kausalabgaben*, weshalb sie dem Kostendeckungs- und Äquivalenzprinzip genügen müssen[565]. Die ZPO regelt das Prozessieren in allen Kantonen einheitlich. Die Höhe der Prozesskosten wird aber nach wie vor kantonal festgelegt (Art. 96 ZPO), wobei es zu gewaltigen Unterschieden kommt[566]. 375

Die Gerichtskosten werden von Amtes wegen festgesetzt und verteilt. Selbständig ist der Kostenentscheid nur mit *Beschwerde* anfechtbar (Art. 110 ZPO). Vor dem Bundesgericht können letzte kantonale Kostenentscheide mit Beschwerde bzw. subsidiärer Verfassungsbeschwerde angefochten werden. Die in der Hauptsache mögliche Kostenbeschwerde ist auch bezüglich aller Nebenpunkte hinsichtlich der Kostenentscheide zulässig, soweit dafür keine besonderen Verfahrenswege vorgeschrieben sind[567]. 376

Die *Entscheidgebühr* schliesst die Aufwendungen für die schriftliche Entscheidbegründung ein. Eine Pflicht zur Bezahlung einer Gebühr für die Ausfertigung einer schriftlichen Entscheidbegründung steht in Widerspruch zum Grundsatz der Kostenverteilung nach Massgabe des Obsiegens und Unterliegens[568]. Jedenfalls bedarf es einer ausdrücklichen gesetzlichen Grundlage zur Erhebung einer zusätzlichen Gebühr für die Entscheidbegründung. Da die ZPO diese Frage nicht regelt, müsste eine kantonale Regelung vorhanden sein[569]. 377

Das Gericht kann ausnahmsweise die Gerichtskosten anstatt der unterliegenden Partei deren Anwalt auferlegen, wenn die *Unzulässigkeit der Beschwerde* bei einem Minimum an Sorgfalt sofort erkennbar war[570]. 378

Die Kosten des Schlichtungsverfahrens werden nach Art. 207 ZPO liquidiert. Diese Regelung gilt allenfalls für sog. *Flächenmieten* (vgl. N 72 ff.). Bei Streitigkeiten aus Miete und Pacht von Wohn- und Geschäftsräumen werden *keine Parteikosten* (Art. 113 Abs. 1 ZPO) und keine Gerichtskosten gesprochen (Art. 113 Abs. 2 lit. c ZPO). 379

---

564 BGer 4A_119/2013 vom 27.6.2013.
565 BGE 141 I 105 = BGer 6B_307/2014 vom 4.5.2015.
566 *Weber Linda*, Die Prozesskosten und der Zugang zum Gericht, plädoyer 1/2016, S. 15.
567 BGE 134 I 159 = BGer 9C_84/2008 vom 8.5.2008.
568 KGer BL, 410 12 294, 2.1.2013, in: CAN 1/2013, Nr. 5.
569 AppGer BS, BEZ. 2012.17, 7.5.2012, in: CAN 1/2013, Nr. 4.
570 BGE 129 IV 206 = BGer 6S.126/2003 vom 26.5.2003.

c) *Entscheid über die Parteientschädigung*

380 Das Gericht spricht die Parteientschädigung nach den *kantonalen Tarifen* zu (Art. 96 ZPO). Eine Parteientschädigung wird nur auf Antrag hin festgesetzt (Art. 105 Abs. 2 ZPO). Die Parteien können eine Kostennote einreichen (Art. 105 ZPO). In der Lehre herrscht weitgehend Einigkeit, dass der Antrag auf Ausrichtung einer Parteientschädigung nicht beziffert werden muss, sondern dass allgemein übliche Formulierungen wie «unter Kosten- und Entschädigungsfolge» genügen[571]. Stellt eine Partei den Antrag «die Kosten gehen zu Lasten des Berufungsbeklagten», ist nach dem Vertrauensprinzip davon auszugehen, dass der Antrag bezüglich der Kostentragung auch die Parteientschädigung einschliesst[572].

381 Die Frage nach der *Höhe der Parteientschädigung* ist eine Ermessensfrage, deren Beurteilung dort zu erfolgen hat, wo eine willkürliche Ermessensausübung vorliegt. Der Entscheid über deren Höhe muss in der Regel nicht begründet werden. Eine grundsätzliche Verpflichtung zur Entscheidbegründung besteht gegenüber dem Rechtsanwalt, wenn die Festsetzung der Parteientschädigung nicht mit dessen Kostennote übereinstimmt[573].

382 Mit der *Einreichung der Kostennote* wird der Antrag auf Ausrichtung einer Parteientschädigung beziffert und substanziiert. Gemäss Art. 105 Abs. 2 ZPO steht es den Parteien jedoch frei, ob sie eine Kostennote einreichen wollen oder nicht. Fehlt eine Bezifferung, legen die Gerichte die Parteientschädigung nach ihrem Ermessen anhand der kantonalen Tarife fest (Art. 105 Abs. 2 i.V.m. Art. 96 ZPO)[574].

383 Eine *separate oder nachträgliche Schadenersatzklage* ist ausgeschlossen für alle Prozesskosten, die von der Parteientschädigung nach Art. 95 Abs. 3 ZPO erfasst sind, selbst wenn die obsiegende Partei nach dem gemäss Art. 116 Abs. 1 ZPO vorbehaltenen kantonalen Recht keine Parteientschädigung erhält[575].

384 Die Partei, die den *Ersatz vorprozessualer Anwaltskosten* einklagt, hat substanziert darzutun, das heisst die Umstände zu nennen, die dafür sprechen, dass die geltend gemachten Aufwendungen haftpflichtrechtlich als Bestandteil des Schadens zu betrachten sind, mithin gerechtfertigt, notwendig und angemessen waren, der Durchsetzung der Schadenersatzforderung dienen und nicht durch die Parteientschädigung gedeckt sind[576].

---

571 CPC-*Tappy*, Art. 105 ZPO N 8; DIKE-Komm-ZPO-*Urwyler*, Art. 105 N 6; BK-*Sterchi*, Art. 105 ZPO N 7; BSK ZPO-*Rüegg*, Art. 105 N 2.
572 BGer 4A_45/2013 vom 6.6.2013, in: SZZP 5/2013, S. 391, Kommentar *Philippe Schweizer*; KUKO ZPO-*Schmid*, Art. 105 N 3.
573 BGer 9C_284/2012 vom 18.5.2012.
574 BGE 140 III 444 = BGer 5A_126/2014 vom 10.7.2014.
575 BGE 139 III 190 E. 4 = BGer 4A_646/2011, BGer 4A_506/2012, BGer 4A_532/2012 vom 26.2.2013.
576 BGer 4A_264/2015 vom 10.8.2015 E. 4.2.2, in: SZZP 6/2015, S. 480.

d) Verteilungsgrundsätze im Allgemeinen

Die *Verteilungsgrundsätze* sind in Art. 106 ZPO festgelegt: 385

Art. 106 ZPO

¹ Die Prozesskosten werden der unterliegenden Partei auferlegt. Bei Nichteintreten und bei Klagerückzug gilt die klagende Partei, bei Anerkennung der Klage die beklagte Partei als unterliegend.
² Hat keine Partei vollständig obsiegt, so werden die Prozesskosten nach dem Ausgang des Verfahrens verteilt.
³ Sind am Prozess mehrere Personen als Haupt- oder Nebenparteien beteiligt, so bestimmt das Gericht ihren Anteil an den Prozesskosten. Es kann auf solidarische Haftung erkennen.

Art. 106 ZPO spricht generell vom «Ausgang des Verfahrens». Danach kann der Richter bei der Kostenverteilung insbesondere auch das Gewicht der einzelnen Rechtsbegehren innerhalb eines Rechtsstreits berücksichtigten[577]. Die Kosten werden nach dem Prinzip des Obsiegens aufgeteilt. Beim Nichteintretensentscheid zufolge einer fehlenden Prozessvoraussetzung handelt es sich um einen Endentscheid (Art. 236 Abs. 1 ZPO). Diejenige Instanz, welche einen Endentscheid fällt und somit das Verfahren in jener Instanz beendet, hat im Endentscheid gemäss Art. 104 Abs. 1 ZPO auch die Prozesskosten festzusetzen. Diese umfassen die Gerichtskosten und die Parteientschädigung (Art. 95 Abs. 1 ZPO) und sind ein nach der Zivilprozessordnung zu beurteilender Teil des Endentscheids (Art. 238 lit. d und Art. 95 ZPO)[578].

Das Bundesgericht hat die Kontroverse darüber, ob im anschliessenden Gerichtsverfahren nach Scheitern des Schlichtungsversuches, die *Kosten für das Schlichtungsverfahren* geltend gemacht werden können, im bejahenden Sinn entschieden. Art. 113 ZPO spreche von Kosten im und nicht für das Schlichtungsverfahren. Wer keine Einigung eingehe, trage das Risiko der Kostenauflage für das Schlichtungsverfahren im anschliessenden Gerichtsverfahren[579]. 386

Das Gericht kann allerdings berücksichtigen, dass die Prüfung des Prozessstoffes in rechtlicher und tatsächlicher Hinsicht schon für das Schlichtungsverfahren gemacht werden musste und für das Gerichtsverfahren wieder verwertet werden kann. Da die Ausscheidung des Aufwandes für die beiden Verfahren nur schwer zu bewerkstelligen ist, bleibt die *Festlegung der Parteikostenentschädigung dem Ermessen* des erstinstanzlichen Richters überlassen[580]. 387

---

577 BGer 4A_207/2015 vom 2.9.2015 E. 3.1, in: SZZP 6/2015, S. 484.
578 OGer ZH, PP120029-O/U, 19.12.2012.
579 BGE 141 III 20 = BGer 4A_463/2014 vom 23.1.2015 E. 5.2 f.
580 BGer 4A_463/2014 vom 23.1.2015 E. 5.2 f.

388 Es ist zulässig, das Nichteintreten auf eine Klage mangels (fristgemässer) Leistung des Kostenvorschusses mit Kosten zu verbinden. Das Bundesgericht hat das *Kostendeckungs- und das Äquivalenzprinzips* konkretisiert, indem es festhielt, eine Gebühr von 12 000 Franken sei willkürlich, wenn man berücksichtige, dass der Beschwerdeführer wegen Bedürftigkeit um unentgeltliche Rechtspflege ersucht und nach deren Ablehnung schliesslich auf die Weiterverfolgung seiner Klage verzichtet habe. Es sei kaum eine andere Konstellation vorstellbar, die dem Gericht noch weniger Aufwand abverlange, als das Nichteintreten wegen Nichtleistung des Kostenvorschusses. Unter Berücksichtigung dieser Umstände sei die auf 12 000 Franken festgesetzte Gerichtsgebühr nicht mehr vertretbar und willkürlich hoch[581].

389 Dringen die Parteien mit ihren Rechtsbegehren nur teilweise durch, so werden die Kosten nach dem Ausgang des Verfahrens *proportional verteilt*. Auszugehen ist vom Endergebnis des Prozesses. Diese Bestimmung entspricht den allgemeinen Regeln der Verlegung der Gerichts- und Parteikosten. Abweichungen von diesem Grundsatz sind zulässig, wo die Umstände dies nahelegen. Die Rechtsprechung betont jedoch den Ausnahmecharakter derart auf Billigkeitserwägungen gestützter Entscheide[582]. Es ist zulässig, dass eine Partei stärker als nach Massgabe ihres Unterliegens, sogar vollumfänglich mit Prozesskosten belastet werden kann, wo die Umstände dies nahelegen und solange der Grundsatz nicht in sein Gegenteil verkehrt wird[583]. Für solche Konstellationen hat die ZPO in Art. 107 eine Verteilung nach Ermessen vorgesehen.

e) Verteilung nach Ermessen

390 Die *Verteilung nach Ermessen* ist in Art. 107 ZPO geregelt:

Art. 107 ZPO

[1] Das Gericht kann von den Verteilungsgrundsätzen abweichen und die Prozesskosten nach Ermessen verteilen (Art. 107 ZPO):
a. wenn die Klage zwar grundsätzlich, aber nicht in der Höhe der Forderung gutgeheissen wurde und diese Höhe vom gerichtlichen Ermessen abhängig oder die Bezifferung des Anspruchs schwierig war;
b. wenn eine Partei in guten Treuen zur Prozessführung veranlasst war;
c. in familienrechtlichen Verfahren;
d. in Verfahren bei eingetragener Partnerschaft;
e. wenn das Verfahren als gegenstandslos abgeschrieben wird und das Gesetz nichts anderes vorsieht;
f. wenn andere besondere Umstände vorliegen, die eine Verteilung nach dem Ausgang des Verfahrens als unbillig erscheinen lassen.

---

581 139 III 334 = BGer 4A_237/2013 vom 8.7.2013, in: ZBJV 3/2015, S. 266, Kommentar *Christoph Leuenberger*.
582 BGer P.731/1986 vom 4.6.1986.
583 BGer 5P.281/1998 vom 1.9.1998.

² Das Gericht kann Gerichtskosten, die weder eine Partei noch Dritte veranlasst haben, aus Billigkeitsgründen dem Kanton auferlegen.

Folgende Fallkonstellationen sind denkbar[584]: Ein erster Fall betrifft das *Obsiegen nur im Grundsatz*. Zu denken ist zum Beispiel an einen Erstreckungsprozess, in dem die Mieterschaft während des Verfahrens eine neue Wohnung findet und damit das Rechtsbegehren gegenstandslos wird[585]. Von daher müsste die Mieterschaft nach der allgemeinen Regel (Art. 104 ZPO) einen substanziellen Teil der vielleicht sehr hohen Prozesskosten übernehmen. Im Mietrecht kann die Bezifferung der Rechtsbegehren jedoch sehr schwierig sein, so dass stets das Risiko des sog. Überklagens besteht.

391

Beispiel

Die Grundfläche eines Antiquitätengeschäfts ist um 40% kleiner, als im Mietvertrag festgelegt. Die Mieterin verlangt eine entsprechende Mietzinssenkung. Das Gericht reduziert nicht schematisch und gewährt lediglich eine Mietzinssenkung von 20%[586].

Ein anderer Fall betrifft die gutgläubige Prozessführung (Art. 107 Abs. 1 lit. b ZPO). Eine Partei mag auf eine Praxis vertraut haben, die ausgerechnet in ihrem Fall geändert wird.

Hat die Klägerin das Verfahren nicht leichtfertig und unüberlegt eingeleitet, sondern hat sie alles Zumutbare unternommen, um den *Verfahrensaufwand in Grenzen zu halten*, und ist sie durch das vorprozessuale Verhalten der Beklagten zur Klageeinleitung veranlasst worden, können den Beklagten sämtliche Prozesskosten auferlegt werden, auch wenn sie in der Sache grossmehrheitlich obsiegten[587].

392

Wird das *Verfahren als gegenstandslos abgeschrieben*, liegt die Verteilung der Prozesskosten ebenfalls im Ermessen des Gerichts (Art. 107 Abs. 1 lit. e ZPO). Dabei ist etwa zu berücksichtigen, welche Partei Anlass zur Klage gegeben hat, welches der mutmassliche Prozessausgang gewesen wäre und bei welcher Partei die Gründe eingetreten sind, die dazu geführt haben, dass das Verfahren gegenstandslos wurde[588].

393

Beispiel

Es stellt sich im Verlauf eines Kündigungsverfahrens heraus, dass die Kündigung nichtig ist, da sie den Ehegatten nicht getrennt zugestellt wurde. Der Mieter hat

---

584 Botschaft ZPO, S. 7297.
585 *Thanei*, mp 4/2009, S. 189; MRA 1/2000, S. 247.
586 Cour Civile NE, in: RJN 1987, S. 53.
587 BGer 4A_166/2011 vom 23.5.2011.
588 Vgl. für den Vergleich N 747 ff., die Klageanerkennung N 756, den Klagerückzug N 757 ff. und die Gegenstandslosigkeit N 75.

im Verlauf der Mietzeit geheiratet und dies entgegen der vertraglich vereinbarten Mitteilungspflicht dem Vermieter nicht gemeldet.

394 Unter dem Auffangtatbestand von Art. 107 Abs. 1 lit. f ZPO ist unter anderem auch das *Prozessverhalten* zu berücksichtigen. Ein fehlerhaftes Verhalten der Gegenpartei rechtfertigt, dieser mehr oder alle Kosten zu überbinden (samt entsprechender Entschädigungsfolge)[589].

Beispiel
Verweigert der Vermieter die Herausgabe relevanter Akten für die Beurteilung einer Mietzinserhöhung und kommt deswegen keine Einigung vor der Schlichtungsbehörde zu Stande, kann dies bei der Kostenverteilung berücksichtigt werden, auch wenn sich im anschliessenden Gerichtsverfahren, für das die Unterlagen nun vorliegen, herausstellt, dass die Mietzinserhöhung nicht missbräuchlich war.

395 Ebenso zu berücksichtigen sind *Vergleichsangebote*, unabhängig davon, wann diese im Verlauf des Verfahrens angeboten wurden. Es verstösst nach hier vertretener Ansicht nicht gegen das Verwertungsverbot nach Art. 205 ZPO, wenn bei der gerichtlichen Kostenliquidation berücksichtigt wird, dass das Vergleichsangebot im Vorfeld des Schlichtungsverfahrens und im Schlichtungsverfahren ziemlich genau der im Urteil zugesprochenen Summe entspricht[590].

396 Ein besonderer Umstand im Sinn von Art. 107 Abs. 1 lit. f ZPO ist auch zu bejahen, wenn zwischen zwei Parteien ein extrem *ungleiches wirtschaftliches Kräfteverhältnis* besteht, die Parteien sich also in offenkundig völlig unterschiedlichen Dimensionen bewegen und die finanziell schwächere Partei überdies nicht bloss persönliche, sondern zugleich weitere quasi öffentliche Interessen wahrnimmt[591]. Im Zusammenhang mit Art. 107 Abs. 1 lit. f ZPO nennt die Botschaft ein «sehr ungleiches wirtschaftliches Kräfteverhältnis der Parteien» als möglichen besonderen Umstand[592]. Das Bundesgericht führt dazu allerdings aus, die wirtschaftliche Ungleichheit für sich genommen rechtfertige aber in aller Regel keine Abweichung von der ordentlichen Kostenverteilung, weil sie fast immer vorliege[593].

397 Eine Verteilung der Prozesskosten nach Ermessen setzt ein *Obsiegen im Grundsatz*, und nicht bloss in Nebenpunkten voraus.

---

589 BGer 4A_166/2011 vom 23.5.2011.
590 Der Vernehmlassungsentwurf kannte die Bestimmung, wonach Prozesskosten zu bezahlen hat, wer durch den Entscheid schliesslich nicht wesentlich mehr erhält, als ihm zuvor als Vergleich angeboten wurde. Solchen Fällen kann mit dem Auffangtatbestand von Art. 107 Abs. 1 lit. f ZPO flexibel Rechnung getragen werden.
591 KGer BL, 410 13 215, 8.10.2013, in: CAN 2/2014, Nr. 32.
592 Botschaft ZPO, S. 7298.
593 BGer 5A_482/2014 vom 14.1.2015 E. 6, in: SZZP 3/2015, S. 228.

f) Unnötige Prozesskosten

Art. 108 ZPO

398

Unnötige Prozesskosten hat zu bezahlen, wer sie verursacht hat (Art. 108 ZPO).

Für *unnötige Kosten* gilt das *Verursacherprinzip*. Zu denken ist beispielsweise an trölerische Begehren oder weitschweifige Eingaben. Ein vorwerfbares Verhalten ist – anders als bei der Verhängung einer Ordnungsbusse (Art. 128 ZPO) – für die Kostensanktion nicht vorausgesetzt. Im Gegensatz zum Vorentwurf müssen die Prozesskosten auch nicht «offensichtlich unnötig» sein[594]. Verursacher unnötiger Prozesskosten und somit zahlungspflichtig kann nicht nur eine Partei, sondern auch ein am Verfahren nicht beteiligter Dritter sein, zum Beispiel ein mutwillig prozessierender Anwalt[595].

5. Ordnungsbussen

a) Allgemeines

Art. 128 Abs. 1–3 ZPO

399

[1] Wer im Verfahren vor Gericht den Anstand verletzt oder den Geschäftsgang stört, wird mit einem Verweis oder einer Ordnungsbusse bis zu 1000 Franken bestraft. Das Gericht kann zudem den Ausschluss von der Verhandlung anordnen.
[2] Das Gericht kann zur Durchsetzung seiner Anordnungen die Polizei beiziehen.
[3] Bei bös- oder mutwilliger Prozessführung können die Parteien und ihre Vertretungen mit einer Ordnungsbusse bis zu 2000 Franken und bei Wiederholung bis zu 5000 Franken bestraft werden.

Unter Willkürgesichtspunkten darf ein Prozessverhalten als *mutwillig* angesehen werden, das darauf abzielt, die Gegenpartei zu bedrängen, unter Druck zu setzen oder vor Behörden anzuprangern[596]. Jemand handelt mutwillig, wenn er wider besseres Wissen und ohne schützenswertes Interesse bei der Schlichtungsbehörde oder dem Gericht immer wieder gleiche Anliegen deponiert.

Beispiel

Eine Mietpartei ficht jede Nebenkostenabrechnung mit den gleichen Argumenten an, obwohl vor der Schlichtungsbehörde bei der Anfechtung der ersten Abrechnung ein Vergleich abgeschlossen werden konnte.

---

594 Was gilt, wenn Unbestrittenes eingeklagt wird und sich der Beklagte sofort unterzieht?
595 BGE 141 III 426 = BGer 4A_93/2015 vom 22.9.2015 E. 2.3; KGer BL, 400 13 90/LIA, 25.6.2013, in: CAN 4/2013, Nr. 81.
596 BGer 5D_65/2014 vom 9.9.2014, in: SZZP 1/2015, S. 30.

400 Nach den im Zivilverfahren geltenden *Grundsätzen der Verhältnismässigkeit* (Art. 5 Abs. 2 BV) und des Handelns nach Treu und Glauben (Art. 5 Abs. 3 BV; Art. 52 ZPO) sowie mit Blick auf das rechtliche Gehör der Parteien (Art. 29 Abs. 2 BV) sind nicht nur prozessuale Säumnisfolgen (vgl. hierzu Art. 147 Abs. 3 ZPO), sondern auch disziplinarische Massnahmen vor ihrer Anordnung – jedenfalls soweit möglich und zweckmässig – anzudrohen und es ist auf die Konsequenzen hinzuweisen[597].

b) *Ordnungsbussen im Schlichtungsverfahren*

aa) Zulässigkeit

401 Auch die Schlichtungsbehörde kann *Ordnungsbussen* aussprechen, wird aber davon nur sehr zurückhaltend Gebrauch machen[598]. Die Anwendbarkeit der Bestimmung im Schlichtungsverfahren folgt bereits aus ihrer Stellung im 1. Kapitel (Prozessleitung) des 9. Titels (Prozessleitung, prozessuales Handeln und Fristen) des 1. Teils (Allgemeine Bestimmungen) der ZPO[599]. Die entsprechende Disziplinarbefugnis der Schlichtungsbehörde wird von der Lehre befürwortet[600]. Sie ist insbesondere auch nicht deshalb ausgeschlossen, weil Art. 128 Abs. 1 ZPO bloss das Verfahren vor dem Gericht erwähnt, zumal der Wortlaut der Bestimmung soweit erkennbar nicht mit Blick auf ihren Geltungsbereich gewählt wurde, sondern zwecks Harmonisierung mit Art. 33 BGG, in dem vom «Verfahren vor dem Bundesgericht» die Rede ist[601]. Schliesslich entspricht es zweifellos einem praktischen Bedürfnis, dass der Schlichtungsbehörde nötigenfalls die erforderlichen disziplinarischen Mittel zur Verfügung stehen, um das Ziel einer einvernehmlichen Streitbeilegung in einem geordneten Verfahren verfolgen zu können, und zwar unabhängig davon, ob ihr gemäss Art. 212 ZPO Entscheidkompetenz zukommt[602].

bb) Ordnungsbussen und Säumnisfolgen

402 Es wird die Ansicht vertreten, das *Nichterscheinen einer Partei im Schlichtungsverfahren* könne nicht mit Ordnungsbusse gemäss Art. 128 ZPO geahndet werden, weil Art. 206 ZPO die Säumnisfolgen abschliessend regle[603]. Dieser Auffassung ist nicht zu folgen: Wohl hält Art. 206 ZPO verbindlich fest, wie die Schlichtungsbehörde bei Säumnis einer Partei in prozessualer Hinsicht zu verfahren hat. Die Bestimmung regelt mithin

---

597 BGE 141 III 265 = BGer 4A_510/2014 vom 23.6.2015 E. 5.2.
598 CPC-*Haldy*, Art. 128 ZPO N 2.
599 Botschaft ZPO, S. 7240.
600 Dolge/*Infanger*, S. 51; *Honegger*, in: Sutter-Somm/Hasenböhler/Leuenberger (Hrsg.), Art. 206 ZPO N 3.
601 Botschaft ZPO, S. 7246 und 7306.
602 BGE 141 III 265 = BGer 4A_510/2014 vom 23.6.2015 E. 3.2.
603 *Staehelin/Staehelin/Grolimund*, § 20 Rz 24.

ausdrücklich die Säumnisfolgen für dieses Verfahrensstadium, wie von Art. 147 Abs. 2 ZPO vorbehalten[604].

Demgegenüber sind allfällige disziplinarische Folgen des Verhaltens der Parteien im Verfahren von vornherein nicht Gegenstand von Art. 206 ZPO. *Disziplinarmassnahmen* bleiben somit möglich, sofern eine gesetzliche Grundlage dafür besteht[605]. Demnach ist jedenfalls aufgrund des Regelungsgehalts von Art. 206 ZPO nicht ausgeschlossen, dass die Schlichtungsbehörde das (unentschuldigte) Fernbleiben einer Partei von der Schlichtungsverhandlung disziplinarisch ahndet[606]. 403

Das Bundesgericht betont die *Bedeutung der persönlichen Anwesenheit* der Parteien für die Durchführung einer wirksamen Schlichtung und hält fest, es scheine nicht von vornherein ausgeschlossen, dass die Schlichtungsbehörde eine Partei, die der Schlichtungsverhandlung ohne Grund fernbleibe und damit nicht nur prozessual säumig sei, sondern gleichzeitig ihre Pflicht zum persönlichen Erscheinen nach Art. 204 Abs. 1 ZPO verletze, gemäss Art. 128 Abs. 1 oder 3 ZPO bestrafe. Dies gelte namentlich für die beklagte Partei, die ansonsten durch ihr Nichterscheinen den gesetzgeberischen Willen, dass ein Einigungsversuch stattfinden soll, sanktionslos vereiteln könnte[607]. 404

Das Verhältnismässigkeitsprinzip ist zu beachten und die Sanktionshierarchie (Verweis, Ordnungsbusse, Ausschluss aus der Verhandlung) ist einzuhalten. Der Ausschluss von der Verhandlung kommt erst als *ultima ratio* in Betracht[608]. 405

Der Ausschluss einer Partei zieht Säumnisfolgen gemäss Art. 147 bzw. Art. 206 bzw. Art. 234 ZPO nach sich[609]. Nach der hier vertretenen Meinung kann im Schlichtungsverfahren der *Ausschluss einer Partei* nicht mit Säumnisfolgen nach Art. 206 ZPO belegt werden. Zum einen regelt Art. 206 ZPO die Säumnisfolgen abschliessend[610], zum anderen entstünde beim Ausschluss bei Verfahren mit einer Verwirkungsfrist (z.B. Mietzinsanfechtung, Kündigungsanfechtung) ein definitiver Rechtsverlust für den Kläger, was unter dem Aspekt des sozialen Mietrechts nicht zu rechtfertigen ist. 406

---

604 In BGer 4C_1/2013 vom 23.6.2013 stellte das Bundesgericht in anderem Zusammenhang fest, die ZPO regle (in den Art. 204 und 206) die Pflicht zum Erscheinen zur Schlichtungsverhandlung und die Folgen der Nichtbeachtung – im Verhältnis zum kantonalen Recht – abschliessend (E. 4).
605 BSK ZPO-*Infanger*, Art. 206 N 16; *Maag*, MRA 3/2014, S. 136 f.
606 BGE 141 III 265 = BGer 4A_510/2014 vom 23.6.2015 E. 4.3, in: SZZP 5/2015, S. 416, Kommentar *François Bohnet* und *Pascale Jeannin*.
607 BGE 141 III 265 = BGer 4A_510/2014 vom 23.6.2015 E. 5.1; *Dolge/Infanger*, S. 107.
608 DIKE-Komm-ZPO-*Kaufmann*, Art. 128 N 23.
609 KUKO ZPO-*Weber*, Art. 128 N 7; BK-*Frei*, Art. 128 ZPO N 17.
610 *Staehelin/Staehelin/Grolimund*, § 20 Rz 24.

cc) Rechtsmittel

407 Die Ordnungsbusse ist mit *Beschwerde* anfechtbar (Art. 128 Abs. 4 i.V.m. Art. 319 lit. b ZPO). Gegen Vor- und Zwischenentscheide, die nicht die Zuständigkeit und den Ausstand betreffen, ist die Beschwerde an das Bundesgericht gemäss Art. 93 Abs. 1 lit. a BGG zulässig, wenn sie einen nicht wiedergutzumachenden Nachteil bewirken können.

408 Das Bundesgericht hat in einem konkreten Fall die Anfechtbarkeit gemäss Art. 93 Abs. 1 lit. a BGG bejaht: «Die Beschwerdeführer wurden in den betroffenen Verfahren von der Schlichtungsbehörde zu Verhandlungen vorgeladen und anschliessend für ihr Nichterscheinen jeweils mit einer *Ordnungsbusse* bestraft. Es besteht die Gefahr, dass die Bestrafung bei weiterem ordnungswidrigem Verhalten wiederholt respektive verschärft wird oder dass darüber hinausgehende Disziplinarmassnahmen angedroht und verhängt werden. Den Beschwerdeführern droht, dass sie durch die entsprechenden Massnahmen und namentlich das mit der Disziplinierung einhergehende Unwerturteil in ihrer prozessualen Stellung unwiderruflich beeinträchtigt werden, bevor sie mittels Beschwerde gegen den Endentscheid in der Hauptsache bundesgerichtlichen Rechtsschutz erlangen können. Demnach ist die Gefahr eines nicht wieder gutzumachenden Nachteils rechtlicher Natur bei den vorliegenden, im Zivilverfahren verhängten Ordnungsbussen gegeben. Der direkten Anfechtbarkeit eines derartigen Vor- und Zwischenentscheids steht sodann auch insofern nichts entgegen, als eine disziplinarische Ordnungsbusse regelmässig unabhängig von der Hauptsache beurteilt werden kann und ein Zuwarten bis zum Endentscheid daher keine prozessökonomischen Vorteile hätte.»[611]

409 Das Bundesgericht lässt es offen, unter welchen Voraussetzungen die *Schlichtungsbehörde* eine Partei für ihr Nichterscheinen zur Schlichtungsverhandlung gestützt auf Art. 128 ZPO mit einer *Ordnungsbusse* bestrafen darf. Die Frage ist von erheblicher praktischer Bedeutung. Es besteht insofern ein allgemeiner und dringender Klärungsbedarf. Deshalb ist das Bundesgericht gestützt auf Art. 74 Abs. 2 lit. a BGG auf die Beschwerde in Zivilsachen eingetreten[612].

410 Für *kantonale Regelungen der Ordnungsbussen* bleibt infolge der derogatorischen Kraft des Bundesrechts kein Platz[613].

---

611 BGE 141 III 265 = BGer 4A_510/2014 vom 23.6.2015 E. 2.2.3 und 3.1; Hervorhebung durch den Autor.
612 BGE 141 III 265 = BGer 4A_510/2014 vom 23.6.2015 E. 5.4, das Bundesgericht hat lediglich entschieden, eine Verhängung von Ordnungsbussen sei jedenfalls mangels vorgängiger Androhung unzulässig.
613 A.M. *Lachat*, CPC, S. 101, N 7.5.

6. Kostenregelung im Schlichtungsverfahren

a) Grundsätzliches

Im *Schlichtungsverfahren* werden generell keine *Parteientschädigungen* zugesprochen (Art. 113 Abs. 1 ZPO) und in Streitigkeiten aus Wohn- und Geschäftsräumen sowie landwirtschaftlicher Pacht (nicht aber bei Streitigkeiten über andere Mietverhältnisse) auch keine Gerichtskosten erhoben (Art. 113 Abs. 2 lit. c ZPO). Das gilt auch für das Rechtsmittelverfahren[614].

411

Allerdings betrifft dies nur die *Kosten im Schlichtungsverfahren* und nicht diejenigen für das Schlichtungsverfahren. Das Bundesgericht hat die Kontroverse darüber, ob im anschliessenden Gerichtsverfahren nach Scheitern des Schlichtungsversuches die Kosten für das Schlichtungsverfahren geltend gemacht werden können, im bejahenden Sinn entschieden. Art. 113 ZPO spreche von Kosten im und nicht für das Schlichtungsverfahren. Wer keine Einigung eingehe, trage das Risiko der Kostenauflage für das Schlichtungsverfahren im anschliessenden Gerichtsverfahren[615].

412

b) Kontroverse über die Kosten beim Urteilsvorschlag und Entscheid

Die Ansicht, wonach auch im *Schlichtungsverfahren Parteientschädigungen* gesprochen werden können, wenn ein Urteilsvorschlag unterbreitet (Art. 210 f. ZPO) oder ein Entscheid (Art. 212 ZPO) gefällt wird, ist abzulehnen, obwohl sie in unterschiedlicher Ausprägung von einem grösseren Teil der Lehre bejaht wird[616].

413

Einige Autoren schliessen im obigen Sinne generell Parteientschädigungen und bei Wohn- und Geschäftsräumen auch Gerichtskosten im Schlichtungsverfahren, inkl. Urteilvorschlag (Art. 210 ZPO) und Entscheid (Art. 212 ZPO), aus[617]. Andere Autoren, vor allem aus der Westschweiz, sprechen sich für eine generelle Kostenlosigkeit im Schlichtungsverfahren aus, sehen aber die Möglichkeit, bei Nicht-Raum-Mietverhältnissen Kosten zu sprechen. *Lachat* verweist diesbezüglich auf die Möglichkeit von

414

---

614 OGer ZH, PD110005, 23.5.2011, E. 2; OGer ZH, PD110010, 31.10.2011, E. 4a; *Jenny*, in: Sutter-Somm/Hasenböhler/Leuenberger (Hrsg.), Art. 113 ZPO N 3; Bezirksgericht Hinterrhein, 25.5.2011, in: Mitteilungen BWO 50, Nr. 10, und in: mp-flash 4/2012, S. 3.

615 BGE 141 III 20 = BGer 4A_463/2014 vom 23.1.2015 E. 5.2. f., in: Praxis 4/2015, S.VI; SZZP 3/2015, S. 230, Kommentar *François Bohnet*; ius.focus 7/2015, S. 23, Kommentar *Nadine Grieder*; *Honegger*, in: Sutter-Somm/Hasenböhler/Leuenberger (Hrsg.), Art. 207 ZPO N 10.

616 Zu undifferenziert und zu einseitig ist die Ansicht von BK-*Sterchi*, Art. 113 ZPO N 3 und 114 ZPO, wonach sich dies in der Praxis weitgehend durchgesetzt habe.

617 BK-*Alvarez/Peter*, Art. 207 ZPO N 6; BSK ZPO-*Rüegg*, 1. Auflage, Art. 113 N 3 und N 6; *Jenny*, in: Sutter-Somm/Hasenböhler/Leuenberger (Hrsg.), Art. 113 ZPO N 1 ff.; *Leuenberger/Uffer*, N 10.52 ff.; *Thanei*, mp 4/2009, S. 191; *Bisang*, MRA 3/2010, S. 106; *Püntener*, mp 4/2011, S. 252; Interview mit *Hansjürg Hubacher*, Geschäftsleiter Schlichtungsbehörde Bern-Mittelland, in dubio 1/2011, S. 4 ff.

Art. 116 ZPO, der den Kantonen die Möglichkeit der Kostenbefreiung einräumt[618]. Nach anderer Lehrmeinung gehört der Urteilsvorschlag ins Schlichtungsverfahren, weshalb von der Kostenlosigkeit auszugehen sei[619]. Im Entscheid nach Art. 212 ZPO könnten zwar Gerichtskosten auferlegt, aber keine Parteientschädigung zugesprochen werden[620]. Ähnlicher Ansicht sind mit einer Nuance weitere Autoren, die beim Entscheid nach Art. 212 ZPO auch die Zusprechung einer Parteientschädigung für möglich halten, nicht jedoch beim Urteilsvorschlag[621]. Gleicher Meinung ist das Obergericht des Kantons Bern, wenn es festhält, dass gemäss Art. 113 Abs. 1 ZPO in Schlichtungsverfahren keine Parteientschädigungen ausgesprochen werden. Dieser Grundsatz sei nur sachgerecht, wenn das Schlichtungsverfahren mit einer Einigung oder einer Klagebewilligung abgeschlossen wird. Geht die Schlichtungsbehörde über ihre Schlichtungstätigkeit hinaus und fällt einen Entscheid (Art. 212 ZPO), so gelten die üblichen Kosten- und Verteilungsregeln nach Art. 95 ff. ZPO. Da das Obergericht Bern nur bei einem Entscheid (Art. 212 ZPO) von Parteikosten ausgeht, ist davon auszugehen, dass dies bei einem Urteilsvorschlag nicht der Fall ist[622]. Nach einer weiteren Lehrmeinung gehören auch der Urteilsvorschlag zusammen mit dem Entscheid ins Erkenntnisverfahren, weswegen Prozesskosten auferlegt werden könnten[623].

c) *Lösungsansatz*

415 Die Ansichten, die von einer *generellen Kostentragungspflicht* beim Urteilsvorschlag und beim Entscheid ausgehen, sind wenig durchdacht und in sich widersprüchlich, wird doch einerseits festgehalten, der Urteilsvorschlag entspreche dem altrechtlichen, kostenlosen Entscheid, anderseits habe man die Debatte über die Verfahrenskosten im Rahmen der ZPO nicht neu führen wollen, vielmehr sei der bisherige Rechtszustand übernommen worden, um anschliessend zu folgern, beim Urteilsvorschlag und Entscheid könnten Kosten gesprochen werden[624]. Dies wird mit der Behauptung untermauert, unter altem Recht hätten beim Entscheidverfahren Kosten gesprochen werden können[625], was nachweislich nicht zutrifft (Art. 274d Abs. 2 aOR: «Das Verfahren vor der Schlichtungsbehörde ist kostenlos.»).

---

618 *François Bohnet*, 16ᵉ Séminaire, N 91.
619 KUKO ZPO-*Gloor/Umbricht*, Art. 210 N 6.
620 KUKO ZPO-*Gloor/Umbricht*, Art. 212 N 5.
621 BSK ZPO-*Rüegg*, Art. 113 N 3a und N 4a; *Spühler/Dolge/Gehri*, S. 166 ff.
622 OGer BE, ZK 13 186, 25.6.2013; gl.M. KGer LU, 1C 15 18, 23.6.2015, in: CAN 2/2016, S. 80; *Weingart/Penon*, ZBJV 6/2015, S. 487, FN 95.
623 BSK ZPO-*Rüegg*, Art. 113 N 3; DIKE-Komm-ZPO-*Urwyler*, Art. 113 N 4; *Gasser/Rickli*, Art. 113 ZPO N 1 und 4.
624 DIKE-Komm-ZPO-*Urwyler*, Art. 113 N 1.
625 DIKE-Komm-ZPO-*Urwyler*, Art. 113 N 5; *Gasser/Rickli*, Art. 113 ZPO N 2, Art. 210 ZPO N 1.

Es wird geltend gemacht, die Schlichtungsbehörde wechsle beim *Urteilsvorschlag und* 416
Entscheid vom Schlichtungsverfahren i.S.v. Art. 113 ZPO ins Entscheidverfahren i.S.v.
Art. 114 ZPO[626]. Die Auffassung, wonach der Urteilsvorschlag und der Entscheid nicht
mehr zum Schlichtungsbereich gehören, widerspricht einerseits der Gesetzessystematik (1. Titel: Schlichtungsversuch, Art. 197–212 ZPO)[627], anderseits der Botschaft, die
in diesem Zusammenhang von der vorprozessualen Streiterledigung spricht[628]. Beide
Erledigungsarten sind Bestandteil des Schlichtungsverfahrens[629].

Zudem entspricht der Urteilsvorschlag dem *altrechtlichen Entscheid* in Sachen Hinter- 417
legung, Kündigung und Erstreckung (Art. 274e Abs. 2 aOR). Die Grundsätze der per
1. Januar 2011 aufgehobenen Art. 274 ff. aOR («Behörden und Verfahren») wurden in
die ZPO übernommen, insbesondere das Prinzip der Kostenlosigkeit des Schlichtungsverfahrens. Zudem bildet die Kostenlosigkeit des Verfahrens einen wichtigen Bestandteil des Prinzips «Schlichten vor Richten» und ist Ausdruck des sog. sozialen Zivilprozesses[630]. Prozesskosten wirken sich immer vergleichshindernd aus[631].

---

626 *Schmid*, ZZZ 2011/2012, S. 186; *Arnold*, ZZZ 2011/2012, S. 286; ebenso *Staehelin/Staehelin/Grolimund*, § 20 Rz 42; *Dolge/Infanger*, S. 76; *Jenny*, in: Sutter-Somm/Hasenböhler/Leuenberger (Hrsg.), Art. 113 ZPO N 5; BSK ZPO-*Rüegg*, Art. 113 N 3a.
627 Art. 205 ZPO unterscheidet zwischen der Verwendung der Aussagen später im Entscheidverfahren (Abs. 1) und der Verwendung der Aussagen bei einem Urteilsvorschlag oder Entscheid (Abs. 2). Urteilsvorschlag und Entscheid der Schlichtungsbehörde werden somit vom Entscheidverfahren unterschieden, das erst später – nach Abschluss des Verfahrens vor der Schlichtungsbehörde – zur Anwendung gelangt.
628 Botschaft ZPO, S. 7333.
629 Wer argumentiert, das Schlichtungsverfahren werde verlassen und mutiere zu einem eigentlichen, im wörtlichen Sinne eng gefassten Entscheidverfahren mit der Möglichkeit von Parteientschädigungen, begibt sich verfahrensmässig auf Glatteis und öffnet die Büchse der Pandora einen Spalt breit: Es ergeben sich sprachliche Widersprüche und verfahrensmässige Inkohärenzen, die nach der *ratio legis* der ZPO nicht gewollt sind, und mit denen der Gesetzgeber zweifellos nicht gerechnet hat, so unter anderem:
 – Art. 202–207 ZPO gelten nicht mehr, sobald die Schlichtungsbehörde beschliesst einen Urteilsvorschlag und/oder Entscheid zu fällen.
 – Die Anwesenheitspflicht der Parteien entfällt, ohne Säumnisfolgen zu zeitigen (Art. 204 und 206 ZPO).
 – Die Öffentlichkeit ist zuzulassen (Art. 203 Abs. 3 ZPO).
 – Die beklagte Partei kann eine Sicherheit nach Art. 99 ZPO beantragen.
 – Die Gerichtsferien mit dem Fristenstillstand müssen beachtet werden (Art. 145 ZPO). Entscheidverhandlungen sind ausgeschlossen.
 Wie diese kleinen Verfahrensänderungen in der Praxis umzusetzen sind, ist eine heikle und kaum lösbare Aufgabe, mit der sich auch neckische Spielchen treiben lassen. Jedenfalls handelt es sich um echte Stolperdrähte für die Schlichtungsbehörde, die so gar nicht in das Modell des einfachen und laienfreundlichen Verfahrens passen.
630 Botschaft ZPO, S. 7299; *Jenny*, in: Sutter-Somm/Hasenböhler/Leuenberger (Hrsg.), Art. 113 ZPO N 3.
631 BSK ZPO-*Infanger*, Art. 206 N 14.

418 Auch bei historischer Betrachtungsweise findet sich vor Inkrafttreten der ZPO per 1. Januar 2011 nirgends ein *Hinweis auf die Parteientschädigung*. Die Möglichkeit einer Parteientschädigung bei Urteilsvorschlag und/oder Entscheid wird verneint[632].

419 Als «Kompromiss» bietet sich die *vermittelnde Ansicht* an, wonach bei einer Einigung, der Erteilung der Klagebewilligung und dem *Urteilsvorschlag keine Parteientschädigung* (und auch keine Gerichtskosten) gesprochen werden. Im Entscheidverfahren (Art. 212 ZPO) können – auf Antrag – Parteikosten gesprochen werden[633]. Dabei ist auf Art. 107 ZPO (Verteilung nach Ermessen) und Art. 108 ZPO (unnötige Prozesskosten) besonderes Augenmerk zu legen. Unter dem Auffangstatbestand von Art. 107 lit. f ZPO ist unter anderem auch das Prozessverhalten zu berücksichtigen. Ein fehlerhaftes Verhalten der Gegenpartei rechtfertigt, ihr mehr oder alle Kosten zu überbinden (samt entsprechender Entschädigungsfolge)[634].

> **Beispiel**
>
> Die Schlichtungsbehörde unterbreitet einen Vergleichsvorschlag, der von der Beklagten akzeptiert wird, nicht jedoch vom Kläger. Dieser verlangt einen Entscheid. Die Schlichtungsbehörde erhebt den Vergleichsvorschlag zum Urteil. Gestützt auf die Art. 107 ZPO (Verteilung nach Ermessen) und Art. 108 ZPO (Unnötige Prozesskosten) verweigert die Schlichtungsbehörde eine Parteientschädigung und auferlegt dem Kläger die Gerichtskosten.

De lege ferenda ist zu fordern, dass der Entscheid im Schlichtungsverfahren (Art. 212 ZPO) unter Art. 113 ZPO subsumiert wird und der Katalog des Erlasses von Gerichtskosten in Art. 114 ZPO um Streitigkeiten aus Miet- und Pachtverhältnissen ergänzt wird.

420 Zudem sollten die Kantone vermehrt von der Möglichkeit von Art. 116 Abs. 1 ZPO Gebrauch machen und *kostenbefreite Miet- und Pachtrechtsverfahren* einführen.

421 Gemäss Praxis des Zürcher Obergerichtes ist auch das Rechtsmittelverfahren im Rahmen des Schlichtungsverfahrens kostenlos, zum Beispiel wenn ein Ausstandsgrund im Rahmen eines Schlichtungsverfahrens zu beurteilen ist[635].

---

632 *Angela Hensch*, Arbeitsrechtliche Verfahren – ein Überblick, Ziffer 4.4.4, Referat anlässlich Arbeitsrechtstagung der HSG St. Gallen in Luzern vom 30.10.2009; *Bisang*, MRA 3/2010, S. 106.
633 *Weingart/Penon*, ZBJV 6/2015, S. 490.
634 BGer 4A_166/2011 vom 23.5.2011.
635 OGer ZH, KD130001-O/U, 18.4.2013, in: ZR 2/2013, Nr. 12; und in: mp-flash 4/2013, S. 2.

7. Kostenbefreiung nach kantonalem Recht

Die *Kantone* können grosszügiger sein als das Bundesrecht und umfassende Kostenbefreiungen in Mietsachen vorsehen (Art. 116 ZPO). Gegenwärtig kennen die Kantone Freiburg, Waadt und Genf kostenlose Mietverfahren[636]. Die Kantone können in diesen Verfahren sowohl Gerichts- als auch Parteikosten ausschliessen[637]. 422

Bei der *Kostenregelung für Streitigkeiten aus dem Mietrecht* öffnet sich ein «Röstigraben». Es ist schwer verständlich, dass damit einzig abhängig vom Wohnsitzkanton eine Zweiklassengesellschaft von Mietenden geschaffen wird. Streitigkeiten ergeben sich aus dem materiellen Mietrecht, das für alle gleich lautet. Auch bei diesem Themenbereich hat das Verfahrensrecht gegenüber dem materiellen Recht lediglich eine dienende Funktion. 423

De lege ferenda ist die Einführung von kostenlosen Schlichtungs- und Gerichtsverfahren bei Streitigeiten aus dem Immobiliar-Mietrecht zu fordern. 424

---

636 Einen Überblick gibt *Lachat*, CPC, S. 56 ff.
637 BGE 139 III 182 = BGer 4A_607/2012 vom 21.2.2013, in: mp 3/2013, S. 241; zur Kontroverse, ob unter dem Begriff «Prozesskosten» in Art. 116 ZPO nur die Gerichtskosten zu verstehen sind, vgl. BSK ZPO-*Rüegg*, Art. 116 N 2.

Kapitel 18 Unentgeltliche Rechtspflege (Art. 117 ff. ZPO)

1. Allgemeines

425 Das *Recht auf unentgeltliche Rechtspflege* (Art. 117 ff. ZPO) ist ein prozessuales, verfassungsmässig garantiertes Grundrecht (Art. 29 Abs. 3 BV)[638].

426 Die Rechtsprechung hat die *juristischen Personen* von der verfassungsmässigen Garantie der unentgeltlichen Rechtspflege stets ausgeschlossen. Ausnahmsweise kann für eine juristische Person ein Anspruch auf unentgeltliche Rechtspflege bestehen, wenn ihr einziges Aktivum im Streit liegt und neben ihr auch die wirtschaftlich Beteiligten mittellos sind[639]. Das Obergericht Zürich verlangt zusätzlich, dass die Verweigerung der unentgeltlichen Rechtspflege allgemeinen Interessen zuwiderlaufen müsse. Solche Interessen lägen beispielsweise in der Erfüllung von Aufgaben, die der Allgemeinheit dienen, oder in der Erhaltung einer Vielzahl von Arbeitsplätzen[640].

427 Die ZPO sieht eine *gerichtliche Aufklärungspflicht* betreffend die mutmassliche Höhe der Prozesskosten und die unentgeltliche Rechtspflege vor (Art. 97 ZPO). Dies ist insbesondere der Fall, wenn eine Partei den Prozess selber führt, mithin nicht anwaltlich vertreten ist. Auch ein Laie soll das Kostenrisiko abschätzen können. Keine gerichtliche Aufklärungspflicht besteht dagegen, wenn die Parteien anwaltlich vertreten sind[641]. Die ZPO bestimmt nicht, in welcher Form die Aufklärung zu geschehen hat. Um den Zweck der Norm zu erfüllen, sollte dies schriftlich erfolgen und in den Verfahrensakten festgehalten werden. Bei unterlassener, verspäteter und unrichtiger Aufklärung kann die unentgeltliche Rechtspflege allenfalls rückwirkend bewilligt werden[642].

428 Die unentgeltliche Rechtspflege kann *auf jeder Verfahrensstufe* geltend gemacht werden – insbesondere auch im Schlichtungsverfahren[643]. Zwei Voraussetzungen müssen dabei kumulativ erfüllt sein, damit die unentgeltliche Rechtspflege beansprucht werden kann:

---

[638] *Meichssner*, Das Grundrecht auf unentgeltliche Rechtspflege, Basel 2008.
[639] BGer 4A_665/2014 vom 2.4.2015 E. 3; HGer AG, HOR.2012.24, 7.11.2012, in: CAN 1/2013, Nr. 14.
[640] OGer ZH, PF130055, 10.3.2014; BezGer Meilen, EZ 140005, 17.9.2014, in: ius.focus 8/2015, S. 23, Kommentar *Isabelle Reding*.
[641] Botschaft ZPO, S. 7293.
[642] KGer BL, 410 11 75/LIA, 7.6.2011, in: CAN 1/2013, Nr. 6.
[643] Da das Schlichtungsverfahren kostenlos ist, reduziert sich der Umfang der unentgeltlichen Rechtspflege auf die Bestellung eines Rechtsbeistandes (Art. 118 Abs. 2 lit. c ZPO).

Art. 117 ZPO

Eine Person hat Anspruch auf unentgeltliche Rechtspflege, wenn:
a. sie nicht über die erforderlichen Mittel verfügt [sog. Prozessarmut]; und
b. ihr Rechtsbegehren nicht aussichtslos erscheint.

2. Prozessarmut

Für die Beurteilung der *prozessualen Bedürftigkeit* (Mittellosigkeit, Art. 117 lit. a ZPO) ist nach dem Bundesgericht die gesamte wirtschaftliche Situation der gesuchstellenden Partei zu würdigen. «Dabei ist nicht schematisch auf das betreibungsrechtliche Existenzminimum abzustellen, sondern es ist den individuellen Umständen Rechnung zu tragen. Der Teil der finanziellen Mittel, der das zur Deckung der persönlichen Bedürfnisse Notwendige übersteigt, muss mit den für den konkreten Fall zu erwartenden Gerichts- und Anwaltskosten verglichen werden; dabei sollte es der monatliche Überschuss der gesuchstellenden Partei ermöglichen, die Prozesskosten bei weniger aufwändigen Prozessen innert eines Jahres, bei anderen Prozessen innert zweier Jahre zu tilgen. Zudem muss es der monatliche Überschuss der gesuchstellenden Partei erlauben, die anfallenden Gerichts- und Anwaltskostenvorschüsse innert absehbarer Zeit zu leisten und gegebenenfalls zusätzlich die Parteikosten der Gegenpartei sicherzustellen.»[644] Eine Faustregel besagt, dass die gesuchstellende Partei bei weniger kostspieligen Prozessen in der Lage sein müsse, die Kosten innert eines Jahres zu tilgen.   429

Die *Prozessarmut* muss von der Gesuchstellerschaft bewiesen und belegt werden (Art. 119 Abs. 2 ZPO). Diese hat zur Glaubhaftmachung ihrer Bedürftigkeit die Einkommens- und Vermögensverhältnisse umfassend darzustellen und soweit möglich auch zu belegen. Insoweit trifft sie eine umfassende Mitwirkungsobliegenheit. Werden die zur Beurteilung der aktuellen Gesamtsituation erforderlichen Angaben oder Belege verweigert, kann die Behörde die Bedürftigkeit ohne Verletzung des verfassungsmässigen Anspruchs verneinen und das Gesuch um unentgeltliche Rechtspflege abweisen[645].   430

Konkret bestimmt sich die Prozessarmut aus einer Gegenüberstellung der gesamten finanziellen Verhältnisse der gesuchstellenden Partei auf der einen Seite und ihrer notwendigen Auslagen zum Lebensunterhalt auf der anderen Seite, unter gleichzeitiger Berücksichtigung der mutmasslichen Prozesskosten[646]. Für die Berechnung der anre-   431

---

644 BGE 141 III 369 = BGer 5A_997/2014 vom 27.8.2015 E. 4.1; BGE 135 I 221 E. 5.1; Aus dem Kreisschreiben Nr. 18 des OGer BE. Die Prozessarmut berechnet sich in Bern anhand der jeweils gültigen Ausgabe dieses Kreisschreibens. Das bisher nach bernischer ZPO benötigte UR-Zeugnis der Wohngemeinde gibt es unter der ZPO nicht mehr.
645 BGer 5A_726/2014 vom 2.2.2015 E. 4.3, in: SZZP 4/2015, S. 311.
646 BSK ZPO-*Rüegg*, Art. 117 N 7. Zur Berechnung und zur Kontrolle der behaupteten Prozessarmut sind Excel-Tabellen sehr hilfreich, zu finden unter ‹www.berechnungsblaetter.ch› (4.5.2016).

chenbaren Ausgaben ist auf den *betreibungsrechtlichen Grundbedarf* abzustellen. Hinzuzuzählen sind die Ausgaben für die Miete, die obligatorische Krankenkasse und die Berufsauslagen. Bei der Berechnung der Mittellosigkeit hat die Behörde sämtliche wesentlichen Elemente des Einzelfalles zu berücksichtigen[647].

432 Obwohl die Festsetzung der Prozessarmut Bundesrecht ist, haben die Kantone wie bis anhin ein breites Ermessen, solange keine Bundesverordnung (Art. 400 Abs. 1 ZPO) vorliegt. Die meisten Kantone halten sich bei der Berechnung des Existenzminimums an die *Richtlinien der Konferenz der Betreibungs- und Konkursbeamten* und gewähren Zuschläge von 10–30%. Das Bundesgericht erachtet einen Zuschlag von 25% als zulässig und angemessen[648].

3. Aussichtslosigkeit

433 Als *aussichtslos* erscheinen Rechtsbegehren i.S.v. Art. 117 lit. b ZPO, bei denen die Gewinnaussichten beträchtlich geringer sind als die Verlustgefahren und daher nicht mehr als ernsthaft bezeichnet werden können[649]. Begehren sind aber dann nicht aussichtslos, wenn sich Gewinnaussichten und Verlustgefahren ungefähr die Waage halten oder jene nur wenig geringer sind als diese. Massgebend ist, ob eine Partei, die über die nötigen Mittel verfügt, sich bei vernünftiger Überlegung zu einem Prozess entschliessen würde[650].

434 Erscheinen die Rechtsbegehren einer Beschwerde nur zum Teil als nicht aussichtslos, so wird die unentgeltliche Rechtspflege aus Gründen der Praktikabilität regelmässig vollumfänglich gewährt. Dies bedeutet, dass die unentgeltliche Rechtspflege bei teilweiser Erfolgsaussicht grundsätzlich ohne Differenzierung zu gewähren ist. Nur ausnahmsweise kann die unentgeltliche Rechtspflege auch bloss teilweise gewährt werden[651]. Ein solcher Ausnahmefall liegt insbesondere dann vor, wenn mehrere selbstständige Rechtsbegehren gestellt werden, die unabhängig voneinander beurteilt werden können. Die gestellten Rechtsbegehren müssen sich somit klar auseinanderhalten lassen und es muss nur für ein Rechtsbegehren Aussicht auf Erfolg bestehen. Unter dieser Voraussetzung kann die unentgeltliche Rechtspflege für die nicht aussichtslosen Rechtsbegehren gewährt werden; die beschwerdeführende Partei hat damit die Möglichkeit, auf ihre aussichtslosen Begehren zu verzichten, ohne dass ihr der Zugang zum Recht für die Begehren verwehrt wird, die nicht als aussichtslos erscheinen[652].

---

647 BGer 4D_30/2015 vom 26.5.2015 E. 3.1, in: mp 3/2015, S. 216.
648 BGer 4D_30/2015 vom 26.5.2015 E. 3.1, in: mp 3/2015, S. 216; BGE 124 I 1 E. 2c.
649 BSK ZPO-*Rüegg*, Art. 117 N 18.
650 BGE 138 III 217 = BGer 5A_842/2011 vom 24.2.2012, in: ZBJV 1/2014, S. 15, Kommentar *Christoph Leuenberger*; BGer 4A_273/2014 vom 15.10.2014.
651 BGer 5A_264/2012 vom 6.12.2012; **a.M.**: BSK BGG-*Geiser*, Art. 64 N 29.
652 BGE 139 III 396 = BGer 4A_105/2013 vom 5.8.2013.

Das *Kantonsgericht Basel-Landschaft* hat sich mit den Anforderungen an die Nichtaus- 435
sichtslosigkeit im Schlichtungsverfahren auseinandergesetzt und festgestellt, entsprechend dem Sinn und Zweck dieses Verfahrens, nach Möglichkeit eine gütliche Einigung zu erzielen, komme dem Erfordernis der Nichtaussichtslosigkeit in der Regel nur eine stark eingeschränkte Bedeutung zu. Im Hinblick auf den Aussöhnungszweck des Schlichtungsverfahrens sei Aussichtslosigkeit nur gegeben, wenn zum Vornherein feststehe, dass eine Partei das Schlichtungsverfahren als blosse Formalität ansehe und keinesfalls zu einem Abrücken von ihrem Standpunkt bereit sei. Dies könne bei einem notorischen Querulanten der Fall sein. Bei Rechtsbegehren, welche nicht geradezu rechtsmissbräuchlich oder querulatorisch seien, sei im Schlichtungsverfahren daher in aller Regel Nichtaussichtslosigkeit anzunehmen[653].

Das *Obergericht des Kantons Bern* hält zudem fest, auch wenn ein Prozess im Grunde 436
wenig vielversprechend aussehe, sei nicht ausgeschlossen, dass im Schlichtungsverfahren eine Einigung erzielt werden könne. Die Schlichtung habe zum Ziel, den Parteien den Dialog zu ermöglichen und Gelegenheit zu bieten, sich zu einigen und damit einen Prozess zu verhindern. Ein solches Verfahren sei nie chancenlos für diejenige Partei, die es einleite, es sei denn, es würden Verfahrensprobleme vorliegen, welche das Schlichtungsgesuch unzulässig machten[654]. Auch wenn die Chance auf eine Einigung geringer scheine als das Risiko des Unterliegens in der Sache, könne nicht von vornherein gesagt werden, dass der Schlichtungsversuch chancenlos sei[655]. Es rechtfertigt sich, im Rahmen der Prüfung von Art. 117 lit. b ZPO auf die *Aussichten des Schlichtungsverfahrens* und nicht auf die Erfolgschancen im Erkenntnisverfahren abzustellen[656].

Die Risikoabschätzung erfolgt im Zeitpunkt der *Eingabe des Gesuchs um unentgeltliche* 437
Rechtspflege. Ein Prüfkriterium kann die Frage sein, ob sich eine Partei, die ihre Prozesskosten selber aufbringen muss, bei vernünftiger Überlegung zu einem Prozess entschliessen würde.

Die *Anspruchsvoraussetzung der Nichtaussichtslosigkeit* ist grundsätzlich unabhängig 438
von der Parteirolle zu prüfen. Sofern das Verfahren nicht eine besondere Rücksichtnahme auf die Parteirolle verlangt, beurteilt sich im Grundsatz die Aussichtslosigkeit der Rechtsbegehren des Beklagten nicht anders als für den Kläger; auch vom Beklagten kann erwartet werden, dass er offensichtlich berechtigte Ansprüche anerkennt und nicht sinnlos prozessiert. Im Rechtsmittelverfahren präsentiert sich die Situation anders: Hier kann die Rechtsposition des Rechtsmittelbeklagten kaum als aussichtslos bezeichnet werden, wenn sie in erster Instanz vom Gericht geschützt worden ist; in

---

653 Präsidentin des KGer BL, S 2013 661, 17.12.2013, E. 3.3, in: mp 2/2014, S. 162.
654 Z.B. eine objektive örtliche- bzw. sachliche Unzuständigkeit.
655 OGer BE, ZK 13 689, 17.3.2014, E. II. C.2.
656 **A.M.** *Weingart/Penon*, ZBJV 6/2015, S. 493, mit einlässlicher Begründung und Hinweisen auf kantonale Entscheide.

der Regel ist daher die Nichtaussichtslosigkeit der Begehren des Rechtsmittelbeklagten zu bejahen. Dies gilt sinngemäss auch dann, wenn eine Gerichtsminderheit der Vorinstanz den Standpunkt des Gesuchstellers teilt[657].

439 Um die *Erfolgsaussichten* eines Rechtsmittels zu bestimmen, darf der Richter das erstinstanzliche Urteil berücksichtigen, indem er dieses den gestellten Rechtsmittelanträgen gegenüberstellt. Diese Prüfung darf indessen nicht dazu führen, dass es einer Partei praktisch verunmöglicht wird, das von ihr in Frage gestellte Urteil überprüfen zu lassen[658].

440 Es rechtfertigt sich jedoch, von diesem Grundsatz abzuweichen, wenn der angefochtene Entscheid an einem *offensichtlichen Mangel*, namentlich an einem krassen Verfahrensfehler, leidet, der für sich allein zur Aufhebung des Entscheids führen muss. Hier darf vom Rechtsmittelbeklagten erwartet werden, dass er sich dem Rechtsmittel des Gegners unterzieht und nicht unnötige Kosten generiert[659].

4. Umfang der unentgeltlichen Rechtspflege

a) Befreiung von Vorschuss- und Sicherheitsleistungen

441 Da bei Mietstreitigkeiten über Wohn- und Geschäftsräume vor der Schlichtungsbehörde weder Gerichtskosten noch Parteientschädigungen gesprochen werden (Art. 113 Abs. 2 lit. c ZPO), sind auch keine Gerichtskostenvorschüsse (Art. 98 ZPO) und keine Parteikostensicherheiten (Art. 99 ZPO) zu leisten[660]. Im nachfolgenden Gerichtsverfahren (ordentliches Verfahren, Art. 219 ff. ZPO, oder vereinfachtes Verfahren, Art. 243 ff. ZPO) greift die *Befreiung von Vorschusszahlungen* nicht mehr, so dass sich in diesen Fällen die unentgeltliche Rechtspflege auswirkt.

b) Befreiung von Gerichtskosten

442 Für das *Verfahren vor der Schlichtungsbehörde* gilt das oben Gesagte (vgl. N 411 ff.). Infolge der Kostenlosigkeit des Verfahrens entstehen keine Gerichtskosten. Diese fallen im ordentlichen, vereinfachten und Summarverfahren an.

---

657 BGer 5D_181/2011 vom 11.4.2012.
658 BGer 5A_858/2012 vom 4.2.2013.
659 139 III 475 = BGer 4A_314/2013 vom 6.8.2013, in: ZBJV 3/2015, S. 271, Kommentar *Christoph Leuenberger*.
660 Nach hier vertretener Auffassung auch nicht beim Urteilsvorschlag (Art. 210 ZPO) und Entscheid (Art. 212 ZPO), vgl. N 415 ff.

c)   Die Bestellung eines unentgeltlichen Rechtsbeistandes

In Mietstreitigkeiten über Wohn- und Geschäftsräume vor der Schlichtungsbehörde 443
geht es einzig um die *Bestellung eines unentgeltlichen Rechtsbeistandes*. Ein Rechtsbeistand wird bestellt, wenn dies zur Wahrung der Rechte notwendig ist (Art. 118 Abs. 1 lit. c ZPO). Ob die Verbeiständung notwendig ist, bewertet sich nach den konkreten Umständen des Einzelfalls. Die Rechtsnatur des Verfahrens ist ohne Belang. Grundsätzlich fällt die unentgeltliche Verbeiständung für jedes staatliche Verfahren in Betracht, in das die Gesuchstellerin einbezogen wird oder das zur Wahrung ihrer Rechte notwendig ist[661].

Fehlende Sprachkenntnis kann einen Grund darstellen, der Anspruch auf unentgelt- 444
liche Rechtspflege und damit auf die Bestellung eines Rechtsbeistandes verschafft. Bejaht wurde der Anspruch im Falle eines des Deutschen nicht mächtigen Nigerianers, der den Antrag in einem kantonalen Rechtsmittelverfahren stellte[662].

Auch wenn ein Verfahren der *Untersuchungs- oder Offizialmaxime* untersteht, lässt 445
dies eine anwaltliche Vertretung nicht ohne weiteres als unnötig erscheinen[663].

Wie sich bereits aus der Botschaft zur ZPO ergibt, kann auch für das Schlichtungsver- 446
fahren gemäss Art. 197 ff. ZPO ein *unentgeltlicher Rechtsbeistand* gewährt werden, wenn die Streitsache dies rechtfertigt[664]. Es gilt jedoch ein strenger Massstab. Es muss sich um eine Auseinandersetzung mit einer gewissen Schwere und Schwierigkeiten tatsächlicher und rechtlicher Art handeln. Bagatellfälle mit einem geringen Streitwert rechtfertigen die Bestellung eines Rechtsbeistandes in der Regel nicht[665]. Handelt es sich um Rechtsansprüche, deren Durchsetzung juristische Kenntnisse erfordern, was im Mietrecht sehr oft der Fall ist, und sind persönliche Gründe zu berücksichtigen (z.B. Alter, soziale Situation, Gesundheitszustand), kann die Bestellung eines Rechtsbeistands auch bei eher kleinen Streitwerten gerechtfertigt sein. Prozesse um wichtige Aspekte des Lebens, wie die Wohnung, gelten in aller Regel als relativ schwere Fälle.

Beispiel

Weist die Frage, ob eine Kündigung des Mietvertrages wegen einer Gesamtsanierung rechtmässig erfolgt ist, eine gewisse Komplexität auf, ist die Bestellung eines unentgeltlichen Rechtsbeistandes gerechtfertigt[666].

---

661   BGE 130 I 180 E. 2.2 S. 182.
662   BGer 5A_875/2014 vom 20.5.2015.
663   BGE 130 I 180 E. 3.2 S. 183; 125 V 32 E. 4b S. 36; BGer 4A_238/2010 vom 12.7.2010 E. 2.3.3.
664   Botschaft ZPO, S. 7302.
665   BGer 5A_395/2012 vom 16.7.2012 E. 4.4.2.
666   OGer ZH, VO 110140-O/U, 30.11.2011, in: mp 1/2012, S. 60 ff.

Allgemein ausgedrückt hat eine Partei dann *Anspruch auf Verbeiständung*, wenn ihre Interessen in schwerwiegender Weise betroffen sind und der Fall in tatsächlicher und rechtlicher Hinsicht Schwierigkeiten bietet[667].

447 Wenn die *Gegenpartei anwaltlich vertreten* ist oder der Vermieter im Schlichtungsverfahren den Verwalter delegiert, ist zur Wahrung der sog. Waffengleichheit die Bestellung eines Rechtsbeistandes nötig[668]. Dies trifft auch dann zu, wenn die Untersuchungsmaxime gilt, wie dies im Mietrecht der Fall ist. Fragwürdig ist es deshalb, wenn die Bestellung eines Rechtsbeistands auch mit dem Hinweis auf die institutionellen Hilfestellungen abgelehnt wird[669]. Es ist zu fordern, dass die bisherige zurückhaltende Praxis auch bei Geltung der Offizialmaxime mit «Fürsorgepflicht» aufgegeben wird und die Rechtsverbeiständung regelmässig bewilligt wird[670].

448 Bei der Frage nach der *Waffengleichheit* kann durchaus berücksichtigt werden, welche Seite zuerst eine Rechtsvertretung beigezogen und damit ein Gleichziehen der anderen Seite provoziert hat. Wer sich dazu entschliesst, den Streit von Anfang an unter anwaltlichem Beizug zu führen, ohne die Durchführung des Schlichtungsverfahrens abzuwarten, geht das Risiko ein, dass die andere Partei gleichzieht, und kann die damit zusammenhängenden Kosten nicht einfach auf die Allgemeinheit abwälzen[671].

449 Grundsätzlich können zugelassene *Anwälte als Rechtsbeistand* bestellt werden. Ob auch Rechtsagentinnen und Rechtsagenten nach kantonalem Recht (Art. 68 Abs. 2 lit. b ZPO) zugelassen werden sollen, ist kontrovers[672]. Es wird sogar die Meinung vertreten, dass als unentgeltlicher Rechtsbeistand eine andere Person beauftragt werden könne, solange sie fähig sei, die Interessen der Partei fachlich zu vertreten[673].

450 Die vertretene Partei hat keinen Anspruch auf *Wechsel des Rechtsbeistandes*, doch kann dieser bewilligt werden, wenn aus objektiven Gründen eine sachgemässe Vertretung

---

667 Präsidentin des KGer BL, 17.12.2013, E. 3.4, in: mp 2/2014, S. 162.
668 Präsidentin des KGer BL, 17.12.2013, in: mp 2/2014, S. 162; teilweise **a.M.** Chambre de recours civile, 16.3.2012, in: JdT, PPP 2/2012, S. 76 ff.; und in: mp-flash 5/2012, S. 2; OGer BE, ZK 13 482, 2.12.2013, in: CAN 2/2015, Nr. 28.
669 So das OGer BE unter anderem mit dem Argument, die Rechtslage sei auch für Laien verständlich, zumal die Rechtsberatungsstelle der Schlichtungsbehörde die Beschwerdeführerin zu diesen Punkten jederzeit hätte beraten können und es nicht ersichtlich sei, inwiefern es nicht möglich gewesen sein solle, sich an die Rechtsberatungsstelle zu wenden (OGer BE, ZK 14 377, 29.9.2014, E. 7 und E. 8a).
670 BSK ZPO-*Rüegg*, Art. 8 N 12; ebenso *Meichssner*, S. 135, und *Lachat*, CPC S. 61, FN 113.
671 OGer BE, ZK 13 482, 2.12.2013, E. 8, in: CAN 2/2015, Nr. 28.
672 Vgl. dazu BSK ZPO-*Rüegg*, Art. 118 N 13. Die Schlichtungsbehörde muss nicht notwendigerweise einen Anwalt mandatieren, sie kann z.B. für den Vermieter einen Liegenschaftsverwalter und für die Mieter einen Vertreter des Mieterverbandes bezeichnen, *Lachat*, CPC, S. 60, Kap. 6.8.
673 *Lachat*, CPC, S. 60 und FN 111.

der Interessen durch den bisherigen Rechtsanwalt nicht mehr gewährleistet ist. Ein Wechsel des unentgeltlichen Rechtsbeistandes bedarf der richterlichen Bewilligung[674].

Es braucht nicht zwingend eine Gegenrechtsvereinbarung, mit einem andern Kanton, um einen Rechtsanwalt aus einem andern Kanton als unentgeltlichen Rechtsbeistand einzusetzen. Es genügt, wenn der andere Kanton *Gegenrecht* hält[675]. 451

Die *nähere Regelung der Pflichtmandate*, einschliesslich Entschädigung, ist *Sache der Kantone*. Mit dem Mandat, für eine unbemittelte Partei als Rechtsvertreter tätig zu werden, übernimmt der Anwalt keinen privaten Auftrag. Das Mandat kann verbindlich nur durch den Kanton selbst erteilt werden und stellt für den Anwalt die Übernahme einer staatlichen Aufgabe dar. Sein Verhältnis zum Staat wird vom kantonalen öffentlichen Recht bestimmt. Die Bestellung eines Anwalts zum unentgeltlichen Rechtsbeistand stellt eine Verfügung dar, welche das besondere öffentlich-rechtliche Rechtsverhältnis zwischen Anwalt und Staat begründe[676]. 452

d)   Ausschluss von der unentgeltlichen Rechtspflege

Von der unentgeltlichen Rechtspflege nicht erfasst wird die *Bezahlung einer Parteientschädigung an die Gegenpartei* (Art. 118 Abs. 3 und Art. 122 Abs. 1 lit. d ZPO). 453

Ausgeschlossen ist die unentgeltliche Rechtspflege ferner im Verfahren der *vorsorglichen Beweisführung* zur Abklärung der Prozesschancen[677]. Dieser Leitentscheid des Bundesgerichtes verletzt eindeutig das Verfassungsgrundrecht der unentgeltlichen Rechtspflege von Art. 29 Abs. 1 BV[678]. 454

Schliesslich ist die unentgeltliche Rechtspflege auch im *Schiedsgerichtsverfahren* ausgeschlossen (Art. 380 ZPO). 455

5.   Einreichung des Gesuchs um unentgeltliche Rechtspflege

Art. 119 Abs. 1 ZPO   456

Das Gesuch um unentgeltliche Rechtspflege kann vor oder nach Eintritt der Rechtshängigkeit und in jedem Verfahrensstadium gestellt werden.

---

674   BGE 141 I 70 = BGer 8C_310/2014 vom 31.3.2015 E. 6.2, in: ius.focus 8/2015, S. 21, Kommentar *Claudia Walz*.
675   OGer SO, ZKBES.2013.143, 17.12.2013, in: CAN 2/2014, Nr. 34.
676   BGE 141 I 70 = BGer 8C_310/2014 vom 31.3.2015 E. 6.1, in: ius.focus 8/2015, S. 21, Kommentar *Claudia Walz*.
677   BGE 141 I 241 = BGer 4A_334/2015 vom 22.9.2015, in: SZZP 1/2016, S. 29, Kommentar *Valentin Rétornaz*; BGE 140 III 12 = BGer 4A_589/2013 vom 16.1.2014, in: ius.focus 8/2014, S. 22, Kommentar *Sandra Altherr*; und in: SZZP 3/2014, S. 230, Kommentar *Lorenz Droese*.
678   *Bühler*, plädoyer 5/2015, S. 22; *Schumacher*, plädoyer 1/2016 S. 36.

457 Mit dem Gesuch sind die *nötigen Unterlagen* einzureichen (Art. 119 Abs. 2 ZPO). Bei unvollständigen Angaben hat die Schlichtungs- bzw. Gerichtsbehörde eine Nachfrist zur Verbesserung und Ergänzung des Gesuchs anzusetzen. Es gilt ein durch die umfassende Mitwirkungsobliegenheit eingeschränkter Untersuchungsgrundsatz[679]. Das Gesuch muss den Voraussetzungen von Art. 119 Abs. 2 ZPO genügen, welcher verlangt, dass der Gesuchsteller seine Einkommens- und Vermögensverhältnisse darlegt und sich zur Sache und zu den Beweismitteln äussert[680].

458 Der Gesuchsteller hat zur Erfüllung seiner *Mitwirkungsobliegenheit* zunächst seine Einkommens- und Vermögensverhältnisse darzulegen und zu belegen. Die mit dem Gesuch befasste Behörde hat danach weder den Sachverhalt von sich aus nach jeder Richtung hin abzuklären, noch unbesehen alles, was behauptet wird, von Amtes wegen zu überprüfen. Sie muss den Sachverhalt nur dort (weiter) abklären, wo noch Unsicherheiten und Unklarheiten bestehen, sei es, dass sie von einer Partei auf solche hingewiesen wird, sei es, dass sie sie selbst feststellt[681].

6. Zuständigkeit

a) Im Schlichtungsverfahren

459 Zwar sieht Art. 119 Abs. 3 ZPO vor, dass das «Gericht» über ein Gesuch um unentgeltliche Rechtspflege entscheidet. In Art. 113 Abs. 1 ZPO ist indessen die Möglichkeit vorgesehen, dass eine unentgeltliche Rechtsvertretung bloss für das Schlichtungsverfahren bestellt wird. Die Beurteilung von Gesuchen um unentgeltliche Rechtspflege ausschliesslich einem Gericht und damit einer zusätzlichen Behörde zu übertragen, widerspräche der *ratio legis* der ZPO. Die Kantone können nach Art. 4 ZPO die sachlich zuständigen Gerichte ohnehin selber bezeichnen. In der Regel ist es die Schlichtungsbehörde selber, es kann aber sogar eine Verwaltungsbehörde vorgesehen werden[682]. Es ist vertretbar, die Entscheidung über das Gesuch um unentgeltliche Rechtspflege als prozessleitende Verfügung zu qualifizieren; somit ist es nicht willkürlich, anzunehmen, die Instruktionsrichterin oder der Instruktionsrichter der Schlichtungsbehörde sei dafür allein zuständig[683].

---

679 Botschaft ZPO, S. 7303.
680 BGer 5A_380/2015 vom 1.7.2015 E. 3.2.3, in: SZZP 6/2015, S. 494.
681 BGer 4A_114/2013 vom 20.6.2013; BGer 4A_645/2012 vom 19.3.2013 E. 3.3; BGer 5A_65/2009 vom 25.2.2009.
682 *Gasser/Rickli*, Art. 119 ZPO N 2. In Bern wird gemäss Art. 13 EG ZSJ i.V.m. mit Art. 8 EG ZSJ die Schlichtungsbehörde als zuständig bezeichnet; OGer BE ZK 11 206, 7.7.2011, in: CAN 2/2012, Nr. 31.
683 BGer 4A_384/2011 vom 4.8.2011.

b) Im Gerichts- und Rechtsmittelverfahren

Das *Rechtsmittelverfahren* um die Gewährung der unentgeltlichen Rechtspflege im Zivilprozess ist ein Zweiparteienverfahren zwischen der Erstinstanz bzw. deren Hoheitsträger und der Gesuchstellerin, in welchem der Gegenpartei des Hauptprozesses keine Parteistellung zukommt[684]. Dementsprechend können ihr dafür auch keine Kosten auferlegt werden[685]. Wird die Gegenpartei fakultativ betreffend Gewährung der unentgeltlichen Rechtspflege angehört, gibt dies keinen Anspruch auf eine Parteientschädigung; es müsste mindestens ein Antrag auf eine Parteientschädigung gestellt werden; dies wird nicht von Amtes wegen geprüft[686]. Die Verlegung der Gerichts- und Parteikosten richtet sich nach Art. 106 ZPO.

460

Wird eine Beschwerde gegen die – teilweise – Verweigerung der unentgeltlichen Rechtspflege gutgeheissen, so obsiegt die Gesuchstellerin, während der *Kanton als unterliegende Partei* i.S.v. Art. 106 Abs. 1 ZPO zur Ausrichtung einer Parteientschädigung verpflichtet werden kann.

461

Da es sich nicht um ein *Zweiparteienverfahren* handelt, hat die Gegenpartei keinen eigentlichen Anspruch auf das rechtliche Gehör. Die Gegenpartei kann aber dennoch angehört werden (Art. 119 Abs. 3 ZPO). Sie ist dann zwingend anzuhören, wenn sie selber auch betroffen ist, das heisst, wenn die unentgeltliche Rechtspflege die von ihr beantragte Kaution nach Art. 99 ZPO mit umfassen soll, was – wie erwähnt – Mietstreitigkeiten (mindestens bei der Wohn- und Geschäftsraum-Miete) nicht betreffen kann.

462

Der Anspruch auf Anhörung bedeutet keine Pflicht des Gerichts, den *Sicherstellungsberechtigten* zur Stellungnahme zum Gesuch um unentgeltliche Rechtspflege aufzufordern[687]. Hat aber die Gegenpartei die Leistung einer Sicherheit beantragt, so ist sie berechtigt, zum Gesuch um die unentgeltliche Rechtspflege Stellung zu nehmen. Eine Verletzung dieses Anspruchs ist mit Beschwerde in Zivilsachen rügbar[688].

463

7. Entscheid über das Gesuch um unentgeltliche Rechtspflege

Die Schlichtungsbehörde oder das Gericht entscheidet über den Anspruch im *summarischen Verfahren*[689] (Art. 119 Abs. 3 Satz 1 ZPO). Ein negativer Entscheid kann mit *Be-*

464

---

684 BGE 140 III 501 = BGer 4A_374/2013 vom 23.9.2014, in: SJZ 22/2014, S. 585; und in: mpflash 10/2014; OGer BE, ZK 13 234, 12.7.2013, in: CAN 2/2014, Nr. 36.
685 BGer 5A_381/2013 vom 19.8.2013, in: ius.focus 11/2013, S. 21, Kommentar *Claudia Walz*.
686 BGE 139 III 334 = BGer 4A_237/2013 vom 8.7.2013, in: ius.focus 11/2013, S. 22, Kommentar *Thomas Gelzer*; und in: SZZP 2/2014, S. 115, Kommentar *Denis Tappy*.
687 KGer LU, 1C 14 42, 20.1.2015, E. 6.3, in: CAN 4/2015, Nr. 74.
688 BGer 4A_585/2013 vom 13.3.2014, in: SZZP 4/2014, S. 357.
689 BSK ZPO-*Rüegg*, Art. 119 N 7.

schwerde nach Art. 319 ff. ZPO angefochten werden (Art. 121 ZPO)[690]. Auch eine teilweise Ablehnung des Gesuchs ist anfechtbar. Lehnt das Gericht die unentgeltliche Rechtspflege ab, so hat sie im ablehnenden Entscheid eine neue Frist zur Leistung des Kostenvorschusses anzusetzen[691].

465 Aus verfassungsrechtlicher Sicht (Art. 29 Abs. 3 BV) genügt, wenn die betroffene Partei im Rahmen des gleichen Zivilprozesses einmal die Gelegenheit erhält, die unentgeltliche Rechtspflege zu erlangen. Ein zweites Gesuch um unentgeltliche Rechtspflege auf der Basis desselben Sachverhalts hat den Charakter eines Wiedererwägungsgesuchs, auf dessen Beurteilung weder gestützt auf Art. 117 ff. ZPO noch von Verfassungs wegen ein Anspruch (Art. 29 Abs. 3 BV) besteht. Anders stellt sich die Situation nur dar, wenn sich die Verhältnisse seit dem Entscheid über das erste Gesuch geändert haben. Die Zulässigkeit eines neuen Gesuchs um unentgeltliche Rechtspflege auf der Basis geänderter Verhältnisse ergibt sich aus dem Umstand, dass der Entscheid über die Gewährung bzw. Verweigerung der unentgeltlichen Rechtspflege ein prozessleitender Entscheid ist, der nur formell, jedoch nicht materiell, rechtskräftig wird[692].

466 Es ist zulässig, die Bewilligung der unentgeltlichen Rechtspflege davon abhängig zu machen, dass der Antragsteller den *künftigen Prozessgewinn* (sei das die streitige Forderung oder z.B. den Anfall aus einer Erbteilung) dem Staat abtritt[693].

8. Festsetzung des amtlichen Honorars

467 Die *Kantone* übernehmen die Entschädigung (Art. 122 Abs. 1 lit. a ZPO). Die Bemessung der Entschädigung des unentgeltlichen Rechtsbeistandes im kantonalen Verfahren ist mangels bundesrechtlicher Bestimmungen dem kantonalen Recht überlassen. Das kantonale Gericht ist bei der Bemessung der Entschädigung des unentgeltlichen Rechtsbeistands von Bundesrechts wegen nicht an die allenfalls geltend gemachten Honoraransprüche gebunden, weshalb Art. 29 Abs. 2 BV grundsätzlich nicht verletzt wird, wenn es auf die Einholung einer Kostennote verzichtet[694]. Nach wie vor wird es folglich grosse kantonale Unterschiede in der Entschädigung geben.

468 Heisst die Schlichtungsbehörde das Gesuch um unentgeltliche Rechtspflege gut, hat sie spätestens beim Abschluss des Verfahrens die *Kostenverfügung* über die Entschädigung des amtlichen Anwalts zu treffen. Geschuldet ist eine *angemessene Entschädigung* durch den Kanton. Die Frage nach der Höhe der Parteientschädigung ist eine Ermessensfrage, deren Beantwortung letztinstanzlicher Korrektur nur dort zugänglich ist,

---

690 Im Summarverfahren beträgt die Frist 10 Tage (Art. 321 Abs. 2 ZPO).
691 BGer 5D_7/2012 vom 26.3.2012.
692 BGer 5A_299/2015 vom 22.9.2015 E. 3.2; BGer 4A_410/2013 vom 5.12.2013.
693 OGer ZH, RB 140039, 21.5.2015.
694 BGE 141 I 70 = BGer 8C_310/2014 vom 31.3.2015 E. 5.2, in: ius.focus 8/2015, S. 21, Kommentar *Claudia Walz*.

wo Willkür oder rechtsfehlerhafte Ermessensausübung vorliegt. Das Obergericht Bern hat mit Blick auf den Zweck und Ablauf des Schlichtungsverfahrens eine Praxis entwickelt, wonach für das Schlichtungsverfahren in der Regel höchstens ein Aufwand von fünf bis sieben Stunden als geboten erscheint[695].

Der *Entscheid über die Höhe der Entschädigung* muss in der Regel nicht begründet werden. Eine grundsätzliche Verpflichtung zur Entscheidbegründung besteht aber namentlich gegenüber dem Rechtsanwalt, wenn die Festsetzung der Parteientschädigung nicht mit dessen Kostennote übereinstimmt oder sonstwie unüblich ist[696]. 469

Das *Studium des Urteils und dessen Nachbesprechung* ist Teil des öffentlich-rechtlichen Mandates des unentgeltlichen Rechtsbeistandes, da nachprozessuale Leistungen, welche in einem offensichtlichen Zusammenhang mit dem Mandat stehen, von einem einheitlichen Mandat umfasst werden[697]. 470

Die Angemessenheit ist mittels *Beschwerde* überprüfbar[698]. Die Beschwerdefrist läuft erst nach Zustellung der schriftlichen Begründung (Art. 321 Abs. 1 ZPO) und beträgt 10 Tage (Art. 321 Abs. 2 ZPO). 471

Im Verfahren um die unentgeltliche Rechtspflege werden *keine Gerichtskosten* erhoben (Art. 119 Abs. 6 ZPO). 472

Davon zu unterscheiden ist ein allfälliges *Beschwerdeverfahren*. Dieses ist u.U. nicht mehr kostenlos[699], es ist deshalb folgerichtig, dem Beschwerdeführer bei Obsiegen die volle Parteientschädigung i.S.v. Art. 106 Abs. 1 ZPO zuzusprechen. Nur so wird die beschwerdeführende Partei so gestellt, als wäre ihr die unentgeltliche Rechtspflege korrekt von Anfang an bewilligt worden[700]. 473

Obsiegt die Partei, der die unentgeltliche Rechtspflege bewilligt worden ist, und ist die Parteientschädigung bei der Gegenpartei nicht oder voraussichtlich nicht einbringlich, so ist der amtlich bestellte Rechtsvertreter durch den *Kanton angemessen zu entschädigen*. Es ist willkürlich, die (zunächst nach Anwaltstarif berechnete) Parteientschädigung gestützt auf die für staatliche Entschädigungen geltenden Tarifregeln zu kürzen[701]. 474

---

695 OGer BE, ZK 14 510, 27.1.2015; OGer BE, ZK 12 329, 29.6.2012, E. III/4; OGer BE, ZK 14 1, 12.2.2014, E. III/8.
696 BGer 9C_284/2012 vom 18.5.2012; BGer 4A_382/2015 vom 4.1.2016, in: SJZ 5/2016 S. 132.
697 BGer 9C_387/2012 vom 26.9.2012, in: ius.focus 4/2013, S. 33, Kommentar *Balthasar Bessenich*.
698 BSK ZPO-*Rüegg*, Art. 122 N 5 und 6.
699 BGE 137 III 470 = BGer 5A_405/2011 vom 27.9.2011.
700 BGE 140 III 501 = BGer 4A_374/2013 vom 23.9.2014.
701 BGE 140 III 167 = BGer 5A_39/2014 vom 12.5.2014.

475 Die von der Gegenpartei geschuldete *Prozessentschädigung* ist direkt dem unentgeltlichen Rechtsbeistand der unentgeltlich prozessführenden Partei zu leisten[702]. Ein zusätzliches Honorar bei unentgeltlicher Rechtsvertretung ist nur zulässig für den Aufwand, der nicht Gegenstand der unentgeltlichen Rechtsvertretung ist[703].

9. Teilweise Gewährung der unentgeltlichen Rechtspflege

476 Gemäss Art. 118 Abs. 2 ZPO kann die unentgeltliche Rechtspflege auch bloss *teilweise* gewährt werden. Der Wortlaut und die Systematik des Gesetzes sprechen für die Möglichkeit, die unentgeltliche Rechtspflege auf einzelne Teilansprüche der unentgeltlichen Rechtspflege zu begrenzen (Befreiung von Vorschuss- und Sicherheitsleistungen, Art. 118 Abs. 1 lit. a ZPO, Befreiung von den Gerichtskosten, Art. 118 Abs. 1 lit. b ZPO und Bestellung eines Rechtsbeistandes Art. 118 Abs. 1 lit. c ZPO). Wenn Art. 118 Abs. 2 ZPO allgemein davon spricht, die unentgeltliche Rechtspflege könne teilweise gewährt werden, so heisst dies, dass sie lediglich für eine oder zwei der drei gesetzlich vorgesehenen Teilansprüche gewährt werden kann[704].

477 Sehr umstritten sind die Gestaltungsmöglichkeiten der bloss *teilweisen Gewährung der unentgeltlichen Rechtspflege* in der Lehre allerdings dann, wenn zusätzlich eine Sicherheitsleistung für eine allfällige Parteientschädigung zur Debatte steht. Das Bundesgericht stellt dazu fest, es wäre nicht sachgerecht, wenn die Vorschusszahlung einer teilweise unentgeltlich prozessführenden Partei, trotz Vorliegens eines Kautionsgrundes bzw. eines darauf gestützten Sicherstellungsbegehrens, nur für die Gerichtskosten, nicht aber auch für die Parteientschädigung der Gegenpartei verwendet würde. Eine dergestalt selektive Beschränkung des Teilanspruchs von Art. 118 Abs. 1 lit. a ZPO auf die Befreiung von der Sicherheitsleistung würde sich auch vom Wortlaut der auszulegenden Norm entfernen, der Vorschuss- und Sicherheitsleistungen auf die gleiche Stufe stellt[705].

478 Eine *teilweise mittellose Partei* kann von der Bevorschussung der Gerichtskosten und der Sicherstellung der Parteientschädigung der Gegenpartei befreit werden, während ihr kein unentgeltlicher Rechtsbeistand bewilligt werden muss.

479 Werden in der Beschwerde mehrere *selbstständige Rechtsbegehren* gestellt, die sich klar auseinanderhalten lassen und die unabhängig voneinander beurteilt werden können, kann der bedürftigen Partei die unentgeltliche Rechtspflege für das Beschwerdeverfahren vor Bundesgericht (Art. 64 BGG) auch nur teilweise, das heisst in Bezug auf die

---

702 BGer 5A_754/2013 vom 4.2.2014; OGer AG, ZSU.2013.174, 28.10.2013, in: CAN 2/2014, Nr. 35.
703 OGer ZH, PC130026, 19.11.2013, in: ius.focus 5/2014, S. 33, Kommentar *Balthasar Bessenich*.
704 BGE 141 III 369 = BGer 5A_997/2014 vom 27.8.2015 E. 4.3.2, in: SZZP 1/2016, S. 16.
705 BGE 141 III 369 = BGer 5A_997/2014 vom 27.8.2015 E. 4.3.2.

nicht aussichtslosen Rechtsbegehren, gewährt werden (Art. 118 Abs. 2 ZPO). In einem Meinungsaustauschverfahren nach Art. 23 Abs. 2 BGG haben alle Abteilungen des Bundesgerichts dieser Rechtsprechung zugestimmt. Was für das Verfahren vor Bundesgericht gilt, muss auch im kantonalen Verfahren nach ZPO zutreffen[706].

---

706 BGE 139 III 396 = BGer 4A_105/2013 vom 5.8.2013, in: ius.focus 8/2014, S. 23, Kommentar *Nicolas Fuchs*, und in: ZBJV 3/2015, S. 273, Kommentar *Christoph Leuenberger*.

Kapitel 19   Die Prozessleitung (Art. 124 ZPO)

1. Grundsätze

480   Die Grundsätze des *«Prozessmanagements»* sind in Art. 124 ZPO festgelegt:

> **Art. 124 ZPO**
>
> ¹ Das Gericht leitet den Prozess. Es erlässt die notwendigen prozessleitenden Verfügungen zur zügigen Vorbereitung und Durchführung des Verfahrens.
> ² Die Prozessleitung kann an eines der Gerichtsmitglieder delegiert werden.
> ³ Das Gericht kann jederzeit versuchen, eine Einigung zwischen den Parteien herbeizuführen.

Damit wird der verfassungsmässige Anspruch auf Beurteilung einer Sache innert angemessener Frist (Art. 6 Abs. 1 EMRK; Art. 29 Abs. 1 BV) konkretisiert.

481   Das prozessuale Geschehen findet dabei grundsätzlich vor dem erkennenden Gericht statt *(Unmittelbarkeitsprinzip)*. Aus verfahrensökonomischen Gründen kann ein Kollegialgericht die Prozessleitung jedoch delegieren.

482   Art. 124 Abs. 3 ZPO betont den Grundsatz, dass auch im Entscheidverfahren *jederzeit Vergleichsverhandlungen* geführt werden können[707]. Vergleichsvorschläge bzw. -verhandlungen können innerhalb des formalisierten Verfahrens durchgeführt werden, zum Beispiel in einer Instruktionsverhandlung (Art. 226 ZPO). Es ist der Prozessleitung unbenommen, aus eigener Initiative, quasi «ausserhalb» des Verfahrens, den Parteien einen Vergleichsvorschlag zu unterbreiten. Die Parteien müssen aber ihre Autonomie behalten. Die Parteien unter Druck zu setzen und zu einem Vergleich zu nötigen, ist verpönt.

483   Der *Einigungsversuch vor dem Gericht* ist die zweite Schlichtungsstufe, der die Parteien davor bewahrt, sich in kostspieligen und zeitraubenden Verfahren zu verlieren. Im Unterschied zur ersten Schlichtungsstufe vor der Schlichtungsbehörde (Art. 197 ff. ZPO) ist die Einigung allerdings mit Kosten verbunden, es sei denn, der Kanton kenne kostenlose Mietgerichte.

2. Prozessleitung im Schlichtungsverfahren

484   Die paritätische Schlichtungsbehörde ist eine *Kollegialbehörde* und entscheidet mit Mehrheitsentscheid (vgl. Art. 236 Abs. 2 ZPO). Dies gilt für Urteilsvorschläge (Art. 210 ZPO) ebenso wie für Entscheide (Art. 212 ZPO). Wie steht es aber mit der Prozessleitungsfunktion?

---

[707]   Botschaft ZPO, S. 7305.

Beispiele

- Ein Gesuch wird wegen örtlicher Unzuständigkeit zurückgewiesen.
- Die Parteien einigen sich vor der Schlichtungsverhandlung und beantragen die Genehmigung des Vergleichs und die Abschreibung des Verfahrens.
- Eine Partei möchte sich vom persönlichen Erscheinen dispensieren lassen.
- Es wird im Verfahren um unentgeltliche Rechtspflege um Bestellung eines Rechtsbeistandes ersucht.

Die Antwort muss die jeweilige *kantonale Anschluss bzw. Einführungsgesetzgebung* geben. Soweit ersichtlich, haben nicht alle Kantone eine spezielle Prozessleitungskompetenz im Schlichtungsverfahren vorgesehen. So existieren beispielsweise in den Kantonen Bern[708], Basel-Landschaft[709] und Luzern[710] Instruktionsnormen, in den Kantonen Zürich und Graubünden aber nicht. Heisst dies nun, dass in den Kantonen ohne spezielle Kompetenznorm die Schlichtungs(gesamt)behörde auch prozessleitende Verfügungen im Kollegium entscheiden muss, oder gelten sinngemäss die Bestimmungen der Prozessleitung im Gerichtsverfahren? Die übergeordnete Kompetenznorm Art. 124 Abs. 2 ZPO wird wohl gelten, wonach ein Kollegialgericht die Prozessleitung an ein Mitglied (wohl immer an den Vorsitz) delegieren kann (vgl. N 752). 485

Dem kantonalen Recht ist es aber verwehrt, zum Beispiel Nichteintretensentscheide an eines der Gerichts bzw. Schlichtungsbehördenmitglieder zu delegieren[711]. Verfügungen und Entscheide über die Existenz des Verfahrens dürfen nur von der *Kollegialbehörde* gefällt werden[712]. Die Frage ist unter anderem deswegen von Bedeutung, weil mit einer Abschreibungsverfügung in der Regel ein Kündigungsschutz nach Art. 271a Abs. 1 lit. e OR ausgelöst wird. 486

Die *Beschwerde*, die nach Art. 319 Abs. 1 lit. b Ziff. 1 ZPO aufgrund einer gesetzlichen Sondernorm ohne weitere Voraussetzungen gegen eine prozessleitende Verfügung möglich ist, kann nur unmittelbar gegen den betreffenden Entscheid ergriffen werden[713]. 487

---

708 Art. 12 Abs. 1 EG ZSJ.
709 § 6bis Gesetz über die Behörden und das Verfahren bei Streitigkeiten aus Miete und Pacht von unbeweglichen Sachen.
710 § 43 Abs. 2 JusG.
711 *Staehelin*, in: Sutter-Somm/Hasenböhler/Leuenberger (Hrsg.), Art. 236 ZPO N 20.
712 CPC-*Haldy*, Art. 124 ZPO N 5.
713 OGer ZH, PP120005, 14.3.2012, in: ius.focus 12/2013, S. 21, Kommentar *Sacha Sekulic*.

Kapitel 20 Vereinfachung des Prozesses (Art. 125 ZPO)

1. Allgemeines

488 Art. 125 ZPO zeigt die Optionen, die den Gerichten zur *Vereinfachung des Prozesses* offenstehen:

> **Art. 125 ZPO**
>
> Zur Vereinfachung des Prozesses kann das Gericht insbesondere:
> a. das Verfahren auf einzelne Fragen oder auf einzelne Rechtsbegehren beschränken;
> b. gemeinsam eingereichte Klagen trennen;
> c. selbstständig eingereichte Klagen vereinigen;
> d. eine Widerklage vom Hauptverfahren trennen.

Der gesetzliche Katalog der prozessleitenden Verfügungen ist *nicht abschliessend*. Genannt werden hier nur die wichtigsten. Andere ergeben sich jeweils aus dem Sachzusammenhang. Sinngemäss gilt Art. 125 ZPO auch für das *Verfahren vor der Schlichtungsbehörde*. Das Gericht oder die Schlichtungsbehörde hat die Massnahmen nach Art. 125 ZPO *auf Antrag* einer Partei, von beiden Parteien oder *von Amtes* wegen vorzunehmen[714].

2. Beschränkung des Verfahrens

489 Eine *Beschränkung des Verfahrens* auf einzelne Fragen oder Rechtsbegehren ist dann angebracht, wenn dies zu einer sofortigen Erledigung der Streitsache führt (Art. 125 lit. a ZPO).

> **Beispiel**
>
> Ein Vermieter macht Forderungen aus Mängeln bei der Abgabe der Mietsache geltend. Das Gericht (oder allenfalls die Schlichtungsbehörde beim Erlass eines Urteilvorschlags bzw. eines Entscheids) beschränkt das Verfahren auf die Frage, ob der Vermieter die Mängel rechtzeitig geprüft und gemeldet hat (Art. 267a OR). Ist dies nicht der Fall, hat der Vermieter seine Ansprüche verwirkt, es muss nicht Beweis über die behaupteten Schäden geführt werden[715].

---

714 DIKE-Komm-ZPO-*Kaufmann*, Art. 125 N 3.
715 OGer LU, 1B 11 2, 12.12.2011.

3. Vereinigung von Verfahren

Auch bei der *Vereinigung von Verfahren* steht die Zweckmässigkeit im Vordergrund (Art. 125 lit. c ZPO). Die Verfahren werden – bei gleicher örtlicher und sachlicher Zuständigkeit – zu einem einzigen Verfahren vereinigt, es ergeht aber ein Entscheid für jedes einzelne Rechtsbegehren, wie wenn für jedes Rechtsbegehren ein separater Prozess geführt worden wäre[716]. Die Verfahren müssen einen sachlichen Zusammenhang haben. Es soll vermieden werden, dass in getrennten Verfahren widersprüchliche Entscheide ergehen.

490

Beispiele

- Vermieter und Mieter lehnen je einzeln einen Urteilsvorschlag betreffend Erstreckung des Mietverhältnisses ab und rufen auch je einzeln das Gericht an. Dieses vereinigt beide Verfahren.
- Ein Vermieter kündigt das Mietverhältnis, worauf die Mieterin die Kündigung bei der Schlichtungsbehörde anficht. Nach Erhalt der Kündigung hat die Mieterin in der Funktion als Untervermieterin die Kündigung ihrem Untermieter mitgeteilt, worauf dieser ebenfalls bei der (gleichen) Schlichtungsbehörde die Kündigung anficht. Die Schlichtungsbehörde vereinigt die beiden Verfahren. Gegen die Vereinigung erhebt die Mieterin Beschwerde mit der Begründung, in den beiden Verfahren stünden sich verschiedene Parteien gegenüber und es seien auch verschiedene Kündigungsgründe zu beurteilen. Die Rechtsmittelinstanz tritt auf die Beschwerde nicht ein, weil es sich bei der Vereinigung um eine prozessleitende Verfügung handelt, die nur bei Vorliegen eines nicht leicht wiedergutzumachenden Nachteils gutgeheissen werden kann (Art. 319 lit. b Ziff. 2 ZPO)[717].

Zur Vereinigung der Verfahren kann es auch bei der *Verrechnungseinrede* kommen. Aus prozessökonomischen Gründen und wegen der Gefahr widersprüchlicher Urteile sollten sich nicht mehrere Gerichte bzw. Spruchkörper parallel mit der identischen Verrechnungsforderung auseinandersetzen, wenn diese von der beklagten Partei in mehreren Prozessen gegen dieselbe Klägerin als Verteidigungsmittel eingesetzt wird. In einem solchen Fall sind die Verfahren so zu koordinieren, dass das gleiche Prozessthema nicht doppelt beurteilt wird. Dies kann durch Prozessüberweisung (Art. 127 Abs. 1 ZPO) oder Verfahrensvereinigung (Art. 125 lit. c ZPO) geschehen[718].

491

---

[716] *Staehelin*, in: Sutter-Somm/Hasenböhler/Leuenberger (Hrsg.), Art. 125 ZPO N 5.
[717] OGer ZH, RU110002, 14.2.2011, in: ius.focus 2/2012, S. 17, Kommentar *Barbara Meyer/Daniel Bleuer*.
[718] BGE 141 III 549 = BGer 4A_221/2015 vom 23.11.2015 E. 6.5, in: ius.focus 1/2016, S. 7, Kommentar *Harald Bärtschi*.

492 Zur Vereinigung von Klagen kommt es auch bei der *freiwilligen Streitgenossenschaft*, bei welcher mehrere Personen klagen oder beklagt werden (Art. 71 ZPO). Die Verfahrensart bleibt trotz Zusammenrechnung des Streitwertes erhalten (Art. 93 Abs. 2 ZPO). Wenn sich somit zehn Mieterinnen und Mieter zu einer Streitgenossenschaft zusammenschliessen und gegen ihren Vermieter je 5000 Franken einklagen, bleibt das vereinfachte Verfahren anwendbar (Art. 243 ff. ZPO), obwohl der Streitwert nun insgesamt 50 000 Franken beträgt[719].

---

719 *Staehelin*, in: Sutter-Somm/Hasenböhler/Leuenberger (Hrsg.), Art. 125 ZPO N 6.

Kapitel 21 Sistierung des Verfahrens (Art. 126 ZPO)

1. Allgemein

Art. 126 ZPO

¹ Das Gericht kann das Verfahren sistieren, wenn die Zweckmässigkeit dies verlangt. Das Verfahren kann namentlich dann sistiert werden, wenn der Entscheid vom Ausgang eines anderen Verfahrens abhängig ist (Art. 126 Abs. 1 ZPO).
² Die Sistierung ist mit Beschwerde anfechtbar.

Die *Sistierung* hat immer einem echten Bedürfnis zu entsprechen (z.B. Verhinderung widersprüchlicher Entscheide).

Beispiel

Mehrere Mietparteien fechten eine Mietzinserhöhung wegen wertvermehrenden Investitionen an. Mit Ausnahme einer Partei sind alle anderen nicht anwaltlich vertreten. Da der Sachverhalt und die rechtliche Würdigung bei allen Parteien identisch sind, wird mit der anwaltlich vertretenen Partei ein Pilot-Prozess geführt. Alle anderen Verfahren werden bis zu dessen Ausgang sistiert.

Die «klassischen» *Sistierungstatbestände* sind der Tod einer Partei, der Konkurs einer Partei und die Urteilsunfähigkeit einer Partei[720].

Nach Art. 126 Abs. 2 ZPO ist die Sistierung als prozessleitende Verfügung mit *Beschwerde* anfechtbar (vgl. Art. 321 ZPO)[721].

2. Sistierung im Schlichtungsverfahren

Die *Sistierung ist auch im Schlichtungsverfahren möglich*[722]. Vorausgesetzt ist das Vorliegen von triftigen Gründen[723].

Beispiel

Die Untermieterin verlangt nach der Kündigung die Erstreckung des Untermietverhältnisses. Der Hauptmieter, der die Kündigung erhalten hat, stellt ebenfalls ein Erstreckungsbegehren. Da das Untermietverhältnis nicht über das Hauptmietverhältnis hinaus erstreckt werden kann, wird das Untermietverfahren sistiert[724].

---

[720] BSK ZPO-*Gschwend/Bornatico*, Art. 126 N 4 ff.
[721] BGE 141 III 270 E. 3.3.
[722] BGE 138 III 705 = BGer 4A_249/2012 vom 22.6.2012, in: mp 4/2012, S. 304.
[723] OGer ZH, RU1300822, 2.4.2014, in: mp-flash 7/2014, S. 2.
[724] Je nach den Umständen käme auch eine Vereinigung der Verfahren nach Art. 125 lit. c ZPO in Frage, vgl. N 490.

Gleiches gilt, wenn die Mieterin eine Kündigung anficht und der Vermieter *gleichzeitig ein Ausweisungsverfahren* im Summarverfahren verlangt. Das Anfechtungsverfahren vor der Schlichtungsbehörde ist bis zum Vorliegen eines Entscheids des Summarrichters zu sistieren. In Zweifelsfällen geht das Beschleunigungsgebot vor[725].

496 Eine andere häufige Konstellation ist die Sistierung des Verfahrens, um *Vergleichsgespräche* zu ermöglichen und/oder ergänzende Abklärungen zu treffen.

> **Beispiel**
>
> Die Mieterin hinterlegt den Mietzins wegen Mängeln. Nach der Hinterlegung erklärt sich der Vermieter bereit, die Mängelbehebung in Auftrag zu geben. Der Zeithorizont ist noch ungewiss. Die Schlichtungsbehörde verfügt die Sistierung und fordert die Parteien auf, Mitteilung zu machen, wenn die Arbeiten abgeschlossen sind und die Wiederaufnahme des Verfahrens gewünscht wird.

497 Beantragen die Parteien im Schlichtungsverfahren eine *Mediation*, wird jenes bis zum Widerruf des Antrages bzw. Beendigung der Mediation sistiert (Art. 214 Abs. 3 ZPO).

498 Die Sistierung wird von der *Instruktionsrichterin der Schlichtungsbehörde* verfügt und ist ein Akt der Prozessführung. In der Regel wird die Sistierung von beiden Parteien beantragt. Es besteht kein Rechtsanspruch auf Sistierung. Einem gemeinsamen Antrag wird sich die Schlichtungsbehörde nicht verschliessen, zumal recht häufig die Parteien zu einer einvernehmlichen Lösung gelangen. Eine Sistierung, die zu einer überjährigen Verfahrensdauer führt, darf nur mit Zurückhaltung angeordnet werden[726].

---

725 OGer ZH, RU1300822, 2.4.2014, in: mp-flash 7/2014, S. 2.
726 BGE 138 III 705 = BGer 4A_249/2012 vom 22.6.2012, in: mp 4/2012, S. 304.

Kapitel 22 Eingabe der Parteien (Art. 130 ff. ZPO)

1. Form der Eingabe im Allgemeinen

Eingaben sind dem Gericht in Papierform oder *elektronisch und unterzeichnet* einzureichen (Art. 130 Abs. 1 ZPO)[727]. Die Frage, ob die Einreichung durch *Fax* der Voraussetzung der Schriftlichkeit entspricht, bleibt der Praxis überlassen[728]. Das Bundesgericht hat diese Frage verneint[729]. Ein Teil der Lehre vertritt die Auffassung, die Behörde habe bei einer Fax-Eingabe eine Nachfrist zur Verbesserung anzusetzen, da sonst gegen das Gebot des überspitzten Formalismus verstossen werde[730]. Das Kassationsgericht des Kantons Zürich hat entschieden, dass bei einer Fax-Eingabe eines Laien eine Nachfrist anzusetzen sei, die auch über das Ende der ursprünglichen Frist hinausgehen kann[731]. Wenn eine Partei ein Rechtsmittel per Fax erklärt hat und die Frist mutmasslich noch läuft, ist sie durch die Rechtsmittelinstanz umgehend auf den Mangel aufmerksam zu machen, damit sie die Eingabe mit Originalunterschrift noch innert der Rechtsmittelfrist einreichen kann[732].

499

Art. 131 ZPO verlangt, dass Eingaben samt *Beilagen* für das Gericht und jede Partei (inkl. Haupt- und Nebenintervenienten, Streitberufene) einzureichen sind. Ob auch ein *Beilagenverzeichnis* eingereicht werden muss, ist kontrovers, sicher aber zu empfehlen[733]. Nicht selten bedienen Anwältinnen und Anwälte die Gegenseite mit einem sog. Arbeitspapier, ohne dazu rechtlich verpflichtet zu sein. Artikel 25 der Schweizerischen Standesregeln (SSR) wurde per 22. Juni 2012 aufgehoben. Damit gilt die Standesregel nicht mehr, wonach Eingaben unaufgefordert der anwaltlich vertretenen Gegenpartei zugestellt werden.

500

Werden die Eingaben und Belege nicht in genügender Anzahl eingereicht, verbleibt infolge der Kostenlosigkeit des Verfahrens bei Wohn- und Geschäftsräumen vor der Schlichtungsbehörde wohl nur die *Möglichkeit der Nachfristsetzung*. Es wäre unverhältnismässig, die ungenügende Eingabe als nicht erfolgt zu betrachten (Art. 132 Abs. 1 ZPO), insbesondere weil das Schlichtungsverfahren laientauglich ist und die Eintrittsschwelle möglichst tief gesetzt werden sollte. Oft sind die Beilagen sehr *umfangreich* (z.B. bei wertvermehrenden Investitionen oder Nebenkosten). Es wäre nun völlig unverhältnismässig, die Beilagen für jede Gegenpartei anzufertigen, insbesondere wenn ein Vertretungsverhältnis besteht (z.B. lässt sich der Vermieter, eine Erbengemein-

501

---

[727] Zu den Besonderheiten bei der Eingabe an die Schlichtungsbehörde vgl. N 681 ff.
[728] Botschaft ZPO, S. 7306.
[729] BGE 121 II 252.
[730] BK-*Frei*, Art. 130 ZPO N 7.
[731] KassGer ZH, AA100009, 25.10.2010.
[732] OGer ZH, PA130004 O/Z 1, 14.2.2013, in: CAN 3/2013, Nr. 63.
[733] Pro: KUKO ZPO-*Weber*, Art. 131 N 5; **a.M.**: *Gasser/Rickli*, Art. 244 ZPO N 4.

schaft, durch die Verwaltung vertreten). In dieser Konstellation sollte es genügen, wenn das Gesuch und die Beilagen lediglich für den Vertreter der Gegenpartei angefertigt werden müssen. Angesichts der inhaltlichen und formalen Erleichterungen für das Schlichtungsverfahren sollte diese Vorschrift höchstens als unverbindliche Ordnungsvorschrift betrachtet werden.

2. Elektronische Eingaben

502 Seit dem Inkrafttreten der eidgenössischen Prozessgesetze am 1. Januar 2011 ist die *elektronische Übermittlung von Eingaben an Behörden* im Zivil- und Strafverfahren möglich. Art. 130 ZPO sowie die gestützt darauf erlassene Verordnung über die elektronische Übermittlung im Rahmen von Zivil- und Strafprozessen sowie von Schuldbetreibungs- und Konkursverfahren (VeÜ-ZSSV)[734] sehen vor, dass Eingaben an Gerichte und andere Behörden entweder in Papierform oder elektronisch eingereicht werden können. Im Verfahren vor dem Bundesgericht, sowie im Verwaltungsverfahren gelten andere – jedoch vergleichbare – Bestimmungen[735].

503 Alle Mitteilungen zwischen Verfahrensbeteiligten und einem Gericht oder einer Schlichtungsbehörde können elektronisch übermittelt werden, soweit *verfahrensrelevante Dokumente* betroffen sind. Darunter fallen sowohl Eingaben, Gesuche, Klagen, Stellungnahmen, Beweisurkunden, Vorladungen und Verfügungen wie auch Urteile. Nicht möglich ist die elektronische Übermittlung einfacher Informationsanfragen oder einer Vereinbarungen eines Termins.

504 Die elektronische Übermittlung wird über eine *anerkannte sichere E-Mail-Zustellplattform* ausgeführt. Im Gegensatz zu den normalen E-Mail-Anbietern weisen solche Zustellplattformen den Vorteil auf, dass sie den Versand und Erhalt der versandten Nachrichten zeitgenau nachweisen können und die Vertraulichkeit der Eingaben gewährt bleibt. Seit dem 1. Juli 2013 ist das Eidgenössische Justiz- und Polizeidepartement (EJPD) für die vorgängige Anerkennung der Zustellplattformen zuständig und hat am 16. September 2014 die Verordnung über die Anerkennung von Plattformen für die sichere Zustellung im Rahmen von rechtlichen Verfahren (Anerkennungsverordnung Zustellplattformen) erlassen[736]. Gestützt darauf wurden die folgenden Zustellplattformen anerkannt:

---

734 Verordnung über die elektronische Übermittlung im Rahmen von Zivil- und Strafprozessen sowie von Schuldbetreibungs- und Konkursverfahren vom 18.6.2010 (VeÜ-ZSSV; SR 272.1).
735 Reglement des Bundesgerichts über den elektronischen Rechtsverkehr mit Parteien und Vorinstanzen vom 5.12.2006 (ReRBGer; SR 173.110.29); Verordnung über die elektronische Übermittlung im Rahmen eines Verwaltungsverfahrens vom 18.6.2010 (VeÜ-VwV; SR 172.021.2).
736 Verordnung des EJPD über die Anerkennung von Plattformen für die sichere Zustellung im Rahmen von rechtlichen Verfahren vom 16.9.2014 (Anerkennungsverordnung Zustellplattformen; SR 272.11).

Die Zustellplattformen der Firmen PrivaSphere AG, der Schweizerischen Post (Incamail), des Kantons Bern und die von der Firma fence IT AG im Auftrag des Bundesamtes für Justiz betriebenen *Eingabeplattform* «Open eGov Secure Inbox System» für die Bundesverwaltung (OSIS-BV). Eine Liste der anerkannten Zustellplattformen findet sich auf der Webseite des EJPD[737]. Auf einer dieser Plattformen muss demnach ein Benutzerkonto erstellt werden, um elektronische Eingaben von dort aus tätigen zu können. 505

Um die Eingaben elektronisch signieren zu können, muss man zusätzlich im Besitz einer anerkannten elektronischen *Signatur* (sog. SuisseID) sein. Eine Liste der anerkannten Anbieter von Zertifizierungsdiensten findet man auf der Webseite der SuisseID sowie des SECO[738]. Momentan bieten die Firma QuoVadis, die Post (SwissSign), die Swisscom und das Bundesamt für Informatik und Telekommunikation eine entsprechende Software für eine anerkannte elektronische Signatur an. Es müssen sowohl die einzelnen Eingaben signiert werden, wie auch die gesamte Sendung. Dies ermöglicht es den Behörden, den Absender zu identifizieren und die Vollständigkeit und Echtheit der versandten Dokumente zu gewährleisten. Falls Privatpersonen verzichtet haben, ihr Zertifikat im Verzeichnis der Zertifizierungsanbieter für elektronische Signaturen eintragen zu lassen, müssen sie beim Versand jeweils ein Zertifikat beifügen. 506

Der *Zeitpunkt der Übermittlung* einer E-Mail wird von der E-Mail-Zustellplattform festgehalten und dem Absender eine Quittung ausgestellt. Die Frist für die jeweilige Eingabe ist eingehalten, wenn spätestens am letzten Tag der Frist der Empfang bei der Zustelladresse der Behörde durch das betreffende Informatiksystem bestätigt wurde[739]. 507

Für alle Eingaben wie auch Anhänge wird das «Portable Document Format» (PDF) verlangt[740]. Bis jetzt spielt es keine Rolle, welche Version des PDF verwendet wird, evtl. soll zu einem späteren Zeitpunkt das Format PDF/A obligatorisch sein. Das PDF-Dokument kann dabei entweder aus einer elektronischen Datei oder einem eingescannten Papierdokument erstellt werden. Sollte ein PDF-Dokument nicht lesbar oder nicht in nützlicher Form ausdruckbar sein, so kann die Behörde die Einreichung der betroffenen Dokumente in *Papierform* verlangen (Art. 130 Abs. 3 ZPO) oder eine kurze Frist für die Eingabe in lesbarem Format bzw. einer bestimmten Mindestauflösung festsetzen. 508

---

737 ‹https://www.bj.admin.ch/bj/de/home/staat/rechtsinformatik/e-uebermittlung.html› (4.5.2016).
738 ‹http://www.suisseid.ch›; ‹http://www.bakom.admin.ch/themen/internet/00467/index.html?lang=de› (19.5.2016).
739 OGer ZH, LY120016, 11.7.2012, in: ius.focus 9/2013, S. 23, kritischer Kommentar *Tina Jäger*.
740 Art. 6 VeÜ-ZSSV.

509 Die Eingaben müssen an die von den Behörden bezeichneten *Eingabeadressen* gesendet werden. Diese werden von der Bundeskanzlei veröffentlicht bzw. im Behördenverzeichnis aufgeführt[741].

510 Die *Behörden und Gerichte* können Mitteilungen nur auf dem elektronischen Weg übermitteln, wenn die Verfahrensbeteiligten zugestimmt haben (entwedr für das konkrete Verfahren oder generell für eine bestimmte Behörde). Diese Zustimmung muss ausdrücklich und zu Protokoll gegeben worden sein, eine E-Mail ist jedoch ausreichend. Die Mitteilung einer Behörde gilt als zugestellt, wenn das Postfach geöffnet und die Mitteilung heruntergeladen wird. Die Bereitstellung der Mitteilung im elektronischen Postfach gilt als erster erfolgloser Zustellungsversuch, mit dem die 7-tägige Frist für die gesetzliche Zustellungsvermutung zu laufen beginnt.

511 Auch die *nachträgliche elektronische Zustellung* von Verfügungen und Entscheiden ist möglich, jedoch ist hier zusätzlich eine Bescheinigung der Rechtskraft bzw. Vollstreckbarkeit auszustellen. Umgekehrt kann auch ein Papierausdruck einer elektronischen Eingabe gemacht werden, wobei in diesem Fall eine Bestätigung beizulegen ist, dass der Ausdruck den Inhalt der elektronischen Eingabe korrekt wiedergibt. Die Signaturprüfung erfolgt in diesem Fall durch den Validierungsservice des Bundesamts für Justiz, der im Internet verfügbar ist.

512 Die *Behörde* kann verlangen, dass die vorgesehene Form der elektronischen Zustellung eingehalten wird. Sie verfällt nicht in überspitzten Formalismus oder verletzt das Willkürverbot, wenn sie auf elektronische Eingaben nicht eintritt, welche die gesetzlichen Voraussetzungen an die Form solcher Eingaben nicht erfüllen. So sieht Art. 4 VeÜ-ZSSchKG die Zustellung über eine anerkannte Zustellplattform vor und Art. 2 VeÜ-ZSSchKG listet die Anforderungen an solche Zustellplattformen auf. Eine Eingabe auf dem Wege einer gewöhnlichen E-Mail mit elektronisch signierten Anhängen ist nicht vorgesehen[742].

513 Bei elektronischer Übermittlung kann die Schlichtungsbehörde verlangen, dass die Eingabe und die Beilagen in *Papierform* nachgereicht werden (Art. 130 Abs. 3 ZPO). Die Aufforderung zur Nachreichung in Papierform sollte sich auf umfangreiche Eingaben oder Beilagen beschränken[743].

514 Wie stark die Möglichkeit genutzt wird, Eingaben im Rahmen von Zivilprozessen elektronisch zu übermitteln, wird die Zukunft weisen. Aller Wahrscheinlichkeit nach wird der Aufwand für Privatpersonen zu hoch sein, um den Weg der elektronischen Übermittlung zu wählen. Für alle anderen stellt die elektronische Übermittlung jedoch eine spannende *Alternative* zu den Eingaben in Papierform dar.

---

741 ‹https://www.ch.ch/de/elektronische-eingabe-zivil-und-strafverfahren/› (19.5.2016).
742 BGer 5A_650/2011 vom 27.1.2012, in: SZZP 3/2012, S. 263, Kommentar *Ramon Mabillard*.
743 KGer SZ, ZK 2 2013 55 und 56, 14.1.2014, in: CAN 3/2014, S. 157.

3. Mangelhafte, querulatorische und rechtsmissbräuchliche Eingaben

a) *Grundsätze*

Art. 132 ZPO

¹ Mängel wie fehlende Unterschrift und fehlende Vollmacht sind innert einer gerichtlichen Nachfrist zu verbessern. Andernfalls gilt die Eingabe als nicht erfolgt.
² Gleiches gilt für unleserliche, ungebührliche, unverständliche oder weitschweifige Eingaben.
³ Querulatorische und rechtsmissbräuchliche Eingaben werden ohne Weiteres zurückgeschickt.

515

Das aus Art. 29 Abs. 1 BV fliessende *Verbot des überspitzten Formalismus* wendet sich gegen prozessuale Formenstrenge, die als exzessiv erscheint, durch kein schutzwürdiges Interesse gerechtfertigt ist, zum blossen Selbstzweck wird und die Verwirklichung des materiellen Rechts in unhaltbarer Weise erschwert oder gar verhindert[744].

b) *Fehlende Unterschrift und Vollmacht*

Fehlt auf einer Eingabe (Rechtsschrift) die *Unterschrift* einer Partei oder eines zugelassenen Vertreters, fehlen dessen Vollmacht oder die vorgeschriebenen Beilagen, oder ist der Unterzeichner als Vertreter nicht zugelassen, so ist eine angemessene Frist zur Behebung des Mangels anzusetzen mit der Androhung, dass die Rechtsschrift sonst unbeachtet bleibe (Art. 132 Abs. 1 ZPO). Die Ansetzung einer Frist gemäss Art. 132 Abs. 1 ZPO setzt voraus, dass der Mangel bzw. der Irrtum verbesserlich ist und dass es sich nicht um eine bewusste Unterlassung handelt. Dabei ist es ohne Bedeutung, ob die Unterzeichnenden zum Zeitpunkt der Beschwerdeeinreichung bevollmächtigt waren oder ob ihr Handeln nachträglich genehmigt worden ist[745].

516

Die Schlichtungsbehörde und das Gericht haben den Verfasser einer nicht oder von einer nicht als Vertreter zugelassenen Person unterzeichneten Rechtsschrift in jedem Fall auf den Mangel aufmerksam zu machen; selbst wenn die gesetzliche Rechtsmittelfrist abgelaufen ist, muss dem Verfasser der nicht gültig unterzeichneten Rechtsschrift gegebenenfalls eine auch über die gesetzliche Rechtsmittelfrist hinausgehende *Nachfrist* zur nachträglichen Unterzeichnung angesetzt werden[746].

517

---

744 BGE 128 II 139 = BGer 6A_112/2001 vom 24.1.2002.
745 BGer 5A_822/2014 vom 4.5.2015 E. 2.3, in: SZZP 5/2015, S. 438.
746 BGE 120 V 413.

c) Inhaltliche Mängel

518 Unverständliche Rechtsschriften können zur *Verbesserung* zurückgewiesen werden (Art. 132 Abs. 2 ZPO). Es ist überspitzt formalistisch, eine Prozesserklärung buchstabengetreu auszulegen, ohne nach dem Sinn zu fragen, der ihr vernünftigerweise beizumessen ist. Prozesserklärungen sind unter Berücksichtigung von Treu und Glauben auszulegen, das heisst, sie müssen so ausgelegt werden, wie sie der Empfänger nach den gesamten Umständen in guten Treuen verstehen durfte und musste[747]. Das Gleiche gilt sinngemäss auch für unleserliche, ungebührliche und weitschweifige Eingaben. Querulatorische und rechtsmissbräuchliche Eingaben werden ohne weiteres zurückgeschickt (Art. 132 Abs. 3 ZPO) und vermögen nicht, ein Verfahren zu eröffnen[748].

519 Nicht genannt werden *Beschwerden*, die (offensichtlich) nicht hinreichend begründet sind. Auf diese ist nicht einzutreten[749].

---

[747] BGer 4P.163/2006 vom 20.7.2006.
[748] BGer 2C_325/2011 vom 10.6.2011; Botschaft ZPO, S. 3706; BSK ZPO-*Bornatico/Gschwend*, Art. 132 N 30.
[749] BSK ZPO-*Gschwend/Bornatico*, Art. 132 N 18.

Kapitel 23 Gerichtliche Vorladung und gerichtliche Zustellung (Art. 133 ff. ZPO)

1. Allgemeines zur gerichtlichen Vorladung

Eine *Vorladung* für das Schlichtungs- und Gerichtsverfahren muss folgenden Inhalt aufweisen:

520

Art. 133 ZPO

Die Vorladung enthält:
a. Name und Adresse der vorgeladenen Person;
b. die Prozesssache und die Parteien;
c. die Eigenschaft, in welcher die Person vorgeladen wird;
d. Ort, Datum und Zeit des geforderten Erscheinens;
e. die Prozesshandlung, zu der vorgeladen wird;
f. die Säumnisfolgen;
g das Datum der Vorladung und die Unterschrift des Gerichts.

Die Vorladung muss nicht *eigenhändig* unterzeichnet werden, die Unterzeichnung mittels Faksimilierung oder Gerichtsstempel genügt[750]. Die eigenhändige Unterschrift ist nur dann nötig, wenn die Vorladung Bestandteil einer prozessleitenden Verfügung ist.

Die Klausel in einem Mietvertrag, die festhält, dass die das Mietverhältnis betreffende Korrespondenz an bestimmte, im Vertrag bezeichnete Adressen als gültig zu erachten sei, ist für die *gerichtliche Korrespondenz*, also auch für Vorladungen, nicht massgeblich[751].

521

2. Zuzustellende Urkunden

Art. 136 ZPO

522

Das Gericht stellt den betroffenen Personen insbesondere zu:
a. Vorladungen;
b. Verfügungen und Entscheide;
c. Eingaben der Gegenpartei.

---

750 Botschaft ZPO, S. 7306; KUKO ZPO-*Weber*, Art. 133 N 9.
751 Chambre d'appel de baux et loyers de Genève, 24.6.2013; Mitteilungen zum Mietrecht Band 54, Nr. 11; mp-flash 4/2015, S. 2.

523 Wenn eine Partei vertreten ist, muss die Zustellung an die *Vertretung* erfolgen (Art. 137 ZPO). Wird dies nicht berücksichtigt, ist die Eröffnung mangelhaft und dem Vertretenen darf daraus kein Nachteil erwachsen. Erhält eine vertretene Partei vom Gericht oder der Schlichtungsbehörde eine Orientierungskopie, löst dies keine Rechtsmittelfrist aus[752].

3. Zeitpunkt

524 Die Vorladung muss mindestens 10 Tage vor dem Schlichtungs- oder Gerichtstermin versandt werden (Art. 134 ZPO). Diese *Frist* ist äusserst kurz, da der Versand und nicht der Empfang massgebend ist. Die Vorladung ist eine empfangsbedürftige Mitteilung des Gerichts. Berücksichtigt man, dass nach Erhalt der Vorladung ein Rechtsanwalt aufgesucht oder mandatiert wird und Verhandlungstermine, insbesondere im Schlichtungsverfahren auch in Ferienzeiten angesetzt werden, führt die Versandfrist von 10 Tagen zu einer unzulässig kurzen Vorbereitungszeit und allenfalls zu einer Gehörsverweigerung[753]. Zudem provoziert die Minimalfrist von 10 Tagen Verschiebungsgesuche. Die Behörden sind also gut beraten, die Vorladungen frühzeitig zu verschicken.

> **Beispiel**
>
> Die Zustellung der Vorladung an die beklagte Partei bleibt erfolglos. Sie wird von der Post «als nicht abgeholt» an die Schlichtungsbehörde retourniert. Da noch kein Prozessrechtsverhältnis besteht, muss die Zustellung mittels Amtshilfe durch die Polizei oder zuständige Behörde erneut versucht werden. Dieser gelingt es erst einen Tag vor dem Verhandlungstermin, die Vorladung zuzustellen.
> Trotz dieser sehr kurzfristigen Vorladung besteht kein Verschiebungsgrund. Die beklagte Partei hat, wenn sie keine weiteren Gründe geltend machen kann, zur Verhandlung zu erscheinen, um Säumnis zu vermeiden.

4. Form und Bestätigung der Zustellung

525 Die *Zustellung* von Vorladungen, Verfügungen und Entscheiden erfolgt durch eingeschriebene Postsendung oder auf andere Weise gegen Empfangsbestätigung (Art. 138 Abs. 1 ZPO). Transportinstitut ist die Schweizerische Post, mindestens solange das Briefmonopol existiert. Die Verwendung der (teuren) Gerichtsurkunde ist namentlich im Schlichtungsverfahren nicht nötig[754]. Auf «andere Weise» kann bedeuten: durch ein Gerichtsorgan, durch öffentliche Publikation, einen Weibel, einen Gemeindeammann oder die Polizei[755].

---

752 BGer 4A_613/2011 vom 30.1.2011.
753 BSK ZPO-*Bühler*, Art. 134 N 9 ff.; DIKE-Komm-ZPO-*Bühler*, Art. 134 N 4 ff.
754 **A.M.** DIKE-Komm-ZPO-*Huber*, Art. 138 N 18.
755 BSK ZPO-*Gschwend/Bornatico*, Art. 138 N 8; BK-*Frei*, Art. 138 ZPO N 5.

Art. 138 Abs. 1 ZPO verlangt neben der eingeschriebenen Postsendung ein zweites Formkriterium, die *Empfangsbestätigung*. Erfüllt die «A-Post Plus»-Sendung dieses Kriterium? Bei dieser Versandmethode werden Briefe konventionell in uneingeschriebener Form (A-Post) befördert. Damit erfolgt die Zustellung direkt in den Briefkasten oder ins Postfach des Adressaten, ohne dass dieser den Empfang unterschriftlich bestätigen müsste; entsprechend wird der Adressat im Falle seiner Abwesenheit auch nicht durch Hinterlegung einer Abholungseinladung avisiert. Im Unterschied zu herkömmlichen Postsendungen sind «A-Post Plus»-Sendungen jedoch mit einer Nummer versehen, was die elektronische Sendungsverfolgung im Internet («Track & Trace») ermöglicht. Daraus ist unter anderem ersichtlich, wann dem Empfänger die Sendung durch die Post ins Postfach gelegt wurde, es fehlt aber die Empfangsbestätigung[756]. 526

Eine Zustellung durch öffentliche Publikation darf nur als *ultima ratio* erfolgen. Als unmöglich darf eine Zustellung nur dann erachtet werden, wenn vorgängig sämtliche sachdienlichen Nachforschungen vorgenommen wurden. Wählt das Gericht die Zustellform der öffentlichen Bekanntmachung, obschon die Voraussetzungen dafür nicht gegeben sind, insbesondere eine andere Zustellform möglich gewesen wäre, so ist die Ediktalzustellung nichtig[757]. 527

Für die *Zustellung im Ausland* gilt das Übereinkommen über die Zustellung gerichtlicher und aussergerichtlicher Schriftstücke im Ausland in Zivil- oder Handelssachen (HZÜ65[758]). Nach Art. 10 lit. a HZÜ65 schliesst das Übereinkommen nicht aus, dass gerichtliche Schriftstücke an im Ausland befindliche Personen unmittelbar durch die Post übersandt werden dürfen. Die Schweiz hat indessen gegen diese Zustellungsform seit jeher einen Vorbehalt angebracht, so auch gegen Art. 8 und Art. 10 HZÜ65. Eine Postzustellung aus der Schweiz in einen anderen Vertragsstaat ist aber zulässig, wenn der ersuchte Staat einerseits keinen Vorbehalt zu Art. 10 lit. a HZÜ65 erklärt hat und andererseits nicht auf Gegenseitigkeit besteht[759]. 528

Die *Zustellungsart «PickPost»* ist für Gerichtsurkunden nicht zulässig. Dies ergibt sich nicht nur aus den AGB der Post selber, sondern auch daraus, dass der Empfänger einer «PickPost»-Sendung nicht darauf hingewiesen wird, es sei eine Gerichtsurkunde abzuholen, das ist aber nach dem Bundesgericht[760] Bedingung dafür, dass beim Nichtabholen die Zustellungsfiktion greift[761]. 529

---

[756] Über die Problematik der Zustellung mit «A-Post Plus»: *Chanson*, Anwaltsrevue 9/2010, S. 384 ff.
[757] OGer ZG, 22 2014 30, 6.8.2014, in: CAN 2/2015, Nr. 32.
[758] SR 0.274.131.
[759] BGer 4A_399/2014 vom 11.2.2015, in: SZZP 3/2015, S. 237.
[760] BGE 138 III 225 E. 3.2.
[761] OGer ZH, PS140163, 22.12.2014.

Teil 3 Allgemeine Verfahrensbestimmungen

530 Wer Vorladungen, Bussen, Verfügungen und Urteile erhält, bestätigt den Empfang am Postschalter oder an der Haustür mit einer *Unterschrift*. Unterschrieben wird allerdings nicht per Kugelschreiber auf Papier, sondern mit einem Stift auf einen Touchscreen. So wird die Signatur elektronisch erfasst und gespeichert.

531 Für die Zustellung dieser Dokumente bietet die Post einen speziellen Service an, der von den Gerichten rege genutzt wird. Das Bundesgericht warnt vor einer heiklen Gesetzeslücke. Gemäss seiner Einschätzung ist die digitale Signatur ein «*elektronisches Pixelmuster*» – aber keine rechtsgültige Unterschrift[762]. Das kann für die Justiz böse Folgen haben. Im schlimmsten Fall ist sogar die Vollstreckung von postalisch zugestellten Urteilen gefährdet. Streitet eine verurteilte Person ab, das Urteil erhalten zu haben, kann das in Ermangelung einer rechtsgültigen Unterschrift «zu einem Beweisnotstand der Gerichte im Vollstreckungsverfahren führen». Dies bestätigt die Geschäftsprüfungskommissionen (GPK) des Parlaments im veröffentlichten Jahresbericht für das Jahr 2014[763].

532 Die Problematik wird von den kantonalen *Obergerichten* gleich eingeschätzt und besteht seit dem Jahr 2013. Damals führte die Post die elektronische Empfangsbestätigung für postalisch zugestellte Gerichtsurkunden ein. Zuvor erforderte die Empfangsbestätigung noch eine handschriftliche Signatur. Nach einer Aussprache mit dem Bundesgericht kommt die Geschäftsprüfungskommissionen zum Schluss, dass das Problem einer «raschen gesetzgeberischen Lösung» bedarf. Jedoch scheiterte der erste Versuch des Bundesgerichts, die Rechtslücke mit einer Anpassung im Postgesetz (PG) zu schliessen. Nun hofft das Bundesgericht auf eine Lösung im Rahmen der anstehenden Revision des Bundesgesetzes über die elektronische Signatur[764]. Das Geschäft kommt in der Wintersession 2015 in den Nationalrat. Die Post hingegen sieht keinen Handlungsbedarf. Man ist der Ansicht, dass «die aktuelle Lösung die rechtlichen Anforderungen erfüllt». Physische und elektronische Unterschriften seien aus Sicht der Post gleichwertig. Die Post stützt ihre Einschätzung auf einen Artikel in der Postverordnung, der implizit besagt, dass Empfangsbestätigungen von Gerichtsurkunden auch in elektronischer Form erfasst werden können[765].

---

762 Geschäftsbericht des Bundesgerichts 2012, S. 11.
763 Jahresbericht 2014 der Geschäftsprüfungskommissionen und der Geschäftsprüfungsdelegation der eidgenössischen Räte vom 30.1.2015, BBl 2015, Kap. 3.5.2, S. 5264 ff.
764 Bundesgesetz über Zertifizierungsdienste im Bereich der elektronischen Signatur vom 19.12.2003 (Bundesgesetz über die elektronische Signatur, ZertES; SR 943.03).
765 Art. 29 Abs. 1 lit. d Postverordnung vom 29.8.2012 (VPG; SR 782.01): Gerichts- und Betreibungsurkunden mit Empfangsbestätigung in elektronischer Form oder in Papierform; bei der elektronischen Form muss durch geeignete technische und organisatorische Massnahmen sichergestellt werden, dass der Schutz vor Fälschung oder Verfälschung der Empfangsunterschrift vergleichbar ist mit jenem bei der Papierform.

Ob das System der Post diese Anforderung erfüllt, ist offen. Laut dem Bundesamt für 533
Justiz gibt es dazu kein Gutachten. Grundsätzlich stützt die Verwaltung aber die Position der Post. Das Gesetz sehe für Empfangsbestätigungen keine besondere *Form* vor. Somit entspreche es «dem berechtigten Anliegen der Gerichte, die Zustellung ihrer Urkunden beweisen zu können»[766].

Es entspricht der bundesgerichtlichen Praxis, dass bei nachgewiesener rechtzeitiger 534
Aufgabe einer *eingeschriebenen Postsendung* und substantiierten Angaben des Absenders über deren Inhalt eine natürliche Vermutung für die Richtigkeit dieser Sachverhaltsdarstellung spricht. Dem Empfänger steht der Nachweis offen, dass der tatsächliche Inhalt der Sendung ein anderer war oder dass die Sendung des Gerichts, die eine Klage und ein Beweismittelverzeichnis umfasste, keine Vorladung enthielt[767]. Zu Recht kann man sich die Frage stellen, wie ein solcher negativer Beweis erbracht werden kann. Zu empfehlen ist jedenfalls, mit dem Gericht sofort Kontakt aufzunehmen, wenn in einer Gerichtssendung keine Verfügung zum weiteren Prozessablauf beiliegt[768].

Für die Formerfordernisse einer behördlichen Zustellung gilt der Grundsatz, dass 535
fehlerhafte Zustellungen ihre Wirkung entfalten, wenn sie trotz Formmangels den Adressaten erreichen[769]. Dies lässt sich *e contrario* aus dem Grundsatz ableiten, dass den Parteien aus mangelhafter Eröffnung keine Nachteile erwachsen dürfen. Dem beabsichtigten Rechtsschutz wird Genüge getan, wenn eine objektiv mangelhafte Eröffnung trotz ihres Mangels ihren Zweck erreicht[770].

5. Zustellungsfiktion

a) Grundsätzliches

Der *Beweis* der Tatsache und des Datums der Zustellung von Verfügungen und Ent- 536
scheiden obliegt den Behörden. Bedienen sie sich dabei der Post und ist – infolge Unmöglichkeit der direkten Übergabe – eine Abholungseinladung auszustellen, ist davon auszugehen, dass die Postangestellte den Avis ordnungsgemäss in den Briefkasten oder in das Postfach des Empfängers gelegt und das Zustellungsdatum korrekt registriert hat. Insoweit handelt es sich um eine natürliche Vermutung. Diese dient der Beweiserleichterung, hat aber keine Umkehr der Beweislast zur Folge. Die aus ihr gezogenen Schlüsse stellen grundsätzlich Beweiswürdigung dar.

---

766 Mitteilung des Bundesamtes für Justiz an den Tages-Anzeiger, in: *Christian Brönnimann*, Tages-Anzeiger, 2.5.2015.
767 BGer 4A_447/2011 vom 20.9.2011; BGer 2C_259/2011 vom 26.7.2011
768 BGer 4D_33/2012 vom 10.7.2012, in: SZZP 6/2012, S. 473, Kommentar *François Bohnet*.
769 BGE 132 I 249 E. 6.
770 BGer 4A_367/2007 vom 30.11.2007 E. 3.2.

537 Die *natürliche Vermutung* ist damit letztlich eine Erscheinungsform des Indizienbeweises. Sie kann durch den Gegenbeweis umgestossen werden. Für das Gelingen des Gegenbeweises ist bloss erforderlich, dass der Hauptbeweis erschüttert wird bzw. Zweifel an dessen Richtigkeit begründet werden, nicht aber auch, dass das Gericht von der Schlüssigkeit der Gegendarstellung überzeugt wird. Insoweit unterscheidet sich der Gegenbeweis vom Beweis des Gegenteils, der sich gegen eine gesetzliche Vermutung richtet und seinerseits ein Hauptbeweis ist[771].

538 Im «Normalfall» wird die Sendung vom Adressaten oder von einer im gleichen Haushalt lebenden, mindestens sechzehn Jahre alten Person entgegengenommen (Art. 138 Abs. 2 ZPO). Sie gilt als tatsächlich empfangen und erhalten[772]. Kann die Sendung nicht ausgehändigt werden, wird ein *Abholzettel* in den Briefkasten oder das Postfach gelegt. «Avisiert ins Postfach» bedeutet, dass eine Abholungseinladung ins Postfach gelegt wurde. Die Sendung gilt nicht bereits mit der Avisierung, sondern erst mit ihrer Entgegennahme als fristauslösend zugestellt (Art. 138 Abs. 2 Satz 2 ZPO)[773].

539 Wenn der behördliche Absender nicht eindeutig identifizierbar ist, ist die Anwendung der *Zustellungsfiktion unzulässig*. Postleitzahl, Ort und Postfachnummer sind ungenügende Absenderangaben, da sie nicht die Zustellung einer durch ein Prozessrechtsverhältnis bestimmten Behörde erkennen lassen[774].

b) *Relative Zustelltheorie*

540 Nach Art. 138 Abs. 2 lit. a ZPO und Art. 44 Abs. 2 BGG gilt eine eingeschriebene behördliche Sendung in jenem Zeitpunkt als zugestellt – soweit die Adressatin bei einer versuchten Zustellung nicht angetroffen und daher eine Abholungseinladung in ihren Briefkasten oder ihr Postfach gelegt wird –, in welchem sie auf der Post abgeholt wird, spätestens aber am siebten Tag nach dem ersten erfolglosen Zustellungsversuch, soweit die Adressatin mit der fraglichen Zustellung hatte rechnen müssen *(Zustellungsfiktion)*.[775] Die 7-tägige Frist beginnt am Tage nach dem erfolglosen Zustellversuches zu laufen[776].

541 Bei einem Postrückhalteauftrag gilt eine Gerichtsurkunde am letzten Tag der Frist von sieben Tagen ab Eingang der Sendung bei der Poststelle am Wohnort des Empfängers als zugestellt[777]. Eine erneute Zustellung durch einfache Post löst keine Frist aus[778].

---

771 BGer 5A_98/2011 vom 3.3.2011, in: SZZP 4/2011, S. 299, Kommentar *François Bohnet*.
772 BGE 122 III 316.
773 BGer 5A_252/2012 vom 19.6.2012.
774 KGer SZ, BEK 2012 126, 14.6.2013, in: CAN 4/2013, Nr. 92.
775 BGer 4A_131/2013 vom 3.9.2013; BGE 134 V 49; 130 III 396; 127 I 31; ZBJV 5/2012, S. 366.
776 BGE 134 V 49; BGer 5A_2/2010 vom 17.3.2010.
777 BGE 141 II 429 = BGer 1C_115/2015 vom 26.11.2015 E. 3.3.
778 BGer 5D_77/2013 vom 7.6.2013.

Im Falle, dass ein Kuvert zwei Poststempel trägt, von denen einer vor und einer nach 542
Ablauf der Rekursfrist angebracht wurde, besteht keine *Richtigkeitsvermutung*. Zu dieser Frage besteht weder eine Gesetzesbestimmung noch eine Rechtsprechung. In Ermangelung einer Vermutung trägt der Beschwerdeführer gemäss Art. 8 ZGB die Beweislast für die Einhaltung der Beschwerdefrist[779].

Erteilt der Empfänger der Post einen «Nachsendeauftrag postlagernd», gilt als Be- 543
stimmungspoststelle das im *Nachsendeauftrag* bezeichnete Postamt. Die 7-tägige Abholfrist zur Auslösung der Zustellungsfiktion beginnt diesfalls nach Eingang der Sendung auf der «Nachsendepoststelle»[780]. Das Transportrisiko trägt der Absender.

Beispiel
Eine Mieterin aus Zürich bucht für drei Wochen eine Ferienwohnung in St. Moritz und erteilt ihrer Post den Auftrag, die Post ins Postbüro St. Moritz nachzusenden. Der Vermieter schickt ihr am 13. Januar eine Mietzinserhöhung auf den 1. Mai. Das Zürcher Postbüro leitet am 14. Januar das Einschreiben an das Postbüro St. Moritz weiter. Wegen einer Lawine oberhalb von Bergün bleibt der Postzug der Rhätischen Bahn für zwei Tage stecken, sodass die Postsendung erst am 16. Januar in St. Moritz eintrifft. Der Postbeamte versucht am 17. Januar erstmals die Sendung zuzustellen, trifft die Adressatin aber nicht an. Er legt eine Abholungseinladung in den Briefkasten, mit dem Vermerk, die Sendung könne ab dem 18. Januar auf der Poststelle St. Moritz abgeholt werden. Die 7-tägige Abholfrist beginnt am 18. Januar und endet am 24. Januar. Da die Mieterin den Inhalt des Einschreibens ahnt, pressiert es ihr nicht mit der Abholung und sie wartet damit bis zum 23. Januar. Damit gilt die Mietzinserhöhung per 1. Mai als verspätet zugestellt, da sie spätestens am 21. Januar hätte zugestellt sein müssen (Art. 269*d* Abs. 1 OR).
Wäre die Mieterin nicht in die Skiferien gefahren, hätte der Postbeamte in Zürich am 14. Januar den ersten Zustellversuch unternommen. Die 7-tägige Abholfrist hätte am 15. Januar begonnen und wäre am 21. Januar abgelaufen. Die Mietzinserhöhung wäre gerade noch rechtzeitig erfolgt.

c)   *Zustellungsfiktion und Prozessrechtsverhältnis*

Wann muss man mit einer *Zustellung* rechnen (Art. 138 Abs. 3 lit. a ZPO)? Die Tat- 544
bestände, die der Gesetzgeber in der zitierten Vorschrift der ZPO regelt, entsprechen der bewährten Rechtsprechung[781]. Die Zustellung eines behördlichen Aktes kann nur dann fingiert werden, wenn sie mit einer gewissen Wahrscheinlichkeit erwartet werden musste. Ein Prozessrechtsverhältnis, das die Parteien verpflichtet,

---

779   BGer 2C_404/2011 vom 21.11.2011.
780   BGer 5P.425/2005 vom 20.1.2006.
781   Botschaft ZPO, S. 7307.

sich nach Treu und Glauben zu verhalten, entsteht erst mit der Rechtshängigkeit[782].

545 Ist ein solches *Prozessrechtsverhältnis* begründet, haben die Parteien unter anderem dafür zu sorgen, dass ihnen Entscheide, die das Verfahren betreffen, auch zugestellt werden können[783]. Geht dem Entscheidverfahren ein Schlichtungsverfahren voraus (Art. 197 ZPO), beginnt mit Einreichung der Klage beim Gericht kein neues Verfahren. Die beklagte Partei hat damit zu rechnen, dass innerhalb der dreimonatigen Frist (Art. 209 Abs. 3 ZPO) bzw. 30-tägigen Frist (Art. 209 Abs. 4 ZPO), in der die Klagebewilligung gültig ist, Klage erhoben wird. Die Rechtshängigkeit der Klage tritt denn auch im Zeitpunkt der Einleitung des Schlichtungsverfahrens ein (Art. 62 ZPO). Das anlässlich des Schlichtungsverfahrens begründete Prozessrechtsverhältnis zu den Parteien gilt somit auch für das Verfahren vor dem Gericht[784].

546 Die Parteien müssen während des *hängigen Verfahrens* mit einer gewissen Wahrscheinlichkeit mit der Zustellung eines behördlichen Aktes rechnen[785]. Nach Ablauf eines Jahres ohne Prozesshandlungen erlischt in der Regel das Prozessrechtsverhältnis[786].

547 Ein Betreibungsverfahren, das durch Rechtsvorschlag eingestellt wurde (Art. 78 Abs. 1 SchKG), kann nur nach Aufhebung des Rechtsvorschlages durch den Richter im Rechtsöffnungsverfahren (Art. 80–84 SchKG) oder auf dem ordentlichen Prozessweg (Art. 79, 153 Abs. 3 und Art. 186 SchKG) fortgesetzt werden. Der *Rechtsöffnungsprozess* stellt somit ein neues Verfahren dar. Daraus folgt, dass der Schuldner allein aufgrund der Zustellung eines Zahlungsbefehls bzw. des dagegen erhobenen Rechtsvorschlags noch nicht mit einem Rechtsöffnungsverfahren bzw. mit der Zustellung gerichtlicher Verfügungen rechnen muss. Die Zustellungsfiktion kann nur für ein hängiges bzw. laufendes Verfahren gelten[787].

d) Abwesenheitsmeldungen

548 Teilt ein anwaltlich nicht vertretener Vermieter in einer Gesuchsantwort dem Gericht seine Ferienabwesenheit mit, um die Zustellung des Urteils während seiner *Abwesenheit* zu verhindern, und eröffnet das Gericht trotzdem während der Abwesenheit den Entscheid, sodass der Vermieter die Berufungsfrist verpasst, widerspricht dieses Verhalten dem verfassungsmässigen Recht auf Vertrauensschutz (Art. 9 BV; Art. 52 ZPO). Der Beschwerdeführer kann in guten Treuen davon ausgehen können, dass das

---

782 BGE 138 III 225 = BGer 5A_895/2011 vom 6.3.2012, in: ZBJV 5/2012, S. 366, Kommentar *Simon Zingg.*
783 BGer 5D_130/2011 vom 22.9.2011.
784 OGer SH, 10/2013/25, 21.2.2014, E. 2, in: CAN 2/2015, Nr. 31.
785 BGE 130 III 396 = BGer 7B.89/2004 vom 3.6.2004.
786 BGE 130 III 396 = BGer 7B.89/2004 vom 3.6.2004; *Gasser/Rickli*, Art. 138 ZPO N 7.
787 BGer 5D_130/2011 vom 22.9.2011; BGer 5A_710/2010 vom 28.1.2011.

Bezirksgericht nicht während seiner Ferienabwesenheit den Entscheid eröffnen wird. Er muss deshalb nicht mit einer Zustellung rechnen[788].

Anders ist die Rechtslage, wenn eine Partei während längerer Zeit (z.B. fünf Wochen) abwesend ist. Die abwesende Partei trägt die Verantwortung dafür, dass einer bevollmächtigten Person die Post zugestellt werden kann[789] oder dass zumindest die Behörde über seine Abwesenheit informiert wird; ein Postrückhalteauftrag stellt keine genügende Massnahme dar[790]. Dies ist vor allem bei *Verwirkungsfristen* im Mietrecht von grosser Bedeutung, da diese Fristen nicht wiederhergestellt werden können[791]. 549

e) Falsche Abholfristen und Rückhalteaufträge

Was geschieht, wenn die Post eine *längere Abholfrist* festlegt? – Von der Frage des Zeitpunkts des Eintritts der Zustellungsfiktion ist die Frage zu unterscheiden, wie lange eine Sendung bei der Post abgeholt werden kann. Die von der Praxis festgelegte und in die Gesetze des Bundes (Art. 138 Abs. 3 lit. a ZPO; Art. 44 Abs. 2 BGG) aufgenommene Zustellungsfiktion betrifft Fälle, in denen eine Sendung innerhalb der 7-tägigen Abholfrist, wie sie in den AGB der Post festgelegt ist, nicht abgeholt wurde[792]. Die Zustellungsfiktion beschlägt in diesem Fall nicht die Frage, wie lange eine Sendung abgeholt werden kann, sondern orientiert sich an der diesbezüglichen Regel, um eine andere Frage zu beantworten: 550

Es geht darum, den *Zeitpunkt der Zustellung* behördlicher Entscheide allgemein und verbindlich zu regeln. Die Frist bis zum Eintreten der Zustellungsfiktion wird auch dann nicht verlängert, wenn ein Abholen nach den anwendbaren Bestimmungen der Post auch noch länger möglich ist. Wenn der Postbote auf der Abholungseinladung versehentlich eine andere als die 7-tägige Frist notiert, ändert dies grundsätzlich nichts am Zeitpunkt des Eintritts der Zustellung. Denn dieser bedarf einer klaren, einfachen und einheitlichen Regelung. Es ist deshalb nicht überspitzt formalistisch, die Zustellungsfiktion unabhängig von der postalischen Abholfrist im konkreten Fall eintreten zu lassen, auch wenn diese ohne Veranlassung durch den Empfänger von der Post spontan oder irrtümlich verlängert oder länger angesetzt worden ist. 551

Der Zustellungsempfänger, dem vom Postboten auf der *Abholungseinladung* eine längere Abholungsfrist als sieben Tage angegeben wird, kann sich grundsätzlich nicht mit 552

---

788 BGer 4A_660/2011 vom 5.2.2012, in: ZBJV 1/2014, S. 13, Kommentar *Christoph Leuenberger*.
789 OGer ZH, LC130031-O/U, 24.7.2012, in: ius.focus 1/2014, S. 21, Kommentar *Carole Sorg/ Manuel Blättler*.
790 BGE 141 II 429 = BGer 1C_115/2015 vom 26.11.2015 E. 3.1 und 3.2.
791 Es sind dies die jeweils 30-tägigen Anfechtungsfristen bei der Mietzinserhöhung (Art. 270*b* Abs. 1 OR) und Kündigung (Art. 273 Abs. 1 OR).
792 BGE 127 I 31.

Erfolg auf das in Art. 9 BV verankerte Recht auf Vertrauensschutz im Zusammenhang mit behördlichen Zusicherungen berufen. Denn der Postbote, der den Zustellungsversuch unternimmt, ist nur zur Angabe der Abholungsfrist, nicht aber zur Zusicherung von Rechtsmittelfristen zuständig, die nach dem vorstehend Ausgeführten unabhängig von der Abholungsfrist zu laufen beginnen. Vorbehalten bleibt der Fall, dass das Auseinanderklaffen des Datums der Zustellungsfiktion einerseits und des letzten Tages der Abholfrist anderseits für den Zustellungsempfänger nach dem auf der Abholungseinladung vermerkten Datum des ersten erfolglosen Zustellungsversuchs tatsächlich nicht klar erkennbar war[793].

553 Allerdings relativiert das Bundesgericht seine Praxis in Fällen, bei denen die Zustellungsempfänger nicht anwaltlich vertreten sind. Die Post hatte jeweils eine andere als die 7-tägige Frist auf der Abholungseinladung vermerkt. Bei allen Fällen verpassten die Empfänger deswegen eine Rechtsfrist. In solchen Fällen müssten sich die Behörden Handlungen der Post, die sie bei der Zustellung als Hilfspersonen zuziehe, aufgrund des Vertrauensschutzes anrechnen lassen. Es könne von einem *juristischen Laien* nicht verlangt werden, die Unterscheidung zwischen dem Ende der postalischen Abholfrist und dem Ende der Legalfrist betreffend Zustellungsfiktion zu kennen. Aus der verpassten Frist dürfe kein Rechtsnachteil entstehen[794].

554 Ebenso greift die Zustellungsfiktion nicht, wenn die Post dem Empfänger die Sendung auf dessen Bitte nach *Ablauf der 7-tägigen Abholfrist* doch noch aushändigt. Der Konflikt zwischen der Post und Gerichten darf sich nicht zulasten der daran beteiligten Parteien auswirken. Eine mögliche Lösung besteht darin, dass die Gerichte mit fristauslösenden Entscheiden auf dem Briefumschlag einen Stempel anbringen mit dem Vermerk «keine Fristverlängerung; nach 7 Tagen bitte sofort zurück»[795].

555 Die *Schweizerische Post* behandelt das Problem beim Rückhalteauftrag seit dem 1. Februar 2015 wie folgt: Liegt bei der Post ein Auftrag vor, die Post zurückzuhalten, der beim Eintreffen von Urkunden noch länger als sieben Tage andauert, wird kein Zustellungsversuch unternommen. Die Gerichtsurkunde (GU) geht an den Absender zurück. Der Empfänger erhält eine Mitteilung mit A-Post, dass für ihn eine GU vorlag. Informiert wird auch über Details zur GU wie Empfangsdatum bei der Post, Absender, Empfänger, Grund- und Sendungsnummer. Ob dieses Vorgehen von Gerichten trotz Rücksendung der GU an den Absender bereits als Zustellungsversuch beurteilt wird und fristauslösende Wirkung hat, ist offen. Immerhin wissen nun die Adressaten, dass eine an sie gerichtete Urkunde zurückging[796]. Bei einer «A-Post Plus»-Sendung kann aufgrund der elektroni-

---

793 BGer 4A_704/2011 vom 16.1.2012 E. 3.4, in: SZZP 3/2012, S. 205, Kommentar *François Bohnet* und *Philippe Schweizer*.
794 BGer 1C_85/2010 vom 4.1.2010; BGer 5A_211/2012 vom 25.6.2012; BGer 2D_37/2010 vom 23.11.2010: Frage offengelassen.
795 OGer ZH, II. ZK, NP 1300014-O/U, 11.6.2013, in: ZR 112 (2013), Nr. 22.
796 plädoyer 1/2015, S. 71.

schen Sendungsverfolgung «Track & Trace» festgestellt werden, wann dem Empfänger die Sendung ins Postfach oder den Briefkasten gelegt wurde. Nach Art. 138 Abs. 1 ZPO erfolgt die Zustellung von Vorladungen, Verfügungen und Entscheiden durch eingeschriebene Postsendung oder auf andere Weise gegen Empfangsbestätigung. Damit genügt eine Zustellung durch «A-Post Plus» nicht für den Beweis der Zustellung[797].

6. Verschiebungsgesuche

Gemäss Art. 135 ZPO kann die Schlichtungsbehörde oder das Gericht einen Erscheinungstermin aus zureichenden Gründen verschieben, wenn es vor dem Termin darum ersucht wird. Es bedarf mithin eines Gesuchs, das formlos, das heisst mündlich, schriftlich oder per Fax gestellt werden kann[798]. Der Gesuchsteller hat den *Verschiebungsgrund* glaubhaft zu machen. Ärztlich bescheinigte Verhinderung ist ein Verschiebungsgrund. Ist der Anwalt krank, hat der Klient Anrecht auf eine Verschiebung[799]. 556

Die Behörde «kann» einen Termin verschieben. Es besteht also kein Anspruch darauf[800]. Erhält eine Partei vom Gericht keine Antwort auf ein *Verschiebungsgesuch*, muss sie von der Gültigkeit der Vorladung ausgehen[801]. Erscheint eine Partei zum angesetzten Termin nicht, ohne sich nach dem Verschiebungsentscheid erkundigt zu haben, treffen sie die Säumnisfolgen (vgl. N 593 ff.). 557

Ein Verschiebungsgesuch, das fahrlässig erst kurz vor dem *Verhandlungstermin* gestellt wird, obwohl der Hinderungsgrund schon lange bekannt ist, verstösst gegen Treu und Glauben und darf abgewiesen werden. Die Verschiebungsgründe sind die nämlichen wie bei den Fristerstreckungen (Art. 144 ZPO), wobei ein strengerer Massstab angelegt wird[802]. 558

Wenn eine Partei aus *zureichenden Gründen* um Verschiebung ersucht, darf das nicht allein deshalb abgelehnt werden, weil bereits einmal ein Verschiebungsgesuch dieser Partei bewilligt wurde. Weicht eine Instanz von den gesetzlichen Form- und Begründungserfordernissen für ein Verschiebungsgesuch ab, dürfen sich die Parteien darauf verlassen[803]. 559

In der Regel ist der ablehnende Verschiebungsentscheid erst mit dem *Rechtsmittel* (Berufung oder Beschwerde) anfechtbar, das gegen den Endentscheid gegeben ist[804]. 560

---

797 BGer 2C_430/2009 vom 14.1.2010, in: ZBJV 2/2012, S. 138, Kommentar *Christoph Leuenberger*; *Bohnet*, SZZP 2010, S. 143.
798 BSK ZPO-*Bühler*, Art. 135 N 11.
799 OGer ZH, RU140067-O/U, 6.3.2015, in: CAN 1/2016, S. 37.
800 BGer 5A_121/2014 vom 13.5.2014, E. 3.3.
801 KUKO ZPO-*Weber*, Art. 135 N 6.
802 BK-*Frei*, Art. 135 ZPO N 7; BSK ZPO-*Bühler*, Art. 135 N 14 ff.; vgl. N 588 ff.
803 OGer ZH, RU150029-O/U, 30.7.2015.
804 BSK ZPO-*Bühler*, Art. 135 N 37.

Kapitel 24 Beginn, Berechnung und Stillstand der Fristen (Art. 142 ff. ZPO)

1. Beginn und Berechnung der Frist

561 **Art. 142 Abs. 1 ZPO**

Fristen, die durch eine Mitteilung oder den Eintritt eines Ereignisses ausgelöst werden, beginnen am folgenden Tag zu laufen.

Fristauslösende Mitteilungen sind empfangsbedürftig, nicht aber annahmebedürftig.

562 **Art. 142 Abs. 2 ZPO**

Berechnet sich eine Frist nach Monaten, so endet sie im letzten Monat an dem Tag, der dieselbe Zahl trägt wie der Tag, an dem die Frist zu laufen begann. Fehlt der entsprechende Tag, so endet die Frist am letzten Tag des Monats.

Aufgrund dieser *Berechnungsvorschrift* dauert die Frist eigentlich die Anzahl Monate plus einen Tag.

Beispiele

– Fristauslösendes Datum: 21. Januar. Frist 3 Monate. Fristende: 21. April.
– Fristauslösendes Datum: 31. Januar. Frist 3 Monate. Fristende: 30. April. Da der Monatstag (31.) im April fehlt, endet die Frist am letzten Tag des Monats (30. April).

Mangels Relevanz hat die ZPO es unterlassen, die Berechnung von Wochen- oder Jahresfristen zu regeln. Die Frist endet bei einer nach Wochen festgesetzten Frist am Tag der letzten Woche, der den Namen trägt wie der Tag, an welchem die Frist zu laufen begann[805].

563 Fällt der letzte Tag der Frist auf einen Samstag, Sonntag oder einen eidgenössisch[806] oder kantonal (nicht aber kommunal) anerkannten Feiertag, so endet sie am nächsten Werktag[807] (Art. 142 Abs. 3).

---

805 BSK ZPO-*Benn*, Art. 142 N 17a.
806 Der 1. August ist der einzige eidgenössische Feiertag, s. Anhang 6.
807 Eine Übersicht über die Grundlagen der kantonalen Feiertage gibt BSK ZPO-*Benn*, Art. 142 N 26, und die Broschüre «Daten und Adressen zum Mietrecht», Verlag Kurse und Seminare zum Mietrecht, ‹www.mietrecht.ch›; das EJPD hat ein Verzeichnis der gesetzlichen Feiertage verfasst ‹https://www.bj.admin.ch/dam/data/bj/publiservice/service/zivilprozessrecht/kant-feiertage.pdf› (4.5.2016), vgl. Anhang 6. Im Kanton St. Gallen ist z.B. der Berchtoldstag (2. Januar) ein Feiertag (KGer SG, FS.2012.1, 29.3.2012, in: CAN 1/2013, Nr. 17); im Kanton

Beispiel

Die Schlichtungsverhandlung hat am 14. Juli 2014 stattgefunden. Es konnte keine Einigung erzielt werden. Die Klagefrist (30 Tage) zur Einreichung der Klage im vereinfachten Verfahren beginnt am 15. Juli 2014 (Beginn Gerichtsferien) zu laufen und ruht bis zum 15. August 2014. Die Frist beginnt «neu» am 16. August 2014 zu laufen und endet nach dreissig Tagen am 14. September 2014. Die Klage kann am Montag, 15. September 2014, der Post übergeben werden, da der 14. September 2014 ein Sonntag ist und sich deshalb die Frist bis zum 15. September 2014 erstreckt[808].

2. Einhaltung der Frist – Vertrauensschutz

a) *Zeitliche und örtliche Fristwahrung*

Art. 143 Abs. 1 ZPO

Eine Frist gilt als eingehalten, wenn eine Eingabe am letzten Tag der Frist beim Gericht oder bei der Schlichtungsbehörde eingereicht wird oder zu deren Handen der Schweizerischen Post oder einer schweizerischen diplomatischen oder konsularischen Vertretung übergeben wird.

564

Das Bundesgericht hat sich zu den *Wirkungen des Einwurfs einer Eingabe in den Briefkasten der Behörde* und zu deren diesbezüglichen Pflichten geäussert. Es hält fest, dass die Leerung des Briefkastens für den Zeitpunkt der Fristwahrung nicht massgeblich ist. Entsprechend der Rechtslage im privaten (geschäftlichen) Rechtsverkehr befinden sich die in den Briefkasten gelegten Briefe im Machtbereich der Behörde, weshalb eine Eingabe mit dem Einwurf in diesen Briefkasten als eingereicht gilt. Fristwahrend kann folglich der Briefkasten der Behörde benützt werden[809].

Der *Beweis für die Rechtzeitigkeit* einer fristwahrenden Handlung obliegt entsprechend Art. 8 ZGB derjenigen Person, welche sie vornimmt[810].

565

b) *Sachliche und funktionelle Fristwahrung*

Die ZPO äussert sich grundsätzlich nicht zur *Frage der Fristwahrung* durch Eingaben, die an eine sachlich oder funktionell unzuständige Behörde gerichtet sind, und auch

566

Solothurn hingegen ist der Berchtoldstag kein Feiertag (OGer SO, ZKBER.2012.2, 6.1.2012, in: CAN 4/2012, Nr. 69).
808 Weitere Beispiele zur Verlängerung des Fristenlaufes: BSK ZPO-*Benn*, Art. 145 N 4.
809 BGE 70 III 70 E. 1, vgl. aber BGer 6B_730/2013 vom 10.12.2013, wonach die Möglichkeit, die Eingabe in einen beliebigen Briefkasten im Beisein von Zeugen einzuwerfen, nicht genüge.
810 OGer SO, 93/2013/22, 30.12.2014, in: CAN 3/2015, S. 172.

nicht zur Frage der Weiterleitung solcher Eingaben an die zuständige Instanz (vgl. Art. 143 ZPO und auch Art. 63 ZPO).

567 In Ermangelung einer eigenen Regelung hat der für das Bundesgericht geltende Art. 48 Abs. 3 BGG als allgemeiner Rechtsgrundsatz zu gelten: Demnach ist eine Frist gewahrt, wenn die Eingabe fristgerecht einer unzuständigen *Bundes- oder kantonalen Behörde* eingereicht wird[811]. Wird eine Eingabe bei der falschen Behörde eingereicht, hat das Gericht den Beschwerdeführer auf den Mangel aufmerksam zu machen, so dass dieser die Beschwerde binnen der Rechtsmittelfrist der Post einreichen kann. Es ist überspitzt formalistisch, seitens der Behörden zuzuwarten, bis sich ein verbesserlicher Fehler nicht mehr heilen lässt, und danach die Partei die Folgen dieses Fehlers tragen zu lassen[812].

568 Dem Rechtsmittelkläger schadet es nicht, wenn eine rechtzeitige Berufung oder Beschwerde versehentlich beim erstinstanzlichen Gericht *(iudex a quo)* eingereicht wird. Vielmehr gilt in diesen Fällen die Rechtsmittelfrist als gewahrt und die Vorinstanz hat das Rechtsmittel unverzüglich an die zuständige Rechtsmittelinstanz weiterzuleiten[813]. Diese Regel gilt aber nicht für eine Rechtsmitteleingabe, die bei einer ausserkantonalen Behörde oder bei einer kantonalen Behörde, die den angefochtenen Entscheid nicht getroffen hat, eingereicht wird.

569 Die Frist ist nicht gewahrt, wenn sich eine Partei wissentlich und willentlich über die *Zuständigkeitsordnung* hinwegsetzt[814].

570 Widersprechen die Angaben des *Zustellungsdatums* in der Berufungsschrift und im «Track & Trace»-System einander, so ist der Beschwerdeführer darüber zu befragen. Wird über inhaltliche Fragen verhandelt und dabei Replik und Duplik eingeholt, so ist davon auszugehen, dass auf die Berufung eingetreten wird, zumindest aber, dass die Berufungsfrist eingehalten ist[815].

571 **Art. 143 Abs. 2 ZPO**

Bei elektronischer Übermittlung ist die Frist gewahrt, wenn das Informatiksystem der Behörde dem Absender vor Ablauf der Frist eine Bestätigung zustellt, dass die Eingabe auf ihrer elektronischen Plattform eingegangen ist.

---

811 BSK ZPO-*Benn*, Art. 143 N 3.
812 BGer 5A_376/2012, 16.1.2013, in: SZZP 3/2013, S. 203, Kommentar *Valentin Rétornaz*; BGE 114 Ia 20 E. 2 S. 22 ff.; 111 Ia 169 E. 4c S. 175.
813 BGE 140 III 636 E. 3.7 = BGer 4A_476/2014 vom 9.12.2014, in: SZZP 2/2015, S. 147, Kommentar *Valentin Rétornaz* und *François Bohnet*; und in: ius.focus 11/2015, S. 22, Kommentar *Ann Sofie Benz*.
814 OGer ZH, PS120092, 22.5.2012.
815 BGer 5A_28/2015 vom 22.5.2015 E. 3.1.2, in: SZZP 5/2015, S. 398.

Der *Zeitpunkt*, in dem die Behörde das Dokument anschliessend öffnet, speichert und dem Empfänger bestätigt, ist unerheblich[816].

Art. 143 Abs. 3 ZPO 572

Die Frist für eine Zahlung an das Gericht ist eingehalten, wenn der Betrag spätestens am letzten Tag der Frist zugunsten des Gerichts der Schweizerischen Post übergeben oder einem Post- oder Bankkonto in der Schweiz belastet worden ist.

Nicht der Eingang des Zahlungsauftrages ist massgebend, sondern der Valutatag der Belastung auf dem Post- oder Bankkonto des Zahlungspflichtigen. Wird am letzten Tag der Frist ein *Kostenvorschuss* dem Konto zugunsten des Gerichtes belastet, so gilt er als fristgerecht geleistet, auch wenn die Zahlung wegen fehlerhafter Angabe von Adresse und Kontonummer des Gerichtes dort nicht rechtzeitig eingeht. Das Fehlen des IBAN auf dem Bankeinzahlungsschein gereicht dem Vorschussleistenden unter diesen Umständen nicht zum Nachteil[817]. Wenn der Kostenvorschuss nicht innert der angesetzten Frist dem Gericht gutgeschrieben wurde, hat dieses den Vorschusspflichtigen zum Nachweis aufzufordern, dass der Betrag am letzten Tag der Frist seinem Post- oder Bankkonto in der Schweiz (oder desjenigen seines Vertreters) belastet wurde. Der Kontoausdruck eines Post- oder des Bankkontos, welcher die Belastung bestätigt, ist zum Nachweis der Rechtzeitigkeit geeignet[818].

Probleme können sich dann ergeben, wenn der *Fristablauf* auf einen faktischen nicht 573
aber rechtlichen Feiertag fällt. Das Bundesgericht hatte folgenden Fall zu beurteilen[819]: Der Fristablauf fiel auf den Pfingstsonntag. Im Kanton Solothurn gilt der Pfingstmontag nicht als anerkannter Feiertag. Die Postbüros und die kantonale Verwaltung sind aber am Pfingstmontag geschlossen. Die Rechtsschrift wurde erst am Dienstag nach Pfingsten eingereicht. Das Bundesgericht schützte die Verspätung, im Wesentlichen mit folgender Begründung: Art. 29 Abs. 1 BV verbietet die strikte Anwendung von Formvorschriften, welche die Verwirklichung des materiellen Rechts in unhaltbarer Weise erschwert oder verhindert. Dies ist dann der Fall, wenn die Frist an einem Tag abläuft, an dem die Eingabe weder der Behörde selbst noch einer in vernünftiger Distanz sich befindlichen Poststelle übergeben werden kann[820]. Die Möglichkeit, die Eingabe in einen beliebigen Briefkasten im Beisein von Zeugen einzuwerfen, genügt nicht (vgl. N 222).

---

816 BGE 139 IV 257 = BGer 1B_222/2013 vom 19.7.2013, in: Praxis 2014, Nr. 72.
817 BGer 5A_61/2014 vom 13.3.2014.
818 BGE 139 III 364 = BGer 5D_101/2013 vom 26.7.2013; BK-Frei, Art. 143 ZPO N 21.
819 BGer 6B_730/2013 vom 10.12.2013.
820 Die nächsten offenen Poststellen waren 38 km (Schanzenpost Bern) bzw. 56 km (Hauptpost Aarau) entfernt.

c) *Vertrauensschutz bei falscher Fristbelehrung*

574 Datiert die Behörde einen Entscheid bzw. eine Verfügung falsch, gilt – mindestens bei einer anwaltlich vertretenen Partei – das effektive Versanddatum. Der Einwand, die beschwerte Partei müsse darauf vertrauen können, dass Behörden korrekt handeln, da der verfassungsmässige Grundsatz des Vertrauensschutzes gelte, wurde vom Bundesgericht mit knapper Mehrheit verworfen, nicht zuletzt deshalb, weil die beanstandeten Verwaltungsakte einer professionellen Rechtsvertretung – einer Treuhandgesellschaft – eröffnet wurden[821]. Ist die Fehlerhaftigkeit einer Rechtsmittelbelehrung aus der einfachen Lektüre des Gesetzes ersichtlich oder genügt eine systematische Lektüre des Gesetzes, um den Fehler zu erkennen, so kann sich die anwaltlich vertretene Partei nicht auf den *Vertrauensschutz* berufen[822].

575 Wenn ein Kuvert zwei Poststempel trägt, von denen einer vor und einer nach Ablauf der Rekursfrist angebracht wurde, besteht keine Richtigkeitsvermutung. Zu dieser Frage besteht weder eine Gesetzesbestimmung noch Rechtsprechung. In Ermangelung einer Vermutung trägt der Beschwerdeführer gemäss Art. 8 ZGB die *Beweislast* für die Einhaltung der Beschwerdefrist[823].

3. Stillstand der Frist

576 Während gewissen Zeiten soll das Rechtsleben auch «Ferien» machen. Man spricht von *«Gerichtsferien»*. In folgenden Zeitabschnitten stehen gesetzliche und gerichtliche Fristen still:

> **Art. 145 Abs. 1 ZPO**
>
> Gesetzliche und gerichtliche Fristen stehen still:
> a. vom siebten Tag vor Ostern bis und mit dem siebten Tag nach Ostern;
> b. vom 15. Juli bis und mit dem 15. August;
> c. vom 18. Dezember bis und mit dem 2. Januar.

Unter «Ostern» («Pâques»; «Pasqua») im Sinne dieser Bestimmungen verstehen Rechtsprechung und Lehre seit jeher ausschliesslich den Ostersonntag und nicht etwa Ostersonntag und Ostermontag zusammen oder gar den Zeitraum von Karfreitag bis und mit Ostermontag[824].

---

821 BGE 141 III 270 E. 3.3; BGer 8C_84/2014 vom 14.10.2014 E. 5.2.
822 BGer 5A_104/2014 vom 10.10.2014 E. 3.3, in: ius.focus 5/2015, S. 23, Kommentar *Christian Schlumpf*.
823 BGer 2C_404/2011 vom 21.11.2011.
824 BGE 139 V 490 = BGer 9C_525/2013 vom 23.9.2013, E. 2.2.

4. Auswirkungen des Fristenstillstands auf den Fristenlauf

Fällt eine gesetzliche oder gerichtliche Frist in die «Gerichtsferien», so verlängert sich die Frist entsprechend, und es finden keine Gerichtsverhandlungen statt (Art. 146 Abs. 2 ZPO). Die Dauer des *Stillstandes* beträgt bei Gerichtsferien an Ostern (Art. 145 Abs. 2 lit. a ZPO) 15 Tage, bei jenen im Sommer (lit. b) 32 Tage und bei jenen über den Jahreswechsel (lit. c) 16 Tage.

577

Über die Auswirkungen der *Verlängerung bzw. Hemmung des Fristenlaufs* existieren verschiedene Theorien und es ist (noch) keine herrschende Lehre auszumachen[825]. Der Grund liegt darin, dass es der Gesetzgeber versäumte, die Art. 46 BGG und Art. 145 ZPO vollkommen zu synchronisieren. Die Gerichtsferien sind zwar identisch (wie übrigens auch in Art. 38 Abs. 4 ATSG[826]), im BGG gilt der Fristenstillstand jedoch nur für nach Tagen bestimmte Fristen (Art. 46 Abs. 1 BGG).

578

Daraus folgert ein *Teil der Lehre,* sinnvollerweise könnten die Art. 145 ff. ZPO nur analog zu Art. 46 BGG gelesen werden, was bedeutet, dass der Stillstand der Fristen nur für die nach Tagen bestimmten Fristen Anwendung findet. Eine eigentliche Unterbrechung der Frist findet nicht statt. Endet eine Monatsfrist in einer Stillstandsperiode, wird sie bis und mit dem ersten Tag nach Ablauf der Stillstandsperiode verlängert[827].

579

Beispiel

Fristauslösendes Datum: 26. September. Klagefrist 3 Monate. Ende der Klagefrist: 26. Dezember (Art. 142 Abs. 2 ZPO). Fristende: 3. Januar.

Für *einen anderen Teil der Lehre und Rechtsprechung* gilt die Verlängerung bzw. Hemmung des Fristenlaufs sowohl für Fristen nach Tagen, namentlich für die Wiederherstellungsfrist gemäss Art. 148 Abs. 3 ZPO, als auch nach Monaten, wobei es keine Rolle spielt, ob es sich um gesetzliche oder richterliche Fristen handelt. Monatsfristen werden zuerst ohne Berücksichtigung der Gerichtsferien (Art. 142 Abs. 2 ZPO) berechnet (ohne Art. 142 Abs. 3 ZPO) und um die der Stillstandsdauer entsprechende Zahl von Tagen verlängert[828].

---

825 Entgegen der Ansicht des KGer SZ, ZK2 2014 13, 12.8.2014, in: CAN 1/2015, Nr. 12.
826 Bundesgesetz über den Allgemeinen Teil des Sozialversicherungsrechts vom 6.10.2000 (ATSG; SR 830.1).
827 SHK ZPO-*Marbacher,* Art. 145 N 3; BK-*Frei,* Art. 145 ZPO N 8; teilweise BSK ZPO-*Benn,* Art. 145 N 3a.
828 KUKO ZPO-*Hoffmann-Nowotny,* Art. 145 N 5; *Staehelin,* in: Sutter-Somm/Hasenböhler/Leuenberger (Hrsg.), Art. 145 ZPO N 6: BSK ZPO-*Benn,* Art. 145 N 3a; CPC-*Tappy,* Art. 145 ZPO N 10; KGer SG, BO.2012.34, 7.8.2012, in: CAN 4/2012, Nr. 71; KGer SZ, ZK2 2014 13, 12.8.2014, in: CAN 1/2015, Nr. 12.

580 Nach der hier vertretenen Auffassung trifft die *zweite Lehrmeinung* zu, entspricht sie doch dem klaren Wortlaut von Art. 145 Abs. 1 ZPO[829].

Beispiele

- Die Schlichtungsverhandlung betreffend Mietzinserhöhung findet am 2. Dezember statt. Die 30-tägige Frist zur Einreichung der Klage beginnt am 3. Dezember zu laufen. Da die Frist in die Weihnachtsgerichtsferien fällt, folglich vom 18. Dezember bis 2. Januar unterbrochen ist, wird sie am 3. Januar fortgesetzt und endet am 17. Januar.
- Fristauslösendes Datum: 26. September. Klagefrist 3 Monate. Ende der Klagefrist: 26. Dezember (Art. 142 Abs. 2 ZPO). Neun Tage (18.–26. Dezember) der laufenden Frist fallen in die Gerichtsferien. Wiederaufnahme der Frist: 3. Januar. Fristablauf nach 9 Tagen, also am 11. Januar[830].
- Klagebewilligung nach Art. 209 Abs. 3 ZPO am 22. März. Damit ist das Ende der Frist in einem ersten Schritt auf den 22. Juni zu legen. Über die Osterfeiertage steht die Frist gemäss Art. 145 Abs. 1 lit. a ZPO während fünfzehn Tagen still. Diese fünfzehn Tage sind zum Datum des 22. Juni hinzuzuzählen, so dass der Fristablauf auf den 7. Juli fällt[831].
- Fristauslösendes Datum: Vierter Tag vor Ostern. Klagefrist: 30 Tage. Frist fällt in den Fristenstillstand (Art. 145 Abs. 1 lit. a ZPO). Wiederaufnahme der Frist: Am achten Tag nach Ostern. Fristende: 37. Tag nach Ostern.

581 Handelt es sich um eine *richterlich angeordnete Frist*, die (versehentlich) in die Gerichtsferien gesetzt wird, ist der erste Tag der Frist der erste Tag nach Ablauf der Stillstandsperiode, und die Frist endet im letzten Monat an dem Tag, der dieselbe Zahl trägt wie dieser erste Tag nach Ablauf der Stillstandsperiode[832].

Beispiel

Das Gericht setzt Frist zur Einreichung der Klageantwort bis zum 3. August. Die Frist erstreckt sich bis zum 16. August.

582 Eine *gerichtliche Zustellung* (Art. 136 ff. ZPO) ist grundsätzlich auch während des Fristenstillstands möglich (Art. 146 Abs. 1 ZPO). Doch beginnt eine allfällige Frist – gleichgültig, ob eine gesetzliche oder eine gerichtliche – erst am ersten Tag nach Ende des Stillstands zu laufen[833].

---

829 Ebenso die Sperrfristberechnungen nach Art. 336c Abs. 2 OR beim Arbeitsverhältnis.
830 KGer SZ, ZK2 2014 13, 12.8.2014, in: CAN 1/2015, Nr. 12.
831 BGE 131 V 314 E. 4.6.
832 KUKO ZPO-*Hoffmann-Nowotny*, Art. 145 N 5; BK-*Frei*, Art. 145 ZPO N 8; *Staehelin*, in: Sutter-Somm/Hasenböhler/Leuenberger (Hrsg.), Art. 145 ZPO N 6.
833 Botschaft ZPO, S. 7309.

Beispiel

Erfolgt die gerichtliche Zustellung eines Entscheids am 10. August, so beginnt die Rechtsmittelfrist am 16. August zu laufen.

5. Kein Fristenstillstand

a) Im Schlichtungsverfahren

Der *Fristenstillstand* gilt allerdings nicht für das Schlichtungsverfahren und auch nicht für das Summarverfahren (Art. 145 Abs. 2 ZPO)[834]. Schlichtungsverhandlungen können auch während den Gerichtsferien angesetzt werden. 583

Beispiel

Die Schlichtungsbehörde setzt am 5. Juli eine 14-tägige Frist, also bis zum 19. Juli, zur Einreichung ergänzender Beweismittel. Die Frist erstreckt sich nicht bis zum 20. August[835].

Die Schlichtungsbehörde bzw. das Gericht hat auf die Ausnahmeregelung von Art. 145 Abs. 2 ZPO hinzuweisen (Art. 145 Abs. 3 ZPO) und zwar sowohl bei gesetzlichen wie gerichtlichen Fristen. Die Ausnahme vom Fristenstillstand gilt auch im Rechtsmittelverfahren im Anschluss an ein Summarverfahren. Das Gericht muss jedoch zwingend auf diese Ausnahme hinweisen, andernfalls stehen Fristen trotzdem still (Art. 145 Abs. 3 ZPO)[836]. 584

Die Reichweite der Sonderregelung nach Art. 145 Abs. 2 ZPO wird in der Literatur allerdings unterschiedlich diskutiert, ist zwischenzeitlich allerdings vom Bundesgericht entschieden worden: Das Schlichtungsverfahren ist mit der Ausstellung der Klagebewilligung abgeschlossen. Die nachfolgende Frist zur Anrufung des Gerichts fällt daher nicht mehr unter die Regeln von Art. 145 Abs. 2 ZPO. Sie wird durch die Gerichtsferien unterbrochen[837]. 585

Anders verhält es sich bei der *Ablehnung des Urteilvorschlages*. Die Ablehnungsfrist beträgt 20 Tage seit der schriftlichen Eröffnung (Art. 211 Abs. 1 ZPO). Die Gerichtsfe- 586

---

834 Mit der Konsequenz, so man denn einem Grossteil der Lehre folgt, dass die Schlichtungsbehörde während den Gerichtsferien keine Verhandlungen durchführen darf, wenn sie einen Urteilsvorschlag oder Entscheid fällt, befindet sich die Schlichtungsbehörde dabei doch nicht mehr im Schlichtungsverfahren. Vgl. N 416.
835 Hätte das erstinstanzliche Gericht dieselbe Frist gesetzt, würde sich diese bis zum 20. August erstrecken.
836 BGE 139 III 78 = BGer 5A_378/2012 vom 6.12.2012, in: ius.focus 7/2013, S. 22, Kommentar *Barbara Meyer/Manuel Dubach*.
837 BGE 138 III 615 = BGer 4A_391/2012 vom 20.9.2012, in: mp 1/2013, S. 71 ff., und BSK ZPO-*Benn*, Art. 145 N 6; **a.M.:** *Leuenberger/Uffer*, N 8.63.

rien gelten nicht, weil das Schlichtungsverfahren noch im Gange ist (Art. 145 Abs. 2 lit. a ZPO)[838].

b) Sonderregelung nach SchKG

587 Gemäss Art. 145 Abs. 4 bleiben die *Bestimmungen des SchKG*[839] über die Betreibungsferien und den Rechtsstillstand vorbehalten. Bei den Vorschriften über die Betreibungsferien ist die Regelung nach SchKG massgebend. Die Vorschriften der ZPO kommen nicht zur Anwendung. Die Art des Gerichtsverfahrens spielt dabei keine Rolle[840].

6. Erstreckung der Fristen

588 **Art. 144 ZPO**

[1] Gesetzliche Fristen können nicht erstreckt werden.
[2] Gerichtliche Fristen können aus zureichenden Gründen erstreckt werden, wenn das Gericht vor Fristablauf darum ersucht wird.

Das Erstreckungsgesuch erfolgt in den *Formen* von Art. 130 ZPO. Die ZPO verlangt «*zureichende Gründe*» (Art. 144 Abs. 2 ZPO). Die Gründe entsprechen denjenigen des Verschiebungsgesuchs, allerdings wird ein grosszügiger Massstab angelegt. Dem Gesuch kommt praktisch aufschiebende Wirkung zu[841].

589 Der *häufigste Erstreckungsgrund* ist die Fristerstreckung für die Einreichung von Rechtsschriften (Klagebegründung, Gesuche etc.). Im Schlichtungsverfahren findet in der Regel kein Schriftenwechsel statt. Ausnahmsweise kann ein solcher beim Urteilsvorschlag (Art. 210 ZPO) und Entscheid (Art. 212 ZPO) angeordnet werden. Unter Berücksichtigung des formlosen Verfahrens und des Beschleunigungsgebotes sind Erstreckungen restriktiv zu gewähren. Bei Ablehnung des Gesuchs ist eine kurze Nachfrist zur Vornahme der geforderten Handlung anzusetzen[842].

590 Die ZPO überlässt der Behörde die Handhabung der *Erstreckungspraxis*. In der Regel werden zwei Erstreckungen ohne Vernehmlassung der Gegenpartei gewährt, eine dritte jedoch nur im Einverständnis der Gegenpartei. Die Verweigerung einer ersten Erstreckung ist nicht willkürlich, wenn kein Erstreckungsgrund vorliegt. Dies gilt insbesondere für das Summarverfahren[843].

---

838 BSK ZPO-*Infanger*, Art. 211 N 4; **a.M.** *Gasser/Rickli*, Art. 211 ZPO N 2.
839 Bundesgesetz über Schuldbetreibung und Konkurs vom 11.4.1889 (SchKG; SR 281.1).
840 OGer BE, ZK 14 387, 18.12.2014, in: plädoyer 2/2015, S. 61.
841 BSK ZPO-*Benn*, Art. 144 N 7; **a.M.** DIKE-Komm-ZPO-*Merz*, Art. 144 N 11.
842 BSK ZPO-*Benn*, Art. 144 N 7.
843 BGer 5D_87/2013 vom 16.7.2013, in: SZZP 6/2013, S. 478.

Beantragt eine Partei eine Fristerstreckung wenige Tage vor *Fristablauf*, darf sie annehmen, die Erstreckung werde gutgeheissen oder das Gericht würde die Ablehnung noch vor Fristablauf zustellen. Dazu kommt, dass bei Abweisung des Gesuchs auf Erstreckung in der Regel eine – ganz kurze – Nachfrist gewährt wird[844]. 591

In der Regel ist der ablehnende Erstreckungsentscheid erst mit dem gegen den Endentscheid gegeben *Rechtsmittel* (Berufung oder Beschwerde) anfechtbar[845]. 592

---

844 OGer ZH, PF140019-O/U, 15.7.2014, in: plädoyer 1/2015, S. 59.
845 BSK ZPO-*Bühler*, Art. 135 N 37.

Kapitel 25 Säumnis (Art. 147 ZPO; Art. 206 ZPO)

1. Im Allgemeinen

593 Gemäss Art. 147 Abs. 1 ZPO ist eine Partei säumig, wenn sie eine Prozesshandlung nicht fristgerecht vornimmt oder zu einem Termin nicht erscheint (Art. 147 Abs. 1 ZPO). Zu denken ist etwa an nicht erfolgte oder verspätete Eingaben, die Nichtbezahlung des Vorschusses sowie das Nichterscheinen an einem Termin. Voraussetzung des Eintretens der Säumnisfolgen ist das Vorhandensein einer ordnungsgemässen Zustellung oder Eröffnung einer Verfügung, das heisst das Bestehen eines Prozessrechtsverhältnisses. Fehlt es an einer solchen, tritt keine *Säumnis* ein. Zudem muss das Gericht bzw. die Schlichtungsbehörde auf die Säumnisfolgen hinweisen (Art. 147 Abs. 3 ZPO). Dieser Hinweis ist konstitutiv. Fehlt er, tritt keine Säumnis ein.

594 Welches sind die *Folgen der Säumnis*? Im Unterschied zu den kantonalen Prozessrechten regelt die ZPO die Folgen des verspäteten Erscheinens nicht. Es gibt mithin keine sog. Respektstunde. In der Praxis wird – hoffentlich – auch weiterhin nach gesundem Menschenverstand eine «Schonfrist» von ca. 15 Minuten eingeräumt[846]. Tatsächlich praktizieren viele Schlichtungs- und Gerichtsbehördenbehörden von sich aus einen solchen «délai de grâce». Der Kanton Schwyz kennt eine «Respektstunde» von einer halben Stunde[847]. Ob dies ZPO-konform ist, bleibt offen. Um dem verfassungsmässigen Verbot des überspitzten Formalismus und dem Verhältnismässigkeitsprinzip Rechnung zu tragen, sollten insbesondere Schlichtungsbehörden eine kleine Verspätung (ca. 15 Minuten) tolerieren[848].

595 Im ordentlichen und vereinfachten Verfahren tritt bei Säumnis die *sog. Präklusivwirkung* ein, das heisst, das Verfahren wird ohne die versäumte Handlung weitergeführt (Art. 147 Abs. 2 ZPO), nicht aber abgeschrieben.

> **Beispiel**
>
> Die Beklagte reicht keine Klageantwort ein. Sie wird säumig erklärt, das Gerichtsverfahren wird fortgesetzt, ohne dass sich die Beklagte zur Klage äussern kann.

---

[846] *Lachat*, CPC, S. 99, plädiert für ein Zuwarten von einer Viertelstunde. Ebenso *Bisang*, MRA 3/2010, S. 105.
[847] § 43 Abs. 2 JG.
[848] BSK ZPO-*Gozzi*, Art. 147 N 9.

2. Säumnis im Schlichtungsverfahren

a) Allgemeines

Im Schlichtungsverfahren gelten besondere Vorschriften. Bei Säumnis einer Partei ist keine Schlichtung möglich. Deshalb gilt, dass die Parteien grundsätzlich persönlich zu erscheinen haben (Art. 204 Abs. 1 ZPO). Sofern kein *Dispensationsgrund* nach Art. 204 Abs. 3 ZPO gegeben ist, liegt Nichterscheinen zum Termin mit Säumnisfolge unter anderem auch vor, wenn

- bei einer Personenmehrheit (notwendige Streitgenossenschaft) nicht alle Streitgenossen anwesend sind;
- die Partei ohne die notwendige Vollmacht erscheint;
- seitens der Partei nur die Vertrauensperson anwesend ist;
- die Rechtsanwältin ohne ihre Partei erscheint.

596

Es wird die Ansicht vertreten, das *Nichterscheinen* einer Partei im Schlichtungsverfahren könne nicht mit Ordnungsbusse gemäss Art. 128 ZPO geahndet werden, weil Art. 206 ZPO die Säumnisfolgen abschliessend regle[849]. Dieser Auffassung ist nicht zu folgen[850].

597

Die *Säumnisfolgen* sind in mietrechtlichen Verfahren gemildert, da diese Verfahren (grossteils) unter der Untersuchungsmaxime stehen. Die Behörden sind verpflichtet, von Amtes wegen Beweise zu erheben, um den Sachverhalt festzustellen[851]. Zudem hat das Gericht eine Fragepflicht (Art. 56 ZPO).

598

Die Parteien trifft im Gerichts- wie auch im Schlichtungsverfahren bei der Beschaffung des Beweismaterials eine weitreichende *Mitwirkungspflicht* (Art. 160 ZPO). Wer sich unberechtigterweise weigert mitzuwirken, riskiert Säumnisfolgen. Das Gericht hat die Parteien auf das Säumnisrisiko hinzuweisen (Art. 161 ZPO). Es empfiehlt sich, die Hinweise auf die Säumnisfolgen auf der ersten Verfügung und/oder auf der Vorladung zum Verhandlungstermin anzubringen[852].

599

b) Säumnis der klagenden Partei

Ist die klagende Partei säumig, gilt das Schlichtungsgesuch als zurückgezogen (Art. 206 Abs. 1 ZPO) und die Rechtshängigkeit entfällt. Es handelt sich nicht um einen formellen *Klagerückzug*, mit anderen Worten kann die klagende Partei – wenn sie nicht ein Wiederherstellungsgesuch stellt – ein neues Schlichtungsgesuch einreichen. Es droht kein endgültiger Rechtsverlust und es besteht keine Fortführungslast.

600

---

849 *Staehelin/Staehelin/Grolimund*, § 20 Rz 24.
850 Für Näheres zur Problematik Ordnungsbussen/Säumnisfolgen vgl. N 402 ff.
851 Dies gilt allerdings nicht für das ordentliche Verfahren.
852 OGer BE, ZK 12 51 GUS, 19.4.2012.

Allerdings besteht die Gefahr, dass bei Verwirkungsfristen trotzdem ein Rechtsverlust entsteht. Davon betroffen sind die beiden Kernbereiche Mietzinsgestaltung und Kündigung/Erstreckung und zwar immer zu Lasten der Mieterschaft.

601   Das Bundesgericht hält fest, die ZPO enthalte eine umfassende Regelung der Säumnisfolgen, auch für das Schlichtungsverfahren[853]. Die Säumnisregelung im Schlichtungsverfahren ist aus den genannten Gründen problematisch[854]. *De lege ferenda sind die allgemeinen Säumnisregelungen von Art. 147 ZPO auch für das Schlichtungsverfahren zu übernehmen.*

c)   *Säumnis der beklagten Partei*

602   Ist die *beklagte Partei* säumig, verfährt die Schlichtungsbehörde, wie wenn keine Einigung zu Stande gekommen wäre (Art. 206 Abs. 2 ZPO). Sie kann die Nichteinigung feststellen und die Klagebewilligung erteilen, sie kann aber auch einen Urteilsvorschlag (Art. 210 ZPO) unterbreiten oder einen Entscheid (Art. 212 ZPO) fällen. Auf diese Möglichkeit ist in der Vorladung zur Schlichtungsverhandlung ausdrücklich aufmerksam zu machen (Art. 133 lit. f und Art. 147 Abs. 3 ZPO). Fehlt dieser Hinweis, kann die beklagte Partei darauf vertrauen, dass die Schlichtungsbehörde das Verfahren entsprechend der Vorladung durchführt. Diese darf dann keinen Entscheid fällen oder einen Urteilsvorschlag unterbreiten[855]. Das Ausbleiben der beklagten Partei hat weiter keine (finanziellen) Konsequenzen, da das mietrechtliche Verfahren integral kostenlos ist[856].

d)   *Säumnis beider Parteien*

603   Bei *Säumnis beider Parteien* wird das Verfahren abgeschrieben (Art. 206 Abs. 3 ZPO). Beide Parteien können die Klage wieder neu einbringen, unter dem Vorbehalt, dass zwischenzeitlich nicht die Verwirkung des Rechtsanspruchs eingetreten ist.

e)   *Abschreibung des Verfahrens wegen Säumnis*

604   Die *Abschreibung des Schlichtungsverfahrens* als gegenstandslos wegen Säumnis der klagenden Partei infolge Nichterscheinens an der Schlichtungsverhandlung gemäss Art. 206 Abs. 1 ZPO ist ein gesetzlich besonders geregelter Fall der Abschreibung wegen Gegenstandslosigkeit nach Art. 242 ZPO[857]. Eine entsprechende Abschrei-

---

853   BGer 4C_1/2013 vom 25.6.2013.
854   BK-*Alvarez/Peter*, Art. 206 ZPO N 8; *Thanei*, mp 4/2009, S. 191.
855   OGer ZH, RU 140005-O/U, 6.5.2014, in: ius.focus 9/2014, S. 21; *Honegger*, in: Sutter-Somm/Hasenböhler/Leuenberger (Hrsg.), Art. 212 ZPO N 2; OGer BE, ZK 12 51 GUS, 19.4.2012.
856   Allenfalls kann eine Ordnungsbusse ausgesprochen werden, vgl. N 402 ff.
857   KUKO ZPO-*Naegeli/Richers*, Art. 242 N 1; *Leumann*, in: Sutter-Somm/Hasenböhler/Leuenberger (Hrsg.), Art. 242 ZPO N 5.

bungsverfügung stellt eine prozessleitende Verfügung besonderer Art dar und untersteht nach Massgabe von Art. 319 lit. b ZPO der Beschwerde. Da das Gesetz die Anfechtbarkeit einer Abschreibungsverfügung nach Art. 206 Abs. 1 ZPO nicht vorsieht (Art. 319 lit. b Ziff. 1 ZPO), steht die Beschwerde gegen eine solche Verfügung nach Art. 319 lit. b Ziff. 2 ZPO offen, wenn durch die Verfügung ein nicht leicht wiedergutzumachender Nachteil droht[858].

Ein nicht leicht *wiedergutzumachender Nachteil* kann der klagenden Partei vor allem dann entstehen, wenn bei der Anfechtung einer Kündigung bzw. Erstreckung des Mietverhältnisses oder einer Mietzinserhöhung mit der Abschreibung des Schlichtungsversuches die Rechtshängigkeit verloren geht und durch den Ablauf der Verwirkungsfrist ein materieller Rechtsverlust eintritt. In diesem Fall kann sie mit Beschwerde rügen, die Abschreibungsverfügung sei unter Mitwirkung einer befangenen Person zustande gekommen bzw. am Verfahren, das zu dieser geführt habe, seien befangene Personen beteiligt gewesen (Art. 320 lit. a ZPO). 605

In anderen Fällen, in denen infolge der *Abschreibung des Schlichtungsverfahrens* kein Rechtsverlust eintritt, steht dem Kläger die Möglichkeit offen, ein neues Schlichtungsgesuch einzureichen und erneut den Ausstand von Mitgliedern der Schlichtungsbehörde zu verlangen, die ihm befangen erscheinen[859]. 606

---

858 CPC-*Jeandin*, Art. 319 ZPO N 9 und 15; BSK ZPO-*Infanger*, Art. 206 N 10; BK-*Alvarez/Peter*, Art. 206 ZPO N 7 f.; BSK ZPO-*Infanger*, Art. 206 N 10; *Honegger*, in: Sutter-Somm/Hasenböhler/Leuenberger (Hrsg.), Art. 206 ZPO N 5; CPC-*Jeandin*, Art. 319 ZPO N 23.
859 BGer 4A_131/2013 vom 3.9.2013, in: SZZP 6/2013, S. 484, Kommentar *François Bohnet*, und in: ZBJV 3/2015, S. 275, Kommentar *Christoph Leuenberger*.

Kapitel 26 Wiederherstellung (Art. 148 ZPO)

1. Wiederherstellungsgründe

607 Eine *Frist* kann – auch im Schlichtungsverfahren – wiederhergestellt oder ein Verhandlungstermin neu angesetzt werden, wenn die säumige Partei glaubhaft macht, dass sie kein oder nur ein leichtes Verschulden trifft (Art. 148 Abs. 1 ZPO)[860].

608 Es ist richtig, dass Art. 206 ZPO keine Bestimmung betreffend *Wiederherstellung* kennt. Daraus leitet ein Teil der Lehre ab, im Schlichtungsverfahren sei eine Wiederherstellung nicht möglich[861]. Dies wird hauptsächlich damit begründet, es entstehe der betroffenen Partei, ausser bei einem Entscheid nach Art. 212 ZPO, kein erheblicher Nachteil.

609 Dass die Wiederherstellung eines *versäumten Termins* im Schlichtungsverfahren nicht möglich sein soll, ist nicht nachvollziehbar. Es steht der Schlichtungsbehörde im Rahmen der Freiheit der Verfahrensgestaltung zu, Art. 148 ZPO analog anzuwenden[862]. Eine Wiederherstellung ist im Säumnisfall sowohl für die klagende wie beklagte Partei möglich[863]. Da bei Verwirkungsfristen (Kündigung/Erstreckung, Mietzinsanfechtung) bei Säumigkeit ein Rechtsverlust droht und praktisch ausschliesslich die Mieterseite davon betroffen ist, müssen – auch aus Gründen der Rechtsgleichheit und des fairen Verfahrens – im Schlichtungs- wie Gerichtsverfahren die gleichen Regeln gelten[864]. Das Bundesgericht hat zwischenzeitlich die Kontroverse entschieden, indem es feststellt, die Schlichtungsbehörde habe soweit erforderlich das in den Art. 148 und 149 ZPO vorgesehene Verfahren anzuwenden[865].

610 Es obliegt der Behörde zu beurteilen, ob ein *achtenswerter Entschuldigungsgrund* vorliegt. In der Praxis werden ähnliche Gründe vorgebracht werden wie beim Verschiebungsgesuch[866]:

---

860 *Honegger*, Art. 206 ZPO N 4; *Bohnet*, 16ᵉ Séminaire, N 79; **a.M.**: BK-*Alvarez/Peter*, Art. 206 ZPO N 13.
861 *Gasser/Rickli*, Art. 206 ZPO N 3; BSK ZPO-*Infanger*, Art. 206 N 15; SHK ZPO-*Wyss*, Art. 206 N 2; *Staehelin/Staehelin/Grolimund*, § 20 Rz 25; KUKO ZPO-*Gloor/Umbricht* Art. 206 N 8.
862 *Honegger*, in: Sutter-Somm/Hasenböhler/Leuenberger (Hrsg.), Art. 206 ZPO N 4; BK-*Alvarez/Peter*, Art. 206 ZPO N 17; CPC-*Bohnet*, Art. 206 ZPO N 6.
863 *Bohnet*, SZZP 4/2010, S. 432, Rz 43.
864 *Thanei*, mp 4/09, S. 191; *Püntener*, mp 4/11, S. 255.
865 BGer 4C_1/2013, 25.6.2013, in: mp 4/2013, S. 314; BGE 139 III 478 = BGer 4A_137/2013 vom 7.11.2013, in: mp 1/2014, S. 70; und in: MRA 3/2014, S. 132.
866 Ausführlich: BSK ZPO-*Gozzi*, Art. 148 ff. N 9 ff.

Beispiele

- Unfall und Krankheit
- Plötzlicher Tod eines Angehörigen
- Berufliche Inanspruchnahme
- Auslandsabwesenheit
- Katastrophen und unvorhersehbare Ereignisse
- Militärdienst
- Unkenntnis und Irrtum

Ein Unfall oder die plötzliche Erkrankung einer Partei oder deren Vertreters kann eine Wiederherstellung einer versäumten Frist rechtfertigen. Von vorrangiger Bedeutung ist jedoch grundsätzlich der Zeitpunkt der Erkrankung. Nur wenn dieser am Ende einer Frist liegt bzw. sich mit dem Termin überschneidet, kann von Unzumutbarkeit eigenen Handelns oder die Beauftragung eines Dritten ausgegangen werden[867]. Allgemeine Ausführungen zu den *Verkehrsverhältnissen in Städten (Staus)* sind nicht geeignet, die Abweisung eines Wiederherstellungsgesuchs als willkürlich erscheinen zu lassen[868]. Im Schlichtungsverfahren sollten meines Erachtens *keine allzu hohen Anforderungen* an die Entschuldigungsgründe gestellt werden. Auch Eigenfehler wie falscher Agenda-Eintrag sollten entschuldigt werden können[869].

Ist eine Partei *anwaltlich vertreten*, kann sie sich in der Regel nicht auf Militärdienst, Ferien- und anderweitige Abwesenheiten berufen, insbesondere dann nicht, wenn Termine vorgängig mit der Behörde abgesprochen wurden[870]. Fallen Fristansetzung und -ablauf in die Ferien einer Rechtsanwältin, die das Gericht über ihre Abwesenheit vorgängig informiert hatte, ist dies kein Grund für eine Wiederherstellung der Frist, da mit einer Zustellung in einem hängigen Verfahren, also während eines bestehenden Prozessrechtsverhältnisses, zu rechnen ist. Zum anderen muss der Rechtsvertreterin bekannt sein, dass sie für die Zeit ihrer Abwesenheit die nötigen organisatorischen Vorkehren zu treffen hat, damit auch während ihrer Abwesenheit Zustellungen erfolgen und allfällige Fristen eingehalten werden können[871]. Ist noch kein Prozessrechtsverhältnis begründet, wird eine Wiederherstellung eher gewährt[872].

611

---

867 BGer 5D_190/2012 vom 7.2.2013.
868 BGer 4A_673/2012 vom 21.11.2012 E. 2., in: MRA 1/2013, S. 49, Kommentar *Hans Bättig*.
869 *Lachat*, CPC, S. 99; *Bohnet*, 16ᵉ Séminaire, N 79.
870 BSK ZPO-*Gozzi*, Art. 148 N 24.
871 IVOM Abteilung, Bundesverwaltungsgericht D-3512/2012, 20.7.2012, in: SZZP 1/2013, S. 23.
872 BSK ZPO-*Gozzi*, Art. 148 N 23 *e contrario*.

2. Fristen, Verfahren und Rechtsmittel

612 Die säumige Partei muss innerhalb von 10 Tagen nach *Wegfall des Säumnisgrundes* und spätestens innert 6 Monaten nach Eintritt der Rechtskraft ein Gesuch einreichen (Art. 148 Abs. 2 ZPO). Sie hat den Entschuldigungsgrund zu beweisen, wobei Glaubhaftmachung genügt. Die Beweismittel sind mit dem Wiederherstellungsgesuch einzureichen[873]. Wenn bereits ein Entscheid eröffnet worden ist, so kann die Wiederherstellung nur innerhalb von 6 Monaten seit Eintritt der Rechtskraft verlangt werden (Art. 148 Abs. 3 ZPO).

613 Der *Fristenstillstand* von Art. 145 und 146 ZPO ist auch auf nach Monaten bemessene Fristen anwendbar, namentlich auf die Wiederherstellungsfrist gemäss Art. 148 Abs. 3 ZPO[874].

614 Die Gegenpartei ist anzuhören (Art. 149 ZPO). Die Schlichtungsbehörde bzw. das Gericht entscheidet endgültig (Art. 149 ZPO). Diese Bestimmung hat das Bundesgericht hinterfragt und differenziert. Die Behörde hat das Recht von der wörtlichen Bedeutung eines scheinbar eindeutigen Textes durch Interpretation abzuweichen, wenn dieser nicht den wahren Sinn der Regelung wiedergibt. Die *Abweisung des Wiederherstellungsgesuchs* ist ein Endentscheid, weil die Schlichtungsbehörde oder das erstinstanzliche Gericht das Verfahren damit geschlossen hat und der Antrag der säumigen Partei darauf zielt, dieses wieder zu eröffnen. Aufgrund dieser Rechtsfolge ist die Möglichkeit einer *Berufung oder Beschwerde* für den rechtlichen Schutz des Antragstellers erforderlich. Gemäss Art. 308 Abs. 1 lit. a ZPO sind erstinstanzliche End- und Zwischenentscheide mit Berufung anfechtbar, wenn der Streitwert mindestens 10 000 Franken beträgt[875].

615 Bei *Gutheissung des Wiederherstellungsgesuchs* setzt die Behörde eine neue Frist für die versäumte Prozesshandlung bzw. legt einen neuen Verhandlungstermin fest.

---

873 BGE 119 II 86.
874 KGer SG, BO.2012 34, 2.8.2012, in: CAN 4/2012, Nr. 71.
875 BGE 139 III 478 E. 3 = BGer 4A_137/2013 vom 7.11.2013, in: mp 1/2014, S. 70; *Koller*, ZBJV 11/2014, S. 960; MRA 3/2014, S. 132, Kommentar *Andreas Maag*; Praxis 2014, Nr. 46.

Kapitel 27 Beweismittel (Art. 168 ff. ZPO)

1. Allgemeines

Wo das Gesetz es nicht anders vorsieht, hat derjenige das Vorhandensein einer behaupteten Tatsache zu beweisen, der aus ihr Rechte ableitet (Art. 8 ZGB). Wer ein Recht geltend macht, muss dies beweisen, damit er seinen Anspruch auch tatsächlich durchsetzen kann[876]. Er muss die Schlichtungsbehörde oder das Gericht überzeugen, dass er seine Ansprüche zu Recht stellt. Er trägt folglich die *Beweislast*.

616

Gegenstand des Beweises sind gemäss Art. 150 Abs. 1 ZPO *rechtserhebliche, streitige Tatsachen*. Aus der Verhandlungsmaxime (Art. 55 ZPO) folgt, dass nur über streitige Tatsachen Beweis zu führen ist. Was die Parteien übereinstimmend vorbringen, darf und muss das Gericht als «wahr» ansehen (formelle Wahrheit). Dieser Grundsatz prägt den klassischen Zivilprozess, doch gilt er nicht ausnahmslos. Eine bestrittene Tatsache muss zudem rechtserheblich sein. Dies ist der Fall, wenn ihr Vorliegen oder Fehlen den gerichtlichen Entscheid (Sach- oder Prozessentscheid) zu beeinflussen vermag[877].

617

Beweisgegenstand können zudem auch *Übung, Ortsgebrauch* und, bei vermögensrechtlichen Streitigkeiten, *ausländisches Recht* sein (Art. 150 Abs. 2 ZPO). Übung und Ortsgebrauch nehmen ihrem Wesen nach eine Mittelstellung zwischen Tatsachen und Rechtssätzen ein. Beweisrechtlich hingegen werden sie wie Tatsachen behandelt. Eine Partei, die sich auf Übung oder Ortsgebrauch beruft, hat somit Bestand und Inhalt nachzuweisen, denn nicht jedes Gericht ist mit den Ortsüblichkeiten vertraut[878]. Es wird allerdings geltend gemacht, dass überall dort, wo das Gesetz auf den Ortsgebrauch verweist, wie zum Beispiel im Mietrecht (Zahlungstermine, Art. 257c OR; «kleiner Unterhalt», Art. 259 OR; Kündigungsfristen bei Wohnungen, Art. 266c OR; Kündigungstermine bei Geschäftsmieten, Art. 266d OR; Mietzinse, Art. 269a OR), Ortsgebrauch wie Gesetzesrecht gelte[879].

618

Offenkundige und gerichtsnotorische Tatsachen sowie *allgemein anerkannte Erfahrungssätze* bedürfen keines Beweises (Art. 151 i.V.m. Art. 179 ZPO)[880]. Bei rechtskonform publizierten Handelsregistereinträgen handelt es sich um Tatsachen, die jedermann zugänglich sind und deren Kenntnis fingiert wird. Prozessual handelt es sich um of-

619

---

[876] *Hasenböhler Franz*, Das Beweisrecht der ZPO, Allgemeine Bestimmungen, Mitwirkungspflichten und Verweigerungsrechte, Bd. 1, Zürich 2015; *Schwander*, ZPO-Einführungstagung 2010.
[877] Botschaft ZPO, S. 7311.
[878] Botschaft ZPO, S. 7311.
[879] *Gasser/Rickli*, Art. 150 ZPO N 4.
[880] BGE 140 III 602 = BGer 4A_195/2014 vom 27.11.2014 E. 7.3.1, in: SZZP 2/2015, S. 114, Kommentar *Valentin Rétornaz*; BGer 4A_509/2014 vom 4.2.2015, in: SZZP 1/2016, S. 24, Kommentar *Denis Tappy*.

fenkundige bzw. notorische Tatsachen. Als solche müssen Handelsregistereinträge i.S.v. Art. 151 ZPO weder behauptet noch bewiesen werden und können im Verfahren vor Bundesgericht von Amtes wegen berücksichtigt werden (Art. 105 Abs. 2 BGG)[881]. Sinngemäss gilt dies auch für andere öffentlichen Register (Art. 179 ZPO), zum Beispiel das Grundbuch (Art. 942 ZGB), das Betreibungsregister (Art. 8 SchKG) oder das Personenstandsregister (Art. 39 ZGB).

620 Gemäss Art. 152 Abs. 1 ZPO hat jede Partei hat das Recht, dass das Gericht die von ihr form- und fristgerecht angebotenen tauglichen Beweismittel abnimmt[882]. Dies gilt auch für den Gegenbeweis. Für das *Gelingen des Gegenbeweises* ist bloss erforderlich, dass der Hauptbeweis erschüttert wird, nicht aber, dass das Gericht von der Schlüssigkeit der Gegendarstellung überzeugt ist. Das Recht auf Gegenbeweis ist verletzt, wenn das kantonale Gericht den Hauptbeweis zwar als erschüttert betrachtet, aber dennoch auf die Sachdarstellung der beweisbelasteten Partei abstellt mit der Begründung, die Gegendarstellung sei unbewiesen geblieben[883].

621 *Rechtswidrig erlangte Beweismittel* dürfen nur dann beachtet werden, wenn das Interesse an der Wahrheitsfindung überwiegt (Art. 152 Abs. 2 ZPO). Es hat eine offene Güterabwägung stattzufinden[884].

622 Die Parteien sind verpflichtet, an der Beweiserhebung *mitzuwirken* (Art. 160 ZPO). Grundsätzlich hat der Rechtsuchende selber die Beweismittel zu nennen und zu beschaffen. Wo die Untersuchungsmaxime gilt, wie bei Mietstreitigkeiten, erhebt die Schlichtungsbehörde oder das Gericht den Beweis von Amtes wegen (Art. 153 Abs. 1 ZPO). Das heisst aber nicht, dass die Rechtsuchende unter der Untersuchungsmaxime der Behörde die Beweisführung überlassen kann, sie muss vielmehr aktiv und loyal an dieser mitwirken.

623 Das *Verweigerungsrecht der Parteien* ist in Art. 163 ZPO geregelt. Verweigert eine Partei die Mitwirkung unberechtigterweise, so hat die Verweigerung weder Strafe noch Zwang zur Folge, wird aber bei der Beweiswürdigung zum Nachteil der verweigernden Partei berücksichtigt (Art. 164 ZPO)[885]. Unter das Verweigerungsrecht nach Art. 163 Abs. 2 können auch zivilrechtlich geschützte Geheimnisse fallen. Relevant könnte zum Beispiel die Treuepflicht des Verwalters einer Liegenschaft als Beauftragter i.S.v. Art. 398 OR sein[886]. Die *Verweigerungsrechte Dritter* sind in den Art. 165 ff. ZPO geregelt.

---

881 BGer 4A_560/2012 vom 1.3.2013 und BGer 4A_261/2013 vom 1.10.2013.
882 Zur antipizierten Beweiswürdigung vgl. N 624 f.; vgl. *Hasenböhler*, in: Sutter-Somm/Hasenböhler/Leuenberger (Hrsg.), Art. 152 ZPO N 18 ff.
883 BGer 4A_383/2013 vom 2.12.2013, in: ZBJV 3/2015, S. 261.
884 BK-*Brönnimann*, Art. 152 ZPO N 46; BSK ZPO-*Guyan*, Art. 152 N 10 ff.; BGE 131 I 278.
885 BSK ZPO-*Schmid*, Art. 164 N 1; differenziert: *Hasenböhler*, in: Sutter-Somm/Hasenböhler/Leuenberger (Hrsg.), Art. 164 ZPO N 6.
886 BSK ZPO-*Schmid*, N 8d zu Art. 163 ZPO.

2. Vorsorgliche Beweisführung

Es gibt Konstellationen, bei denen nicht bis zur *Beweisabnahme* im ordentlichen Verfahren zugewartet werden kann, weil sonst die Gefahr besteht, dass Beweise nicht oder nicht mehr vorhanden sind[887].

624

Beispiel

Eine Geschäftsmieterin hat mit dem Einverständnis des Vermieters Investitionen vorgenommen und fordert vom Vermieter nach der Kündigung des Mietverhältnisses eine Mehrwertentschädigung (Art. 260a Abs. 3 OR). Dieser bestreitet den Anspruch. Es besteht die Gefahr, dass die Mietsache nach ihrer Rückgabe vom Vermieter so verändert wird, dass die Investitionen des Mieters nicht mehr ersichtlich sind. Die Mieterin verlangt auf den Rückgabezeitpunkt vom zuständigen Gericht die vorsorgliche Beweisführung nach Art. 158 Abs. 1 lit. b ZPO.

Der Gesetzgeber sieht für solche Fälle in Art. 158 ZPO das Institut der *vorsorglichen Beweisführung* vor. Es handelt sich um ein selbständiges Summarverfahren, unabhängig davon, ob ein Prozessverfahren bereits hängig ist oder nicht. Das Gesetz nennt drei mögliche Konstellationen:

Art. 158 Abs. 1 ZPO

Das Gericht nimmt jederzeit Beweis ab, wenn:
a. das Gesetz einen entsprechenden Anspruch gewährt; oder
b. die gesuchstellende Partei eine Gefährdung der Beweismittel oder ein schutzwürdiges Interesse glaubhaft macht[888].

Der *materiellrechtliche Anspruch* muss mindestens glaubhaft gemacht werden[889]. Unternimmt der Gesuchsteller nichts oder gelingt ihm die Glaubhaftmachung nicht, so ist das Gesuch aussichtslos[890]. Mit der blossen Behauptung eines Bedürfnisses, Beweis- und Prozessaussichten abzuklären, ist ein *schutzwürdiges Interesse* an einer vorsorglichen Beweisführung jedoch noch nicht hinreichend glaubhaft gemacht. Eine vorsorgliche Beweisführung kann nur mit Blick auf einen konkreten materiellrechtlichen Anspruch verlangt werden, hängt doch das Interesse an einer Beweisabnahme vom Interesse an der Durchsetzung eines damit zu beweisenden Anspruchs ab. Die Gesuchstellerin muss glaubhaft machen, dass ein Sachverhalt vorliegt, gestützt auf den ihr das materielle Recht einen Anspruch gegen die Gesuchgegnerin gewährt, und zu dessen

625

---

887 *Schwander*, Recht aktuell 2014; *Guyan*, SZZP 3/2015, S. 271; *Stanischewski Flora*, Die vorsorgliche Beweisführung nach der ZPO, Zürich 2015.
888 *Meier*, SJZ 12/2014, S. 309 ff.
889 BSK ZPO-*Guyan*, Art. 158 N 5.
890 BGer 4A_488/2012 vom 5.11.2012, in: ius.focus 6/2013, S. 22, Kommentar *Adrien Jaccottet*.

Beweis das abzunehmende Beweismittel dienen kann[891]. An die Glaubhaftmachung eines schutzwürdigen Interesses sind allerdings keine allzu hohen Anforderungen zu stellen[892].

626 Die vorsorgliche Beweisführung ist in denjenigen Fällen von *grosser Bedeutung*, in denen die Prozessaussichten bis anhin nur durch private Gutachten abgeklärt werden konnten (z.B. bei Schimmelbefall)[893].

627 Ein Schiedsgutachten kann auch im Rahmen der *vorsorglichen Beweisführung* vereinbart werden (vgl. N 647 ff.).

628 *Unechte antizipierte Beweiswürdigung* liegt vor, wenn das Gericht ein Beweismittel wegen Irrelevanz der damit beweisenden Tatsache nicht abnimmt[894].

629 Anzuwenden sind die *Bestimmungen über die vorsorglichen Massnahmen* (Art. 261 ff. ZPO). Dies bedeutet unter anderem, dass keine Schlichtungsverhandlung stattfindet. Die vorsorgliche Beweisführung kann auch während eines laufenden Schlichtungsverfahrens eingeleitet werden, wobei ein Kostenvorschuss verlangt werden kann (Art. 98 und 102 ZPO). Das Massnahmegericht ist sachlich zuständig, um über ein Gesuch auf vorprozessuale Beweisabnahme zu befinden. Nach Eintritt der Rechtshängigkeit ist das Gesuch an das in der Hauptsache zuständige Gericht zu richten. Ist der gleiche Sachverhalt bereits in einem hängigen Verfahren Beweisthema, ist für die Beurteilung der Rechtshängigkeit auf das Kriterium der Anspruchsidentität abzustellen[895].

630 Stellt eine Partei ein Gesuch um vorsorgliche Beweisführung und beantragt die Gegenpartei dessen Abweisung, so kann die Gegenpartei nicht als unterliegend gelten, wenn das Gesuch gutgeheissen wird. Die *Prozesskosten* einschliesslich der Parteientschädigung sind vorerst von der Gesuchstellerin zu tragen und vorzuschiessen (Art. 98 und Art. 102 ZPO), wobei ein abweichender Entscheid im Hauptprozess vorbehalten bleibt[896]. Das Gleiche gilt, wenn der Gesuchgegner Zusatzfragen stellt, sofern dies nicht zu einer Ausdehnung des Beweisgegenstandes geführt hat, was der Richter ohnehin hätte abweisen müssen[897].

631 Der vom Gericht angeordnete *Zwangsvollzug* ist eine Staatsaufgabe, die dem *kantonalen öffentlichen Recht* unterliegt. Dies gilt namentlich im Hinblick auf die Entfernung

---

891 BGE 138 III 76 E. 2.4.2. = BGer 4A_532/2011 vom 31.1.2012, in: ius.focus 6/2012, S. 15, Kommentar *Christian Oetiker*; BGer 4A_342/2014 vom 17.10.2014, in: ius.focus 7/2015, S. 21, Kommentar *Simone Beckers*.
892 BGer 5A_832/2012 vom 25.1.2013, in: SZZP 3/2013, S. 236, Kommentar *Francesco Trezzini*.
893 OGer ZG, Z 2 2012 27, 24.10.2012, in: CAN 4/2013, Nr. 79; OGer ZH, LF110116-O/U, 20.12.2011, in: CAN 2/2012, Nr. 27.
894 BGer 2C_733/2012 vom 24.1.2013.
895 OGer ZH, LF130020-O/U, 3.6.2013, in: ius.focus 12/2013, S. 23, Kommentar *Leticia Morais*.
896 BGE 140 III 30 = BGer 4D_54/2013 vom 6.1.2014.
897 BGE 139 III 33 = BGer 4D_66/2012 vom 3.12.2012, in: SZZP 2/2013, S. 120.

und Verwahrung der Fahrnis des Mieters bzw. des ausgewiesenen Bewohners. Der Zwangsvollzug ist damit nicht Aufgabe des Vermieters bzw. des Eigentümers der Mieträumlichkeiten und somit auch nicht Gegenstand privatrechtlicher Verträge. Entsprechend kann auf ein in diesem Zusammenhang gestelltes Begehren auf vorsorgliche Beweisführung nicht eingetreten werden, da es nicht der Sicherung von Beweisen im Hinblick auf einen zukünftigen Zivilprozess dient. Eine allfällige Sicherungsmassnahme müsste vom Vermieter auf verwaltungsrechtlichem Weg verlangt werden[898].

Im Verfahren der vorsorglichen Beweisführung zur Abklärung der Prozesschancen ist die *unentgeltliche Rechtspflege ausgeschlossen*[899]. Da es in einem vorsorglichen Beweisverfahren nicht um die Beurteilung materiellrechtlicher Rechte und Pflichten geht und dem Gesuchsteller damit kein Rechtsverlust droht, fällt die Gewährung unentgeltlicher Rechtspflege für ein vorsorgliches Beweisführungsverfahren ausser Betracht[900]. Ein Teil der Lehre ist der Meinung, diese Rechtsprechung verletze eindeutig das Verfassungsgrundrecht der unentgeltlichen Rechtspflege gemäss Art. 29 Abs. 1 BV[901]. Das Bundesgericht sieht keine Diskriminierung, wenn für das Verfahren der vorsorglichen Beweisführung nach Art. 158 Abs. 1 lit. b ZPO ein Kostenvorschuss auferlegt wird: Es stehe den Betroffenen offen, sogleich ein Hauptverfahren einzuleiten und hierfür die unentgeltliche Rechtspflege zu beantragen[902]. 632

3. Die einzelnen Beweismittel

Art. 168 ZPO 633

Als Beweismittel sind zulässig:
a. Zeugnis [Art. 169–176 ZPO];
b. Urkunde [Art. 177–180 ZPO];
c. Augenschein [Art. 181–182 ZPO];
d. Gutachten [Art. 183–189 ZPO];
e. schriftliche Auskunft [Art. 190 ZPO];
f. Parteibefragung und Beweisaussage [Art. 191–193 ZPO].

Im ordentlichen (Art. 219 ff. ZPO) wie im vereinfachten Verfahren (Art. 243 ff. ZPO) sind alle *Beweismittel uneingeschränkt* zugelassen. Wird im Schlichtungsverfahren ein Urteilsvorschlag (Art. 210 ZPO) unterbreitet oder ein Entscheid gefällt (Art. 212 ZPO), so sind (theoretisch) ebenfalls alle Beweismittel zugelassen (Art. 203 Abs. 2 ZPO). 634

---

898 BGer 4A_143/2014 vom 23.6.2014, in: SZZP 6/2014, S. 531, Kommentar *François Bohnet*.
899 BGE 140 III 12 = BGer 4A_589/2013 vom 16.1.2014, in: ius.focus 8/2014, S. 22, Kommentar *Sandra Altherr*; und in: SZZP 3/2014, S. 230, Kommentar *Lorenz Droese*.
900 BGE 141 I 241 = BGer 4A_334/2015 vom 22.9.2015 E. 3.3.1.
901 *Bühler*, plädoyer 5/2015, S. 22; *Schumacher*, plädoyer 1/2016, S. 36.
902 BGE 141 I 241 = BGer 4A_334/2015 vom 22.9.2015 E. 4.3.4.

a) Zeugnis

635 Wer nicht Partei ist, kann über Tatsachen Zeugnis ablegen, die er oder sie unmittelbar wahrgenommen hat (Art. 169 und Art. 172 lit. c ZPO). Nur das *direkte Zeugnis* (d.h. die unmittelbare Sinneswahrnehmung) ist als Beweismittel zugelassen. «Das blosse Zeugnis vom Hörensagen ist ausgeschlossen. Begrifflich können nur Drittpersonen Zeugen sein.»[903]

636 Unter Umständen wird eine Person *vom Zeugnis ausgeschlossen*, weil gewisse Sachverhalte nicht Gegenstand des Beweises bilden.

Beispiel

Ein Mitglied der Schlichtungsbehörde wird als Zeuge über Aussagen der Parteien in der Schlichtungsverhandlung angerufen. Dies ist nach Art. 205 Abs. 1 ZPO (Vertraulichkeit des Verfahrens) ausgeschlossen[904].

637 Grundsätzlich werden Zeugen *vorgeladen* (Art. 170 Abs. 1 ZPO). Das Gericht kann den Parteien gestatten, Zeuginnen oder Zeugen ohne Vorladung mitzubringen (Art. 170 Abs. 2 ZPO). Selbst spontanes Erscheinen mit nachträglicher Zustimmung des Gerichts ist zulässig, denn die förmliche Vorladung dient dem Schutz des Zeugen, nicht der Gegenpartei. Diese kann ihre Rechte durch aktive Teilnahme an der Beweisführung wahren[905]. Im laientauglichen vereinfachten Verfahren (Art. 243 ff. ZPO) unter der Untersuchungsmaxime sollten nicht allzu hohe Anforderungen an die Erlaubnis gestellt werden. Das Teilnahme- und Mitwirkungsrecht der Parteien bei der Beweisabnahme muss gewahrt bleiben (Art. 155 Abs. 3 ZPO). Falls eine zu grosse Nähe der Zeugen zu einer Partei geltend gemacht wird, ist dies im Rahmen der Einvernahme abzuklären (Art. 172 lit. b ZPO).

638 Das Gericht kann einer *sachverständigen Zeugin* auch Fragen zur Würdigung des Sachverhaltes stellen (Art. 175 ZPO). Sachverständigen Zeuginnen und Zeugen kommt eine Mittelstellung zwischen Zeuge (Art. 169 ZPO) und Gutachter (Art. 183 ZPO) zu: Aufgrund ihrer Fachkunde können sie in der Lage sein, einen Sachverhalt technisch zu beurteilen – mithin gleichsam ein erstes «Gutachten» und erste Schlussfolgerungen mitzuliefern[906].

---

903 Botschaft, S. 7321
904 BSK ZPO-*Guyan*, Art. 169 N 12.
905 Botschaft ZPO, S. 7321.
906 Botschaft ZPO, S. 7322.

Beispiel[907]

Eine Bauphysikerin, die gleichzeitig Mieterin der betroffenen Liegenschaft ist, macht Ausführungen über die Ursache und den Umfang von Schimmelpilzbildung in einer Wohnung. Sie unterbreitet gleichzeitig Vorschläge zur Behebung des Schimmelbefalls und schildert die Auswirkungen der Sanierung auf die Wohnqualität der Mieter. Über eine Mietzinsminderung hat sich die sachverständige Zeugin allerdings nicht zu äussern, da es sich dabei um eine Rechtsfrage handelt.

b) *Urkunden*

Art. 177 ZPO

Als Urkunden gelten Dokumente wie Schriftstücke, Zeichnungen, Pläne, Fotos, Filme, Tonaufzeichnungen, elektronische Dateien und dergleichen, die geeignet sind, rechtserhebliche Tatsachen zu beweisen.

Der *Urkundenbegriff* wird weit gefasst. Das Dokument muss lediglich geeignet sein, rechtserhebliche Tatsachen zu beweisen (Beweiseignung). Rein beweisrechtlich ist einzig seine Eignung als Erkenntnisquelle relevant. Erfasst werden sowohl öffentliche wie auch private Urkunden.

Art. 177 ZPO enthält eine *beispielhafte Aufzählung* («dergleichen») von Dokumenten mit Urkundenqualität, insbesondere werden auch die elektronischen Datenträger genannt. Digitalisierte Dokumente müssen daher gleichermassen zum Beweis zugelassen werden wie herkömmliche Datenträger. Das folgt auch aus dem Recht auf Beweis (Art. 152 ZPO). Dabei spielt es keine Rolle, ob es sich um eine genuin digitale Datei oder beispielsweise um ein eingescanntes Papierdokument handelt[908].

Öffentliche Register, zum Beispiel das *Handelsregister* (Art. 927 OR), das *Grundbuch* (Art. 942 ZGB), das *Betreibungsregister* (Art. 8 SchKG) oder das *Personenstandsregister* (Art. 39 ZPO) und *öffentliche Urkunden* erbringen für die durch sie bezeugten Tatsachen vollen Beweis, solange nicht die Unrichtigkeit ihres Inhalts nachgewiesen ist (Art. 179 ZPO). In Bezug auf die Beweiskraft öffentlicher Register und Urkunden gilt eine feste Regel, die geltendem Recht entspricht (vgl. Art. 9 ZGB): Diese Datenträger erbringen bis zum Beweis des Gegenteils den vollen Beweis. Zu beachten ist, dass dies – anders als Art. 9 ZGB – nicht nur für die öffentlichen Urkunden und Register des Bundesprivatrechts, sondern auch für jene des kantonalen Rechts gilt[909].

---

907 Vgl. *Lachat*, CPC, S. 145.
908 Zum Urkundenbegriff: BSK ZPO-*Dolge*, Art. 177 N 6 ff.; DIKE-Komm-ZPO-*Müller*, Art. 177 N 8 ff.
909 Botschaft ZPO, S. 7323.

c) Augenschein

642 Das Gericht und die Schlichtungsbehörde (Art. 203 Abs. 2 ZPO) können zur unmittelbaren Wahrnehmung von Tatsachen oder zum besseren Verständnis des Sachverhaltes auf Antrag einer Partei oder von Amtes wegen einen *Augenschein* durchführen (Art. 181 Abs. 1 ZPO). Der Augenschein ist ein, auch im Schlichtungsverfahren, häufig angerufenes und beliebtes Beweismittel. Die Wahrnehmung vor Ort kann einen Sachverhalt schlagartig erhellen, sodass sich unter Umständen andere Beweismittel erübrigen. Zur Durchführung eines Augenscheins braucht es im Rahmen der Verhandlungsmaxime (Art. 55 Abs. 1 ZPO) einen *Parteiantrag* (Art. 178 Abs. 1 ZPO). Im Rahmen der Untersuchungsmaxime des Schlichtungsverfahrens und des vereinfachten Verfahrens kann der Augenschein *von Amtes wegen* angeordnet werden.

d) Gutachten

643 **Art. 183 Abs. 1 ZPO**

Das Gericht kann auf Antrag einer Partei oder von Amtes wegen bei einer oder mehreren sachverständigen Personen ein Gutachten einholen. Es hört vorgängig die Parteien an.

Aus der Gesetzessystematik wird klar, dass Art. 168 Abs. 1 lit. d ZPO einzig vom Gericht eingeholte Gutachten als Beweismittel zulässt. Im Zivilprozess stellt ein Privatgutachten somit kein Beweismittel sondern lediglich eine Parteibehauptung dar[910].

Beispiel

Die Mieterin wird beschuldigt, selber für die Schimmelpilzbildung in der Wohnung verantwortlich zu sein, da sie zu wenig lüfte. Der Vermieter «beweist» diese Behauptung durch ein «Gutachten» eines Bauphysikers. Im Hinterlegungsverfahren wird das angebliche Gutachten auf eine reine Parteibehauptung zurückgestuft. Auf Antrag der Mieterin holt das Gericht ein Gutachten ein, das die Mieterin entlastet.

644 Die Parteien sind vorgängig *anzuhören*, denn sie sollen sich zu den Kosten der Expertise sowie zur Person der Expertin oder des Experten (Unabhängigkeit, Fachkompetenz) äussern können.

645 Im Hinblick auf die oft entscheidende Bedeutung eines Gutachtens gelten für die Fachperson dieselben *Ausstandsgründe* wie für Gerichtspersonen (Art. 183 Abs. 2 ZPO; vgl. N 117 ff.).

---

910 BGE 141 III 433 = BGer 4A_178/2015 vom 11.9.2015 E. 2.5.2, 2.6, in: ius.focus 11/2015, S. 16, Kommentar *Estelle Keller Leuthard*; und in: ZBJV 12/2015, S. 963, Kommentar *Leonora Marti-Schreier*; SZZP 1/2016, S. 33.

Eigenes Sachwissen darf das Gericht einbringen (Art. 183 Abs. 3 ZPO)[911]. Dieses muss offengelegt werden, wenn es verwertet werden soll. Schlichtungsbehörden und Mietgerichte sind oft gewollt mit Fachleuten besetzt, zum Beispiel mit Architekten oder Bauphysikern. Spätestens zu Beginn der Schlichtungsverhandlung müssen die Fachkompetenzen offengelegt werden.

646

Beispiel

Umstritten ist, ob eine Berufsmusikerin mit einer Teilzeitanstellung in einem Stadtorchester das Kriterium der Zahlungsfähigkeit nach Art. 264 Abs. 1 OR erfüllt, um als Ersatzmieterin bei der vorzeitigen Rückgabe der Mietsache tauglich zu sein. Der Gerichtspräsident ist Präsident des Stadtorchesters und macht Angaben über die Anstellungs- und Besoldungsverhältnisse.

e) *Schiedsgutachten*

Art. 189 ZPO

647

¹ Die Parteien können vereinbaren, über streitige Tatsachen ein Schiedsgutachten einzuholen.
² Für die Form der Vereinbarung gilt Artikel 17 Absatz 2.
³ Das Schiedsgutachten bindet das Gericht hinsichtlich der darin festgestellten Tatsachen, wenn:
a. die Parteien über das Rechtsverhältnis frei verfügen können;
b. gegen die beauftragte Person kein Ausstandsgrund vorlag; und
c. das Schiedsgutachten ohne Bevorzugung einer Partei erstellt wurde und nicht offensichtlich unrichtig ist.

Das Schiedsgutachten gemäss Art. 189 ZPO ist gesetzessystematisch bei den *Beweismitteln* (Art. 168 ff. ZPO) aufgeführt. Von den Gutachten sachverständiger Personen (Art. 183–188 ZPO) unterscheidet sich das Schiedsgutachten dadurch, dass die vom Gutachter für das Bestehen oder Fehlen bestimmter Tatsachen gezogenen Schlüsse unter den Voraussetzungen von Art. 189 Abs. 3 ZPO für das Gericht verbindlich sind[912].

648

Mit einem Schiedsgutachten werden *rechtserhebliche Tatsachen* quasi *ex cathedra* durch einen Experten festgestellt. Damit können Prozessthemen aus der «Schusslinie» genommen und objektiviert werden. Darüber muss nicht mehr Beweis geführt werden. Ein Schiedsgutachten kann wegen seiner praktischen Unanfechtbarkeit eine Partei mit schlechten Gewinnaussichten von einem Prozess abhalten (ähnlich wie die vorsorgliche Beweisführung; Art. 158 ZPO).

649

---

911 Z.B. hat die Gerichtspräsidentin ein Architekturstudium abgeschlossen.
912 BGE 141 III 274 = BGer 4A_655/2014 vom 20.5.2015 E. 2.4.

650 Bei Streitigkeiten aus *Miete von Wohnräumen* ist allerdings die *Zulässigkeit von Schiedsgutachten privater Dritter nicht gegeben*. Das Bundesgericht erklärt dies wie folgt: Im Gegensatz zum Schiedsspruch, dem die Wirkung eines rechtskräftigen und vollstreckbaren Entscheids zukommt (Art. 387 ZPO), werde mit dem Schiedsgutachten zwar nicht über Klageanträge autoritativ entschieden, aber es würden immerhin einzelne Fragen – für das Gericht verbindlich – geklärt. Insoweit erfülle das Schiedsgutachten eine schiedsrichterliche Teilaufgabe[913]. Für die Voraussetzung nach Art. 189 Abs. 3 lit. a ZPO wird daher grundsätzlich darauf abgestellt, ob der streitige Anspruch nach Art. 354 ZPO schiedsfähig ist. Schiedsgutachtenfähigkeit und Schiedsfähigkeit sind insoweit deckungsgleich, weshalb ein Schiedsgutachten immer dann angeordnet werden kann, wenn auch ein Schiedsgericht zur Beurteilung des entsprechenden Anspruchs eingesetzt werden könnte. Das Bundesgericht betont aber, auch wenn die Parteien über strittige Ansprüche aus der Miete von Wohnräumen grundsätzlich frei verfügen können (vgl. Art. 354 ZPO), bleibe es ihnen verwehrt, entsprechende Streitigkeiten privaten Dritten anstatt den vorgesehenen staatlichen Behörden zu unterbreiten. Entscheidend sei, dass den Parteien bei Angelegenheiten von Miete und Pacht von Wohnräumen nach Art. 361 Abs. 4 ZPO keine freie Wahl des Entscheidorgans zustehe, sondern entsprechende Streitigkeiten (in tatsächlicher und rechtlicher Hinsicht) zwingend entweder vom ordentlichen Gericht oder von der Schlichtungsbehörde zu beurteilen seien. Darauf, dass nach dem Willen des Gesetzgebers von dieser besonderen Mieterschutzregelung hinsichtlich einzelner Fragen – wie etwa der Orts- und Quartierüblichkeit von Mietzinsen – durch Vereinbarung eines Schiedsgutachtens sollte abgewichen werden können, bestünden keine Hinweise. Art. 361 Abs. 4 ZPO entspreche im Gegenteil dem klaren gesetzgeberischen Willen, zum Schutz des Mieters sämtliche Angelegenheiten aus Miete und Pacht von Wohnräumen umfassend von staatlichen Behörden entscheiden zu lassen, weshalb diese mietrechtliche Sonderbestimmung – über den Wortlaut der allgemeinen Regelung von Art. 189 Abs. 3 lit. a ZPO hinaus – auch bei der Beurteilung der Zulässigkeit eines Schiedsgutachtens zu beachten sei. Entsprechend sei es bei der Miete und Pacht von Wohnräumen aufgrund der strengen Einschränkung der Wahl des Entscheidorgans ausgeschlossen, bestimmte Fragen im Streitfall an einen privaten Dritten als Schiedsgutachter zu delegieren[914].

651 Hingegen ist es möglich, bei *Geschäftsraum-Mieten* ein Schiedsgutachten vorzusehen.

---

913 BGE 141 III 201 = BGer 4A_92/2015 vom 18.5.2015, in: ius.focus 6/2015, S. 28, Kommentar *Flavio Peter*; und in: SZZP 4/2015, S. 318, Kommentar *François Bohnet*; und in: mp 3/2015, S. 201; vgl. N 1236 ff.
914 BGE 141 III 201 = BGer 4A_92/2015 E. 3.2.3 vom 18.5.2015.

Beispiel

Mieter und Vermieter streiten sich darüber, wer verantwortlich für die Schimmelpilzbildung in einem Kleidergeschäft ist. Sie einigen sich, die Streitsache mit einem Schiedsgutachten zu klären.

Macht der Gutachter in diesem Beispiel gleichzeitig eine Aussage über das Mass der Mietzinsherabsetzung für die Gebrauchsminderung, ist dies unzulässig. Der Minderungsanspruch ist eine Rechtsfrage. Der Gesetzgeber spricht in Art. 189 Abs. 1 ZPO von streitigen Tatsachen. *Rechtsfragen* können nur ausnahmsweise Gegenstand des Beweises und damit des Gutachtens sein (Art. 150 Abs. 2 ZPO). Das Schiedsgutachten soll nicht dazu dienen, Rechtsfragen für das Gericht verbindlich zu beantworten[915]. 652

Das Schiedsgutachten setzt eine *Vereinbarung* voraus und ist nur möglich, wenn die Parteien über das Rechtsverhältnis frei verfügen können (Art. 189 Abs. 3 lit. a ZPO). Die Begutachterin muss unabhängig und kompetent sein. 653

Ein Schiedsgutachten kann auch im Rahmen der *vorsorglichen Beweisführung* vereinbart werden (vgl. N 624 ff.). Gegen ein Schiedsgutachten ist *kein Rechtsmittel* möglich. Es stellt keinen Rechtsöffnungstitel dar und kann nicht unmittelbar vollstreckt werden. 654

f) Schriftliche Auskunft

Art. 190 ZPO 655

¹ Das Gericht kann Amtsstellen um schriftliche Auskunft ersuchen.
² Es kann von Privatpersonen schriftliche Auskünfte einholen, wenn eine Zeugenbefragung nicht erforderlich erscheint.

Die *schriftliche Auskunft* hat Elemente des des Urkundenbeweises, des Gutachtens und des Zeugnisses. Sie spielt eine wichtige Rolle, ist sie doch unkompliziert und rasch zu beschaffen. Gebrauch davon machen in der Regel Behörden und Amtsstellen (Art. 190 Abs. 1 ZPO)[916]. Auch die Schlichtungsbehörde kann von Amtes wegen – nicht zuletzt im Hinblick auf einen Urteilvorschlag oder Entscheid – Auskünfte aus öffentlichen Registern einholen (z.B. aus dem Handelsregister (Art. 927 OR), dem Grundbuch (Art. 942 ZGB), dem Betreibungsregister (Art. 8 SchKG) oder dem Personenstandsregister (Art. 39 ZGB). Möglich sind auch Auskünfte im Bau- und Planungsbereich.

---

915 BSK ZPO-*Dolge*, Art. 189 N 13; DIKE-Komm-ZPO-*Müller*, Art. 189 N 15; CPC-*Schweizer*, Art. 189 N 7; **a.M.** BK-*Berger*, Art. 189 ZPO N 6.
916 Botschaft ZPO, S. 7325.

Beispiel

Ein Vermieter kündigt das Wohnmietverhältnis mit der Begründung, er wolle zukünftig die Räumlichkeiten einer Büronutzung zuführen. Die Mieterin macht geltend, das sei nicht möglich, da der Nutzugszonenplan eine hundertprozentige Wohnnutzung vorsehe. Die Schlichtungsbehörde ersucht die Baubehörde um Auskunft darüber, ob eine Büronutzung zonenkonform wäre und ob ein Umnutzungsgesuch Aussicht auf Erfolg hätte.

656 Unter Umständen tritt die schriftliche Auskunft an die Stelle einer *Zeugeneinvernahme*. (Art. 190 Abs. 2 ZPO), insbesondere wenn sie rascher und effizienter ist (z.B. Arztzeugnis).

g) Parteibefragung und Beweisaussage

657 Die ZPO stellt zwei Formen von Parteiaussagen zur Verfügung: die *Parteibefragung* (Art. 191 ZPO) und die *Beweisaussage* (Art. 192 ZPO).

658 Die Parteibefragung (Art. 191 ZPO) ist die unkomplizierte Form der Parteiaussage. Die Parteien müssen zwar wahrheitsgemäss aussagen, werden jedoch bei einem Verstoss dagegen aber lediglich *disziplinarisch belangt*, und dies auch nur bei Mutwilligkeit.

659 Was die Parteien im Vorfeld des Prozesses bei der Befragung äussern (Art. 56 ZPO), dient vor allem dazu, den Prozess zu formatieren und Bestrittenes von Unbestrittenem zu trennen[917].

660 Die Beweisaussage ist eine «verschärfte», von Amtes wegen *angeordnete Form der Parteieinvernahme* (Art. 192 ZPO). Durch sie wird die betreffende Partei unter zusätzlichen Druck gesetzt, denn Leugnen wird als Vergehen verfolgt (Art. 306 StGB)[918].

4. Beweismittel im Schlichtungsverfahren

a) Allgemeines

661 Im *Schlichtungsverfahren* sind die Beweismittel auf Urkunden (Art. 177 ff. ZPO) und auf den Augenschein (Art. 181 ff. ZPO) eingeschränkt (Art. 203 Abs. 2 ZPO)[919]. Faktisch wird aber der *Beweismittelkatalog* auf die schriftliche Auskunft[920] (Art. 168 lit. e und Art. 190 ZPO) und die Parteibefragung (Art. 168 lit. f und Art. 191 ZPO) ausge-

---

917 Botschaft ZPO, S. 7326.
918 Botschaft ZPO, S. 7326.
919 Diese Einschränkung kannte im alten Recht der Kanton Zürich.
920 *Dolge/Infanger*, S. 106; vgl. N 655.

weitet. In der Praxis findet regelmässig eine formlose Parteibefragung statt. Eine formelle Parteibefragung nach Art. 191 Abs. 1 ZPO ist auch möglich.

Dem Schlichtungsverfahren ist ein «klassisches» Beweisverfahren fremd, da die Beweisabnahme eine typisch gerichtliche Aufgabe ist[921]. Eine *Beweisaussage unter Strafandrohung* nach Art. 192 Abs. 1 ZPO ist im Schlichtungsverfahren nicht möglich[922]. 662

Unterbreitet die Schlichtungsbehörde einen Urteilsvorschlag oder fällt sie auf Ersuchen der klagenden Partei einen Entscheid, so kann sie *ergänzende Beweise* abnehmen und diese auch zu den Akten nehmen (Art. 203 Abs. 2 ZPO)[923]. Dadurch darf das Verfahren allerdings nicht ungebührlich verzögert werden. Besonders beim Entscheid (Art. 212 ZPO), der ein erstinstanzliches Gerichtsurteil ist, kann dies zu heiklen Abgrenzungsproblemen zwischen rechtsgenügender Beweisabnahme und einfachem und raschen Verfahren führen. 663

b) Urkunden

Die Schlichtungsbehörde ist dafür besorgt, dass ihr alle nötigen Unterlagen vorgelegt werden, und kann sich im Rahmen der *Untersuchungsmaxime* selber Beweismittel beschaffen. Die Formulierung «vorlegen lassen» (Art. 203 Abs. 2 ZPO) ist insofern zu kurz gefasst. Verweigert eine Partei die Vorlage der verlangten Unterlagen, hat dies im Schlichtungsverfahren unmittelbar keine weiteren Konsequenzen. Die *Verweigerung* kann im Verfahrensprotokoll festgehalten werden und hat im anschliessenden Gerichtsverfahren Auswirkungen auf die Kostenregelung (Art. 107 Abs. 1 lit. f ZPO)[924]. 664

Es ist für die Schlichtungsbehörde unabdingbar, dass sie in den Besitz aller nötigen Unterlagen (Urkunden) gelangt, um in der Verhandlung glaubwürdig zu wirken und fundierte Vergleichsvorschläge erarbeiten zu können. Mit der Bestimmung über die *Mitwirkungspflicht der Parteien* (Art. 160 ff. ZPO) und der unberechtigten Verweigerung der Mitwirkung (Art. 164 ZPO) stehen der Schlichtungsbehörde durchaus griffige Instrumente zur Verfügung, um zu den benötigten Unterlagen zu gelangen. 665

Beispiel

Eine Mietzinserhöhung wird mit der Begründung «umfassende Überholung» mitgeteilt und von der Mieterin angefochten. Es fehlt die Bauabrechnung. Die Schlichtungsbehörde verfügt deren Vorlage, ohne dass dies von der Gesuchstellerin verlangt worden wäre.

---

921 Botschaft ZPO, S. 7331.
922 CPC-*Bohnet*, Art. 203 ZPO N 4.
923 BSK ZPO-*Infanger*, Art. 205 N 10.
924 CPC-*Bohnet*, Art. 203 ZPO N 3; vgl. N 394 ff.

c) *Augenschein*

666 In gewissen Fällen kann ein Augenschein nützlich sein (Art. 181 ff. ZPO), insbesondere wenn es sich um *Mängelstreitigkeiten im Hinterlegungsverfahren* handelt. Es gibt Schlichtungsbehörden, die mit grossem Erfolg, praktisch immer bei Hinterlegungsverfahren, einen Augenschein vornehmen, dies im Dienste der Schlichtungsbemühungen[925]. Ein Augenschein sollte in einem frühen Prozessstadium erfolgen[926].

667 Über den Augenschein ist *Protokoll* zu führen. Es wird gegebenenfalls mit Plänen, Zeichnungen, fotografischen und andern technischen Mitteln ergänzt (Art. 182 ZPO)[927]. Im Protokoll sind die Wahrnehmungen der Schlichtungsbehörde festzuhalten. Es kann dabei nicht darauf ankommen, ob die Parteien dem im Protokoll Festgestellten zustimmen oder nicht, geht es doch bei einem Augenschein um die unmittelbare Wahrnehmung von Tatsachen durch die Schlichtungsbehörde und nicht durch andere Personen[928].

668 Unterbreitet die Schlichtungsbehörde einen *Urteilsvorschlag* oder fällt sie auf Ersuchen der klagenden Partei einen *Entscheid*, so kann sie ergänzende Beweise abnehmen und diese auch zu den Akten nehmen (Art. 203 Abs. 2 ZPO)[929]. Dadurch darf das Verfahren allerdings nicht ungebührlich verzögert werden. Besonders beim Entscheid (Art. 212 ZPO), der ein erstinstanzliches Gerichtsurteil ist, kann dies zu heiklen Abgrenzungsproblemen zwischen rechtsgenügender Beweisabnahme und einfachem und raschem Verfahren führen.

---

925 So z.B. die Schlichtungsbehörde für Miete und Pacht Solothurn-Lebern; DIKE-Komm-ZPO-*Egli*, Art. 203 N 4; teilweise **a.M.**: BSK ZPO-*Infanger*, Art. 203 N 7; *Dolge/Infanger*, S. 106.
926 BSK ZPO-*Dolge*, Art. 181 N 4.
927 Über das Verhältnis zum Protokollierungsverbot nach Art. 205 ZPO vgl. N 735 ff.
928 DIKE-Komm-ZPO-*Müller*, Art. 182 N 8.
929 BSK ZPO-*Infanger*, Art. 205 N 10.

Teil 4 Schlichtungsverfahren

Kapitel 28 Aufgaben der Schlichtungsbehörden (Art. 201 ZPO)

Die Schlichtungsbehörde hat verschiedene Aufgaben: 669
- Beratung der Parteien in allen Mietfragen der Raum-Miete (Art. 201 Abs. 2 ZPO; vgl. N 670 ff.);
- Anstreben einer Einigung in Streitfällen (Art. 201 Abs. 1 i.V.m. Art. 208 ZPO);
- Erteilung der Klagebewilligung bei Nichteinigung (Art. 209 Abs. 1 ZPO);
- Unterbreitung von Urteilsvorschlägen (Art. 210 Abs. 1 ZPO);
- Entscheidfällung (Art. 212 ZPO);
- Verfügung der Überweisung ins Mediationsverfahren auf Antrag der Parteien (Art. 213 Abs. 2 ZPO; vgl. N 1248 ff.);
- Erteilen der Klagebewilligung nach Scheitern der Mediation (Art. 213 Abs. 3 ZPO);
- Rückweisung von Eingaben bei Unzuständigkeit (Art. 62 Abs. 1 ZPO);
- auf Verlangen der Parteien Amten als Schiedsgericht (Art. 357 ZPO; vgl. N 1236 ff.).

Kapitel 29 Beratungstätigkeit (Art. 200 Abs. 2 ZPO)

1. Allgemeines

670 Die Mietparteien konnten sich schon im alten Recht (Art. 274a Abs. 1 lit. a aOR) und bereits unter dem noch früheren Regime des BMM (Art. 26 BMM)[930] an die Schlichtungsbehörde wenden, um von dieser in sämtlichen Belangen des Immobiliar-Mietrechts Auskünfte zu verlangen. Die Beratungskompetenz wurde in der ZPO formell auf die Miete von Wohn- und Geschäftsräumen beschränkt (Art. 201 Abs. 2 i.V.m. Art. 200 Abs. 1 ZPO)[931], im Übrigen aber unverändert belassen. Sie soll den Parteien namentlich dazu dienen, «sich selber ein Urteil zu bilden, ob ein Mietzins missbräuchlich ist» (Art. 21 Abs. 2 VMWG). Ansonsten äussern sich Gesetz, Lehre und Rechtsprechung nicht näher über die Ausgestaltung oder Grenzen der Rechtsberatung[932]. Zur Bestimmung von *Inhalt und Umfang der Rechtsberatung* ist deshalb vorwiegend auf die vieljährige und erprobte Praxis der früheren Schlichtungsbehörden abzustellen.

671 Die Rechtsberatung versteht sich als *Hilfe zur Selbsthilfe* (Art. 21 Abs. 2 VMWG). Sie ist
– vertraulich, hält sich im Hintergrund und bietet keine Hilfe gegen aussen[933],
– unpräjudiziell sowie unverbindlich und stützt sich einzig auf die vorgelegten Unterlagen ab,
– objektiv sowie unabhängig und erfolgt aus der Aussenperspektive des unbeteiligten Dritten[934],
– schlichtend und vermittelnd und gibt lösungsorientierte Empfehlungen.

2. Beratung als Kernaufgabe der Schlichtung

672 Die Rechtsberatung ist eine *Kernaufgabe der Schlichtungsbehörde*, sie ist eine Pflicht und keine Beliebigkeit. Der soziale Untersuchungsgrundsatz beeinflusst auch die

---

930 Bundesbeschluss über Massnahmen gegen Missbräuche im Mietwesen vom 30.7.1972 (aufgehoben).
931 Vgl. N 77.
932 «Il serait vain de chercher dans les sources légales une définition de la consultation juridique. La jurisprudence n'a pas eu se prononcer sur cette question et ce n'est pas un sujet qui a intéressé la doctrine» (*Jean Jacques Lüthi*, BE N'jus, Heft 11, Dezember 2012, S. 21).
933 Zu weit geht der Entscheid OGer BE, ZK 13 265+266, 28.8.2013, der die unentgeltliche Rechtspflege trotz Vorliegens der formellen und materiellen Voraussetzungen unter anderem auch deshalb verweigerte, weil die Möglichkeit zur Rechtsberatung bestand, was mit folgender Begründung festgehalten wurde: «Die Rechtslage ist auch für den Laien verständlich, jedenfalls wenn er vom Angebot der Rechtsberatung durch die Schlichtungsbehörde Gebrauch gemacht hat. Die gesetzlich vorgesehene Rechtsberatung ist auch geeignet, den Weg zur Einleitung des Prozesses aufzuzeigen.»
934 BK-*Alvarez/Peter*, Art. 201 ZPO N 16.

Rechtsberatung und führt zu einer erweiterten Beratungspflicht (Art. 55 und Art. 56 ZPO). Der Beratungstätigkeit kommt denn auch eine grosse Bedeutung zu, sie ist beliebt und wird rege benützt, sowohl seitens der Mieter als auch seitens der Vermieter[935]. Sie dient dem Rechtsfrieden durch die Entkrampfung der Konflikte zwischen den Parteien, indem Vorurteile, Differenzen, Missverständnisse und falsche Erwartungen bereinigt werden[936]. Erfolgreiche Beratungen verlangen von den Beraterinnen und Beratern nicht nur hohe juristische Kompetenzen, sondern auch Geschick in der Gesprächsführung.

Im Vordergrund steht der *Ausgleich zwischen den Parteien*, womit die Beratung dazu beiträgt, dass unnötige Streitigkeiten gar nicht erst entstehen oder dass deren Beilegung ohne Gericht bzw. Schlichtungsbehörde möglich wird[937]. Trotz ihrer schlichtenden und vermittelnden Funktion bleibt die Schlichtungsbehörde im Hintergrund und beschränkt sich auf die einseitige Beratung allein der ratsuchenden Partei, wohingegen der Einbezug der Gegenpartei für eine direkte Vermittlung oder Schlichtung alleinige Aufgabe der Schlichtungsbehörde bleibt[938]. 673

Zurückhaltung ist bei der *Beurteilung allfälliger Prozesschancen* geboten[939]. Sofern die Behörde Auskunft gibt, liegt es an ihr, die notwendigen Grundlagen zu erfragen[940]. 674

Bei aller Zurückhaltung und Vorsicht darf aber nicht übersehen werden, dass nach Art. 202 Abs. 1 ZPO das *Schlichtungsgesuch bei der Schlichtungsbehörde* auch mündlich zu Protokoll gegeben werden kann und dabei die Rechtsbegehren und allenfalls auch eine Begründung entgegen genommen werden müssen. Ohne beratende Hilfe ist ein Laie damit meistens überfordert. 675

Ein Abweichen von der Auskunft im Rahmen der Beratungsfunktion gegenüber dem Vergleichsvorschlag bzw. Entscheid im Rahmen der eigentlichen Schlichtungstätigkeit kann von den Betroffenen als *widersprüchliches Verhalten der Schlichtungsbehörde* empfunden werden. 676

---

935 Im Kanton Bern benützen nach Auskunft von Beat Brüllhardt, leitender Gerichtsschreiber der Schlichtungsbehörde Emmental-Oberaargau, jährlich weit über 10 000 Ratsuchende die Beratungsstellen der Schlichtungsbehörden.
936 *Roberti Aristide*, Institut und Verfahren der Schlichtungsbehörde in Mietsachen, Diss., Entlebuch 1993.
937 BK-*Alvarez/Peter*, Art. 201 ZPO N 15; *Geser Christina/Rageth Christian*, BE N'jus, Heft 11, Dezember 2012, S. 30.
938 *Lachat*, CPC, S. 86: «La tâche de conseiller les parties [...] doit uniquement porter sur celle de conseiller, et non sur celle de concilier les parties.»
939 BK-*Alvarez/Peter*, Art. 201 ZPO N 16. Oft verweisen die Schlichtungsbehörden Ratsuchende bei komplizierten Sachverhalten an die jeweiligen Interessenverbände.
940 OGer ZH, PF120051-O/U, 1.11.2012, in: ius.focus 8/2013, S. 22, Kommentar *Thomas Gelzer*.

3. Schnittstellen Beratung/Schlichtungsverfahren

677 Zurückhaltung muss von der Schlichtungsbehörde bei ihrer Beratungstätigkeit deshalb verlangt werden, weil sie in einer auf die Beratung allfällig folgenden Mietstreitigkeit als Einigungs- oder Entscheidinstanz amten kann[941]. *Die vorgängige Rechtsberatungstätigkeit* begründet an sich noch nicht einen *Ausstandsgrund* im anschliessenden Schlichtungsverfahren, birgt aber die Gefahr, dass die Behörde den «Bonus» der Neutralität verliert[942].

678 Der *Konflikt* zwischen Beratungstätigkeit und eigentlicher Schlichtungstätigkeit kann dadurch entschärft werden, dass die Beratungstätigkeit an einzelne Mitglieder oder das Sekretariat delegiert wird (Art. 21 Abs. 3 VMWG). Insbesondere die Übertragung der Beratungsfunktion an das mit der eigentlichen Schlichtungstätigkeit nicht befasste Sekretariat erscheint sinnvoll. Allgemein muss die Beratungstätigkeit der Schlichtungsbehörde so gestaltet und organisiert sein, dass sie die eigentliche Schlichtungstätigkeit möglichst wenig beeinträchtigt oder auch nur gefährdet[943]. Der Kanton Bern hat diesbezüglich die radikalste Regelung gefunden, indem jemand, der in der Funktion der Rechtsberatungsstelle beraten hat, in einer Schlichtungsverhandlung in der gleichen Sache nicht mitwirken darf[944].

679 Nach bundesgerichtlicher Auffassung kommt der Schlichtungsbehörde auch in einem hängigen Verfahren eine über die *allgemeine richterliche Fragepflicht* hinausgehende, eigentliche Beratungsfunktion zu[945].

680 Im konkreten Fall lässt sich einem Konflikt zwischen Beratungs- und eigentlicher Schlichtungstätigkeit vorbeugen, indem der ratsuchenden Person erklärt wird, dass es sich um zwei voneinander *unabhängige Tätigkeitsbereiche* handelt.

---

941 SVIT-Kommentar, Art. 274a [a]OR N 6c; mit dieser Argumentation wurde die Beratungsaufgabe der Schlichtungsbehörde bereits im Parlament bei der Beratung der OR-Revision – allerdings ohne Erfolg – bekämpft (AB 1988 S, S. 178 f.).
942 BK-*Alvarez/Peter*, Art. 201 ZPO N 18; KUKO ZPO-*Gloor/Lukas*, Art. 201 N 6; SHK ZPO-*Frey*, Art. 201 N 7; **a.M.** BSK ZPO-*Infanger*, Art. 201 N 8.
943 Vgl. dazu auch ZK-*Higi*, Art. 274a [a]OR N 40; SVIT-Kommentar, Art. 274–274a [a]OR N 6; *Rapp* 1994, S. 8.
944 Art. 10 Abs. 3 EG ZSJ.
945 BGE 119 Ia 264 E. 4a.

Kapitel 30 Schlichtungsverfahren (Art. 202 ZPO)

1. Einleitung des Verfahrens

Das Verfahren wird durch die *Einreichung des Schlichtungsgesuchs* eingeleitet (Art. 202 Abs. 1 ZPO)[946]. Die Art. 130 ff. ZPO sind sinngemäss anzuwenden. Das Gesuch kann schriftlich oder elektronisch eingereicht oder mündlich zu Protokoll gegeben werden. Bei der schriftlichen Eingabe wird die eigenhändige Unterschrift verlangt (Art. 130 Abs. 1 ZPO). Zur Zulässigkeit von Eingaben per Fax siehe N 499. Bei der mündlichen Eingabe hat sich der Gesuchsteller gegenüber der Schlichtungsbehörde zu legitimieren. Es ist zulässig und entspricht dem Gedanken eines vereinfachten Zugangs zur Schlichtungsbehörde, dass die entgegennehmende Behörde bei der Abfassung des Gesuchs behilflich ist[947].

Art. 131 ZPO verlangt, dass Eingaben samt Beilagen für das Gericht und jede Partei (inkl. Haupt- und Nebenintervenienten, Streitberufene) eingereicht werden müssen. Diese Bestimmung ist für das laienfreundliche und wenig formstrenge Schlichtungsverfahren nur bedingt anwendbar und bei der *mündlichen Einreichung* zu Protokoll nach Art. 202 Abs. 1 ZPO ohnehin nicht umsetzbar. Art. 202 Abs. 3 ZPO spricht zudem lediglich davon, dass das Gesuch der Gegenpartei zuzustellen ist, von Beilagen ist nicht die Rede.

Zu den übrigen Anforderungen an eine Eingabe siehe N 499 ff. *Für elektronische Eingaben* wird verwiesen auf N 502 ff.

2. Inhalt des Schlichtungsgesuchs

a) Allgemeines

Das Gesuch kann sehr schlank abgefasst werden. Es müssen lediglich die *Parteien*, das *Rechtsbegehren* und der *Streitgegenstand* genannt werden (Art. 202 Abs. 2 ZPO). Dies ist Ausfluss des formlosen, einfachen, raschen und laientauglichen Verfahrens.

Beispiel

Ich habe am 18. Januar 2015 von meinem Vermieter, Herrn [Name], eine Mietzinserhöhung erhalten und fechte diese als missbräuchlich an.

---

946 *Dolge Annette/Infanger Dominik*, Schlichtungsverfahren nach Schweizerischer Zivilprozessordnung, Zürich 2012; *Sutter-Somm*, Recht aktuell 2011; *Sutter-Somm*, Recht aktuell 2012; *Lötscher-Steiger*, Recht aktuell 2014; *Bohnet*: Das mietrechtliche Schlichtungsverfahren im schweizerischen Zivilprozessrecht, SZZP 4/2010, S. 419 ff.; *Schrank Claude*, Das Schlichtungsverfahren nach der Schweizerischen Zivilprozessordnung (ZPO), Basel 2015.
947 KUKO ZPO-*Gloor/Lukas*, Art. 202 N 3.

685 Die Behörde vermerkt den Eingang. Im ordentlichen Verfahren tritt die *Rechtshängigkeit* mit der Einreichung des (obligatorischen) Schlichtungsgesuchs ein (Art. 62 i.V.m. Art. 197 ZPO), unabhängig davon, ob die angerufene Behörde (örtlich, sachlich und funktionell) zuständig ist[948]. Die Schlichtungsbehörde stellt das Gesuch der Gegenpartei zu und lädt gleichzeitig die Parteien zur Verhandlung vor (Art. 202 Abs. 3 ZPO)[949].

b) Die Bezeichnung der Parteien

aa) Grundsätzliches

686 Die *Anforderungen an die Bezeichnung der Parteien* sind gering (Art. 202 Abs. 2 ZPO). Da das Gesuch die Rechtshängigkeit begründet (Art. 62 Abs. 1 ZPO), muss es aber alle notwendigen Elemente enthalten, damit der Streit überhaupt individualisiert werden kann[950], mithin sind die Parteien so zu bezeichnen, dass über ihre Identität kein Zweifel besteht[951]. Bei natürlichen Personen genügen in der Regel Name, Vorname und Adresse[952].

687 Obwohl die ZPO nur die *Nennung der Gegenpartei* verlangt (Art. 202 Abs. 2 ZPO), ist für die Feststellung der Klageidentität auch die Bezeichnung der klagenden Partei nötig[953]. Ist die Parteibezeichnung der Gesuchsteller mangelhaft oder unvollständig, gelten sinngemäss die gleichen Grundsätze für die Korrektur wie bei der Bezeichnung der Gegenpartei.

Beispiel

Ficht von zwei Mitmieterinnen nur eine Mieterin im Namen beider eine Kündigung an, so ist darauf einzutreten, auch wenn die zweite Mieterin ihre Mitmieterin erst nach Ablauf der Anfechtungsfrist bevollmächtigt. Die Schlichtungsbehörde ist verpflichtet, den Klägern eine Frist zur Behebung dieses Mangels zu setzen[954].

688 *Unproblematisch* ist die mangelhafte Parteibezeichnung bei Rechtsbegehren, die unter Vorbehalt der Wiedereinbringung zurückgezogen werden können, ohne dass dabei eine Verwirkungsfrist zu beachten ist. Entweder macht die Schlichtungsbehörde auf die Mangelhaftigkeit aufmerksam und rät zum Rückzug des Gesuchs oder sie korrigiert die Parteibezeichnung selber. Mit dem Rückzug entfällt allerdings die Rechtshän-

---

948 *Hedinger*, in: Sutter-Somm/Hasenböhler/Leuenberger (Hrsg.), Art. 63 ZPO N 6.
949 U.a. wird damit auch der Kündigungsschutz von Art. 271*a* Abs. 1 lit. d OR ausgelöst.
950 Botschaft ZPO, S. 7331; vgl. zum Ganzen: *Meyer*, MRA 2/2010, S. 47 ff.
951 BGE 141 III 539 = BGer 4A_116/2015 vom 9.11.2015 E. 3.5.1.
952 BGer 4A_364/2013 vom 5.3.2014 E. 16.1.
953 *Honegger*, in: Sutter-Somm/Hasenböhler/Leuenberger (Hrsg.), Art. 202 ZPO N 10.
954 BGer 4C.236/2003 vom 30.1.2004, in: mp 1/2004, S. 60.

gigkeit, die erst wieder gegeben ist, wenn das Gesuch mit der korrekten Parteibezeichnung erneut eingereicht wird.

Problematisch wird die falsche oder ungenügende Parteibezeichnung bei Rechtsbegehren, die einer *Verwirkungsfrist* unterstehen. Im Mietrecht sind dies die Anfechtung einer Mietzinserhöhung (Art. 270b Abs. 1 OR) und die Anfechtung einer Kündigung (Art. 273 Abs. 1 OR) bzw. die Einreichung eines Erstreckungsbegehrens (Art. 273 Abs. 2 OR). Von diesen Verwirkungsfristen sind ausschliesslich die Mieter betroffen, und zwar im Kernbereich des sozialen Mietrechts.

689

Im besten Fall wird das *Anfechtungsgesuch* zeitig gestellt, so dass die Schlichtungsbehörde die Gesuchstellerin auf den Mangel aufmerksam machen kann, damit diese das Gesuch binnen der Rechtsmittelfrist erneut einreichen kann. Es ist überspitzt formalistisch, wenn die Behörde zuwartet, bis sich ein verbesserlicher Fehler nicht mehr heilen lässt, und danach die Partei die Folgen dieses Fehlers tragen lässt[955].

690

bb) Anforderungen bei anwaltlichen Eingaben

Welche *Anforderungen* können im Schlichtungsverfahren an die Bezeichnung der Parteien gestellt werden? Zu unterscheiden ist, ob es sich um eine Laieneingabe (N 692 ff.) oder die Eingabe eines Anwaltes handelt. Bei der Eingabe eines Anwalts kann eine vollständige Parteibezeichnung mit allen Anforderungen an die Aktiv- und Passivlegitimation erwartet werden.

691

> **Beispiel**
>
> Wenn die anwaltlich vertretene Mieterin nachweislich um die Problematik der Passivlegitimation weiss und keine entsprechenden Anfragen beim Grundbuchamt tätigt, liegt kein Versehen vor, und eine Berichtigung ist unzulässig[956].

cc) Anforderungen bei Laieneingaben

Anders verhält es sich bei *Laieneingaben*. Das Schlichtungsverfahren ist von der Anlage her auf Laientauglichkeit und Formlosigkeit ausgerichtet (Art. 201 Abs. 1 ZPO). Formalismus ist dem Schlichtungsverfahren fremd[957]. Die soziale Untersuchungsmaxime bezweckt, die schwächere Partei zu schützen. Da ausschliesslich die Mieter im Kernbereich des Mietrechts – Mietzinsanfechtung/Kündigungsanfechtung/Erstreckung – von den negativen Folgen einer falschen oder unvollständigen Parteibezeichnung betroffen

692

---

955 BGer 5A_376/2012 vom 16.1.2013, in: SZZP 3/2013, S. 203, Kommentar *Valentin Rétornaz*; und in: SBJV 3/2015, S. 249, Kommentar *Christoph Leuenberger*; BGE 114 Ia 20 E. 2; 111 Ia 169 E. 4c.
956 Cour d'appel civile VD, 19.8.2013, in: JdT 1/14, S. 23; und in: mp-flash 5/2014, S. 2.
957 *Hofmann/Lüscher*, S. 127.

sind, rechtfertigt es sich, keine hohen Anforderungen an die Parteibezeichnung zu stellen[958].

693 Eine *ungenaue Parteibezeichnung* kann von Amtes wegen vor oder in der Schlichtungsverhandlung korrigiert werden, wenn über die Identität der Parteien kein Zweifel besteht, jede Gefahr einer Verwechslung ausgeschlossen werden kann und es sich offensichtlich um ein Versehen handelt (Art. 132 ZPO)[959]. Die Identität der Parteien kann sich aus dem Streitgegenstand ergeben[960].

694 Ist der *Mangel in der Parteibezeichnung* jedoch derart gravierend, dass die Identität der Parteien gänzlich unbestimmt bleibt, oder klagt eine (rechtlich) nicht existierende Partei, ist auf das Gesuch bzw. die Klage nicht einzutreten[961].

695 Die blosse *Berichtigung einer Parteibezeichnung* ist abzugrenzen von einem eigentlichen Parteiwechsel, der (ohne Veräusserung des Streitobjekts) nach Art. 83 Abs. 4 ZPO grundsätzlich nur mit Zustimmung der Gegenpartei zulässig ist[962].

696 Ob eine Partei *parteifähig* ist, ist von Amtes wegen zu prüfen[963]. Wenn zum Beispiel eine Dienststelle des Finanzdepartements Mietverträge abschliesst, diese aber keine eigene Rechtspersönlichkeit hat, ist der Kanton als Träger der Dienststelle als parteifähiger Beschwerdegegner anzusehen. In diesem Sinne ist die einfache fehlerhafte Parteibezeichnung von Amtes wegen zu korrigieren[964].

dd) Falsche Parteibezeichnung

697 Eine *irrige Bezeichnung der Parteien* kann korrigiert werden. Dies kann dann der Fall sein, wenn eine Personalunion besteht, die annehmen lässt, dass eine Partei sowohl in ihrer Eigenschaft als Miteigentümerin des hälftigen Anteils als auch als Mitglied der Erbengemeinschaft, welcher der andere hälftige Mitgeigentumsanteil zusteht, auftritt, so dass jedenfalls alle Streitgenossen am Prozess beteiligt sind[965].

698 Es kann zum Beispiel von einer Mieterin nicht erwartet werden, die *Problematik der Passiv- und Aktivlegitimation* bei Erben- und Miteigentümergemeinschaften zu kennen, insbesondere dann, wenn sie operativ ausschliesslich mit der Verwaltung verkehrt.

---

958 *Hellstern*, BWO-Tagung 2008.
959 BGE 136 III 545 = BGer 4A_438/2010 vom 15.11.2010 E. 3.4.1.
960 Cour d'appel civile VD, 19.8.2013, in: JdT, 1/14, S. 23; und in: mp-flash 5/2014 S. 2.
961 BGE 136 III 545 = BGer 4A_438/2010 vom 15.11.2010 E. 3.4.1.
962 BGE 131 I 57 E. 2.2.
963 BGE 118 II 528 E. 1.
964 BGer 4A_35/2008 vom 13.6.2008 E. 2.3; BGE 120 III 11 E. 1; 114 II 335 E. 3a.
965 BGer 4A_182/2009 vom 13.5.2009 E. 5.

Beispiele

- Eine Miteigentümergemeinschaft (MEG) klagt gegen eine Mieterin. Die MEG ist nicht parteifähig, alle Miteigentümer müssen persönlich und insgesamt klagen. Wird im Schlichtungsverfahren eine Vollmacht vorgelegt, die von allen Miteigentümern unterzeichnet ist, wird die mangelnde Prozessfähigkeit «geheilt» und die Postulationsfähigkeit gemäss Art. 68 ZPO ist gegeben. Im Schlichtungstermin selber ist dann die Spezialnorm von Art. 204 ZPO über die Vertretungsmöglichkeiten zu beachten.
- Eine Mieterin stellt der Schlichtungsbehörde ein Gesuch um eine Mietzinssenkung und benennt die Liegenschaftsverwaltung als Gesuchgegnerin. Dieser Fehler ist von Amtes wegen zu korrigieren, wenn sich aus dem Gesuch ergibt, gegen wen es gerichtet ist. Die Vorladung für den Schlichtungstermin geht an den Vermieter, c/o Immobilienverwaltung X[966].
- Die Schlichtungsbehörde hat den Vermieter dazu zu befragen, ob er lediglich als Vertreter auftritt. Verwechslungen von Vermieter und Vertreter sind von Amtes wegen zu berichtigen. Die Berichtigung kann auch noch im nachfolgenden Gerichtsverfahren vorgenommen werden[967].

Nicht selten haben die Mieter beim Abschluss des Mietvertrages keine *Kenntnis über die Identität des Vermieters*, weil im Vertrag lediglich steht: «der Vermieter, vertreten durch die Verwaltung X» oder «die Eigentümerschaft gemäss Grundbuchauszug, vertreten durch ...». Mietzinserhöhungen oder Kündigungen werden mit demselben Absender versehen («Der Vermieter, vertreten durch die Verwaltung X»). Meines Erachtens genügt eine Eingabe der Mieter unter dem Gesichtspunkt der Individualisierung des Streits, wenn diese als Gesuchgegner den «Vermieter» oder «die Eigentümerschaft gemäss Grundbuchauszug» bezeichnet[968]. Die Schlichtungsbehörde kann durch eine Anfrage bei der Verwaltung oder beim Grundbuch die Identität der Parteien feststellen und eine entsprechende Ergänzung des Gesuchs vornehmen. Sie kann aber auch, mit Hinweis auf das korrekte Vorgehen, den Gesuchsteller auffordern, das Gesuch zu verbessern. 699

Ähnlich verhält es sich, wenn die *Liegenschaft verkauft* wird, ohne dass dies der Mieterschaft mitgeteilt wird. Kündigt der neue Eigentümer mit dem Absender «der Vermieter, vertreten durch die Verwaltung X» und bezeichnet der Mieter im Erstreckungsgesuch als klagende Partei den im Mietvertrag aufgeführten Vermieter, so schadet dies nach hier vertretener Ansicht der klagenden Partei nicht. Mit der Übernahme des Mietvertrages durch den Käufer (Art. 261 Abs. 1 OR) kann der Streit rechtsgenügend 700

---

966 Cour de justice GE, 13.2.1995, in: mp 1/1997, S. 50; die Parteikorrektur entspricht der Praxis der Cour de justice GE.
967 KGer BL, 5.8.2003, in: mp 3/2005, S. 186.
968 BGer 4A_12/2010 vom 25.2.2010, in: mp 4/2010, S. 285.

individualisiert werden, und die Identität ergibt sich aus dem Streitgegenstand. Ein allfälliger neuer Eigentümer muss sich die Handlungen des Vertreters anrechnen lassen, wenn er den Mieter nicht in Kenntnis über den Eigentümerwechsel setzt und dieser davon ausgehen kann, das Vertretungsverhältnis bestehe nach wie vor[969].

Beispiel

Eine Mieterin macht eine Mietzinsherabsetzung bei der Schlichtungsbehörde anhängig. An der Verhandlung erscheint die Liegenschaftsverwaltung. Es gibt keine Einigung. Die Mieterin klagt beim Gericht. Erst jetzt wendet die Verwaltung ein, die Liegenschaft sei schon vor Einleitung des Verfahrens verkauft worden. Da es die Verwaltung unterlassen hat, den Eigentümerwechsel mitzuteilen, und die Mieterin damit in die Irre führte, ist die falsche Parteibezeichnung von Amtes wegen zu korrigieren. Dies unter anderem auch deswegen, weil keine Verwechslungsgefahr in Bezug auf den Empfänger des Herabsetzungsbegehrens möglich ist[970].

701   Die im Schlichtungsgesuch verwendete *Bezeichnung der beklagten Partei* ist massgeblich. Die klagende Partei hat keine weiteren Abklärungen zu treffen, um neue Tatsachen zu ermitteln, die nach Begründung der Rechtshängigkeit eingetreten sind. Ist die Sache einmal hängig, obliegt es der beklagten Partei, die Schlichtungsbehörde über Veränderungen wie etwa einen Wechsel der Firma zu unterrichten. Deshalb darf die Parteibezeichnung aus der Klagebewilligung für die Klageeinreichung grundsätzlich ungeprüft übernommen werden[971].

702   Erhalten Mieter die Kündigung, kann ein Mitmieter allein vorgehen und die Aufhebung der Kündigung verlangen, doch muss er als *Gegenpartei* nebst dem Vermieter auch seine Mitmieter einklagen[972].

c)   Bezeichnung des Rechtsbegehrens

703   Das Rechtsbegehren kann *allgemein umschrieben* werden, es genügt, wenn über den Rechtsanspruch Klarheit besteht. Der Streitgegenstand kann durch ein Stichwort bezeichnet werden[973].

Beispiele

– «Herabsetzung des Mietzinses wegen Lärm.»
– «Aufhebung der Kündigung.»

---

969   BGer 4A_12/2010 vom 25.2.2010, in: mp 4/2010, S. 285.
970   Cour de justice GE, 13.3.2000, in: mp 2/2000, S. 92.
971   BGer 4A_385/2014 vom 29.9.2014, in: SZZP 1/2015, S. 32; und in: ius.focus 1/2016, S. 22 Kommentar *Christian Schlumpf.*
972   BGE 140 III 598 = BGer 4A_201/2014 von 2.12.2014, in: mp 1/2015, S. 59.
973   *Staehelin/Staehelin/Grolimund,* § 20 Rz 12.

Das Rechtsbegehren kann bis zum Abschluss des Schlichtungsverfahrens jederzeit *ab-* 704
geändert werden, wenn die Prozessvoraussetzungen gegeben sind (in Analogie zu
Art. 227 ZPO)[974].

Beispiel

Im Verlauf des Gerichtsverfahrens sinkt der Referenzzinssatz erneut. Die Mieterin
ändert ihren Herabsetzungsanspruch entsprechend[975].

Die *Rechtshängigkeit* tritt für die neuen Rechtsbegehren erst mir deren Geltendma- 705
chung ein.

d) *Bezeichnung des Streitgegenstandes*

Es braucht *keine umfassende Darstellung* des Streitgegenstandes noch eine ausufernde 706
rechtliche Begründung. Der Anspruch muss nicht bereits im Gesuch begründet werden. Der Antrag auf einen Entscheid nach Art. 212 ZPO kann, muss aber nicht im Gesuch gestellt werden. Es genügt, wenn er am Schlichtungstermin gestellt wird[976]. Nach
der Rechtsprechung schadet eine sichtlich ungewollte oder unbeholfene Wortwahl der
im Recht stehenden Person ebenso wenig wie eine nicht geglückte oder rechtsirrtümliche Ausdrucksweise. Es genügt, wenn der Eingabe insgesamt entnommen werden
kann, was die Partei verlangt[977].

Es empfiehlt sich die Verwendung von *Formularen*. Die Verwendung des sehr offen ge- 707
haltenen Bundesformulars ist nicht vorgeschrieben und führt bei der Formulierung
der Anträge immer wieder zu Missverständnissen[978]. Gerade in Mietsachen sind Laien
sehr dankbar, wenn ihnen für die Abfassung der diversen Rechtsbegehren eine Formulierungshilfe mitgegeben wird. Auch der Schlichtungsbehörde erleichtert es die Arbeit,
wenn sie klare und korrekt formulierte Anträge vorliegen hat.

Urkunden (im Regelfall die Korrespondenz, Verträge, Nebenkosten- und Bauabrech- 708
nungen, etc.) sollen beigelegt werden und werden von der Schlichtungsbehörde als
Beweismittel entgegengenommen (Art. 203 Abs. 2 ZPO). Die Schlichtungsbehörde ist
auf diese Unterlagen angewiesen, wenn sie in der Sache eine glaubwürdige Stellungnahme abgeben will.

---

974 *Lachat*, CPC, S. 106; BSK ZPO-*Infanger*, Art. 202 N 4; vgl. N 148 ff..
975 Art. 270*a* OR; BGE 122 III 20 E. 4c, in: mp 2/1996, S. 94.
976 DIKE-Komm-ZPO-*Rickli*, Art. 212 N 6.
977 *Winter*, mp 3/2013, S. 177 ff.
978 ‹https://www.bj.admin.ch/bj/de/home/publiservice/service/zivilprozessrecht/parteieingaben
     formulare.html› (4.5.2016).

3. Vom Gesuchseingang bis zur Schlichtungsverhandlung

a) Einladung zum Schlichtungstermin

709 Die *Einladung zur Schlichtungsverhandlung* (Art. 204 Abs. 1 ZPO) hat unverzüglich, innerhalb von wenigen Arbeitstagen, nach Eingang des Gesuchs zusammen mit diesem und allfälligen Unterlagen zu erfolgen. Zudem hat die Schlichtungsverhandlung innert zwei Monaten seit Eingang des Gesuchs stattzufinden (Art. 203 Abs. 1 ZPO). Schliesslich muss die Vorladung spätestens 10 Tage vor der Verhandlung versandt werden.

710 All diese Bestimmungen bringen zum Ausdruck, dass es sich um ein rasches (und formloses) Verfahren handelt. Die *Beschleunigungsvorschriften* sind allerdings lediglich sog. Ordnungsvorschriften, die der Behörde einen gewissen Spielraum in der Verfahrensgestaltung einräumen, um ein optimales Schlichtungsresultat zu erzielen.

b) Prüfung des Gesuchs

711 Nach Eingang des Gesuchs prüft die Schlichtungsbehörde die *Prozessvoraussetzungen* und erlässt bei örtlicher, sachlicher oder funktioneller Unzuständigkeit die entsprechenden Verfügungen[979].

c) Schriftenwechsel – Konsultationsverfahren

712 Grundsätzlich findet kein eigentlicher Schriftenwechsel statt (Art. 202 Abs. 4 ZPO). Es ist aber der Behörde unbenommen, vor allem bei komplizierten Sachverhalten, die Gegenpartei anzufragen, ob sie *zum Gesuch Stellung nehmen und einen Vergleichsvorschlag unterbreiten* wolle. Damit kann sich die Schlichtungsbehörde in komplexen Fällen (z.B. Mietzinsanfechtung wegen wertvermehrenden Investitionen) gründlich auf die Verhandlung vorbereiten[980]. Kommt die Gegenpartei einer solchen Aufforderung nicht nach, führt dies zu keinem Rechtsverlust, noch löst es Säumnisfolgen aus und die Rechtshängigkeit wird auch nicht berührt[981]. Unaufgefordert eingereichte Stellungnahmen beider Parteien sind nicht aus den Akten zu weisen[982]. Alle Unterlagen sind immer der jeweiligen Gegenpartei zur Kenntnis zuzustellen.

713 Kommt ein Urteilsvorschlag (Art. 210 ZPO) in Frage, oder geht aus dem Gesuch hervor, dass die klagende Partei einen Entscheidantrag stellen wird (Art. 212 ZPO), kann die Schlichtungsbehörde einen *Schriftenwechsel* anordnen. Eine erfahrene Schlichtungsbehörde ist in der Lage, aus dem Rechtsbegehren, dem Streitgegenstand und

---

979 Vgl. N 162 ff.
980 DIKE-Komm-ZPO-*Egli*, Art. 202 N 25.
981 Mit Ausnahme beim Urteilsvorschlag (Art. 210 ZPO) oder Entscheid (Art. 212 ZPO).
982 *Bohnet*, 16ᵉ Séminaire, N 65.

den eingereichten Unterlagen einzuschätzen, ob ein Urteilsvorschlag bzw. ein Entscheid in Frage kommt.

Antwortet die Gegenpartei mit einer *Widerklage*, die im Schlichtungsverfahren grundsätzlich zulässig ist, so läuft das Prozedere im umgekehrten Sinne ab[983]. Mit der Einreichung der Widerklage wird diese rechtshängig. Unter der Devise des raschen und einfachen Verfahrens macht die *vorsorgliche Einholung ergänzender Beweismittel* Sinn. Ein doppelter Schriftenwechsel findet nicht statt. Einzig wenn eine Widerklage erfolgt, kann eine «Widerklageantwort» angefordert werden.

714

d) Einigung vor der Schlichtungsverhandlung

Bei wörtlicher Umsetzung der engen Vorgaben von Art. 202 ZPO besteht für die Schlichtungsbehörde kaum Spielraum, eine Schlichtung und Einigung ausserhalb der Schlichtungsverhandlung zu versuchen. *Ausseramtliche Schlichtungen* haben sich jedoch sehr bewährt. Statistische Auswertungen der früheren Schlichtungsbehörden und Mietämter zeigen auf, dass rund 25 % der mietrechtlichen Schlichtungsverfahren bereits im Vorfeld erledigt werden. Ganz besonders in mietrechtlichen Streitsachen lehrt die Erfahrung, dass beide Parteien lösungsorientiert argumentieren und daran interessiert sind, sich so rasch als möglich gütlich zu einigen. Deshalb wünschen die Parteien, dass bereits vor der Verhandlung eine Lösung gefunden wird. Solche Wünsche hat die Schlichtungsbehörde zu respektieren, sie soll die Parteien nicht mit einer überhasteten Terminfestsetzung sozusagen zu einer Verhandlung zwingen.

715

Sinnvollerweise gibt die Schlichtungsbehörde deshalb den Parteien standardmässig die Möglichkeit, sich vor der Verhandlung in einer *informellen Stellungnahme* zur Sache zu äussern und allenfalls einen Vergleichsvorschlag einzureichen.

716

Beispiel

«Der beklagten Partei wird die Gelegenheit gegeben, innerhalb von 10 Tagen seit Erhalt dieser Verfügung eine schriftliche Stellungnahme zum Schlichtungsgesuch und/oder einen Lösungsvorschlag einzureichen.»

e) Strategiediskussion über den Ablauf der Schlichtungsverhandlung

Die Instruktionsrichterin oder der Instruktionsrichter hat sich nach Eingang des Gesuchs *Gedanken über den Verfahrensablauf* im Hinblick auf einen möglichen Urteilsvorschlag oder einen Entscheid zu machen. Ob ein Urteilsvorschlag oder ein Entscheid gefällt wird, hat die Schlichtungsbehörde im Verhandlungstermin mit Mehr-

717

---

983 Art. 198 lit. g ZPO: Bei der Widerklage entfällt das Schlichtungsverfahren. Sie kann sozusagen an das bereits laufende Verfahren angedockt werden.

heitsentscheid zu entscheiden. Nach Zustellung der Akten an die Mitglieder der Schlichtungsbehörde kann bereits eine erste informelle Strategiediskussion erfolgen.

4. Die Durchführung der Schlichtungsverhandlung

a) Erläuterung des Zwecks der Schlichtungsverhandlung

718 Die Schlichtungsverhandlung wird im Unterschied zur durchstrukturierten Gerichtsverhandlung *formlos* durchgeführt (Art. 201 ZPO). Im Gegensatz zum alten Verfahrensrecht (Art. 259*i* Abs. 1, Art. 273 Abs. 4, Art. 274*e* Abs. 1 aOR) kennt die ZPO keine ausdrückliche Priorisierung der Schlichtungsphase.

719 Es ist jedoch unstrittig, dass vor einer allfälligen Entscheidphase immer zuerst eine *gütliche Einigung* anzustreben ist. Diese Phase findet in einem formlosen, informellen Verfahren statt. Die Schlichtungsbehörde würde ihre Aufgabe nicht erfüllen, wenn sie bei – auf den ersten Blick – «hoffnungslosen» Fällen die Klagebewilligung ausstellt, ohne mindestens den Versuch einer Schlichtung zu wagen.

720 Will sich die Behörde vor der Verhandlung zu einem Gedankenaustausch und der strategischen *Festlegung des Verhandlungsablaufs* treffen, so hat dies zeitlich vor dem Verhandlungsbeginn zu erfolgen. Psychologisch ist es wichtig, dass die Verhandlung pünktlich beginnt, dies ist immer auch ein Zeichen dafür, dass man die Parteien ernst nimmt.

721 Es ist nützlich, wenn zu Beginn der Verhandlung den Parteien das *Zeitbudget* mitgeteilt wird. Nicht selten geraten Verhandlungen unter Zeitdruck, weil man sich an peripheren Themen zu lange aufhält. Für eine Schlichtungsverhandlung sollte in der Regel eine Verhandlungsdauer von einer Stunde vorgesehen werden. Die Erfahrung zeigt, dass bei grossen professionellen Schlichtungsbehörden ein eher enger Zeitrahmen eingeplant wird, wo hingegen bei ländlichen, semiprofessionellen Behörden nicht selten «open end» getagt wird.

722 Die Behörde sollte sich bei besonderen Konstellationen nicht scheuen, *weitere Verhandlungstermine* anzusetzen oder das *Verfahren zu sistieren*[984] (Art. 126 ZPO), wenn es der Streiterledigung dient (Art. 203 Abs. 4 ZPO).

723 Das Schlichtungsverfahren ist *nicht öffentlich* (Art. 203 Abs. 3 ZPO). In Angelegenheiten nach Art. 200 ZPO kann die Schlichtungsbehörde die Öffentlichkeit ganz oder teilweise zulassen, wenn ein öffentliches Interesse besteht (Art. 203 Abs. 3 ZPO). Ein öffentliches Interesse kann zum Beispiel bei einer Massenkündigung gegeben sein, wenn eine grosse Zahl von Mietparteien betroffen ist. Durch die Öffentlichkeit wird die Praxis der Behörde bekannt[985]. Wird die Öffentlichkeit zugelassen, sind die Par-

---

984 Vgl. N 495 ff.
985 KUKO ZPO-*Gloor/Lukas*, Art. 203 N 8; **a.M.** BSK ZPO-*Infanger*, Art. 203 N 15.

teien darüber zu informieren. Es ist auch zulässig, dass die Kantone die Schlichtungsverfahren dieser Behörden als grundsätzlich öffentlich erklären[986].

Die Behörde ist dafür besorgt, dass eine entspannte *Diskussionsatmosphäre* herrscht. Sie arbeitet immer auf einen Interessenausgleich der Parteien hin und hat stets die Schlichtung im Auge. Sie ist frei, im Rahmen der Rechtsordnung und des Fair-Trial-Prinzips Lösungsvorschläge anzubieten. Dass ein gewisses Spannungsfeld zwischen Formlosigkeit und Rechtsstaatlichkeit besteht, liegt in der gesetzlichen Ausgestaltung des Schlichtungsverfahrens[987]. 724

Wie die Schlichtungsverhandlung abläuft, liegt im Ermessen der Vorsitzenden. Der *Ablauf* wird in drei Phasen unterteilt: Sachverhaltsermittlung (N 726 ff.), Schlichtungsphase (N 728 ff.), Abschlussphase (N 731 ff.). 725

b) Sachverhaltsermittlung

Die Parteien können davon ausgehen, dass die Schlichtungsbehörde das Gesuch und die Beilagen gelesen hat, mithin kennt. Den Parteien wird Gelegenheit gegeben, das im Gesuch gestellte Rechtsbegehren und den *Sachverhalt* zu erläutern, allenfalls zu ergänzen. Den Parteien soll eine Plattform angeboten werden, sich zu erklären, ohne sich in Weitschweifigkeiten zu verlieren. Die Behörde hat – als Ausfluss der Untersuchungsmaxime – ihrer Fragepflicht nachzukommen, um sich für den Schlichtungsvorschlag die nötigen Kenntnisse zu verschaffen. 726

Die Parteien können *ergänzende Rechtsbegehren* stellen, wenn sie in einem Konnex zur Streitsache stehen[988]. Probleme können sich dann ergeben, wenn für die Behandlung der neuen Begehren ergänzende Unterlagen benötigt werden und diese bei der Schlichtungsverhandlung nicht vorgelegt werden. Meines Erachtens ist die Schlichtungsbehörde befugt, diesfalls einen neuen Termin anzusetzen und einen «kleinen» Schriftenwechsel anzuordnen. 727

c) Schlichtungsphase

Die Schlichtungsbehörde hat einen *gesetzlichen Schlichtungsauftrag*. Die Behörde ist – unter Beachtung der allgemeinen rechtsstaatlichen Grundsätze – frei in ihrem Vorge- 728

---

986 Botschaft ZPO, S. 7331. Von dieser Möglichkeit hat z.B. der Kanton Bern Gebrauch gemacht in Art. 16 EG ZSJ.
987 Wer Erfahrungen mit verschiedenen Schlichtungsbehörden gemacht hat, kann bestätigen, dass der Ablauf von Schlichtungsverhandlungen in einem weiten Feld stattfindet, vom Kaminfeuergespräch bis zur durchkomponierten «Pseudo»-Gerichtsverhandlung. Vgl. *Ferrari Marco*, Ohne Druck Vergleichsverhandlungen führen – ein psychologischer Ansatz, BE N'jus, Heft 11, Dezember 2012, S. 24.
988 CPC-*Bohnet*, Art. 201 ZPO N 3 und Art. 202 ZPO N 6.

hen. Auch ausserhalb des Verfahrens liegende Fragen können einbezogen werden, um die Suche nach einer nachhaltigen Lösung zu erleichtern.

729 Zu einfach macht es sich die Schlichtungsbehörde jedoch, wenn sie die Parteien zu *Vergleichen* drängt oder serienmässig das Scheitern der Verhandlung feststellt und die Klagebewilligung erteilt. Vielmehr hat sie die Parteien – soweit möglich – über die Rechtslage aufzuklären und zu entsprechendem Verhalten zu bewegen[989].

730 Oft nimmt die Schlichtungsbehörde eine *erste provisorische und summarische Einschätzung des Streits* vor. Sie wägt die Stärken und Schwächen der vorgebrachten Argumente ab und skizziert die Möglichkeit einer Einigung. Ob im Plenum über das Einigungsgerüst verhandelt wird oder ob getrennte Verhandlungen angeordnet werden, muss im Einzelfall situativ entschieden werden. Für getrennte Gespräche sollte vorgängig die Zustimmung der Parteien eingeholt werden. Solche Gespräche sind in der Regel sehr nützlich, wenn nicht wahrheitswidrig den Parteien je schlechte Aussichten prognostiziert werden[990]. Die Formlosigkeit des Schlichtungsverfahrens (Art. 201 Abs. 1 ZPO) lässt getrenntes Verhandeln jedenfalls zu. Ob dies im Gerichtsverfahren zulässig ist, muss im Einzelfall geprüft werden[991].

d) Abschlussphase

aa) Weitere Verhandlungstermine

731 Falls sachgerecht, können mit Zustimmung der Parteien weitere Verhandlungstermine angeordnet werden, wobei das *Verfahren innerhalb eines Jahres abgeschlossen* sein sollte (Art. 203 Abs. 4 ZPO). Es handelt sich dabei wieder um eine Ordnungsvorschrift[992]. Die Ansetzung weiterer Verhandlungen ist dann sinnvoll, wenn eine reelle Einigungsmöglichkeit besteht[993]. Es muss der Schlichtungsbehörde als Herrin des Verfahrens in Anwendung des Untersuchungsgrundsatzes unbenommen sein, weitere Verhandlungstermine anzusetzen, ohne die Einwilligung der Parteien einzuholen[994]. Das Erledigungsprinzip geht dem Beschleunigungsgebot vor.

732 Finden weitere Verhandlungstermine statt, ist darauf zu achten, dass die Schlichtungsbehörde immer *in gleicher Zusammensetzung* tagt. Der Anspruch auf rechtliches Gehör ist verletzt und das Verfahren (ganz oder teilweise) zu wiederholen, wenn nicht alle an der Beurteilung beteiligten Schlichtungsbehördenmitglieder an der ausschliesslich mündlichen, in keinem Protokoll festgehaltenen (ersten) Schlichtungsverhand-

---

989 Botschaft ZPO, S. 7330.
990 Kritisch dazu: DIKE-Komm-ZPO-*Egli*, Art. 201 N 45.
991 OGer ZH, PC130031-O/U, 23.6.2013, in: ius.focus 9/2014, S. 23, Kommentar *Nicolas Fuchs*.
992 **A.M.** SHK ZPO-*Frey*, Art. 203 N 2.
993 KUKO ZPO-*Gloor/Lukas*, Art. 203 N 10.
994 CPC-*Bohnet*, Art. 203 ZPO N 10.

lung mitgewirkt haben[995]. Beabsichtigt die Behörde in anderer Zusammensetzung zu tagen, hat sie die Gründe dafür bekannt zu geben. Wenn sie dies unterlässt, verstösst sie gegen Art. 30 Abs. 1 BV[996]. Da Schlichtungsverhandlungen, mindestens im Stammbereich der Schlichtung, nicht protokolliert werden dürfen (Art. 205 Abs. 1 ZPO), ist bei einer zweiten Schlichtungsverhandlung mit anderer Zusammensetzung das Verfahren faktisch auf den Stand der ersten Verhandlung zurückzusetzen[997].

bb) Sistierung des Verfahrens

Das Verfahren kann auch über zwölf Monate hinaus *sistiert* bleiben (vgl. N 495 ff.). Das Einverständnis beider Parteien ist diskutabel, es muss der Schlichtungsbehörde als Herrin des Verfahrens in Anwendung des Untersuchungsgrundsatzes unbenommen sein, weitere Verhandlungstermine anzusetzen[998]. Das Einverständnis der Parteien ist meines Erachtens lediglich eine Ordnungsvorschrift. 733

Dabei könnte es sich um die Konstellation handeln, dass der Beklagte der Schlichtungsverhandlung fernbleibt und *säumig* i.S.v. Art. 206 Abs. 2 ZPO ist. Die Schlichtungsbehörde könnte die Klagebewilligung (Art. 209 Abs. 1 ZPO) erteilen, einen Urteilsvorschlag unterbreiten (Art. 210 ZPO) oder einen Entscheid fällen (Art. 212 ZPO). Sie entschliesst sich aber, einen zweiten Verhandlungstermin anzusetzen, da eine gütliche Einigung mit überwiegender Wahrscheinlichkeit zu erwarten ist[999]. Dem Beschleunigungsgebot widerspricht dies nicht, da kaum anzunehmen ist, das Gerichtsverfahren komme schneller zu einem Abschluss. 734

---

995 BGer 4A_271/2015 vom 29.9.2015 E. 6.1.
996 BGer 4A_271/2015 vom 29.9.2015 E. 8.2.
997 Es müsste z.B. ein Augenschein, der in der ersten Verhandlung stattfand (Art. 203 Abs. 2 ZPO), im Hinblick auf einen Urteilsvorschlag (Art. 210 ff. ZPO) oder Entscheid (Art. 212 ZPO) in der zweiten Verhandlung wiederholt werden.
998 CPC-*Bohnet*, Art. 203 ZPO N 10.
999 *Lachat*, CPC, S. 101.

Kapitel 31 Protokollierungs- und Verwertungsverbot (Art. 205 ZPO)

1. Grundsatz

735 Die Aussagen der Parteien in der Schlichtungsverhandlung dürfen wegen des *Prinzips der Vertraulichkeit* weder protokolliert noch später im Entscheidverfahren vor Gericht verwendet werden (Verwertungsverbot, Prinzip der Vertraulichkeit, Art. 205 Abs. 1 ZPO)[1000]. Das Protokollierungsverbot richtet sich an die Schlichtungsbehörde und betrifft die Aussagen der Parteien[1001].

736 Zu *protokollieren* sind in Anlehnung an Art. 209 Abs. 2 ZPO:
- Ort und Zeit der Verhandlung,
- Zusammensetzung der Behörde,
- Anwesenheit der Parteien bzw. ihrer Vertreter,
- Rechtsbegehren,
- Anordnung und Protokollierung eines Augenscheins (Art. 181 und 182 ZPO),
- einfache prozessleitende Verfügungen,
- Abschluss und Ausgang des Schlichtungsversuchs[1002].

Die Führung eines *Verfahrensprotokolls* gemäss Art. 235 ZPO, welches das Verfahren als Ganzes dokumentiert und über die wesentlichen Verfahrensschritte Auskunft gibt, ist nicht untersagt[1003].

737 Die *vorgelegten Unterlagen* dürfen im reinen Schlichtungsverfahren nicht zu den Akten[1004] genommen werden und sind nach Beendigung der Verhandlung den Parteien zurückzugeben.

1000 U.U. ist im Einvernehmen der Parteien eine Protokollierung möglich, SHK ZPO-*Wyss*, Art. 205 N 1.
1001 *Gasser/Rickli*, Art. 205 ZPO N 1.
1002 BK-*Alvarez/Peter*, Art. 205 ZPO N 3. Da die ZPO das Institut der Protokoll-Offerte nicht kennt, ist es nicht mehr möglich, wie z.B. früher im Kanton Bern, im Schlichtungsverfahren gestützt auf Art. 59 [a]ZPO-BE eine sog. Protokollofferte zu den Akten zu geben. Dies hatte Auswirkungen auf die Kostenliquidation im anschliessenden Gerichtsverfahren, da berücksichtigt wurde, ob die klagende Partei mehr erhalten hat, als ihr im Vergleichsfall offeriert wurde.
1003 KGer SG, RU110009-O/U, 8.8.2011.
1004 BSK ZPO-*Infanger*, Art. 203 N 6.

2. Ausnahmen

Anders verhält es sich beim *Urteilsvorschlag*[1005] und *Entscheid*. Hier dürfen Aussagen verwendet werden (Art. 205 Abs. 2 ZPO). Während der Verhandlung dürfen Notizen gemacht werden. Diese Notizen können für die Kurzbegründung des Urteilvorschlages bzw. Entscheids verwendet und auch ins Protokoll aufgenommen werden[1006]. 738

Das Protokollierungsverbot nach Art. 205 ZPO gilt nicht beim *Augenschein* (Art. 182 ZPO). Hier geht es nicht um Aussagen der Parteien. Über den Augenschein ist Protokoll zu führen. Es wird gegebenenfalls mit Plänen, Zeichnungen, fotografischen und andern technischen Mitteln ergänzt (Art. 182 ZPO)[1007]. Im Protokoll werden die Wahrnehmungen der Schlichtungsbehörde festgehalten. Es kommt nicht darauf an, ob die Parteien dem im Protokoll Festgestellten zustimmen oder nicht, geht es doch bei einem Augenschein um die unmittelbare Wahrnehmung von Tatsachen durch die Schlichtungsbehörde und nicht durch andere Personen[1008]. 739

3. Grenzen des Protokollierungsverbotes

Selbstverständlich ist es den Parteien unbenommen, *Notizen* zu machen. Wurden Zugeständnisse im Schlichtungsverfahren, aber vor der Schlichtungsverhandlung gemacht, zum Beispiel im Verkehr unter den Anwälten, und während dieser bestätigt, so dürfen diese später verwendet werden[1009]. Ebenso ist es meines Erachtens zulässig, im anschliessenden Gerichtsverfahren Zugeständnisse, die denjenigen der Schlichtungsverhandlung entsprechen, nach Abschluss des Schlichtungsverfahrens zu wiederholen und darauf hinzuweisen. Die Vertraulichkeit gilt grundsätzlich nur für die Dauer des Schlichtungsverfahrens. Es steht jeder Partei zu, von ihr selbst verfasste Schreiben als Klagebeilagen in den anschliessenden Prozess einzugeben[1010]. 740

Probleme ergeben sich, wenn sich die Schlichtungsverhandlung vom Schlichtungsversuch in Richtung Urteilsvorschlag bzw. Entscheid bewegt, also vom informellen zum formellen Teil. Es empfiehlt sich nach dem erfolglosen Schlichtungsversuch das informelle Schlichtungsverfahren formell zu schliessen und das Entscheidverfahren zu eröffnen[1011]. Die Schlichtungsbehörde sollte in solchen Fällen die Parteien darauf aufmerksam machen, dass Aussagen im Hinblick auf einen Urteilsvorschlag bzw. 741

1005 **A.M.** BSK ZPO-*Infanger*, Art. 205 N 6.
1006 Teilweise **a.M.**: BSK ZPO-*Infanger*, Art. 205 N 8; *Honegger*, in: Sutter-Somm/Hasenböhler/Leuenberger (Hrsg.), Art. 205 ZPO N 4.
1007 Zum Verhältnis zum Protokollierungsverbot nach Art. 205 ZPO vgl. N 661 ff.
1008 DIKE-Komm-ZPO-*Müller*, Art. 182 N 8.
1009 BSK ZPO-*Infanger*, Art. 295 N 5.
1010 AppGer BS, BEZ. 2014.18, 1.7.2014, E. 2.3.2.
1011 OGer TG, ZR.2012.64, 28.11.2012, in: mp 1/2014, S. 79; BK-*Alvarez/Peter*, Art. 205 ZPO N 10; DIKE-Komm-ZPO-*Egli*, Art. 205 N 8.

Entscheid schon in der *informellen Phase* berücksichtigt oder zu Protokoll genommen werden[1012]. Damit können Doppelspurigkeiten vermieden werden und die Prozessökonomie ist gewahrt. Dieses Vorgehen ist unbedenklich, da im Falle des Scheiterns des Schlichtungsversuches alle Aussagen gelöscht werden.

742 Wird der Urteilsvorschlag abgelehnt, so darf er im anschliessenden Gerichtsverfahren dem Gericht vorgelegt und von diesem verwendet werden[1013]. Dies ist unter anderem darum von Bedeutung, weil das Gericht bei der *Kostenverteilung* nach Art. 107 ZPO das Prozessverhalten der Parteien berücksichtigen kann (Art. 107 Abs. 1 lit. f ZPO). Beim Entscheid nach Art. 212 ZPO ist dies unbestritten.

743 Das *Verwertungs- bzw. Protokollierungsverbot* ist gut gemeint und im Prinzip nicht zu bestreiten, hat aber einen artifiziellen Anstrich. Was einmal gesagt wurde, ist bekannt («quod dixi dixi»). Das Verbot sollte nicht überbewertet werden, sondern auf das beschränkt bleiben, was es sein soll, nämlich eine Anordnung an die Behörde, die mündlichen Aussagen der Parteien in der Schlichtungsverhandlung nicht schriftlich festzuhalten. Die Antworten auf gestellte Fragen sind informell, dienen der freien Aussprache und sind dementsprechend in einem allfälligen Gerichtsverfahren beweismässig nicht zu berücksichtigen[1014].

744 Viele *Kantone* kannten die Protokollierung eines Vergleichsangebotes, und es gehört zum handwerklichen Alltag von Rechtsanwältinnen und Rechtsanwälten, Vergleichsangebote zu unterbreiten, ohne dass darunter die Vertraulichkeit leidet.

745 Zulässig ist es, nach Abschluss des Schlichtungsverfahrens der Gegenpartei einen *Vergleichsvorschlag* zu unterbreiten, der inhaltlich mit demjenigen an der Schlichtungsverhandlung übereinstimmt. Ebenfalls nicht zu beanstanden ist es, wenn nach dem Schlichtungsverfahren auf einen Vergleichsvorschlag verwiesen wird, der schon vor Einleitung des Schlichtungsverfahrens aktenkundig ist und auf den im Schlichtungsverfahren verwiesen wurde.

746 Es kann die These gewagt werden, dass mit oder ohne Verwertungs- und Protokollierungsverbot die *Erfolgsquote* gleich hoch ist, da der Erfolg einer Schlichtung von ganz anderen Rahmenbedingungen abhängt.

1012 DIKE-Komm-ZPO-*Egli*, Art. 205 ZPO N 8.
1013 Das Verwertungsverbot von Art. 205 Abs. 1 ZPO beschränkt sich auf die (mündlichen) Aussagen der Parteien. Der Urteilsvorschlag fällt nicht darunter. Es steht den Parteien frei, den Urteilsvorschlag als Beweismittel vor Gericht einzubringen (Recht auf Beweis, Art. 152 ZPO). Das Gericht kann einzig rechtswidrig beschaffte Beweismittel (sog. Piratenakte, *Gasser/Rickli*, Art. 152 ZPO N 2) ablehnen (Art. 152 Abs. 2 ZPO); CPC-*Bohnet*, Art. 205 ZPO N 4. **a.M.**: BSK ZPO-*Infanger*, Art. 205 ZPO N 9; *Koumbarakis*, S. 25; *Honegger*, in: Sutter-Somm/Hasenböhler/Leuenberger (Hrsg.), Art. 205 ZPO N 4.
1014 *Gasser/Rickli*, Art. 191 ZPO N 1.

Kapitel 32 Abschluss des Schlichtungsverfahrens (Art. 208 ff. ZPO)

1. Einigung der Parteien

a) Einigung in der Schlichtungsverhandlung

Die *Einigung der Parteien* kann in einem Vergleich, einer Klageanerkennung (Unterziehung) oder einem vorbehaltlosen Klagerückzug bestehen (Art. 208 Abs. 1 ZPO). Auch ein Teilvergleich ist möglich[1015]. In allen drei Fällen wird ein Protokoll erstellt (Art. 208 Abs. 1 ZPO), das von den Parteien unterschrieben wird. Jede Partei erhält ein Exemplar des Protokolls im Original. Da im Schlichtungsverfahren in mietrechtlichen Angelegenheiten keine Kosten gesprochen werden, braucht es im Vergleich auch keinen Hinweis darauf, es sei denn (in seltenen Fällen), man habe sich vergleichsweise auf eine Parteientschädigung geeinigt.

747

In einen Vergleich kann auch die *Beseitigung des Rechtsvorschlages* in einer hängigen Betreibung integriert werden[1016]. Ein Vergleich ist für die Bank ein genügender Rechtstitel zur Saldierung der Kaution (Art. 257*e* Abs. 3 OR).

748

Ein Vergleich kann auch vom *Vertreter* einer Partei, die nicht persönlich erschienen ist, unterzeichnet werden. Ein während der Schlichtungsverhandlung geschlossener Vergleich ist nicht bereits aus dem Grunde ungültig, dass eine der Parteien in Missachtung der Bestimmung nicht persönlich anwesend ist. Indem Art. 204 Abs. 3 lit. c ZPO einen schriftlichen Ausweis über die Vergleichsberechtigung des Vertreters verlangt, wird nicht der Schutz der Parteien vor unberechtigter Vertretung im Schlichtungsverfahren und somit ihrer Entscheidungsfreiheit beabsichtigt, sondern es soll die wirksame Durchführung des Schlichtungsversuchs gewährleistet und dadurch die einvernehmliche Streitbeilegung gefördert werden. Dementsprechend kann eine Partei, die nicht persönlich zur Schlichtungsverhandlung erschienen ist, sondern sich hat vertreten lassen, von vornherein nicht einwenden, der an der Schlichtungsverhandlung von ihrem Vertreter abgeschlossene und gemäss Art. 208 Abs. 1 ZPO zu Protokoll genommene Vergleich sei unwirksam, da die Voraussetzungen der Delegation gemäss Art. 204 Abs. 3 lit. c ZPO nicht erfüllt gewesen seien[1017].

749

Es ist nicht geklärt, ob in einen Vergleich vor der Schlichtungsbehörde auf Antrag *Straf- oder Bussandrohungen* nach Art. 343 ZPO aufgenommen werden können. Nach hier vertretener Ansicht ist dies zu bejahen[1018]. Es besteht dennoch ein gewisses Risiko,

750

1015 BGer 4A_288/2014 vom 6.8.2014, in: SZZP 6/2014, S. 508.
1016 DIKE-Komm-ZPO-*Egli*, Art. 208 N 8.
1017 BGer 4A_51/2015 vom 20.4.2015 E. 3.3; vgl. N 249 ff.
1018 Ein vor der Schlichtungsbehörde abgeschlossener Vergleich hat gemäss Art. 208 Abs. 3 ZPO die Wirkungen eines rechtskräftigen Entscheids, ist also ein Vollstreckungstitel. Nach An-

dass diese Auffassung vom Bundesgericht nicht geteilt wird, weshalb die Vereinbarung einer Konventionalstrafe (Art. 160 ff. OR) zu bevorzugen ist.[1019]

751 Der Vergleich sollte so abgefasst werden, dass er *vollstreckt* werden kann[1020]. Hingegen hat die Schlichtungsbehörde nicht zu prüfen, ob der Vergleich materiellrechtlich angemessen ist. Allerdings hat sie die Protokollierung zu verweigern, wenn der Inhalt des Vergleichs unmöglich, widerrechtlich oder unsittlich ist[1021].

b) *Einigung ausserhalb einer Schlichtungsverhandlung*

752 Auch eine *aussergerichtliche Einigung* ist möglich, die Parteien können sich einigen und lassen die Einigung durch die Behörde genehmigen. Die gerichtliche Genehmigung ist nötig, um die Qualität des Urteilssurrogates (Art. 208 Abs. 2 ZPO) und damit einen Vollstreckungstitel zu erhalten. Es genügt – im Gegensatz zur Einigung in der Verhandlung – wenn die Parteien der Schlichtungsbehörde mitteilen, sie hätten sich geeinigt, ohne dass die Behörde den Vergleich zu Protokoll nimmt und von den Parteien nochmals unterzeichnen lässt[1022]. Zur Auslösung des Kündigungsschutzes nach Art. 271a Abs. 1 lit. e OR ist dieses Vorgehen rechtsgenügsam. Zur Erlangung eines Vollstreckungstitels ist es aber ratsam, wenn die Schlichtungsbehörde vom Inhalt des Vergleiches Kenntnis nimmt und diesen genehmigt.

c) *Rechtliche Bedeutung des Vergleichs*

753 Dem Vergleich kommt sowohl materielle *(res iudicata)* wie auch formelle (Vollstreckbarkeit) Rechtskraft zu, mithin hat er die Wirkung eines rechtskräftigen Entscheids (Art. 208 Abs. 2 ZPO). Materielle Rechtskraft bedeutet, dass ein zwischen zwei Parteien abgeschlossener Vergleich in einem späteren Prozess verbindlich ist. In positiver Hinsicht bindet die materielle Rechtskraft das Gericht in einem späteren Prozess an alles, was im Urteilsdispositiv des früheren Prozesses festgestellt wurde (sog. Präjudizialitäts- oder Bindungswirkung). In negativer Hinsicht verbietet die materielle Rechtskraft jedem späteren Gericht, auf eine Klage einzutreten, deren Streitgegenstand

---

sicht des Zivilrechtsausschusses bieten diese Bestimmungen eine genügende Grundlage, um Strafdrohungen in einen Vergleich vor der Schlichtungsbehörde aufzunehmen (Plenum Obergericht Bern, 21.10.2011).

1019 Plenum OGer BE vom 21.10.2011.
1020 OGer BE, ZK 15 12, 12.6.2015.
1021 DIKE-Komm-ZPO-*Egli*, Art. 208 N 14.
1022 Es genügt nicht, der Schlichtungsbehörde den Rückzug des Gesuchs mitzuteilen, vielmehr muss sich das Abschreibungsgesuch auf einen Vergleich stützen, OGer Aargau, ZOR.2015.24, 2.7.2015, in: plädoyer 6/2015, S. 65, Kommentar *André M. Brunner*; CPC-*Bohnet*, Art. 208 ZPO N 3; differenziert: DIKE-Komm-ZPO-*Egli*, Art. 208 N 16; **a.M.** BSK ZPO-*Infanger*, Art. 208 N 3; BK-*Alvarez/Peter*, Art. 208 ZPO N 10.

mit dem rechtskräftig beurteilten identisch ist, sofern der Kläger nicht ein schutzwürdiges Interesse an der Wiederholung des früheren Entscheids geltend machen kann[1023].

Das Ziel, einen Streit oder eine Ungewissheit über ein Rechtsverhältnis zu beenden, lässt sich regelmässig nur erreichen, wenn sämtliche mit dem Streit oder der Ungewissheit zusammenhängenden Fragen geregelt werden. Wenn daher Fragen nicht ausdrücklich geregelt werden, die in engem Zusammenhang mit dem vergleichsweise beigelegten Streit stehen und deren Beantwortung sich zur Beilegung der Auseinandersetzung aufdrängt, darf in der Regel davon ausgegangen werden, dass sie von den Parteien mangels eines ausdrücklichen *Vorbehalt*s nicht vom Vergleich ausgenommen werden sollten. Nach dem mutmasslichen Willen der Parteien rechtfertigt sich daher in der Regel die Annahme, dass solche Fragen sinngemäss im Vergleich beantwortet sind[1024].

754

Eine *Abschreibungsverfügung* muss, im Gegensatz zu Art. 241 Abs. 3 ZPO, nicht erlassen werden, empfiehlt sich aber[1025]. Da die Rechtskraft unmittelbar nach Unterzeichnung des Vergleichs eintritt, ist das Vergleichsexemplar am Ende der Schlichtungsverhandlung auszuhändigen. Die Abschreibungsverfügung kann weder mittels Berufung noch mittels Beschwerde angefochten werden. Für eine allfällige Anfechtung steht nur das Rechtsmittel der Revision (Art. 328 Abs. 1 lit. c ZPO) zur Verfügung[1026].

755

2. Klageanerkennung

Auch eine *Klageanerkennung* kann jederzeit erfolgen (Art. 208 Abs. 1 und 2 ZPO). Wird die Klage nur teilweise anerkannt, so wird über den anerkannten Teil ein Teilvergleich abgeschlossen.

756

3. Klagerückzug

Ein Klagerückzug ist immer möglich (Art. 208 Abs. 1 und 2 ZPO). Der *vorbehaltlose Rückzug* kommt einem rechtskräftigen Entscheid gleich und gilt als *res iudicata* (Art. 208 Abs. 2 ZPO). Der Rückzug *unter Vorbehalt* bewirkt keine *res iudicata*, die Klage kann jederzeit wieder eingebracht werden[1027]. In der Abschreibungsverfügung

757

1023 BGE 139 III 126 E. 3.1 mit Hinweisen.
1024 BGer 4A_298/2014 vom 4.12.2014 E. 3.4, in: SZZP 2/2015, S. 142, Kommentar *Lorenz Droese*.
1025 Mit dem Abschluss des Vergleiches entfällt sofort die Rechtshängigkeit.
1026 BGE 139 III 133 = BGer 4A_605/2012 vom 22.2.2013, in: ius.focus 11/2013, S. 23, Kommentar *Sandra Altherr*.
1027 Unter dem Risiko der möglicherweise zwischenzeitlich eingetretenen Verwirkung des Anspruchs.

ist deshalb zu vermerken, ob der Rückzug mit oder ohne Vorbehalt der Wiedereinbringung erfolgt. Dies ist unter anderem dann von Bedeutung, wenn eine Klage nur deshalb eingereicht wurde, um eine Verjährungsfrist zu unterbrechen.

758 Ein Rückzug *vor der Verhandlung* führt nicht zu einer *res iudicata* und bewirkt noch keine Fortführungslast. Trotzdem ist man gut beraten, wenn auch dieser Rückzug unter Vorbehalt der Wiedereinbringung erklärt wird.

4. Der Widerrufsvorbehalt

759 Grundsätzlich wird eine Einigung im Schlichtungstermin erzielt oder eben nicht. Es kann Konstellationen geben, bei denen die Schlichtungsbehörde weder einen Urteilsvorschlag unterbreitet noch einen Entscheid fällt, sondern einen Vergleich vorschlägt. Unter Umständen müssen sich die Parteien (vor allem die Vermieter) «rückversichern», ob der Vergleich angenommen wird. Sehr oft wird dieser nach einer kurzen Bedenkzeit (z.B. 10 Tage) angenommen. Es ist deshalb sinnvoll und im Rahmen des formlosen Verfahrens zulässig, den Vergleich unter einem *Widerrufsvorbehalt* unterzeichnen zu lassen. Operativ ist zu empfehlen, den Widerrufsvorbehalt so zu formulieren, dass bei Untätigbleiben der Parteien der Vergleich gilt.

760 Wird der Vergleich widerrufen, erteilt die Schlichtungsbehörde in der Regel die *Klagebewilligung*. Meines Erachtens kann sie aber auch einen Urteilsvorschlag unterbreiten oder einen Entscheid fällen, ohne eine zweite Verhandlung anzusetzen, falls sie den Sachverhalt umfassend geprüft hat und die Parteien über diese Möglichkeiten in Kenntnis setzte.

5. Nichteinigung – Klagebewilligung

a) Allgemeines

761 Das Scheitern der Schlichtung wird im Protokoll vermerkt und die Klagebewilligung erteilt (Art. 209 Abs. 1 ZPO). Damit endet das Schlichtungsverfahren. Der zwingende *Inhalt der Klagebewilligung* ist in Art. 209 Abs. 2 ZPO geregelt:

Art. 209 Abs. 2 ZPO
a. die Namen und Adressen der Parteien und allfälliger Vertretungen;
b. das Rechtsbegehren der klagenden Partei mit Streitgegenstand und eine allfällige Widerklage;
c. das Datum der Einleitung des Schlichtungsverfahrens;
d. die Verfügung über die Kosten des Schlichtungsverfahrens;
e. das Datum der Klagebewilligung;
f. die Unterschrift der Schlichtungsbehörde.

In der Regel wird in der Klagebewilligung die *klagende Partei* (Art. 202 Abs. 1 ZPO) 762
aufgeführt. Es kann aber sein, dass im Verlaufe des Schlichtungsverfahrens ein *Parteiwechsel* eintritt, zum Beispiel infolge des Verkaufs der Liegenschaft. Diesfalls sind die Bestimmungen von Art. 83 ZPO zu beachten (vgl. N 293 ff.). Sobald Rechtshängigkeit eingetreten ist, ist es an der beklagten Partei, das Gericht über allfällige Änderungen, wie die Änderung der Eigentümerschaft einer Immobilie, zu informieren. Ansonsten darf der Kläger in der Klageschrift ohne weiteres die Parteibezeichnung aus der Klagebewilligung übernehmen[1028].

Da im Verlaufe des Schlichtungsverfahrens das Rechtsbegehren abgeändert bzw. ergänzt werden kann, wenn die gleiche sachliche Zuständigkeit und Verfahrensart gegeben ist, sind sämtliche Rechtsbegehren in der Klagebewilligung aufzuführen. Dies betrifft auch *Widerklagen oder Verrechnungseinreden*[1029]. 763

Weil in mietrechtlichen Angelegenheiten das Verfahren kostenlos ist, ist ein entsprechender *Hinweis auf Art. 113 Abs. 2 ZPO* anzubringen. 764

b) *Mangelhafte und ungültige Klagebewilligungen*

Ist eine Klagebewilligung mangelhaft, unrichtig oder unvollständig, kann das angerufene Gericht diese zur Verbesserung an die Schlichtungsbehörde *zurückweisen*[1030]. 765

Der *Vertreter einer juristischen Person* muss vorbehaltlos und gültig für diese handeln können. Ist er dazu *nicht befugt*, so ist die ausgestellte Klagebewilligung ungültig. Das Gericht darf in diesem Fall nicht auf die Klage eingehen, weil es an einer Prozessvoraussetzung fehlt[1031]. Die Schlichtungsbehörde hat deshalb diejenigen Prozessvoraussetzungen zu prüfen, die für die Gültigkeit der Klagebewilligung von Bedeutung sind[1032]. 766

Eine durch eine *offensichtlich unzuständige Behörde* erteilte Klagebewilligung ist grundsätzlich ungültig. Sie stellt keinen Entscheid dar. Bestreitet die Beklagte die Gültigkeit unverzüglich (in der Klageantwort), so verhält sie sich nicht treuwidrig[1033]. Die von einer *örtlich unzuständigen Schlichtungsbehörde* ausgestellte Klagebewilligung ist bei vorbehaltloser Einlassung des Gesuchgegners nicht ungültig[1034]. 767

1028 BGer 4A_385/2014 vom 29.9.2014, in: ius.focus 1/2016, S. 22, Kommentar *Christian Schlumpf*.
1029 *CPC-Bohnet*, Art. 209 ZPO N 11.
1030 BSK ZPO-*Infanger*, Art. 209 N 18.
1031 BGer 4A_387/2013 vom 17.2.2014 = BGE 140 III 70; 139 III 273.
1032 *Weingart/Penon*, ZBJV 6/2015, S. 478; vgl. N 162 ff.
1033 BGE 139 III 273 = BGer 4A_28/2013 vom 3.6.2013, in: SZZP 5/2013, S. 400, Kommentar *François Bohnet*, ZBJV 3/2015, S. 274, Kommentar *Christoph Leuenberger*.
1034 OGer ZH, NP130005, 10.7.2013, in: ZR 112 (2013), Nr. 40; und in: ius.focus 2/2014, S. 22, Kommentar *Nicolas Fuchs*; HAP-Immobiliarmietrecht-*Schneider*, N 11.75.

768 Soweit sich ein Beklagter gegen die Klagebewilligung wehren will, weil diese dem Kläger *unter Mitwirkung von befangenen Personen erteilt* wurde, steht ihm dazu zwar kein Rechtsmittel zur Verfügung[1035]. Er kann deren Gültigkeit jedoch im erstinstanzlichen Verfahren bestreiten. Das Gericht hat dann im Rahmen der Klärung der Prozessvoraussetzungen zu prüfen, ob der geltend gemachte Mangel die Ungültigkeit der Klagebewilligung bewirkt (Art. 60 ZPO)[1036]. Dies wäre denkbar, wenn wegen der Mitwirkung einer befangenen Schlichterin die Möglichkeit einer Einigung der Parteien illusorisch war und das Schlichtungsverfahren dadurch seines Zwecks beraubt wurde[1037].

769 Stellt die Schlichtungsbehörde die Klagebewilligung versehentlich der *falschen Partei* zu, braucht es eine zweite Klagebewilligung an den richtigen Adressaten.

c) *Rechtliche Natur der Klagebewilligung*

770 Eine *Klagebewilligung* ist kein Entscheid, der nach Art. 334 ZPO berichtigt oder erläutert werden kann[1038]. Sie ist ein behördlicher Akt, doch kein rechtsmittelfähiger Entscheid. Ihre Gültigkeit ist durch das Sachgericht zu prüfen. Dieser Grundsatz wirkt sich aus, wenn die Schlichtungsbehörde einer Partei die Klagebewilligung ausstellt, obwohl sie nach Ansicht der Gegenpartei an der Schlichtungsverhandlung säumig geblieben ist. Die Beschwerde beim kantonalen Gericht gegen die von einer Schlichtungsbehörde ausgestellte Klagebewilligung ist unzulässig. Es obliegt dem zuständigen Richter, bei dem die Klage innert der Frist nach Art. 209 Abs. 3 ZPO einzureichen ist, im Rahmen der Prüfung der Prozessvoraussetzungen (vgl. Art. 59 ZPO) über die Gültigkeit der Klagebewilligung zu befinden[1039].

d) *Adressat der Klagebewilligung*

771 Die *Klagebewilligung* wird erteilt:
– bei Anfechtung von Miet- und Pachtzinserhöhungen: *dem Vermieter* (Art. 209 Abs. 1 lit. a ZPO). Diese Bestimmung wurde erst im Verlaufe der Beratungen in den Räten ins Gesetz aufgenommen und wollte den bisherigen Zustand aufrecht-

---

1035 BGE 139 III 273 = BGer 4A_28/2013 vom 3.6.2013, in: SZZP 5/2013, S. 400, Kommentar *François Bohnet*, ZBJV 3/2015, S. 274, Kommentar *Christoph Leuenberger*.
1036 BGE 139 III 273 = BGer 4A_28/2013 vom 3.6.2013; CPC-*Bohnet*, Art. 59 ZPO N 65, N 9 f. zu Art. 209; BK-*Zingg*, Art. 59 ZPO N 161 ff.; ZBJV 3/2015 S. 274, Kommentar *Christoph Leuenberger*.
1037 BGer 4A_131/2013 vom 3.9.2013, in: SZZP 6/2013, S. 484, Kommentar *François Bohnet*.
1038 Chambre de recours civile du Tribunal cantonal du canton de Vaud, HC/2013 360, 25.10.2013, in: Cdb 1/13, S. 29, und in: mp-flash 5/2014, S. 2.
1039 BGE 140 III 227 E. 3 = BGer 4A_616/2013 vom 16.6.2014, in: ius.focus 2/2015, S. 22, Kommentar *Thomas Gelzer*; und in: Praxis 2015, Nr. 35, S. 292.

erhalten[1040]. Sie findet auch Anwendung, wenn der Miet- bzw. Pachtvertrag sonstwie einseitig zu Lasten der Mieter geändert wird (Art. 269 Abs. 3 OR). Es kommen die gleichen Verfahrensregeln wie bei der Mietzinserhöhung zum Zuge[1041]. Bei diesen Konstellationen ist es der Vermieter, der eine Forderung geltend macht, sie folglich auch durchsetzen muss[1042].
– in den übrigen Fällen: *der klagenden Partei* (Art. 209 Abs. 1 lit. b ZPO).

e) *Klagefrist*

Die *Klagefrist* (Prosequierungsfrist) beträgt in Streitigkeiten aus Miete von Wohn- und Geschäftsräumen *30 Tage* (Art. 209 Abs. 4 Satz 1 ZPO), für die übrigen Mietverhältnissen drei Monate (Art. 209 Abs. 3 ZPO). Art. 209 Abs. 4 Satz 2 ZPO, der gesetzliche Klagefristen vorbehält, betrifft ausschliesslich prozessuale Prosequierungsfristen, das heisst Fristen, innert derer die Parteien andere Prozesshandlungen als die Klageerhebung vornehmen müssen, und nicht sachrechtliche Verwirkungsfristen wie zum Beispiel die Arrestprosequierungsfrist (Art. 279 SchKG)[1043]. Die Frist beginnt am Folgetag, nachdem die Schlichtungsbehörde die Nichteinigung festgestellt und mitgeteilt hat. 772

Die Frist zur Einreichung der Klage steht während den *Gerichtsferien* still (Art. 145 Abs. 1 ZPO). Dem steht Art. 145 Abs. 2 ZPO nicht entgegen, da die Fristen nach Abschluss des Schlichtungsverfahrens zu laufen beginnen[1044]. 773

Die meisten Schlichtungsbehörden *eröffnen* die Nichteinigung am Schluss der Verhandlung und händigen beiden Parteien die Klagebewilligung aus (der beklagten Partei mindestens eine Kopie davon), was in der Abschreibungsverfügung vermerkt wird[1045]. Es ist aber auch möglich, dass die Klagebewilligung den Parteien nach der Verhandlung *schriftlich zugestellt* wird. Es gilt die relative Zustelltheorie nach Art. 138 ZPO[1046]. 774

Nach *Ablauf der Frist erlischt die Klagebewilligung*, und es endet auch die Rechtshängigkeit. Will die klagende Partei ihr Begehren aufrechterhalten, muss sie ein neues Schlichtungsgesuch einreichen[1047]. Der unbenutzte Ablauf der Klagefrist führt nicht zu einer *res iudicata*. Vor Gericht kann die Klage ohne Rechtsverlust zurückgezogen werden, sofern sie der beklagten Partei noch nicht zugestellt wurde (Art. 65 ZPO). 775

1040 AB 2008 N S. 956; Art. 274*f* Abs. 1 aOR; CPC-*Bohnet*, Art. 209 ZPO N 13; BGE 136 III 90.
1041 MP-*Oeschger/Zahradnik*, Kap. 17/4 ff.
1042 BK-*Alvarez/Peter*, Art. 209 ZPO N 5.
1043 BGE 140 III 561 E. 2.2.2.4 = BGer 5A_44/2014 vom 10.11.2014, in: SZZP 1/2015, S. 36, Kommentar *François Bohnet*; und in: Praxis 2015, Nr. 65.
1044 BGE 138 III 615 = BGer 4A_391/2012 vom 20.9.2012, in: mp 1/2013, S. 71; BGer 4A_203/2012 vom 17.10.2012; KGer GR, ZK2 11 14, 26.10.2011.
1045 *Honegger*, in: Sutter-Somm/Hasenböhler/Leuenberger (Hrsg.), Art. 209 ZPO N 8.
1046 Das Prozessrechtsverhältnis nach Art. 138 Abs. 3 lit. a ZPO ist gegeben.
1047 Was bei Vorliegen von Verwirkungsfristen (z.B. bei Mietzinserhöhungen und Kündigungen) praktisch ausgeschlossen ist.

6. Der Urteilsvorschlag

a) Allgemeines

776   Der *Urteilsvorschlag* (Art. 210 ZPO) nimmt eine Mittelstellung zwischen einem Vergleichsvorschlag und einem Entscheid ein[1048]. Er entspricht mehr oder weniger dem «Entscheid» im alten Recht bei Hinterlegungen (Art. 259*i* aOR), Kündigungen und Erstreckungen (Art. 273 aOR), der eigentlich auch ein Urteilsvorschlag war. Der grosse Unterschied zum alten Recht besteht in der Kann-Vorschrift und damit dem fakultativen Charakter dieses Rechtsinstituts.

777   Nicht selten sind die Parteien grundsätzlich vergleichswillig, es fehlt aber die letzte Bereitschaft, in den Vergleich einzuwilligen oder die Zeit für *Vergleichsverhandlungen* ist – auch für die Schlichtungsbehörde – zu kurz bemessen. Die Behörde kann sich die Sache einfach machen und eine Nichteinigungsverfügung erlassen oder aber ihre Autorität und Kompetenz spielen lassen und einen Vorschlag unterbreiten. Viele Rechtssuchende überlegen sich die Streitsache während der Ablehnungsfrist und akzeptieren den Urteilsvorschlag. Der Urteilsvorschlag ist insofern qualitativ mehr als ein rein behördlicher Vergleichsvorschlag[1049]. Die Erfolgsquote ist recht hoch[1050]. In den Urteilsvorschlag dürfen auch Billigkeitserwägungen und ausserrechtliche (z.B. taktische) Überlegungen einfliessen[1051].

b) Kann-Vorschrift

778   Der Urteilsvorschlag steht im freien Belieben und Ermessen der Schlichtungsbehörde (*Kann-Vorschrift*; Art. 210 Abs. 1 ZPO, Ingress). Die Parteien haben keinen Anspruch auf einen Urteilsvorschlag, selbst dann nicht, wenn Kläger und Beklagte gemeinsam einen entsprechenden «Antrag» stellen. Nur wird sich die Behörde einem solchen kaum entziehen können. Die Kann-Regelung ist zu bedauern und stellt gesamthaft gesehen für die Mieter eine Verschlechterung gegenüber dem alten Zustand dar[1052]. Zudem besteht die Gefahr, dass durch die Kann-Vorschrift eine faktische Föderalisierung eines Rechtsinstituts erfolgt und damit ein Element der Zufälligkeit im Prozessrecht Einzug hält[1053].

1048   Botschaft ZPO, S. 7333.
1049   DIKE-Komm-ZPO-*Rickli*, Art. 210 N 11.
1050   Im zweiten Halbjahr 2015 wurden 71% der Urteilsvorschläge akzeptiert: ‹www.bwo.admin.ch/themen/mietrecht› (4.5.2016).
1051   DIKE-Komm-ZPO-*Rickli*, Art. 210 N 10.
1052   *Thanei*, mp 4/2009, S. 185.
1053   Im Kanton Genf wurden im 2. Halbjahr 2015 0,7% der Schlichtungsverfahren mit einem Urteilsvorschlag beendet, im Kanton Waadt waren es 11,9%: ‹www.bwo.admin.ch/themen/mietrecht› (4.5.2016).

c) *Zulässigkeit des Urteilsvorschlages*

Der *Urteilsvorschlag ist möglich*: 779

- bei Streitigkeiten aus Miete von Wohn- und Geschäftsräumen, unabhängig vom Streitwert bei Hinterlegungs-, Kündigungsschutz-, Erstreckungs- und Mietzinsanfechtungsverfahren (Art. 210 Abs. 1 lit. b ZPO);
- bei den übrigen vermögensrechtlichen Streitigkeiten bis zu einem Streitwert von 5000 Franken (Art. 210 Abs. 1 lit. c ZPO).

Ob der Begriff «*Kündigungsschutz*» weit zu fassen, mithin auch auf nichtige und ungültige Kündigungen anzuwenden ist, und damit ein allfälliges Gerichtsverfahren im vereinfachten Verfahren zu führen ist, hat das Bundesgericht bis jetzt noch nicht abschliessend entschieden. Es hat in einem Urteil vom 29. November 2011 den Kündigungsschutz weit verstanden[1054]. In den Urteilen vom 10. April 2012[1055] und vom 22. Oktober 2013[1056] hat es diese Frage unter Bezugnahme auf die einschlägige (französischsprachige) Literatur jedoch offengelassen[1057]. Es scheint, als ob das Bundesgericht auf dem «Umweg» der vorfrageweisen Prüfung der Kündigung zur ausdehnenden Handhabung des Kündigungsschutzes tendiert. Entsprechend ist die Schlichtungsbehörde befugt, alle (Kündigungs-)Rechtsansprüche zu prüfen und einen Urteilsvorschlag gemäss Art. 210 Abs. 1 lit. b ZPO zu unterbreiten. Es handelt sich dabei um einen Fall von «Kündigungsschutz» gemäss Art. 243 Abs. 2 lit. c und Art. 210 Abs. 1 lit. b ZPO[1058]. 780

Das Bundesgericht hatte noch unter altem Recht gestützt auf Art. 273 Abs. 4 OR entschieden, *vorfrageweise* sei die Nichtigkeit bzw. Ungültigkeit im Rahmen eines Anfechtungsverfahrens zu prüfen[1059]. Erklärt die Schlichtungsbehörde im Rahmen eines solchen Verfahrens eine Kündigung für ungültig, unwirksam oder nichtig, ist der Vermieter berechtigt, im Kündigungsschutzverfahren auf Feststellung der Gültigkeit der Kündigung zu klagen[1060]. Daran ist auch unter neuem Recht festzuhalten. Wenn die Feststellung der Unwirksamkeit, Ungültigkeit und Nichtigkeit, evtl. der Missbräuchlichkeit verlangt wird, hat die Schlichtungsbehörde als Vorfrage die Gültigkeit der Kündigung mit der Möglichkeit eines Urteilsvorschlags zu prüfen[1061]. 781

1054 BGer 4A_451/2011 vom 29.11.2011.
1055 BGer 4A_87/2012 vom 10.4.2012, in: mp 3/2012, S. 221.
1056 BGE 139 III 457 = BGer 4A_346/2013 vom 22.10.2013.
1057 Ein Teil der Lehre subsumiert unter den weit auszulegenden Kündigungsschutz auch ein Ausweisungsbegehren, zumindest wenn es im Zusammenhang mit der oder als Widerklage zur Anfechtbarkeit und Gültigkeit der Kündigung steht (*Thanei*, SJWZ-Weiterbildung 2013). Vgl. N 1025 ff.
1058 BGE 139 III 457 = 4A_346/2013 vom 22.10.2013, in: mp 1/2014, S. 59.
1059 BGE 132 III 65, in: mp 4/2006, S. 290; BGer 4C.135/2001 vom 4.9.2001, in: mp 2/2002, S. 130.
1060 BGE 132 III 65, in: mp 4/2006, S. 290.
1061 Kritisch: *Lachat*, CPC, S. 112.

782 Jedenfalls stellte das Bundesgericht bei der Frage der *Nichtigkeit einer Mietzinserhöhung* fest, angesichts der Gesetzessystematik sei das vereinfachte Verfahren ohne jeden Zweifel auf eine Feststellungsklage über die Nichtigkeit einer Mietzinserhöhung immer anwendbar. Damit ist nach hier vertretener Auffassung ein Urteilsvorschlag über die Nichtigkeit einer Mietzinserhöhung zulässig[1062].

d) Ausstellung und Eröffnung des Urteilsvorschlages

783 Die Schlichtungsbehörde hat den Urteilsvorschlag wie einen Entscheid abzufassen. Dazu gehört – auf Antrag der obsiegenden Partei – die Anordnung von *Vollstreckungsmassnahmen* (Art. 236 Abs. 3 i.V.m. Art. 337 ZPO). Damit kann ein Urteilsvorschlag direkt vollstreckt werden, ohne dass ein separates Vollstreckungsgesuch gestellt werden muss[1063]. Die möglichen Vollstreckungsmassnahmen sind in Art. 343 ZPO aufgeführt.

784 Der Urteilsvorschlag muss nicht begründet werden (Art. 210 Abs. 2 ZPO), denn es bedarf keines Rechtsmittels, um ihn abzulehnen. In der Praxis begründet die Schlichtungsbehörde den Vorschlag kurz und vermittelt so erste Argumente für oder gegen eine Ablehnung. Das Verfahren ist kostenlos[1064]. Der Urteilsvorschlag muss die *Elemente gemäss Art. 238* enthalten (Art. 210 Abs. 2 i.V.m. Art. 238 ZPO; vgl. N 864).

785 Verfügt die Schlichtungsbehörde auch über die *Kosten*, ist dies ein Zwischenentscheid im Rahmen der noch nicht beurteilten mietrechtlichen Hauptsache. Dieser kann von der Beschwerdeführerin, sofern sie in der Hauptsache unterliegen sollte, zusammen mit der Hauptsache angefochten werden. Sofern sie in der Hauptsache nicht unterliegt und daher diesbezüglich nicht beschwert ist, kann sie dannzumal den Kostenentscheid selbstständig anfechten (Art. 93 Abs. 3 BGG)[1065].

786 Die meisten Schlichtungsbehörden *eröffnen* den Urteilsvorschlag am Schluss der Verhandlung und händigen ihn beiden Parteien aus, was in der Abschreibungsverfügung vermerkt wird. Es ist aber auch möglich, dass der Urteilsvorschlag den Parteien nach der Verhandlung schriftlich zugestellt wird. Es gilt die relative Zustelltheorie nach Art. 138 ZPO[1066]. Die Parteien sind im Urteilsvorschlag auf die Wirkungen des Urteilsvorschlag nach Art. 211 Abs. 1–3 ZPO hinzuweisen (Art. 211 Abs. 4 ZPO).

787 Fehlt eine Rechtsmittelbelehrung, ist im konkreten Einzelfall zu prüfen, ob die betroffene Partei durch den Eröffnungsmangel tatsächlich irregeführt und dadurch benachteiligt worden ist[1067]. Auch eine nicht rechtskundig vertretene Partei kann aus früheren

---

1062 BGer 4A_1/2014 vom 26.3.2014, in: mp 3/2014, S. 238.
1063 *Koumbarakis*, S. 42.
1064 Vgl. die Kontroverse darüber in N 413 ff.
1065 BGer 4A_483/2013 vom 1.12.2013.
1066 Das Prozessrechtsverhältnis nach Art. 138 Abs. 3 lit. a ZPO ist gegeben.
1067 BGer 5D_22/2012 vom 21.6.2012 E. 3.1.

Verfahren über einschlägige Erfahrungen verfügen[1068]. Bei *fehlender Rechtsmittelbelehrung* kann jedenfalls davon ausgegangen werden, es gehöre zum Allgemeinwissen, dass behördliche Entscheide angefochten werden können, diese Möglichkeit aber durch gesetzliche Rechtsmittelfristen zeitlich beschränkt ist. Enthält ein behördlicher Entscheid keinerlei Rechtsmittelbelehrung, so ist dem Adressaten, der den Entscheid anfechten möchte, zuzumuten, innert einer üblichen Frist ein Rechtsmittel einzureichen oder sich innert nützlicher Frist nach den in Frage kommenden Rechtsmitteln zu erkundigen. Wie lange eine solche Frist ist, hängt von den konkreten Umständen ab. Jedenfalls bleiben mangelhaft eröffnete Entscheide nicht unbeschränkt lange anfechtbar[1069].

788 Die *Gerichtsferien* gelten nicht, weil das Schlichtungsverfahren noch im Gange ist (Art. 145 Abs. 2 lit. a ZPO)[1070].

e) Annahme des Urteilvorschlages

789 Nehmen die Parteien den Urteilsvorschlag an, hat er die Wirkung eines rechtskräftigen Entscheids (Art. 211 Abs. 1 ZPO). Er erwächst in materielle Rechtskraft *(res iudicata)*, ist vollstreckbar und stellt einen definitiven Rechtsöffnungstitel dar. Dies unterscheidet den Urteilsvorschlag von der Klagebewilligung nach Art. 209 ZPO. Bleibt die Klägerschaft untätig, fällt die Klagebewilligung einfach dahin, es tritt jedoch keine *res iudicata* ein[1071]. Ist der Urteilsvorschlag in Rechtskraft erwachsen, löst dies einen Kündigungsschutz nach Art. 271a Abs. 1 lit. e OR aus.

790 Die ZPO sieht nicht vor, dass bei Annahme des Urteilsvorschlages eine Vollstreckbarkeitsbescheinigung *(Rechtskraftbescheinigung)* zugestellt wird. Eine solche kann verlangt werden (Art. 336 Abs. 2 ZPO). Es ist zu begrüssen, wenn die Schlichtungsbehörden unaufgefordert die Bescheinigung zustellen.

f) Ablehnung des Urteilvorschlages

791 Die *Ablehnungsfrist* beträgt 20 (!) Tage seit der schriftlichen Eröffnung (Art. 211 Abs. 1 ZPO).

792 Ist der Vermieter überzeugt, dass das Kündigungsschutzbegehren der Mieterin mangels persönlichen Erscheinens an der Schlichtungsverhandlung als zurückgezogen gilt, muss er den Urteilsvorschlag fristgerecht ablehnen und beim Gericht die Feststel-

---

1068 BSK BGG-*Amstutz/Arnold*, Art. 49 N 10; BSK SchKG I-*Staehelin*, Art. 80 N 127.
1069 OGer ZH, RT150081-O, 1.7.2015, E. 4; BSK BGG-*Amstutz/Arnold*, Art. 49 N 12.
1070 BSK ZPO-*Infanger*, Art. 211 N 4; *Lachat*, CPC, S. 115; CPC-*Bohnet*, Art. 211 ZPO N 4; **a.M.** BK-*Alvarez/Peter*, Art. 211 ZPO N 11.
1071 DIKE-Komm-ZPO-*Rickli*, Art. 211 N 5.

lung der Säumnis bzw. des Klagerückzugs beantragen. Eine direkte Beschwerde an das Gericht ist unzulässig, es gibt kein *Rechtsmittel* gegen den Urteilsvorschlag[1072].

793 Hat die Schlichtungsbehörde durch den Erlass des Urteilvorschlages indirekt auch über die Säumnis im Schlichtungsverfahren entschieden (und damit die Säumniseinrede abgelehnt), versteht es sich nicht von selbst, welches Verfahren zu verfolgen ist, um die *Säumniseinrede* zu bestreiten. Das Bundesgericht entschied, das Kantonsgericht hätte die (zu Unrecht eingereichte) Beschwerde von Amtes wegen zur Prüfung der Säumniseinrede des Vermieters an die Schlichtungsbehörde überweisen müssen[1073].

794 Die Ablehnung bedarf *keiner Begründung* (Art. 211 Abs. 1 ZPO) und ist, ähnlich wie der Rechtsvorschlag, eine einfache Erklärung[1074]. Die Ablehnung ist *formlos* möglich, kann mithin auch per Fax erfolgen, muss aber immer an die Schlichtungsbehörde gerichtet sein. Erfolgt die Ablehnung unmittelbar nach der Eröffnung des Urteilvorschlages und in Anwesenheit der Schlichtungsbehörde, wird dies protokolliert. Wenn beide Parteien den Vorschlag ablehnen, kann unmittelbar darauf, noch im Sitzungstermin, die Klagebewilligung ausgestellt werden. Lehnt lediglich eine Partei den Vorschlag ab, wird die Behörde mit der Ausstellung der Klagebewilligung bis zum Ablauf der Ablehnungsfrist zuwarten. Die Schlichtungsbehörde ist nicht verpflichtet, der Gegenpartei die Ablehnung des Urteilsvorschlages mitzuteilen. Die Ablehnung ist *bedingungsfeindlich*, kann aber bis zur Ausstellung der Klagebewilligung zurückgenommen werden. Gleiches gilt, wenn der Kläger seine gerichtliche Klage zurückzieht, diesfalls gilt der Urteilsvorschlag als anerkannt, und er erwächst in Rechtskraft.

g) Ausstellung der Klagebewilligung und Fristenlauf

795 Die Schlichtungsbehörde stellt der klagenden Partei nach Ablehnung des Urteilvorschlags die *Klagebewilligung* zu (Art. 211 Abs. 2 lit. b ZPO). Die Gegenpartei wird mit einer Kopie bedient. Die ZPO spricht sich nicht darüber aus, innert welcher Frist die Klagebewilligung auszustellen ist. Nach der Maxime des raschen Verfahrens sollte dies innert weniger Tage (3–5 Tage) der Fall sein. Die Klagebewilligung muss die Elemente von Art. 209 Abs. 2 ZPO enthalten.

796 In den Angelegenheiten nach Art. 210 Abs. 1 lit. b ZPO (Hinterlegungs-, Mietzins-, Kündigungs- und Erstreckungsstreitigkeiten) wird die Klagebewilligung der *ablehnen-*

1072 BGE 140 III 310 = BGer 4A_611/2013 vom 14.7.2014, in: mp-flash 8/2014, S. 1; und in: ius. focus 1/2015, S. 21, Kommentar *Isabelle Longoni*; BGer 4A_611/2013 vom 14.7.2014, in: Praxis 2015, Nr. 34, S. 287; *Koller*, ZBJV 1/2016, S. 48.
1073 BGE 140 III 310 = BGer 4A_611/2013 vom 14.7.2014, in: mp-flash 8/2014, S. 1; und in: ius. focus 1/2015, S. 21, Kommentar *Isabelle Longon*; und in: Praxis 2015, Nr. 34, S. 287.
1074 BGE 140 III 310 = BGer 4A_611/2013 vom 14.7.2014, in: Praxis 2015, Nr. 34, S. 287; *Gasser/Rickli*, Art. 211 ZPO N 2.

den Partei zugestellt. Es findet unter Umständen ein Wechsel der Parteirollen statt. Wenn beide Parteien den Urteilsvorschlag ablehnen, erhalten beide die Klagebewilligung[1075].

Beispiele zum Unterschied zwischen Klagebewilligung und Urteilsvorschlag
- Szenario 1: Eine Mietzinserhöhung wird angefochten. Es kommt anlässlich der Schlichtungsverhandlung zu keiner Einigung. Die Schlichtungsbehörde stellt die Nichteinigung fest. Der Vermieter hat zu klagen und trägt das primäre Prozessrisiko (Art. 209 Abs. 1 lit. a ZPO).
- Szenario 2: Die Schlichtungsbehörde unterbreitet einen Urteilsvorschlag, den die Mieterin ablehnt. Sie hat nun zu klagen (Art. 211 Abs. 2 lit. a ZPO) und trägt vorerst das Kostenrisiko.

In den übrigen Streitigkeiten mit einem Streitwert von 5000 Franken trägt die klagende Partei die Fortführungslast (Art. 211 Abs. 2 lit. b ZPO). Dies betrifft auch mietrechtliche Streitigkeiten ausserhalb des Kernbereiches nach Art. 210 Abs. 1 lit. b ZPO.

Die *Klagefrist* (Prosequierungsfrist) beträgt: 797

- bei Streitigkeiten aus Miete von Wohn- und Geschäftsräumen *30 Tage* (Art. 209 Abs. 4 ZPO).
- bei den übrigen Mietverhältnissen *drei Monate* (Art. 209 Abs. 3 ZPO). Die Gerichtsferien nach Art. 145 Abs. 1 ZPO sind zu berücksichtigen.

Die Klage ist bei der ersten kantonalen Instanz im vereinfachten Verfahren (Art. 243 ff. ZPO) einzureichen. Sie muss mindestens die Elemente von Art. 244 Abs. 1 ZPO enthalten.

h)   Folgen der Nichteinreichung der Klage – Rückzug der Klage

Es sind verschiedene *Szenarien* zu unterscheiden: 798

- Wird die Klage nicht rechtzeitig eingereicht, gilt der Urteilsvorschlag in den Angelegenheiten nach Art. 210 Abs. 1 lit. b ZPO (Hinterlegungs-, Mietzins-, Kündigungs- und Erstreckungsstreitigkeiten) als anerkannt. Er erwächst in Rechtskraft (Art. 211 Abs. 3 ZPO) und ist vollstreckbar. Zudem liegt ein definitiver Rechtsöffnungstitel vor (Art. 83 Abs. 2 SchKG).
- In den übrigen mietrechtlichen Angelegenheiten mit einem Streitwert von 5000 Franken endet die Rechtshängigkeit, wenn nicht fristgerecht geklagt wird. Der Urteilsvorschlag ist einfach dahingefallen. Es handelt sich nicht um eine *res iudicata*. Die Klage kann, unter dem Vorbehalt der Verwirkung, wieder anhängig werden.

1075   BK-*Alvarez/Peter*, Art. 211 ZPO N 13.

- Die Klage wurde eingereicht, die Fortführungslast ist jedoch noch nicht eingetreten (die Klage wurde der Gegenpartei noch nicht zugestellt, Art. 65 ZPO). Die Klage wird zurückgezogen. Der Urteilsvorschlag erwächst nachträglich in Rechtskraft.
- Die Klage wurde eingereicht, die Fortführungslast ist eingetreten. Der Kläger zieht die Klage zurück. Hier gilt die Fiktion des Verzichts auf den eingeklagten Anspruch mit Rechtskraftwirkung (Art. 65 ZPO). Der Urteilsvorschlag lebt faktisch wieder auf.

799 Was geschieht, wenn die *Klagebewilligung beiden Parteien* zugestellt wird, aber nur eine Partei klagt oder wenn eine Partei den Urteilsvorschlag nicht ablehnt? Es kann auf die bisherige Rechtsprechung des Bundesgerichtes verwiesen werden[1076]. Ruft mindestens eine der Parteien den Richter an, fällt der Entscheid bzw. der Urteilsvorschlag der Schlichtungsbehörde dahin. Auch die Partei, welche den Richter nicht angerufen hat, kann in der Folge auf ihre ursprünglichen Anträge zurückkommen und Widerklage erheben. Die Schlichtungsbehörde hat die Parteien über das Prozedere der Annahme bzw. Ablehnung des Urteilsvorschlages zu informieren (Art. 211 Abs. 4 ZPO).

7. Der Entscheid

a) Allgemeines

800 Verschiedene Kantone sahen für kleine Streitwerte (300 bis 8000 Franken) eine *Entscheidbehörde* vor, die als erste echte Entscheidinstanz amtete (Schlichtungsbehörde, Gemeinderichter, Friedensrichter)[1077]. Man wollte sog. Bagatellfälle möglichst rasch und formlos erledigen.

801 Die Schlichtungsbehörde kann bis zu einem *Streitwert von 2000 Franken* entscheiden (Art. 212 Abs. 1 ZPO). In diesen Streitwert fallen mietrechtliche Streitigkeiten über den kleinen Unterhalt, Nebenkostenabrechnungen, Mietzinsherabsetzungen wegen Störungen im Gebrauch der Mietsache, Schäden aus Wohnungsabgabe etc. Es sind alles Fälle, bei denen sich ein «ordentliches» Prozessieren nicht lohnt. Dass sehr wenige Entscheide gefällt werden, hat wesentlich damit zu tun, dass man sich vernünftigerweise in der Schlichtungsverhandlung auf den Abschluss eines Vergleiches einigt[1078].

1076 BGE 135 III 253 = BGer 4A_519/2008 vom 6.2.2008, in: mp 2/2009, S. 192; BK-*Alvarez/Peter*, Art. 211 ZPO N 19; DIKE-Komm-ZPO-*Rickli*, Art. 211 N 17.
1077 Botschaft ZPO, S. 7334; eine Übersicht geben: BK-*Alvarez/Peter*, Art. 212 ZPO N 1; BSK ZPO-*Infanger*, Art. 212 N 1.
1078 Im zweiten Halbjahr 2015 wurden schweizweit 113 Entscheide gefällt: ‹www.bwo.admin.ch/themen/mietrecht› (4.5.2016).

Der Entscheid ist in einem gewissen Sinne ein *Fremdkörper im System des Schlichtungsverfahrens*. Er ist ein Gerichtsverfahren auf «kleinem Feuer» und bildet Bestandteil des Schlichtungsverfahrens nach Art. 197 ff. ZPO. Er soll in einem einfachen, raschen, formlosen und laienfreundlichen Verfahren gefällt werden. Aus dem Gerichtsverfahren stehen – mindestens theoretisch – alle Rechtsbehelfe zur Verfügung.

802

Selten wurde ein Rechtsinstitut derart schlank geregelt, mit einem einzigen Artikel, ohne Verweis auf ergänzendes Recht. Handelt es sich – wie ein Teil der Kommentatoren annimmt[1079] – beim Entscheid nicht mehr um das Schlichtungsverfahren i.S.v. Art. 113 ZPO sondern um das *Entscheidverfahren* i.S.v. Art. 114 ZPO, zieht das Konsequenzen nach sich: So sind die Gerichtsferien nach Art. 145 ZPO zu beachten. Es gilt der Fristenstillstand und es dürfen in dieser Zeit keine Entscheidverhandlungen stattfinden. Diese «Zwitterstellung» mag ein Grund dafür sein, dass Schlichtungsbehörden eine gewisse Berührungsangst gegenüber dem Entscheidverfahren entwickelt haben. Sie befürchten, mit dem (faktisch) eingeschränkten, sich ans Summarverfahren anlehnenden Beweisverfahren rechtsstaatliche Prinzipien zu verletzen.

803

b) Entscheidantrag

Die Klägerschaft muss – im Unterschied zum Urteilsvorschlag – einen *Antrag* stellen (Art. 212 Abs. 1 ZPO). Der Antrag sollte zusammen mit dem Schlichtungsgesuch gestellt werden, er kann auch erst zu Beginn oder im Verlaufe der Schlichtungsverhandlung gestellt werden[1080]. Immer aber muss gewährleistet sein, dass die Gegenpartei über den Entscheidantrag informiert ist, damit sie allfällige (beweisrechtliche) Vorkehrungen treffen kann. Zudem ist in der Einladung für die Schlichtungsverhandlung darauf aufmerksam zu machen, dass bei Säumnis ein Entscheid gefällt werden kann. Fehlt dieser Hinweis, kann die beklagte Partei darauf vertrauen, dass die Schlichtungsbehörde das Verfahren entsprechend der Vorladung durchführt. Sie darf insofern keinen Entscheid fällen[1081]. Die Schlichtungsbehörde ist frei, dem Antrag zu folgen (Kann-Vorschrift; Art. 212 Abs. 1 ZPO). Ohne Antrag kann sie einen Vergleich oder einen Urteilsvorschlag unterbreiten.

804

Ist die Schlichtungsbehörde bereit, einen Entscheid zu fällen, hat sie das Schlichtungsverfahren formell zu schliessen und dies im *Verfahrensprotokoll* zu vermerken. Die Parteien sind über den Wechsel vom informellen zum formellen Teil zu informieren[1082].

805

1079 Vgl. N 413 ff.
1080 CPC-*Bohnet*, Art. 212 ZPO N 7.
1081 OGer ZH, RU 140005-O/U, 6.5.2014, in: ius.focus 9/2014, S. 21; KGer BL, 410 13 315/LIA, 18.2.2014, in: CAN 3/2014, S. 158; ebenso OGer BE, ZK 12 51, 19.4.2012.
1082 Nach hier vertretener Ansicht sollte es genügen, wenn die Schlichtungsbehörde im Protokoll als prozessleitende Verfügung vermerkt, dass die klagende Partei den Entscheidantrag gestellt hat und ihm stattgegeben wurde.

Aus dem Verfahrensprotokoll muss hervorgehen, dass der Kläger einen Entscheidantrag gestellt hat. Das Protokollierungsverbot hat keine Geltung mehr[1083]. Hat die Schlichtungsbehörde den Antrag gutgeheissen, muss sie einen Entscheid fällen. Sie kann nicht mehr zurückbuchstabieren und eine Klagebewilligung ausstellen[1084]. Es tritt die Fortführungslast ein (Prosequierung)[1085].

c) Änderung der Klage im Schlichtungsverfahren

806 Wird im Schlichtungsverfahren eine Forderung geltend gemacht, ist der Ausgang des Verfahrens für beide Parteien zu Beginn offen. Es bieten sich mehrere *Erledigungsformen* an, so ein Vergleich, ein Urteilsvorschlag, ein Entscheid oder aber die Erteilung der Klagebewilligung. Die Forderung kann auf das Mass reduziert werden, dass ein Urteilsvorschlag (5000 Franken; Art. 210 Abs. 1 lit. c ZPO) oder aber ein Entscheid (2000 Franken; Art. 212 ZPO) möglich wird. Solange beide Parteien an der Verhandlung anwesend sind, gestalten sie die Erledigungsform selber.

807 Wie steht es aber, wenn die beklagte Partei der Schlichtungsverhandlung fernbleibt und die klagende Partei den *Forderungsbetrag* auf das Mass senkt, das einen Entscheid nach Art. 212 ZPO möglich macht?

Beispiel

Das Schlichtungsgesuch der Klägerin enthält ein Rechtsbegehren auf Bezahlung einer Forderung von 3056.40 Franken. Die Beklagten erscheinen unentschuldigt nicht zur Schlichtungsverhandlung. In der Folge reduziert die Klägerin die geltend gemachte Forderung auf 2000.00 Franken und stellt nach Art. 212 ZPO den Antrag auf einen Entscheid. Der Beklagte wird einerseits säumig erklärt, anderseits wird dem Kläger die Forderung zugesprochen[1086].

Es stellt sich die Frage, ob in diesem Beispiel die Behörde dem Beklagten das *rechtliche Gehör* verweigerte. Bei Säumnis der beklagten Partei verfährt die Schlichtungsbehörde nach Art. 206 Abs. 2 ZPO, wie wenn keine Einigung zustande gekommen wäre (Art. 209–212 ZPO). Die Art. 209–212 ZPO regeln die Klagebewilligung, den Urteilsvorschlag und den Entscheid. Einen Entscheid fällen darf die Schlichtungsbehörde nach Art. 212 ZPO allerdings nur, wenn die klagende Partei einen entsprechenden Antrag stellt. Die Säumnisfolgen müssen in der Vorladung angezeigt werden. Ein Entscheid der Schlichtungsbehörde über eine Forderung, die ohne Orientierung der beklagten Partei auf 2000 Franken herabgesetzt wurde, verletzt deren rechtliches Gehör.

1083 KGer BL, 410 13 315/LIA, 18.2.2014, in: CAN 3/2014, S. 158.
1084 KGer SG, BE. 2011.38, 2.2.2012; *Dolge/Infanger*, S. 125, FN 9.
1085 *Arnold*, ZZZ 2011/2012, S. 287, mit Verweisen und einer Übersicht über Fragen beim Entscheid.
1086 OGer SO, ZKBES.2015.63, 13.8.2015, in: CAN 4/2015, Nr. 78.

Sie musste bei einem Streitwert über 2000 Franken nicht mit einem Entscheid der Schlichtungsbehörde nach Art. 212 ZPO rechnen, weil kraft Teilrückzugs oder Klageänderung der Streitwert reduziert wurde[1087].

Jedenfalls empfiehlt es sich, in der Vorladung darauf hinzuweisen, dass bei *Säumnis des Beklagten* die Möglichkeit der Reduktion des Rechtsbegehrens bzw. der Teilklage besteht und damit ein Urteil gemäss Art. 212 ZPO in Frage kommen könnte[1088].

808

d) Entscheidverfahren

Dass die Schlichtungsbehörde einen Entscheid nur sehr zurückhaltend und nur in einfachen und klaren Fällen fällen soll, ist nicht einzusehen. In Fällen, bei denen der Sachverhalt eventuell kompliziert, aber liquid und bereits im ersten Termin spruchreif ist, soll sie entscheiden, weil die Gerichte nicht mit Bagatellen befrachtet werden sollten, die zudem den Parteien unverhältnismässige Prozesskosten generieren können[1089]. Ist aber fraglich, ob die Streitsache auch nach erfolgtem Beweisverfahren wirklich liquid ist und die Rechtslage sich zudem als kompliziert entpuppt, darf kein Entscheidverfahren durchgeführt werden. Die Schlichtungsbehörde hat die *Klagebewilligung* zu erteilen[1090].

809

Es herrscht eine Kontroverse darüber, bis wann ein Entscheidantrag ohne weitere Folgen zurückgezogen werden kann und ab wann die Fortführungslast eintritt. Nach der hier vertretenen Ansicht kann der Entscheidantrag solange problemlos zurückgezogen werden als die Schlichtungsbehörde formell das Entscheidverfahren noch nicht eröffnet hat[1091]. Hat die Schlichtungsbehörde formell das Entscheidverfahren eröffnet, setzt die Fortführungslast ein und die Klage kann nur noch mit Abstandsfolgen *(res iudicata)* zurückgezogen werden.

810

Beim Übergang von der informellen auf gütliche Einigung ausgerichteten Schlichtungsphase zur formellen Entscheidphase, hat die Schlichtungsbehörde eine Zäsur zu machen und die Parteien über die Folgen der Fortführungslast zu belehren. Die strikte Trennung der Verhandlung in einen informellen und bei einem Entscheid in einen formellen Teil, trägt wesentlich zur Entschärfung des Konflikts bei, der sich aus der Doppelrolle der Schlichtungsbehörde als Sühne- und Entscheidinstanz ergibt[1092].

811

1087 OGer SO, ZKBES.2015.63, 13.8.2015, E. 4.1, in: CAN 4/2015, Nr. 78; gl.M. OGer ZH, RU 140005-O/U, 6.5.2014, in: ius.focus 9/2014, S. 21; **a.M.** *Spühler Karl*, Kommentar zu OGer SO, ZKBES.2015.63, 13.8.2015, E. 4.1, in: CAN 4/2015, Nr. 78, S. 221.
1088 *Schrank*, S. 407.
1089 *Lachat*, CPC, S. 123 (N 12.11).
1090 OGer AG, ZVE. 2012.4, 24.4.2012, in: CAN 2/2013, Nr. 35.
1091 DIKE-Komm-ZPO-*Rickli*, Art. 212 N 8; *Honegger*, in: Sutter-Somm/Hasenböhler/Leuenberger (Hrsg.), Art. 212 ZPO N 6; BSK ZPO-*Infanger*, Art. 212 N 2; **a.M.** BK-*Alvarez/Peter*, Art. 212 ZPO N 5.
1092 OGer SO, ZKBES.2015.63, 13.8.2015, E. 3.3, in: CAN 4/2015, Nr. 78.

812 Das Verfahren ist mündlich (Art. 212 Abs. 2 ZPO). Es ist ein Protokoll zu führen (Art. 235 ZPO). Die Bestimmungen des vereinfachten Verfahrens sind sinngemäss anzuwenden. Bei mietrechtlichen Streitigkeiten kann ausnahmsweise ein Schriftenwechsel angeordnet werden (Art. 202 Abs. 4 ZPO). Trotz Mündlichkeit und niedrigem Streitwert handelt es sich beim Entscheidverfahren um ein *vollwertiges Erkenntnisverfahren*[1093]. Das Beweisverfahren sollte sich allerdings auf das Wesentliche beschränken, immerhin sind aber alle Beweismittel zugelassen (Art. 202 Abs. 4 ZPO), sofern sich das Verfahren nicht unverhältnismässig lange verzögert. Es ist eine Beweisverfügung zu erlassen und die Parteirechte sind zu beachten[1094]. Zudem muss das Verfahren protokolliert werden. Allenfalls ist eine zweite Verhandlung durchzuführen.

e) Entscheid und Rechtsmittel

813 Der Entscheid ist nach den Regeln von Art. 238 ZPO abzufassen und durch Zustellung oder Übergabe des *schriftlichen Dispositivs* zu eröffnen (Art. 239 ZPO). Die Übergabe des schriftlichen Dispositivs erfolgt in der Schlichtungsverhandlung, wobei der Entscheid kurz begründet wird. Es ist zulässig, den Parteien den Entscheid per Post zuzustellen. Es gelten die Zustellregeln von Art. 138 ZPO. Der Entscheid muss sämtliche Elemente nach Art. 238 ZPO enthalten. Dazu gehört – auf Antrag der obsiegenden Partei – die Anordnung von Vollstreckungsmassnahmen (Art. 236 Abs. 3 i.V.m. Art. 337 ZPO). Damit kann ein Entscheid direkt vollstreckt werden, ohne dass die Partei ein separates Vollstreckungsgesuch stellen muss. Die möglichen Vollstreckungsmassnahmen sind in Art. 343 ZPO aufgeführt.

814 Auf Verlangen ist der Entscheid zu begründen. Die *Begründung* muss innert 10 Tagen seit Zustellung von der Schlichtungsbehörde verlangt werden. Wird keine Begründung verlangt, gilt dies als Verzicht auf die Anfechtung des Entscheids (Art. 239 Abs. 2 ZPO). Der Entscheid muss insbesondere auch eine Rechtsmittelbelehrung enthalten mit dem Verweis auf die Möglichkeit, innert 10 Tagen eine schriftliche Entscheidbegründung zu verlangen.

815 Gegen den Entscheid ist die *Beschwerde* an die zweite kantonale Instanz (Art. 319 lit. a ZPO) möglich. Die Beschwerde ist innert 30 Tagen seit Zustellung der Entscheidbegründung bzw. des begründeten Entscheids bei der Rechtsmittelinstanz einzureichen (Art. 321 Abs. 1 ZPO).

1093 OGer LU, 1C11 37, 23.3.2012, in: CAN 2/2013, Nr. 36.
1094 KUKO ZPO-*Gloor/Lukas*, Art. 212 N 5; **a.M.** BSK ZPO-*Infanger*, Art. 212 N 11.

Teil 5 Gerichtsverfahren

Kapitel 33 Das ordentliche Verfahren (Art. 219 ff. ZPO)

1. Allgemeines und Geltungsbereich

Das ordentliche Verfahren stellt den *Verfahrens-Grundtypus* der ZPO dar[1095]. Wo keine anderen Vorschriften existieren, gelten dessen Vorschriften subsidiär, als Auffangnorm für andere Verfahrensarten[1096]. Bei der Analogie zu anderen Verfahrensarten ist allerdings Vorsicht geboten. Es dürfen nicht alle Vorschriften zu einer allfälligen Lückenfüllung beigezogen werden, sondern nur diejenigen, die mit den besonderen Verfahren kompatibel sind. In Fällen, wo die Schlichtungsbehörde nach Art. 212 ZPO entscheidet, sind sinngemäss die Vorschriften des vereinfachten und nicht des ordentlichen Verfahrens anwendbar.

816

Die *wenigsten Streitigkeiten aus Mietvertrag* werden im ordentlichen Verfahren ausgetragen. Dies ist darin begründet, dass das Verfahren vor der Schlichtungsbehörde als erster grosser «Filter» wirkt[1097], dass die vier grossen Kernthemen des Mietrechts (Hinterlegung, Mietzinsanpassung, Kündigung, Erstreckung) im vereinfachten Verfahren bleiben, und dass die Streitwertgrenze von 30 000 Franken doch recht hoch ist.

817

Das ordentliche Verfahren ist ein klassisches, strukturiertes und formalisiertes Zivilprozessverfahren, beherrscht von der *Verhandlungsmaxime* und einer *strengeren Eventualmaxime*: Die klagende Partei bestimmt den Prozessgegenstand, das Gericht handelt nur auf Initiative einer Partei und spricht den Parteien nicht mehr und nichts anderes zu, als diese verlangen. Die Parteien tragen die Begründungs- und Beweislast, Beweise werden nicht von Amtes wegen abgenommen, die Untersuchungsmaxime gilt nicht[1098]. Die Verhandlungsmaxime wird allerdings durch die richterliche Fragepflicht

818

1095 *Berti*, ZPO-Einführungstagung 2010.
1096 *Leuenberger*, Recht aktuell 2011; *Leuenberger*, Recht aktuell 2012; *Leuenberger*, Recht aktuell 2014.
1097 Im 2. Semester 2015 wurden rund 85% der Schlichtungsverfahren durch Einigung, Rückzug, Urteilsvorschlag oder Entscheid erledigt: ‹www.bwo.admin.ch/themen/mietrecht› (4.5.2016).
1098 Der Wegfall der Untersuchungsmaxime im ordentlichen Verfahren auch bei Mietstreitigkeiten stellt eine Verschlechterung gegenüber dem alten Recht dar, wonach für alle Verfahren bei Streitigkeiten aus der Miete von Wohn- und Geschäftsräumen generell im gerichtlichen Verfahren die Untersuchungsmaxime galt (Art. 274d Abs. 3 aOR). Immerhin unterstehen

(Art. 56 ZPO) gemildert. Es besteht aber immer dann die Möglichkeit der *Beweiserhebung von Amtes wegen*, wenn an der Richtigkeit einer nicht streitigen Tatsache erhebliche Zweifel bestehen (Art. 153 Abs. 2 ZPO).

819 Liegt der *Streitwert* über 30 000 Franken, kommt das ordentliche Verfahren zum Zug (Art. 219 ff. ZPO), es sei denn, es handle sich um Streitigkeiten betreffend Hinterlegung des Mietzinses, Mietzinsanpassung, Kündigung und Erstreckung (Art. 243 Abs. 2 lit. c ZPO), die im vereinfachten Verfahren beurteilt werden.

820 Im Unterschied zum Schlichtungsverfahren gilt im ordentlichen wie im vereinfachten Verfahren das *Öffentlichkeitsprinzip* (Art. 54 ZPO). Dieses gilt auch für die mündliche Eröffnung des Urteils. Die Kantone bestimmen, ob die Urteilsberatung auch öffentlich ist (Art. 54 Abs. 2 ZPO)[1099].

2. Einreichung der Klage

821 Das Verfahren wird mit der *Einreichung der schriftlichen, substantiierten Klage* eingeleitet, die insbesondere alle Tatsachen und Beweismittel umfassen muss (Art. 220 und 221 ZPO). In der Regel handelt es sich um eine Leistungsklage nach Art. 84 ZPO, bei der der eingeklagte Betrag zu beziffern ist. Der Eingang der Klage wird den Parteien bestätigt (Art. 62 Abs. 2 ZPO). Die Klage ist in den Formen von Art. 130 Abs. 1 ZPO einzureichen.

822 Nach Eingang der Klage klärt das Gericht die nicht anwaltlich vertretene Partei über *die mutmasslichen Kosten* und die unentgeltliche Rechtspflege auf (Art. 97 ZPO). Zudem kann die Leistung eines Kostenvorschusses verfügt werden (Art. 98 ZPO).

823 Art. 221 regelt den *Inhalt einer Klage*:

Art. 221 ZPO

¹ Die Klage enthält:
a. die Bezeichnung der Parteien und allfälliger Vertreterinnen und Vertreter;
b. das Rechtsbegehren;
c. die Angabe des Streitwerts;
d. die Tatsachenbehauptungen;
e. die Bezeichnung der einzelnen Beweismittel zu den behaupteten Tatsachen;
f. das Datum und die Unterschrift.

---

wichtige Problemfelder (Hinterlegung des Mietzinses, Mietzinsanfechtung, Kündigung und Erstreckung) der Untersuchungsmaxime und diese gilt bis zu einem doch recht hohen Streitwert von 30 000 Franken. Die Mitwirkungspflicht nach Art. 160 ff. ZPO und die Beweiserhebung von Amtes wegen bei erheblichen Zweifeln an einer nicht streitigen Tatsache (Art. 153 Abs. 2 ZPO) lindern die Folgen dieser Verschlechterung doch erheblich.

1099 Der Kanton Bern kennt die öffentliche Urteilsberatung (Art. 16 Abs. 1 EG ZSJ), wie dies schon im alten Recht vorgesehen war (Art. 12 Abs. 1 [altes] Dekret über die Mietämter).

² Mit der Klage sind folgende Beilagen einzureichen:
a. eine Vollmacht bei Vertretung;
b. gegebenenfalls die Klagebewilligung oder die Erklärung, dass auf das Schlichtungsverfahren verzichtet werde;
c. die verfügbaren Urkunden, welche als Beweismittel dienen sollen;
d. ein Verzeichnis der Beweismittel.

³ Die Klage kann eine rechtliche Begründung enthalten.

Nach Eingang der Klage prüft die Instruktionsrichterin von Amtes wegen die Prozessvoraussetzungen (Art. 60 ZPO). Dazu gehört unter anderem die Klagebewilligung, mithin der Beleg über den durchgeführten Schlichtungsversuch oder eine Verzichtserklärung (Art. 199 ZPO). 824

Wurde die Klage in unzulässiger Weise ohne *vorgängiges Schlichtungsverfahren* eingereicht, ist darauf nicht einzutreten. Eine Überweisung von Amtes wegen an die Schlichtungsbehörde kennt die ZPO nicht. Eine kantonale Regelung zur Weiterleitung von Amtes wegen ist unzulässig[1100]. Vor dem Nichteintretensentscheid sollte die klagende Partei Gelegenheit erhalten, in Analogie zu Art. 63 ZPO die Rechtshängigkeit zu wahren, indem sie innert eines Monats das notwendige Schlichtungsverfahren einleitet[1101]. Die Parteien können sich darauf einigen, sich einer direkten Klageeinreichung nicht zu widersetzen[1102]. 825

Reicht der Kläger eine Klage ein, der er eine *Klagebewilligung* beilegt, genügt es, wenn er dabei die im Schlichtungsgesuch (Art. 202 Abs. 2 ZPO) bzw. in der Klagebewilligung verwendete Bezeichnung der Gegenpartei verwendet. Er hat keine weiteren Abklärungen zu treffen, um neue Tatsachen zu ermitteln, die nach Begründung der Rechtshängigkeit möglicherweise eingetreten sind. Ist die Sache einmal hängig, obliegt es der Beklagten, das Gericht oder die Schlichtungsbehörde über Veränderungen zu unterrichten, wie etwa einen Wechsel der Firma oder den Verkauf der Liegenschaft[1103]. 826

Genügt nach gerichtlicher Ansetzung einer Klagefrist die Eingabe den Begründungsanforderungen von Art. 221 ZPO nicht, so wird *keine Nachfrist* zur Verbesserung gesetzt[1104]. 827

1100 § 94 Abs. 1 JG des Kantons Schwyz ist deshalb ungültig.
1101 BK-*Killias*, Art. 221 ZPO N 53; KUKO ZPO-*Naegeli*, Art. 221 N 35; a.M: DIKE-Komm-ZPO-*Pahud*, Art. 220 N 13.
1102 BK-*Killias*, Art. 221 ZPO N 37; KUKO ZPO-*Naegeli*, Art. 221 N 35; CPC-*Tappy*, Art. 221 ZPO N 32.
1103 BGer 4A_385/2014 vom 29.9.2014, in: SZZP 1/2015, S. 32; und in: ius.focus 1/2016, Nr. 18, Kommentar *Christian Schlumpf*.
1104 OGer ZH, ZR 111/2012.218, 13.8.2012, in: ius.focus 4/2013, S. 21, Kommentar *Sandra Altherr*, mit der Auseinandersetzung in der Lehre über die Ansetzung der Nachfrist.

828 Bei *elektronischer Übermittlung* kann das Gericht gemäss Art. 130 Abs. 3 ZPO verlangen, dass die Eingabe und die Beilagen in Papierform nachgereicht werden. Die Aufforderung des Gerichts zur Nachreichung in Papierform sollte sich auf umfangreiche Eingaben oder Beilagen beschränken. Falls die Parteien nicht selber die Nachlieferung in Papierform einreichen, kann das Gericht die Kopierkosten der säumigen Partei nur dann auferlegen, wenn dies ausdrücklich angedroht wurde[1105].

3. Schriftenwechsel

a) Klageantwort

829 Es findet ein Schriftenwechsel statt (Art. 222 ZPO). Mit der Klagezustellung an die Gegenpartei ist die Fortführungslast verbunden. Die Frist zur Einreichung der Klageantwort steht im Ermessen des Gerichts und hängt von der Kompliziertheit der Streitsache und der zeitlichen Dringlichkeit ab. Fristen können aus zureichenden Gründen erstreckt werden (Art. 144 Abs. 2 ZPO). Im Gegensatz zu verschiedenen kantonalen Prozessordnungen hat die ZPO weder die Dauer der einzelnen Fristerstreckungen noch deren Anzahl geregelt. Der Fristenstillstand nach Art. 145 ZPO ist zu berücksichtigen.

830 Das Gericht ist nicht gehalten, mit der *Zustellung der Klage an die Gegenpartei* und der Ansetzung einer Frist zur Klageantwort zuzuwarten, bis der Kostenvorschuss bezahlt ist, um dem Kläger allenfalls unnötige Kosten (Parteientschädigung) zu ersparen. Es besteht keine ausdrückliche Vorschrift, den Prozess bis zur Leistung des Vorschusses für die Gerichtskosten nicht weiterzuführen. Ein Zuwarten sollte zwar die Regel sein, aber das Vorgehen ist Teil der Verfahrensleitung, die weitgehend im Ermessen des Gerichts steht[1106].

831 Das Gericht kann anordnen, dass sich die *Klageantwort auf einzelne Fragen beschränkt* (Art. 222 Abs. 3 i.V.m. Art. 125 ZPO), wenn von deren Beantwortung eine Vereinfachung oder sogar Erledigung des Verfahrens zu erwarten ist.

> **Beispiel**
>
> Der Vermieter macht Forderungen aus der Rückgabe des Mietobjektes geltend. Die Mieterin bestreitet die rechtzeitige Mängelmeldung (Art. 267a Abs. 1 OR). Das Gericht beschränkt die Klageantwort auf die Frage der rechtzeitigen Prüfung und Meldung der Mängel. Hat der Vermieter die Mängel zu spät gerügt, verliert er seine Ansprüche und über die geltend gemachte Forderung muss nicht mehr Beweis geführt werden.

1105 KGer SZ, ZK2 2013 55 und 56, 14.1.2014, in: CAN 3/2014, S. 157.
1106 BGE 140 III 159 = BGer 4A_29/2014 vom 7.5.2014.

Die beklagte Partei kann *prozessuale Einreden* geltend machen, zum Beispiel das Fehlen von Prozessvoraussetzungen. Materielle Einreden umfassen unter anderem die Verjährung und die Verrechnung. Diese Einreden werden nicht von Amtes wegen geprüft[1107]. Bei versäumter Klageantwort setzt das Gericht der beklagten Partei eine kurze Nachfrist (Art. 223 Abs. 1 ZPO).

b)   Replik – Duplik

Erfordern es die Verhältnisse, kann ein *zweiter Schriftenwechsel* (Replik–Duplik, Art. 225 ZPO) und eine Instruktionsverhandlung angeordnet werden (Art. 226 ZPO)[1108]. Nach einem zweifachen Schriftenwechsel tritt Aktenschluss ein, unabhängig davon, ob noch eine Instruktionsverhandlung stattfindet. Neue Tatsachen und Beweismittel können danach nur noch nach den Voraussetzungen von Art. 220 Abs. 1 ZPO in den Prozess eingebracht werden[1109].   832

4.   Unbedingtes Replikrecht

a)   Rechtsanspruch auf das Replikrecht

Aus dem verfassungsmässigen *Anspruch auf rechtliches Gehör* (Art. 29 Abs. 2 BV) folgt das Recht einer Partei, sich im Rahmen eines Verfahrens zu unaufgeforderten Eingaben der anderen Verfahrenspartei zu äussern (sog. unbedingtes Replikrecht), unabhängig davon, ob die Eingaben neue und/oder wesentliche Vorbringen enthalten[1110]. Nach der neueren bundesgerichtlichen Rechtsprechung besteht dieses Replikrecht unabhängig davon, ob ein zweiter Schriftenwechsel angeordnet, eine Frist zur Stellungnahme angesetzt oder die Eingabe lediglich zur Kenntnisnahme oder zur Orientierung zugestellt worden ist[1111].   833

Die Wahrnehmung dieses *Replikrechts* setzt voraus, dass die fragliche Eingabe der Gegenpartei zugestellt wird. Das Bundesgericht hat wiederholt festgehalten, dass den Verfahrensbeteiligten ein Anspruch auf Zustellung von Vernehmlassungen zusteht. Das Gericht muss vor Erlass des Urteils eingegangene Vernehmlassungen den Beteiligten zustellen, damit diese sich darüber schlüssig werden können, ob sie sich dazu äussern wollen oder nicht. Der Umstand allein, dass eine Partei die Gegenpartei mit einer Kollegenkopie ihrer Eingabe bedient hat, reicht zur Wahrung des Replikrechts nicht aus[1112].   834

1107   DIKE-Komm-ZPO-*Pahud*, Art. 222 N 13.
1108   Leuenberger, SZZP 1/2014, S. 81 ff.
1109   BGE 140 III 312 E. 6.3.2 = BGer 4A_73/2014 vom 19.6.2014, in: ius.focus 1/2015, S. 23, Kommentar *Nicolas Fuchs*.
1110   *Baeriswyl*, SJZ 21/2015, S. 513 ff.
1111   BGer 5A_282/2014 vom 21.8.2014 E. 2.2.
1112   BGer 4A_660/2012 vom 18.4.2013, in: SZZP 4/2013, S. 290, Kommentar *François Bohnet*.

b) Zeitliche Geltendmachung

835 Das Gericht kann *Frist* für eine allfällige Stellungnahme ansetzen oder aber auch eine Eingabe lediglich zur Kenntnis zustellen[1113]. Es verletzt das Replikrecht, wenn die Berufungsantwort während den Gerichtsferien zugestellt und der Entscheid unmittelbar nach deren Ende gefällt wird[1114].

836 Kommen Verfahrensbeteiligte, welche eine *Eingabe ohne Fristansetzung* erhalten haben, zum Schluss, sie möchten nochmals zur Sache Stellung nehmen, so sollen sie dies aus Gründen des Zeitgewinns tun, ohne vorher darum nachzusuchen. Nach Treu und Glauben hat dies umgehend zu erfolgen. Diese Stellungnahme sollte in der Regel innert 20 Tagen erfolgen, das Gericht muss keine Frist ansetzen. Das Bundesgericht hat bezüglich freigestellter Stellungnahmen durch die Parteien präzisiert, dass es zwar keine Frist dafür ansetzt, jedoch angibt, bis zu welchem Zeitpunkt es seinen Entscheid aussetzt[1115]. In einer etwas allgemeineren Formulierung hielt das Bundesgericht fest, dass jedenfalls vor Ablauf von zehn Tagen nicht, hingegen nach 20 Tagen von einem Verzicht auf das Replikrecht ausgegangen werden dürfe.

837 Das Bundesgericht hatte folgenden Fall zu beurteilen: Eine Eingabe des Beklagten wurde dem Kläger am 24. Juli 2014 zugestellt, also während den Gerichtsferien (Art. 145 Abs. 1 lit. b ZPO). Der 16. und 17. August 2014 waren ein Samstag bzw. ein Sonntag. Der Appellationshof eröffnete seinen Entscheid am 19. August 2014, wartete folglich mit dem Urteil nicht zu, bis der Kläger nach Ablauf des Fristenstillstands auf die Eingabe reagieren konnte. Dies kommt einem Verstoss gegen das unbedingte Replikrecht gleich. Das Urteil des Appellationshofes wurde aufgehoben[1116].

838 In einem anderen Fall schützte das Bundesgericht das Replikrecht bei folgendem Sachverhalt: Die Eingabe mitsamt Beilagen wurde der Beschwerdeführerin mit Schreiben der Vorinstanz vom 4. Februar 2014 zur Kenntnisnahme zugestellt und am 5. Februar 2014 in Empfang genommen. Mit Eingabe vom 14. Februar 2014 zeigte der Rechtsvertreter der Beschwerdeführerin der Vorinstanz an, zur Wahrung des rechtlichen Gehörs vom Replikrecht Gebrauch machen zu wollen, und bat hierzu – unter Hinweis auf seine Ferienabwesenheit bis 1. März 2014 und den Umfang der Berufungsantwort sowie die Anzahl neuer Vorbringen – um Ansetzung einer 20-tägigen Frist. Damit beantragte die Beschwerdeführerin innert angemessener Frist unmissverständlich eine Stellungnahme zur Berufungsantwort und forderte in Übereinstimmung mit den vom Bundesgericht entwickelten Grundsätzen ihr Recht auf Replik ein. Unter diesen Umständen kann weder ein Verzicht auf das Replikrecht noch eine Verwirkung desselben angenommen werden. Indem die Vorinstanz am 28. Februar

---

1113 BGE 138 I 484 = BGer 1C_142/2012 vom 18.12.2012.
1114 BGer 4D_79/2014 vom 23.1.2015 E. 2, in: SZZP 3/2015, S. 248.
1115 BGer 4A_332/2011 vom 21.11.2011.
1116 BGer 4D_79/2014 vom 23.1.2015.

2014 in der Sache entschied, ohne vorgängig über den Antrag der Beschwerdeführerin auf Ansetzung einer Frist zur Stellungnahme zu befinden, verletzte sie das Replikrecht und damit den Anspruch der Beschwerdeführerin auf rechtliches Gehör und auf ein faires Gerichtsverfahren[1117].

Zusammenfassend ergibt sich folgende Übersicht über die *Praxis zur zeitlichen Geltendmachung des Replikrechtes*[1118]:

- Wenn das Gericht nur wenige Tage zuwartet, ist dies unzureichend[1119].
- Zwei Tage sind unzureichend[1120].
- Vier Tage sind unzureichend[1121].
- Vier Tage bzw. ein Tag seit Zustellung ist unzureichend[1122].
- Vier Werktage seit Zustellung sind unzureichend[1123].
- Sieben Tage seit Zustellung sind unzureichend[1124].
- Acht Tage sind unzureichend[1125].
- Vor Ablauf von zehn Tagen darf nicht von einem Verzicht auf das Replikrecht ausgegangen werden[1126]. Nach Ablauf von 19 Tagen darf von einem Verzicht ausgegangen werden[1127].
- Es verletzt das Replikrecht, wenn die Berufungsantwort während den Gerichtsferien zugestellt und der Entscheid unmittelbar nach deren Ende gefällt wird[1128].

Es wird erwartet, dass eine anwaltlich vertretene Partei umgehend selbständig das Replikrecht ausübt[1129]. Reagiert sie nicht, wird ein Verzicht auf Replik angenommen[1130].

839

840

1117 BGer 4A_215/2014 vom 18.9.2014, in: SZZP 1/2015, S. 5.
1118 Aus: ZBJV 3/2015, S. 246, zusammengestellt von *Christoph Leuenberger*.
1119 BGE 137 I 195 E. 2.6.
1120 BGer 1B_25/2010 vom 17.2.2010 E. 2.2.
1121 BGer 1B_459/2012 vom 16.11.2012 E. 2.4.
1122 BGer 1B_407/2012 vom 21.9.2012 E. 3.2.
1123 BGer 2C_560/2012 vom 21.1.2013 E. 4.4 f.
1124 BGer 2C_794/2008 vom 14.4.2009 E. 3.5.
1125 BGer 1P.798/2005 vom 8.2.2006 E. 2.3.
1126 U.a. BGer 5D_81/2015 vom 4.4.2016; BGer 5A_155/2013 vom 17.4.2013 E. 1.4; KGer LU, 2C 14 99, 9.1.2015, E. 3.3, in: CAN 4/2015, Nr. 73.
1127 BGer 4D_27/2014 vom 26.8.2014 E. 4.2.2, in: ius.focus 5/2016, S. 21, Kommentar *Alain Hosang*.
1128 BGer 4D_79/2014 vom 23.1.2015 E. 2, in: SZZP 3/2015, S. 248.
1129 BGE 138 I 484 E. 2.1. = BGer 1C_142/2012 vom 18.12 2012, in: ius.focus 2/2014 S. 23, Kommentar *Peter Hostansky/Yves Suter*; BGE 137 I 195 E. 2.3.1.; 133 I 100 E. 4.
1130 BGE 138 I 484 = BGer 1C_142/2012 vom 18.12.2012.

5. Die Widerklage

a) Voraussetzungen

841 Die beklagte Partei braucht sich nicht auf die Bekämpfung der Klage zu beschränken. Vielmehr kann sie der klagenden Partei eigene Ansprüche entgegen stellen und Widerklage (Art. 224 ZPO) erheben. Die Widerklage ist eine *selbstständige Klage*. Sie bleibt bestehen, auch wenn die Klage zurückgezogen oder darauf nicht eingetreten wird. Dank Klage und Widerklage können Ansprüche und Gegenansprüche der Parteien in einem einzigen Prozess behandelt werden. Insofern dient die Widerklage der Prozessökonomie[1131]. Die Widerklage kann schon im Schlichtungsverfahren vorgebracht werden und muss in die Klagebewilligung aufgenommen werden (Art. 209 Abs. 1 lit. b ZPO). Die Widerklage ist gewöhnlich an *drei Voraussetzungen* geknüpft: Rechtshängigkeit der Hauptklage, Identität der Parteien, gleiche örtliche und sachliche Zuständigkeit wie für die Hauptklage.

b) Autonome Prosequierung?

842 Es gibt eine Kontroverse darüber, ob die *Widerklage autonom prosequiert* werden kann, oder ob sie an das Schicksal der Hauptklage gebunden ist: Ein Teil der Lehre vertritt die Ansicht, wenn die Klage nicht eingereicht wird, falle die Rechtshängigkeit von Klage und Widerklage dahin, denn die Widerklage könne nur mit der Klageantwort und damit nicht selbstständig eingereicht werden[1132]. Während der Dauer der Klagebewilligung sei die Rechtshängigkeit der Widerklage noch gegeben. Der Widerkläger könne wegen der Sperrfrist von Art. 64 Abs. 1 lit. a ZPO keine selbstständige Klage einreichen. Um dieser Blockierung zu entgehen, sollte man eigenständige Klagen einreichen[1133].

843 Nach der hier vertretenen Ansicht kann die Widerklage autonom prosequiert werden. Sie ist eine *selbständige Klage*, mit deren Einreichung im Schlichtungs- oder Gerichtsverfahren die Rechtshängigkeit eintritt[1134]. Die unbedingt erhobene Widerklage wird mit ihrer Anhebung rechtshängig und kann daher innerhalb der Prosquierungsfrist von Art. 209 Abs. 3 bzw. Abs. 4 ZPO selbst dann erhoben werden, wenn der Kläger verzichtet, von seinem Klagerecht Gebrauch zu machen.

844 Diese Auffassung wird auch durch die in Art. 209 Abs. 2 lit. b ZPO gesetzlich stipulierte Pflicht, die bereits im Schlichtungsverfahren angehobene Widerklage in die Klagebewilligung aufzunehmen, gestützt. Diese Regelung macht nur Sinn, wenn die Auf-

---

1131 Botschaft ZPO, S. 7339.
1132 *Bisang*, MRA 3/2010, S. 114.
1133 *Leuenberger*, in: Sutter-Somm/Hasenböhler/Leuenberger (Hrsg.), Art. 224 ZPO N 19; DIKE-Komm-ZPO-*Pahud*, Art. 224 N 12.
1134 *Weingart/Penon*, ZBJV 6/2015, FN 139.

nahme der Widerklage in der Klagebewilligung dem Widerkläger unabhängig vom Verhalten des Klägers den Weg ans Gericht eröffnet. Letztlich sprechen auch prozessökonomische Gründe für die selbständige Zulassung der Widerklage, da der Beklagte sonst während der Prosequierungsfrist bezüglich der Behandlung seiner Widerklage im Ungewissen bleibt. Ein eigenes Schlichtungsverfahren kann der Widerkläger nicht durchführen, da mit der Erhebung der Widerklage im Schlichtungsverfahren diese rechtshängig wird (Art. 62 Abs. 1 i.V.m. Art. 59 Abs. 2 lit. d ZPO)[1135].

c) *Zeitpunkt der Einreichung*

Die *fristgerechte Einreichung* der Hauptklage beim Gericht bedeutet nicht, dass damit zugleich auch die Widerklage als eingereicht gilt. Wird der Widerklage selbstständiger Charakter zugesprochen, so ist sie – als logische Folge davon – vom Widerkläger auch selbstständig beim Gericht anzuheben[1136]. 845

Die Widerklage kann in und mit der Klageantwort erhoben werden, wenn der Anspruch nach der gleichen Verfahrensart zu beurteilen ist (Art. 224 Abs. 1 ZPO). Gilt für die Hauptklage *das vereinfachte Verfahren*, so kann keine Widerklage erhoben werden, die ins ordentliche Verfahren gehört[1137]. Umgekehrt kann die beklagte Partei im ordentlichen Verfahren widerklageweise keinen Anspruch geltend machen, für den das vereinfachte Verfahren vorgesehen ist[1138]. 846

> **Beispiel**
> Die Mieterin fordert im vereinfachten Verfahren eine Erstreckung des Mietverhältnisses (Art. 243 Abs. 2 lit. c ZPO). Widerklageweise macht der Beklagte (Vermieter) einen Betrag von 40 000 Franken wegen Schäden am Mietobjekt geltend. Die Widerklage müsste im ordentlichen Verfahren behandelt werden. Damit ist das Gebot der gleichen Verfahrensart verletzt.
> Anders verhält es sich, wenn der Vermieter widerklageweise eine (Teil-)Klage (Art. 86 ZPO) im Umfang von 30 000 Franken erhebt. Diesfalls ist die Einheit der Verfahrensart gewahrt.

Die Widerklage muss nicht schon im *Schlichtungsverfahren* vorgebracht werden, da bei der Widerklage ein Schlichtungsverfahren entfällt (Art. 198 lit. g ZPO). 847

1135 *Rapold/Ferrari-Visca*, AJP 3/2013, S. 395.
1136 *Weingart/Penon*, ZBJV 6/2015, S. 503; **a.M.** *Rapold/Ferrari-Visca*, AJP 3/2013, S. 395.
1137 *Leuenberger*, in: Sutter-Somm/Hasenböhler/Leuenberger (Hrsg.), Art. 224 ZPO N 14.
1138 DIKE-Komm-ZPO-*Pahud*, Art. 224 N 15; teilweise **a.M.** *Leuenberger*, in: Sutter-Somm/Hasenböhler/Leuenberger (Hrsg.), Art. 224 ZPO N 14.

6. Klageänderung

848 **Art. 227 ZPO**

¹ Eine Klageänderung ist zulässig, wenn der geänderte oder neue Anspruch nach der gleichen Verfahrensart zu beurteilen ist und:
a. mit dem bisherigen Anspruch in einem sachlichen Zusammenhang steht; oder
b. die Gegenpartei zustimmt.

² Übersteigt der Streitwert der geänderten Klage die sachliche Zuständigkeit des Gerichts, so hat dieses den Prozess an das Gericht mit der höheren sachlichen Zuständigkeit zu überweisen.

³ Eine Beschränkung der Klage ist jederzeit zulässig; das angerufene Gericht bleibt zuständig.

Eine *Klageänderung* i.S.v. Art. 227 und 230 ZPO liegt vor, wenn entweder ein bis anhin geltend gemachter Rechtsschutzanspruch geändert oder ein neuer Rechtsschutzanspruch geltend gemacht wird. Der Inhalt eines Rechtsschutzanspruchs ergibt sich nach bundesgerichtlicher Rechtsprechung aus dem Klage- oder Rechtsbegehren und dem behaupteten Tatsachenfundament, auf das sich das Begehren stützt. Das Begehren muss eine Rechtsfolgebehauptung und einen darauf bezogenen Rechtsschutzantrag in der Form eines Leistungs-, Gestaltungs- oder Feststellungsbegehrens enthalten[1139].

Beispiele für zulässige Klageerweiterungen bzw. -änderungen

- Erweiterung des Rechtsbegehrens, weil seit Anhebung des Verfahrens weiter Mietzinse fällig wurden.
- Im Verlauf des Gerichtsverfahrens sinkt der Referenzzinssatz erneut. Die Mieterin ändert ihren Herabsetzungsanspruch entsprechend[1140].
- Die Mieterin macht gestützt auf einen Mietvertrag die Übergabe der Mietsache geltend. Der Vermieter vermietet das Mietobjekt an einen gutgläubigen Dritten und überträgt diesem die Sache zum Gebrauch. Anstelle der Vertragserfüllung verlangt die Mieterin Schadenersatz wegen Nichterfüllung des Vertrages.

849 Sinngemäss ist die Möglichkeit der Klageänderung *auch im Schlichtungsverfahren* zulässig (vgl. N 704). Im *vereinfachten Verfahren* (Art. 243 ff. ZPO) wird der Klageänderung eine Schranke durch die Zulässigkeitsvoraussetzungen gesetzt (Art. 243 Abs. 1 und 2 ZPO). Übersteigt das erweiterte Klagebegehren 30 000 Franken, ist dieses unzulässig[1141]. Der Prozess wird nicht überwiesen (Art. 227 Abs. 2 ZPO).

1139 BGer 4A_439/2014 vom 16.2.2015, in: SZZP 3/2015, S. 233, Kommentar *Lorenz Droese*.
1140 Art. 270*a* OR; BGE 122 III 20 E. 4c, in: mp 2/1996, S. 94.
1141 BSK ZPO-*Willisegger*, Art. 227 N 58.

7. Die Hauptverhandlung

Die Hauptverhandlung beginnt mit den ersten Parteivorträgen, gefolgt von Replik und 850
Duplik (Art. 228 Abs. 1 und 2 ZPO). Nach Abschluss der Beweisabnahme können die
Parteien zum Beweisergebnis und zur Sache Stellung nehmen. Die klagende Partei
plädiert zuerst. Das Gericht gibt Gelegenheit zu einem zweiten Vortrag (Art. 232
Abs. 1 ZPO).

Nach Art. 228 ff. ZPO haben die Parteien Anspruch auf die *Durchführung einer münd-* 851
lichen Hauptverhandlung. Art. 233 ZPO gibt ihnen aber die Möglichkeit, gemeinsam
auf die Durchführung einer solchen zu verzichten. Ein Verzicht auf eine Hauptverhandlung dient in erster Linie der Verfahrensbeschleunigung und ist insbesondere
dann angezeigt, wenn eine Beweisführung nicht mehr nötig ist.

Die Parteien können nach Art. 233 ZPO sowohl auf die vollständige Hauptverhand- 852
lung (Parteivorträge, Beweisverfahren, Schlussvorträge) als auch nur auf einen der
drei Teilabschnitte verzichten. Ein *Verzicht* nach Art. 233 ZPO lässt einen Teilverzicht
zu, wobei ein pauschal erklärter Verzicht nicht *per se* als Gesamtverzicht zu werten
ist[1142].

8. Protokoll

Im Unterschied zum Schlichtungsverfahren, bei dem kein Protokoll geführt wird 853
(Art. 205 Abs. 1 ZPO), verlangt die ZPO, dass über jede Verhandlung im ordentlichen
wie im vereinfachten Verfahren *Protokoll* geführt wird (Art. 235 Abs. 1 ZPO). Umfang
und Inhalt des Protokolls werden in Art. 235 Abs. 1–3 ZPO geregelt.

Handschriftliche Notizen bilden ein Protokoll i.S.v. Art. 235 Abs. 1 ZPO, selbst wenn 854
sie erst nach Eingang einer Berufung in maschinenschriftliche Form überführt werden[1143].

9. Novenrecht

Das *Novenrecht* beantwortet die Frage, ob, unter welchen Bedingungen und bis wann 855
neue Vorbingen noch geltend gemacht werden können. Dabei wird zwischen echten
und unechten Noven unterschieden (Art. 229 ZPO). Das Novenrecht im ordentlichen
Verfahren unterscheidet sich wesentlich von jenem im vereinfachten Verfahren.

Echte Noven sind neue Tatsachen und Beweismittel, die erst nach Abschluss des Schrif- 856
tenwechsels oder nach der letzten Instruktionsverhandlung entstanden sind oder ge-

---

1142 BGer 4A_47/2015 vom 2.6.2015 E. 3.2, in: ius.focus 9/2015, S. 22, Kommentar *Jeremy Mätzener*.
1143 BGer 4A_57/2015 vom 5.6.2015 E. 2.3, in: SZZP 5/2015, S. 408.

funden worden sind (Art. 229 Abs. 1 lit. a ZPO). Sie dürfen grundsätzlich ohne Beschränkung vorgebracht werden[1144]. *Unechte Noven* sind Tatsachen und Beweismittel, die bereits vor Abschluss des Schriftenwechsels oder vor der letzten Instruktionsverhandlung vorhanden waren, trotz zumutbarer Sorgfalt aber nicht vorher vorgebracht werden konnten (Art. 229 Abs. 1 lit. b ZPO). Die zumutbare Sorgfalt beurteilt sich im Einzelfall aus der Sicht vor dem Aktenschluss. Handelt eine Partei selber im Prozess, können die Kompliziertheit des Prozessthemas, die Prozesserfahrung und die Bildung mitberücksichtigt werden[1145]. Ganz allgemein kann gesagt werden, dass bei Geltendmachung unechter Noven eine hohe Prozesshürde überwunden werden muss.

857 Grundsätzlich sind Tatsachen und Behauptungen im *Rahmen des Schriftenwechsels* bzw. der Instruktionsverhandlung vorzubringen, mithin müssen sie zu Beginn der Hauptverhandlung vorliegen. Findet eine Instruktionsverhandlung nach Durchführung eines doppelten Schriftenwechsels statt, sind Tatsachenbehauptungen und Beweisangebote anlässlich dieser Verhandlung unzulässig[1146].

858 Die Noven sind ohne *Verzug* vorzubringen, nachdem sie entstanden sind oder gefunden worden sind, spätestens aber zu Beginn der Hauptverhandlung. Ohne Verzug heisst wenige Tage, höchstens eine Woche. Im Übrigen richtet sich das Verfahren nach den Art. 228 ff. ZPO[1147].

859 Eine materiell-rechtliche Einrede wie die *Verrechnungseinrede* kann nur berücksichtigt werden, wenn die Tatsachenbehauptungen und Beweisanträge, mit denen sie begründet wird, novenrechtlich zulässig sind. Alle einredebegründenden Tatsachen und diesbezügliche Beweismittel fallen unter das Novenrecht[1148].

860 Die Frage, bis zu welchem prozessualen *Zeitpunkt* die Parteien neue Tatsachen und Beweismittel vorbringen können, war in der Lehre und in den Beratungen der eidgenössischen Räte sehr umstritten. Die Diskussion bildet die unterschiedlichen altrechtlichen kantonalen Regelungen ab[1149].

10. Entscheid

a) End- und Zwischenentscheid

861 Sofern die Angelegenheit spruchreif ist, wird ein *Endentscheid* gefällt oder zur Hauptverhandlung vorgeladen (Art. 223 Abs. 2 ZPO). Spruchreife liege vor, wenn nach Mass-

---

1144 *Leuenberger*, in: Sutter-Somm/Hasenböhler/Leuenberger (Hrsg.), Art. 229 ZPO N 5.
1145 *Leuenberger*, in: Sutter-Somm/Hasenböhler/Leuenberger (Hrsg.), Art. 229 ZPO N 8.
1146 BGE 140 III 312 = BGer 4A_73/2014 vom 19.6.2014, in: SZZP 6/2014, S. 538, Kommentar *François Bohnet*; *Leuenberger*, SZZP 1/2014, S. 86 ff.
1147 Es wird auf die verschiedenen Kommentare zu Art. 228 und 229 ZPO verwiesen.
1148 BGer 4A_432/2013 vom 13.1.2014.
1149 *Leuenberger*, in: Sutter-Somm/Hasenböhler/Leuenberger (Hrsg.), Art. 229 ZPO N 2.

gabe der einschlägigen Rechtsnormen ein Entscheid über das klägerische Rechtsbegehren ergehen kann. An der Spruchreife fehlt es jedoch, wenn die Vorbringen der klagenden Partei unklar, widersprüchlich, unbestimmt oder offensichtlich unvollständig sind. Diesfalls ist zur Hauptverhandlung vorzuladen[1150]. Das Verfahren wird durch den Sach- oder Nichteintretensentscheid (Urteil) des Gerichtes abgeschlossen (Art. 236 Abs. 1 ZPO). Das Gericht urteilt mit Mehrheitsentscheid (Art. 236 Abs. 2 ZPO).

End- und Zwischenentscheide sind voneinander abzugrenzen, was insbesondere bei der Frage der Zulässigkeit einer Anfechtung beim Bundesgericht von Bedeutung ist. Ein *Endentscheid* ist ein prozesserledigender Entscheid, der das Verfahren innerhalb der damit befassten Instanz (vorbehältlich des Weiterzugs) zum Abschluss bringt (Art. 236 Abs. 1 ZPO)[1151]. Der Entscheid kann ein Sachentscheid oder ein Nichteintretensentscheid sein[1152]. Das Gericht kann einen *Zwischenentscheid* treffen, wenn durch abweichende oberinstanzliche Beurteilung sofort ein Endentscheid herbeigeführt und so ein bedeutender Zeit- oder Kostenaufwand gespart werden kann (Art. 237 Abs. 1 ZPO). Der Zwischenentscheid ist selbstständig anzufechten; eine spätere Anfechtung zusammen mit dem Endentscheid ist ausgeschlossen (Art. 237 Abs. 2 ZPO). Ein Zwischenentscheid schliesst das Verfahren nicht ab.

862

Der *Teilentscheid* beurteilt einen selbständigen Teil eines Rechtsstreits und schliesst diesen Teil endgültig ab[1153]. Teilentscheide werden in der ZPO nicht speziell erwähnt.

863

b) *Eröffnung des Entscheids*

Der *notwendige Inhalt* eines Entscheids ist in Art. 238 ZPO geregelt:

864

Art. 238 ZPO

Ein Entscheid enthält:
a. die Bezeichnung und die Zusammensetzung des Gerichts;
b. den Ort und das Datum des Entscheids;
c. die Bezeichnung der Parteien und ihrer Vertretung;
d. das Dispositiv (Urteilsformel);
e. die Angabe der Personen und Behörden, denen der Entscheid mitzuteilen ist;
f. eine Rechtsmittelbelehrung, sofern die Parteien auf die Rechtsmittel nicht verzichtet haben;
g. gegebenenfalls die Entscheidgründe;
h. die Unterschrift des Gerichts.

1150 HGer ZH, 130183, 9.4.2014, in: ius.focus 12/2015, S. 23, Kommentar *Desirée Dietlin*.
1151 Vgl. Art. 90 BGG: Die Beschwerde ist zulässig gegen Entscheide, die das Verfahren abschliessen.
1152 BGE 135 V 153.
1153 BGE 135 III 212; BGer 4C.197/2006 vom 6.10.2006.

865 Der Entscheid wird durch Zustellung oder Übergabe des schriftlichen Dispositivs *eröffnet* (Art. 239 ZPO). Die Übergabe des schriftlichen Dispositivs erfolgt in der Hauptverhandlung. Es muss nicht, kann aber kurz begründet werden. Die Begründung muss sich nicht mit allen entscheidrelevanten Argumenten auseinandersetzen, soll aber so abgefasst sein, dass der Betroffene den Entscheid sachgerecht anfechten kann[1154]. Es ist zulässig, das Entscheiddispositiv den Parteien per Post zuzustellen. Es gelten die Zustellregeln von Art. 138 ZPO. Bei einer schriftlichen Eröffnung ist die Unterzeichnung des Entscheids Gültigkeitsvoraussetzung. Das Fehlen einer eigenhändigen Unterschrift kann, Rechtsmissbrauch vorbehalten, die Nichtigkeit des Aktes zur Folge haben[1155]. Wer den Entscheid zu unterschreiben hat, richtet sich nach kantonalem Recht. Dieses kann vorsehen, dass lediglich ein Gerichtsschreiber unterzeichnet[1156].

866 Der Entscheid muss – auf Antrag der obsiegenden Partei – auch die Anordnung von *Vollstreckungsmassnahmen* umfassen (Art. 236 Abs. 3 i.V.m. Art. 337 ZPO). Damit kann ein Entscheid direkt vollstreckt werden, ohne dass die Partei ein eigenes Vollstreckungsgesuch stellen muss. Die möglichen Vollstreckungsmassnahmen sind in Art. 343 ZPO aufgeführt.

c) Begründung des Entscheids

867 Der Entscheid muss eine *Rechtsmittelbelehrung* (Art. 238 lit. f ZPO) enthalten, mit dem Verweis auf die Möglichkeit, innert 10 Tagen eine schriftliche Entscheidbegründung verlangen zu können. Einer Partei darf aus einer falschen Rechtsmittelbelehrung grundsätzlich kein Nachteil erwachsen[1157]. Dies gilt allerdings unter dem Vorbehalt, dass sich nur derjenige nach Treu und Glauben auf eine fehlerhafte Rechtsmittelbelehrung verlassen darf, der deren Unrichtigkeit nicht kannte oder bei gebührender Aufmerksamkeit nicht hätte erkennen können. Der Vertrauensschutz versagt insbesondere bei anwaltlich vertretenen Parteien, wenn der Mangel in der Rechtsmittelbelehrung bereits aus der massgebenden Verfahrensbestimmung ersichtlich gewesen wäre[1158].

868 Auf Verlangen ist der Entscheid zu begründen. Die *Begründung* muss innert 10 Tagen seit Zustellung bzw. Eröffnung des Entscheids verlangt werden. Wird keine Begründung verlangt, gilt dies als Verzicht auf die Anfechtung (Art. 239 Abs. 2 ZPO). Mit der

---

1154 BGE 139 III 439.
1155 BGer 9C_511/2014 vom 26.9.2014, in: SZZP 1/2015, S. 48.
1156 BGer 4A_20/2011 vom 11.4.2011; *Stähelin*, in: Sutter-Somm/Hasenböhler/Leuenberger (Hrsg.), Art. 238 ZPO N 43.
1157 Vgl. § 94 Abs. 2 JG des Kantons Schwyz.
1158 BGE 141 III 270 = BGer 5A_878/2014 vom 17.6.2015 E. 3.2, in: SZZP 5/2015, S. 436; BGer 5A_536/2011 vom 12.12.2011, in: ius.focus 4/2012, S. 17, Kommentar *Thomas Gelzer*.

Abweisung des Gesuchs um eine Urteilsbegründung infolge Nichteinhaltung der Frist nach Art. 239 Abs. 2 ZPO findet das erstinstanzliche Verfahren seinen definitiven Abschluss. Die entsprechende Verfügung stellt daher einen Endentscheid dar, der einer Rechtsmittelbelehrung bedarf (Art. 238 lit. f ZPO)[1159].

Die ZPO regelt die Frage nicht, was passiert, wenn eine Partei Berufung oder Beschwerde einlegt, ohne zuerst die *schriftliche Begründung* zu verlangen. Ein Teil der Lehre vertritt die Ansicht, grundsätzlich sei auf das Rechtsmittel nicht einzutreten[1160]. Dies ist unbefriedigend, nicht zweckgerecht und bürgerfremd. Wer Berufung oder Beschwerde gegen einen unbegründeten Entscheid einlegt, gibt damit zu erkennen, dass er den Entscheid mit dem ihm zur Verfügung stehenden Rechtsmittel anfechten will[1161]. Ist die 10-tägige Frist noch nicht abgelaufen, hat die Rechtsmittelinstanz jedenfalls in Anwendung von Art. 56 ZPO darauf hinzuweisen, dass zuerst eine schriftliche Begründung verlangt werden muss.

869

Die unterlegene Partei kann für die Zeitspanne bis zum Vorliegen der schriftlichen Begründung eines Entscheids vorsorglich bei der Beschwerdeinstanz den *Aufschub der Vollstreckbarkeit* bis zur Einreichung der Beschwerde beantragen. Die gesuchstellende Partei hat einen drohenden, nicht leicht wiedergutzumachenden Nachteil sowie die Dringlichkeit glaubhaft zu machen[1162].

870

Da fingiert wird, dass die Parteien auf die *Einlegung eines Rechtsmittels* (Berufung oder Beschwerde) verzichten, wenn sie keine Begründung verlangen (Art. 239 Abs. 2 ZPO), ist es ratsam, vorsorglich eine Begründung zu verlangen. Dies umso mehr, da erst nach Vorlage der Begründung die Chancen eines Weiterzugs seriös beurteilt werden können. Auch eine Partei, die den Entscheid nicht anfechten will, hat unter Umständen ein Interesse an einer Begründung, wenn zum Beispiel befürchtet wird, ein nicht schriftlich begründeter Entscheid sei im Ausland nicht vollstreckbar[1163].

871

Kann der Entscheid mit Beschwerde an das *Bundesgericht* weitergezogen werden, so muss er begründet werden (Art. 239 Abs. 3 ZPO i.V.m. Art. 112 BGG).

872

11. Beendigung des Verfahrens ohne Entscheid

a) Vergleich, Klageanerkennung, Klagerückzug

Der Gedanke der *gütlichen Einigung* ist auch dem Gerichtsverfahren nicht fremd. Das Gericht kann jederzeit Instruktionsverhandlungen ansetzen und versuchen, eine Eini-

873

1159 BGer 5D_160/2014 vom 26.1.2015 E. 2.6, in: SZZP 3/2015, S. 243.
1160 BSK ZPO-*Steck*, Art. 239 N 25; kritisch: KUKO ZPO-*Naegeli/Mayhall*, Art. 239 N 16.
1161 KUKO ZPO-*Naegeli/Mayhall*, Art. 239 N 16; *Staehelin*, in: Sutter-Somm/Hasenböhler/Leuenberger (Hrsg.), Art. 239 ZPO N 31.
1162 KGer BL, 410 12 182/LIA, 19.6.2012, in: ius.focus 4/2013, S. 22, Kommentar *Thomas Gelzer*.
1163 BK-*Killias*, Art. 230 ZPO N 21.

gung herbeizuführen (Art. 226 Abs. 1 ZPO). Sehr oft gelingt es den Gerichtsinstanzen, die Parteien zur Einigung zu führen, wobei – im Unterschied zum Schlichtungsverfahren – das Kostenargument, subtil und geschickt eingesetzt, das Seinige zur Einigung beiträgt.

874 Mit den drei Rechtsbehelfen *Vergleich, Klageanerkennung und Klagerückzug* wird der Prozess unmittelbar erledigt (Art. 241 Abs. 1 ZPO). Auch ein Teilrückzug ist vorstellbar[1164]. Klageanerkennung und Klagerückzug sind Abstandserklärungen gegenüber dem Gericht. Die Einigungserklärung muss schriftlich zu Handen des Protokolls abgegeben werden, sei es in der Verhandlung selbst oder aber mit Einreichung des von den Parteien aussergerichtlich unterzeichneten Vergleichs. Wird die Erklärung mündlich im Gerichtstermin abgegeben, ist diese zu protokollieren und zu unterschreiben.

875 Ein Vergleich, eine Klageanerkennung und ein (vorbehaltloser) Klagerückzug sind *Entscheidsurrogate* und sofort rechtskräftig und vollstreckbar (Art. 241 Abs. 2 ZPO). Gestützt darauf wird das Verfahren abgeschrieben. Im Abschreibungsbeschluss werden die Kosten- und Entschädigungsfolgen geregelt. Bei einem gerichtlichen Vergleich trägt jede Partei die Prozesskosten nach Massgabe des Vergleichs (Art. 109 Abs. 1 ZPO). Wird ein Fall vor Bundesgericht durch Abstandserklärung oder Vergleich erledigt, so kann auf die Erhebung von Gerichtskosten ganz oder teilweise verzichtet werden (Art. 66 Abs. 2 BGG).

876 Es gibt Konstellationen, bei denen beim Klagerückzug *keine Rechtskraftwirkung* eintritt:

- Wird eine Eingabe, die mangels Zuständigkeit zurückgezogen wurde oder auf die nicht eingetreten wurde, innert eines Monates seit dem Rückzug oder dem Nichteintretensentscheid bei der zuständigen Schlichtungsbehörde oder beim zuständigen Gericht neu eingereicht, so gilt als Zeitpunkt der Rechtshängigkeit das Datum der ersten Einreichung. Gleiches gilt, wenn eine Klage nicht im richtigen Verfahren eingereicht wurde (Art. 63 ZPO).
- Wer eine Klage beim zum Entscheid zuständigen Gericht zurückzieht, kann gegen die gleiche Partei über den gleichen Streitgegenstand einen zweiten Prozess führen, sofern das Gericht die Klage der beklagten Partei noch nicht zugestellt hat und diese dem Rückzug zustimmt (Art. 65 ZPO).
- Im Schlichtungsverfahren kann eine Klage mit dem Vorbehalt der Wiedereinbringung zurückgezogen werden (Art. 208 ZPO).

877 Der gerichtliche Vergleich selbst hat zwar die Wirkung eines rechtskräftigen Entscheids (Art. 241 Abs. 2 ZPO), kann aber einzig mit *Revision* nach ZPO angefochten werden (Art. 328 Abs. 1 lit. c ZPO)[1165]. In Bezug auf materielle oder prozessuale Män-

---

1164 *Staehelin/Staehelin/Grolimund*, § 23 Rz 20.
1165 Botschaft ZPO, S. 7380.

gel des Vergleichs ist die Revision mithin primäres und ausschliessliches Rechtsmittel. Gegen einen Vergleich stehen weder die Berufung und Beschwerde nach der ZPO noch die Beschwerde nach dem BGG offen[1166].

Nach Art. 328 Abs. 1 lit. c ZPO sind von der Revision aber nur Gründe wie die Parteidispositionen erfasst, die Entscheidsurrogate bilden, nicht aber Verfahrensabschreibungen nach Art. 241 Abs. 3 ZPO. Somit sind Berufung und Beschwerde gegen *Abschreibungsentscheide* dann zulässig, wenn das Vorliegen einer Klageanerkennung als prozessuale Voraussetzung für die Verfahrensabschreibung umstritten ist. Die Bezeichnung der Verfahrensabschreibung als rein deklaratorischer Entscheid ist missverständlich. Vielmehr handelt es sich um einen «anderen erstinstanzlichen Entscheid» nach Art. 319 lit. b Ziff. 2 ZPO[1167]. 878

b) Gegenstandslosigkeit

Endet das Verfahren aus anderen Gründen ohne Entscheid, so wird es abgeschrieben (Art. 242 ZPO). Ausschlaggebend für die Abschreibung wegen *Gegenstandslosigkeit* ist immer, dass im Verlauf des Verfahrens eine Sachlage eintritt, die das Rechtsschutzinteresse ausschliesst. 879

Beispiel

Wird eine Mieterin zwangsweise aus einer Mietwohnung ausgewiesen oder verlässt sie diese von sich aus, nachdem sie eine andere Wohnung gefunden hat, und übergibt sie die Wohnung der Vermieterschaft, sind nach der bundesgerichtlichen Praxis Beschwerdeverfahren, welche die Anfechtung der Kündigung sowie die Ausweisung des Mieters betreffen, als gegenstandslos abzuschreiben (Art. 32 Abs. 2 BGG; Art. 242 ZPO)[1168].

Im Abschreibungsbeschluss sind die *Prozesskosten* festzulegen (Art. 95 ff. ZPO) und es ist über deren Verteilung zu befinden (Art. 104 ff. ZPO). 880

Ist ein Beschwerdeführer zur Anfechtung in der Sache selber nicht legitimiert oder hat er kein aktuelles Interesse mehr an der Anfechtung des Hauptsachenentscheids, kann er dennoch gegen den *Kostenentscheid* Beschwerde führen, da er durch diesen persönlich und unmittelbar in seinen Interessen betroffen wird[1169]. Damit darf aber nicht die Absicht verfolgt werden, indirekt über den Kostenentscheid eine Überprüfung des 881

1166 BGE 139 III 133 = BGer 4A_605/2012 vom 22.2.2013, E. 1.3.
1167 KGer SZ, ZK2 2013 54, 7.11.2013, in: ius.focus 6/2015, S. 21, Kommentar *Lukas Kummer*.
1168 BGer 4A_364/2014 vom 18.9.2014 E. 1.1; BGE 131 I 242 E. 3.3 S. 247 f.; BGer 4A_622/2013 vom 26.5.2014 E. 1; BGer 4P.294/2000 und 4C.382/2000 vom 27.2.2001 E. 2; *Lachat*, CPC, S. 148 f., Ziff. 2.8.3.
1169 BGE 117 Ia 251 E. 1b S. 255.

Entscheids in der Hauptsache zu erwirken[1170]. Der Beschwerdeführer kann nur geltend machen, die Kostenverlegung sei aus einem anderen Grund als dem blossen Umstand, dass sie in der Hauptsache unterlag, verfassungs- oder bundesrechtswidrig[1171].

882 Das Bundesgericht bzw. das kantonale Obergericht kann den vorinstanzlichen *Kostenentscheid* nur ändern, wenn es das angefochtene Urteil in der Sache selber ändert (Art. 67 BGG; Art. 318 Abs. 3 ZPO), was bei Gegenstandslosigkeit nicht der Fall ist. Dem Umstand, dass der Beschwerdeführer mit Kosten des kantonalen bzw. bundesgerichtlichen Verfahrens belastet bleibt, von denen nicht feststeht, ob sie auch bei materieller Behandlung der Beschwerde von ihm zu tragen gewesen wären, kann allerdings im Rahmen der Billigkeit beim bundesgerichtlichen bzw. kantonalen Kostenentscheid Rechnung getragen werden (Art. 67 BGG; Art. 107 ZPO)[1172].

883 Erklärt das Bundesgericht einen Rechtsstreit als erledigt, entscheidet es mit summarischer Begründung über die *Prozesskosten* aufgrund der Sachlage vor Eintritt des Erledigungsgrunds (Art. 71 BGG i.V.m. Art. 72 BZP). Es steht ihm dabei ein weites Ermessen zu.

884 In erster Linie ist auf den *mutmasslichen Verfahrensausgang* abzustellen. Es muss bei einer summarischen Beurteilung der Aktenlage sein Bewenden haben, bei der nicht auf alle Rügen einzeln und detailliert einzugehen ist. Lässt sich der mutmassliche Ausgang des Verfahrens nicht ohne weiteres feststellen, ist auf allgemeine prozessrechtliche Kriterien zurückzugreifen. Danach wird in erster Linie jene Partei kosten- und entschädigungspflichtig, die das gegenstandslos gewordene Verfahren veranlasst hat oder bei der die Gründe eingetreten sind, die zur Gegenstandslosigkeit des Verfahrens geführt haben[1173].

885 Wenn der Streitgegenstand nach Eintritt der Rechtshängigkeit veräussert wird, findet ein *Parteiwechsel* statt, der nicht zur Gegenstandslosigkeit führt.

Beispiel

Die Mietliegenschaft wird nach Rechtshängigkeit eines Mängelprozesses verkauft (Art. 261 OR). Es findet ein Parteiwechsel statt, der Käufer tritt in den Prozess ein.

1170 BGE 100 Ia 298 E. 4 S. 299.
1171 BGer 4A_364/2014 vom 18.9.2014, E. 1.2.2.
1172 BGer 1P.702/2005 vom 22.12.2005 E. 2; kritisch dazu: BSK BGG-*Geiser*, Art. 67 N 4.
1173 BGer 4A_364/2014 vom 18.9.2014 E. 3; BGE 118 Ia 488 E. 4a S. 494; BGer 5A_772/2013 vom 16.5.2014 E. 4.3.1; BGer 4A_134/2012 vom 16.7.2012 E. 4; BGer 2C_825/2011 vom 25.4.2012 E. 2.1; BGer 2C_201/2008 vom 14.7.2008 E. 2.3.

Kapitel 34 Das vereinfachte Verfahren (Art. 243 ff. ZPO)

1. Allgemeines

Das *vereinfachte Verfahren* ist an die Stelle des «einfachen und raschen» Verfahrens getreten, das vom Bundesrecht unter anderem für Mietstreitigkeiten vorgesehen war (Art. 274d Abs. 1 aOR)[1174]. Es kommt nicht zur Anwendung bei Streitigkeiten vor der einzigen kantonalen Instanz (Art. 5 und 8 ZPO) und vor dem Handelsgericht (Art. 6 ZPO).

886

Das vereinfachte Verfahren ist ein *einlässlicher Prozess* mit voller Beweis- und Kognitionsbefugnis. Es zeichnet sich aber durch erleichterte Formen vorherrschender Mündlichkeit, der Anwendung der sozialen Untersuchungsmaxime (insbesondere in Mietrechtsstreitsachen), der teilweisen Durchbrechung des Anwaltsmonopols und einer verstärkten Prozessleitung aus, womit es auch laientauglich sein sollte (Art. 244 ZPO)[1175]. Die Grundsätze des sozialen Zivilprozesses finden Anwendung, wo Ungleichgewichtslagen zwischen den Parteien zu beurteilen sind[1176]. Ergänzend gelten die Bestimmungen des ordentlichen Verfahrens, insbesondere die Bestimmungen über die Widerklage, die Säumnisfolgen und die Beweisabnahmen.

887

2. Geltungsbereich

a) Bei mietrechtlichen Forderungsstreitigkeiten

Bei vermögensrechtlichen, auch mietrechtlichen Streitigkeiten bis zu einem Streitwert von 30 000 Franken, gilt das vereinfachte Verfahren (Art. 243 Abs. 1 ZPO)[1177]. In Streitigkeiten aus Miete und Pacht von Wohn- und Geschäftsräumen bis zu einem *Streitwert* von 30 000 Franken wird der Sachverhalt von Amtes wegen festgestellt (Untersuchungsmaxime; Art. 247 Abs. 2 lit. b Ziff. 1 ZPO). Übersteigt der Streitwert 30 000 Franken und handelt es sich nicht um Streitigkeiten betreffend Hinterlegung des Mietzinses, Schutz vor missbräuchlichen Mietzinsen, Kündigung und Erstreckung, ist das ordentliche Verfahren anzuwenden (Art. 219 ff. ZPO), in dem die Dispositionsmaxime mit dem Verhandlungsgrundsatz gilt.

888

Die Mieter haben es in einem gewissen Masse in der Hand, im *vereinfachten Verfahren* zu bleiben oder ins ordentliche Verfahren zu «geraten».

889

1174 *Grütter*, Recht aktuell 2011; *Brunner*, Recht aktuell 2012; *Domej*, Recht aktuell 2014.
1175 *Gasser/Rickli*, Art. 243 ZPO N 2.
1176 DIKE-Komm-ZPO-*Brunner*, Art. 243 N 4.
1177 Zum Begriff des Streitwertes vgl. N 328 ff.

> **Beispiel**
>
> Macht die Mieterin Mängelrechte geltend und verlangt sie gestützt auf Art. 259d OR eine Mietminderung im Umfang von 35 000 Franken, wird diese Forderung nach gescheitertem Schlichtungsversuch im ordentlichen Verfahren beurteilt. Hinterlegt die Mieterin den Mietzins und macht die Mietminderung im Rahmen des Hinterlegungsverfahrens (Art. 259g ff. OR) geltend, gilt das vereinfachte Verfahren mit den Vorteilen der vereinfachten Klage und der Untersuchungsmaxime. Reduziert die Mieterin den Streitwert schliesslich auf 30 000 Franken oder reicht sie eine Teilklage (Art. 86 ZPO) in diesem Umfang ein, kommt ebenfalls das vereinfachte Verfahren zur Anwendung.

890 Wie verhält es sich, wenn mehrere mietrechtliche Begehren gestellt werden, wobei eines nach *Streitwert*, ein anderes unabhängig davon dem vereinfachten Verfahren untersteht?

> **Beispiel**
>
> Die Mieterin macht Mängel an der Mietsache geltend und hinterlegt Mietzinse im Umfang von knapp 30 000 Franken, was nach Art. 243 Abs. 2 ZPO ungeachtet des Streitwertes im vereinfachten Verfahren zu beurteilen ist. Daneben verlangt sie vom Vermieter eine Zahlung von rund 12 000 Franken wegen zu Unrecht bezahlter Nebenkosten.

Wie die Frage nach dem Zusammenrechnen bzw. der Zulässigkeit verschiedener Begehren mietrechtlicher Natur zu beantworten ist, wenn eines nach Streitwert, ein anderes unabhängig davon dem vereinfachten Verfahren untersteht, wurde bislang vom Bundesgericht nicht abschliessend beurteilt. Es ist zu beachten, dass mehrere Begehren eines oder mehrerer Kläger zusammengerechnet werden (Art. 93 Abs. 1 ZPO), die Verfahrensart aber nur bei mehreren Klägern erhalten bleibt (um im Bereich des sozialen Zivilprozesses das gemeinsame Vorgehen nicht zu erschweren, also etwa bei einer Mehrzahl von Mietern), und nicht bei mehreren Begehren des nämlichen Klägers (etwa zwei Begehren i.S.v. Art. 243 Abs. 1 ZPO, welche zusammen 30 000 Franken übersteigen). Anderseits sind die Sachverhalte von Art. 243 Abs. 2 ZPO immer im vereinfachten Verfahren zu behandeln, also etwa ein Erstreckungsbegehren mit dem Streitwert von 100 000 Franken. Der entscheidende Punkt wird sein, ob man daneben ein Begehren des nämlichen Klägers über weniger als 30 000 Franken im selben Prozess zulässt. Die Auffassung des Mietgerichts Zürich ist jedenfalls nicht abwegig, dass das Zusammenrechnen nicht oportun ist, weil es bei dem Begehren i.S.v. Art. 243 Abs. 2 ZPO von Gesetzes wegen auf den Streitwert überhaupt nicht ankommt[1178].

1178 OGer ZH, PD140014-O/U, 25.11.2014, E. 3.2.

b) Im Kernbereich des sozialen Mietrechts

Für Klagen aus Miete von Wohn- und Geschäftsräumen betreffend Hinterlegung des Mietzinses, Schutz vor missbräuchlichen Mietzinsen, Kündigung und Erstreckung gilt das vereinfachte Verfahren unabhängig vom Streitwert (Art. 243 Abs. 2 lit. c ZPO)[1179]. Es handelt sich hierbei um den *Kernbereich des sozialen Mietrechts*. Der Sachverhalt wird bei Angelegenheiten nach Art. 243 Abs. 2 lit. c ZPO von Amtes wegen festgestellt (soziale Untersuchungsmaxime[1180]). 891

Ist bei einer ausserordentlichen Kündigung nicht die Anfechtbarkeit, sondern nur die Unwirksamkeit bzw. Nichtigkeit strittig, bleibt es eine offene Frage, ob dafür unabhängig vom Streitwert das vereinfachte Verfahren zur Anwendung kommt. Das Bundesgericht lässt durchblicken, dass auch bei *unwirksamen Kündigungen* das vereinfachte Verfahren ohne Streitwertbegrenzung anwendbar ist[1181], da das Gericht unabhängig vom Streitwert stets den Sachverhalt von Amtes wegen feststelle, wenn der Kündigungsschutz betroffen ist[1182]. 892

Daraus zieht mindestens ein Teil der Lehre den Schluss, die Erleichterungen des vereinfachten Verfahrens gelten nicht nur für «reine» Kündigungsschutzverfahren, sondern auch für Ausweisungsverfahren mit *vorfrageweiser Prüfung der Kündigung*[1183]. Aus Gründen der Rechtssicherheit und der einheitlichen Rechtsanwendung ist – (auch) dem Bundesgericht folgend – von einem weiten Begriff des in Art. 243 Abs. 2 lit. c ZPO erwähnten «Kündigungsschutzes» auszugehen. Ginge man nämlich von einem engen Begriff aus, könnte das dazu führen, dass zum Teil gerade besonders schutzbedürftige Materien (z.B. eine nichtige oder unwirksame Kündigung) dem ordentlichen Verfahren mit seinen erhöhten formellen Anforderungen unterstehen würden, was dem Gedanken des sozialen Mietrechts und damit dem gesetzgeberischen Willen zuwiderlaufen würde[1184]. 893

Einige Autoren[1185] vertreten die Auffassung, der *Begriff «Kündigungsschutz»* sei so aufzufassen, wie er nach Art. 271 ff. OR zu verstehen ist. Dem kann entgegengehalten werden, dass eine systematische Auslegung des Obligationenrechts ergibt, dass sich eine Vielzahl von einschlägigen Kündigungsschutzbestimmungen eben auch ausser- 894

1179 Der Begriff der Hinterlegung i.S.v. Art. 243 Abs. 2 lit. c ZPO umfasst sämtliche Mängelrechte, die der Mieter im Rahmen des Hinterlegungsverfahrens durchsetzen will, u.a. auch Schadenersatzforderungen. Zur Anwendung kommt das vereinfachte Verfahren. Zuständig ist auch in handelsrechtlichen Streitigkeiten das Mietgericht, OGer ZH, NG15007, 13.11.2015, in: ZR 2/2016 Nr. 6, vgl. N 110 ff.
1180 Zum Begriff «Untersuchungsmaxime» vgl. N 140 ff.
1181 BGer 4A_87/2012 vom 10.4.2012, in: mp 3/2012, S. 221.
1182 BGE 139 III 457 = BGer 4A_346/2013 vom 22.10.2013, in: mp 1/2014, S. 59; BGer 4A_451/2011 vom 29.11.2011 E. 2.
1183 BSK ZPO-*Mazan*, Art. 243 N 19a.
1184 Botschaft ZPO, S. 7346.
1185 *Lachat*, CPC, S. 133; *Bohnet*, 16ᵉ Séminaire, N 112, 141, 143.

halb des III. Abschnittes des Achten Titels des OR befinden; so beispielsweise die Frist von Art. 257*d* Abs. 1 und 2 OR, Art. 257*f* Abs. 3 OR, Art. 266*c* und Art. 266*d* OR sowie auch die Formvorschriften von Art. 266*l* und Art. 266*o* OR[1186].

895 Jedenfalls stellt das Bundesgericht bei der Frage der *Nichtigkeit einer Mietzinserhöhung* fest, angesichts der Gesetzessystematik sei das vereinfachte Verfahren ohne jeden Zweifel auf eine Feststellungsklage über die Nichtigkeit einer Mietzinserhöhung immer anwendbar. Damit gilt aber auch die Untersuchungsmaxime[1187].

896 Das Obergericht des Kantons Zürich vertritt die Auffassung, der Streit darüber, ob die Offerte der Vermieterin für den Mietzins in der *Optionsperiode* vertragsgemäss sei, falle nicht unter Art. 243 Abs. 2 lit. c ZPO[1188].

3. Einreichung der Klage

897 Die *Klage* kann schriftlich oder elektronisch eingereicht oder mündlich bei Gericht zu Protokoll gegeben werden (Art. 130 und 244 Abs. 1 ZPO). Auch wenn das vereinfachte Verfahren formelle Erleichterungen bietet, entbindet es die Parteien nicht von der Last, den Sachverhalt – mündlich oder schriftlich – zu behaupten, allenfalls auch mit Hilfe des Gerichtes[1189].

4. Begründung der Klage

a) Keine Begründung

898 Aus Art. 244 Abs. 2 ZPO geht hervor, dass die vereinfachte Klage nicht begründet werden muss[1190]. Dies ist Ausdruck der *Laienfreundlichkeit* des Verfahrens. Das EJPD stellt eine Formularvorlage zur Verfügung[1191]. Der Inhalt der vereinfachten Klage wird von Art. 244 ZPO geregelt:

> **Art. 244 ZPO**
>
> [1] Die Klage kann in den Formen nach Artikel 130 eingereicht oder mündlich bei Gericht zu Protokoll gegeben werden. Sie enthält:
> a. die Bezeichnung der Parteien;
> b. das Rechtsbegehren;

1186 HGer ZH, HG140251-O, 6.3.2015, E. 3.3; *Korak-Disler*, N 221.
1187 BGer 4A_1/2014 vom 26.3.2014, in: mp 3/2014, S. 238.
1188 OGer ZH, NG150002, 4.5.2015, E. 3.5.
1189 BGer 5D_57/2013 vom 2.12.2013.
1190 Die ZPO orientiert sich am sog. Kompetenzverfahren des Kantons Bern, das bis zu einem Streitwert von 8000 Franken die gleiche Regelung kannte.
1191 ‹https://www.bj.admin.ch/bj/de/home/publiservice/service/zivilprozessrecht/parteieingaben formulare.html› (4.5.2016).

c. die Bezeichnung des Streitgegenstandes;
d. wenn nötig die Angabe des Streitwertes;
e. das Datum und die Unterschrift.

² Eine Begründung der Klage ist nicht erforderlich.

³ Als Beilagen sind einzureichen:
a. eine Vollmacht bei Vertretung;
b. die Klagebewilligung oder die Erklärung, dass auf das Schlichtungsverfahren verzichtet werde;
c. die verfügbaren Urkunden, welche als Beweismittel dienen sollen.

Im vereinfachten Verfahren liefert die zwingend beizulegende *Klagebewilligung* die gesetzlich verlangten inhaltlichen Angaben zur Klage nach Art. 244 Abs. 1 lit. a–c ZPO[1192]. 899

b) Begründete Klage

Es steht den Klägern allerdings frei, eine *begründete Klage* einzureichen. Welche Anforderungen an die Begründung zu stellen sind und wie vorzugehen ist, wenn keine umfassend begründete Klage eingereicht wird, ist umstritten. Ein Teil der Lehre vertritt die Ansicht, schon bei einer knappen Begründung sei von einer Klage mit Begründung auszugehen und folglich der Schriftenwechsel zu eröffnen (Art. 245 Abs. 2 ZPO)[1193]. Auf der anderen Seite werden hohe Anforderungen an das Vorliegen einer Begründung gestellt[1194]. 900

Das Obergericht des Kantons Zürich schlägt einen mittleren Weg vor[1195]. Eine äusserst *kurze Klagebegründung* ohne substanziierte Ausführungen zum Rechtsverhältnis stelle eine Klage ohne Begründung dar, folglich sei zur Verhandlung vorzuladen. Es liege im Ermessen des Gerichts, diese Beurteilung vorzunehmen. Es sei dem Beklagten unbenommen, vor der Hauptverhandlung eine schriftliche Stellungnahme einzureichen. Die Waffengleichheit werde nicht tangiert, da der Kläger in der Verhandlung keinen zweiten Parteivortrag erhalte. 901

Dem Urteil des Obergerichtes Zürich ist zuzustimmen. Es entspricht dem Grundanliegen des vereinfachten Verfahrens nach *Beschleunigung und Einfachheit*. Zudem entspricht das Urteil auch der Rechtsprechung des Bundesgerichtes zum unbedingten Replikrecht. Aus dem verfassungsmässigen Anspruch auf rechtliches Gehör (Art. 29 Abs. 2 BV) folgt das Recht einer Partei, sich im Rahmen eines Verfahrens zu unaufge- 902

1192 OGer ZH, PP110020-O/U01, 1.2.2012, in: ius.focus 12/2012, S. 17, Kommentar *Peter Hostansky/Jana Bieli*.
1193 *Hauck*, in: Sutter-Somm/Hasenböhler/Leuenberger (Hrsg.), Art. 245 ZPO N 8; BK-*Killias*, Art. 244 ZPO N 16 und 24 und Art. 245 N 9.
1194 BSK ZPO-*Mazan*, Art. 145 N 11.
1195 OGer ZH, II. ZK, PP 130029, 25.9.2013, in: ius.focus 3/2014, S. 21.

forderten Eingaben der anderen Verfahrenspartei zu äussern (sog. unbedingtes Replikrecht; vgl. N 833 ff.).

5. Vorladung zum Verhandlungstermin

903 Art. 245 Abs. 1 ZPO verlangt nicht, dass nach Einreichung einer unbegründeten Klage unverzüglich zur *Verhandlung vorgeladen* wird. Das Gesetz spricht in Art. 245 Abs. 1 ZPO davon, das Gericht stelle die unbegründete Klage der beklagten Partei zu und lade die Parteien «zugleich» zur Verhandlung vor. Es geht nicht um eine zeitliche Vorgabe, heisst es doch nicht «unverzüglich» oder dergleichen[1196].

904 Liegt eine begründete Klage vor, setzt das Gericht dem Beklagten zunächst eine Frist zur Einreichung einer *schriftlichen Stellungnahme* («Klageantwort»; Art. 245 Abs. 2 ZPO)[1197]. Mit dem Wort «zunächst» bringt der Gesetzgeber zum Ausdruck, dass zuerst der erste Schriftenwechsel stattfindet und dann das Gericht einen weiteren Schriftenwechsel anordnet oder zu einer Verhandlung vorlädt.

6. Durchführung der Verhandlung

a) Obligatorium der mündlichen Verhandlung

905 Die Verhandlung ist grundsätzlich *öffentlich*, die Parteien können aber auf die Durchführung einer öffentlichen mündlichen Verhandlung verzichten. Eine bestimmte Form schreibt das Gesetz dafür nicht vor und die Erklärung kann auch mündlich abgegeben werden. Eine ausdrückliche Äusserung verlangt das Gesetz nicht.

906 Hat die beklagte Partei trotz Fristansetzung keine schriftliche Stellungnahme eingereicht, darf das Gericht nicht verfügen, es werde einen Endentscheid fällen, sofern die Angelegenheit spruchreif sei. Im vereinfachten Verfahren ist die *mündliche Verhandlung* obligatorisch. Der Verzicht der beklagten Partei auf eine vorgängige Stellungnahme kann daher nicht zu einem Säumnisurteil führen[1198]. Das Gericht kann folglich nicht ohne vorgängige Befragung der Parteien von sich aus auf die Durchführung einer Verhandlung verzichten. In einer Streitsache nach Art. 243 Abs. 2 ZPO ist zu berücksichtigen, dass die soziale Untersuchungsmaxime gilt und die mündliche Verhandlung besonders geeignet ist, diese zum Tragen zu bringen (Art. 247 Abs. 2 lit. a ZPO). Daher ist nicht leichthin von einem Verzicht auf eine mündliche Verhandlung

---

1196 BGer 4A_190/2015 vom 13.5.2015 E. 3.2.
1197 Die Anforderungen an die schriftliche Stellungnahme sind nicht sehr hoch und können keinesfalls mit denjenigen der Klageantwort im ordentlichen Verfahren verglichen werden; BSK ZPO-*Mazan*, Art. 245 N 17; CPC-*Tappy*, Art. 245 ZPO N 7.
1198 OGer ZH, PD150004-O/U, 19.3.2015, in: plädoyer 4/2015, S. 60; und in: CAN 4/2015, Nr. 79.

auszugehen, soweit ein solcher überhaupt zulässig ist, was das Bundesgericht offenlässt[1199].

b) *Verzicht auf Durchführung der Verhandlung*

Anders verhält es sich, wenn die Parteien bereits vorgängig wissen, dass die Vorinstanz nicht beabsichtigt, ein mündliches Hauptverfahren durchzuführen. Das Gericht stellt klar, dass es das Verfahren schriftlich durchführen werde, weshalb es einen *zweiten Schriftenwechsel* anordnet. Es weist nach Eingang von Replik und Duplik darauf hin, dass sich die Parteien damit hinreichend zur Sache hätten äussern können und allfällige Bemerkungen innert Frist schriftlich nachzureichen seien. Wenn die anwaltlich vertretene Klägerin nicht auf die Durchführung einer mündlichen Verhandlung besteht, ist davon auszugehen, dass sie damit einverstanden ist, das Verfahren ohne diese durchzuführen[1200]. 907

Reicht die beklagte Partei auch nach *Fristverlängerung* nicht fristgerecht eine Stellungnahme ein, ist sie säumig (Art. 147 Abs. 1 ZPO)[1201] und es wird im Sinne eines peremptorischen Urteils entschieden (Art. 223 Abs. 2 ZPO)[1202]. 908

c) *Beschleunigungs- und Erledigungsprinzip*

Im vereinfachten Verfahren gilt das *Erledigungsprinzip*. Die Streitsache soll möglichst schon im ersten Termin abgeschlossen werden. Auch in diesem Verfahren kann das Gericht jederzeit versuchen, eine Einigung zwischen den Parteien herbeizuführen (Art. 124 Abs. 3 ZPO), auch im Rahmen einer Instruktionsverhandlung. Besteht die Gefahr, dass eine nicht vertretene Partei mit einem Schriftenwechsel überfordert ist, rechtfertigt sich die Anordnung einer Instruktionsverhandlung. 909

Der notwendige *Inhalt des Entscheids* wird von Art. 238 ZPO bestimmt (vgl. N 864). Die Eröffnung und Begründung des Entscheids finden nach den Regeln von Art. 239 ff. ZPO statt (vgl. N 865). 910

1199 BGE 140 III 450 = BGer 4A_65/2014 vom 1.9.2014, in: ius.focus 3/2015, S. 21, Kommentar *Anela Lucic*.
1200 BGer 4A_680/2014 vom 29.4.2015, in: SZZP 4/2015, S. 324.
1201 Vgl. N 593 ff.
1202 BSK ZPO-*Mazan*, Art. 245 N 19.

Kapitel 35 Das Summarverfahren (Art. 248 ff. ZPO)

1. Allgemeines

911 Im Summarverfahren wird ein Rechtsanspruch rasch behandelt und entschieden («schnelles Recht»)[1203]. Der Gesetzgeber beabsichtigt, dem Gericht im summarischen Verfahren einen grossen Spielraum einzuräumen, um die Flexibilität und Schnelligkeit zu gewährleisten[1204]. Dies sind die *Merkmale* des Summarverfahrens:

- Es findet keine Schlichtungsverhandlung statt (Art. 198 lit. a ZPO).
- Die Beweismittel sind beschränkt. Der Beweis ist grundsätzlich mit Urkunden zu erbringen (Art. 254 Abs. 1 ZPO).
- Der Rechtsanspruch ist nicht im strikten Sinne zu beweisen, sondern lediglich glaubhaft zu machen.
- Das Gericht kann auf die Durchführung einer Verhandlung verzichten und aufgrund der Akten entscheiden (Art. 256 Abs. 1 ZPO)[1205].

912 Obwohl sehr viele Streitigkeiten im Summarverfahren erledigt werden, ist dieses nicht das Regelverfahren. Im Prinzip findet das ordentliche Verfahren Anwendung. Es braucht einen Grund nach Art. 248 ZPO, damit das Summarverfahren zum Tragen kommt[1206]. Die *allgemeinen Bestimmungen* der ZPO sind auch im Summmarverfahren unmittelbar anwendbar, es sei denn, es gelten Sondervorschriften (z.B. Ausschluss des Fristenstillstandes; Art. 145 Abs. 2 lit. b ZPO).

2. Geltungsbereich

913 Das Summarverfahren hat einen *weiten Geltungsbereich*:

> **Art. 248 ZPO**
>
> Das summarische Verfahren ist anwendbar:
> a. in den vom Gesetz bestimmten Fällen [Art. 249–251 ZPO];
> b. für den Rechtsschutz in klaren Fällen [Art. 257 ZPO];
> c. für das gerichtliche Verbot [Art. 258–260 ZPO];
> d. für die vorsorglichen Massnahmen [Art. 261–270 ZPO];
> e. für die Angelegenheiten der freiwilligen Gerichtsbarkeit.

1203 *Hasenböhler*, Recht aktuell 2011; *Schwander*, Recht aktuell 2014.
1204 BGer 5A_403/2014 vom 19.8.2014, in: SZZP 6/2014, S. 543, Kommentar *Fridolin Walther*.
1205 Die kantonalen Prozessordnungen werden auch unter der ZPO «Nachwirkungen» zeigen. Wo bisher häufig mündliche Verhandlungen angesetzt wurden, wird dies wohl auch unter der ZPO Usanz bleiben.
1206 BK-*Güngerich*, Art. 248–270 ZPO N 14.

Kapitel 35   Das Summarverfahren (Art. 248 ff. ZPO)

Die *Art. 249 und 250 ZPO* sind Kataloge der wichtigsten Summarsachen aus ZGB und 914
OR und konkretisieren die vom Gesetz bestimmten Fälle (Art. 248 lit. a ZPO). Sie entsprechen kantonalen Regelungen. Die Kataloge sind nicht abschliessend. Die Aufzählungen beschränken sich auf den Kernbereich des materiellen Privatrechts[1207].

Art. 249 und 250 ZPO erwähnen keine mietrechtsspezifischen Anwendungsfälle. Im 915
Verhältnis Vermieter–Mieter sind folgende Konstellationen denkbar:

Beispiele

- Vorläufiger Eintrag eines Bauhandwerkerpfandrechts (Art. 837 Abs. 1 Ziff. 3 ZGB; Art. 249 lit. d Ziff. 5 ZPO);
- Hinterlegung des Mietzinses bei Verzug des Vermieters (Art. 92 und 93 OR; Art. 250 lit. a Ziff. 3 ZPO);
- Hinterlegung des Mietzinses wenn mehrere Personen darauf Anspruch erheben (Art. 168 Abs. 1 OR; Art. 250 lit. a Ziff. 6 ZPO);
- Ermächtigung, dass der Mieter anstelle des Vermieters Arbeiten ausführt (Art. 98 OR; Art. 250 lit. a Ziff. 4 ZPO)[1208];
- definitive oder provisorische Aufhebung des Rechtsvorschlages (Art. 80 und 82 SchKG; Art. 251 lit. a ZPO)[1209];
- Aufhebung oder Einstellung der Betreibung (Art. 85 SchKG; Art. 251 lit. c ZPO).

Die *Kantone* können noch andere Fälle ins Summarverfahren verweisen. Mietrechtlich 916
ist dies bei Art. 266*m* Abs. 2 und 3 OR der Fall, der es dem Richter erlaubt, bei Verweigerung der Zustimmung für die Kündigung der ehelichen Wohnung diese zu verfügen[1210]. Über das eherechtliche Verfahren hat die ZPO den gleichen Sachverhalt in Art. 271 lit. c geregelt. Dieselbe Regelung gilt bei eingetragenen Partnerschaften sinngemäss (Art. 266*m* Abs. 3 OR und Art. 305 lit. b ZPO).

Ebenfalls eine mietrechtliche Implikation hat die Bestimmung von Art. 176 Abs. 1 917
Ziff. 2 ZGB, die die Benützung der *ehelichen Wohnung* bei Aufhebung des gemeinsamen Wohnsitzes regelt. Dies wird im Summarverfahren entschieden (Art. 271 lit. a bzw. Art. 305 lit. b ZPO für eingetragene Partnerschaften).

Zusätzlich aufgelistet werden die Summarsachen des Schuldbetreibungs- und Konkursrechts in Art. 251 ZPO. *Mietrechtsspezifisch* sind am häufigsten folgende Fallkonstellationen anzutreffen: 918

1207 Botschaft ZPO, S. 7349.
1208 Die Mieterin ist bei sog. mittleren Mängeln berechtigt, den Mangel selber zu beheben, ohne dass vorgängig eine gerichtliche Genehmigung eingeholt werden muss (Art. 259*b* lit. b OR).
1209 Meistens wird dem Vermieter die «Rolle» des Gläubigers zugewiesen, da die Mieterin entweder mit Rechtsvorschlag eine Forderung bestreitet oder eigene Forderungen mit dem Mietzins verrechnet (Art. 265 OR).
1210 Z.B.: Kanton Solothurn: § 6 Abs. 2 lit. d EG ZPO; Kanton Bern: Art. 11 Abs. 2 EG ZSJ.

- in den vom Gesetz bestimmten Fällen: das Rechtsöffnungsverfahren;
- beim Rechtsschutz in klaren Fällen: das Ausweisungsverfahren;
- bei den vorsorglichen Massnahmen: Vereitelungsgefahr.

3. Verfahren

a) Einleitung

919 Das Verfahren wird durch ein *Gesuch* eingeleitet (Art. 252 Abs. 1 ZPO). Die Einreichung bewirkt die Rechtshängigkeit und es entsteht ein Prozessrechtsverhältnis.

920 Das Gesuch kann nach den Formen von Art. 130 ZPO eingereicht werden. Das Rechtsbegehren muss so bestimmt sein, dass es im Fall der Gutheissung zum Urteil erhoben werden kann. Auf ein nicht genügend bestimmtes Gesuch ist nicht einzutreten[1211]. In einfachen und dringenden Fällen kann das *Gesuch beim Gericht zu Protokoll gegeben* und dort unterzeichnet werden. An die mündliche Eingabe sind hohe Anforderungen hinsichtlich der Bestimmtheit zu stellen. Einfachheit und Dringlichkeit müssen kumulativ gegeben sein. Es verbleibt für die mündliche Eingabe der Personenkreis der nicht rechtskundig vertretenen Partei[1212].

921 Auch im Summarverfahren hat das Gericht das *Vorliegen der Prozessvoraussetzungen* umfassend abzuklären (Art. 60 ZPO)[1213]. Das Gericht kann einen Kostenvorschuss (Art. 98 ZPO), evtl. eine Sicherheitsleistung für die Parteientschädigung (Art. 99 Abs. 1 ZPO) verlangen.

b) Schriftenwechsel

922 Es findet ein *«kleiner» Schriftenwechsel* statt, indem der Gegenpartei die Möglichkeit einer schriftlichen oder mündlichen Stellungnahme eingeräumt wird (Art. 253 ZPO). Die Gegenpartei, die zur schriftlichen Stellungnahme eingeladen wurde, hat ihre Ausführungen in tatsächlicher und rechtlicher Hinsicht vollständig bereits in ihrer schriftlichen Stellungnahme vorzubringen. Art. 229 Abs. 2 ZPO ist nicht anwendbar[1214].

923 Nur ausnahmsweise findet ein *erweiterter Schriftenwechsel* statt, insbesondere dann, wenn in der Gesuchantwort neue und erhebliche Behauptungen vorgebracht werden, zu denen sich der Gesuchsteller noch nicht äussern konnte und das Gericht in einem Aktenprozess entscheidet.

1211 OGer ZH, LF140001-O/U, 30.1.2014, in: CAN 3/2014, S. 143.
1212 BSK ZPO-*Mazan*, Art. 252 N 7; DIKE-Komm-ZPO-*Kaufmann*, Art. 252 N 5.
1213 KGer BL, 4.2.2014, 410 13 3000/LIA, CAN 3/2014, S. 140.
1214 KGer SG, BS 2013.10, 17.2.2014.

In diesem Zusammenhang sei auf die Praxis des Bundesgerichtes zum unbedingten 924
Replikrecht verwiesen[1215]. Die Summarbehörde kann sich in einer ersten Phase darauf
beschränken, weitere Eingaben einer Partei der Gegenpartei zur Kenntnisnahme zuzustellen, ohne sie formell auf ihr Replikrecht hinzuweisen. Damit ist die Gegenpartei in
der Lage, dieses auszuüben. Enthält sich die Gegenpartei einer Stellungnahme, kann
nach Ablauf einer angemessenen Frist angenommen werden, sie habe auf ihr Replikrecht verzichtet.

Stellt indes eine Partei unverzüglich nach Erhalt einer Eingabe ausdrücklich ein *Ge-* 925
such um Ansetzung einer Frist zur Stellungnahme, so hat das Gericht über diesen Antrag vor dem Sachentscheid zu befinden, andernfalls das rechtliche Gehör der ersuchenden Partei verletzt wird[1216].

Eine *Widerklage* im Summarverfahren ist zulässig. Es gilt sinngemäss Art. 224 ZPO[1217]. 926

c) *Säumnis*

Die *Säumnisfolgen im Summarverfahren* werden kontrovers diskutiert. Das Bundesge- 927
richt hat bei einem Rechtsöffnungsverfahren entschieden, dass bei Säumnis des Gesuchgegners sofort zu entscheiden und keine Nachfrist nach Art. 223 ZPO anzusetzen
sei[1218]. Ob dieser Entscheid auch für andere Summarverfahren Anwendung findet,
bleibt aber offen, hat das Bundesgericht doch im selben Entscheid angedeutet, es
gebe Gründe, dass im Summmarverfahren dieselben Verfahrensgarantieren gelten
müssten wie im ordentlichen Verfahren.

Die *Säumnisregelung im Summarverfahren* bedarf der höchstrichterlichen Regelung. 928
Die Kommentare bilden die Kontroverse ab, wobei sich eine «liberale» und «strenge»
Fraktion gebildet hat[1219].

1215 Vgl. N 833 ff.; BGE 138 I 484 = BGer 1C_142/2012 vom 18.12.2012, in: ZBJV I/2014, S. 2, Kommentar *Christoph Leuenberger*; BGer 4A_648/2011 vom 4.4.2012, in: SZZP 4/2012, S. 322, Kommentar *François Bohnet*.
1216 BGer 5A_42/2011 vom 21.3.2011, in: SZZP 4/2011, S. 280, Kommentar *François Bohnet*.
1217 DIKE-Komm-ZPO-*Kaufmann*, Art. 253 N 22; BSK ZPO-*Mazan*, Art. 253 N 20.
1218 BGE 138 III 483 = BGer 5A_209/2012 vom 28.6.2012, in: SZZP 6/2012, S. 504, Kommentar *François Bohnet*.
1219 Für eine «liberale» Handhabung der Säumnisfolgen: BSK ZPO-*Mazan*, Art. 253 N 16 ff.; *Chevalier*, in: Sutter-Somm/Hasenböhler/Leuenberger (Hrsg.), Art. 253 ZPO N 14; CPC-*Bohnet*, Art. 256 ZPO N 9; «strenge» Haltung: DIKE-Komm-ZPO-*Kaufmann*, Art. 253 N 18 ff.

d) Beweismittel

929 Der *Beweis* ist grundsätzlich durch Urkunden zu erbringen (Art. 254 Abs. 1 ZPO). Folglich sind diese dem Gesuch beizulegen. Wenn das Verfahren nicht wesentlich verzögert wird, der Verfahrenszweck es erfordert oder wenn der Sachverhalt von Amtes wegen zu prüfen ist, können andere Beweismittel angerufen werden (Art. 254 Abs. 2 ZPO). Dabei stehen die Zeugenbefragung und der Augenschein im Vordergrund.

930 Grundsätzlich muss der *volle Beweis* auch im Summarverfahren erbracht werden. Die Beschränkung der Beweismittel führt nicht zu einer Beschränkung des Beweismasses, es sei denn, das Gesetz verlange lediglich die Glaubhaftmachung, wie dies zum Beispiel beim Rechtsöffnungsverfahren der Fall ist (vgl. N 937 ff.).

e) Aktenprozess versus mündliche Verhandlung

931 Summarverfahren sind *grösstenteils reine Aktenprozesse* (Art. 256 Abs. 1 ZPO). Die ZPO verleiht keinen unbedingten Anspruch auf eine Verhandlung. Der Richter kann auf die Durchführung einer Verhandlung verzichten und aufgrund der Akten entscheiden, sofern das Gesetz nichts anderes bestimmt (Art. 256 Abs. 1 ZPO)[1220].

932 Es ist jedoch den Kantonen freigestellt, ob sie ein *mündliches Verfahren* anordnen wollen. Dieses ist allerdings nicht zwingend[1221]. Die einfache und rasche Natur des summarischen Verfahrens rechtfertigt für sich allein genommen nicht den Verzicht auf eine öffentliche Verhandlung[1222].

933 Im Verfahren betreffend definitive Rechtsöffnung besteht *kein Anspruch auf eine Gerichtsverhandlung*[1223].

934 Im mündlichen Verfahren sind *Replik und Duplik* zwar nicht vorgesehen, doch wird dies zur Wahrung des rechtlichen Gehörs gewährt. Das Gericht ist nicht gehalten, anlässlich der Verhandlung von den Parteien vorgelegte Eingaben entgegenzunehmen[1224].

1220 BGE 141 I 97 = BGer 5D_141/2014 vom 22.1.2015, in: SZZP 3/2015, S. 207, Kommentar *Ramon Mabillard*.
1221 KGer SG, BS 2013.10, 17.2.2014.
1222 OGer ZH, RT140006-O/U, 14.4.2014, in: ius.focus 1/2015, S. 22, Kommentar *Nicolas Fuchs*.
1223 BGE 141 I 97 = BGer 5D_141/2014 vom 22.1.2015, in: ius.focus 4/2015, S. 25, Kommentar *Andreas Güngerich/Anita Buri*.
1224 BGer 5A_403/2014 vom 19.8.2014, in: SZZP 6/2014, S. 543, Kommentar *Fridolin Walther*.

4. Entscheid

Der *Entscheid* wird nach den Regeln des ordentlichen Verfahrens eröffnet und begründet (Art. 239 ZPO; vgl. N 864 ff.). Um dem Gebot der Raschheit nachzuleben, ist es angebracht, den Entscheid (kurz) schriftlich zu begründen und den Parteien nicht nur das Dispositiv zuzustellen. 935

Generell sind *Summarentscheide* bezüglich der Rechtskraft dem ordentlichen Verfahren gleichgestellt, soweit das Gesetz nicht Ausnahmen vorsieht (z.B. bei vorsorglichen Massnahmen). Summarentscheide werden mit Ablauf der Rechtsmittelfrist formell rechtskräftig. Die Frist für die Berufung steht während der Gerichtsferien nicht still. Dies setzt jedoch voraus, dass der Nicht-Stillstand der Frist im Entscheid gemäss Art. 145 Abs. 3 ZPO erwähnt wird. Bleibt er unerwähnt, so ist es ohne Bedeutung, ob der Betroffene den Mangel kannte oder hätte kennen sollen[1225]. 936

5. Das Rechtsöffnungsverfahren

a) Voraussetzungen

Auf das *Rechtsöffnungsverfahren* (Art. 84 ff. SchKG) ist das Summmarverfahren anwendbar (Art. 251 lit. a ZPO). Im «Mieter-Leben» spielt dieses Verfahren eine grosse Rolle, werden doch nicht selten angebliche Forderungen durch die Vermieter in Betreibung gesetzt[1226]. Die Mieterschaft erhebt dagegen Rechtsvorschlag (Art. 74 SchKG). 937

Beruht die Forderung auf einem *vollstreckbaren gerichtlichen Entscheid*, so kann der Gläubiger beim Richter die Aufhebung des Rechtsvorschlags verlangen (definitive Rechtsöffnung; Art. 80 SchKG). Im Verfahren betreffend definitive Rechtsöffnung besteht kein Anspruch auf eine Gerichtsverhandlung[1227]. 938

Um die provisorische Rechtsöffnung zu erhalten, muss der Gläubiger über eine durch öffentliche Urkunde oder Unterschrift bekräftigte *Schuldanerkennung* verfügen (Art. 82 Abs. 1 SchKG). Der Mietvertrag ist für den vereinbarten Mietzins und die vertraglich vereinbarten Nebenkosten eine Schuldanerkennung und damit ein Rechtsöffnungstitel, nicht aber für die ab Mietbeginn erfolgten Mietzinserhöhungen und auch nicht für Nebenkosten-Nachzahlungen oder Instandstellungskosten. 939

1225 BGE 139 III 78 = BGer 5A_378/2012 vom 6.12.2012, in: SZZP 2/2012, S. 115.
1226 Die «Klassiker» sind Betreibungen wegen bestrittenen Nebenkostenforderungen und Wiederinstandstellungskosten nach Rückgabe des Mietobjekts. Obwohl die Vermieter wissen, dass sie über keinen Rechtsöffnungstitel verfügen, drohen sie mit der Betreibung (was häufig schon wirkt) und setzen sie oft auch um.
1227 BGE 141 I 97 = BGer 5D_141/2014 vom 22.1.2015, in: ius.focus 4/2015, S. 25, Kommentar *Andreas Güngerich/Anita Buri*.

b) Die Glaubhaftmachung der Einwendungen

940 Will der Vermieter den *Rechtsvorschlag beseitigen*, hat er ein entsprechendes Gesuch nach Art. 82 SchKG einzureichen und den Urkundenbeweis zu erbringen. Der beklagte Schuldner muss seine Einwendungen lediglich glaubhaft machen (Art. 82 Abs. 2 SchKG).

941 Je nach urteilendem Gericht werden an die *Glaubhaftmachung* unterschiedliche Massstäbe angelegt: Im Kanton Basel-Stadt zum Beispiel braucht die Einwendung der nicht gehörigen Erbringung der Gegenleistung nicht glaubhaft gemacht zu werden, sie bringt das Rechtsöffnungsbegehren ohne weiteres zu Fall, es sei denn, sie erweist sich von vornherein als haltlos oder sie würde vom Gläubiger sofort durch Urkunden widerlegt[1228]. Das Obergericht des Kantons Bern nimmt allerdings kritisch Stellung zur «Basler Praxis», indem es ausführt, dass bei einer geltend gemachten Schlechterfüllung der Gegenleistung eines synallagmatischen Vertrages die Einwendungen nicht bloss vorzutragen, sondern substanziiert zu behaupten sind[1229]. Demgegenüber wird im Kanton Basel-Landschaft verlangt, dass der Einwand wenigstens einigermassen glaubhaft gemacht wird[1230]. Die Beseitigung des Rechtsvorschlages ist bei zweiseitigen Verträgen zu gewähren, es sei denn, der Betriebene mache seine Einrede des nicht erfüllten Vertrages zumindest glaubhaft[1231].

c) Rechtsöffnungsverfahren nach Art. 257 ZPO

942 Der Gläubiger kann neben dem (betreibungsrechtlichen) Rechtsöffnungsverfahren das Verfahren nach Art. 257 ZPO beschreiten, wenn er der Meinung ist, es liege *klares Recht* vor, da das Verfahren nach Art. 257 ZPO ausdrücklich auch für Geldforderungen Anwendung findet[1232]. Dringt der Gläubiger mit seinem Begehren durch, erhält er einen rechtskräftigen und endgültigen Entscheid und eine Aberkennungsklage (Art. 83 Abs. 2 SchKG) ist nicht mehr möglich. Der Rechtsöffnungsentscheid sagt hingegen über den materiellen Bestand der Forderung nichts aus und ist ein provisorischer Entscheid. Die Fortsetzung der Betreibung kann erst dann verlangt werden, wenn der Schuldner keine Aberkennungsklage erhebt.

943 Eine *Klagenhäufung* nach Art. 90 ZPO von provisorischer Rechtsöffnung und einem Gesuch um Rechtsschutz in klaren Fällen ist möglich, weil die provisorische Rechts-

---

1228 *Fritzsche/Walder*, SchKG nach schweizerischem Recht, Bd. 1, § 20 Rz 15.
1229 OGer BE, ZK 14 468, 1.12.2014, in: ius.focus 4/2015, S. 24, Kommentar *Andreas Güngerich/ Anita Buri*.
1230 *Fritzsche/Walder*, SchKG nach schweizerischem Recht, Bd. 1, § 20 Rz 16.
1231 BSK SchKG I-*Staehelin*, Art. 82 N 105.
1232 BSK ZPO-*Hofmann*, Art. 257 N 16; DIKE-Komm-ZPO-*Göksu*, Art. 257 N 14: BK-*Güngerich*, Art. 257 ZPO N 23.

öffnung keine Litispendenz bewirkt[1233]. Zu Recht wird aber eine Klagenhäufung in dieser Konstellation als «zweifelhaft» angesehen, da verschiedene Rechtsnaturen aufeinander treffen: Das Rechtsöffnungsverfahren ist rein betreibungsrechtlicher, mithin provisorischer Natur, währenddem das Verfahren um Rechtsschutz in klaren Fällen einen materiell-rechtlichen Titel verleiht[1234].

6. Der Rechtsschutz in klaren Fällen

a) Allgemeines

Etliche Kantone kannten ein sog. *Befehlsverfahren*. Der Rechtsschutz in klaren Fällen ist der bundesrechtliche Nachfolger dieses kantonalen Instituts (Art. 257 ZPO)[1235]. Bei eindeutiger Sach- und Rechtslage wird der klagenden Partei erlaubt, rasch und ohne einlässlichen Prozess zu einem rechtskräftigen und vollstreckbaren Entscheid zu kommen[1236]. 944

b) Voraussetzungen

Rechtsschutz im summarischen Verfahren wird nur unter den Voraussetzungen von Art. 257 Abs. 1 ZPO gewährt: 945

> **Art. 257 Abs. 1 ZPO**
> Das Gericht gewährt Rechtsschutz im summarischen Verfahren, wenn:
> a. der Sachverhalt unbestritten oder sofort beweisbar ist; und
> b. die Rechtslage klar ist.

Die Voraussetzungen müssen bereits im erstinstanzlichen Verfahren erfüllt sein[1237].

c) Liquider Sachverhalt

Sofort beweisbar ist ein Sachverhalt nach der bundesgerichtlichen Rechtsprechung, wenn er ohne zeitliche Verzögerung und ohne besonderen Aufwand nachgewiesen werden kann[1238]. Der Kläger hat den vollen Beweis für die anspruchsbegründenden 946

1233 *Sutter-Somm/Lötscher*, in: Sutter-Somm/Hasenböhler/Leuenberger (Hrsg.), Art. 257 ZPO N 53; BK-*Güngerich*, Art. 257 ZPO N 25.
1234 BK-*Güngerich*, Art. 257 ZPO N 25.
1235 *Gasser*, St. Galler Mietrechtstag 2011.
1236 Botschaft ZPO, S. 7351.
1237 BGer 4A_420/2012 vom 7.11.2012, in: SZZP 2/2013, S. 141.
1238 BGE 138 III 123; 138 III 620 = BGer 4A_273/2012 vom 30.10.2012; BGer 4A_447/2011 vom 20.9.2011.

Tatsachen zu erbringen, sodass klare Verhältnisse herrschen. Dies ist der relevante gesetzliche Massstab, und nicht, ob der Beklagte seine Einwendungen glaubhaft macht oder nicht. Demnach genügt es für die Verneinung eines klaren Falles, dass der Beklagte substanziiert und schlüssig Einwendungen vorträgt, die in tatsächlicher Hinsicht nicht sofort widerlegt werden können und die geeignet sind, die bereits gebildete richterliche Überzeugung zu erschüttern[1239].

947 Wer sich in den Rechtsschriften und den damit aufgelegten Urkunden widersprüchlich äussert, präsentiert keinen unstreitigen oder sofort beweisbaren Sachverhalt und kann daher keinen *Rechtsschutz in klaren Fällen* beanspruchen[1240].

Beispiele für nicht liquide Sachverhalte

- Wendet die Mieterin bei einer Zahlungsverzugskündigung ein, man habe eine Zahlungsvereinbarung getroffen und der Vermieter habe sich verpflichtet, mit der Exmission zuzuwarten, ist dieser Einwand nicht «völlig aus der Luft gegriffen». Da zur Klärung der Situation ein umfassendes Beweisverfahren notwendig ist, ist der Sachverhalt nicht liquid[1241].
- Kommt der Richter zum Ergebnis, dass die von den Parteien vorgelegten Urkunden «keinerlei Gewissheit weder in einen noch im anderen Sinne» bringen, kann er vernünftigerweise davon ausgehen, dass auch eine Parteibefragung oder die Anhörung eines Zeugen es nicht erlauben werden, sicher und genau zu ermitteln, welche Beträge im Zeitpunkt der Kündigungsandrohung noch offen waren. Entsprechend liegt kein sofort beweisbarer Sachverhalt vor[1242].

Beispiel für einen liquiden Sachverhalt

Eine Mieterin, die bestreitet, dass das empfangene Kuvert eine Kündigung enthalten habe, hat den tatsächlichen Inhalt des Kuverts zu beweisen, ansonsten die Zustellung der Kündigung als erstellt betrachtet wird[1243].

948 *Unbestritten* ist der Sachverhalt, wenn die beklagte Partei diesen nicht bestreitet, wenn sie sich nicht äussert, evtl. wenn sie säumig ist[1244].

949 In der Lehre besteht, gestützt auf die Ausführungen in der Botschaft, Einigkeit und es darf als Grundsatz gelten, dass offensichtlich haltlose Bestreitungen – sog. *Schutzbe-*

1239 BGE 138 III 620 = BGer 4A_273/2012 vom 30.10.2012, in: ius.focus 6/2013, S. 21, Kommentar *Raphael Butz*.
1240 OGer LU, 18 11 44, 11.11.2011, in: ius.focus 9/2012, S. 16, Kommentar *Raphael Butz*.
1241 OGer BE, ZK 11 207, 2.5.2011, in: CAN 1/2012, Nr. 7; und in: mp-flash 7/2012.
1242 BGer 4A_592/2012 vom 9.9.2013.
1243 BGer 4A_447/2011 vom 20.9.2011.
1244 BGer 5A_768/2012 vom 17.5.2013.

hauptungen – nicht ausreichen, um einen an sich bewiesenen Sachverhalt als illiquid erscheinen zu lassen[1245].

Gemäss Art. 254 ZPO sind die *Beweismittel beschränkt*, der Beweis ist in der Regel mit Urkunden zu erbringen. Andere sofort greifbare Beweismittel sind aber nicht ausgeschlossen (Art. 254 Abs. 2 ZPO)[1246]. Ob der Zeugenbeweis zugelassen ist, lässt das Bundesgericht offen[1247]. Trotz der Beweismittelbeschränkung ist der volle Beweis zu erbringen. Der Kläger muss beweisen, dass ein klarer Fall vorliegt. 950

d) Klare Rechtslage

Eine *klare Rechtslage* liegt vor, wenn sich die Rechtsfolge bei der Anwendung des Gesetzes unter Berücksichtigung der Lehre und Rechtsprechung ohne weiteres ergibt und damit die Rechtsanwendung zu einem eindeutigen Ergebnis führt und zu keinem Zweifel Anlass gibt[1248]. Der klare Fall setzt voraus, dass der Gesuchsteller den Beweis unverzüglich und vollständig erbringt. Dies ist seine bezeichnende Eigenschaft[1249]. 951

Dagegen ist die Rechtslage nicht klar, wenn die Anwendung einer Norm einen *Ermessens- oder Billigkeitsentscheid* des Gerichts mit wertender Berücksichtigung der gesamten Umstände erfordert, wie dies namentlich bei der Beurteilung von Treu und Glauben zutrifft[1250]. So ist beispielsweise bei einer Forderung aus ungerechtfertigter Bereicherung der Begriff der Bereicherung nicht gesetzlich definiert; es bestehen diesbezüglich verschiedene Meinungen, welche auch unterschiedliche Beweisthemen nach sich ziehen. Eine klare Rechtslage liegt damit nicht vor[1251]. Zudem ist ein klarer Fall dann zu verneinen, wenn die Einwände oder Einreden des Gesuchgegners nicht haltlos sind und eine vollständige Beweisabnahme erforderlich machen[1252]. 952

1245 BGer 5A_645/2011 vom 17.11.2011; Botschaft ZPO, S. 7352; BSK ZPO-*Hofmann*, Art. 257 ZPO N 10.
1246 BGer 4A_447/2011 vom 20.9.2011; BGer 4A_447/2011 vom 20.9.2011.
1247 BGE 138 III 123 = BGer 4A_601/2011 vom 21.12.2011, in: mp 2/2012, S. 131.
1248 BGE 141 III 262 = BGer 4A_184/2015 vom 11.8.2015 E. 4.2.1; BGer 4A_447/2011 vom 20.9.2011.
1249 BGE 138 III 620 = BGer 4A_273/2012 vom 30.10.2012.
1250 BGE 141 III 262 = BGer 4A_184/2015 vom 11.8.2015 E. 4.2.1; BGE 138 III 123 = BGer 4A_601/2011 vom 21.12.2011, in: mp 2/2012 S. 131; OGer ZG, Z 2 2014 29, 19.11.2014, in: CAN 3/2015, Nr. 57.
1251 KGer BL, 400 11 200, 20.9.2011, in: CAN 1/2012, Nr. 8; und in: ius.focus 10/2012, S. 18, Kommentar *Raphael Butz*.
1252 BGE 138 III 620 = BGer 4A_273/2012 vom 30.10.2012.

Beispiel für nicht klares Recht

Bestehen Anhaltspunkte, dass die Berufung auf die vereinbarte Schriftform einer Optionserklärung in einem Mietvertrag rechtsmissbräuchlich sein könnte, liegt kein klares Recht vor[1253].

953 Die zwischen den Parteien umstrittene *rechtliche Qualifikation* einer Vereinbarung schliesst den Rechtsschutz in klaren Fällen nicht aus, solange die Rechtslage aus Sicht des Gerichts klar erscheint[1254].

954 Unter klarem Recht wird üblicherweise *objektives Recht* verstanden, nicht aber Verträge. Diese bedürfen der Auslegung, wobei das Gericht das Ermessen ausübt, wofür im Verfahren nach Art. 257 ZPO kein Platz ist[1255].

955 Klares Recht liegt vor, wenn die *Unwirksamkeit einer Kündigung* damit begründet wird, dass das an die Ehegattin gerichtete Exemplar der Ansetzung einer Zahlungsfrist nicht unterschrieben war. Nach dem Bundesgericht ist die Geltendmachung des Formfehlers rechtsmissbräuchlich, weil kein Zweifel über die Identität des Erklärenden bestand[1256].

Beispiel für klares Recht

Die Vermieterin kündigt den Mietvertrag wegen Zahlungsverzugs auf den 30. November 2014. Die Mieter fechten die Kündigung an und räumen die Liegenschaft nicht. Sie berufen sich auf Formfehler. Auf beiden Kündigungsformularen befindet sich Name und Adresse der Vermieter, deren getippte Unterschrift sowie – mindestens auf dem an den Ehegatten gerichteten Schreiben – deren eigenhändige Unterschrift. Behauptet wird, das an die Ehefrau gerichtete Schreiben sei nicht eigenhändig unterzeichnet worden. Das Bundesgericht hält diese Behauptung als offensichtlich rechtsmissbräuchlich, was zu einer klaren Rechtslage führe[1257].

956 Im Falle einer ordentlichen Kündigung kann die *Ausweisung im summarischen Verfahren* verlangt werden, wenn ein klarer Fall vorliegt. Dies kann dann der Fall sein, wenn der Mieter kein Kündigungsschutzverfahren eingeleitet hat[1258].

1253 BGE 138 III 123 = BGer 4A_601/2011 vom 21.12.2011, in: mp 2/2012, S. 131.
1254 KGer GR, ZK 1 11 47, 29.8.2011, in: ius.focus 3/2012, S. 15, Kommentar *Raphael Butz*.
1255 BSK ZPO-*Hofmann*, Art. 257 N 11a.
1256 BGer 4A_350/2015 vom 25.8.2015 E. 4.1.2, in: SZZP 6/2015, S. 507, Kommentar *François Bohnet*.
1257 BGer 4A_350/2015 vom 25.8.2015.
1258 OGer AG, ZSU.2011.331, 17.10.2011, in: mp-flash 2/2012, S. 2.

Bei *Geldforderungen* ist nicht zwingend eine Schuldanerkennung vorausgesetzt. Es genügt, wenn die Rechtsnorm unmittelbar anwendbar und die Rechtswirkung aufgrund bewährter Lehre und Rechtsprechung offensichtlich ist[1259]. 957

e) *Verfahren*

Das Verfahren wird mit der *Einreichung des Gesuchs* eingeleitet, womit die Rechtshängigkeit begründet wird[1260]. 958

Dies ist allerdings nach der Rechtsprechung des Bundesgerichtes obsolet. Dieses stellte klar, dass die *Rechtshängigkeit* auch entgegensteht, wenn der Streitgegenstand nochmals beim gleichen Gericht anhängig gemacht wird. Das Gleiche gilt auch für ein Anhängigmachen in einer anderen Verfahrensart, so, wenn bei Rechtshängigkeit eines Gesuchs um Rechtsschutz in klaren Fällen (Art. 257 ZPO) ein ordentliches Verfahren mit dem gleichen Streitgegenstand anhängig gemacht wird[1261]. 959

Zur Vermeidung von *Verwirkungsfristen* kann ein Verfahren bei der Schlichtungsbehörde und anschliessend ein solches nach Art. 257 ZPO eingeleitet werden, mit dem Antrag, dass das erste Verfahren gestützt auf Art. 126 ZPO vorerst zu sistieren sei[1262]. 960

Damit das Verfahren nach Art. 257 ZPO Anwendung findet, muss aus dem *Gesuch* hervorgehen, dass der Gesuchsteller die Anwendung des Verfahrens zur Gewährung von Rechtsschutz in klaren Fällen wünscht, ohne dass er diese Worte ausdrücklich zu benutzen braucht[1263]. Es findet keine Schlichtungsverhandlung statt (Art. 198 lit. b ZPO). Auch wenn bei Gutheissung des Gesuchs die materielle Rechtskraft eintritt, handelt es sich um ein Summarverfahren, auf das die Bestimmungen von Art. 248 ff. ZPO anwendbar sind. 961

Entgegen der Empfehlung der überwiegenden Lehrmeinung sind Verfahren nach Art. 257 ZPO sehr oft reine *Aktenprozesse*, obwohl bei Gutheissung des Gesuchs die materielle Rechtskraft eintritt[1264]. Grundsätzlich liegt es im Ermessen des Gerichtes, das Verfahren rein schriftlich durchzuführen, oder nach einer mündlichen Verhandlung zu entscheiden[1265]. 962

1259 Chambre des baux et loyers de la Cour de justice GE, C18260/2011, 11.7.2012, in: CdB 2/13, S. 66; und in: mp-flash 7/2013, S. 3.
1260 Zur Frage der Rechtshängigkeit bei «Parallelität» von Schlichtungsverfahren und Ausweisungsverfahren s. N 1035 ff.
1261 BGer 4A_141/2013 vom 22.8.2013, E. 2.2.2, in: ZBJV 3/2015, S. 258, Kommentar *Christoph Leuenberger*.
1262 Meier, ZPO, S. 376; BSK ZPO-*Gehri*, Art. 59 N 17; *Sutter-Somm/Lötscher*, in: Sutter-Somm/ Hasenböhler/Leuenberger (Hrsg.), Art. 257 ZPO N 32.
1263 BGer 4A_87/2012 vom 10.4.2012.
1264 BSK ZPO-*Hofmann*, Art. 257 N 22; BK-*Güngerich*, Art. 257 ZPO N 13.
1265 BGE 138 III 620, E. 3.2 = BGer 4A_273/2012 vom 30.10.2012.

963 Allgemein wird die Zulässigkeit der *Widerklage* im Verfahren nach Art. 257 ZPO bejaht, gleichzeitig wird aber betont, dass eine solche das Verfahren nicht verzögern darf. Da in der Regel eine Verzögerung eintritt, wird die Widerklage eher abgelehnt werden müssen[1266].

964 Im Verfahren nach Art. 257 ZPO können bei gegebenen Voraussetzungen auch *vorsorgliche Massnahmen* (Art. 261 ff. ZPO) beantragt werden[1267].

f) Gutheissung des Gesuchs

965 Bei Gutheissung des Gesuchs, bewirkt der Entscheid *volle materielle Rechtskraft* und ist *sofort vollstreckbar*. Der Gesuchgegner kann im ordentlichen Verfahren keine neue Beurteilung fordern, er scheitert an der *res iudicata*. Wird der Entscheid nicht akzeptiert, ist ein ordentliches Rechtsmittel einzulegen (Berufung nach Art. 308 ff. ZPO, Beschwerde nach Art. 319 ff. ZPO).

966 Wird eine *Geldleistung* zugesprochen, so berechtigt dies zur definitiven Rechtsöffnung (Art. 80 SchKG) und es kann der Rechtsvorschlag im Sinne der Anerkennungsklage (Art. 80 SchKG) beseitigt werden[1268].

967 Auf Antrag der obsiegenden Partei kann das Gericht *direkt Vollstreckungsmassnahmen* anordnen (Art. 236 Abs. 3 i.V.m. Art. 337 und 343 ZPO)[1269].

968 Im *Summarverfahren* sind unbegründete Entscheide zulässig. Will eine Partei den Entscheid später anfechten, muss sie aber zwingend eine Begründung verlangen[1270].

g) Abweisung des Gesuchs

969 Was passiert, wenn ein Anspruch klarerweise und liquid nicht besteht? Wenn zum Beispiel der Mieter unmittelbar beweisen kann, dass er nie im Zahlungsverzug stand, wird das Gesuch um schnellen Rechtsschutz mit der Rechtswirkung der *res iudicata* materiell abgewiesen oder es erfolgt lediglich ein Nichteintretensentscheid. Die Lehre behandelt diese Frage kontrovers und es ergibt sich kein klares Bild über die Deutungshoheit.

970 Die *Unmöglichkeit* der Abweisung des Gesuchs wird vor allem mit dem Wortlaut von Art. 257 Abs. 3 ZPO («... so tritt das Gericht auf das Gesuch nicht ein») begrün-

---

1266 *Sutter-Somm/Lötscher*, in: Sutter-Somm/Hasenböhler/Leuenberger (Hrsg.), Art. 257 ZPO N 17; BSK ZPO-*Hofmann*, Art. 257 N 23d.
1267 DIKE-Komm-ZPO-*Göksu*, Art. 257 N 19.
1268 BSK ZPO-*Hofmann*, Art. 257 N 25.
1269 OGer LU, 3B 11 24, 20.6.2011, in: ius.focus 6/2012, S. 17, Kommentar *Raphael Butz*.
1270 BGer 4A_72/2014, 2.6.2014, in: ius.focus 9/2014, S. 22, Kommentar *Isabella Schibli*.

det[1271]. *De lege lata* bleibt nichts anderes übrig, auch bei klarem materiellem Nichtbestand eines Anspruchs auf das Gesuch nicht einzutreten. Die *Möglichkeit* einer Abweisung des Gesuchs mit der Wirkung der materiellen Rechtskraft wird vor allem mit der ungleichen Behandlung von Gesuchsteller und Gesuchgegner begründet, kann doch zum Vornherein nur die eine der beiden Parteien einen materiellen Entscheid erwirken[1272]. Bei Obsiegen des Gesuchstellers tritt die materielle Rechtskraft ein, ein späterer Prozess würde an der *res iudicata* scheitern. Bei «Obsiegen» des Gesuchgegners liegt lediglich ein Prozessentscheid vor; es obliegt dem Gesuchsteller in einem neuen ordentlichen oder vereinfachten Verfahren seine Ansprüche durchzusetzen.

Das Bundesgericht setzt sich mit den verschiedenen Lehrmeinungen auseinander und stellt fest, dass die französischen und italienischen Gesetzestexte nicht schlüssig seien[1273]. Der deutsche Wortlaut deute darauf hin, dass der Richter nur die Möglichkeit habe, dem Begehren zu entsprechen oder auf dieses nicht einzutreten. Es scheint, dass mit diesem Entscheid die Kontroverse gegen die Möglichkeit der *Abweisung des Gesuchs* entschieden ist[1274]. 971

Dieses Urteil wird unter anderem von *Spichtin*, *Koller* und *Sutter-Somm/Lötscher* kritisiert[1275]. Wie *Spichtin* treffend ausführt, handelt es sich beim Rechtsschutz im Verfahren um klares Recht um eine freie Option der gesuchstellenden Partei, das heisst, es ist ihr überlassen, stattdessen das ordentliche bzw. vereinfachte Verfahren zu wählen. Die Wahl des entsprechenden Verfahrens fällt in den *Risikobereich dieser Partei*. Die Begründung des Bundesgerichts, eine Abweisung mit materieller Rechtskraft sei eine unbillige Konsequenz, überzeugt nicht. Sofern ein behaupteter Anspruch klar nicht besteht, ist – so zutreffend *Spichtin* – nicht ersichtlich, weshalb kein materielles Urteil ergehen soll[1276]. So wie das Bundesgericht entschieden hat, sieht sich der Gesuchgegner der Möglichkeit eines zweiten Prozesses ausgesetzt; die klagende Partei kann im Gegenzug das Verfahren um Rechtsschutz in klaren Fällen zum Probelauf degradieren, da sie abgesehen von Zeit und Verfahrenskosten nichts zu verlieren hat[1277]. *Koller* ergänzt, aus mietrechtlicher Sicht gebe es zusätzliche Bedenken gegen dieses Urteil. Ge- 972

1271 *Staehelin/Staehelin/Grolimund*, § 21 Rz 58; BSK ZPO-*Hofmann*, Art. 257 ZPO N 27; CPC-*Bohnet*, Art. 257 ZPO N 24; BK-*Güngerich*, Art. 257 ZPO N 21; bedauernd: KUKO ZPO-*Jent-Sørensen*, Art. 257 N 14.
1272 *Sutter-Somm/Lötscher*, in: Sutter-Somm/Hasenböhler/Leuenberger (Hrsg.), Art. 247 ZPO N 25 ff.; DIKE-Komm-ZPO-*Göksu*, Art. 257 ZPO N 24; SHK ZPO-*Koslar*, Art. 257 N 18.
1273 BGE 140 III 315 = BGer 4A_68/2014 vom 16.4.2014 = Praxis 1/2015, Nr. 4; auch in: MRA 3/2015, S. 169, Kommentar *Zinon Koumbarakis*.
1274 Vgl. dazu *Spichtin*, SZZP 6/2014, S. 579 ff.
1275 *Koller*, ZBJV 1/2016, S. 57; *Spichtin*, SZZP 6/2014, S. 579 ff; *Sutter-Somm/Lötscher*, in: Sutter-Somm/Hasenböhler/Leuenberger (Hrsg.), Art. 257 ZPO N 25 ff.
1276 *Spichtin*, SZZP 6/2014, S. 583.
1277 *Spichtin*, SZZP 6/2014, S. 583 f.

mäss bundesgerichtlicher Rechtsprechung kann ein Vermieter nicht bloss eine nichtige bzw. ungültige Kündigung «nachholen», auch wenn sich der Mieter gegen diese Kündigung zur Wehr gesetzt hat, sondern er kann eine Kündigung selbst dann durch eine nachfolgende zweite Kündigung ersetzen, wenn er im Anschluss an die erste Kündigung erfolglos eine Summarexmission versucht hat. Denn weder die Niederlage des Vermieters in einem Streit um eine nichtige bzw. ungültige Kündigung noch ein Nichteintretensentscheid im Verfahren um Rechtsschutz in klaren Fällen lösen eine Kündigungssperrfrist nach Art. 271a Abs. 1 lit. e OR aus[1278]. Das ist an sich schon höchst fragwürdig, weil es so dem Vermieter relativ risikoarm ermöglicht wird, das «Abwehrverhalten» des Mieters zu testen. Dem hätte das Bundesgericht immerhin bis zu einem gewissen Grad entgegenwirken können, wenn es im hier diskutierten Urteil anders entschieden und so den Vermieter wenigstens mit dem Risiko einer Prozessniederlage mit materieller Rechtskraftwirkung belastet hätte, denn ein solcher Entscheid mit materieller Rechtskraftwirkung müsste ja eine Sperrfrist nach Art. 271a Abs. 1 lit. e OR auslösen[1279].

973 *De lege ferenda müsste Art. 257 ZPO so umgebaut werden, dass eine (materielle) Abweisung des Gesuchs die materielle Rechtskraft bewirkt.*

974 Wird die Möglichkeit der *Abweisung des Gesuchs* bejaht, löst dies einen dreijährigen Kündigungsschutz (Art. 271a Abs. 1 lit. e OR) aus.

h) Nichteintretensentscheid

975 Sind die Voraussetzungen für ein Verfahren nach Art. 257 ZPO nicht gegeben, fehlt es am liquiden Sachverhalt und liegt kein klares Recht vor, wird also auf das Gesuch nicht eingetreten (Art. 247 Abs. 3 ZPO). Es handelt sich dabei um einen Prozessentscheid. Macht der Gesuchgegner glaubhaft Einwände geltend, prüft das Gericht die Sache nicht materiell. Ein solcher Prozessentscheid bewirkt keine *res iudicata*, es ist dem Gesuchsteller unbenommen, seine Ansprüche im ordentlichen oder vereinfachten Verfahren ohne Bindung an eine Frist geltend zu machen. Allerdings hat er vorgängig das Schlichtungsverfahren zu durchgehen.

976 Der ablehnende Entscheid hat *materielle Rechtskraft* für ein weiteres Summarverfahren. Wird ein Gesuch als nicht liquid betrachtet und darauf nicht eingetreten, kann über den gleichen Prozessgegenstand nicht erneut ein Verfahren nach Art. 257 ZPO angehoben werden[1280].

977 Verlangt der Gesuchsteller nach einem *Nichteintretensentscheid* eine Beurteilung im ordentlichen bzw. vereinfachten Verfahren, bleibt die Rechtshängigkeit per Datum

---

1278 BGer 4A_588/2013 vom 15.4.2014.
1279 *Koller*, ZBJV 1/2016, S. 57 f.
1280 *Staehelin/Staehelin/Grolimund*, § 21 Rz 58.

der Einreichung des Gesuchs um Rechtsschutz in klaren Fällen erhalten (Art. 63 Abs. 2 ZPO). Es findet ein Rückbezug der Rechtshängigkeit statt[1281].

Löst ein Nichteintretensentscheid einen *Kündigungsschutz* nach Art. 271a Abs. 1 lit. e OR aus? Zu unterscheiden ist, ob auf das Gesuch nicht eingetreten wird, weil die formellen Voraussetzungen nicht gegeben sind oder weil die materiellen Voraussetzungen fehlen. Im ersten Fall wird zum Beispiel die Zahlungsverzugsabmahnung (Art. 257d Abs. 1 OR) den Ehegatten nicht getrennt zugestellt. Auf das Gesuch darf nach Art. 257 Abs. 3 ZPO nicht eingetreten werden, dem Vermieter ist es aber unbenommen, formrichtig die Zahlungsverzugskündigung erneut auszusprechen, ohne dass sich die Mieterschaft auf den Kündigungsschutz berufen könnte[1282]. Wird, wie im zweiten Fall, eine ordentliche oder ausserordentliche Kündigung angefochten und weist der Mieter liquid nach, dass kein Kündigungsgrund besteht, handelt es sich mithin bei einer ausserordentlichen Kündigung um eine unwirksame, löst dies nach hier vertretener Auffassung einen Kündigungsschutz aus[1283].

978

Das *Bundesgericht* jedenfalls verweist auf die altrechtliche Rechtsprechung, wonach eine Gesetzesbestimmung aus sich selbst heraus ausgelegt werden muss. Nach Art. 271a Abs. 1 lit. e OR muss es sich zur Auslösung des Kündigungsschutzes um ein mit dem Mietverhältnis zusammenhängendes Schlichtungs- oder Gerichtsverfahren handeln. Nach Lehre und Rechtsprechung gilt dies für alle Verfahren, sofern sie mit der Mietsache zusammenhängen. Der Anwendungsbereich muss weit gefasst werden[1284].

979

In der Lehre wird die Meinung vertreten, eine *zweite Kündigung* (innerhalb der Sperrfrist nach Art. 271a Abs. 1 lit. d oder lit. e OR) könne allenfalls treuwidrig sein, wenn die erste Kündigung bewusst formwidrig erfolgt. Ein Formfehler kann Ausdruck einer Treuwidrigkeit sein, so etwa wenn der Vermieter absichtlich ohne Formular kündigt, in der Hoffnung, dass der sprachunkundige Mieter sich nicht über seine Rechte informiert und auszieht. Ein solches Verhalten bei der ersten Kündigung muss dann berücksichtigt werden, wenn der Vermieter eine zweite – diesmal formgültige – Kündigung ausspricht, indem die zweite Kündigung als missbräuchlich zu qualifizieren ist[1285]. Das Bundesgericht lässt es offen, ob dieser Lehrmeinung zu folgen ist[1286]. Einzig

980

1281 DIKE-Komm-ZPO-*Göksu*, Art. 257 N 23; *Gasser/Rickli*, Art. 257 ZPO N 4; KUKO ZPO-*Jent-Sørensen*, Art. 257 N 15; CPC-*Bohnet*, Art. 257 ZPO N 27; BSK ZPO-*Hofmann*, Art. 257 N 28; *Staehelin/Staehelin/Grolimund*, § 21 Rz 58; BK-*Güngerich*, Art. 257 ZPO N 21; **a.M.** *Sutter-Somm/Lötscher*, in: Sutter-Somm/Hasenböhler/Leuenberger (Hrsg.), Art. 257 ZPO N 28.
1282 BGer 4C.432/2006 vom 8.5.2007, in: MRA 3/2007, S. 85.
1283 BGE 131 III 33; **a.M.** SVIT-Kommentar, Art. 271a OR N 42.
1284 BGer 4A_588/2013 vom 15.4.2014; BGE 131 III 33 E. 3.3 und 3.4.
1285 *Koller/Mauerhofer*, ZBJV 145/2009, S. 837 mit Hinweis auf BSK OR I-*Weber* Art. 271/271a N 27.
1286 BGer 4A_588/2013 vom 15.4.2014 E. 2.7, in: MRA 1/2015, S. 36, Kommentar *Andreas Maag*.

nichtige bzw. (wegen eines Formfehlers) unwirksame Kündigungen können «wiederholt» werden[1287].

i) Rechtsmittel

981 Ordentliches Rechtsmittel im Verfahren nach Art. 257 ZPO ist die *Berufung* (Art. 308 Abs. 1 ZPO). Die Frist zur Einreichung einer Berufung beträgt 10 Tage (Art. 314 Abs. 1 ZPO). Art. 315 Abs. 4 lit. b ZPO findet keine Anwendung, da es sich beim Verfahren nach Art. 257 ZPO um keine vorsorgliche Massnahme handelt[1288]. Ist der Streitwert von 10 000 Franken nicht erreicht, steht die Beschwerde (Art. 319 ff. ZPO) zur Verfügung.

7. Das gerichtliche Verbot

a) Allgemeines

982 Das *gerichtliche Verbot* (Art. 258 ff. ZPO) stellt eine besondere Form des strafrechtlichen Schutzes von Grundeigentum dar, der zum zivilrechtlichen Besitzesschutz nach Art. 928 ff. ZGB hinzutritt[1289]. Es besteht in einer an jedermann, also an die Allgemeinheit gerichtete, auf ein konkretes Grundstück bezogene Anordnung, eine bestimmte Besitzesstörung zu unterlassen. Es handelt sich um ein Verfahren der freiwilligen Gerichtsbarkeit ohne in das Verfahren einzubeziehende Gegenpartei[1290].

b) Voraussetzung

983 Das Verbot kann jede denkbare *Störung* untersagen. Die häufigsten Konstellationen bestehen im unberechtigten Parkieren oder im Durchfahren bzw. Durchschreiten einer Privatstrasse bzw. eines Durchgangsweges. Das Verbot hat so bestimmt wie möglich zu sein, ein allgemeines Störungsverbot bzw. eine Benutzerordnung kann nicht ausgesprochen werden[1291]. Die Besitzesstörung dauert in der Regel nur kurz an. Das Verbot richtet sich gegen alle Nichtberechtigten. Wird nur eine ganz bestimmte Person, allenfalls mit von ihr abgeleiteten Benützern (z.B. Gäste), anvisiert, darf diese nicht mit einem gerichtlichen Verbot belegt werden[1292].

1287 BGer 4A_588/2013 vom 15.4.2014 E. 2.5, in: MRA 1/2015, S. 36, Kommentar *Andreas Maag*.
1288 BSK ZPO-*Hofmann*, Art. 257 N 28d.
1289 BSK ZPO-*Tenchio/Tenchio*, Art. 258 N 1.
1290 *Tschudi*, St. Galler Mietrechtstag 2009.
1291 BSK ZPO-*Tenchio/Tenchio*, Art. 258 N 5; *Göksu*, in: Sutter-Somm/Hasenböhler/Leuenberger (Hrsg.), Art. 258 ZPO N 19. Eine Benutzerordnung kann im Mietvertrag vereinbart werden (z.B. eine Hausordnung). Deren Nichtbeachtung kann aber keine rechtlichen Folgen nach Art. 258 ZPO auslösen, wohl aber mietrechtliche Konsequenzen nach Art. 257f OR nach sich ziehen.
1292 OGer ZH, II. ZK, LF 120031-O/U, 20.12.2012.

Eine *konkrete Besitzesstörung* durch bestimmte Personen (z.B. nachbarschaftliche 984
Lärm- und Geruchsimmissionen) wird von Art. 258 ZPO nicht erfasst und muss in
einem streitigen Verfahren geklärt werden[1293]. Abgrenzungskriterium dafür, ob sich
das Verbot faktisch lediglich gegen einen einzigen Störer richtet, ist, ob es sich zusätzlich auch gegen einen unbekannten Personenkreis richtet. Kein unbekannter Personenkreis besteht, wenn es sich bei den Störern um Besucher bzw. Lieferanten und
Kunden der mit dem Verbot anvisierten Liegenschaft handelt.

Wer an einem Grundstück dinglich berechtigt ist, kann ein Gesuch zum Erlass eines 985
gerichtlichen Verbots beantragen, mithin der Grundeigentümer bzw. der Gesamteigentümer, der (ausschliesslich) Dienstbarkeitsberechtigte und der Grundlastberechtigte.
Nicht gesuchsberechtigt sind die Grundpfandgläubiger und die obligatorisch Berechtigten, wie Mieter und Pächter[1294].

c) *Einreichung des Gesuchs und Bekanntmachung*

Das Gesuch ist beim Gericht an dem Ort einzureichen, wo das Grundstück im Grund- 986
buch aufgenommen ist (Art. 29 Abs. 4 ZPO). Der Gesuchsteller hat das dingliche
Recht mit Urkunden zu beweisen, insbesondere mit dem *Grundbuchauszug*. Das Verfahren wird summarisch geführt. Dabei ist der Untersuchungsgrundsatz zu beachten[1295].

Die bestehende oder drohende *Besitzesstörung* muss glaubhaft gemacht werden. Der 987
Richter hat nicht zu prüfen, ob mietvertragliche oder gesetzliche Duldungspflichten
bestehen. Dies ist Thema des Klageverfahrens nach erfolgter Einsprache[1296].

Der *maximale Bussenbetrag* beträgt 2000 Franken (Art. 258 Abs. 1 ZPO). Eine Staffe- 988
lung der Busse für den «erstmaligen» und den «Wiederholungsfall» ist möglich. Die
Busse ist stets mit «bis zu» auszusprechen, damit dem Gericht unter Würdigung aller
Umstände im Einzelfall ein Strafrahmen zur Verfügung steht[1297].

Das Verbot ist öffentlich bekannt zu machen und auf dem Grundstück an gut sichtba- 989
rer Stelle anzubringen (Art. 259 ZPO). Die Bekanntmachung erfolgt in einem vom
Kanton bezeichneten Publikationsorgan, meistens im Amtsblatt. Das Verbot muss zu-

---

1293 Botschaft ZPO, S. 7352; BSK ZPO-*Tenchio/Tenchio*, Art. 258 N 2.
1294 BSK ZPO-*Tenchio/Tenchio*, Art. 258 N 15; *Gösku*, in: Sutter-Somm/Hasenböhler/Leuenberger (Hrsg.), Art. 258 ZPO N 10; **a.M.** *Lachat*, CPC, S. 169, Ziff. 4.2.3.
1295 BSK ZPO-*Tenchio/Tenchio*, Art. 258 N 12; KUKO ZPO-*Jent-Sørensen*, Art. 258 N 6; **a.M.** CPC-*Bohnet*, Art. 258 ZPO N 14.
1296 BK-*Güngerich*, Art. 258 ZPO N 11.
1297 BSK ZPO-*Tenchio/Tenchio*, Art. 258 N 21; **a.M.** *Gösku*, in: Sutter-Somm/Hasenböhler/Leuenberger (Hrsg.), Art. 258 ZPO N 23.

dem noch auf dem Grundstück auf einer Hinweistafel platziert werden *(doppelte Publizität)*. Das Verbot erwächst allerdings nicht in materielle Rechtskraft[1298].

d) Rechtsmittel

990 *Bestreitet* jemand das gerichtliche Verbot, stehen ihm vier Möglichkeiten zur Verfügung[1299]:
1. Er erhebt Einsprache nach Art. 260 ZPO.
2. Er reicht «Aberkennungsklage» gegen den Verbotsberechtigten ein.
3. Er bestreitet in einem Strafverfahren die Rechtmässigkeit des Verbots.
4. Er einigt sich mit dem Verbotsberechtigten.

aa) Einsprache

991 Die *Einsprache* ist innert 30 Tagen seit Bekanntmachung (Publikation im Amtsblatt und Beschilderung auf dem Grundstück) schriftlich bei dem Gericht einzureichen, welches das Verbot verfügte. Einspracheberechtigt sind alle vom Verbot potentiell Betroffenen, insbesondere auch Mieter und Pächter. Die Einsprache bedarf keiner Begründung. Nach erfolgter Einsprache, ist das Verbot gegenüber der entsprechenden Person unwirksam (Art. 260 Abs. 2 ZPO), auch wenn sie vor der (rechtzeitigen) Einsprache das Verbot bereits missachtet hat. Man spricht von einem rückwirkend geltenden Rechtsvorschlag[1300]. Besteht der Haushalt des Mieters aus mehreren Personen, müssen alle einsprechen. Verpasst ein Verbotsadressat die 30-tägige Frist, kommt allenfalls eine Wiederherstellung dieser Frist gemäss Art. 148 ZPO in Frage[1301]. Die Einsprache ist die einzige Möglichkeit allfällig Betroffener, sich gegen die Anordnung des gerichtlichen Verbotes zur Wehr zu setzen. Wird gegen die Anordnung Berufung oder Beschwerde geführt, ist darauf nicht einzutreten[1302].

992 Will der Verbotsberechtigte seinen Rechtsanspruch gegen die Einsprache durchsetzen, hat er dies im ordentlichen oder vereinfachten Zweiparteienverfahren zu tun, in der Regel gestützt auf Art. 928 bzw. Art. 641 Abs. 2 ZGB. Man nennt dies auch *Anerkennungsklage*. Allenfalls kann die Klage auch im Verfahren nach klarem Recht (Art. 257 ZPO) angehoben werden. Die Klage ist am Ort der gelegenen Sache einzureichen. Sie ist an keine Frist gebunden.

1298 BGer 6B_116/2011 vom 18.7.2011, E. 3.3.
1299 Zum Ganzen: BSK ZPO-*Tenchio/Tenchio*, Art. 260 N 2; *Gösku*, in: Sutter-Somm/Hasenböhler/Leuenberger (Hrsg.), Art. 260 ZPO N 1.
1300 Botschaft ZPO, S. 7353; BSK ZPO-*Tenchio/Tenchio*, Art. 260 N 5; *Gösku*, in: Sutter-Somm/Hasenböhler/Leuenberger (Hrsg.), Art. 260 ZPO N 3.
1301 SHK ZPO-*Koslar*, Art. 260 N 5.
1302 *Gösku*, in: Sutter-Somm/Hasenböhler/Leuenberger (Hrsg.), Art. 260 ZPO N 4.

bb) «Aberkennungsklage»

Wird die Frist zur Einsprache nach Art. 260 Abs. 1 ZPO verpasst, entsteht kein materieller Rechtsverlust. Das bessere Recht gegenüber dem Verbotsberechtigten kann mit der negativen Feststellungsklage geltend gemacht werden, es liege eine *Berechtigung zur verbotenen Besitzesstörung* vor.

993

Beispiel

Die Geschäftsmieterin macht geltend, dass die Zufahrt zu einem Gebäude für das Ein- und Aussteigenlassen oder für Warentransporte benutzt werden dürfe[1303].

cc) Bestreitung des Verbots im Strafverfahren

Auf Antrag des Verbotsberechtigten beurteilt der *Strafrichter Widerhandlungen* gegen das Verbot. Dabei prüft er vorfrageweise, ob der gegen das Verbot verstossende Dritte (z.B. aufgrund eines Mietvertrages) dazu berechtigt war. Zu beachten ist, dass der Entscheid der Strafbehörde über diese zivilrechtliche Vorfrage nicht in Rechtskraft erwächst[1304]. Die unterlassene Einsprache nach Art. 260 Abs. 1 ZPO darf nicht als Verzicht auf Einreden und Einwendungen im Strafverfahren verstanden werden.

994

8. Vorsorgliche Massnahmen

a) Grundsätzliches

Besteht die Gefahr, dass eine Partei ihre subjektiven Rechte aufgrund der Dauer des Verfahrens, das zu einem endgültigen Rechtsschutz führt, nicht voll verwirklichen kann und folglich einen Schaden erleidet, stellt die Rechtsordnung die Gewährung eines effektiven, wenn auch provisorischen, Rechtsschutzes zur Verfügung. Die Art. 261 ff. ZPO haben die Funktion, den Parteien mittels Gewährung einer *vorsorglichen Massnahme* diesen effektiven Rechtsschutz zu bieten[1305]. Die Begriffe «vorsorglich», «einstweilig», «vorläufig» sowie «Massnahme» und «Verfügung» werden meist synonym verwendet[1306]. Das Gebot der Rechtsgleichheit verlangt, dass im Bereich des vorläufigen Rechtsschutzes stets nach dem Ausgleich der Interessen zwischen der Gesuchstellerin und dem Gesuchgegner gesucht wird. Um eine vorsorgliche Massnahme zu erwirken, braucht es einen Verfügungsanspruch und einen Verfügungsgrund, allenfalls eine Sicherheitsleistung.

995

1303 BGer 4A_582/2012 vom 28.6.2013, in: ius.focus 9/2013, S. 7.
1304 *Gösku*, in: Sutter-Somm/Hasenböhler/Leuenberger (Hrsg.), Art. 260 ZPO N 10.
1305 KUKO ZPO-*Kofmel/Ehrenzeller*, Art. 261 N 1. Für die ausführliche Darstellung des Massnahmenrechts wird auf die Erörterungen in den Standard-Kommentaren verwiesen.
1306 BSK ZPO-*Sprecher*, Art. 261–269 N 1.

b) Voraussetzungen

996 Die Gesuchstellerin muss einen materiell-rechtlichen Anspruch bzw. die Gefahr dessen Verletzung gegenüber dem Gesuchgegner belegen können (Art. 261 Abs. 1 lit. a ZPO). Der Anspruch ist in der Regel nicht pekuniärer Art. Er muss glaubhaft gemacht werden, das heisst, ein Wahrscheinlichkeitsbeweis genügt[1307]. Das Gericht hat lediglich eine Hauptsachenprognose zu stellen *(fumus boni iuris)*. Bei Leistungsmassnahmen, welche die Vollstreckung des Hauptanspruchs vorwegnehmen, sind erhöhte Anforderungen an die Glaubhaftmachung der anspruchsbegründenden Tatsachen zu stellen[1308]. Zudem muss glaubhaft gemacht werden, dass ein *nicht leicht wiedergutzumachender Nachteil* droht[1309]. Ein solcher ist gegeben, wenn der Gesuchsteller in seiner materiellen Rechtstellung beeinträchtigt wird. Ferner muss eine zeitliche Dringlichkeit gegeben sein. Verlangt wird neben der objektiven Dringlichkeit auch eine relative Dringlichkeit: Die Gesuchstellerin muss den Erlass vorsorglicher Massnahmen zeitlich so beantragen, dass dieses Verfahren mindestens so schnell beendet wird wie ein sofort eingeleitetes ordentliches Hauptsacheverfahren[1310].

997 Ein Gesuch um Erlass vorsorglicher Massnahmen darf nicht allein mit der Begründung abgewiesen werden, ein anderer Rechtsbehelf eigne sich besser für die Erreichung des damit verfolgten Zwecks[1311].

998 Der Vermieter kann bei der Hinterlegung des Mietzinses die *Herausgabe der zu Unrecht hinterlegten Mietzinse* im Massnahmenrecht verlangen (Art. 259h Abs. 2 OR). Die Schlichtungsbehörde ist zum Erlass vorsorglicher Massnahmen allerdings nicht befugt. Zuständig für vorsorgliche Massnahmen ist nur der Richter – gleichviel ob ein Schlichtungsverfahren hängig ist, ja sogar vor Einleitung eines solchen Verfahrens[1312].

999 Bei einem vergleichbaren Sachverhalt haben das Obergericht Zürich und der Cour de Justice des Kantons Waadt ganz unterschiedliche Urteile gefällt: Das *Obergericht Zürich* und anschliessend das Bundesgericht haben die Verringerung der Liquidität als einen *nicht leicht wiedergutzumachenden Nachteil* bezeichnet und die (Teil-)Herausgabe der hinterlegten Mietzinse verfügt. Das Bundesgericht erachtet es nicht als willkürlich, wenn eine teilweise Freigabe der hinterlegten Mietzinse erfolgt, weil das vertragliche Leistungsgleichgewicht durch die Hinterlegung gefährdet ist und das Ausmass dieser vorsorglichen Massnahme die Vollstreckung des Entscheids in der

---

1307 Das unterscheidet die vorsorgliche Massnahme u.a. von dem Verfahren nach Rechtsschutz in klaren Fällen (Art. 257 ZPO).
1308 HGer BE, HG 13 67, 11.6.2013, in: CAN 4/2013, Nr. 80.
1309 Das Glaubhaftmachen ist der «Königsbegriff» des Massnahmeverfahrens, DIKE-Komm-ZPO-*Zürcher*, Art. 261 ZPO N 2.
1310 HGer BE, HG 13 149, 30.6.2014, in: CAN 2/2015, Nr. 36.
1311 OGer ZH, LF 150002, 3.3.2015, in: ius.focus 10/2015, S. 21, Kommentar *Christian Schlumpf*.
1312 *Byrde*, mp 3/2006, S. 157 ff.; *Hans Bättig*, MRA 3/2014, S. 150.

Hauptsache nicht gefährdet. Dabei geht es nicht um einen Vorentscheid über die Begründetheit der vom Mieter eingeleiteten Klage oder darum, ihm ein Druckmittel zu entziehen, sondern vielmehr darum, die Voraussetzungen für das Funktionieren einer Vertragsbeziehung während eines Verfahrens zu schaffen, wenn das Leistungsgleichgewicht gefährdet ist[1313]. Die *Cour de Justice* des Kantons Genf und anschliessend das Bundesgericht verlangten vom Vermieter den Nachweis des nicht wiedergutzumachenden Nachteils, den der Vermieter nicht erbringen konnte. Es wurden keine Angaben in Bezug auf die finanzielle Situation gemacht, insbesondere wurde nicht geltend gemacht, dass Zahlungsschwierigkeiten drohen oder dass ein Darlehen wegen der hinterlegten Mietzinse hätte aufgenommen werden müssen. Unter diesen Umständen spielt es keine Rolle, ob der hinterlegte Betrag unverhältnismässig ist oder nicht[1314].

Die Voraussetzungen von Art. 261 Abs. 1 lit. a und lit. b ZPO müssen kumulativ vorliegen. Im Fall der *Vereitelungsgefahr* ist der Verfügungsgrund stets gegeben, ohne dass zusätzlich noch ein weiterer Nachteil glaubhaft gemacht werden müsste. 1000

Beispiele für Massnahmen[1315]
- Massnahmen gegen die Mieterin, die sich ohne vertragliche Berechtigung weigert, das Mietobjekt Kauf- bzw. Mietinteressenten zu zeigen oder dem Vermieter Zutritt zu gewähren.
- Massnahmen gegen den Vermieter, der die Mieterin am Umzugstermin nicht in das Mietobjekt einlässt.

c) *Inhalt der vorsorglichen Massnahmen*

aa) Allgemeines

Art. 262 ZPO zählt beispielhaft *Formen möglicher Massnahmen* auf. Es handelt sich dabei um zustandserhaltende und verändernde Massnahmen. Aufgrund ihrer Natur sind grundsätzlich reversible Massnahmen anzuordnen[1316]. 1001

Lehre und Rechtsprechung unterscheiden drei Kategorien von Massnahmen[1317]: *Sicherungsmassnahmen, Leistungsmassnahmen und Regelungsmassnahmen.* 1002

1313 BGer 4A_347/2013 vom 7.11.2013; vorinstanzlicher Entscheid: OGer ZH, NG130009, 25.6.2013, in: mp 2/2015, S. 122; und in: MRA 3/2014, S. 141, Kommentar *Hans Bättig*; BGer 4C.35/2003 vom 3.6.2003, E. 2.4; BGE 124 III 201 E. 2d.
1314 BGer 4A_494/2013 vom 25.2.2014; vorinstanzlicher Entscheid: Cour de Justice GE, C/5938/2013, 30.8.2013, in: mp 2/2015, S. 116; und in: MRA 3/2014, S. 145, Kommentar *Hans Bättig*.
1315 Nach *Leuch/Marbach/Kellerhals/Sterchi*, Art. 326 [a]ZPO/BE N 8c.
1316 BSK ZPO-*Sprecher*, Art. 262 N 1.
1317 Ausführlich dazu: BSK ZPO-*Sprecher*, Art. 262 N 2 ff.; *Huber*, in: Sutter-Somm/Hasenböhler/Leuenberger (Hrsg.), Art. 262 ZPO N 9 ff.; DIKE-Komm-ZPO-*Zürcher*, Art. 262 N 5 ff.

Beispiele für Sicherungsmassnahmen

- Gesuch, das Mietobjekt ordentlich zu unterhalten.
- Das an die Mieterin gerichtete Verbot, ihrer Sorgfaltspflicht gegen Nachbarn und dem Vermieter zuwider zu handeln (Art. 257f OR).
- Das an die Mieterin gerichtete Verbot, Erneuerungen oder Änderungen an der Mietsache vorzunehmen (Art. 260a OR).

Beispiele für Leistungsmassnahmen

- Übergabe der Mietsache an die Mieterin (Art. 258 Abs. 1 OR).
- Beseitigung von Mängeln an der Mietsache (Art. 259 Abs. 1 lit. a OR).
- Rückgabe der Mietsache an den Vermieter (Art. 267a OR).

Beispiel für eine Regelungsmassnahme

- Vorsorgliche Massnahmen während eines Gerichtsverfahrens (Art. 270e lit. b OR; vgl. dazu Art. 274f Abs. 2 aOR).

Der Katalog möglicher gerichtlicher Anordnungen ist nicht abschliessend (Art. 262 ZPO: «insbesondere»).

1003 *Mietrechtliche Streitigkeiten*, besonders im Kernbereich des Mietrechts, werden in der Regel im ordentlichen Verfahren und nicht im Summarverfahren ausgetragen. Es gibt aber Konstellationen, bei denen insbesondere wegen zeitlicher Dringlichkeit, das Massnahmenrecht beansprucht wird. Im Folgenden werden einige typische Anwendungsfälle aufgeführt[1318].

bb) Vermieter-Begehren um vorsorgliche Massnahmen

1004 Beispiele für *Begehren des Vermieters* um vorsorgliche Massnahmen:

- Verbot, andere Mieter zu belästigen oder das Mietobjekt zu beschädigen (Art. 257f OR);
- Durchsetzung des Besichtigungsrechts (Art. 257h Abs. 2 OR);
- Durchsetzung der Vornahme dringender Reparaturen (Art. 257h Abs. 1 OR);
- Untersagung von Erneuerungs- und Änderungsarbeiten durch die Mieter (Art. 260a Abs. 1 OR);
- Verbot der Untermiete (Art. 262 OR) oder der Übertragung der Mietsache (Art. 263 OR);
- teilweise Herausgabe hinterlegter Zinsen (Art. 259h Abs. 2 OR)[1319];

1318 Vgl. dazu *Lachat*, CPC, S. 178 ff., Kap. 5.4; *Byrde*, 13e Séminaire, S. 17 ff.
1319 BSK OR I-*Weber*, Art. 259 h–i N 2.

- Festsetzung eines provisorischen Zinses für die Dauer eines Verfahrens betreffend Anfechtung des Anfangsmietzinses;
- Verbot, bei Beendigung der Mietdauer Einrichtungsgegenstände aus dem Mietobjekt zu entfernen[1320].

cc) Mieter-Begehren um vorsorgliche Massnahmen

Beispiele für *Begehren des Mieters* um vorsorgliche Massnahmen: 1005

- Verbot, die Mietsache doppelt zu vermieten;
- Durchsetzung des Übergabeanspruchs bei Vertragsbeginn;
- Durchsetzung des Zutritts zum Mietobjekt nach Auswechslung der Schlösser durch den Vermieter;
- Durchsetzung des vertraglich vereinbarten Konkurrenzverbotes bei Geschäftsmieten;
- Aufforderung, die Sicherheitsleistung auf einer Bank zu hinterlegen (Art. 257e OR);
- Durchsetzung dringender Unterhalts- und Versorgungsmassnahmen (Versorgung mit Elektrizität, Heizöl; Art. 259b OR);
- Verbot, nicht angekündigte Arbeiten auszuführen (Art. 257h Abs. 3 OR);
- Zutrittsverweigerung bei nicht rechtzeitig angekündigten Besuchsterminen (Art. 257h Abs. 2 OR);
- Verbot von unzumutbaren Erneuerungs- und Änderungsarbeiten (Art. 260 OR)[1321];
- Verlangen, Renovationsarbeiten nach den Regeln der Baukunst und ohne Gefährdung der Mieter auszuführen (Art. 260 Abs. 2 OR);
- ein Mieter im Rollstuhl kann den Erlass vorsorglicher Massnahmen beantragen, wenn der Lift nach Erneuerungsarbeiten nicht mehr rollstuhlgängig ist[1322];
- Erlaubnis, den Mietzins nicht zu bezahlen, wenn durch Arbeiten die Geschäftstätigkeit ausgeschlossen ist;
- Entfernung der Verschalung der Schaufensterfront eines Kaffee-Restaurants, die das Lokal komplett einhüllt[1323].

d) *Einreichung des Gesuchs – Prosequierungslast*

Das *Massnahmegesuch* ist nach den Regeln von Art. 261 ff. ZPO im Summarverfahren einzureichen. Eine Schlichtungsverhandlung findet nicht statt (Art. 198 lit. a ZPO). 1006

1320 BGer 4C.457/2004 vom 17.2.2005, in: MRA 2/2005, S. 75.
1321 BGer 4P.122/2005 vom 21.6.2005.
1322 Cour de justice GE (C/6530/2010) vom 6.9.2010, in: mp 2/2012, S. 140.
1323 Chambre d'appel en matière de baux et loyers GE, C1809/2010, 18.6.2012, in: Mitteilungen des BWO, Bd. 53, Nr. 1; und in: mp-flash 3/2014, S. 2.

Die örtliche Zuständigkeit richtet sich nach Art. 13 ZPO. Die sachliche Zuständigkeit des Massnahmegerichts ergibt sich aus kantonalem Recht. Wird die vorsorgliche Massnahme nach Rechtshängigkeit des Hauptverfahrens verlangt bzw. angeordnet, handelt das mit der Hauptsache befasste Gericht auch als Massnahmegericht.

1007 Ist die Klage in der Hauptsache noch nicht hängig, kann das Gericht eine *vorsorgliche Massnahme* erlassen, verbindet den Erlass allerdings mit der Prosequierungslast (auch Rechtsverfolgungsfrist genannt), indem der Gesuchstellerin eine Frist zur Einreichung der Klage angesetzt wird (Art. 263 ZPO). Die Klage ist direkt beim zuständigen Gericht anhängig zu machen. Das Schlichtungsverfahren entfällt (Art. 198 lit. h ZPO). Wird die Klagefrist gewahrt, gilt die unbefristete vorsorgliche Massnahme vorerst weiter. Soll die Massnahme den Abschluss des Hauptverfahrens überdauern, bedarf es einer besonderen gerichtlichen Anordnung[1324].

1008 Wird die Klage nicht *fristgerecht* eingereicht, fallen die vorsorglichen Massnahmen ohne weiteres dahin (Art. 263 ZPO). Eine von der Gegenpartei gemäss Art. 261 Abs. 2 ZPO geleistete Sicherheit wird frei. Allerdings können die Kosten unter besonderen Umständen dem Gesuchgegner auferlegt werden, wenn auf die Anhebung des Hauptprozesses verzichtet wird und die vorsorglichen Massnahmen wieder dahinfallen[1325].

e) Entscheid

1009 Nach der Tatsachen- und Rechtsprüfung des Gesuchs und Anhörung der Gegenpartei fällt das Gericht einen *Entscheid* und eröffnet diesen. Im Summarverfahren sind unbegründete Entscheide zulässig. Will eine Partei den Entscheid später anfechten, muss sie aber zwingend eine *Begründung* verlangen[1326]. Das Konkretisierungs- und Bestimmtheitsgebot trifft nicht nur die Begehren der gesuchstellenden Partei, sondern auch den Gerichtsentscheid[1327]. Der Entscheid über vorsorgliche Massnahmen hat *keine aufschiebende Wirkung* und ist sofort vollstreckbar. Formell rechtskräftig wird er dagegen erst mit dem Berufungsentscheid oder nach unbenutztem Ablauf der Berufungsfrist[1328]. Ist der Anspruch durch Erfüllung erloschen, wird das Gesuch *gegenstandslos*. Hat ein früherer gutheissender Massnahmenentscheid seine Wirkung durch Versäumen der Klagefrist verloren, so kann er einem erneuten Antrag in einem neuen Klagebegehren nicht entgegengehalten werden[1329].

1324 BSK ZPO-*Sprecher*, Art. 263 N 42.
1325 OGer SO, ZKEIV.2014.1, 2.6.2014, in: CAN 4/2014, Nr. 4, S. 206; BK-*Sterchi*, Art. 104 ZPO N 13.
1326 BGer 4A_72/2014 vom 2.6.2014, in: ius.focus 9/2014, S. 22, Kommentar *Isabella Schibli*.
1327 BSK ZPO-*Sprecher*, Art. 261 N 86.
1328 BGE 139 III 486 = BGer 5A_217/2013 vom 10.12.2013, in: ius.focus 7/2014, S. 22, Kommentar *Claudia Walz*; und in: SZZP 2/2014, S. 162, Kommentar *Francesco Trezzini*.
1329 OGer BE, ZK 13 56, 2.4.2013, in: ius.focus 12/2013, S. 21, Kommentar *Peter Hostansky/Yves Suter*.

f) Rechtsmittel

Art. 308 Abs. 1 lit. b ZPO sieht vor, dass vorsorgliche Massnahmen mit *Berufung* angefochten werden können. Beträgt der Streitwert weniger als 10 000 Franken, ist eine Berufung nicht möglich (Art. 308 Abs. 2 ZPO), hier greift das Rechtsmittel der *Beschwerde* (Art. 319 lit. b ZPO)[1330].   1010

Wird ein *Rechtsmittel* gegen eine vorsorgliche Massnahme gutgeheissen, der angefochtene Entscheid aufgehoben und die Sache zur neuen Entscheidung an die Vorinstanz zurückgewiesen, wird das Verfahren in jenes Stadium zurückgeführt, indem es sich unmittelbar vor Erlass des aufgehobenen Entscheids befand, das heisst in ein Stadium, indem noch superprovisorische Massnahmen galten. Diesfalls obliegt es dem Massnahmerichter, vor dem Hintergrund des ihm nunmehr bekannten Sachverhaltes über die Aufrechthaltung, Anpassung oder Aufhebung der zuvor superprovisorisch erlassenen Massnahmen zu entscheiden. Entscheidet der Richter im Rahmen eines Zwischenentscheids über das Schicksal der superprovisorischen Massnahmen, die infolge Aufhebung des Massnahmenentscheids wieder in Kraft getreten sind, erlässt er einen anfechtbaren Massnahmenentscheid[1331].   1011

Entscheide über vorsorgliche Massnahmen gelten nur dann als *Endentscheide* i.S.v. Art. 90 BGG, wenn sie in einem eigenständigen Verfahren ergehen. Gemäss Art. 93 Abs. 1 lit. a BGG ist die Beschwerde gegen Zwischenentscheide zulässig, wenn sie einen nicht wiedergutzumachenden Nachteil bewirken. Dabei muss es sich um einen Nachteil rechtlicher Natur handeln, der auch durch einen für die Beschwerdeführerin günstigen Entscheid in der Zukunft nicht mehr behoben werden kann[1332]. Die Beschwerdeführerin muss in der Beschwerdebegründung aufzeigen, inwiefern ihr im konkreten Fall ein nicht wiedergutzumachender Nachteil rechtlicher Natur droht. Es entspricht der konstanten Rechtsprechung zu Art. 93 Abs. 1 BGG, dass die Beschwerdeführerin im Einzelnen darzulegen hat, inwiefern die Beschwerdevoraussetzungen nach dieser Bestimmung erfüllt sind, ansonsten auf die Beschwerde mangels hinreichender Begründung nicht eingetreten wird[1333].   1012

g) Sicherheitsleistungen

Die ZPO unterscheidet *Sicherheitsleistungen* durch den Gesuchgegner (Art. 261 Abs. 2 ZPO) und solche durch die Gesuchstellerin (Art. 264 ZPO). Leistet der Gesuchgegner   1013

1330 Zu den bundesrechtlichen Rechtsmitteln vgl. BSK ZPO-*Sprecher*, Art. 261 N 117 ff.
1331 BGE 139 III 86 = BGer 4A_508/2012 vom 9.1.2013.
1332 BGE 138 III 46 E. 1.2, BGE 135 III 329 E. 1.2.1, je mit Hinweisen.
1333 BGE 137 III 324 E. 1.1 S. 327 ff.; BGer 4A_567/2012 vom 9.4.2013 E. 1.1; BGer 5A_333/2012 vom 11.7.2012; BGer 4A_347/2013 vom 7.11.2013, in: MRA 3/2014, S. 141; BGer 4A_494/2013 vom 25.2.2014, in: MRA 3/2014, S. 145.

eine angemessene Sicherheit, so kann das Gericht von vorsorglichen Massnahmen absehen (Art. 261 Abs. 2 ZPO).

1014 Eine vorsorgliche Massnahme kann beim Gesuchgegner einen Schaden bewirken. Ist dies zu befürchten, kann das Massnahmegericht die Anordnung vorsorglicher Massnahmen von der *Leistung einer Sicherheit* durch die gesuchstellende Partei abhängig machen (Art. 264 Abs. 1 ZPO). Das Gericht wird – mit Ausnahme des Superprovisoriums – aber nur tätig, wenn der Gesuchgegner einen entsprechenden Antrag stellt[1334]. Bei der Haftung des Gesuchstellers für den Schaden aus einer ungerechtfertigten vorsorglichen Massnahme (Art. 264 Abs. 2 ZPO) handelt es sich um eine milde Kausalhaftung. Der Schaden ist vom Gesuchgegner in einem selbstständigen Forderungsprozess geltend zu machen. Die Ersatzpflicht fällt weg oder ist herabzusetzen, wenn die Gesuchstellerin beweist, dass sie das Gesuch in guten Treuen gestellt hat (Art. 264 Abs. 2 ZPO)[1335]. Erhebt der Gesuchgegner keine Schadenersatzklage, ist die Sicherheit der Gesuchstellerin zurückzugeben (Art. 264 Abs. 3 ZPO).

9. Superprovisorische Massnahmen

1015 Es gibt Konstellationen, bei denen das Rechtsschutzinteresse nur mit einer rasch angeordneten Massnahme, ohne vorgängige Anhörung der Gegenseite verwirklicht werden kann. Der vorsorgliche Rechtsschutz darf überfallartig angeordnet und vollzogen werden[1336].

> **Beispiel**
>
> Der Vermieter wechselt die Schlösser aus und verunmöglicht der Mieterin den Zutritt zu ihrer Wohnung. Sie benötigt dringend persönliche Dokumente, weil sie einen längeren Auslandsaufenthalt antritt.

Diese Massnahmen nennt man *superprovisorische Massnahmen* (Art. 265 ZPO)[1337]. Herausragendes Merkmal der superprovisorischen Massnahme ist, dass dem Gesuchgegner das rechtliche Gehör erst nach Erlass der Massnahme gewährt wird[1338]. Die nachträgliche Gewährung des rechtlichen Gehörs widerspricht Art. 29 Abs. 2 BV[1339] nicht, da der «verfassungsrechtliche Anspruch auf rechtliches Gehör nicht unbegrenzt» gilt[1340].

1334 BSK ZPO-*Sprecher*, Art. 264 N 13; *Huber*, in: Sutter-Somm/Hasenböhler/Leuenberger (Hrsg.), Art. 264 ZPO N 9.
1335 *Gasser/Rickli*, Art. 264 ZPO N 2.
1336 Botschaft ZPO, S. 7356.
1337 Das Institut wird vielfach auch Superprovisorium genannt.
1338 *Huber*, in: Sutter-Somm/Hasenböhler/Leuenberger (Hrsg.), Art. 265 ZPO N 2.
1339 Art. 29 Abs. 2 BV: «Die Parteien haben Anspruch auf rechtliches Gehör.»
1340 BGE 106 Ia 6.

a)   Voraussetzungen

Superprovisorische Massnahmen können nie für sich allein stehen, sondern sind immer Teil eines Verfahrens betreffend vorsorgliche Massnahmen[1341]. Voraussetzung einer superprovisorischen Massnahme ist ein *Antrag (Gesuch) an das Massnahmegericht*. Dieses ordnet solche Massnahmen nicht von Amtes wegen an[1342]. Aus dem Gesuch muss klar ersichtlich sein, dass eine superprovisorische Massnahme nach Art. 265 ZPO und nicht eine «gewöhnliche» vorsorgliche Massnahme nach Art. 261 oder 262 ZPO verlangt wird.

1016

Der Antragsteller muss die *besondere Dringlichkeit*, die er nicht selber verursacht hat, insbesondere die Vereitelungsgefahr, glaubhaft machen. Die besondere Dringlichkeit besteht darin, dass eine Verletzung des Anspruchs unmittelbar bevorsteht und ein nicht leicht wiedergutzumachender Nachteil zu befürchten ist. Sie besteht nur dann, wenn der Gesuchsteller mit seinem Gesuch nicht ungebührlich lange zuwartet. Dies ist in der Regel dann der Fall, wenn mit der Gesucheinreichung so lange zugewartet wird, wie die Anhörung der Gegenpartei im schlechtesten Fall gedauert hätte[1343]. Wenn der Gesuchsteller gar nicht erst belegt, wann er von der angeblichen Rechtsverletzung durch den Gesuchgegner Kenntnis erhalten hat, ist sein Massnahmegesuch ohne weiteres abzuweisen[1344]. Der Antragsteller hat seinen Anspruch nicht strikte zu beweisen, sondern glaubhaft zu machen. An die Glaubhaftmachung sind dieselben Anforderungen wie in Art. 261 ZPO zu stellen[1345].

1017

b)   Anordnung und Ablehnung der superprovisorischen Massnahme

Sind die Voraussetzungen erfüllt, ist der Entscheid *«sofort»*, mithin innerhalb weniger Tage zu fällen (Art. 265 Abs. 1 ZPO). Der Inhalt superprovisorischer Massnahmen richtet sich grundsätzlich nach Art. 262 ZPO[1346]. Das Gericht kann den Gesuchsteller von Amtes wegen zu einer vorgängigen Sicherheitsleistung verpflichten. Dies wird dann der Fall sein, wenn eine Schädigung der Gegenpartei absehbar ist. Ist der Sachverhalt eindeutig und liquid, kann auf die Sicherheitsleistung verzichtet werden[1347].

1018

Sind die Voraussetzungen nicht gegeben, wird auf das *Gesuch nicht eingetreten*. Die Abweisung bzw. das Nichteintreten muss begründet werden. Eine mangelnde Begrün-

1019

1341 OGer ZH, PQ140056, 1.10.2014, in: CAN 4/2014, S. 210.
1342 BSK ZPO-*Sprecher*, Art. 265 N 5.
1343 HGer ZH, ZR 2011 305, 2.11.2011, in: ius.focus 7/2012, S. 17, Kommentar *Tina Jäger*.
1344 HGer SG, GVP 2011 Nr. 65, 25.2.2011, in: ius.focus 7/2013, S. 21, Kommentar *Thomas Weibel*.
1345 *Huber*, in: Sutter-Somm/Hasenböhler/Leuenberger (Hrsg.), Art. 265 ZPO N 14.
1346 BSK ZPO-*Sprecher*, Art. 265 N 30.
1347 *Huber*, in: Sutter-Somm/Hasenböhler/Leuenberger (Hrsg.), Art. 265 ZPO N 22.

dung verletzt das rechtliche Gehör des Gesuchstellers[1348]. Auch wenn die superprovisorische Massnahme nicht gewährt wurde, hat die Gesuchgegnerin Anspruch auf Akteneinsicht[1349].

c) *Anhörung der Gegenpartei und definitiver Entscheid*

1020 Lehnt das Massnahmegericht den Antrag für superprovisorische Massnahmen ab oder tritt es darauf nicht ein, findet keine Anhörung statt. Erlässt das Gericht eine Anordnung, lädt es die Parteien zu einer Verhandlung vor, die unverzüglich stattzufinden hat oder setzt der Gegenpartei eine *Frist zur schriftlichen Stellungnahme* (Art. 265 Abs. 2 ZPO). Das rechtliche Gehör wird folglich nachträglich gewährt.

1021 Nach Anhörung beider Seiten entscheidet das Gericht unverzüglich über das *Gesuch* (Art. 265 Abs. 2 ZPO). Hat die superprovisorische Verfügung weiterhin Bestand, wird sie zu einer ordentlichen vorsorglichen Massnahme.

d) *Rechtsmittel*

1022 Gegen eine superprovisorisch angeordnete Massnahme ist eine *Berufung* an die zweite kantonale Instanz grundsätzlich nicht möglich[1350]. Der heikle Ermessensentscheid, dem Gesuchgegner das rechtliche Gehör zu gewähren oder nicht, ist in engen zeitlichen Verhältnissen zu fällen und soll nicht mit einem Rechtsmittel angefochten werden können, da der Entscheid über die vorsorglichen Massnahmen, welcher ebenfalls im raschen Summarverfahren ergeht, mit den dort gegebenen Rechtsmitteln überprüft werden kann[1351].

1023 Wird auf das Superprovisorium nicht eingetreten, ist eine *Beschwerde an das Bundesgericht* nicht möglich, da einerseits der kantonale Instanzenzug nicht ausgeschöpft ist, andererseits das Rechtsschutzinteresse fehlt. Vor Ergreifen eines Rechtsmittels an das Bundesgericht muss das kontradiktorische Verfahren vor dem Massnahmerichter gemäss Art. 261 ff. ZPO durchlaufen werden[1352].

1024 Der Entscheid im *Bestätigungsverfahren* kann mit Berufung (Art. 308 ZPO) oder Beschwerde (Art. 319 ZPO) angefochten werden. Wird ein Rechtsmittel gegen eine vorsorgliche Massnahme gutgeheissen, der angefochtene Entscheid aufgehoben und die Sache zur neuen Entscheidung an die Vorinstanz zurückgewiesen, wird das Verfahren

---

1348 BGer 5P.144/2003 vom 5.5.2003.
1349 OGer ZH, VR110002-O/U, 15.6.2011, in: ius.focus 2/2012, S. 15, Kommentar *Matthias Seemann*.
1350 Botschaft ZPO, S. 7356; BGE 137 III 417.
1351 OGer BE, ZK 11 232, 15.4.2011, in: CAN 1/2012, Nr. 10.
1352 BGE 137 III 417 E. 1.2 = BGer 4A_577/2011 vom 4.10.2011, in: SZZP 1/2012, S. 18, Kommentar *François Bohnet*; und in: ius.focus 7/2012, S. 15, Kommentar *Peter Hostansky*.

in das Stadium unmittelbar vor Erlass des aufgehobenen Entscheids zurückgeführt, das heisst in ein Stadium, in dem noch superprovisorische Massnahmen galten. Diesfalls obliegt es dem Massnahmerichter, vor dem Hintergrund des ihm nunmehr bekannten Sachverhaltes über die Aufrechthaltung, Anpassung oder Aufhebung der zuvor superprovisorisch erlassenen Massnahmen zu entscheiden. Entscheidet der Richter im Rahmen eines Zwischenentscheids über das Schicksal der superprovisorischen Massnahmen, die infolge Aufhebung des Massnahmenentscheids wieder in Kraft getreten sind, erlässt er einen anfechtbaren Massnahmenentscheid[1353].

1353 BGE 139 III 86 = BGer 4A_508/2012 vom 9.1.2013, in: ZBJV 3/2015, S. 279, Kommentar *Christoph Leuenberger*.

Kapitel 36 Ausweisungsverfahren

1. Im Rechtsschutzverfahren in klaren Fällen

1025   Nach altem Recht galt im mietrechtlichen Ausweisungsverfahren die sog. Kompetenzattraktion, das heisst, der Ausweisungsrichter entschied im Summarverfahren gleichzeitig über die Gültigkeit einer ausserordentlichen Kündigung, wenn der Vermieter die Ausweisung verlangte und die Kündigung von den Mietern angefochten wurde[1354]. Mit der Aufhebung von Art. 274g aOR entfiel die Kompetenzattraktion[1355]. Wird eine ausserordentliche Kündigung von den Mietern angefochten, so ist für die Behandlung des Anfechtungsbegehrens und das allenfalls widerklageweise gestellte Ausweisungsbegehren die Schlichtungsbehörde zuständig. Damit wird die *Kündigung im ordentlichen und nicht im summarischen Verfahren* beurteilt.

1026   Ist hingegen der Sachverhalt nach Meinung des Vermieters liquid, also unbestritten und sofort beweisbar, und ist die Rechtslage klar, wird das Ausweisungsgesuch bei ordentlicher und ausserordentlichen Kündigung im *Summarverfahren* (Art. 248 i.V.m. Art. 257 ZPO) behandelt[1356]. Dieser Rechtsschutz in klaren Fällen nach Art. 257 ZPO ist ein verkürztes, mit Beschränkung der Beweismittel verbundenes Erkenntnisverfahren, das zur vollen materiellen Rechtskraft führt[1357]. Es wird vor allem dann zum Tragen kommen, wenn eine Erstreckung ausgeschlossen ist, mithin bei ausserordentlichen Kündigungen wegen Zahlungsverzug (Art. 257d OR), Konkurs des Mieters (Art. 266h OR) oder bei Zwischennutzungen (Art. 272a Abs. 1 lit. d OR). Weniger geeignet sind Kündigungen wegen Sorgfaltspflichtverletzungen (Art. 257f Abs. 3 OR) und solche aus wichtigem Grund (Art. 266g OR).

1027   Vorstellbar ist die Anwendung von Art. 257 ZPO auch bei *ordentlichen Kündigungen*, die nicht angefochten wurden, und bei Verbleiben der Mieter im Mietobjekt nach Ablauf der Erstreckungsdauer. Es gibt keine plausiblen Gründe, die ordentliche und die ausserordentliche Kündigung im Rahmen der Ausweisung nach Art. 257 ZPO ungleich zu behandeln. Insbesondere muss der Rechtsschutz in klaren Fällen nach einer unangefochten gebliebenen ordentlichen Kündigung möglich sein. Denn im Verfahren nach Art. 257 ZPO werden nur die Beweismittel, nicht hingegen die Be-

---

1354   Zum Ganzen: *Gasser*, St. Galler Mietrechtstag 2010; *Bohnet/Conod*, 18ᵉ Séminaire.
1355   Allgemein wird der Wegfall der Kompetenzattraktion bedauert und gefordert, *de lege ferenda* die Wiedereinführung zu prüfen, *Sutter-Somm/Lötscher*, in: Sutter-Somm/Hasenböhler/Leuenberger (Hrsg.), Art. 257 ZPO N 38a.
1356   *Thanei*, mp 4/2009, S. 195 mit Beispielen; *Bohnet/Conod*, 18ᵉ Séminaire N 204 ff.; *Gasser*, St. Galler Mietrechtstag 2010; vgl. N 951 ff.
1357   BSK ZPO-*Hofmann*, Art. 257 N 3. Die Prüfung der Gültigkeit einer Kündigung ist lediglich eine Vorfrage, vgl. N 892 ff.

weisstrenge eingeschränkt. Einen Rechtsnachteil erleidet der Gesuchgegner somit nicht[1358].

Aus der Entstehungsgeschichte der ZPO ergibt sich der Wille des Gesetzgebers, die Erwirkung einer Mieterausweisung in einem summarischen Verfahren einzig beim Vorliegen eines klaren Falles nach Massgabe von Art. 248 i.V.m. Art. 257 ZPO zu ermöglichen. Zu Gunsten der Mieter ist zu beachten, dass im Summarverfahren grundsätzlich die Verhandlungsmaxime gilt. In dem für den mietrechtlichen Kündigungsschutz vorgesehenen vereinfachten Verfahren ist der Sachverhalt dagegen im Rahmen der sozialen *Untersuchungsmaxime* gemäss Art. 243 Abs. 2 lit. c i.V.m. Art. 247 Abs. 2 lit. a ZPO von Amtes wegen festzustellen. Damit das vom Gesetzgeber verfolgte Ziel nicht über den Rechtsschutz in klaren Fällen unterlaufen wird, ist dieser nur zu gewähren, wenn keine Zweifel an der Vollständigkeit der Sachverhaltsdarstellung bestehen und die Kündigung gestützt darauf als klar berechtigt erscheint[1359]. Eine kantonal-rechtliche Bestimmung, wie im Kanton Schwyz, welche die Mieterausweisung der Grundvariante des Summarverfahrens i.S.v. Art. 248 lit. a. i.V.m. Art. 250 ZPO zuweisen will, verstösst deshalb gegen die derogatorische Kraft des Bundesrechts und ist unwirksam[1360]. 1028

Die Auffassung, wonach die Ausweisung auch über eine *vorsorgliche Massnahme* erfolgen kann (Art. 262 ZPO), ist im Lichte von BGE 139 III 38 fraglich[1361]. 1029

Die gesuchstellende Partei muss den *Anspruch beweisen*, nicht nur geltend machen. Als Beweis werden Urkunden zugelassen, nur in Ausnahmefällen können andere Beweismittel bewilligt werden. Ist der Sachverhalt nicht liquid, kann dieser schnelle Rechtsschutz nicht gewährt werden und das Gericht tritt auf das Gesuch nicht ein[1362]. Die Sache ist dann im ordentlichen oder vereinfachten Verfahren auszutragen[1363]. 1030

Einige *Anwendungsfälle* des Ausweisungsverfahren nach Art. 257 ZPO: 1031

1358 OGer AG, ZSU.2011.331, 17.10.2011, in: CAN 1/2012, Nr. 6.
1359 BGE 141 III 262 = BGer 4A_184/2015 vom 11.8.2015 E. 4.2.2, in: mp 4/2015, S. 289; BGer 4A_265/2013 vom 8.7.2013 E. 6; BGer 4A_7/2012 vom 3.4.2012 E. 2.5.
1360 BGE 139 III 38 = BGer 4A_495/2012 vom 10.1.2012, in: mp 2/2013, S. 167.
1361 Nach *Huber*, Art. 262 ZPO N 19, in: Sutter-Somm/Hasenböhler/Leuenberger (Hrsg.), kann die Ausweisung über eine vorsorgliche Massnahme nach Art. 261 ff. ZPO erfolgen. M.E. führt dieses Vorgehen allerdings in eine Sackgasse und ist mit dem Wesen der Ausweisung nicht vereinbar. So kann auf eine vorsorgliche Massnahme verzichtet werden, wenn die Gegenpartei Sicherheit leistet. Die Massnahme begründet zudem die Prosequierungslast und ist immer mit einer Frist zur Einreichung der Klage zu verknüpfen und von ihr abhängig zu machen. Wird die Frist nicht eingehalten, fällt die Massnahme dahin (Art. 263 ZPO).
1362 BGE 138 III 123 = BGer 4A_601/2011 vom 21.12.2011, in: mp 2/2012, S. 131.
1363 Botschaft ZPO, S. 7352.

Beispiele

- Die Mieterin hat die ordentliche Kündigung rechtzeitig bei der Schlichtungsbehörde angefochten bzw. um Erstreckung ersucht. – Die Sache ist nicht liquid, auf das Ausweisungsgesuch wird nicht eingetreten. Im Schlichtungsverfahren kann der Vermieter die Exmission allerdings widerklageweise verlangen.
- Die Mieterin hat die ausserordentliche Kündigung wegen Zahlungsverzugs (Art. 257 d OR) rechtzeitig bei der Schlichtungsbehörde angefochten. – Eine Erstreckung ist ausgeschlossen. Es stellen sich einfache Fragen, die Sache ist liquid. Das Ausweisungsgesuch nach Art. 257 ZPO kann gutgeheissen werden. Das Schlichtungsverfahren wird sistiert und wegen Gegenstandslosigkeit als erledigt abgeschrieben, sobald die Ausweisung verfügt und vollzogen ist.
- Der Vermieter verlangt gestützt auf Art. 257*d* OR die Ausweisung. Die Mieterin macht – im Berufungsverfahren – geltend, den Ausstand «Ende Oktober» bezahlt zu haben, ohne aber sagen oder belegen zu können, wann genau die Einzahlung erfolgte. – In Anbetracht der im Zahlungsverkehr zwischen Post und Bank allenfalls verstrichenen Zeit kann nicht ausgeschlossen werden, dass die Zahlung rechtzeitig erfolgt ist. Mangels liquidem Sachverhalt liegt damit kein klares Recht vor[1364].
- Die Mieterin hat die ausserordentliche Kündigung wegen Vertragsverletzung (Art. 257f OR) oder aus wichtigem Grund (Art. 266g OR) rechtzeitig bei der Schlichtungsbehörde angefochten bzw. um Erstreckung ersucht. – Es gibt in beiden Fällen einen Wertungsspielraum. Die Sache ist nicht liquid, auf das Ausweisungsgesuch wird nicht eingetreten. Im Schlichtungsverfahren kann der Vermieter die Exmission allerdings widerklageweise verlangen.

1032 Für eine Ausweisung nach einer *ausserordentlichen Kündigung* wird kein Rechtsschutz in klaren Fällen gewährt, wenn die Kündigung wegen einer unbezahlten, zu wenig detailliert ausgewiesenen Nebenkostenabrechnung erfolgt ist[1365].

1033 Fehlt die für den sofortigen Rechtsschutz erforderliche *Liquidität im Sachverhalt* und Klarheit in der Rechtslage, so ist für die Ausweisung das normale Mietverfahren bei der Schlichtungsbehörde anzuheben oder widerklageweise einzureichen. Wenn beim Gericht Zweifel betreffend Sachverhalt oder Rechtslage bleiben, ist der schnelle Rechtsschutz zu versagen[1366]. Bestehen zum Beispiel Anhaltspunkte, dass die Berufung auf die vereinbarte Schriftform einer Optionserklärung rechtsmissbräuchlich sein könnte, liegt kein klares Recht vor[1367].

1364 Cour d'appel civile du Tribunal cantonal VD, HC/2011/355, 8.7.2011, in: CdB 4/11, S. 122; und in: mp-flash 1/2012, S. 1.
1365 BGer 4A_127/2014 vom 19.8.2014, in: ius.focus 10/2014, S. 8.
1366 DIKE-Komm-ZPO-*Göksu*, Art. 257 N 4 und N 9.
1367 BGer 4A_601/2011 vom 21.12.2011, in: mp 2/2012, S. 131 ff.

Es ist davon auszugehen, dass *Mieterausweisungen im Summarverfahren* in allen vier Kantonen, welche ein *Handelsgericht* kennen, inskünftig durch diese zu beurteilen sein werden, falls alle Voraussetzungen einer handelsrechtlichen Streitigkeit i.S.v. Art. 6 Abs. 2 ZPO erfüllt sind[1368]. 1034

2. Ausweisung bei hängigem Kündigungsschutzverfahren

Es ist möglich und verstösst nicht gegen den *Grundsatz der Rechtshängigkeit (Litispendenz)*, dass zwei Verfahren «parallel» nebeneinander laufen, nämlich das Schlichtungsverfahren, eingeleitet durch die Mieter, mit dem Rechtsbegehren der Feststellung der Missbräuchlichkeit, allenfalls Nichtigkeit oder Unwirksamkeit der Kündigung und das Ausweisungsverfahren nach Art. 257 ZPO, eingeleitet durch den Vermieter[1369]. Die Rechtshängigkeit des Kündigungsschutzbegehrens steht der Ausweisung wegen des unterschiedlichen Streitgegenstandes nicht i.S.v. Art. 64 Abs. 1 lit. a ZPO entgegen[1370]. Das Bundesgericht hält fest, dass ein Begehren um Ausweisung eines Mieters im Verfahren um Rechtsschutz in klaren Fällen nach Art. 257 ZPO grundsätzlich auch dann zulässig ist, wenn der Mieter die vorangehende Kündigung gerichtlich angefochten hat und dieses Verfahren hängig ist[1371]. 1035

Nicht entschieden ist die Frage, ob das Schlichtungs- oder das Ausweisungsverfahren *sistiert* werden soll, bis von der einen oder anderen Instanz ein Entscheid (allenfalls ein Urteilsvorschlag) vorliegt[1372]. Der Priorisierung des Ausweisungsverfahrens kann dann zugestimmt werden, wenn das Ausweisungsgericht mit der erforderlichen Gründlichkeit und Sorgfalt materiell die Einreden gegen die Ausweisung prüft und im Zweifel den schnellen Rechtsschutz versagt. 1036

Im Hinblick auf die notwendige *Schnelligkeit eines (gerechtfertigten) Ausweisungsprozesses*, die Kosteneffizienz und Prozessökonomie überzeugt die in Zürich und Basel-Stadt praktizierte Notlösung, die bei parallelen Verfahren vor der Mietschlichtungsstelle und dem Ausweisungsrichter nach Art. 257 ZPO für das Verfahren vor der Schlichtungsstelle eine Sistierung vorsieht[1373]. 1037

1368 BGE 140 III 55 = BGer 4A_480/2013 vom 10.2.2014; *Hulliger/Maag*, MRA 3/2014, S. 113.
1369 *Koumbarakis*, Tagung 2011, S. 13; *Bisang*, MRA 3/2010, S. 113 ff.; OGer ZH, II. ZK, RU110002-0, 14.2.2011, E. 3.3.
1370 BGE 141 III 262 = BGer 4A_184/2015 vom 11.8.2015 E. 3.2 mit Hinweisen, in: SZZP 6/2015, S. 504, Kommentar *François Bohnet*; und in: mp 4/2015, S. 289.
1371 BGE 141 III 262 = BGer 4A_184/2015 vom 11.8.2015 E. 3.2.
1372 Für die Sistierung des mietrechtlichen (Hauptverfahrens): *Gasser/Rickli*, Art. 257 ZPO N 11; OGer ZH, II. ZK, PF 110018, 1.7.2011, E. 7, in: mp 4/2011, S. 328 ff.; und in: MRA 1/2012, S. 34, Kommentar *Urban Hulliger*; Für die Sistierung des Ausweisungsverfahrens: DIKE-Komm-ZPO-*Göksu*, Art. 257 N 15; KUKO ZPO-*Jent-Sørensen*, Art. 257 N 17; *Staehelin/Staehelin/Grolimund*, § 21 Rz 56.
1373 *Sutter-Somm/Lötscher*, in: Sutter-Somm/Hasenböhler/Leuenberger (Hrsg.), Art. 257 ZPO N 38a.

3. Ausweisung im ordentlichen bzw. vereinfachten Verfahren

a) Funktion des Schlichtungsverfahrens

1038 Wird der Rechtsschutz in klaren Fällen nicht gewährt und auf das Gesuch nicht eingetreten, kann die Gesuchstellerin im ordentlichen bzw. vereinfachten Verfahren innert einem Monat die Klage bei der Schlichtungsbehörde einreichen (Art. 63 Abs. 2 ZPO)[1374]. Die *Rechtshängigkeit* bleibt gewahrt. Allerdings findet keine Überweisung von Gesetzes wegen statt, wie es Art. 274g Abs. 3 aOR vorsah.

1039 Im Schlichtungsverfahren gelten bezüglich eines Ausweisungsbegehrens alle Verfahrensgrundsätze, einschliesslich der Möglichkeit eines *Urteilsvorschlags*[1375]. Allerdings kann ein solcher nur für das Rechtsbegehren auf Feststellung der Unwirksamkeit bzw. Missbräuchlichkeit der Kündigung erfolgen. Das Ausweisungsbegehren des Vermieters fällt bei restriktiver Auslegung des Kündigungsschutzes nicht in die Konstellation von Art. 210 Abs. 1 lit. b ZPO. Wegen des in aller Regel zu hohen Streitwerts kommt auch die Anwendung von Art. 210 Abs. 1 lit. c ZPO nicht in Frage. Die Schlichtungsbehörde kann folglich lediglich die Nichteinigung feststellen und die Klagebewilligung erteilen.

b) Ausweisung im ordentlichen oder im vereinfachten Verfahren?

1040 Die grosse Kontroverse, ob das *Ausweisungsverfahren* je nach Streitwert im ordentlichen oder vereinfachten Verfahren zu prozedieren ist, oder ob immer, unabhängig vom Streitwert, das vereinfachte Verfahren zur Anwendung kommt, ist bis heute vom Bundesgericht nicht abschliessend entschieden worden. Es befasst sich ausführlich mit den verschiedenen Lehrmeinungen und führt dazu Folgendes aus[1376]:

1041 In der französischsprachigen Schweiz finde eine rege Auseinandersetzung über die Tragweite von Art. 243 Abs. 2 ZPO statt, nicht aber in der deutschsprachigen Lehre[1377]. Ein Teil der Lehre halte sich streng an den Wortlaut des Gesetzestextes. Sie sei der Auffassung, der Begriff «Kündigungsschutz» sei so auszulegen, wie er in der Überschrift zum Abschnitt III des Achten Titels des OR verstanden werde. Danach schliesse er nur die Anfechtung missbräuchlicher Kündigungen ein. Die *Feststellung der Ungültig-*

1374 Zur Berechnung des Streitwertes vgl. N 328 ff.
1375 Aufgrund des Kündigungsschutzes oder der Mieterstreckung nach Art. 210 Abs. 1 lit. b ZPO. Denkbar ist sogar die Möglichkeit eines Entscheids, sofern der Streitwert gemäss der beantragten Erstreckungsdauer nicht über 2000 Franken liegt.
1376 BGer 4A_87/2012 vom 10.4.2012, in: mp 3/2012, S. 221.
1377 So stellen *Staehelin/Staehelin/Grolimund*, § 56 Rz 56, lapidar fest: «Soweit die Voraussetzungen für den Rechtsschutz in klaren Fällen nicht gegeben sind, kann die Vermieterschaft die Ausweisung unabhängig vom Streitwert im vereinfachten Verfahren verlangen (Art. 243 Abs. 2 lit. c ZPO)»; ähnlich *Sutter-Somm/Lötscher*, in: Sutter-Somm/Hasenböhler/Leuenberger (Hrsg.), Art. 257 ZPO N 38a.

keit oder der Unwirksamkeit einer vorzeitigen Kündigung sei darin nicht enthalten. Zumindest gelte das, soweit eine derartige Feststellung nicht in einem Anfechtungsverfahren vorfrageweise geprüft werden müsse. Für diesen Teil der Lehre ist das ordentliche Verfahren anwendbar, wenn nur die erwähnten Feststellungen Prozessgegenstand sind und der Streitwert 30 000 Franken übersteigt[1378].

Das Gleiche gelte bei einem Ausweisungsbegehren, da die Ausweisung an sich keinen Kündigungsschutz einschliesse. Der Vermieter müsse in diesem Fall, je nachdem, ob der Streitwert unter oder über 30 000 Franken liegt, im vereinfachten bzw. ordentlichen Verfahren vorgehen[1379]. Allerdings erachtet es *Bohnet* als ausgesprochen widersprüchlich, dass die Ausweisung dem ordentlichen Verfahren unterstellt werde, während die Anfechtung der Kündigung im vereinfachten Verfahren erfolge. Dem Vermieter soll nach seiner Auffassung gestattet werden, die Ausweisung bei einer Anfechtung der Kündigung widerklageweise zu verlangen. Dabei sei diese Widerklage unabhängig vom Streitwert im Hauptverfahren und damit im vereinfachten Verfahren zu behandeln, gestützt auf Art. 224 Abs. 1 ZPO. 1042

Ein anderer Teil der Lehre, so das Bundesgericht weiter, lege den Begriff des Kündigungsschutzes nach Art. 243 Abs. 2 lit. c ZPO grosszügiger aus und schliesse jede Art ein, die Kündigung aufzuheben, wenn es sich um eine *anfechtbare, unwirksame oder nichtige Kündigung* handle. Für sie erfolge die Ausweisung des Mieters im Nachgang zu einer ordentlichen oder ausserordentlichen Kündigung im vereinfachten Verfahren[1380]. Diese Auffassung überzeugte das Bundesgericht[1381], schliesslich liess es diese Frage jedoch (noch) offen[1382]. 1043

Nach der hier vertretenen Auffassung sollte die *Ausweisung im vereinfachten Verfahren* durchgeführt werden[1383]. Zahlreiche Kündigungsschutzbestimmungen befinden sich 1044

1378 *Lachat*, CPC, S. 133, Ziff. 2.2.3; *Bohnet*, 16ᵉ Séminaire, N 112, 141, 143.
1379 Zur Berechnung des Streitwertes vgl. N 328 ff.; *Bohnet* (SZZP 2/2014, S. 100) macht geltend, dass bei einer Klage auf Nichtigkeit bzw. Unwirksamkeit der Kündigung der Kündigungsschutz nach Art. 271*a* Abs. 1 lit. e OR nicht greife und damit die Dreijahresfrist nicht zum Tragen komme. Da der Streitwert auf Basis des Zeitraums bis zum Zeitpunkt der Räumung berechnet werde, würde der Streitwert von 30 000 Franken selten erreicht und damit werde meistens im einfachen Verfahren geurteilt.
1380 *Colombini*, JdT 2011 III 85; *Staehelin/Staehelin/Grolimund*, § 21 Rz 56; *Sutter-Somm/Lötscher*, in: Sutter-Somm/Hasenböhler/Leuenberger (Hrsg.), Art. 257 ZPO N 38a; *Thanei*, SJWZ-Weiterbildung 2013; OGer ZH vom 1.7.2011, ZR 110 Nr. 54, E 2.2.
1381 BGer 4A_87/2012 vom 10.4.2012 E. 3.2.1, in: mp 3/2012, S. 221.
1382 BGE 139 III 457 E. 5.3 = BGer 4A_346/2013 vom 22.10.2013.
1383 Das Unbehagen über die unklare und der Sache nicht dienliche Splittung der Themenbereiche Feststellung der Anfechtbarkeit, Ungültigkeit oder Nichtigkeit der Kündigung einerseits und der Ausweisung anderseits, wird von allen Autoren geteilt und gefordert, dass eine Art. 274*g* aOR nachgebildete Bestimmung wieder eingeführt wird. *Sutter-Somm/Lötscher*, in: Sutter-Somm/Hasenböhler/Leuenberger (Hrsg.), Art. 257 ZPO N 38a; *Maag*, MRA 1/2014, S. 6.

ausserhalb des III. Abschnittes des Achten Titels des OR (Art. 257*d*, 257*f*, 266*c*, 266*d*, 266*i*, 266*o* OR). Eine Begrenzung von Art. 243 Abs. 2 lit. c ZPO auf den Kündigungsschutz im engeren Sinne ist nicht sinnvoll. Es ist kaum zu rechtfertigen, die ausserordentlichen Kündigungen dem ordentlichen Verfahren mit seinen erhöhten formellen Anforderungen zu unterstellen, da diese die Interessen des Empfängers weit empfindlicher tangieren können, als ordentliche Kündigungen. Das Gericht prüft den Sachverhalt im ordentlichen Verfahren nicht mehr nach der sozialen Untersuchungsmaxime. Zweck der Prozessordnung ist es, im sensiblen Bereich des Mietrechts ein einfaches Verfahren vorzusehen[1384].

1045 Es ist kaum vertretbar, die Anfechtung der Kündigung, die Feststellungsklagen auf Ungültigkeit bzw. Unwirksamkeit der Kündigung anders zu behandeln als das Ausweisungsverfahren. Denn in jedem Fall muss beim *Ausweisungsverfahren (mindestens vorfrageweise) die Gültigkeit der Kündigung geprüft* werden. Diesfalls ergibt sich eine andere Interessenlage. In der Regel will der Mieter das Mietobjekt nicht zurückgeben, weil er die Gültigkeit der Kündigung bestreitet[1385]. Weil materiell ein innerer Zusammenhang zwischen Kündigung und Ausweisung besteht und die Thematik zum Kernbereich des Mieterschutzes zu zählen ist, ist Art. 243 Abs. 2 lit. c ZPO weit auszulegen, mit der Folge, dass die Schlichtungsbehörde bei einem Ausweisungsbegehren den Parteien einen Urteilsvorschlag nach Art. 209 Abs. 1 lit. b ZPO unterbreiten kann[1386].

4. Kostenregelung und Vollstreckungsmassnahmen

1046 Die *Kosten im Ausweisungsverfahren* werden nach den allgemeinen Regeln von Art. 104 ff. ZPO verteilt. Klagt die Vermieterin auf Ausweisung von Mieterin und Untermieterin ohne gegenüber der Untermieterin sachenrechtliche Ansprüche geltend zu machen, können bei einem Klagerückzug wegen Gegenstandslosigkeit der Untermieterin keine Kosten auferlegt werden[1387].

1047 Die möglichen *Vollstreckungsmassnahmen* sind in Art. 343 ZPO aufgeführt und umfassen unter anderem die Strafdrohung nach Art. 292 StGB, die Ordnungsbusse und insbesondere die Zwangsmassnahme in Form der (polizeilichen) Räumung. In der Regel wird der Vollstreckungsrichter eine gewisse Frist zur freiwilligen Erfüllung einräumen[1388]. Die Dauer dieser Frist liegt im Ermessen des Gerichts und bemisst sich unter

---

1384 Botschaft ZPO, S. 7345, 5.16; vgl. dazu auch die Ausführen des Bundesgerichtes über die Prüfung der Nichtigkeit bei einer Mietzinserhöhung, wonach über Steitigkeiten im Kernbereich des Mietrechts immer das vereinfachte Verfahren anzuwenden ist, BGer 4A_1/2014 vom 26.3.2014.
1385 *Maag*, MRA 1/2014, S. 6.
1386 Vgl. N 776 ff.
1387 HGer ZH, HE130198, 15.8.2013, in: ZR 4/2014, Nr. 32; und in: mp-flash 6/2014, S. 2.
1388 BK-*Kellerhals*, Art. 343 ZPO N 59.

anderem nach der Logistik, welche ein Umzug voraussetzt, und dem Wissen der Mieterschaft, dass eine Zwangsräumung angeordnet wird[1389].

Bei der Vollstreckung eines Entscheids beachtet das Gericht den *Grundsatz der Verhältnismässigkeit*. Wenn die Räumung einer Wohnung auf dem Spiel steht, gilt es zu verhindern, dass die betroffenen Personen unvermittelt jegliche Unterkunft verlieren. Die Räumung darf nicht schonungslos ausgeführt werden, namentlich wenn humanitäre Gründe einen Aufschub gebieten oder ernsthafte und konkrete Anzeichen dafür bestehen, dass der Mieter sich dem Entscheid zur Räumung innert vernünftiger Frist bereitwillig fügt. Auf jeden Fall kann der Aufschub nur relativ kurz sein und darf faktisch nicht einer erneuten «Erstreckung» des Mietverhältnisses gleichkommen[1390]. 1048

Der vom Gericht angeordnete Zwangsvollzug ist eine Staatsaufgabe, die dem kantonalen öffentlichen Recht unterliegt. Dies gilt namentlich im Hinblick auf die Entfernung und Verwahrung der Fahrnis des Mieters bzw. der ausgewiesenen Bewohner. Der *Zwangsvollzug* ist damit nicht Aufgabe des Vermieters bzw. des Eigentümers der Mieträumlichkeiten und somit auch nicht Gegenstand privatrechtlicher Verträge. Entsprechend kann auf ein in diesem Zusammenhang gestelltes Begehren auf vorsorgliche Beweisführung nicht eingetreten werden, da es nicht der Sicherung von Beweisen im Hinblick auf einen zukünftigen Zivilprozess dient. Eine allfällige Sicherungsmassnahme müsste vom Vermieter auf verwaltungsrechtlichem Weg verlangt werden[1391]. 1049

Die Hilfe, die eine Gemeinde bei der Ausweisung eines Mieters leistet, namentlich die Verwahrung von dessen Mobiliar, ist ein hoheitliches Tun, das dem *kantonalen öffentlichen Recht* untersteht[1392]. *Bohnet* zweifelt allerdings daran, dass der Richter die Zwangsräumung der Möbel anordnen kann. Der Vermieter muss die erforderliche Zwangsräumung auf dem öffentlich-rechtlichen Verfahrensweg verlangen. Die Möbel müssen folglich in einer ersten Phase in einem Möbellager eingestellt werden. Die entsprechenden Kosten sind vom Vermieter vorzuschiessen[1393]. 1050

1389 BGer 4A_391/2013 vom 17.12.2013, in: mp 2/2014, S. 167.
1390 BGer 4A_207/2014 vom 19.5.2014, in: mp 3/2014, S. 251 ff.; und in: MRA 1/2015, S. 54, Kommentar *Monika Sommer*.
1391 BGer 4A_143/2014 vom 23.6.2014, in: SZZP 6/2014, S. 531, Kommentar *François Bohnet*.
1392 BGer 4A_132/2014 vom 2.6.2014.
1393 *François Bohnet*, SZZP 6/2014, S. 537; *Bohnet/Conod*, 18ᵉ Séminaire, S. 137 ff.

Teil 6   Rechtsmittel

Kapitel 37   Die Berufung (Art. 308 ff. ZPO)

1051   Ordentliches, primäres und vollkommenes Rechtsmittel ist die *Berufung*. Sie wird auch als Hauptrechtsmittel bezeichnet[1394]. Mit der Berufung können erstinstanzliche Entscheide weiter gezogen werden. Es sind Entscheide in allen Verfahrensarten (ordentlich, vereinfacht, summarisch) berufungsfähig[1395]. Nicht berufungsfähig sind Entscheide des Vollstreckungsgerichts, sowie die in Art. 309 lit. b ZPO aufgezählten Angelegenheiten des SchKG.

1. Gegenstand der Berufung

1052   Berufungsfähig sind *End- und Zwischenentscheide* (Art. 308 Abs. 1 lit. a ZPO)[1396]. Endentscheide schliessen das Verfahren ganz (oder zumindest teilweise) ab. Darunter sind auch Nichteintretensentscheide (z.B. nach Art. 257 Abs. 3 ZPO) zu zählen. Fällt die Schlichtungsbehörde einen Entscheid (Art. 212 ZPO), amtet sie zwar als erste echte Entscheidinstanz, mangels Streitwerterfordernis ist eine Berufung aber nie möglich.

1053   Abschreibungsverfügungen infolge Vergleich, Klageanerkennung oder Klagerückzug sind *nicht berufungsfähig*, allenfalls kann das Rechtsmittel der Revision (Art. 328 Abs. 1 lit. c ZPO) eingelegt werden. Gegen superprovisorische Massnahmen ist die Berufung nicht zulässig[1397].

2. Streitwert

1054   Die Berufung ist in vermögensrechtlichen Angelegenheiten zulässig, wenn das *zuletzt aufrechterhaltene Rechtsbegehren* mindestens 10 000 Franken beträgt (Art. 308 Abs. 2 ZPO)[1398]. Massgeblich ist der Betrag, der im Zeitpunkt des erstinstanzlichen Urteils

---

[1394] BSK ZPO-*Spühler*, Art. 308 N 1.
[1395] *Fellmann*, ZPO-Einführungstagung 2010; *Reetz*, Recht aktuell 2011; *Reetz*, Recht aktuell 2012; *Reetz*, Recht aktuell 2014.
[1396] Ausführlich zum Begriff Zwischenentscheid *Reetz/Theiler*, in: Sutter-Somm/Hasenböhler/Leuenberger (Hrsg.), Art. 308 ZPO N 23 ff.
[1397] BGE 137 III 417; **a.M.** *Reetz/Theiler*, in: Sutter-Somm/Hasenböhler/Leuenberger (Hrsg.), Art. 308 ZPO N 42.
[1398] In nicht vermögensrechtlichen Fällen ist die Berufung ohne Streitwerterfordernis möglich.

streitig war[1399]. Für einen Anwalt ist es ohne weiteres erkennbar, dass dieser Wert nicht erreicht ist, wenn nach einer teilweisen Klageanerkennung eine tiefere Restforderung verbleibt. Er kann sich deshalb weder auf eine falsche Rechtsmittelbelehrung berufen, noch hat er Anspruch auf die Umdeutung in eine Beschwerde[1400].

Bei *Teil- und Zwischenentscheiden* ist der Streitwert der Hauptsache massgeblich. 1055

3. Berufungsgründe

Mit der Berufung kann die *unrichtige Rechtsanwendung* und/oder die *unrichtige Feststellung des Sachverhaltes* geltend gemacht werden (Art. 310 ZPO)[1401]. Dabei ist die Rechtsmittelinstanz weder an die Sachverhaltsfeststellungen noch an die Erörterungen der ersten Instanz gebunden und überprüft deren Entscheid in freier Kognition[1402]. 1056

Das Berufungsgericht darf die *erstinstanzliche Beurteilung* nicht gestützt auf Urkunden überprüfen, die nach Art. 317 Abs. 1 ZPO im Berufungsverfahren neu vorgelegt werden[1403]. 1057

Bei Streitigkeiten aus dem Mietrecht nach Art. 243 Abs. 2 lit. c ZPO hat die Rechtsmittelinstanz die *Untersuchungsmaxime* anzuwenden, bei solchen nach Art. 247 Abs. 2 lit. b Ziff. 1 ZPO bis zu einem Streitwert von 30 000 Franken[1404]. 1058

4. Einreichung der Berufung

Die Berufung ist innert *30 Tagen* seit Zustellung des begründeten Entscheids bzw. seit der nachträglichen Zustellung der Entscheidbegründung (Art. 239 ZPO) schriftlich und begründet einzureichen (Art. 311 ZPO)[1405]. Zu beachten ist der Fristenstillstand nach Art. 145 Abs. 1 ZPO[1406]. Gegen einen im summarischen Verfahren ergangenen Entscheid beträgt die Frist zur Einreichung der Berufung und zur Berufungsantwort je *10 Tage* (Art. 314 Abs. 1 ZPO). Die Frist für die Berufung gegen einen im summarischen Verfahren ergangenen Entscheid steht während der Gerichtsferien nicht still. 1059

1399 Vgl. Art. 74 i.V.m. Art. 51 BGG.
1400 BGer 4D_77/2012 vom 20.11.2012, in: SZZP 2/2013, S. 142, Kommentar *Valentin Rétornaz*.
1401 Ausführlich zur unrichtigen Rechtsanwendung *Reetz/Theiler*, in: Sutter-Somm/Hasenböhler/Leuenberger (Hrsg.), Art. 310 ZPO N 12 ff., und zur unrichtigen Feststellung des Sachverhalts *Reetz/Theiler*, in: Sutter-Somm/Hasenböhler/Leuenberger (Hrsg.), Art. 310 ZPO N 24 ff.
1402 DIKE-Komm-ZPO-*Blickenstorfer*, Art. 310 N 3; *Staehelin/Staehelin/Grolimund*, § 26 Rz 5.
1403 BGer 4A_420/2012 vom 7.11.2012, in: SZZP 2/2013, S. 141.
1404 BSK ZPO-*Mazan*, Art. 247 N 8.
1405 Nur bei einem leichten Verschulden kann die Frist allenfalls wiederhergestellt werden, OGer ZH, LB 150018, 17.3.2015, in: ius.focus 3/2016 S. 22, Kommentar *Ann Weibel*.
1406 BGE 141 III 554 E. 2.3 und 2.4.

Dies setzt jedoch voraus, dass der Nicht-Stillstand der Frist im Entscheid gemäss Art. 145 Abs. 3 ZPO erwähnt wird. Bleibt er unerwähnt, so ist es ohne Bedeutung, ob der Betroffene den Mangel kannte oder hätte kennen sollen[1407].

1060 Die Berufungserklärung ist als schriftliche Eingabe zu *datieren* und zu *unterzeichnen* (Art. 311 Abs. 1 und Art. 130 Abs. 1 ZPO). Mangelt es einer Berufungserklärung an einer rechtsgültigen Unterschrift, ist grundsätzlich eine Nachfrist zur Mangelbehebung anzusetzen[1408].

1061 Widersprechen sich die Angabe des Zustellungsdatums in der Berufungsschrift und im «Track & Trace»-System der Post, so ist der Beschwerdeführer darüber zu befragen. Wird über inhaltliche Fragen verhandelt und dabei Replik und Duplik eingeholt, so ist davon auszugehen, dass auf die Berufung eingetreten wird, zumindest aber, dass die *Berufungsfrist* eingehalten ist[1409].

5. Einreichung der Berufung bei der falschen Instanz

1062 Wird trotz korrekter Rechtsmittelbelehrung die Berufung bei der Vorinstanz anstelle der Berufungsinstanz eingereicht, so löst dies *keine Nachfrist* aus, innert welcher das Rechtsmittel nachträglich trotzdem rechtzeitig eingereicht werden kann[1410].

1063 Das Bundesgericht führt dazu allerdings aus, wenn die *Laieneingabe* als Rechtsmittel erkennbar sei, habe das fälschlicherweise angerufene Bezirksgericht den nicht vertretenen Beschwerdeführer darauf aufmerksam zu machen, dass eine Beschwerde bei der Rechtsmittelinstanz einzureichen sei. Es gehe nicht an, die Eingabe nicht sofort weiterzuleiten, sondern einige Tage damit zuzuwarten. Der Beschwerdeführer hätte die Eingabe bei entsprechender Mitteilung durch das Bezirksgericht noch rechtzeitig beim Obergericht einreichen können. Das Bundesgericht bezeichnete es als überspitzt formalistisch, wenn Behörden zuwarten, bis ein verbesserlicher Fehler nicht mehr geheilt werden kann, und danach die Partei die Folgen dieses Fehlers tragen lassen. Nachdem der Fehler durch das Untätigbleiben des Bezirksgerichts nicht mehr heilbar gewesen war, sei es überspitzt formalistisch, wenn das Obergericht auf die Beschwerde wegen Verspätung nicht eingetreten sei. Daran ändere nichts, dass in der Rechtsmittelbelehrung gestanden habe, dass die Beschwerde beim Obergericht eingereicht werden könne[1411].

1407 BGE 139 III 78 = BGer 5A_378/2012 vom 6.12.2012, in: SZZP 2/2012, S. 115.
1408 BGer 6B_218/2015 vom 16.12.2015 E. 2.4.8, in: ius.focus 1/2016, S. 30, Kommentar *Diego Langenegger*; BGE 142 III 48 = BGer 5A_553/2015 vom 16.12.2015, in: SJZ 4/2016, S. 104.
1409 BGer 5A_28/2015 vom 22.5.2015 E. 3.1.2, in: SZZP 5/2015, S. 398.
1410 KGer FR, 101 2011-210, 7.9.2011, in: ius.focus 3/2013, S. 22, Kommentar *Sacha Sekulic*.
1411 BGer 5A_376/2012 vom 16.1.2013 E. 3.2, in: ZBJV 3/2015 S. 249, Kommentar *Christoph Leuenberger*.

Die ZPO äussert sich grundsätzlich nicht zur *Frage der Fristwahrung* durch Eingaben, die an eine sachlich oder funktionell unzuständige Behörde gerichtet sind, und auch nicht zur Frage der Weiterleitung solcher Eingaben an die zuständige Instanz. Art. 63 ZPO betrifft die Wahrung der durch eine Eingabe an eine unzuständige Stelle oder in einem falschen Verfahren begründeten Rechtshängigkeit und ist nicht auf Rechtsmitteleingaben anwendbar. Andere Bundesgesetze kennen demgegenüber entsprechende Normen (vgl. Art. 48 Abs. 3 BGG; Art. 32 Abs. 2 SchKG; Art. 91 Abs. 4 StPO; Art. 39 Abs. 2 ATSG). Diese Regeln gelten als Konkretisierung des allgemeinen Rechtsgrundsatzes, wonach eine Recht suchende Partei nicht ohne Not aus übertriebener Formstrenge um die Beurteilung ihres Rechtsbegehrens gebracht werden soll[1412]. Der Grundsatz der Weiterleitung muss daher auch im Rahmen der ZPO gelten, soweit diese nicht eine eigene Regelung enthält. Es kann nicht sein, dass im Verfahren vor Bundesgericht eine Weiterleitungspflicht besteht, nicht aber im vorgelagerten Rechtsmittelverfahren vor den kantonalen Gerichten[1413].

1064

Zusammenfassend ergibt sich, dass eine rechtzeitige – versehentlich beim erstinstanzlichen Gericht *(iudex a quo)* – eingereichte Berufung oder Beschwerde dem Rechtsmittelkläger nicht schadet. Vielmehr gilt in diesen Fällen die Rechtsmittelfrist als gewahrt und die Vorinstanz hat das Rechtsmittel unverzüglich an die zuständige Rechtsmittelinstanz weiterzuleiten[1414]. Diese Regel gilt aber nicht für eine Rechtsmitteleingabe, die bei einer ausserkantonalen Behörde oder bei einer kantonalen Behörde, die den angefochtenen Entscheid nicht getroffen hat, eingereicht wurde.

1065

6. Rechtsbegehren und Begründung

Die Berufung muss *begründet* werden (Art. 311 Abs. 1 ZPO). Es genügt nicht, auf die bisherigen Rechtsschriften zu verweisen[1415]. Ebenso ist ein Verweis auf die Rügen im erstinstanzlichen Verfahren ungenügend. Die Berufungsschrift muss Rechtsmittelanträge enthalten und die Fehlerhaftigkeit der angefochtenen Begründung darlegen[1416]. Aus dieser muss hervorgehen, dass und weshalb der Rechtsuchende einen Entscheid anficht und inwieweit dieser geändert oder aufgehoben werden soll[1417]. Der Beru-

1066

1412 *Leuenberger*, SZZP 2/2013, 169 ff.; BSK ZPO-*Benn*, Art. 143 N 3.
1413 *Leuenberger*, ZBJV 3/2015, S. 251.
1414 BGE 140 III 636 E. 3.7 = BGer 4A_476/2014 vom 9.12.2014, in: SZZP 2/2015, S. 147, Kommentar *Valentin Rétornaz* und *François Bohnet*; und in: ius.focus 11/2015, S. 22, Kommentar *Ann Sofie Benz*.
1415 BGer 4A_659/2011 vom 7.12.2011.
1416 BGE 138 III 374 = BGer 5A_651/2011 vom 26.4.2012, in: Praxis 2013, Nr. 4; BGer 5A_488/2015 vom 21.8.2015, in: SZZP 6/2015, S. 512.
1417 BGer 5A_481/2014 vom 12.8.2014; OGer ZG, Z 2 2014 22, 7.5.2014, in: CAN 1/2015, Nr. 13.

fungskläger hat konkret aufzuzeigen, inwiefern der angefochtenen Entscheid aufgrund der festgestellten Tatsachen oder der rechtlichen Erwägungen fehlerhaft ist[1418].

1067 Bei einer *Berufung durch einen Laien* muss wenigstens dem Sinn nach hervorgehen, wie die Berufungsinstanz entscheiden soll[1419]. Mit Blick auf die reformatorische Natur der Berufung (Art. 318 Abs. 1 lit. b ZPO) hat der Berufungskläger grundsätzlich einen Antrag in der Sache zu stellen. Er hat darzulegen, dass die Voraussetzungen für neue Beweismittel im Berufungsverfahren erfüllt sind[1420].

1068 Das *Rechtsbegehren* muss so bestimmt sein, dass es im Falle der Gutheissung der Berufung unverändert zum Urteil erhoben werden kann. Namentlich sind die auf eine Geldzahlung gerichteten Berufungsanträge im Rechtsbegehren zu beziffern[1421]. Werden unbezifferte Berufungsanträge gestellt, ist auf die Berufung nicht einzutreten, ohne dass dem Berufungskläger eine Nachfrist nach Art. 132 Abs. 1 und 2 ZPO einzuräumen wäre[1422]. Eine Bezifferung bloss in der Berufungsbegründung reicht nicht[1423].

1069 Eine «*fristwahrende» Berufung*, die erst nach Ablauf der Berufungsfrist vollständig begründet wird, ist in der ZPO nicht vorgesehen. Vielmehr ist auch die bloss «fristwahrend» und insoweit vorsorglich eingelegte Berufung ohne weiteres eine ordentliche Berufung. Sie ist innert der gesetzlichen Berufungsfrist zu begründen und kann die Berufungsfrist nicht unterlaufen oder verlängern. Die Berufungsfrist kann zudem gerichtlich nicht erstreckt werden (Art. 144 Abs. 1 ZPO)[1424].

1070 Die Rechtsfolge des *Nichteintretens auf unbezifferte Begehren* steht jedoch unter dem Vorbehalt des überspitzten Formalismus (Art. 29 Abs. 1 BV). Auf eine Berufung mit formell mangelhaften Rechtsbegehren ist ausnahmsweise einzutreten, wenn sich aus der Begründung, allenfalls in Verbindung mit dem angefochtenen Entscheid, ergibt, was der Berufungskläger in der Sache verlangt oder – im Falle zu beziffernder Rechtsbegehren – welcher Geldbetrag zuzusprechen ist. Rechtsbegehren sind im Lichte der Begründung auszulegen[1425].

1418 BGer 4A_290/2014 vom 1.9.2014, in: ius.focus 4/2015, S. 22, Kommentar *Christian Schlumpf*.
1419 OGer ZH, LB120045-O/U, 27.6.2012, in: CAN 4/2012, Nr. 75.
1420 BGer 4A_662/2012 vom 7.2.2013.
1421 BGer 4A_383/2013 vom 2.12.2013; BGE 137 III 617 = BGer 5A_663/2011 vom 8.12.2011.
1422 BGer 5A_855/2012 vom 13.2.2013.
1423 OGer SO, SOG 2011 Nr. 12, 9.3.2011, in: ius.focus 8/2013, S. 22, Kommentar *Thomas Weibel*.
1424 BGer 5A_979/2014 vom 12.2.2015 E. 2.4; BGer 5A_82/2013 vom 18.3.2013 E. 3.3.
1425 BGer 5A_380/2012 vom 27.8.2012; BGE 137 III 617.

7. Berufungsantwort

Die Rechtsmittelinstanz stellt die Berufung der Gegenpartei zur *schriftlichen Stellungnahme* zu, es sei denn, die Berufung sei offensichtlich unzulässig oder offensichtlich unbegründet (Art. 312 Abs. 1 ZPO). An die Berufungsantwort werden die gleichen Anforderungen gestellt wie an die Berufung (vgl. N 1066 ff.). Es besteht keine Pflicht zur Einreichung einer Berufungsantwort[1426]. Die Frist für die Berufungsantwort beträgt 30 Tage (Art. 312 Abs. 2 ZPO).

1071

8. Replikrecht?

Der Berufungskläger kann – nachdem kein zweiter Schriftenwechsel angeordnet wurde – in einer Berufungsreplik Ergänzungen machen, soweit Einwände des Berufungsbeklagten in der *Berufungsantwort* dies erfordern. Eine Berufungsreplik kann aber nicht dazu dienen, in der Berufungsschrift Versäumtes nachzuholen[1427].

1072

9. Anschlussberufung

Die Gegenpartei kann in der Berufungsantwort, die innert 30 Tagen einzureichen ist, *Anschlussberufung* erheben (Art. 313 Abs. 1 ZPO). Die analoge Anwendung von Art. 312 ZPO auf die Anschlussberufung führt dazu, dass die Berufungsinstanz diese dem Berufungskläger zustellen und eine Frist zur Stellungnahme von 30 Tagen seit Erhalt ansetzen muss, verbunden mit der Androhung der Säumnisfolgen[1428]. Wenn der Berufungskläger davon absieht, spontan auf die Berufungsantwort zu reagieren, darf das Berufungsgericht davon ausgehen, dass die neuen Tatsachen, die der Berufungsgegner vorbringt, unbestritten bleiben[1429].

1073

Eine Partei, die teilweise Berufung gegen das erstinstanzliche Urteil erhoben hat, kann zusätzlich *Anschlussberufung* erheben, wenn die Gegenpartei Berufung erhebt (Art. 313 ZPO). Der Wortlaut von Art. 313 ZPO steht einer Anschlussberufung nach erfolgter eigener Hauptberufung nicht entgegen. Das Bundesgericht hält fest, die Anschlussberufung sei ein Verteidigungs- bzw. Gegenangriffsmittel einer Partei, die sich mit einer Hauptberufung der Gegenpartei konfrontiert sieht. Es sei nicht ersichtlich, weshalb eine Partei, die noch keine eigene Hauptberufung erhoben hat, sich dieses Mittels bedienen können soll, eine Partei, die dies getan hat, jedoch nicht. Es bestehe kein zwingender Anlass, dass eine Partei nur die eine oder die andere Art der Anfechtung wählen könne und eine Kumulation ausgeschlossen sein soll, wobei die Partei da-

1074

1426 BSK ZPO-*Spühler*, Art. 312 N 3.
1427 BGer 4A_380/2014 vom 6.10.2014, in: SZZP 1/2015, S. 50.
1428 BGE 138 III 568 = BGer 5A_206/2012 vom 9.8.2012, in: SZZP 1/2013, S. 34.
1429 BGer 4A_747/2012 vom 5.4.2012.

rüber zu einem Zeitpunkt zu entscheiden hätte, in dem sie noch nicht wissen könne, ob und inwiefern die Gegenseite das Urteil anfechten werde[1430].

1075 Wird die Berufung zurückgezogen, fällt die *Anschlussberufung* dahin (Art. 313 Abs. 2 lit. c ZPO). Das gilt auch nach Abschluss des Schriftenwechsels, solange die Hauptverhandlung nicht zum Abschluss gekommen ist, das heisst, die Beweise abgenommen und die Schlussvorträge gehalten worden sind[1431].

10. Aufschiebende Wirkung und vorzeitige Vollstreckung

1076 Die Berufung hemmt in der Regel die *Rechtskraft* und die Vollstreckbarkeit des angefochtenen Entscheids (Art. 315 Abs. 1 ZPO). Die Rechtsmittelinstanz kann die vorzeitige Vollstreckung bewilligen (Art. 315 Abs. 2 ZPO). Voraussetzung dafür ist, dass der angefochtene Entscheid einen vollstreckungsfähigen Inhalt aufweist. Gegenstand der Vollstreckung sind Leistungsentscheide, die nicht freiwillig erfüllt werden. Feststellungs- und Gestaltungsurteile bedürfen keiner Vollstreckung, weshalb diesbezüglich auch keine vorzeitige Vollstreckung bewilligt werden kann[1432].

Beispiel

Das Gesuch um Erstreckung eines Geschäftsmietvertrages wird erstinstanzlich abgewiesen. Die Mieterin erhebt dagegen Berufung, der Vermieter stellt ein Gesuch um vorzeitige Vollstreckung. Das vorinstanzliche Urteil lautet wie folgt: «Die Klage wird abgewiesen.» Damit wird ein negativer Sachentscheid über die Gestaltungsklage auf Erstreckung des Mietverhältnisses gefällt, jedoch keine Partei zu einer Leistung verurteilt. Somit weist das vorinstanzliche Urteil gar keinen vollstreckungsfähigen Inhalt auf, weshalb auch eine vorzeitige Vollstreckung des vorinstanzlichen Entscheids nicht möglich ist[1433].

1077 Gemäss Art. 315 Abs. 4 lit. b ZPO hat die *Berufung gegen eine vorsorgliche Massnahme* keine aufschiebende Wirkung. Die Vollstreckung kann aber ausnahmsweise aufgeschoben werden, wenn der betroffenen Partei ein nicht leicht wiedergutzumachender Nachteil droht (Art. 315 Abs. 5 ZPO).

1078 Nach der bundesgerichtlichen Rechtsprechung hat die Rechtsmittelinstanz der Berufung gegen den erstinstanzlichen Entscheid nur in Ausnahmefällen *aufschiebende Wirkung* zu gewähren. Sie verfügt jedoch über einen grossen Ermessensspielraum, der es ihr erlaubt, den Umständen des konkreten Falles Rechnung zu tragen. Der Entscheid

---

1430 BGE 141 III 302 = BGer 5A_793/2015 vom 18.5.2015 E. 2.4.
1431 BGE 138 III 788 = BGer 5A_452/2012 vom 30.10.2012, in: ius.focus 8/2013, S. 21, Kommentar *Adrien Jaccottet*; und in: SZZP 2/2013, S. 148, Kommentar *François Bohnet*.
1432 KGer BL, 400 15 71, 10.4.2015, E. 2, in: CAN 3/2015, S. 159, Kommentar *Karl Spühler*.
1433 KGer BL, 400 15 71, 10.4.2015, E. 2, in: CAN 3/2015, S. 159, Kommentar *Karl Spühler*.

über die aufschiebende Wirkung erfordert dabei eine Interessenabwägung. Eine solche ist letztlich nur möglich, wenn sich beide Parteien zumindest schriftlich zur Angelegenheit haben äussern können[1434].

11. Verfahren

Die *Rechtsmittelinstanz* kann eine Verhandlung durchführen oder aufgrund der Akten entscheiden (Art. 316 Abs. 1 ZPO). Ebenso kann sie einen zweiten Schriftenwechsel anordnen und Beweise abnehmen (Art. 316 Abs. 2 und 3 ZPO). Der Gesetzgeber wollte der Berufungsinstanz eine Verfahrensautonomie geben[1435]. 1079

Die Möglichkeit einer *Verfahrensbeschränkung* (Art. 125 ZPO) in der Rechtsmittelinstanz (Berufung oder Beschwerde) ist in der ZPO nicht explizit vorgesehen. Eine solche ist aber zulässig, wenn sie einem sinnvollen prozessualen Zweck dient[1436]. 1080

Beispiel

Gegenstand einer Berufung ist eine Forderungsklage betreffend Schäden infolge Übernutzung der Mietsache. Das Verfahren wird auf die Frage der rechtzeitigen Mängelprüfung und Mängelmeldung beschränkt (Art. 267a Abs. 1 OR).

Stellt die Berufungsinstanz die Berufungsantwort dem Berufungskläger ohne weitere Fristansetzung zu einer allfälligen Replik zu, hat der Berufungskläger unverzüglich bzw. umgehend zu reagieren, falls er sich nochmals äussern will. In der Regel soll er seine *Replikschrift* rasch einreichen, ohne vorher um eine gerichtliche Fristansetzung zu ersuchen[1437]. 1081

Eine *Klageänderung* im Berufungsverfahren ist nur noch zulässig, wenn die Voraussetzungen nach Art. 227 Abs. 1 ZPO gegeben sind und sie zudem auf neue Tatsachen und Beweismitteln beruht[1438]. 1082

Das *Novenrecht* richtet sich nach Art. 317 ZPO. Neue Tatsachen und Beweismittel werden nur dann berücksichtigt, wenn sie ohne Verzug vorgebracht werden (Art. 317 Abs. 1 lit. a ZPO) und trotz zumutbarer Sorgfalt nicht schon vor erster Instanz vorgebracht werden konnten (Art. 317 Abs. 1 lit. b ZPO). Besonderes gilt für Prozesse, die der Untersuchungsmaxime unterliegen. Auch in zweiter Instanz sind Noven bis zur Urteilsberatung möglich. Zu denken ist an Entscheide des vereinfachten Verfahrens[1439]. Die (soziale) Untersuchungsmaxime gilt auch im Rechtsmittelverfahren in 1083

1434 BGer 5A_350/2013 vom 8.7.2011.
1435 Botschaft ZPO, S. 7374.
1436 OGer BE, ZK 13 55, 23.10.2013, in: CAN 1/2014, Nr. 6, Kommentar *Karl Spühler*.
1437 BGE 138 III 620; vgl. N 835 ff.
1438 OGer ZG, Z 1 2011 23, 1.5.2013, in: CAN 3/2013, Nr. 64.
1439 Botschaft ZPO, S. 7375.

den Fällen von Art. 243 Abs. 2 lit. c und Art. 247 Abs. 2 lit. b Ziff. 1 ZPO[1440]. Gilt die Untersuchungsmaxime, so werden Noven von Amtes wegen bis zum Beginn der Urteilsberatung durch die Berufungsinstanz berücksichtigt[1441].

1084   *Neue Einreden* sind nur zulässig, wenn sie auf neuen Tatsachen beruhen[1442]. Sinngemäss ist Art. 229 ZPO analog anwendbar, insbesondere Art. 229 Abs. 3 ZPO (vgl. N 855 ff.). Der Umstand, dass eine Partei erst aufgrund des erstinstanzlichen Urteils Klarheit darüber gewinnt, welche Tatsachen und Beweismittel von prozessentscheidender Bedeutung sind, vermag das Novenrecht im Rechtsmittelverfahren nicht zu begründen[1443]. Die Verrechnungseinrede kann im Berufungsverfahren nicht uneingeschränkt, sondern nur nach Massgabe des Novenrechts vorgebracht werden[1444].

12. Rechtsmittelentscheid

1085   Die *Rechtsmittelinstanz* kann den angefochtenen Entscheid bestätigen, neu entscheiden oder die Sache an die erste Instanz zurückweisen (Art. 318 Abs. 1 ZPO)[1445].

1086   Nach Art. 318 Abs. 3 ZPO entscheidet die Rechtsmittelinstanz auch über die *Prozesskosten des erstinstanzlichen Verfahrens*, wenn sie einen neuen Entscheid fällt. Dabei sind die Prozesskosten beider Verfahren grundsätzlich der unterliegenden Partei zu auferlegen (Art. 106 Abs. 1 ZPO) und zwar nach Massgabe des Prozessergebnisses des Berufungsverfahrens. Eine Rückweisung an die erste Instanz einzig zur Neuverlegung der Prozesskosten des erstinstanzlichen Verfahrens ist bei einem reformatorischen Entscheid der Berufungsinstanz in der ZPO nicht vorgesehen[1446].

1087   Die *Kostenregelung des Schlichtungsverfahrens* in den Art. 113 und 114 ZPO gilt auch für das Rechtsmittelverfahren[1447].

1440   BGE 138 III 374 E. 4.3.2 = BGer 5A_651/2012 vom 26.4.2012, in: Praxis 2013, Nr. 4.
1441   *Reetz/Hilber*, in: Sutter-Somm/Hasenböhler/Leuenberger (Hrsg.), Art. 317 ZPO N 70; DIKE-Komm-ZPO-*Volkart*, Art. 317 N 17; BGE 138 III 625 = BGer 4A_228/2012 vom 28.12.2012; **a.M.** BSK ZPO-*Spühler*, Art. 317 N 8.
1442   OGer ZH, 120010-O/U, 5.6.2013, in: ius.focus 10/2013, S. 21, Kommentar *Barbara Meyer/Jana Bieli*.
1443   BGer 4D_45/2014 vom 5.12.2014 E. 2.2.3, in: SZZP 3/2015, S. 246.
1444   BGer 4A_432/2013 vom 14.1.2014.
1445   Vgl. für die Einzelheiten *Reetz/Hilber*, in: Sutter-Somm/Hasenböhler/Leuenberger (Hrsg.), Art. 317 ZPO N 1 ff.
1446   BGer 4A_17/2013 vom 13.3.2013.
1447   OGer ZH, LU130001-O/U, 30.4.2013, E. 4; OGer ZH, PD110005, 23.6.2011, E. 2; OGer ZH, PD110010, 31.10.2011, E. 4a; *Jenny*, in: Sutter-Somm/Hasenböhler/Leuenberger (Hrsg.), Art. 113 ZPO N 3.

Unter besonderen Umständen kann bei qualifizierten Verfahrensmängeln, wenn der 1088
Mangel des erstinstanzlichen Entscheids besonders schwer wiegt, die Nichtigkeit festgestellt werden[1448]. Die erste Instanz ist an die Erwägungen und das *Dispositiv des Berufungsentscheids* gebunden. Im Unterschied zum erstinstanzlichen Verfahren ist der Entscheid der Berufungsinstanz mit einer schriftlichen Begründung zu eröffnen (Art. 318 Abs. 2 ZPO).

1448 KGer BL, 410 13 300/LIA, 4.2.2014, in: CAN 3/2014, Nr. 46.

Kapitel 38 Die Beschwerde (Art. 319 ff. ZPO)

1. Gegenstand der Beschwerde

1089 Subsidiäres Rechtsmittel ist die *Beschwerde*[1449]. Sie steht in der Mitte zwischen Rekurs und Nichtigkeitsbeschwerde[1450].

Art. 319 ZPO

Mit Beschwerde sind anfechtbar:
a. nicht berufungsfähige erstinstanzliche Endentscheide, Zwischenentscheide und Entscheide über vorsorgliche Massnahmen;
b. andere erstinstanzliche Entscheide und prozessleitende Verfügungen:
  1. in den vom Gesetz bestimmten Fällen,
  2. wenn durch sie ein nicht leicht wiedergutzumachender Nachteil droht;
c. Fälle von Rechtsverzögerung[1451].

Unter anderen gehören zu den vom Gesetz bestimmten Fällen nach Art. 319 lit. b Ziff. 1 die *Verweigerung der unentgeltlichen Rechtspflege* (Art. 121 ZPO), die *Sistierung des Verfahrens* (Art. 126 Abs. 2 ZPO) sowie *Ordnungsbussen* (Art. 128 ZPO)[1452].

2. Beschwerdegründe

1090 Mit der Beschwerde kann die *unrichtige Rechtsanwendung* und/oder die offensichtlich unrichtige Feststellung des Sachverhaltes («Willkürüberprüfung») geltend gemacht werden (Art. 320 ZPO). Die unrichtige Rechtsanwendung wird mit freier Kognition überprüft. Dies ist wichtig für Fälle mit Streitwerten unter 10 000 Franken, die nicht berufungsfähig sind. Hinsichtlich der Sachverhaltsfeststellung gilt eine beschränkte Kognition. Es braucht eine offensichtlich unrichtige Feststellung des Sachverhalts. Es gelten grundsätzlich die gleichen Anforderungen an die Begründung wie bei der Berufung (Art. 311 Abs. 1 bzw. Art. 321 Abs. 1 ZPO; vgl. N 1066 ff.).

1449 U.U. ist die Beschwerde auch primäres Rechtsmittel, *Gasser/Rickli*, Art. 319 ZPO N 3; BSK ZPO-*Spühler*, Art. 319 N 5.
1450 BSK ZPO-*Spühler*, Art. 319–327a N 1.
1451 OGer ZG, BZ 2013 33, 29.10.2013, in: CAN 1/2014, Nr. 7, Kommentar *Annette Dolge*.
1452 *Walther*, Recht aktuell 2011; *Walther*, Recht aktuell 2012; *Walther*, Recht aktuell 2014; *Uffer-Tobler Beatrice*, Recht aktuell 2015.

3. Beschwerdefrist

Die Beschwerde ist innert *30 Tagen* seit der Zustellung des begründeten Entscheids 1091
oder seit der nachträglichen Zustellung der Entscheidbegründung schriftlich bei der
Rechtsmittelinstanz einzureichen (Art. 321 Abs. 1 ZPO). Im Summarverfahren und
bei prozessleitenden Verfügungen beträgt die *Beschwerdefrist 10 Tage* (Art. 321 Abs. 2
ZPO). Diese Frist ruht während den *Gerichtsferien* nicht (Art. 145 Abs. 2 lit. b ZPO).
Wurde die Beschwerdefrist verpasst, kann das Versäumnis einzig über die Wiederherstellung geheilt werden (Art. 148 ZPO).

4. Verfahren

Ist die Beschwerde nicht offensichtlich unzulässig oder unbegründet, wird sie der Gegenpartei zur schriftlichen Stellungnahme zugestellt (Art. 322 ZPO). Dabei ist die 1092
Waffengleichheit zu beachten, das heisst, beiden Parteien müssen die gleichen Fristen
gewährt werden (Art. 322 Abs. 2 ZPO)[1453]. Das Replikrecht muss gewährleistet sein
(vgl. N 833 ff.)[1454]. Eine Anschlussbeschwerde ist ausgeschlossen (Art. 323 ZPO). Die
Vorinstanz kann, muss aber nicht, um eine Stellungnahme ersucht werden (Art. 324
ZPO).

Die Beschwerde hat – im Gegensatz zur Berufung – keine *aufschiebende Wirkung* 1093
(Art. 325 Abs. 1 ZPO). Dies bedeutet, dass ein angefochtener Entscheid mit seiner Eröffnung rechtskräftig und grundsätzlich auch vollstreckbar wird[1455]. Das Gericht kann
jedoch die Vollstreckung auf Parteiantrag aufschieben (Art. 325 Abs. 2 ZPO). Nach
hier vertretener Auffassung kann das Gericht bei Verfahren nach dem Untersuchungsrundsatz die Vollstreckbarkeit von Amtes wegen aussetzen[1456].

Noven sind bei der Beschwerde ausgeschlossen (Art. 326 ZPO). 1094

5. Entscheid

In der Regel wird aufgrund der Akten entschieden (Art. 327 Abs. 2 ZPO). Die Rechtsmittelinstanz kann einen *kassatorischen oder reformatorischen Entscheid* fällen. Es liegt 1095
im Ermessen des Gerichts, ob es den angefochtenen Entscheid aufhebt oder neu ent-

---

[1453] Die Beschwerdeantwort ist innert 30 Tagen, im Summarverfahren innert 10 Tagen einzureichen. Die Fristen sind nicht erstreckbar. Für den Fall einer falschen Fristansetzung oder ungenügenden Rechtsbelehrung, vgl. BGE 135 III 374 E. 1.2.2.
[1454] Für den Fall, dass das Gericht die Beschwerdeantwort der Gegenpartei lediglich zustellt, ohne Frist zur Replik zu setzen, vgl. die neue Rechtsprechung zum Replikrecht, BGE 133 I 98; 133 I 100; BGer 2C_794/2008 vom 14.4.2008.
[1455] Botschaft ZPO, S. 7378.
[1456] BSK ZPO-*Spühler*, Art. 325 N 3; *Freiburghaus/Afheldt*, in: Sutter-Somm/Hasenböhler/Leuenberger (Hrsg.), Art. 325 ZPO N 5.

scheidet[1457]. Wenn die Sache nicht spruchreif ist, hebt sie den Entscheid auf und weist die Sache an die Vorinstanz zurück (Art. 327 Abs. 3 lit. a ZPO)[1458]. Wenn die Sache spruchreif ist, entscheidet die Rechtsmittelinstanz neu (Art. 327 Abs. 3 lit. b ZPO). Unter besonderen Umständen kann bei qualifizierten Verfahrensmängeln, wenn also der Mangel des erstinstanzlichen Entscheids besonders schwer wiegt, die Nichtigkeit festgestellt werden[1459].

1096　Die unterlegene Partei kann für die Zeitspanne bis zum Vorliegen der schriftlichen Begründung bei der Beschwerdeinstanz vorsorglich den *Aufschub der Vollstreckbarkeit* beantragen, wenn sie einen drohenden, nicht leicht wiedergutzumachenden Nachteil sowie Dringlichkeit glaubhaft macht[1460].

1097　Der Beschwerdeentscheid ist ein *letztinstanzlicher kantonaler Entscheid* i.S.v. Art. 75 Abs. 1 und 2 BGG.

1457　BGer 5A_292/2012 vom 10.7.2012.
1458　Es könnte – theoretisch – der Fall eintreten, dass sich die Schlichtungsbehörde, wenn sie einen Entscheid nach Art. 212 ZPO gefällt hat, erneut mit der Sache beschäftigen muss, wenn eine Beschwerde gutgeheissen wird.
1459　KGer BL, 410 13 300/LIA, 4.2.2014, in: CAN 3/2014, S. 140.
1460　KGer BL, 410 12 182/LIA, 19.6.2012, in: ius.focus 4/2013, S. 22, Kommentar *Thomas Gelzer*.

Kapitel 39 Die Revision (Art. 328 ff. ZPO)

1. Gegenstand der Revision

Die *Revision* (Art. 328 ff. ZPO) dient der materiellen Wahrheit. Sie erlaubt, einen rechtskräftigen (Fehl-)Entscheid aus bestimmten Gründen aufzuheben und den Prozess wieder aufzunehmen[1461]. Sie ist ein ausserordentliches, subsidiäres, nicht devolutives, unvollkommenes und reformatorisches Rechtsmittel[1462]. Ein Revisionsgesuch kann sich richtigerweise nur gegen einen rechtskräftigen Entscheid richten[1463]. Die Revision ist ausgeschlossen, solange eine Beschwerde hängig ist[1464].

1098

Mit der Revision wird unter anderem geltend gemacht, nachträglich seien *erhebliche Tatsachen* oder entscheidende Beweismittel entdeckt worden (unechte Noven), oder die Klageanerkennung, der Klagerückzug oder der gerichtliche Vergleich seien unwirksam (Art. 328 ZPO)[1465]. Die Unwirksamkeit kann sich zum Beispiel aus Willensmängeln ergeben.

1099

Sowohl materielle als auch formelle *Mängel eines Vergleichs* können mittels Revision geltend gemacht werden[1466]. Ein Mangel im Informationsfluss zwischen einer Partei und ihrem Rechtsvertreter stellt keinen Revisionsgrund dar. Einer Partei wird das Wissen ihres Rechtsvertreters zugerechnet, wenn dieser gestützt auf eine Vollmacht in einem Zivilprozess auftritt und für sie handelt[1467].

1100

Für die Fälle gemäss Art. 328 Abs. 1 lit. c ZPO ist die Revision primäres und ausschliessliches *Rechtsmittel*, denn hier sind weder Berufung noch Beschwerde möglich[1468]. Nach einem Urteil des Zürcher Obergerichtes ist ein Entscheid mit Berufung oder Beschwerde anzufechten, wenn streitig ist, ob die Parteierklärung tatsächlich gültig abgegeben wurde. Dies widerspricht jedoch den gesetzlichen Grundlagen[1469].

1101

1461 *Gasser/Rickli*, Art. 328 ZPO N 1.
1462 *Freiburghaus/Afheldt*, in: Sutter-Somm/Hasenböhler/Leuenberger (Hrsg.), Art. 328 ZPO N 5.
1463 BGer 4A_166/2015 vom 19.3.2015, in: SZZP 3/2015, S. 254, Kommentar *Philippe Schweizer*.
1464 BGer 5A_558/2014 vom 7.9.2015, in: SZZP 1/2016, S. 50, Kommentar *Philippe Schweizer*.
1465 Für die übrigen Revisionsgründe wird auf die Kommentare verwiesen, insbesondere auf den BSK ZPO-*Herzog*, Art. 328 N 1 ff.
1466 OGer ZH, PD110003-O/U, 4.3.2011, in: ius.focus 10/2011, S. 16, Kommentar *Daniel Bleuer*.
1467 OGer ZH, PP140042-O/U, 5.12.2014, in: ius.focus 1/2016, S. 21, Kommentar *Nadine Grieder*.
1468 *Gasser/Rickli*, Art. 328 ZPO N 4.
1469 OGer ZH, PD110003-O/U, 4.3.2011, in: ius.focus 10/2011, S. 16, Kommentar *Daniel Bleuer*; *Freiburghaus/Afheldt*, in: Sutter-Somm/Hasenböhler/Leuenberger (Hrsg.), Art. 328 ZPO N 26.

2. Fristen

1102 Das *Revisionsgesuch* ist innert 90 Tagen seit Entdeckung des Revisionsgrundes schriftlich und begründet beim Gericht einzureichen, welches als letzte Instanz geurteilt hat, spätestens aber nach Ablauf von 10 Jahren seit Eintritt der Rechtskraft des Entscheids (Art. 329 ZPO). Es handelt sich um nicht erstreckbare Verwirkungsfristen. Die Stillstandsregelung (Art. 145 ZPO) findet hingegen Anwendung. Die Schlichtungsbehörde ist dann Revisionsinstanz, wenn sie einen Vergleich abgeschlossen oder einen rechtskräftigen Entscheid erlassen hat (Art. 208 Abs. 2; Art. 212 Abs. 1 ZPO). Der Revisionsgrund gilt als entdeckt, wenn der Revisionskläger von den tatbestandlichen Elementen sichere Kenntnis hat[1470].

1103 Mit Blick auf Art. 125 BGG hat eine Verfahrenspartei, die vor Abschluss des bundesgerichtlichen Verfahrens einen Grund für die *Revision des kantonalen Entscheids* entdeckt, ein Revisionsgesuch bei dieser zu stellen. Um zu verhindern, dass das Bundesgericht während des vorinstanzlichen Revisionsverfahrens materiell über die Beschwerde urteilt, ist um Sistierung des bundesgerichtlichen Verfahrens während der Dauer des vorinstanzlichen Revisionsverfahrens zu ersuchen[1471]. Je nach Ausgang des vorinstanzlichen Revisionsverfahrens erübrigt sich in der Folge ein bundesgerichtlicher Sachentscheid[1472].

3. Verfahren

1104 Das Revisionsgesuch muss begründet werden und Anträge betreffend die Aufhebung des angefochtenen Entscheids enthalten[1473]. Dem Revisionsgesuch kommt keine *aufschiebende Wirkung* zu (Art. 331 Abs. 1 ZPO), die Vollstreckung kann vom Gericht aufgeschoben werden (Art. 331 Abs. 2 ZPO). Die (ehemalige) Gegenpartei erhält Gelegenheit, zum Gesuch Stellung zu nehmen.

4. Entscheid

1105 Heisst das Gericht oder die Schlichtungsbehörde das Revisionsgesuch gut, wird der frühere Entscheid aufgehoben und neu entschieden (Art. 333 Abs. 1 ZPO). Mit der *Aufhebung des angefochtenen Entscheids* tritt die ursprüngliche Rechtshängigkeit wieder ein[1474].

1470 *Staehelin/Staehelin/Grolimund*, § 26 Rz 62.
1471 BSK ZPO-*Escher*, Art. 328 N 11.
1472 BGE 138 II 386 = BGer 45/2012 vom 11.7.2012, in: SZZP 6/2012 S. 487, Kommentar *Philippe Schweizer*.
1473 Über den Umfang der Anträge sind sich die Kommentare nicht einig, vgl. *Freiburghaus/Afheldt*, in: Sutter-Somm/Hasenböhler/Leuenberger (Hrsg.), Art. 329 ZPO N 8; *Gasser/Rickli*, Art. 329 ZPO N 1; DIKE-Komm-ZPO-*Schwander*, Art. 329 N 3.
1474 CPC-*Schweizer*, Art. 333 ZPO N 4.

Etwas verwirrlich ist die *Anfechtbarkeit eines Revisionsentscheids* in Art. 332 ZPO gere- 1106
gelt. Nur Revisionsentscheide erster kantonaler Instanzen, inkl. der Schlichtungsbehörden, sind mit Beschwerde anfechtbar. Ein Revisionsentscheid eines oberen kantonalen Gerichtes kann nur mit Beschwerde in Zivilsachen (Art. 72 ff. BGG) oder subsidiärer Verfassungsbeschwerde (Art. 113 ff. BGG) beim Bundesgericht angefochten werden.

Ein nach Zustellung des erstinstanzlichen Entscheids, aber noch vor Abschluss des 1107
erstinstanzlichen Verfahrens gestelltes *Ausstandsbegehren* ist nicht als Revisionsbegehren (Art. 328 ff. ZPO), sondern als Rechtsmittel (Beschwerde gemäss Art. 319 ff. ZPO) zu behandeln[1475].

1475 BGE 139 III 466 = BGer 5A_544/2013 vom 28.10.2013.

Kapitel 40   Erläuterung und Berichtigung (Art. 334 ZPO)

1.   Grundsätzliches

1108   Die *Erläuterung und die Berichtigung* sind gemeinsam in Art. 334 ZPO geregelt. Nach Art. 334 Abs. 1 ZPO nimmt das Gericht eine Erläuterung oder Berichtigung eines Entscheids vor, wenn das Dispositiv unklar, widersprüchlich oder unvollständig ist oder wenn es mit der Begründung im Widerspruch steht. Leidet der Entscheid im Falle einer mangelhaften Formulierung der richterlichen Entscheidung aber an einem gedanklichen, logischen Widerspruch, so ist er mit den zulässigen Rechtsmitteln anzufechten, weil die Erläuterung und Berichtigung nicht die Änderung eines Entscheids (des gerichtlichen Willens), sondern dessen Klarstellung bezwecken. Erläuterung und Berichtigung sind keine Rechtsmittel, sondern nur Rechtsbehelfe[1476].

2.   Gegenstand des Gesuchs

1109   *Gegenstand der beiden Rechtsbehelfe* sind alle Sach- und Prozessentscheide, unabhängig davon, ob sie schon in Rechtskraft erwachsen sind. Darunter fallen der Vergleich, der Urteilsvorschlag und der Entscheid im Schlichtungsverfahren, sowie Entscheide im ordentlichen und im Summarverfahren sowie prozessleitende Verfügungen[1477].

1110   Bei der Erläuterung geht es darum, klarzustellen, was das Gericht mit einer bestimmten Ziffer des *Urteildispositivs* gemeint und entschieden hat oder wie allfällige Widersprüche zwischen Formulierungen in den Erwägungen und in der Dispositivziffer zu lösen sind. Mit letzterem Vorgang geht die Erläuterung freilich auch schon in die Berichtigung über[1478]. Die Berichtigung stellt nämlich nicht nur den wirklichen Willen des Gerichts beim seinerzeitigen Entscheid fest, sondern korrigiert die festgestellten Widersprüche (allgemein Redaktionsfehler), indem das Dispositiv entsprechend korrigiert wird[1479].

Beispiele[1480]

- Bei der mündlichen Eröffnung des Urteilvorschlages spricht die Schlichtungsbehörde von einer erstmaligen Erstreckung von zwei Jahren. Im schriftlich zugestellten Dispositiv ist die Rede von einer einmaligen Erstreckung von zwei Jahren. Dieser Widerspruch muss geklärt werden.
- Das Gericht gewährt eine Erstreckung von zwei Jahren, ohne darzulegen, ob es sich um eine einmalige oder erstmalige Erstreckung handelt.

1476 *Freiburghaus/Afheldt*, in: Sutter-Somm/Hasenböhler/Leuenberger (Hrsg.), Art. 334 ZPO N 6; BSK ZPO-*Herzog*, Art. 334 N 8; DIKE-Komm-ZPO-*Schwander*, Art. 334 N 3.
1477 Botschaft ZPO, S. 7381.
1478 DIKE-Komm-ZPO-*Schwander*, Art. 334 N 6.
1479 DIKE-Komm-ZPO-*Schwander*, Art. 334 N 7; BSK ZPO-*Herzog*, Art. 334 N 7; BSK BGG-*Escher*, Art. 129 N 1 und 4.
1480 *Lachat*, CPC, S. 205.

– Das Gericht spricht der Mieterin eine Mietzinssenkung ab 1. April 2012 zu. Das Gesuch wurde im November 2014 gestellt. Das Gericht meinte den 1. April 2015. Dieser Verschrieb muss korrigiert werden (Art. 334 Abs. 2 ZPO).

Die Berichtigung gemäss Art. 334 ZPO ist nicht nur bei «*offenkundigen*» *Versehen* zuzulassen, sondern immer dann, wenn vorstehend genannte Voraussetzungen gegeben sind[1481]. Gegenstand der Erläuterung und Berichtigung ist das Dispositiv. Das Gericht hat bei der Erläuterung und Berichtigung die einzelnen Dispositivziffern sowie den gesamten Inhalt des Entscheids, einschliesslich Erwägungen, auszulegen, um den seinerzeitigen Entscheidwillen nachzuvollziehen[1482]. Die Erläuterung und Berichtigung kann auch von Amtes wegen erfolgen (Art. 334 Abs. 1 ZPO).

3. Fristen und Verfahren

Die ZPO kennt für beide Rechtsbehelfe weder eine ausdrückliche *Frist* noch eine *Formvorschrift*[1483]. Sie können auch angerufen werden, wenn noch eine «echte» Rechtsmittelfrist läuft. Örtlich und sachlich zuständig ist die erkennende Schlichtungsbehörde bzw. das zuständige Gericht.

Der Gegenpartei ist Gelegenheit zur *Stellungnahme* einzuräumen. Handelt es sich aber um Berichtigungen von Schreib- oder Rechnungsfehlern, kann darauf verzichtet werden (Art. 334 Abs. 2 ZPO). Das Gesuch um Erläuterung und Berichtigung hat keine aufschiebende Wirkung.

4. Rechtsmittel

Ein *Entscheid* über das Erläuterungs- oder Berichtigungsgesuch ist mit Beschwerde anfechtbar (Art. 334 Abs. 3 ZPO). Das Verfahren der Erläuterung und Berichtigung auf Antrag einer Partei ist grundsätzlich zweistufig, und es ist separat über das Begehren zu entscheiden und die allfällige Erläuterung und Berichtigung vorzunehmen. Erachtet das Gericht die Voraussetzungen für eine Erläuterung oder Berichtigung indes für gegeben, so kann dennoch in einem Akt darüber entschieden werden[1484].

Der nicht betroffene Teil des Ersturteils kann nicht nochmals angefochten werden. *Rechtsmittelfähig* sind lediglich die neu eröffneten, berichtigten Punkte[1485].

1481 A.M. *Freiburghaus/Afheldt*, in: Sutter-Somm/Hasenböhler/Leuenberger (Hrsg.), Art. 334 ZPO N 7.
1482 OGer ZH, PC110021, 15.8.2011.
1483 BGE 139 III 379.
1484 *Freiburghaus/Afheldt*, in: Sutter-Somm/Hasenböhler/Leuenberger (Hrsg.), Art. 334 ZPO N 11.
1485 BSK ZPO-*Herzog*, Art. 334 N 17.

Kapitel 41   Die Beschwerde an das Bundesgericht

1116 Das Verfahren der *Beschwerde an das Bundesgericht* ist im Bundesgerichtsgesetz[1486] geregelt.

1.   Formelle Zulässigkeit – Vorinstanzen

1117 Die Beschwerde in Zivilsachen ist gemäss Art. 75 Abs. 1 BGG zulässig gegen *Entscheide letzter kantonaler Instanzen*[1487]. Kantonal letztinstanzlich ist ein Entscheid nur, wenn für die gegen ihn erhobenen Rügen kein kantonales Rechtsmittel mehr offensteht. Der Begriff des Rechtsmittels umfasst jeden Rechtsbehelf, der dem Beschwerdeführer einen Anspruch auf einen Entscheid der angerufenen Behörde gibt und geeignet ist, den behaupteten rechtlichen Nachteil zu beseitigen.

1118 Wird auf ein Superprovisorium nicht eingetreten, ist eine Beschwerde an das Bundesgericht nicht möglich, da einerseits der *kantonale Instanzenzug* nicht ausgeschöpft ist, anderseits das Rechtsschutzinteresse fehlt. Vor Ergreifen eines Rechtsmittels an das Bundesgericht muss das kontradiktorische Verfahren vor dem Massnahmerichter gemäss Art. 261 ff. ZPO durchlaufen werden[1488].

1119 Die *Erläuterung und Berichtigung* gemäss Art. 334 ZPO gehören zu den Rechtsbehelfen, die zu ergreifen sind, bevor man an das Bundesgericht gelangt[1489].

2.   Materielle Zulässigkeit – Beschwerderecht

1120 Nach Art. 76 Abs. 1 lit. b BGG ist zur Beschwerde in Zivilsachen nur berechtigt, wer ein *schutzwürdiges Interesse* an der Aufhebung oder Änderung des angefochtenen Entscheids bzw. an der Prüfung der gegen diesen erhobenen Rügen hat. Die Beschwerdebefugnis setzt ein aktuelles und praktisches Interesse an der Gutheissung der Beschwerde voraus, das auch im Zeitpunkt des bundesgerichtlichen Urteils noch vorhanden sein muss[1490].

1486 Bundesgesetz über das Bundesgericht vom 17.6.2005 (Bundesgerichtsgesetz, BGG; SR 173.110). Das BGG befindet sich gegenwärtig (2016) in Revision.
1487 Es muss sich dabei um eine zweite kantonale Instanz mit umfassender materieller Prüfungsbefugnis handeln (vgl. BGE 117 II 504 ff.). Ist eine einzige kantonale Instanz vorgesehen, wie dies beim Handelsgericht (Art. 6 ZPO) der Fall ist, muss diese «auf der oberen Hierarchiestufe der kantonalen Justizorganisation fungieren» (BSK BGG-*Klett*, Art. 75 N 5).
1488 BGE 137 III 417 E. 1.2 = BGer 4A_577/2011 vom 4.10.2011, in: SZZP 1/2012, Kommentar *François Bohnet*; und in: ius.focus 7/2012, S. 15, Kommentar *Peter Hostansky*.
1489 BGer 5D_66/2014 vom 6.10.2014 E. 2.3.2, in: SZZP 1/2015, S. 55; BGer 5A_589/2012 vom 13.12.2012 E. 3.2.
1490 BGer 4A_576/2014 vom 25.3.2015 E. 1.3; BGE 131 I 153 E. 1.2; 120 II 5 E. 2a.

Beispiel

Wenn in einem Ausweisungsverfahren die Mieterin vor Beschwerdeeinreichung an das Bundesgericht aus der Wohnung ausgezogen ist, hat sie schon im Zeitpunkt der Beschwerdeeinreichung kein aktuelles Interesse an der Aufhebung und Änderung des angefochtenen Entscheids mehr[1491].

Das Bundesgericht verzichtet ausnahmsweise auf das Erfordernis des aktuellen praktischen Interesses, wenn die gerügte Rechtsverletzung sich jederzeit wiederholen könnte und eine rechtzeitige gerichtliche Überprüfung im Einzelfall kaum je möglich wäre (sog. *virtuelles Interesse*)[1492]. Die Behauptung, ein Mieter könnte in einem Verfahren nach Art. 257 ZPO nie rechtzeitig an das Bundesgericht gelangen, trifft nicht zu, sofern dieser sich dagegen zur Wehr setzt, dass ein Ausweisungsentscheid schon vor Abschluss des Instanzenzugs vollstreckt wird[1493].

1121

Ist eine Beschwerdeführerin zur Anfechtung in der Sache selber nicht *legitimiert* oder hat sie kein aktuelles Interesse mehr an der Anfechtung des Hauptsachenentscheids, kann sie dennoch gegen den Kostenentscheid Beschwerde führen, da sie durch diesen persönlich und unmittelbar in ihren Interessen betroffen wird[1494]. Damit darf aber nicht die Absicht verfolgt werden, indirekt über den Kostenentscheid eine Überprüfung des Entscheids in der Hauptsache zu erwirken[1495]. Die Beschwerdeführerin kann nur geltend machen, die Kostenverlegung sei aus einem anderen Grund verfassungs- oder bundesrechtswidrig, als dem blossen Umstand, dass sie in der Hauptsache unterlag[1496].

1122

3. Parteivertreterinnen und Parteivertreter

In der Schweiz gehört es zur festen Tradition, dass eine Partei einen Prozess bis vor Bundesgericht allein, also ohne *Vertretung* führen kann (Art. 39 BGG)[1497]. In Zivil- und Strafsachen können Parteien vor Bundesgericht nur von Anwälten und Anwältinnen vertreten werden, die nach dem Anwaltsgesetz vom 23. Juni 2000[1498] oder nach einem Staatsvertrag berechtigt sind, Parteien vor schweizerischen Gerichtsbehörden zu vertreten (Art. 40 Abs. 1 BGG).

1123

1491 BGer 4A_576/2014 vom 25.3.2015 E. 1.3.
1492 BGE 140 III 92 E. 1.1.
1493 BGer 4A_576/2014 vom 25.3.2015 E. 1.3.1.
1494 BGE 117 Ia 251 E. 1b S. 255.
1495 BGE 100 Ia 298 E. 4 S. 299.
1496 BGer 4A_364/2014 vom 18.9.2014 E. 1.2.2.
1497 BSK BGG-*Merz*, Art. 40 N 1.
1498 SR 935.61.

1124 Tritt eine Mieterin selbst vor Bundesgericht auf und lässt sich dabei vom Mieterverband unterstützen, indem zum Beispiel die Rechtsschriften von diesem verfasst werden, handelt es sich um eine *Umgehung des Anwaltsmonopols*, da der Mieterverband von der Vertretung am Bundesgericht ausgeschlossen ist[1499]. Entsprechend haben die Parteien keinen Anspruch auf eine Entschädigung (Art. 68 Abs. 2 BGG)[1500].

4. Streitwertgrenze

a) Regel

1125 In miet- und arbeitsrechtlichen Angelegenheiten ist die Beschwerde zulässig, wenn der *Streitwert* mindestens 15 000 Franken beträgt (Art. 74 Abs. 1 lit. a BGG)[1501]. Dabei spielt es keine Rolle, ob es sich um ein Raum- oder Flächenmietverhältnis handelt[1502]. Wenn der Gesetzgeber beabsichtigt hätte, die Streitwertgrenze von 15 000 Franken nur für Raum-Mietverhältnisse gelten zu lassen, hätte er entsprechend Art. 74 Abs. 1 lit. a BGG abändern müssen[1503].

1126 In allen übrigen Fällen, auch bei *Streitigkeiten aus Pachtrecht*, beträgt der Streitwert 30 000 Franken[1504]. Der höhere Streitwert von 30 000 Franken muss erreicht sein, wenn die Streitigkeit in der Sache auf einem anderen Rechtsgrund als dem Mietvertrag basiert, namentlich auf einem Garantievertrag nach Art. 111 OR. Keine Rolle spielt dabei, dass die aus dem Garantievertrag Begünstigte gleichzeitig Vermieterin ist und die Garantin, die für die Verpflichtungen der Mieterin einsteht, alle Einreden aus dem Mietvertrag – also dem Grundverhältnis – geltend machen kann[1505].

1127 Der Streitwert bestimmt sich nach den Begehren, die vor der *Vorinstanz* streitig blieben (Art. 51 Abs. 1 lit. a BGG).

1499 BSK BGG-*Merz*, Art. 40 N 6.
1500 BGer 4A_209/2014 vom 16.12.2014 E. 5, in: SZZP 2/2015, S. 136.
1501 *Portmann*, S. 63, vertritt die Auffassung, dass der Streitwert von 15 000 Franken auch für betreibungsrechtliche Fälle anwendbar ist, die sich stark an das materielle Recht lehnen (z.B. Anfechtung des Kollokationsplanes), wenn es sich um eine mietrechtliche Streitigkeit handelt. Bei pachtrechtlichen Streitigkeiten gilt allerdings die Streitwertgrenze von 30 000 Franken. BGE 136 III 196 = BGer 4A_551/2009 vom 10.2.2010. Das Bundesgericht hat mit BGE 135 III 470 die Frage geklärt, indem es festhält, der Kollokationsprozess diene ausschliesslich der Bereinigung des Kollokationsplanes und habe so wenig wie dieser irgendwelche Rechtskraftwirkung über das Konkurs- bzw. Nachlassverfahren hinaus. Stehe die Kollokation von Ansprüchen aus einem Mietverhältnis in Frage, handle es sich somit nicht um einen mietrechtlichen Fall, so dass die Streitwertgrenze 30 000 Franken betrage (E. 1.2).
1502 Vgl. die Kontroverse in N 72 ff.
1503 Offensichtlich **a.M.** BSK BGG-*Rudin*, Art. 74 N 12.
1504 BGer 4D_128/2010 vom 1.3.2011 E. 1.1.
1505 BGer 4A_719/2012 vom 7.3.2012, in: MRA 3/2013, S. 36, Kommentar *Nicole Aellen*.

b) Ausnahme

Erreicht der Streitwert den massgeblichen Betrag von 15 000 Franken nicht, so ist die Beschwerde dennoch zulässig, wenn sich eine *Rechtsfrage von grundsätzlicher Bedeutung* stellt (Art. 74 Abs. 2 lit. a BGG)[1506]. Das Gesetz enthält keine Legaldefinition dessen, was eine solche Rechtsfrage ist, es wird letztlich an der Rechtsprechung liegen, dem Begriff schärfere Konturen zu verleihen. Denkbar erscheinen gemäss den Ausführungen in der Botschaft folgende Konstellationen[1507]: 1128

- Die entsprechende Frage wurde vom Bundesgericht bisher nicht entschieden und bedarf der Klärung, um eine einheitliche Praxis zu schaffen.
- Aus Sicht des Bundesgerichts liegen neue Gründe vor, die eigene (bisherige) Rechtsprechung zu überprüfen.
- Die Vorinstanz ist von der bestehenden Praxis des Bundesgerichts abgewichen; zumindest wo dies mit einer gewissen Offensichtlichkeit der Fall ist, muss das Bundesgericht einschreiten können, solange auch unter der Streitwertgrenze für die Beschwerde in Zivilsachen eine einheitliche Rechtsprechung gewährt werden soll.

Schon lange warten Mietrechtspraktiker auf einen Grundsatzentscheid des Bundesgerichtes über den sog. «*kleinen Unterhalt*» gemäss Art. 259 OR. Obwohl es sich betragsmässig in der Regel um kleine Summen handelt, beschäftigt die Auslegung der fünf unbestimmten Rechtsbegriffe («klein», «gewöhnlich», «Reinigung», «Ausbesserung», «Ortsgebrauch») im operativen Alltag Verwaltungen und Beratungsstellen, aber auch Gerichte übermässig[1508]. Es wäre hilfreich, wenn sich das oberste Gericht mit einem Grundsatzentscheid in die Niederungen des Mietalltags begeben würde. 1129

c) Grundsätze der Streitwertberechnung

Folgende Grundsätze gelten für die *Streitwertberechnung* im Verfahren vor Bundesgericht[1509]: 1130

1506 Das Gesetz sieht bewusst davon ab, den Begriff der Rechtsfrage von grundsätzlicher Bedeutung zu definieren (vgl. *Karlen*, S. 44). Nach dem Bundesgericht ist der Begriff der Rechtsfrage von grundsätzlicher Bedeutung sehr restriktiv auszulegen. Soweit es lediglich um die Anwendung von Grundsätzen der Rechtsprechung auf einen konkreten Fall geht, handelt es sich nicht um eine Rechtsfrage von grundsätzlicher Bedeutung (BGE 133 III 493; BGer 4A_81/2008 vom 14.3.2008). Das Bundesgericht hat die Frage, ob bei befristeten Mietverträgen, die als Endpunkt ein fixes Datum aufführen, die Erstreckungsmöglichkeit ausgeschlossen werden kann, als nicht von grundsätzlicher Bedeutung beurteilt (BGer 4A_81/2008 vom 14.3.2008).
1507 Botschaft zur Totalrevision der Bundesrechtspflege vom 28.2.2001, BBl 2001 4202 ff., S. 4309 f.
1508 Illustrativ dazu: OGer BE, 2. ZK 12 157, 27.6.2012, in: mp 2/2013, S. 112 ff.
1509 Umfassend dazu *Gut*, Tagung 1999.

1131 Betrifft die Streitigkeit den *Mietzins*, ergibt sich der Streitwert aus der bestrittenen Differenz zwischen dem bisherigen und dem angefochtenen Mietzins pro Jahr multipliziert mit zwanzig (Art. 51 Abs. 4 BGG), wenn das Mietverhältnis auf unbestimmte Dauer abgeschlossen ist. Wenn das Mietverhältnis auf bestimmte Dauer abgeschlossen ist, beträgt der Streitwert die genannte Differenz bis zum Ablauf des Vertrags[1510].

1132 Ist die Anfechtung oder die Unwirksamkeit bzw. Nichtigkeit einer *Kündigung* zu beurteilen, entspricht der Streitwert dem geschuldeten Mietzins (inkl. Nebenkosten) für die Dauer, während der das Mietverhältnis zwingend weiterlaufen würde, wenn die Kündigung nicht wirksam wäre, das heisst bis zu dem Zeitpunkt, auf den eine neue Kündigung ausgesprochen werden könnte oder für den diese neue Kündigung bereits erklärt worden ist[1511]. In der Praxis wird man auf die Dreijahresperiode gemäss Art. 271a Abs. 1 lit. e OR abstellen[1512].

1133 Ist ein *Erstreckungsbegehren* zu beurteilen, entspricht der Streitwert dem Mietzins inkl. Nebenkosten für die beantragte Dauer der Erstreckung. Ist das Mietverhältnis schon erstreckt worden, bemisst sich der Streitwert nach der noch verbleibenden Mietdauer seit dem Zeitpunkt des Urteils der letzten kantonalen Instanz[1513].

1134 Steht eine andere Streitigkeit zur Beurteilung, beispielsweise eine Mängelbehebung, eine *Mietzinsherabsetzung* (Art. 259a und 259d OR) oder eine Schadenersatzforderung wegen Schäden an der Mietsache (Art. 267 OR), bestimmen die letzten Begehren der Klägerschaft den Streitwert. Wenn der Mangel fortdauert und der Zeitpunkt der Behebung ungewiss ist, berechnet sich der Streitwert nach dem zwanzigfachen Betrag der jährlichen Mietzinsherabsetzung[1514].

1135 Richtet sich eine Beschwerde gegen die Höhe der Kosten und der Entschädigung, so muss sie einen bezifferten Antrag enthalten, auch wenn das Bundesgericht die Sache bei Gutheissung der Beschwerde an die Vorinstanz zurückweist[1515].

1136 Lautet das Rechtsbegehren nicht auf Bezahlung einer bestimmten Geldsumme und lässt sich der Streitwert nicht ohne weiteres den Feststellungen des angefochtenen Entscheids oder weiteren Angaben aus den Akten entnehmen, so hat der Beschwerdeführer gemäss Art. 42 Abs. 1 und 2 BGG Angaben zu machen, die dem Bundesgericht eine

---

1510 BGE 101 II 333 E. 1; 103 II 41 E. 1d; 118 II 424; 121 III 214; ist vor der letzten kantonalen Instanz eine monatliche Mietzinserhöhung von mehr als 65 Franken strittig, kann das Bundesgericht angerufen werden, vgl. N 334 ff.
1511 BGE 111 II 384, in: mp 3/1995, S. 161.
1512 Bei einem Nettomietzins von monatlich 420 Franken kann eine Kündigung an das Bundesgericht weitergezogen werden, N 337 ff.
1513 BGE 109 II 351, in: Praxis 1984, Nr. 28; SVIT-Kommentar, Art. 274f [a]OR N 31.
1514 BGer 4C.287/2004 vom 17.3.2005, in: mp 4/2005, S. 280.
1515 BGer 4A_89/2014 vom 25.2.2014.

einfache Ermittlung des Streitwerts ermöglichen; andernfalls erweist sich die Beschwerde als unzulässig[1516].

Massgeblicher Zeitpunkt ist die *Einreichung der Beschwerde*. Wird das Mietverhältnis im Laufe des Verfahrens aufgelöst, verändert sich der Streitwert dadurch nicht. 1137

5. Kosten im Bundesgerichtsverfahren

Die Partei, die das Bundesgericht anruft, hat einen *Kostenvorschuss* in der Höhe der mutmasslichen Gerichtskosten zu leisten. Wenn besondere Gründe vorliegen, kann auf die Erhebung des Kostenvorschusses ganz oder teilweise verzichtet werden (Art. 62 Abs. 1 BGG). Die Höhe der Gerichtskosten richtet sich nach Art. 65 BGG. 1138

Auch vor Bundesgericht kann die *unentgeltliche Rechtspflege* verlangt werden (Art. 64 Abs. 1 BGG). Für das Bundesgerichtsverfahren sind die Voraussetzungen der unentgeltlichen Rechtspflege neu zu prüfen, denn die Prozessaussichten können sich nun anders darstellen. Daher ist eine automatische Weitergeltung der unentgeltlichen Rechtspflege ausgeschlossen[1517]. 1139

Die *Gerichtskosten* werden in der Regel der unterliegenden Partei auferlegt. Wenn die Umstände es rechtfertigen, kann das Bundesgericht die Kosten anders verteilen oder darauf verzichten, Kosten zu erheben (Art. 66 Abs. 1 BGG). Wird ein Fall vor Bundesgericht durch Abstandserklärung oder Vergleich erledigt, so kann auf die Erhebung von Gerichtskosten ganz oder teilweise verzichtet werden (Art. 66 Abs. 2 BGG). 1140

Das Bundesgericht kann den *vorinstanzlichen Kostenentscheid* nur ändern, wenn es das angefochtene Urteil, in dem er ergangen ist, in der Sache selber ändert (Art. 67 BGG; Art. 318 Abs. 3 ZPO), was bei Gegenstandslosigkeit nicht der Fall ist. Dem Umstand, dass der Beschwerdeführer mit Kosten des kantonalen bzw. bundesgerichtlichen Verfahrens belastet bleibt, von denen nicht feststeht, ob sie auch bei materieller Behandlung der Beschwerde noch von ihm zu tragen gewesen wären, kann allerdings beim bundesgerichtlichen bzw. kantonalen Kostenentscheid im Rahmen der Billigkeit Rechnung berücksichtigt werden (Art. 67 BGG)[1518]. 1141

Erklärt das Bundesgericht einen Rechtsstreit als erledigt, entscheidet es mit summarischer Begründung über die *Prozesskosten* aufgrund der Sachlage vor Eintritt des Erledigungsgrunds (Art. 71 BGG i.V.m. Art. 72 BZP). Es steht ihm dabei ein weites Ermessen zu. In erster Linie ist auf den mutmasslichen Verfahrensausgang abzustellen. Es muss bei einer summarischen Beurteilung der Aktenlage sein Bewenden haben, bei 1142

1516 BGE 136 III 60 = BGer 5A_265/2009 vom 17.11.2009, in: ius.focus 4/2011, S. 16, Kommentar *Patricia Roberti*.
1517 Botschaft ZPO, S. 7303.
1518 BGer 1P.702/2005 vom 22.12.2005 E. 2; kritisch dazu: BSK BGG-*Geiser*, Art. 67 N 4.

der nicht auf alle Rügen einzeln und detailliert einzugehen ist. Lässt sich der mutmassliche Ausgang des Verfahrens nicht ohne weiteres feststellen, ist auf allgemeine prozessrechtliche Kriterien zurückzugreifen. Es wird jene Partei kosten- und entschädigungspflichtig, die das gegenstandslos gewordene Verfahren veranlasste oder bei der die Gründe eingetreten sind, die zur Gegenstandslosigkeit des Verfahrens führten[1519].

6. Beschwerdeverfahren

a) Zwischen-, Vor-, Teil- und Endentscheide

1143 Mit der Beschwerde kann die *Verletzung von Bundesrecht* gerügt werden (Art. 95 lit. a BGG)[1520]. Die Beschwerde ist zulässig gegen Endentscheide (Art. 90 BGG), Teilentscheide (unter gewissen Bedingungen, Art. 91 BGG), und unter folgenden Bedingungen gegen Vor- und Zwischenentscheide (Art. 93 Abs. 1 lit. a BGG):

1144 Gemäss Art. 93 Abs. 1 lit. a BGG ist die Beschwerde gegen *Zwischenentscheide* zulässig, wenn sie einen nicht wiedergutzumachenden Nachteil bewirken können[1521]. Dabei muss es sich um einen Nachteil rechtlicher Natur handeln, der auch durch einen für den Beschwerdeführer günstigen Entscheid in der Zukunft nicht mehr behoben werden kann[1522]. Die blosse Möglichkeit eines nicht wiedergutzumachenden Nachteils rechtlicher Natur genügt; dagegen reichen rein tatsächliche Nachteile wie die Verlängerung oder Verteuerung des Verfahrens nicht aus[1523].

1145 Es entspricht konstanter Praxis, dass der Beschwerdeführer im Einzelnen darzulegen hat, inwiefern die *Beschwerdevoraussetzungen* nach dieser Bestimmung erfüllt sind, ansonsten auf die Beschwerde mangels hinreichender Begründung nicht eingetreten wird[1524].

1146 Hat der Beklagte gegen verschiedene Ansprüche des Klägers gestützt auf die gleiche Forderung die Verrechnung geltend gemacht, so handelt es sich um einen *Teilentscheid* i.S.v. Art. 91 lit. a BGG, wenn einer der klägerischen Ansprüche gutgeheissen wird. Im

---

1519 BGer 4A_364/2014 vom 18.9.2014, E. 3; BGE 118 Ia 488 E. 4a S. 494; BGer 5A_772/2013 vom 16.5.2014 E. 4.3.1; BGer 4A_134/2012 vom 16.7.2012 E. 4; BGer 2C_825/2011 vom 25.4.2012 E. 2.1; BGer 2C_201/2008 vom 14.7.2008 E. 2.3.
1520 Für Grundsätzliches über das Verfahren vor dem Bundesgericht sei auf *Ehrenzeller/Schweizer, Foëx/Hottelier/Jeandin, Portmann, Reeb, Wurzburger* und *Karlen* verwiesen.
1521 BGer 4A_542/2013 vom 13.1.2014, in: ius.focus 12/2014, S. 21, Kommentar *Claudia Walz*.
1522 BGE 138 III 46 E. 1.2, 138 III 333 E. 1.3.1, je mit Hinweisen.
1523 BGE 137 III 380 E. 1.2.1 mit Hinweisen = BGer 5A_233/2011 vom 5.8.2011, in: ius.focus 4/2012, S. 16, Kommentar *Sabina Nägeli*.
1524 BGE 137 III 324 E. 1.1 S. 327 ff.; BGer 4A_567/2012 vom 9.4.2013 E. 1.1; BGer 5A_333/2012 vom 11.7.2012; BGer 4A_347/2013 vom 7.11.2013, in: MRA 3/2014, S. 141; BGer 4A_494/2013 vom 25.2.2014, in: MRA 3/2014, S. 145.

Entscheid wird endgültig über die Verrechnungsforderung befunden, auch wenn dies nicht aus dem Dispositiv, sondern nur aus den Erwägungen hervorgeht[1525].

Im Zusammenhang mit einem *Hinterlegungsverfahren* (Art. 259g ff. OR) stellte das Bundesgericht fest, die Hinterlegung des Mietzinses könne losgelöst vom Hauptverfahren keinen Bestand haben. Der Entscheid über eine teilweise Freigabe möge dessen Bedeutung verringern, doch schliesse er das Verfahren nicht ab, so dass er als Zwischenentscheid zu betrachten sei. In diesem Verfahren wurde die vorsorgliche Massnahme auf (teilweise) Freigabe von hinterlegten Zinsen materiell mit der Begründung geschützt, dem Vermieter entstünden Liquiditätsprobleme, weswegen die Hinterlegung des ganzen Zinses nicht zu rechtfertigen sei. Es war die Mieterin, die mit diesem Massnahmenentscheid nicht einverstanden war[1526]. 1147

In einem vergleichbaren Verfahren wurden «die Rollen» getauscht, indem ein Gesuch des Vermieters auf Freigabe des hinterlegten Mietzinses abgelehnt wurde. Dem Vermieter gelang es nicht nachzuweisen, dass ihm daraus ein *nicht wiedergutzumachender Nachteil* entsteht[1527]. 1148

Der im vorsorglichen Massnahmeverfahren ergangene Entscheid betreffend Prozesskostenvorschüsse ist ein *Endentscheid* (Art. 90 BGG)[1528]. 1149

b) Massgeblicher Sachverhalt – neue Vorbringen

Der Grundsatz der freien Beweiswürdigung in Art. 157 ZPO ändert nichts an der für das Bundesgericht im Ergebnis grundsätzlichen *Verbindlichkeit der vorinstanzlichen Beweiswürdigung* (Art. 105 Abs. 1 BGG). Art. 157 ZPO führt nicht dazu, dass die Beweiswürdigung als solche zur frei überprüfbaren Rechtsfrage nach Art. 95 BGG würde[1529]. Die vorinstanzliche Sachverhaltsfeststellung kann nur gerügt werden, wenn sie offensichtlich unrichtig und damit willkürlich ist oder auf einer Rechtsverletzung i.S.v. Art. 95 BGG beruht und die Behebung des Mangels für den Ausgang des Verfahrens entscheidend sein kann (Art. 97 Abs. 1 BGG)[1530]. 1150

Neue Tatsachen und Beweismittel dürfen nur soweit vorgebracht werden, als erst der Entscheid der Vorinstanz dazu Anlass gibt (Art. 99 Abs. 1 BGG). Echte Noven, das heisst solche Tatsachen, die erst nach dem angefochtenen Entscheid aufgetreten sind, sind unzulässig (Art. 105 BGG). Als Angriffs- bzw. Verteidigungsmittel rechtlicher Na- 1151

1525 BGer 4A_611/2014 vom 26.2.2015 E. 1.3.3, in: SZZP 5/2015, S. 443.
1526 BGer 4A_347/2013 vom 7.11.2013, in: MRA 3/2014, S. 141, Kommentar *Hans Bättig*, S. 148.
1527 BGer 4A_494/2013 vom 25.2.2014, in: MRA 3/2014, S. 145, Kommentar *Hans Bättig*, S. 148.
1528 BGer 5A_323/2014 vom 15.10.2014, in: SZZP 1/2015, S. 56.
1529 BGer 5A_250/2012 vom 18.5.2012.
1530 Die Urteile des Bundesgerichts können jeweils in der Originalsprache abgerufen werden unter ‹www.bger.ch›.

tur kann sich eine Partei zwar vor Bundesgericht auf neue Urteile berufen. Diese müssen indessen wie Rechtsgutachten binnen der Rechtsmittelfrist eingereicht werden[1531].

c) *Aufschiebende Wirkung*

1152 Die Beschwerde hat in der Regel keine *aufschiebende Wirkung* (Art. 103 Abs. 1 BGG). Der Instruktionsrichter kann die aufschiebende Wirkung von Amtes wegen oder auf Antrag einer Partei gewähren (Art. 103 Abs. 3 BGG) oder vorsorgliche Massnahmen treffen, um den bestehenden Zustand zu erhalten oder bedrohte Interessen einstweilen sicherzustellen (Art. 104 BGG). Diese Rechtslage kehrt das Gesetz im Falle eines Gestaltungsurteils um, indem der Beschwerde aufschiebende Wirkung zukommt (Art. 103 Abs. 2 lit. a BGG). Dies betrifft im Mietrecht insbesondere Urteile betreffend Mietzinserhöhungen und Kündigungen.

7. Beschwerdefrist

1153 Gemäss Art. 100 Abs. 1 BGG ist die Beschwerde gegen einen Entscheid innert 30 Tagen nach der Eröffnung der vollständigen Ausfertigung beim Bundesgericht einzureichen[1532]. Nach Art. 48 Abs. 3 BGG gilt die *Frist für die Einreichung einer Eingabe* an das Bundesgericht auch dann als gewahrt, wenn die Eingabe rechtzeitig bei der Vorinstanz oder bei einer unzuständigen eidgenössischen oder kantonalen Behörde eingereicht wurde. Diese Behörden sind angewiesen, solche Eingaben unverzüglich dem Bundesgericht zu übermitteln. Diese Regel gilt als Konkretisierung des allgemeinen Rechtsgrundsatzes, wonach eine Recht suchende Partei nicht ohne Not aus übertriebener Formstrenge um die Beurteilung ihres Rechtsbegehrens gebracht werden soll[1533].

8. Urteilsverfahren

1154 Die allermeisten Fälle werden im *Zirkulationsverfahren* entschieden (Art. 58 Abs. 2 BGG)[1534]. Der Abteilungspräsident oder die Abteilungspräsidentin kann eine mündliche Parteiverhandlung anordnen (Art. 57 BGG), wenn der Abteilungspräsident bzw. die Abteilungspräsidentin dies anordnet oder ein Richter bzw. eine Richterin es verlangt oder wenn sich keine Einstimmigkeit ergibt (Art. 58 Abs. 1 BGG).

1155 Ausgenommen sind *Entscheide im vereinfachten Verfahren* über Nichteintreten auf Beschwerden, bei denen sich keine Rechtsfrage von grundsätzlicher Bedeutung stellt oder kein besonders bedeutender Fall vorliegt, wenn die Beschwerde nur unter einer

---

1531 BGer 4A_212/2014 vom 9.10.2014 E. 1.3, in: SZZP 1/2015, S. 57.
1532 In Art. 100 Abs. 2–7 BGG sind die kürzeren Eingabefristen geregelt.
1533 BSK BGG-*Amstutz/Arnold/Bühler*, Art. 48 N 21.
1534 Die Erfolgsquote hat sich in den letzten Jahren bei ca. 15% eingependelt.

dieser Bedingungen zulässig ist. Diese Nichteintretensentscheide können auch bei fehlender Einstimmigkeit im Zirkulationsverfahren getroffen werden (Art. 109 Abs. 1 BGG). Es gibt kein Recht auf eine öffentliche Verhandlung vor Bundesgericht[1535].

Die mündliche und damit *öffentliche Beratung* findet nur ausnahmsweise statt. Der Anteil der öffentlich beratenen Entscheide des Bundesgerichtes liegt seit Längerem unter einem Prozent[1536]. Es wird zu Recht kritisiert, dass gerade bei wegweisenden Fällen der Prozess der Meinungsbildung im Aktenzirkulationsverfahren nicht transparent ist. Die öffentliche Verhandlung ermöglicht es abzuschätzen, unter welchen Umständen sich die Minderheitsmeinung des Gerichts sich in einem ähnlichen Fall durchsetzen könnte.   1156

Beispiel

Das Bundesgericht hat in öffentlicher Beratung mit einem Stimmenverhältnis von drei zu zwei entschieden, dass für die Wohnung in einer Seniorenresidenz der Schutz vor missbräuchlichen Mietzinsen nicht gelte, wenn die damit verbundenen Serviceleistungen für den Abschluss des Vertrages wesentlich sind. Das trifft zu, wenn zur Wohnung eine wöchentliche Reinigung, eine Notrufanlage, ein Mahlzeitendienst, ein Notfalldienst und die Option gehören, bei Bedarf und solange medizinisch vertretbar, in der Wohnung gepflegt zu werden. Die Minderheitsmeinung vertrat die Ansicht, der Regelungsschwerpunkt sei mietrechtlicher Natur[1537]. Bei künftig ähnlichen Fällen kann in Kenntnis der Minderheitsmeinung besser abgeschätzt werden, wie die einzelnen Vertragselemente gewichtet werden können.

Im Nationalrat wurde eine Motion eingereicht, mit der der Bundesrat beauftragt wird, eine Änderung des BGG vorzubereiten, damit Urteile des Bundesgerichtes auch *abweichende Meinungen* (Dissenting Opinions) wiedergeben[1538].   1157

Heisst das Bundesgericht die Beschwerde gut, so entscheidet es in der Sache selbst oder weist diese zu neuer Beurteilung an die Vorinstanz zurück. Es kann die Sache auch an die Behörde zurückweisen, die als erste Instanz entschieden hat (Art. 107 Abs. 2 BGG), theoretisch also auch an die Schlichtungsbehörde.   1158

1535 BGer 5A_119/2011 vom 29.3.2011.
1536 Die Zahl der öffentlichen Beratungen der Abteilungen am Bundesgericht lag im Jahr 2015 bei insgesamt 58 (5 in Strafsachen, 11 in Zivilprozessen und 42 in öffentlich-rechtlichen Streitigkeiten; plädoyer 2/2016, S. 7).
1537 BGer 4A_113/2012 vom 13.11.2012, in: mp 2/2013, S. 103 ff.
1538 Eingereicht von der Kommission für Rechtsfragen des Nationalrates am 14.8.2014.

Beispiel

Die Schlichtungsbehörde erachtet eine Kündigung als gültig und erstreckt das Mietverhältnis um 3 Jahre. Die kantonalen Instanzen heben die Kündigung auf. Das Bundesgericht schützt die Kündigung und gewährt eine Erstreckung von 4 Jahren. Es erachtet den Sachverhalt für eine Erstreckung als genügend abgeklärt, andernfalls wäre die Sache zur Neubeurteilung an die Vorinstanz zurückgewiesen worden[1539].

9. Subsidiäre Verfassungsbeschwerde

1159 Ist die Beschwerde an das Bundesgericht ausgeschlossen, weil der Streitwert von 15 000 Franken nicht erreicht ist oder keine Rechtsfrage von grundsätzlicher Bedeutung vorliegt, verbleibt als nachgeordnetes Rechtsmittel die *subsidiäre Verfassungsbeschwerde* (Art. 113 BGG). Neben dieser Auffangfunktion (Subsidiarität) wird das neue Rechtsmittel durch den eingeschränkten Kreis der Beschwerdegründe (Verletzung verfassungsmässiger Rechte) charakterisiert[1540].

1160 Führt eine Partei gegen einen Entscheid sowohl ordentliche Beschwerde als auch Verfassungsbeschwerde, so hat sie beide *Rechtsmittel* in der gleichen Rechtsschrift einzureichen. Das Bundesgericht behandelt beide Beschwerden im gleichen Verfahren (Art. 119 BGG).

10. Revision, Erläuterung und Berichtigung

1161 Mit Blick auf Art. 125 BGG hat eine Verfahrenspartei, die vor Abschluss des bundesgerichtlichen Verfahrens einen Grund für die *Revision* des kantonalen Entscheids entdeckt, ein Revisionsgesuch bei dieser zu stellen. Um zu verhindern, dass das Bundesgericht während des vorinstanzlichen Revisionsverfahrens materiell über die Beschwerde urteilt, ist um Sistierung des bundesgerichtlichen Verfahrens während der Dauer des vorinstanzlichen Revisionsverfahrens zu ersuchen[1541]. Je nach Ausgang des vorinstanzlichen Revisionsverfahrens erübrigt sich in der Folge ein bundesgerichtlicher Sachentscheid[1542].

1539 BGer 4A_484/2012 vom 28.2.2013, in: mp-flash 5/2013; BGer 4A_699/2014 vom 7.4.2015 E. 3.8, in: mp 3/2015, S. 187.
1540 *Karlen*, S. 56 ff.
1541 BSK ZPO-*Escher*, Art. 328 N 11.
1542 BGE 138 II 386 = BGer 8C_45/2012 vom 11.7.2012, in: SZZP 6/2012, S. 487, Kommentar *Philippe Schweizer*.

Teil 7 Vollstreckung

Kapitel 42 Vollstreckung (Art. 335 ff. ZPO)

1. Geltungsbereich

In aller Regel muss ein Urteil nicht unter Zuhilfenahme staatlichen Zwanges *vollstreckt* werden, da die verurteilte Partei von sich aus dem Urteil nachkommt[1543]. 1162

Beispiele
- Der Vermieter ersetzt den defekten Boiler in der vom Gericht gesetzten Frist.
- Die Mieterin zahlt einen Betrag von 400 Franken für Schäden aus der Wohnungsabgabe, gemäss Entscheid der Schlichtungsbehörde.

Kommt die verurteilte Partei ihren Verpflichtungen nicht nach, so muss beim Vollstreckungsgericht um Vollstreckung des Entscheids nachgesucht werden (Art. 338 Abs. 1 ZPO), wenn nicht eine direkte Vollstreckung (Art. 337 ZPO) in Frage kommt.

Die Entscheide werden nach den Bestimmungen der Art. 335 ff. ZPO vollstreckt (Art. 335 Abs. 1 ZPO)[1544]. Lautet der Entscheid auf eine Geldzahlung oder eine Sicherheitsleistung, so wird er nach den *Bestimmungen des SchKG* vollstreckt (Art. 335 Abs. 2 ZPO). Die ZPO setzt den vollstreckungsrechtlichen Dualismus fort und regelt einzig die Realvollstreckung. Zwangsvollstreckungen die auf Geldzahlungen oder Sicherheitsleistungen gerichtet sind, richten sich weiterhin nach dem SchKG[1545]. 1163

Die Anerkennung, Vollstreckbarerklärung und Vollstreckung *ausländischer Entscheide* richten sich nach den Art. 335 ff. ZPO, soweit weder ein Staatsvertrag noch das IPRG etwas anderes bestimmen (Art. 335 Abs. 3 ZPO). 1164

1543 Zum Ganzen: *Egli*, Richter-Weiterbildung 2010.
1544 *Gasser*, Vollstreckung ZPO/SchKG 2011; *Gasser*, Vollstreckung ZPO/SchKG 2012; *Gasser*, Vollstreckung ZPO/SchKG 2014; *Gasser*, Vollstreckung ZPO/SchKG 2015.
1545 BSK ZPO-*Droese*, Art. 335 N 2.

2. Vollstreckbarkeit

a) Vollstreckungsfähiger Inhalt

1165 Ein Entscheid ist *vollstreckbar*, wenn er rechtskräftig ist und das Gericht die Vollstreckung nicht aufgeschoben hat (Art. 315 Abs. 2 ZPO für die Berufung, Art. 325 Abs. 2 ZPO für die Beschwerde und Art. 331 Abs. 2 ZPO für die Revision), oder wenn er noch nicht rechtskräftig ist, die vorzeitige Vollstreckung jedoch bewilligt worden ist (Art. 315 Abs. 2; Art. 336 Abs. 1 ZPO)[1546].

1166 Gegenstand der Vollstreckung sind (nicht freiwillig erfüllte) *Leistungsentscheide*, wonach die unterlegene Partei zu einem Tun, Dulden oder Unterlassen verurteilt wird[1547]. Unter den Begriff des Entscheids i.S.v. Art. 335 ZPO fallen auch Entscheidsurrogate wie etwa der gerichtliche Vergleich (Art. 208 Abs. 2 ZPO)[1548]. Da ein gerichtlicher Vergleich lediglich mit dem ausserordentlichen Rechtsmittel der Revision angefochten werden kann (Art. 328 Abs. 1 lit. c ZPO), erwächst er umgehend mit seinem Abschluss in formelle Rechtskraft. Er ist damit formell vollstreckbar i.S.v. Art. 336 Abs. 1 ZPO. Das Gleiche gilt für den akzeptierten Urteilsvorschlag (Art. 211 ZPO). In welchem Verfahren ein Entscheid ergangen ist und damit ein Vollstreckungstitel vorliegt, spielt keine Rolle (Schlichtungsverfahren, Art. 202 ff. ZPO; ordentliches bzw. vereinfachtes Verfahren, Art. 219 ff. bzw. Art. 243 ff. ZPO; Summarverfahren, Art. 248 ff., inkl. Rechtsschutz in klaren Fällen, Art. 257 ZPO).

1167 Voraussetzung für die Vollstreckung ist die materiell-rechtliche *Zulässigkeit eines Vollstreckungstitels*.

Beispiel

Ein Vergleich über die Erstreckung eines Mietverhältnisses, den die Mieterin mit dem Vermieter ohne die Zustimmung ihres Ehemannes abgeschlossen hat, ist von vornherein nichtig und kann nicht vollstreckt werden[1549].

1168 Zur formellen Vollstreckbarkeit i.S.v. Art. 336 ZPO tritt als weitere Vollstreckbarkeitsvoraussetzung die tatsächliche Möglichkeit hinzu, die im Entscheid oder Entscheidsurrogat festgestellte Leistungspflicht zu vollstrecken. Hierzu ist namentlich erforderlich, dass der formell vollstreckbare Entscheid die durchzusetzende Pflicht in sachlicher, örtlicher und zeitlicher Hinsicht so klar bestimmt, dass das *Vollstreckungsgericht* diesbezüglich keine eigene Erkenntnistätigkeit entfalten muss[1550].

1546 *Markus/Wuffli*, ZBJV 2/2015, S. 75 ff.
1547 BSK ZPO-*Droese*, Art. 335 N 16.
1548 BSK ZPO-*Droese*, Art. 335 N 19; CPC-*Jeandin*, Art. 335 ZPO N 12.
1549 BGer 4A_674/2014 vom 19.2.1015, in: SZZP 3/2015, S. 242.
1550 BGer 4A_269/2012 vom 7.12.2012.

Eine Rechtsmittelinstanz kann die *Vollstreckung aufschieben*, so bei der Beschwerde (Art. 325 Abs. 2 ZPO), bei der Revision (Art. 331 Abs. 2 ZPO), obwohl der Entscheid bereits rechtskräftig geworden ist. Die Aufschiebung der Beschwerde hat *Ex-tunc*-Wirkung[1551]. 1169

Voraussetzung für die vorzeitige Vollstreckung ist, dass der angefochtene Entscheid einen *vollstreckungsfähigen Inhalt* aufweist. Gegenstand der Vollstreckung sind freiwillig nicht erfüllte Leistungsentscheide. Feststellungs- und Gestaltungsurteile bedürfen keiner Vollstreckung, weshalb diesbezüglich auch keine vorzeitige Vollstreckbarkeit bewilligt werden kann[1552]. 1170

Beispiel

Ein Gesuch um Erstreckung eines Geschäftsmietvertrages wird erstinstanzlich abgewiesen. Die Mieterin erhebt dagegen Berufung, der Vermieter stellt ein Gesuch um vorzeitige Vollstreckung. Das vorinstanzliche Urteil lautet wie folgt: «Die Klage wird abgewiesen.» Damit wird ein negativer Sachentscheid über die Gestaltungsklage auf Erstreckung des Mietverhältnisses gefällt, jedoch keine Partei zu einer Leistung verurteilt. Somit weist das vorinstanzliche Urteil gar keinen vollstreckungsfähigen Inhalt auf, weshalb auch eine vorzeitige Vollstreckbarkeit des vorinstanzlichen Entscheids nicht möglich ist[1553].

b) Rechtskraftbescheinigung

Auf Verlangen bescheinigt das Gericht bzw. die Schlichtungsbehörde, das bzw. die den zu vollstreckenden Entscheid getroffen hat, die Vollstreckbarkeit (sog. *Rechtskraftbescheinigung*; Art. 336 Abs. 2 ZPO). Sie ist zwar ein blosses Beweismittel, immerhin aber eine öffentliche Urkunde i.S.v. Art. 179 ZPO und Art. 9 Abs. 1 ZGB. 1171

Bei der Frage der Zulässigkeit einer zusätzlichen Gebühr für die Vollstreckbarkeitsbescheinigung ist zu berücksichtigen, dass mit der *pauschalen Entscheidgebühr* gemäss Art. 95 Abs. 2 lit. b ZPO grundsätzlich alle gerichtlichen Leistungen, also im Unterschied zu früheren kantonalen Zivilprozessordnungen auch Aktenstudium, Zustellungen, Kommunikation, Fristerstreckungen usw. abgegolten werden. 1172

Ungeklärt ist, ob für die Prüfung und die Bescheinigung der Vollstreckbarkeit nach Abschluss des Verfahrens eine *Gebühr* verlangt werden darf. Grundsätzlich deckt die pauschale Entscheidgebühr nur die bis zur Erledigung, nicht aber die danach erbrachten Leistungen ab. Die Vollstreckbarkeitsbescheinigung stellt eine besondere (gericht- 1173

1551 DIKE-Komm-ZPO-*Rohner/Mohs*, Art. 336 N 3.
1552 KGer BL, 400 15 71, 10.4.2015, E. 2, in: CAN 3/2015, S. 159, Kommentar *Karl Spühler*.
1553 KGer BL, 400 15 71, 10.4.2015, E. 2, in: CAN 3/2015, S. 159, Kommentar *Karl Spühler*.

liche) Tätigkeit nach Erledigung des Verfahrens dar, welche auch gesondert abzugelten ist[1554].

1174 Der Vollständigkeit halber sei erwähnt, dass die *Vollstreckbarkeitsbescheinigung* einer Schlichtungsbehörde kostenlos ist.

1175 Oft wird die *Vollstreckbarkeitsbescheinigung* durch die juristische Gerichtskanzlei ausgestellt.

3. Direkte Vollstreckung

a) Voraussetzungen und Verfahren

1176 Hat bereits das urteilende Gericht konkrete Vollstreckungsmassnahmen nach Art. 343 Abs. 1 ZPO angeordnet (Art. 236 Abs. 3 ZPO), so kann der Entscheid *direkt vollstreckt* werden. Die unterlegene Partei kann beim Vollstreckungsgericht um Einstellung der Vollstreckung ersuchen; Art. 341 ZPO gilt sinngemäss (Art. 337 ZPO).

Beispiele[1555]
- Ein Erstreckungsgesuch wird abgelehnt. Das Gericht verfügt im Urteil, die Mieterin habe das Mietobjekt bis zu einem konkret genannten Datum zu räumen und zu verlassen.
- Das Gericht verurteilt die Mieterin zur Bezahlung von 800 Franken infolge Übernutzung des Mietobjekts. Es verfügt, dass dieser Betrag mit der Kaution verrechnet wird, und weist die Bank an, den Betrag dem Vermieter zu überweisen.

1177 Ziel der direkten Vollstreckung ist die *Beschleunigung und Erleichterung der Vollstreckung*[1556]. Bereits das urteilende Gericht darf die erforderlichen Vollstreckungsmassnahmen anordnen, so dass sich ein späterer Gang zum Vollstreckungsgericht erübrigt (Art. 337 Abs. 1 ZPO). Beispielsweise kann der Entscheid der verpflichteten Partei eine Frist für die Herausgabe des Streitobjekts setzen und zugleich die Polizei mit der Wegnahme oder Räumung beauftragen, falls diese Frist nicht eingehalten wird. Die Vollstreckbarkeitsbescheinigung (Art. 336 Abs. 2 ZPO) wird allfällige Zweifel der Polizei an der Vollstreckbarkeit beseitigen.

1178 Die direkte Vollstreckung gilt auch *interkantonal*. Stammt der Entscheid zum Beispiel von einem Waadtländer Gericht und liegt das Mietobjekt im Kanton Solothurn, so

---

1554 KGer SG, BE. 2011.51, 7.2.2012; **a.M.** *Stähelin*, in: Sutter-Somm/Hasenböhler/Leuenberger (Hrsg.), Art. 336 ZPO N 23.
1555 *Lachat*, CPC, S. 215.
1556 Botschaft ZPO, S. 7383.

kann sich die obsiegende Partei direkt an die Solothurner Polizei wenden, ohne zuvor noch bei einem Solothurner Gericht ein Vollstreckungs- oder Exequaturgesuch stellen zu müssen. Damit wird die Schweiz zu einem einheitlichen Vollstreckungsraum.

Die direkte Vollstreckungsanordnung muss von der obsiegenden Partei beantragt werden[1557]. Auf deren *Antrag* kann das Gericht direkt Vollstreckungsmassnahmen auch in Verfahren auf Rechtsschutz in klaren Fällen anordnen (Art. 236 Abs. 3 i.V.m. Art. 337 und 343 ZPO)[1558]. Der Antrag muss so konkret umschrieben sein, dass die Vollstreckungsbehörde die Massnahme ohne weiteres vollziehen kann. Zur direkten Vollstreckung eignen sich nur Massnahmen gemäss Art. 343 ZPO, also eine Strafdrohung nach Art. 292 StGB, eine Ordnungsbusse, eine Zwangsmassnahme wie Wegnahme einer beweglichen Sache oder Räumung eines Grundstückes oder eine Ersatzvornahme. Die Umsetzung der Ungehorsamkeitsstrafe (Art. 292 StGB) und der Ordnungsbussen bleibt praktisch Sache des Vollstreckungs- bzw. Strafgerichts[1559].

1179

Bei *vorsorglichen Massnahmen* gilt immer die direkte Vollstreckung. Das Gericht, das die vorsorgliche Massnahme anordnet, trifft auch die erforderlichen Vollstreckungsmassnahmen (Art. 267 ZPO).

1180

Die *örtliche Zuständigkeit* ergibt sich aus Art. 339 ZPO. Zwingend zuständig für die Anordnung von Vollstreckungsmassnahmen und die Einstellung der Vollstreckung ist das Gericht am Wohnsitz oder Sitz der unterlegenen Partei, am Ort, wo die Massnahmen zu treffen sind, oder am Ort, wo der zu vollstreckende Entscheid gefällt worden ist.

1181

Die *sachliche Zuständigkeit* bestimmt sich nach kantonalem Recht. Dabei handelt es sich häufig um Verwaltungsorgane, wie Stadtammänner, Regierungsstatthalter, Betreibungsbeamte oder Oberamtmänner[1560].

1182

Das Vollstreckungsverfahren wird mit der Übergabe der Vollstreckbarkeitsbescheinigung (Art. 336 Abs. 2 ZPO) an die *Vollzugsbehörde* eingeleitet. Diese ordnet die Zwangsmassnahmen ohne weitere Prüfung an. Wird im Vollstreckungsdispositiv ein Zeitpunkt genannt, ist dieser verbindlich, wird kein Zeitpunkt genannt, kann von einer sofortigen Vollstreckung ausgegangen werden. Beim Vollzug ist das Prinzip der Verhältnismässigkeit und der schonenden Rechtsausübung zu beachten. Wohnungsmieter sollten nicht unvermittelt obdachlos werden. Zusätzliche humanitäre Gründe und ernsthafte Anhaltspunkte für eine freiwillige Räumung können einen kurzen Aufschub rechtfertigen[1561].

1183

1557 Staehelin/Staehelin/Grolimund, § 28 Rz 31.
1558 OGer LU, 3B 11 24, 20.6.2011, in: ius.focus 6/2012, S. 17, Kommentar *Raphael Butz*.
1559 BSK ZPO-*Droese*, Art. 337 N 3.
1560 Eine Liste der kantonalen Vollstreckungsinstanzen findet sich im Anhang 5.
1561 BGer 4A_207/2014 vom 19.5.2014, in: mp 3/2014, S. 251 ff.

1184 Die *direkte Vollstreckung* kann davon abhängig gemacht werden, dass die obsiegende Partei einen zusätzlichen Kostenvorschuss leistet[1562].

b) Gesuch um Einstellung der Vollstreckung

1185 Auch bei der direkten Vollstreckung hat die unterlegene Partei die Möglichkeit, Einwendungen vorzubringen und um *Einstellung des Verfahrens* nachzusuchen (Art. 337 Abs. 2 ZPO). Art. 341 ZPO gilt sinngemäss. Diese «Notbremse» ist Art. 85 SchKG nachgebildet.

1186 *Zuständig* ist das Vollstreckungsgericht nach Art. 339 Abs. 1 ZPO[1563]. Das Gericht entscheidet im summarischen Verfahren (Art. 339 Abs. 2 ZPO). Die ZPO setzt der unterlegenen Partei keine Frist, um ein entsprechendes Gesuch einzureichen. Der Vollstreckungsgläubiger kann zum Gesuch Stellung nehmen. Das Gericht prüft die Vollstreckbarkeit von Amtes wegen (Art. 341 Abs. 1 ZPO).

1187 Materiell kann die unterlegene Partei einwenden, dass seit Eröffnung des Entscheids Tatsachen eingetreten sind, welche der Vollstreckung entgegenstehen, wie insbesondere Tilgung, Stundung, Verjährung oder Verwirkung der geschuldeten Leistung. *Tilgung und Stundung* sind mit Urkunden zu beweisen (Art. 341 Abs. 3 ZPO).

1188 Heisst das *Vollstreckungsgericht* das Gesuch gut, wird die begonnene Vollstreckung eingestellt; lehnt es das Gesuch ab, wird die Vollstreckung durchgeführt bzw. weitergeführt[1564]. In der Sache an sich darf das Vollstreckungsgericht keine Überprüfung vornehmen[1565].

1189 Gegen den Entscheid des Vollstreckungsgerichts ist nur die *Beschwerde* möglich (Art. 309 lit. a ZPO; Art. 319 lit. a ZPO).

4. Indirekte Vollstreckung

a) Allgemeines

1190 Kann nicht direkt vollstreckt werden, so ist beim *Vollstreckungsgericht* ein Vollstreckungsgesuch einzureichen. Die gesuchstellende Partei hat die Voraussetzungen der Vollstreckbarkeit darzulegen und die erforderlichen Urkunden beizulegen (Art. 338 ZPO). Man spricht auch von indirekter Vollstreckung.

1191 Die *örtliche Zuständigkeit* ergibt sich aus Art. 339 ZPO. Zwingend zuständig für die Anordnung von Vollstreckungsmassnahmen und die Einstellung der Vollstreckung ist

---

1562 *Staehelin/Staehelin/Grolimund*, § 28 Rz 31.
1563 Eine Liste der kantonalen Vollstreckungsinstanzen findet sich im Anhang 5.
1564 KUKO ZPO-*Kofmel/Ehrenzeller*, Art. 337 N 6.
1565 DIKE-Komm-ZPO-*Rohner/Mohs*, Art. 337 N 8.

das Gericht am Wohnsitz oder Sitz der unterlegenen Partei, am Ort, wo die Massnahmen zu treffen sind, oder am Ort, wo der zu vollstreckende Entscheid gefällt worden ist. Die sachliche Zuständigkeit bestimmt sich nach kantonalem Recht[1566].

Das Gericht entscheidet im *Summarverfahren* (Art. 339 Abs. 2 ZPO). Für das Vollstreckungsverfahren kann die unentgeltliche Rechtspflege gewährt werden. Die Art. 117 ff. ZPO sind anwendbar. Die Einreichung des Vollstreckungsgesuchs unterbricht die Verjährung[1567]. 1192

b) *Verfahren – Einwände*

Im *Vollstreckungsgesuch* sind der Antrag auf Vollstreckung und die Voraussetzungen der Vollstreckbarkeit darzulegen und die erforderlichen Urkunden (Entscheid, Entscheidsurrogat, wie zum Beispiel ein gerichtlicher Vergleich, Vollstreckbarkeitsbescheinigung) beizulegen (Art. 338 Abs. 2 ZPO). 1193

Das Gericht entscheidet von Amtes wegen, welche *Vollstreckungsmittel* zur Anwendung gelangen, es ist dabei nicht an den Antrag des Gesuchstellers gebunden (Art. 341 Abs. 1 ZPO)[1568]. Somit hat es auch ohne entsprechende Einwendung der verpflichteten Partei abzuklären, ob der Entscheid gehörig eröffnet wurde, ob er formell rechtskräftig ist oder ob gegebenenfalls die vorzeitige Vollstreckung bewilligt wurde. Materiellrechtliche Einreden gegen die Vollstreckung hingegen muss die verpflichtete Partei selber ins Spiel bringen (Verhandlungsmaxime). Entsprechend ist das Verfahren vor dem Vollstreckungsgericht kontradiktorisch (Art. 341 Abs. 2 ZPO)[1569]. 1194

Die Gegenpartei kann zum Gesuch innert einer kurzen Frist eine *Stellungnahme* einreichen (Art. 341 Abs. 2 ZPO). Ein Replikrecht wird nicht ausdrücklich erwähnt. Dieses gilt aber auch im Vollstreckungsrecht. Das Bundesgericht bejaht gestützt auf Art. 29 Abs. 2 BV einen verfassungsmässigen Anspruch des Gesuchstellers auf Stellungnahme zu einer substanziellen Gesuchantwort (vgl. N 833 ff.). Es prüft nicht, ob die Vernehmlassung der Gesuchgegner neue und erhebliche Gesichtspunkte enthält, sondern lässt es genügen, dass darin Ausführungen zum Sachverhalt und zur Rechtslage gemacht werden, die nicht von vornherein ungeeignet sind, den Verfahrensausgang zu beeinflussen[1570]. 1195

Die ZPO erwähnt die sog. *formellen Einwendungen* nicht. Es handelt sich dabei um die Prüfung der Prozessvoraussetzungen (Art. 60 ZPO)[1571]. 1196

1566 Eine Liste der kantonalen Vollstreckungsinstanzen findet sich im Anhang 5.
1567 BSK ZPO-*Droese*, Art. 338 N 9.
1568 *Staehelin/Staehelin/Grolimund*, § 28 Rz 34; teilweise **a.M.** BGE 118 II 393.
1569 Botschaft ZPO, S. 7384.
1570 BGE 133 I 100 = BGer 1A.56/2006/1P.160/2006 vom 11.1.2007.
1571 Ausführlicher Katalog in BSK ZPO-*Droese*, Art. 341 N 24.

1197 Die *materiellrechtlichen Einwendungen* sind beschränkt (Art. 341 Abs. 3 ZPO). Grundsätzlich dürfen nur echte Noven, wie seitherige Tilgung, Stundung, Verjährung oder Verwirkung, angerufen werden – ähnlich wie bei der definitiven Rechtsöffnung des Betreibungsrechts (Art. 81 Abs. 1 SchKG). Wie dort sind Tilgung und Stundung mit Urkunden zu beweisen (Art. 341 Abs. 3 ZPO).

1198 Nicht gerügt werden können somit *Verfahrensfehler des Gerichts*, das den zu vollstreckenden Entscheid gefällt hat (z.B. fehlende Zuständigkeit, fehlende gesetzliche Vertretung der verpflichteten Partei usw.) – auch nicht bei der interkantonalen Vollstreckung. Solche Mängel sind mit den Hauptrechtsmitteln gegen das Sachurteil zu rügen[1572].

c) Prinzip der schonenden und verhältnismässigen Rechtsausübung

1199 Das Gericht muss bei der Vollstreckung eines Entscheids den Grundsatz der *Verhältnismässigkeit* beachten. Bei der Ausweisung aus Wohnbauten gilt es zu verhindern, dass die betroffenen Personen unvermittelt jeder Unterkunft beraubt sind. Die Ausweisung darf nicht schonungslos vollzogen werden, vor allem wenn humanitäre Gründe einen Aufschub verlangen oder wenn ernsthafte und konkrete Anhaltspunkte den Schluss zulassen, dass sich der Besetzer innerhalb einer angemessenen Frist freiwillig dem Räumungsentscheid fügt. Zusätzliche humanitäre Gründe und ernsthafte Anhaltspunkte für eine freiwillige Räumung können einen kurzen Aufschub rechtfertigen[1573].

1200 Das Prinzip der *schonenden und verhältnismässigen Rechtsausübung* ist vor allem bei Wohnmietverhältnissen zu beachten. Bei Geschäftsmietverhältnissen müssen insbesondere die Dauer einer allfälligen Erstreckung und die Suchbemühungen mitberücksichtigt werden.

Beispiel

Die Kündigung einer Fahrzeugreparaturwerkstätte erfolgte per 30. April 2007. Die Mieterin erhielt die Maximalerstreckung von sechs Jahren (Art. 272b Abs. 1 OR). Das Mietverhältnis endete per 30. April 2013. Die Mieterin bat um eine zusätzliche Frist von fünf Jahren, um die Lokalitäten zu verlassen. Im Jahr 2018 würde einer der Gesellschafter pensioniert. Die Fristerstreckung wurde von der Vermieterin abgelehnt. Die Mieterin antwortete, dass sie ein Garagen-Projekt im Industriegebiet von X. hätte und verlangte die Gewährung einer zusätzlichen Frist von zwei Jah-

---

1572 Botschaft ZPO, S. 7384.
1573 BGer 4A_207/2014 vom 19.5.2014, in: mp 3/2014, S. 251 ff.; vgl. für den Kanton Genf: Art. 26 Abs. 4 LaCC: «Après leur audition et l'audition des parties, il [le Tribunal] peut, pour des motifs humanitaires, surseoir à l'exécution du jugement d'évacuation dans la mesure nécessaire pour permettre le relogement du locataire ou du fermier.»

ren. Die neuen Lokalitäten sollten um Weihnachten 2014 bezogen werden können. Die Vermieterin ging auf diese Bitte nicht ein und beantragte im Verfahren nach Art. 257 ZPO (Rechtsschutz in klaren Fällen) die Räumung der Lokalitäten und die Zwangsvollstreckung nach Eintritt der Rechtskraft.

Das Bundesgericht führte dazu aus, die Erstreckungsdauer von sechs Jahren hätte ausreichen müssen, um eine Lösung für die Partner und Mitarbeiter der Garage zu finden, damit sie nicht von einem Tag auf den andern arbeitslos würden. Die Suche der Mieterin nach neuen Lokalitäten sei nicht ernsthaft genug erfolgt. Im Oktober 2012, sechs Monate vor Fristablauf, verlangte die Mieterin eine Fristerstreckung für den Auszug bis 2018. Sie legte erst Anfang 2013 ein Bauprojekt vor. Dieses sollte gemäss den eigenen Ausführungen frühestens zwei Jahre später beendet sein. Die Mieterin konnte keine humanitären Gründe im Zusammenhang mit negativen finanziellen Konsequenzen als Folge der Schliessung der Garage geltend machen[1574].

Zur schonenden Rechtsausübung gehört auch, dass man bei der Räumung eines Mietobjektes Umsicht und Sorgfalt walten lässt. Eine diesbezügliche Regelung kennt zum Beispiel der Kanton Basel-Stadt: Bei gerichtlich bewilligter *Räumung von Wohnräumen* stellt eine Mitarbeiterin oder ein Mitarbeiter des Gerichts für die im Mietobjekt festgestellten Gegenstände ein Inventar auf und organisiert den Abtransport. Das zuständige Departement lagert das Exmissionsgut kostenpflichtig ein. Sofern es von der Eigentümerin oder dem Eigentümer nicht innert nützlicher Frist ausgelöst wird, erfolgt die Verwertung. Der Kanton haftet für vorsätzlich oder grobfahrlässig zugefügte Schäden, die beim Abtransport oder bei der Einlagerung entstanden sind[1575]. 1201

Gegen Vollstreckungsentscheide ist nur das Rechtsmittel der *Beschwerde* zulässig (Art. 319 lit. a i.V.m. Art. 309 lit. a ZPO). 1202

d) Vollstreckung einer bedingten oder von einer Gegenleistung abhängigen Leistung

Der Entscheid über eine bedingte oder eine von einer Gegenleistung abhängige Leistung kann erst vollstreckt werden, wenn das *Vollstreckungsgericht* festgestellt hat, dass die Bedingung eingetreten ist oder die Gegenleistung gehörig angeboten, erbracht oder sichergestellt wird (Art. 342 ZPO). 1203

Beispiele
- In einem rechtskräftigen Vergleich vor der Schlichtungsbehörde verpflichtet sich die Mieterin, die Wohnung auf dem Zeitpunkt zu verlassen, auf den die vom Vermieter beantragte Baubewilligung vorliegt (bedingter Entscheid).

1574 BGer 4A_207/2014 vom 19.5.2014 E. 3.1, in: mp 3/2014, S. 251.
1575 § 14 EG ZPO.

- Die Mieterin akzeptiert die Kündigung und verzichtet auf eine Erstreckung, unter der Bedingung, dass der Vermieter ihr eine 3-Zimmer-Wohnung an der Bahnhofstrasse 52 für die Dauer von drei Jahren zu einem Monatszins von 1500 Franken vermietet (Entscheid verbunden mit einer Gegenleistung)[1576].

1204 Die ZPO überlässt den Entscheid, ob eine Bedingung erfüllt oder eine Gegenleistung erbracht wurde, dem *Vollstreckungsgericht* in einem Feststellungsentscheid. Er hat bindende Wirkung in jedem weiteren Vollstreckungsverfahren, nicht aber in einem nachfolgenden ordentlichen Prozess, in dem der Bedingungseintritt oder die Gegenleistung zur Beurteilung stehen[1577].

1205 Gegen einen Vollstreckungsentscheid nach Art. 342 ZPO ist das Rechtsmittel der *Beschwerde* möglich.

e) *Verpflichtung zu einem Tun, Unterlassen oder Dulden – Vollstreckungsmassnamen*

1206 *Vollstreckungsfähig* sind nur Leistungsurteile, die zu einem Tun, Unterlassen oder Dulden verurteilen (Art. 343 ZPO), nicht aber Feststellungs- oder Gestaltungsurteile[1578]. Die möglichen Vollstreckungsmassnahmen sind in Art. 343 Abs. 1 ZPO aufgeführt:

Art. 343 Abs. 1 ZPO

Lautet der Entscheid auf eine Verpflichtung zu einem Tun, Unterlassen oder Dulden, so kann das Vollstreckungsgericht anordnen:
a. eine Strafdrohung nach Artikel 292 StGB;
b. eine Ordnungsbusse bis zu 5000 Franken;
c. eine Ordnungsbusse bis zu 1000 Franken für jeden Tag der Nichterfüllung;
d. eine Zwangsmassnahme wie Wegnahme einer beweglichen Sache oder Räumung eines Grundstückes; oder
e. eine Ersatzvornahme.

Beispiele

- für ein Tun: Ausführung von Arbeiten; Auslösung einer Bankgarantie;
- für ein Unterlassen: keine Ausführung von Erneuerungen und Änderungen (Art. 260 OR), keine Übertragung der Mietsache (Art. 263 OR), keine Untermiete (Art. 262 OR);
- für ein Dulden: Erlaubnis zur Wohnungsbesichtigung bei Verkaufsabsichten (Art. 257h Abs. 2 OR).

1576 *Lachat*, CPC, S. 219.
1577 BSK ZPO-*Zinsli*, Art. 342 N 5.
1578 BSK ZPO-*Zinsli*, Art. 342 N 3.

Die *Umsetzung der Ungehorsamkeitsstrafe* (Art. 292 StGB) und der Ordnungsbussen bleibt praktisch Sache des Vollstreckungs- bzw. Strafgerichts[1579].

1207

f) Abgabe einer Willenserklärung

Lautet der Entscheid auf *Abgabe einer Willenserklärung*, so wird die Erklärung durch den vollstreckbaren Entscheid ersetzt (Art. 344 Abs. 1 ZPO). Wird die beklagte Partei zur Abgabe einer Willenserklärung verurteilt (z.B. zur grundbuchlichen Anmeldung eines Veräusserungsgeschäfts oder zu einer Zessionserklärung), so übernimmt also das vollstreckbare Urteil diese Funktion (Art. 344 Abs. 1 ZPO). Um den Vollzug zu erleichtern, erteilt das urteilende Gericht den registerführenden Personen die notwendigen Anweisungen, wenn der Entscheid ein Register betrifft (Art. 344 Abs. 2 ZPO)[1580].

1208

Die (private) Willenserklärung lässt sich definieren als eine vom Erklärenden an den Erklärungsempfänger erfolgte Mitteilung zur Begründung, Änderung oder Beendigung eines *Rechtsverhältnisses*[1581]. Die Leistungsklage auf Abgabe einer Willenserklärung hat nur beschränkte Bedeutung, da ein Vorgehen mit Gestaltungs-, Feststellungs- oder einer anderen Klage in der Regel direkt zum Ziel führt[1582].

1209

Art. 344 ZPO erfasst auch eine *Willenserklärung*, welche an einen Dritten, nicht im Verfahren Beteiligten, abzugeben ist.

1210

Beispiel

In einem Nachbarschaftsstreit wegen unerlaubten Lärmimmissionen einer Mietpartei wird der Eigentümer (Vermieter) verurteilt, diesem gegenüber die Kündigung auszusprechen[1583].

Betrifft die Erklärung ein *öffentliches Register* wie das Grundbuch und das Handelsregister, so erteilt das urteilende Gericht der registerführenden Person die nötigen Anweisungen (Art. 344 Abs. 2 ZPO).

1211

Beispiel

Ein Eigentümer/Vermieter wird verurteilt, den Mietvertrag im Grundbuch vormerken zu lassen. Das Erkenntnisgericht weist den Grundbuchverwalter an, die Vormerkung einzutragen.

1579 BSK ZPO-*Droese*, Art. 337 N 3.
1580 Botschaft ZPO, S. 7386.
1581 DIKE-Komm-ZPO-*Rohner/Lerch*, Art. 344 N 1.
1582 BSK ZPO-*Zinsli*, Art. 344 N 4; *Staehelin*, in: Sutter-Somm/Hasenböhler/Leuenberger (Hrsg.), Art. 344 ZPO N 6.
1583 *Leuch/Marbach/Kellerhals/Sterchi*, Art. 407–408 [a]ZPO/BE N 2b.

g) Schadenersatz und Umwandlung in Geld

1212 **Art. 345 ZPO**

¹ Die obsiegende Partei kann verlangen:
a. Schadenersatz, wenn die unterlegene Partei den gerichtlichen Anordnungen nicht nachkommt;
b. die Umwandlung der geschuldeten Leistung in eine Geldleistung.

² Das Vollstreckungsgericht setzt den entsprechenden Betrag fest.

Die *Realvollstreckung* kann sich für die berechtigte Partei als Sackgasse erweisen, so vor allem bei Misserfolg, wenn die verpflichtete Partei die gerichtlichen Anordnungen ignoriert (Art. 345 Abs. 1 lit. a ZPO). Dann kann es zur sog. *Taxation* kommen. Sie dient dazu, der berechtigten Partei umgehend Wertersatz in Geld für die ausgebliebene Realleistung zu verschaffen.

Beispiel

Ein Vermieter wird in einem Hinterlegungsprozess verurteilt, an der Mietsache Reparaturen vorzunehmen. Er führt die Arbeiten nicht aus. Das Vollstreckungsgericht spricht auf entsprechendes Gesuch hin dem Mieter einen Schadenersatz im Rahmen der vom Mieter selber in Auftrag gegebenen Reparaturaufträge zu. In diesem Zusammenhang ist auf das Verrechnungsrecht des Mieters (Art. 265 OR) hinzuweisen. Der Mieter kann den Betrag der Ersatzvornahme mit dem Nettomietzins verrechnen[1584].

1213 Weiterer Schaden kann in diesem Summarverfahren nicht geltend gemacht werden, doch bleibt es der obsiegenden Partei unbenommen, diesbezüglich einen einlässlichen Prozess anzustrengen. Die berechtigte Partei muss jedoch nicht zunächst einen (mutmasslich erfolglosen) *Realvollstreckungsversuch* unternehmen. Vielmehr kann sie dem Vollstreckungsgericht die Umrechnung in Geld von allem Anfang an beantragen (Art. 345 Abs. 1 lit. b ZPO). Jeder Realanspruch kann so auf einfache Art und Weise in eine Geldforderung umgewandelt und unmittelbar auf dem vielleicht erfolgreicheren Betreibungsweg vollstreckt werden (die Taxation ist ein definitiver Rechtsöffnungstitel). Eine Verrechnung der Geldforderung ist im Mietrecht ebenfalls vorstellbar (Art. 265 OR). Es ist sogar möglich, dass schon das urteilende Gericht den Ersatzwert und die Verrechnungsmöglichkeit festsetzt[1585].

1584 *Lachat*, CPC, S. 220.
1585 Botschaft ZPO, S. 7386.

5. Vollstreckung öffentlicher Urkunden

a) Allgemeines

Öffentliche Urkunden über Leistungen jeder Art können wie Entscheide vollstreckt werden, wenn die verpflichtete Partei in der Urkunde ausdrücklich erklärt hat, dass sie die direkte Vollstreckung anerkennt, der Rechtsgrund der geschuldeten Leistung in der Urkunde erwähnt und die geschuldete Leistung genügend bestimmt und von der verpflichteten Partei anerkannt und fällig ist (Art. 347 ZPO). 1214

Die vollstreckbare Urkunde kann grundsätzlich *jede Art von Leistungen* zum Gegenstand haben, so zum Beispiel einmalige oder wiederkehrende Geldleistungen (z.B. Rückzahlung und Verzinsung eines Darlehens, Ausrichtung einer Rente), Sachleistungen (z.B. Lieferung einer beweglichen Sache, Bauleistungen), Abgabe einer Willenserklärung (z.B. einer Grundbuchanmeldung zur Übertragung von Grundeigentum oder zwecks Einräumung eines beschränkten dinglichen Rechts an einem Grundstück)[1586]. 1215

Die *direkte Vollstreckung* der Urkunde ist eine freie Option der berechtigten Partei. Sie kann stattdessen zunächst den Prozessweg beschreiten, um den Anspruch gerichtlich beurteilen zu lassen, und alsdann den Gerichtsentscheid auf normalem Weg vollstrecken. 1216

b) Ausnahmen

Art. 348 ZPO 1217

Nicht direkt vollstreckbar sind Urkunden über Leistungen:
a. nach dem Gleichstellungsgesetz vom 24. März 1995;
b. aus Miete und Pacht von Wohn- und Geschäftsräumen sowie aus landwirtschaftlicher Pacht;
c. nach dem Mitwirkungsgesetz vom 17. Dezember 1993;
d. aus dem Arbeitsverhältnis und nach dem Arbeitsvermittlungsgesetz vom 6. Oktober 1989;
e. aus Konsumentenverträgen (Art. 32).

Die *vollstreckbare Urkunde* darf nicht dazu dienen, den sozialen Zivilprozess und die besonderen Schutzgedanken des sozialen Privatrechts zu unterlaufen. Für bestimmte Leistungen kann sich die verpflichtete Partei deshalb nicht der direkten Vollstreckung unterwerfen – und zwar auch dann nicht, wenn der Streitwert den Rahmen des vereinfachten Verfahrens sprengen würde. Das ist vor allem für arbeits-, miet- und konsumentenrechtliche Ansprüche bedeutsam[1587].

1586 Botschaft ZPO, S. 7387.
1587 Botschaft ZPO, S. 7388.

1218 Allerdings beschlägt Art. 348 lit. b ZPO nur Miet- und Pachtverhältnisse von *Wohn- und Geschäftsträumen*, ist folglich nicht für sog. Flächenmieten anwendbar, ebenso wenig für Parkplatzmieten und Ferienwohnungen mit einer Mietdauer von maximal drei Monaten[1588].

c) Urkunde über eine Geldleistung

1219 **Art. 349 ZPO**

> Die vollstreckbare Urkunde über eine Geldleistung gilt als definitiver Rechtsöffnungstitel nach den Art. 80 und 81 SchKG.

Die in der Urkunde berechtigte Person hat Betreibung einzuleiten, um den Anspruch zu vollstrecken. Sie darf also das Einleitungsverfahren gemäss SchKG nicht überspringen. Bei der Rechtsöffnung hingegen kommt sie in den Genuss erheblicher Erleichterungen: Wenn die Urkunde die Voraussetzungen nach Art. 347 ZPO erfüllt, stellt sie nicht nur einen provisorischen, sondern einen *definitiven Rechtsöffnungstitel* dar.

1220 Materiell ist die verpflichtete Partei in ihren *Einreden* allerdings nicht beschränkt (Art. 81 Abs. 2 SchKG) – insofern bleibt die Situation dieselbe wie bei der provisorischen Rechtsöffnung. Das Beweismass für die Befreiung liegt höher: Es genügt nicht, dass die verpflichtete Partei ihre Einreden glaubhaft macht, sondern sie muss sie sofort beweisen können[1589].

1221 Die verpflichtete Partei kann auf «Aberkennung» klagen, wenn die definitive Rechtsöffnung erteilt wird. Allerdings kommt nicht die (aufschiebende) Aberkennungsklage nach Art. 83 Abs. 2 SchKG zum Zuge, sondern nur ein ausserordentlicher Behelf. Im Vordergrund steht eine negative Feststellungsklage nach Art. 85a SchKG.

1222 Falls der Schuldner im Rechtsöffnungsverfahren obsiegt, hat der Gläubiger die Möglichkeit, eine *Anerkennungsklage* einzureichen (Art. 70 SchKG).

d) Urkunde über eine andere Leistung

1223 **Art. 350 ZPO**

> [1] Ist eine Urkunde über eine andere Leistung zu vollstrecken, so stellt die Urkundsperson der verpflichteten Partei auf Antrag der berechtigten Partei eine beglaubigte Kopie der Urkunde zu und setzt ihr für die Erfüllung eine Frist von 20 Tagen. Die berechtigte Partei erhält eine Kopie der Zustellung.
> [2] Nach unbenütztem Ablauf der Erfüllungsfrist kann die berechtigte Partei beim Vollstreckungsgericht ein Vollstreckungsgesuch stellen.

1588 *Lachat*, CPC, S. 214.
1589 Botschaft ZPO, S. 7389.

Das Verfahren zur *Vollstreckung einer Realleistung* ist einer Betreibung nachgebildet. Die berechtigte Partei stellt – dem Betreibungsbegehren vergleichbar – einen entsprechenden Antrag bei der Urkundsperson (Art. 350 Abs. ZPO). Deren Zuständigkeit wird durch das kantonale Recht bestimmt. Die Urkundsperson stellt der verpflichteten Partei – dem Zahlungsbefehl vergleichbar – eine beglaubigte Kopie der Urkunde zu und setzt ihr eine 20-tägige Erfüllungsfrist. Für die Berechnung der Frist gelten die Art. 142 ff. ZPO. Während den Gerichtsferien (Art. 145 Abs. 1 ZPO) ruht die Frist nicht. Nach unbenutztem Ablauf der Erfüllungsfrist ist die berechtigte Person legitimiert, beim Vollstreckungsgericht ein Vollstreckungsgesuch zu stellen (Art. 350 Abs. 2 ZPO).

Das anschliessende Verfahren vor dem *Vollstreckungsgericht* verläuft gleich wie bei der Vollstreckung eines Entscheids. Es gilt dieselbe örtliche Zuständigkeit (Art. 339 Abs. 1 lit. a und b ZPO). Das Vollstreckungsgericht entscheidet im Summarverfahren (Art. 339 Abs. 2 ZPO). Dabei prüft es die Vollstreckbarkeit der Urkunde von Amtes wegen (Art. 341 Abs. 1 ZPO). 1224

Die verpflichtete Partei kann *Einwendungen gegen die Leistungspflicht* nur geltend machen, sofern sie sofort beweisbar sind (Art. 351 Abs. 1 ZPO). Ist die Abgabe einer Willenserklärung geschuldet, so wird die Erklärung durch den Entscheid des Vollstreckungsgerichts ersetzt. Dieses trifft die erforderlichen Anweisungen nach Art. 344 Abs. 2 i.V.m. Art. 351 Abs. 2 ZPO. 1225

Der Entscheid des Vollstreckungsgerichts unterliegt der *Beschwerde* (Art. 319 ff. ZPO). Die gerichtliche Beurteilung der geschuldeten Leistung bleibt in jedem Fall vorbehalten. Insbesondere kann die verpflichtete Partei jederzeit auf Feststellung klagen, dass der Anspruch nicht oder nicht mehr besteht oder gestundet ist (Art. 352 ZPO). 1226

Weder die öffentliche Urkunde selbst noch der Entscheid des Vollstreckungsgerichts haben *Rechtskraftwirkung* in Bezug auf die geschuldete Leistung. Daher steht der verpflichteten Partei eine Gegenklage zur Beurteilung des Anspruchs offen, sollte sich die berechtigte Partei zur direkten Vollstreckung entschliessen[1590]. 1227

1590 Botschaft ZPO, S. 7390.

Teil 8 Alternative Streitbeilegung

Kapitel 43 Schiedsgerichtsbarkeit (Art. 353 ff. ZPO)

1. Allgemeine Grundsätze

1228 Die *Schiedsgerichtsbarkeit* bildet als private Gerichtsbarkeit das Gegenstück zur staatlichen Gerichtsbarkeit[1591]. Ein Schiedsgericht ist ein privates, von den Parteien gewähltes Gericht. Die Schiedsgerichtsbarkeit bildet nun den 3. Teil der ZPO (Art. 353 ff. ZPO), nachdem das Konkordat über die Schiedsgerichtsbarkeit vom 27. März 1969 per 31. Dezember 2010 aufgehoben wurde. Für internationale Schiedsgerichte gilt nach wie vor das 12. Kapitel des IPRG[1592].

1229 Die Bestimmungen zur Schiedsgerichtsbarkeit sind ein eigenständiger Teil der Zivilprozessordnung. *Analogieschlüsse zur staatlichen Gerichtsbarkeit* sollten nur vorsichtig gezogen werden[1593].

1230 Damit die Schiedsgerichtsbarkeit anwendbar ist, bedarf es einer *Schiedsvereinbarung* (Art. 357 Abs. 1 ZPO), die meistens im jeweiligen Mietvertrag getroffen wird. Die Schiedsvereinbarung kann auch erst im Verlaufe eines Verfahrens abgeschlossen werden[1594]. Die Parteien können den Sitz des Schiedsgerichtes frei vereinbaren, unter anderem gilt die örtliche Zuständigkeit bei Mietsachen am Ort der gelegenen Sache (Art. 33 ZPO) nicht.

1231 Das Verfahren ist im Wesentlichen in den Art. 372–380 ZPO geregelt. Das Schiedsgericht ist nicht verpflichtet, einen *Schlichtungsversuch* zu unternehmen[1595], in der Praxis wird es allerdings so sein, dass die Parteien selber einen solchen anregen. Bei Vorliegen einer Schiedsgerichtsklausel, welche generell oder auf Antrag einer oder beider Parteien die Zuständigkeit des Schiedsgerichts vorsieht, ist der Ausschluss des Schlichtungsversuches zu vermuten[1596].

[1591] *Gränicher/Courvoisier*, Recht aktuell 2011; *Schütz Jürg Gian*, Mediation und Schiedsgerichtsbarkeit in der Schweizerischen Zivilprozessordnung, Bern 2009.
[1592] SR 291.
[1593] Botschaft ZPO, S. 7392.
[1594] *Lachat*, CPC, S. 77.
[1595] BSK ZPO-*Habegger*, Art. 372 N 13.
[1596] BGer 4C.161/2005 vom 10.11.2005 E. 2.5.1, in: mp 1/2007, S. 43.

Die Partei, welche ohne jeglichen Hinweis auf ein im Mietvertrag vorgesehenes Schiedsgerichtsverfahren die *staatliche Schlichtungsbehörde* anruft, verzichtet durch konkludentes Verhalten auf die Schiedsgerichtsklausel und kann im Gerichtsverfahren nicht mehr den Einwand der Unzuständigkeit der staatlichen Gerichtsbarkeit erheben[1597].

1232

Die *Rechtshängigkeit* des Schiedsverfahrens ist in Art. 372 ZPO geregelt:

1233

Art. 372 ZPO

¹ Das Schiedsverfahren ist rechtshängig:
a. sobald eine Partei das in der Schiedsvereinbarung bezeichnete Schiedsgericht anruft; oder
b. wenn die Vereinbarung kein Schiedsgericht bezeichnet: sobald eine Partei das Verfahren zur Bestellung des Schiedsgerichts oder das von den Parteien vereinbarte vorausgehende Schlichtungsverfahren einleitet.

² Werden bei einem staatlichen Gericht und einem Schiedsgericht Klagen über denselben Streitgegenstand zwischen denselben Parteien rechtshängig gemacht, setzt das zuletzt angerufene Gericht das Verfahren aus, bis das zuerst angerufene Gericht über seine Zuständigkeit entschieden hat.

Das Schiedsverfahren generiert *Kosten* (Kostenvorschuss, Art. 378 ZPO; Verfahrenskosten und Parteientschädigungen, Art. 384 Abs. 1 lit. f ZPO). Oftmals sind die Kosten, verglichen mit der staatlichen Gerichtsbarkeit, exorbitant hoch, da sich nicht selten angebliche Koryphäen aus Lehre und Rechtsprechung ihr Amt als Schiedsrichter vergolden lassen[1598].

1234

Im Schiedsverfahren besteht *kein Anspruch auf unentgeltliche Rechtspflege* (Art. 380 ZPO). Diese Bestimmung ist verfassungsrechtlich höchst problematisch, garantiert doch die Art. 29 Abs. 3 BV den Anspruch auf unentgeltliche Rechtspflege, wenn deren Bedingungen erfüllt sind. Wird eine Partei prozessarm, soll sie nach hier vertretener Auffassung die Schiedsvereinbarung kündigen können. Dies gilt auch, wenn eine Partei bereits bei Abschluss der Schiedsvereinbarung prozessarm ist, da keine Partei auf den Anspruch auf Justizgewährleistung verzichten kann (Art. 27 Abs. 2 ZGB)[1599].

1235

1597 BGer 4C.161/2005 vom 10.11.2005 E. 2.5.2, in: mp 1/2007, S. 43; vgl. dazu Art. 13 des altrechtlichen Konkordats über die Schiedsgerichtsbarkeit (KSG).
1598 *Lachat*, CPC, S. 80.
1599 *Staehelin/Staehelin/Grolimund*, § 29 Rz 13; *Müller*, in: Sutter-Somm/Hasenböhler/Leuenberger (Hrsg.), Art. 380 ZPO N 4; teilweise **a.M.**: BSK ZPO-*Habegger*, Art. 380 N 13.

2. Schiedsverfahren im Mietrecht

1236 Ähnlich wie bei der Zuständigkeit der Handelsgerichte bei mietrechtlichen Streitigkeiten ergeben sich *Unverträglichkeiten in der Anwendung der Schiedsgerichtsbarkeit* bei mietrechtlichen Angelegenheiten, insbesondere im Bereich der Wohnraum-Miete. Indem die Schiedsfähigkeit auch auf Mietverhältnisse über Wohnräume ausgedehnt wurde, was im alten Recht unzulässig war (Art. 274c aOR), ist dem Gesetzgeber eine veritable «Fehlleistung» passiert[1600].

1237 Tragende Säulen des sozialen Mietrechts fehlen im Schiedsverfahren, unter anderem

– das unentgeltliche Schlichtungsverfahren und allenfalls das unentgeltliche Mietgerichtsverfahren;
– die soziale Untersuchungsmaxime;
– die vereinfachte Prozessführung;
– die unentgeltliche Rechtspflege.

Dazu kommt, dass der Willkürbegriff in der Schiedsgerichtsbarkeit enger definiert wird als im sonstigen Recht[1601] und die Rechtsmittel limitiert sind (keine «*double instance*»). Weiter fehlt die Möglichkeit eines Urteilsvorschlags (Art. 210 ZPO) und eines Entscheids (Art. 212 ZPO). Mit dem Urteilsvorschlag kann unter anderem eine Änderung der Klägerrolle bewirkt werden, was für die Mieterschaft vor allem bei Kündigungsanfechtungen von Bedeutung ist.

1238 Es ist ein schwacher Trost, dass durch das gesetzliche Konstrukt von Art. 361 Abs. 4 ZPO bei *Wohnraum-Mietverhältnissen* faktisch ein Schiedsgerichtsverfahren ausgeschlossen ist (vgl. N 72 ff.). Auch wenn nominal nur wenige Geschäftsmietverträge eine Schiedsklausel kennen, besteht auch für «kleine» Geschäftsmieter die Gefahr, eine Mietstreitigkeit in einem für sie ungünstigen Schiedsverfahren führen zu müssen. Im Unterschied zu «grossen» Geschäftsmietern haben die sog. KMU-Mieter ein eminentes Interesse am sozialen Mietrecht und der sich daraus ergebenden Verfahrenserleichterungen[1602].

1239 Die Schiedsgerichte haben das ganze materielle Mietrecht anzuwenden und sind an die zwingenden Bestimmungen, insbesondere im zweiten und dritten Abschnitt, gebunden. Dem steht in einem gewissen Sinn Art. 381 Abs. 1 lit. b ZPO entgegen, wonach das Schiedsgericht einen Entscheid nach Billigkeit treffen kann. Gehören Normen zum schweizerischen *Ordre public*, wie dies im zweiten und dritten Abschnitt des Achten Titels des OR der Fall ist, ist kein Platz für Billigkeitsentscheide, denn der Schutz vor missbräuchlichen Mietzinsen und der Kündigungsschutz sind tragende Säulen unserer Rechtsordnung. Dies gilt für Wohn- und Geschäftsräume[1603].

1600 BSK OR I-*Weber*, Art. 253–273c N 22.
1601 BGer 4A_378/2014 vom 24.11.2014, in: SZZP 1/2015, S. 74.
1602 *Lachat*, CPC, S. 80.
1603 BSK OR I-*Weber*, Art. 253–273c N 25; teilweise **a.M.** SVIT-Kommentar, Art. 274c [a]OR N 9.

De lege ferenda ist zu fordern, dass generell Streitigkeiten aus Miete von Wohn- und Geschäftsräumen nicht schiedsfähig sind.

1240

3. Keine Schiedsgerichtsbarkeit bei Wohnraum-Mietverhältnissen

Ansprüche aus Miete und Pacht sind grundsätzlich *schiedsfähig*. Die Art. 274–274g OR wurden per 31. Dezember 2010 aufgehoben und – wo nötig – in die ZPO integriert. Damit wurde unter anderem auch Art. 274c aOR, der bei der Miete von Wohnräumen den Ersatz der Zuständigkeit der Schlichtungsbehörden durch Schiedsgerichte verbietet, in die ZPO übernommen.

1241

Art. 361 Abs. 4 ZPO hält zwingend fest, dass in den Angelegenheiten aus Miete und Pacht von Wohnräumen einzig die *Schlichtungsbehörden als Schiedsgerichte* eingesetzt werden dürfen. Weil die freie Bestimmung des Schiedsgerichtes und der Schiedsrichter ein zentrales Element der Privatautonomie ist[1604], auf der die Schiedsgerichtsbarkeit basiert, und weil diese durch Art. 361 Abs. 4 ZPO nicht gegeben ist, sind Streitigkeiten aus Miete von Wohnräumen nicht schiedsfähig[1605]. Abweichende Vereinbarungen sind ersatzlos zu streichen bzw. fallen als solche dahin, wenn sich ergibt, die Parteien hätten in Kenntnis der Beschränkungen von Art. 361 Abs. 4 ZPO auf ein Schiedsverfahren verzichtet[1606].

1242

Entscheidend ist, dass den Parteien bei Angelegenheiten von Miete und Pacht von Wohnräumen nach Art. 361 Abs. 4 ZPO *keine freie Wahl des Entscheidorgans* zusteht, sondern entsprechende Streitigkeiten (in tatsächlicher und rechtlicher Hinsicht) zwingend entweder vom ordentlichen Gericht oder von der Schlichtungsbehörde zu beurteilen sind. Darauf, dass nach dem Willen des Gesetzgebers von dieser besonderen Mieterschutzregelung hinsichtlich einzelner Fragen – wie etwa der Orts- und Quartierüblichkeit von Mietzinsen – durch Vereinbarung eines Schiedsgutachtens sollte abgewichen werden können, bestehen keine Hinweise. Art. 361 Abs. 4 ZPO entspricht im Gegenteil dem klaren gesetzgeberischen Willen, zum Schutz des Mieters sämtliche Angelegenheiten aus Miete und Pacht von Wohnräumen umfassend von staatlichen Behörden entscheiden zu lassen. Aus diesem Grund ist diese mietrechtliche Sonderbestimmung – über den Wortlaut der allgemeinen Regelung von Art. 189 Abs. 3 lit. a ZPO hinaus – auch bei der Beurteilung der Zulässigkeit eines Schiedsgutachtens zu beachten. Entsprechend ist es bei der Miete und Pacht von Wohnräumen aufgrund der strengen Einschränkung der Wahl des Entscheidorgans ausgeschlossen, bestimmte Fragen im Streitfall an einen privaten Dritten als Schiedsgutachter zu delegieren[1607].

1243

1604 *Wenger*, ZZZ 2007, S. 405.
1605 BSK ZPO-*Habegger*, Art. 361 N 39; CPC-*Schweizer*, Art. 361 ZPO N 10.
1606 DIKE-Komm-ZPO-*Schwander/Stacher*, Art. 361 N 13.
1607 BGE 141 III 201 = BGer 4A_92/2015 vom 18.5.2015, in: ius.focus 6/2015, S. 28, Kommentar *Flavio Peter*; und in: mp 3/2015, S. 201; vgl. N 647 ff. Mit diesem Urteil ist die Ansicht von

1244 Über eine Hilfskonstruktion wird versucht, die *Schiedsfähigkeit bei Wohnraum-Streitigkeiten* doch noch zu bejahen: Die Parteien könnten innerhalb der Schlichtungsbehörde «ihre» Parteivertreter aus den jeweiligen Vertretern des Hauseigentümer- und Mieterverbandes selber «wählen»[1608]. Dabei wird verkannt, dass damit die Grundproblematik der mangelnden Wahlfreiheit der Schiedsbehörde nicht gelöst ist.

1245 Die Schiedsgerichtsbarkeit ist bei allen übrigen Mietstreitigkeiten insbesondere bei *Geschäftsmietverhältnissen* und Ferienwohnungen mit einer Mietdauer von maximal drei Monaten möglich.

1246 Die *Verwirkungsfristen des Mietrechts* gelten auch für die Eröffnung des Schiedsverfahrens[1609].

4. Rechtsmittel

1247 Der Schiedsspruch unterliegt der *Beschwerde an das Bundesgericht* (Art. 389 Abs. 1 ZPO). Da ein Schiedsspruch keinen kantonalen Entscheid i.S.v. Art. 75 Abs. 1 BGG darstellt, musste das BGG ergänzt werden (vgl. Art. 77 BGG; Anhang 1 II Ziff. 2 ZPO). Art. 77 BGG findet künftig Anwendung sowohl für die nationale als auch für die internationale Schiedsgerichtsbarkeit. Er erlaubt es, den Besonderheiten eines Schiedsspruches Rechnung zu tragen[1610]. Für das Verfahren gelten die Bestimmungen des Bundesgerichtsgesetzes (BGG), soweit die ZPO nichts anderes bestimmt (Art. 389 Abs. 2 ZPO). Es herrscht das strenge Rügeprinzip[1611].

Dolge/Infanger, S. 141, wonach die Schlichtungsbehörde mit umfassender Entscheidbefugnis als Schiedsgericht eingesetzt werden kann, überholt.

1608 BSK ZPO-*Habegger*, Art. 361 N 40.
1609 Mietzinshinterlegung (Art. 259*h* OR), Anfechtung Anfangsmietzins (Art. 270 OR), Begehren um Mietzinsherabsetzung (Art. 270*a* Abs. 2 OR), Mietzinsanfechtung und andere einseitige Vertragsänderungen (Art. 270*b* Abs. 1 OR), Kündigungsanfechtung und Erstreckungsbegehren (Art. 273 Abs. 1 und 2 OR).
1610 Botschaft ZPO, S. 7404.
1611 BGer 4A_254/2011 vom 5.7.2011; BSK ZPO-*Mraz*, Art. 389 N 36.

Kapitel 44   Mediation (Art. 213 ff. ZPO)

Die *Mediation* tritt an die Stelle des Schlichtungsverfahrens, wenn sämtliche Parteien dies beantragen (Art. 213 Abs. 1 ZPO)[1612]. «Mediation ist ein vertrauliches und strukturiertes Verfahren, bei dem Parteien mithilfe eines oder mehrerer Mediatoren freiwillig und eigenverantwortlich eine einvernehmliche Beilegung ihres Konflikts anstreben.»[1613] Die Mediation bewirkt die Fristwahrung und begründet die Rechtshängigkeit (Art. 62 ZPO).

1248

Die Mediation ist eine freie und gleichwertige *Alternative zur staatlichen Schlichtung* (Art. 216 Abs. 1 ZPO)[1614]. Um Rechtshängigkeit[1615] zu begründen, muss die Mediation bei der Schlichtungsbehörde beantragt werden, was schon zusammen mit dem Gesuch oder erst im Verlaufe des Schlichtungsverfahrens erfolgen kann. Die Schlichtungsbehörde kann, wie das Gericht (Art. 214 Abs. 1 ZPO), eine Mediation zwar empfehlen, nicht jedoch erzwingen.

1249

Gegenstück der *Freiwilligkeit*, ein Mediationsverfahren einzuleiten, ist das Recht, jederzeit aus der Mediation auszusteigen und diese abzubrechen. Dies ist der Schlichtungsbehörde mitzuteilen, worauf diese die Klagebewilligung erteilt (Art. 213 Abs. 3 ZPO). Ein Urteilsvorschlag (Art. 210 ZPO) oder Entscheid (Art. 212 ZPO) kommt nicht in Frage[1616].

1250

Wird die Mediation erst im Gerichtsverfahren beantragt, bleibt dieses bis zum Abschluss des Mediationsverfahrens *sistiert* (Art. 214 Abs. 3 ZPO). Die Rechtshängigkeit ist auf jeden Fall gewahrt (Art. 62 ZPO). Scheitert die Mediation, wird das Gerichtsverfahren wieder aufgenommen.

1251

Gelingt die Mediation, können die Parteien die Vereinbarung gerichtlich genehmigen lassen (Art. 217 ZPO). Genehmigungsbehörde ist die jeweils befasste Behörde (Schlichtungs- oder Gerichtsbehörde)[1617]. Durch die Genehmigung[1618] wird die Vereinbarung ein rechtskräftiger Entscheid (Urteilssurrogat), erhält die materielle Rechtskraft *(res iudicata)* und wird vollstreckbar.

1252

1612 *Schütz Jürg Gian*, Mediation und Schiedsgerichtsbarkeit in der Schweizerischen Zivilprozessordnung, Bern 2009.
1613 § 1 Abs. 1 (Deutsches) Mediationsgesetz vom 21.1.2012 (BGBl. I S. 1577).
1614 Botschaft ZPO, S. 7327; *Gasser/Rickli*, Art. 213 ZPO N 1.
1615 Vgl. N 221 ff.
1616 Zur Frage, ob allenfalls ein Entscheid in Frage kommt, wenn das Schlichtungsverfahren sistiert wurde: BSK ZPO-*Gelzer/Ruggle*, Art. 213 N 24.
1617 Ein weiterer Hinweis auf die tatsächliche Kompetenz-Kompetenz der Schlichtungsbehörde, N 150 ff.
1618 *Schütz*, S. 207.

1253 Grundsätzlich tragen die Parteien die *Kosten der Mediation* selber (Art. 218 Abs. 1 ZPO)[1619]. Die Parteien werden zu Beginn der Mediation die Kostenverteilung regeln, wobei die hälftige Aufteilung die Regel ist. Im Unterschied zum Schlichtungsverfahren kann die unentgeltliche Rechtspflege nicht beansprucht werden[1620]. Die Kantone können Kostenerleichterungen vorsehen (Art. 218 Abs. 3 ZPO).

1254 Das *Schlichtungsverfahren und die Mediation* haben Berührungspunkte und Ähnlichkeiten. Beide Verfahren möchten eine gütliche Streitbeilegung erreichen. Das Schlichtungsverfahren ist allerdings stärker in den formalisierten juristischen Ablauf eingebunden und untersteht dem Beschleunigungsgebot. Die Mediation ihrerseits versucht Konflikte von Grund auf anzugehen und lässt sich für deren Lösung Zeit. Für rein geldwerte Forderungen (Mietzinse, Mietminderungen wegen Mängeln etc.) ist das Schlichtungsverfahren geeigneter. Handelt es sich hingegen um nachbarschaftliche, personengebundene Konflikte, wird das Mediationsverfahren nachhaltiger sein[1621]. Da in der Mediation Kosten anfallen, werden mietrechtliche Streitigkeiten in der weitaus überwiegenden Zahl der Fälle vor der Schlichtungsbehörde ausgefochten.

1619 Die unentgeltliche Mediation für nicht vermögensrechtliche kindesrechtliche Angelegenheiten ist gemäss ZPO in allen Kantonen möglich.
1620 Vgl. N 425 ff.
1621 Vgl. dazu: *Mirimanoff*, BWO-Tagung 2006.

Anhang 1: Verfahrensabläufe*

1. Verfahrensablauf beim Schlichtungsversuch und beim Weiterzug ans Gericht

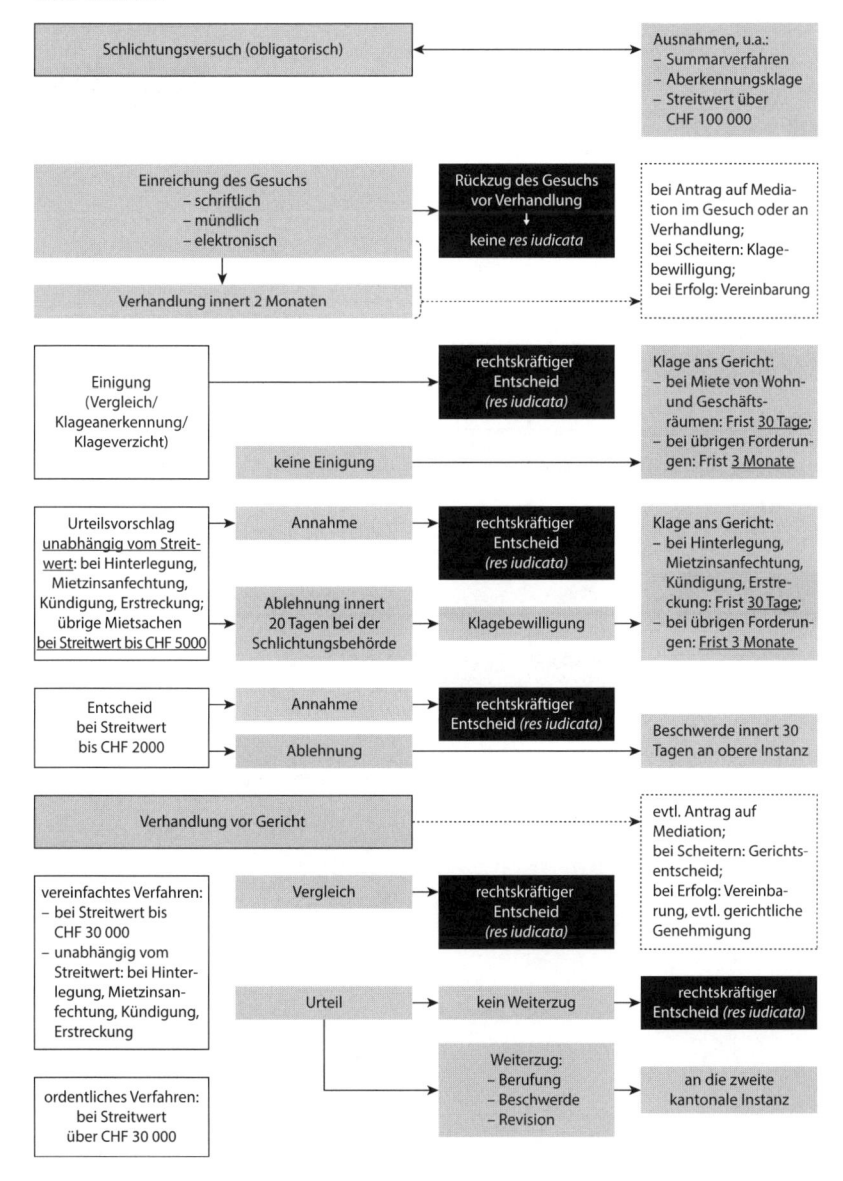

Schlichtungsversuch (obligatorisch) ⟷ Ausnahmen, u.a.:
- Summarverfahren
- Aberkennungsklage
- Streitwert über CHF 100 000

Einreichung des Gesuchs
- schriftlich
- mündlich
- elektronisch

→ **Rückzug des Gesuchs vor Verhandlung** ↓ keine *res iudicata*

bei Antrag auf Mediation im Gesuch oder an Verhandlung;
bei Scheitern: Klagebewilligung;
bei Erfolg: Vereinbarung

Verhandlung innert 2 Monaten

Einigung (Vergleich/Klageanerkennung/Klageverzicht) → **rechtskräftiger Entscheid** (*res iudicata*)

Klage ans Gericht:
- bei Miete von Wohn- und Geschäftsräumen: Frist 30 Tage;
- bei übrigen Forderungen: Frist 3 Monate

keine Einigung →

Urteilsvorschlag unabhängig vom Streitwert: bei Hinterlegung, Mietzinsanfechtung, Kündigung, Erstreckung; übrige Mietsachen bei Streitwert bis CHF 5000

- Annahme → **rechtskräftiger Entscheid** (*res iudicata*)
- Ablehnung innert 20 Tagen bei der Schlichtungsbehörde → Klagebewilligung

Klage ans Gericht:
- bei Hinterlegung, Mietzinsanfechtung, Kündigung, Erstreckung: Frist 30 Tage;
- bei übrigen Forderungen: Frist 3 Monate

Entscheid bei Streitwert bis CHF 2000
- Annahme → **rechtskräftiger Entscheid** (*res iudicata*)
- Ablehnung → Beschwerde innert 30 Tagen an obere Instanz

Verhandlung vor Gericht

evtl. Antrag auf Mediation;
bei Scheitern: Gerichtsentscheid;
bei Erfolg: Vereinbarung, evtl. gerichtliche Genehmigung

vereinfachtes Verfahren:
- bei Streitwert bis CHF 30 000
- unabhängig vom Streitwert: bei Hinterlegung, Mietzinsanfechtung, Kündigung, Erstreckung

Vergleich → **rechtskräftiger Entscheid** (*res iudicata*)

Urteil →
- kein Weiterzug → **rechtskräftiger Entscheid** (*res iudicata*)
- Weiterzug:
  - Berufung
  - Beschwerde
  - Revision
  → an die zweite kantonale Instanz

ordentliches Verfahren: bei Streitwert über CHF 30 000

---

* Quelle: mietrechtspraxis/mp, Verlag, Kurse und Seminare zum Mietrecht, Zürich.

Anhang 1: Verfahrensabläufe

2. Mietzinserhöhung und Anfechtung

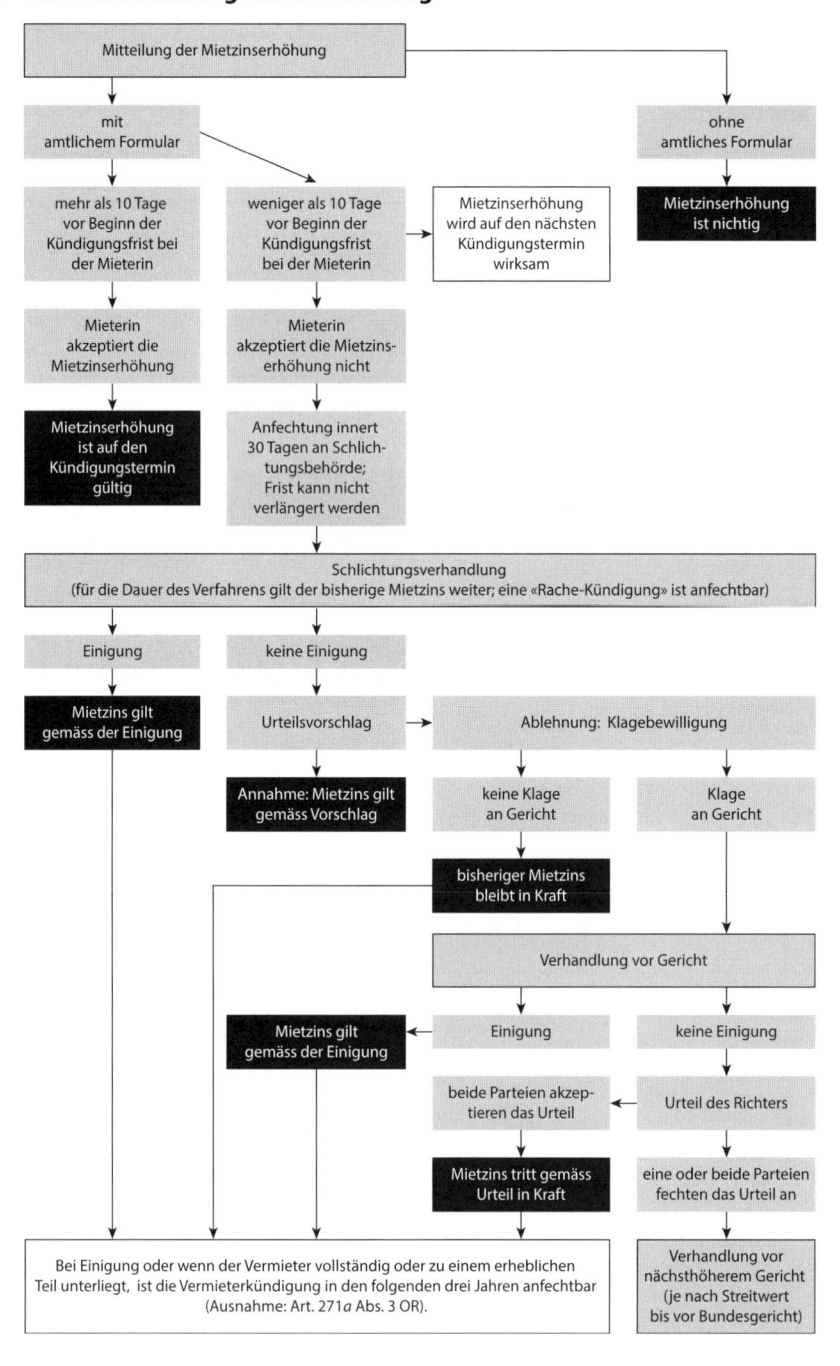

```
Mitteilung der Mietzinserhöhung
├── mit amtlichem Formular
│   ├── mehr als 10 Tage vor Beginn der Kündigungsfrist bei der Mieterin
│   │   └── Mieterin akzeptiert die Mietzinserhöhung
│   │       └── Mietzinserhöhung ist auf den Kündigungstermin gültig
│   ├── weniger als 10 Tage vor Beginn der Kündigungsfrist bei der Mieterin
│   │   └── Mieterin akzeptiert die Mietzinserhöhung nicht
│   │       └── Anfechtung innert 30 Tagen an Schlichtungsbehörde; Frist kann nicht verlängert werden
│   └── Mietzinserhöhung wird auf den nächsten Kündigungstermin wirksam
└── ohne amtliches Formular
    └── Mietzinserhöhung ist nichtig
```

Schlichtungsverhandlung
(für die Dauer des Verfahrens gilt der bisherige Mietzins weiter; eine «Rache-Kündigung» ist anfechtbar)

- **Einigung** → Mietzins gilt gemäss der Einigung
- **keine Einigung** → Urteilsvorschlag
  - **Annahme:** Mietzins gilt gemäss Vorschlag
  - **Ablehnung:** Klagebewilligung
    - keine Klage an Gericht → bisheriger Mietzins bleibt in Kraft
    - Klage an Gericht → **Verhandlung vor Gericht**
      - Einigung → Mietzins gilt gemäss der Einigung
        - beide Parteien akzeptieren das Urteil → Mietzins tritt gemäss Urteil in Kraft
      - keine Einigung → Urteil des Richters
        - eine oder beide Parteien fechten das Urteil an → Verhandlung vor nächsthöherem Gericht (je nach Streitwert bis vor Bundesgericht)

Bei Einigung oder wenn der Vermieter vollständig oder zu einem erheblichen Teil unterliegt, ist die Vermieterkündigung in den folgenden drei Jahren anfechtbar (Ausnahme: Art. 271a Abs. 3 OR).

Anhang 1: Verfahrensabläufe

3. Mietzinssenkung bei sinkendem Hypothekarzins und Anfechtung

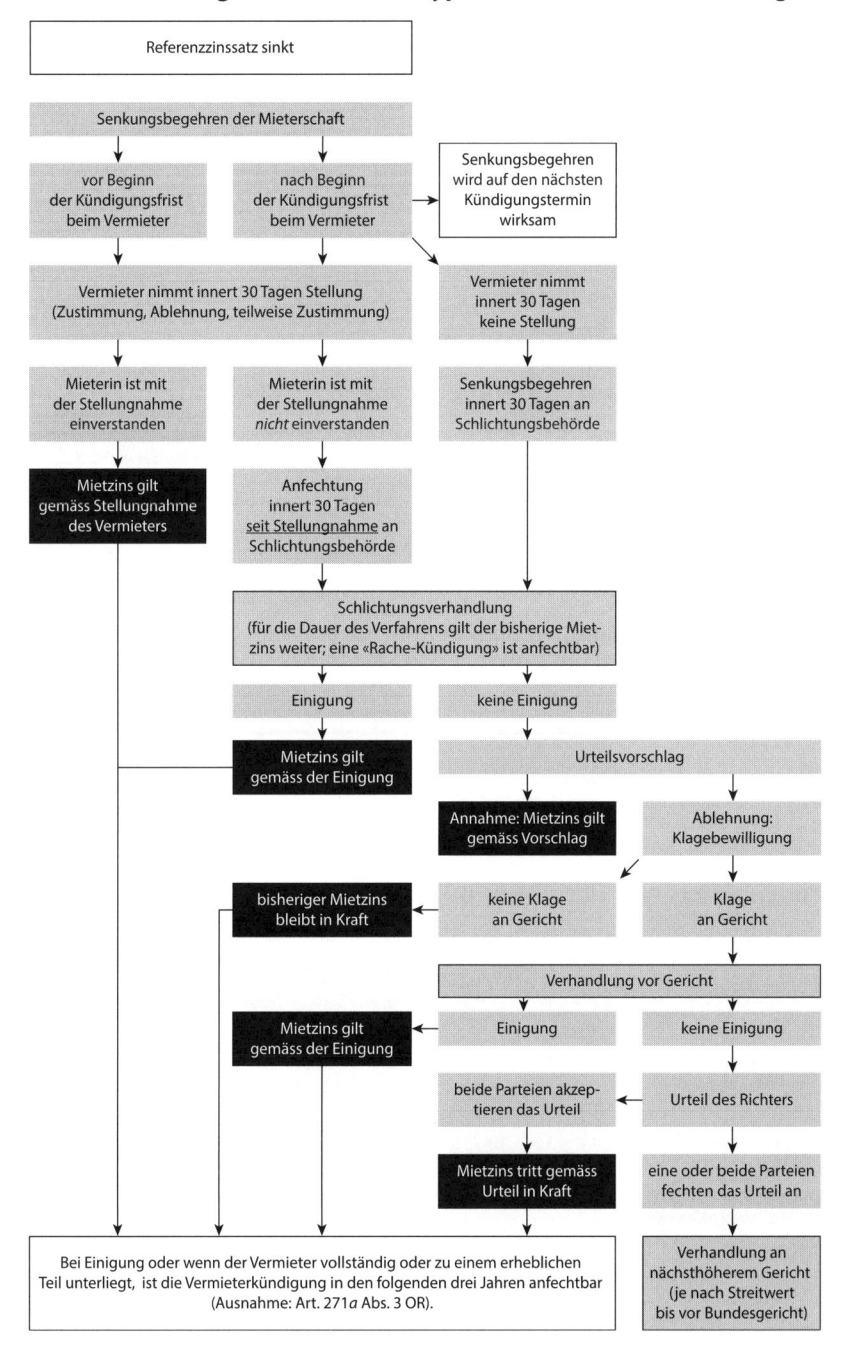

```
                    Referenzzinssatz sinkt
                             │
                             ▼
              Senkungsbegehren der Mieterschaft
          ┌──────────────────┼──────────────────┐
          ▼                  ▼                  
      vor Beginn         nach Beginn      ──▶  Senkungsbegehren
   der Kündigungsfrist  der Kündigungsfrist     wird auf den nächsten
     beim Vermieter       beim Vermieter        Kündigungstermin
          │                  │                  wirksam
          ▼                  ▼
   Vermieter nimmt innert 30 Tagen Stellung    Vermieter nimmt
   (Zustimmung, Ablehnung, teilweise Zustimmung) innert 30 Tagen
          │                  │                  keine Stellung
          ▼                  ▼                       │
    Mieterin ist mit    Mieterin ist mit       Senkungsbegehren
    der Stellungnahme   der Stellungnahme      innert 30 Tagen an
    einverstanden       nicht einverstanden    Schlichtungsbehörde
          │                  │
          ▼                  ▼
    Mietzins gilt       Anfechtung
  gemäss Stellungnahme  innert 30 Tagen
    des Vermieters      seit Stellungnahme an
                        Schlichtungsbehörde
                             │
                             ▼
                    Schlichtungsverhandlung
         (für die Dauer des Verfahrens gilt der bisherige Miet-
          zins weiter; eine «Rache-Kündigung» ist anfechtbar)
                    ┌────────┴────────┐
                    ▼                 ▼
                Einigung          keine Einigung
                    │                 │
                    ▼                 ▼
              Mietzins gilt      Urteilsvorschlag
             gemäss der Einigung      │
                              ┌───────┴───────┐
                              ▼               ▼
                     Annahme: Mietzins    Ablehnung:
                     gilt gemäss Vorschlag Klagebewilligung
                              │               │
                    ┌─────────▼─────┐         ▼
             bisheriger Mietzins  keine Klage  Klage
             bleibt in Kraft      an Gericht   an Gericht
                                        │
                                        ▼
                                 Verhandlung vor Gericht
                              ┌───────┴───────┐
                              ▼               ▼
              Mietzins gilt  Einigung   keine Einigung
              gemäss der Einigung              │
                                               ▼
                              beide Parteien akzep- ◀─ Urteil des Richters
                              tieren das Urteil           │
                                      │                   ▼
                                      ▼             eine oder beide Parteien
                              Mietzins tritt gemäss fechten das Urteil an
                              Urteil in Kraft
                                                    ▼
                                          Verhandlung an
                                          nächsthöherem Gericht
                                          (je nach Streitwert
                                          bis vor Bundesgericht)

  Bei Einigung oder wenn der Vermieter vollständig oder zu einem erheblichen
  Teil unterliegt, ist die Vermieterkündigung in den folgenden drei Jahren anfechtbar
                    (Ausnahme: Art. 271a Abs. 3 OR).
```

Anhang 1: Verfahrensabläufe

4. Kündigungen

a) *Ordentliche Kündigung durch die Mieterin*

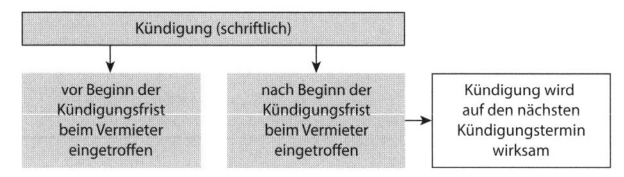

```
                    Kündigung (schriftlich)
                    │
        ┌───────────┴───────────┐
        ▼                       ▼
 vor Beginn der          nach Beginn der          Kündigung wird
 Kündigungsfrist         Kündigungsfrist    ───►  auf den nächsten
 beim Vermieter          beim Vermieter           Kündigungstermin
 eingetroffen            eingetroffen             wirksam
```

b) *Ordentliche Kündigung durch den Vermieter*

```
         Kündigung (auf amtlichem Formular) ─────────────►  kein oder unrichtiges
         │                                                   amtliches Formular
    ┌────┴─────┐                                                    │
    ▼          ▼                                                    ▼
 vor Beginn   nach Beginn       Kündigung                     Kündigung
 der Kündi-   der Kündi-        wird auf den nächsten         ist nichtig
 gungsfrist   gungsfrist        Kündigungstermin
 bei der      bei der           wirksam
 Mieterin     Mieterin
 eingetroffen eingetroffen
    │
    ▼
 Anfechtung (durch Mieterin) innert 30 Tagen
```

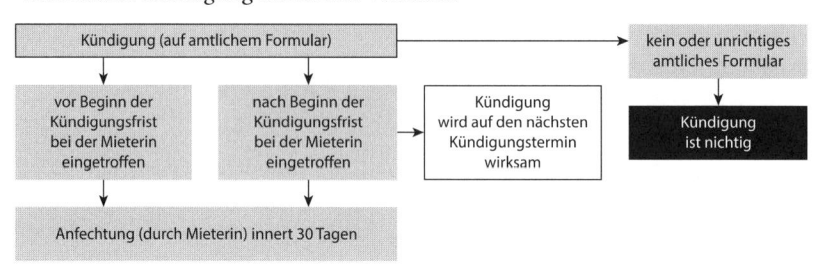

c) *Ausserordentliche Kündigung durch den Vermieter (z.B. bei Zahlungsverzug)*

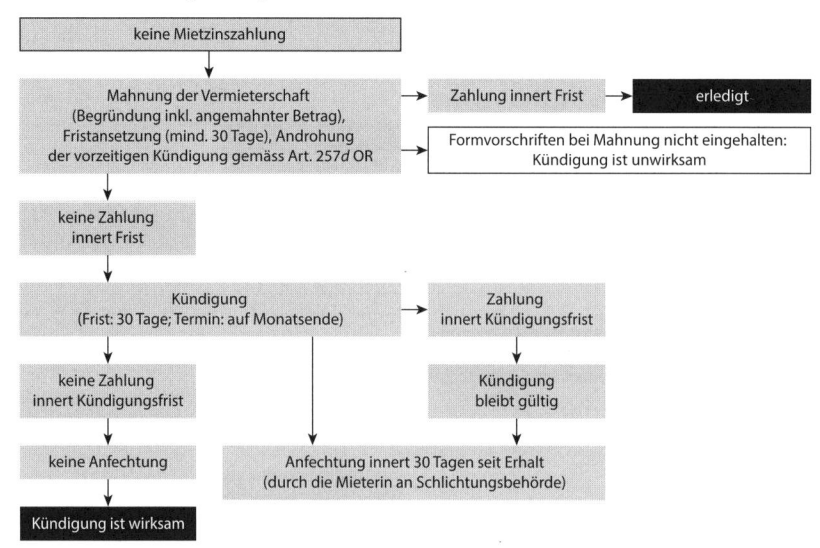

```
 keine Mietzinszahlung
        │
        ▼
 Mahnung der Vermieterschaft              ───►  Zahlung innert Frist  ───►  erledigt
 (Begründung inkl. angemahnter Betrag),
 Fristansetzung (mind. 30 Tage), Androhung      Formvorschriften bei Mahnung nicht eingehalten:
 der vorzeitigen Kündigung gemäss Art. 257d OR  Kündigung ist unwirksam
        │
        ▼
 keine Zahlung
 innert Frist
        │
        ▼
 Kündigung                                ───►  Zahlung
 (Frist: 30 Tage; Termin: auf Monatsende)       innert Kündigungsfrist
        │                                              │
        ▼                                              ▼
 keine Zahlung                                   Kündigung
 innert Kündigungsfrist                          bleibt gültig
        │
        ▼
 keine Anfechtung          Anfechtung innert 30 Tagen seit Erhalt
        │                  (durch die Mieterin an Schlichtungsbehörde)
        ▼
 Kündigung ist wirksam
```

Anhang 1: Verfahrensabläufe

5. Vorzeitige Rückgabe der Mietsache («vorzeitiger Auszug»)

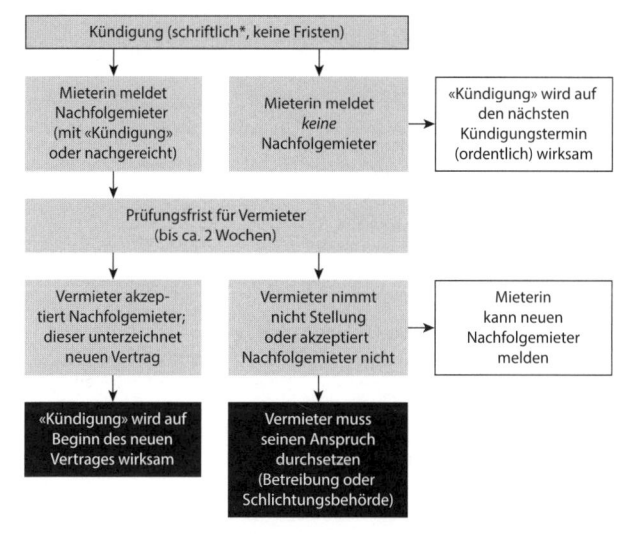

```
                    Kündigung (schriftlich*, keine Fristen)
                                    │
                ┌───────────────────┴───────────────────┐
                ▼                                       ▼
        Mieterin meldet                        Mieterin meldet            «Kündigung» wird auf
        Nachfolgemieter                        keine              ───▶    den nächsten
        (mit «Kündigung»                       Nachfolgemieter            Kündigungstermin
        oder nachgereicht)                                                (ordentlich) wirksam
                │
                ▼
        Prüfungsfrist für Vermieter
        (bis ca. 2 Wochen)
                │
        ┌───────┴───────┐
        ▼               ▼
 Vermieter akzep-   Vermieter nimmt                                   Mieterin
 tiert Nachfolgemieter; nicht Stellung                                kann neuen
 dieser unterzeichnet oder akzeptiert              ───▶               Nachfolgemieter
 neuen Vertrag       Nachfolgemieter nicht                            melden
        │               │
        ▼               ▼
 «Kündigung» wird auf  Vermieter muss
 Beginn des neuen     seinen Anspruch
 Vertrages wirksam    durchsetzen
                      (Betreibung oder
                      Schlichtungsbehörde)
```

* = Schriftlichkeit ist nicht zwingend erforderlich, jedoch zur Beweissicherung dringend empfohlen

6. Mängel an der Mietsache

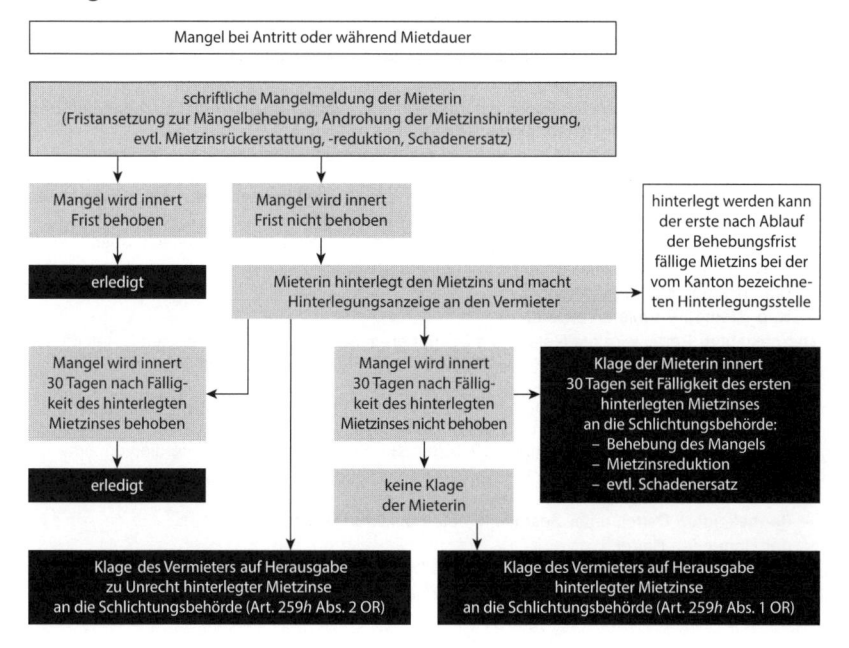

```
                 Mangel bei Antritt oder während Mietdauer
                                    │
                                    ▼
                schriftliche Mangelmeldung der Mieterin
        (Fristansetzung zur Mängelbehebung, Androhung der Mietzinshinterlegung,
         evtl. Mietzinsrückerstattung, -reduktion, Schadenersatz)
                                    │
            ┌───────────────────────┴───────────────────┐
            ▼                                           ▼
    Mangel wird innert                          Mangel wird innert              hinterlegt werden kann
    Frist behoben                               Frist nicht behoben             der erste nach Ablauf
            │                                           │                       der Behebungsfrist
            ▼                                           ▼                       fällige Mietzins bei der
        erledigt                            Mieterin hinterlegt den Mietzins    vom Kanton bezeichne-
                                            und macht Hinterlegungsanzeige     ten Hinterlegungsstelle
                                            an den Vermieter
                                                        │
            ┌───────────────────┬───────────────────────┤
            ▼                   ▼                       ▼
    Mangel wird innert     Mangel wird innert      Klage der Mieterin innert
    30 Tagen nach Fällig-  30 Tagen nach Fällig-   30 Tagen seit Fälligkeit des ersten
    keit des hinterlegten  keit des hinterlegten   hinterlegten Mietzinses
    Mietzinses behoben     Mietzinses nicht behoben an die Schlichtungsbehörde:
            │                   │                   – Behebung des Mangels
            ▼                   ▼                   – Mietzinsreduktion
        erledigt            keine Klage             – evtl. Schadenersatz
                            der Mieterin
                                │
                                ▼
    Klage des Vermieters auf Herausgabe         Klage des Vermieters auf Herausgabe
    zu Unrecht hinterlegter Mietzinse           hinterlegter Mietzinse
    an die Schlichtungsbehörde (Art. 259h Abs. 2 OR)   an die Schlichtungsbehörde (Art. 259h Abs. 1 OR)
```

Anhang 2: Musterformulare*

Muster 1: Vorladung zur Schlichtungsverhandlung

Vorladung
In Sachen

.... Kläger/Mieter 1
.... Klägerin/Mieterin 2
gegen
.... Beklagter/Vermieter
betreffend [Erstreckung Miete]

Der Vorsitzende verfügt:
1. Am 16. September 2011 ist bei der Schlichtungsbehörde ....
   ein Schlichtungsgesuch von .... eingegangen.
2. Die Rechtshängigkeit ist am 15. September 2011 (Postaufgabe) eingetreten.
3. Eine Kopie des Schlichtungsgesuchs wird der beklagten Partei zugestellt.
4. Die Parteien werden aufgefordert, persönlich zur Schlichtungsverhandlung vom

   > Dienstag, 25. Oktober 2011 um 10.00 Uhr
   > Dauer: ca. 1 Std.
   > Schlichtungsbehörde ....

   zu erscheinen.
   Die Vermieterschaft kann sich stattdessen durch die Liegenschaftsverwaltung vertreten lassen, sofern sie dieser eine schriftliche Ermächtigung zum Abschluss eines Vergleichs mitgibt (Art. 204 Abs. 3 Bst. c ZPO). Diesfalls sind die Mieterschaft sowie die Schlichtungsbehörde über die Vertretung vorgängig zu orientieren (Art. 204 Abs. 4 ZPO).
   Juristische Personen haben ein statutarisches Organ oder einen Mitarbeiter oder eine Mitarbeiterin zu entsenden, welche über die Streitsache orientiert sowie schriftlich zur Prozessvertretung und zum Abschluss eines Vergleichs ermächtigt ist.
   Säumnisfolgen gemäss Art. 206 ZPO:
   - Bei Säumnis der klagenden Partei gilt das Schlichtungsgesuch als zurückgezogen und das Verfahren wird als gegenstandslos abgeschrieben.
   - Bei Säumnis der beklagten Partei verfährt die Schlichtungsbehörde, wie wenn keine Einigung zu Stande gekommen wäre, d.h. bei einem Streitwert bis 2000 Franken kann die Schlichtungsbehörde einen Entscheid fällen. Dies gilt auch bei der Reduktion des Streitwerts anlässlich der Verhandlung auf 2000 Franken oder weniger.
   - Bei Säumnis beider Parteien wird das Verfahren als gegenstandslos abgeschrieben.
5. Als Fachrichter für das vorliegende Verfahren werden bestimmt:
   - Frau [Name], Mietervertreterin
   - Herr [Name], Vermietervertreter
6. Der beklagten Partei wird die Gelegenheit gegeben, innerhalb von 10 Tagen seit Erhalt dieser Verfügung eine schriftliche Stellungnahme zum Schlichtungsgesuch und/oder einen Lösungsvorschlag einzureichen.
7. Die Parteien werden unter Hinweis auf Art. 203 Abs. 2 ZPO ersucht, der Schlichtungsbehörde alle sachdienlichen Unterlagen im Doppel einzureichen. Insbesondere der Vermieter hat innert 10 Tagen seit Erhalt dieser Verfügung die von ihm aufgeführten Kündigungsgründe zu belegen (soweit möglich).
8. Per Einschreiben zu eröffnen:
   - der beklagten Partei, unter Zustellung des Schlichtungsgesuchs
   - der klagenden Partei

Diese Vorladung sowie alle sachdienlichen Unterlagen sind an die Verhandlung mitzubringen.

---

* Quelle: mietrechtspraxis/mp, Verlag, Kurse und Seminare zum Mietrecht, Zürich.

Anhang 2: Musterformulare

Muster 2: Gesuch bei Kündigung/Erstreckung des Mietverhältnisses

Einzureichen bei der Schlichtungsbehörde von .... (Rückseite beachten)

Klagende Partei(en)
1. Name, Vorname oder Firma: ....
Adresse: ....
Telefon: ....
Ev. 2. Name, Vorname oder Firma: ....
Adresse: ....
Telefon: ....

Beklagte Partei(en)
1. Name, Vorname oder Firma: ....
Adresse: ....
Telefon: ....
Ev. 2. Name, Vorname oder Firma: ....
Adresse: ....
Telefon: ....

Vertretung/Verwaltung
Name, Vorname oder Firma: ....
Adresse: ....
Telefon: ....

Mietobjekt
☐ Wohnung, Adresse: ....
☐ Geschäftslokal, Adresse: ....

Kündigung
Am [Datum] habe(n) ich/wir von der beklagten Partei die Kündigung per [Datum] erhalten.
Grund der Kündigung: ....

Anträge
☐ Es sei festzustellen, dass die am [Datum] auf den [Datum] ausgesprochene Kündigung nichtig ist.
☐ Die am [Datum] auf den [Datum] ausgesprochene Kündigung sei aufzuheben.
☐ Das Mietverhältnis sei angemessen zu erstrecken/zu erstrecken bis [Datum].

Begründung der Begehren
....
....
....
....

Ort und Datum: .... Unterschrift: ....

Anhang 2: Musterformulare

Muster 3: Gesuch bei allgemeinen Anträgen

Einzureichen bei der Schlichtungsbehörde von .... (Rückseite beachten)

Klagende Partei(en)
1. Name, Vorname oder Firma: ....
Adresse: ....
Telefon: ....
Ev. 2. Name, Vorname oder Firma: ....
Adresse: ....
Telefon: ....

Beklagte Partei(en)
1. Name, Vorname oder Firma: ....
Adresse: ....
Telefon: ....
Ev. 2. Name, Vorname oder Firma: ....
Adresse: ....
Telefon: ....

Vertretung/Verwaltung
Name, Vorname oder Firma: ....
Adresse: ....
Telefon: ....

Mietobjekt
☐ Wohnung, Adresse: ....
☐ Geschäftslokal, Adresse: ....

Anträge
Ich/Wir stelle(n) folgende Begehren:
....
....
....
....

Kurze Begründung der Begehren
....
....
....
....
....

Ort und Datum: .... Unterschrift: ....

Anhang 2: Musterformulare

Muster 4: Gesuch bei Mietzinserhöhung/-änderung

Einzureichen bei der Schlichtungsbehörde von .... (Rückseite beachten)

Klagende Partei(en)
1. Name, Vorname oder Firma: ....
Adresse: ....
Telefon: ....
Ev. 2. Name, Vorname oder Firma: ....
Adresse: ....
Telefon: ....

Beklagte Partei(en)
1. Name, Vorname oder Firma: ....
Adresse: ....
Telefon: ....
Ev. 2. Name, Vorname oder Firma: ....
Adresse: ....
Telefon: ....

Vertretung/Verwaltung
Name, Vorname oder Firma: ....
Adresse: ....
Telefon: ....

Mietobjekt
☐ Wohnung, Adresse: ....
☐ Geschäftslokal, Adresse: ....

Anträge
☐ Es sei festzustellen, dass die am [Datum] angezeigte Mietzinserhöhung missbräuchlich ist:
Mietzins netto monatlich (ohne Nebenkosten) bisher   Fr. ....
Mietzins netto monatlich (ohne Nebenkosten) neu   Fr. ....
mit Wirkung ab: ....

☐ Der Nettomietzins sei um Fr. .... zu senken,
mit Wirkung ab: ....

Begründung der Begehren
....
....
....
....
....

Ort und Datum: .... Unterschrift: ....

Anhang 2: Musterformulare

Muster 5: Gesuch bei Umbauarbeiten oder Mängeln

Einzureichen bei der Schlichtungsbehörde von .... (Rückseite beachten)

Klagende Partei(en)
1. Name, Vorname oder Firma: ....
Adresse: ....
Telefon: ....
Ev. 2. Name, Vorname oder Firma: ....
Adresse: ....
Telefon: ....

Beklagte Partei(en)
1. Name, Vorname oder Firma: ....
Adresse: ....
Telefon: ....
Ev. 2. Name, Vorname oder Firma: ....
Adresse: ....
Telefon: ....

Vertretung/Verwaltung
Name, Vorname oder Firma: ....
Adresse: ....
Telefon: ....

Mietobjekt
☐ Wohnung, Adresse: ....
☐ Geschäftslokal, Adresse: ....

Anträge
☐ Die beklagte Partei sei zu verpflichten, der klagenden Partei bis zur Behebung des Mangels oder für die Zeit der Umbauarbeiten eine Mietzinsreduktion von ... % des Nettomietzinses zu gewähren.
☐ Die beklagte Partei sei zu verurteilen, der klagenden Partei Fr. .... zu bezahlen (Schadenersatz).

Begründung der Begehren
....
....
....
....
....
....

Ort und Datum: .... Unterschrift: ....

Muster 6: Gesuch bei Mängeln mit Mietzinshinterlegung

Einzureichen bei der Schlichtungsbehörde von .... (Rückseite beachten)

Klagende Partei(en)
1. Name, Vorname oder Firma: ....
Adresse: ....
Telefon: ....
Ev. 2. Name, Vorname oder Firma: ....
Adresse: ....
Telefon: ....

Beklagte Partei(en)
1. Name, Vorname oder Firma: ....
Adresse: ....
Telefon: ....
Ev. 2. Name, Vorname oder Firma: ....
Adresse: ....
Telefon: ....

Vertretung/Verwaltung
Name, Vorname oder Firma: ....
Adresse: ....
Telefon: ....

Mietobjekt
☐ Wohnung, Adresse: ....
☐ Geschäftslokal, Adresse: ....

Anträge
1. Die beklagte Partei sei zu verpflichten, umgehend folgenden Mangel zu beheben:
   ....
   ....
2. Die beklagte Partei sei zu verurteilen, der klagenden Partei bis zur Behebung des Mangels oder für die Zeit der Umbauarbeiten eine Mietzinsreduktion von ... % des Nettomietzinses zu gewähren.
3. Es sei über die Verwendung der hinterlegten Mietzinse und die Ansprüche der Parteien zu entscheiden.

Begründung der Begehren
....
....
....
....
....

Ort und Datum: .... Unterschrift: ....

Anhang 2: Musterformulare

Muster 7: Gesuch bei Geldforderung

Einzureichen bei der Schlichtungsbehörde von .... (Rückseite beachten)

Klagende Partei(en)
1. Name, Vorname oder Firma: ....
Adresse: ....
Telefon: ....
Ev. 2. Name, Vorname oder Firma: ....
Adresse: ....
Telefon: ....

Beklagte Partei(en)
1. Name, Vorname oder Firma: ....
Adresse: ....
Telefon: ....
Ev. 2. Name, Vorname oder Firma: ....
Adresse: ....
Telefon: ....

Vertretung/Verwaltung
Name, Vorname oder Firma: ....
Adresse: ....
Telefon: ....

Mietobjekt
☐ Wohnung, Adresse: ....
☐ Geschäftslokal, Adresse: ....

Anträge
Ich/Wir stelle(n) folgende Begehren:
1. Der/Die .... sei zu verurteilen,
   dem/der .... Fr. .... zu bezahlen.
2. Der Rechtsvorschlag in der Betreibung Nr. ....
   des Betreibungsamtes .... sei aufzuheben.

Kurze Begründung der Begehren
....
....
....
....
....

Ort und Datum: .... Unterschrift: ....

Anhang 2: Musterformulare

Muster 8: Gesuch um Herausgabe des Mietzinsdepots

Einzureichen bei der Schlichtungsbehörde von .... (Rückseite beachten)

Klagende Partei(en)
1. Name, Vorname oder Firma: ....
Adresse: ....
Telefon: ....
Ev. 2. Name, Vorname oder Firma: ....
Adresse: ....
Telefon: ....

Beklagte Partei(en)
1. Name, Vorname oder Firma: ....
Adresse: ....
Telefon: ....
Ev. 2. Name, Vorname oder Firma: ....
Adresse: ....
Telefon: ....

Vertretung/Verwaltung
Name, Vorname oder Firma: ....
Adresse: ....
Telefon: ....

Mietobjekt
☐ Wohnung, Adresse: ....
☐ Geschäftslokal, Adresse: ....

Anträge
1. Die Bank .... in .... sei anzuweisen, das Mietzinsdepot Konto Nr. .... in vollem Umfange zu Gunsten .... freizugeben/wie folgt freizugeben: ....
2. Die klagende Partei sei zu berechtigen, das ihr ausbezahlte Mietzinsdepotguthaben mit der Forderung von Fr. .... zu verrechnen.

Begründung der Begehren
....
....
....
....

Ort und Datum: .... Unterschrift: ....

Anhang 2: Musterformulare

Muster 9: Rückseite der Gesuchformulare

Allgemeines
1. Eine Begründung der Begehren ist möglich, aber nicht erforderlich.
2. Im Schlichtungsgesuch müssen sämtliche im Mietvertrag als Vertragspartei aufgeführten Personen unter «klagende Partei» aufgeführt werden. Das Gesuch ist von allen zu unterzeichnen (Ausnahme: Anfechtung einer Kündigung/Erstreckung durch verheiratete Mieter/innen), sofern keine Vertretung nach Art. 68 ZPO vorliegt. Die Vertretung, erfolge sie berufsmässig (bspw. Anwalt oder Anwältin) oder durch eine beliebige Vertrauensperson, muss sich durch eine Vollmacht ausweisen.
Zur Schlichtungsverhandlung haben die Parteien jedoch immer persönlich zu erscheinen. Eine Vertretung ist nur im Rahmen von Art. 204 ZPO möglich, bspw. durch die Liegenschaftsverwaltung. Die Gegenpartei ist über die Vertretung zu orientieren.
3. Das Schlichtungsgesuch richtet sich gegen den/die Mietvertragspartner. Im Gesuch ist also nicht nur die Liegenschaftsverwaltung anzugeben, sondern unter „Vermieter/in (beklagte Partei)" Name und Adresse des Vermieters/der Vermieterin.
4. Ist die klagende Partei eine juristische Person, hat die gemäss Handelsregister zeichnungsberechtigte oder durch Vollmacht bevollmächtigte Person das Gesuch zu unterzeichnen. Aktueller Handelsregisterauszug oder Vollmacht sind beizulegen.
5. Die Parteien werden gebeten, der Schlichtungsbehörde die Ferienabwesenheiten mitzuteilen, damit dies beim Ansetzen des Schlichtungstermins berücksichtigt werden kann.
6. Wird ein Dolmetscher benötigt, ist dies der Schlichtungsbehörde mitzuteilen.
7. Auf Antrag sämtlicher Parteien kann anstelle des Schlichtungsverfahrens eine Mediation treten (Art. 213 ZPO). Auch in diesem Fall begründet die Einreichung des Schlichtungsgesuchs Rechtshängigkeit (Art. 62 ZPO), die Verjährung wird unterbrochen (Art. 135 Abs. 2 OR) und allfällige Fristen werden gewahrt (Art. 64 Abs. 2 ZPO). Der Antrag auf Mediation kann auch erst an der Schlichtungsverhandlung gestellt werden. Die Organisation der Mediation ist Sache der Parteien (Art. 215 ZPO). Die Parteien tragen zudem die Kosten der Mediation.
8. Damit eine Mediation anstelle des Schlichtungsverfahrens durchgeführt wird, muss auch die beklagte Partei die Mediation beantragen (z.B. in der Schlichtungsverhandlung).

Benötigte Beilagen
Die Parteien werden ersucht, der Schlichtungsbehörde alle sachdienlichen Unterlagen (Kopien) im Doppel (Art. 131 ZPO) einzureichen. Es sind folgende Unterlagen einzureichen:

Kündigungen
- Kopie des Mietvertrages
- Kopie des Kündigungsformulars (bei Familien: beide Kündigungsformulare an Ehefrau und Ehemann) sowie allfällige Begleitschreiben
- Bei Zahlungsrückstand: Kopie des Schreibens, mit dem Ihnen unter Kündigungsandrohung eine letzte Zahlungsfrist angesetzt wurde
- weitere Beweisstücke, welche die Begründetheit Ihres Begehrens belegen können

Allgemeine Anträge
- Kopie des Mietvertrages
- Reichen Sie bitte Kopien aller Ihnen zur Verfügung stehenden Unterlagen ein, welche Ihre Ansprüche belegen können (Korrespondenz, Rechnungen, Kontoauszüge, Übergabeprotokoll, Nebenkostenabrechnungen, Zahlungsbefehl usw.)
- Mietzinserhöhungen/-änderungen
- Formular der jetzigen Mietzinserhöhung mit allfälligem Begleitschreiben
- Formular der letzten vorherigen Mietzinserhöhung bzw. -änderung mit allfälligem Begleitschreiben
- Ev. frühere Mietzinserhöhungen bzw. -änderungen mit allfälligen Begleitschreiben
- Kopie des Schreibens an die Vermieterschaft, worin Mietzinssenkung verlangt wird

Andere Begehren
- Andere Begehren sind immer von der Person zu beweisen, welche dieses Begehren stellt. Reichen Sie deshalb alle Ihnen zur Verfügung stehenden Unterlagen ein, welche Ihre Ansprüche belegen können. Insbesondere ist auch der Mietvertrag einzureichen.

Anhang 3: Schlichtungswesen und Gerichtsorganisation in den Kantonen

AG – Aargau

1. Gesetzliche Grundlagen

Gesetz über die Organisation der ordentlichen richterlichen Behörden vom 6.11.2012 (Gerichtsorganisationsgesetz, GOG; SAR 155.100)
Einführungsgesetz zur Schweizerischen Zivilprozessordnung vom 23.3.2010 (EG ZPO; SAR 221.200)

2. Schlichtungsbehörde

a) Ordentliche Schlichtungsbehörde

Schlichtungsbehörden sind die Friedensrichterinnen und Friedensrichter. Jeder Bezirk ist in Friedensrichterkreise eingeteilt (§§ 20 ff. GOG; ‹https://www.ag.ch/de/gerichte/schlichtungsbehoerden/friedensrichter/friedensrichterkreise/friedensrichterkreise_1.jsp›, 19.5.2016).

b) In Miet- und Pachtsachen

In jedem Bezirk gibt es eine Schlichtungsbehörde für Miete und Pacht gemäss Art. 200 Abs. 1 ZPO. Die Schlichtungsbehörde für Miete und Pacht ist administrativ dem Bezirksgericht des jeweiligen Bezirks angegliedert. Der Regierungsrat wählt die Vorsitzenden und Beisitzerinnen und Beisitzer der Schlichtungsbehörden (§ 4 Abs. 1 lit. c EG ZPO).

3. Sachwalter/Rechtsagenten

Vor den Schlichtungsbehörden für Miete und Pacht sowie im erstinstanzlichen Mietausweisungsverfahren ist die Vertretung durch Verbandsfunktionäre sowie die Liegenschaftsverwaltung zulässig (§ 18 Abs. 2 EG ZPO).

4. Gerichte

a) Mietgericht

Der Kanton Aargau kennt keine Mietgerichte.

b) Erste Instanz

Der Kanton Aargau ist in elf Bezirke unterteilt. Jeder Bezirk hat ein Bezirksgericht (§§ 5 ff. EG ZPO).

c) Zweite Instanz/Handelsgericht

Das Obergericht mit Sitz in Aarau ist zweite kantonale Instanz (§§ 49 ff. GOG). Für Streitigkeiten gemäss Art. 6 ZPO ist das Handelsgericht zuständig (§§ 66a ff. GOG).

5. Mediation

Das mit dem Verfahren befasste Gericht kann den Parteien auf gemeinsamen Antrag ganz oder teilweise eine unentgeltliche Mediation bewilligen, wenn beide Parteien nicht über die erforderlichen Mittel verfügen oder nur eine, wobei es der anderen Partei nicht zuzumuten ist, die gesamten Kosten der Mediation zu übernehmen (§ 23 Abs. 2 EG ZPO).

6. Unentgeltliche Rechtspflege

Das zuständige Gericht bzw. dessen Instruktionsrichter entscheidet über Bewilligung und Entzug der unentgeltlichen Rechtspflege. Dies gilt auch für die Schlichtungsbehörde (§ 16 Abs. 2 lit. e bzw. § 22 EG ZPO).

AI – Appenzell Innerrhoden

1. Gesetzliche Grundlagen

Gerichtsorganisationsgesetz vom 25.4.2010 (GOG; GS 173.000)
Einführungsgesetz zur Schweizerischen Zivilprozessordnung vom 25.4.2010 (EG ZPO; GS 270.000)

2. Schlichtungsbehörde

a) Ordentliche Schlichtungsbehörde

Schlichtungsbehörde im Sinne von Art. 197 ZPO ist der Vermittler des Bezirks (Art. 4 GOG).

b) In Miet- und Pachtsachen

Für Streitigkeiten aus Miete und Pacht von Wohn- und Geschäftsräumen besteht eine kantonale Schlichtungsstelle mit paritätischer Vertretung gemäss Art. 200 Abs. 1 ZPO.

Die Schlichtungsstellen tagen in Dreierbesetzung. Die Mitglieder der Schlichtungsstellen werden von der Standeskommission jährlich gewählt (Art. 5 GOG).

3. *Sachwalter/Rechtsagenten*

Die berufsmässige Vertretung vor den Gerichten ist den zugelassenen Rechtsanwälten vorbehalten, sofern das Gesetz keine Ausnahme vorsieht. Eine solche Ausnahme ist bis jetzt für mietrechtliche Streitigkeiten noch nicht festgesetzt worden (Art. 29 GOG).

4. *Gerichte*

a) Mietgericht

Der Kanton Appenzell Innerhoden kennt keine Mietgerichte.

b) Erste Instanz

Die Bezirke bilden zwei Gerichtskreise: Gerichtskreis Appenzell und Gerichtskreis Oberegg. Der Bezirksgerichtspräsident entscheidet erstinstanzlich im summarischen Verfahren (Art. 248 ff. und Art. 335 ff. ZPO); im vereinfachten Verfahren (Art. 243 ff. ZPO) in folgenden Fällen: Art. 243 Abs. 1 und Art. 243 Abs. 2 lit. b und c ZPO (Art. 7 ff. GOG).

c) Zweite Instanz

Das Kantonsgericht ist zweite kantonale Instanz und spricht grundsätzlich Recht durch Abteilungen von sieben Richtern (Art. 10 ff. GOG).

5. *Mediation*

Weder das neue Gerichtsorganisationsgesetz noch das Einführungsgesetz zur Schweizerischen Zivilprozessordnung regeln das Verfahren einer Mediation bzw. die Voraussetzungen für die Bewilligung einer unentgeltlichen Mediation.

6. *Unentgeltliche Rechtspflege*

Der Bezirksgerichtspräsident entscheidet erstinstanzlich im summarischen Verfahren (Art. 4 EG ZPO).

AR – Appenzell Ausserrhoden

1. Gesetzliche Grundlagen

Justizgesetz vom 13.9.2010 (JG; bGS 145.31)

2. Schlichtungsbehörde

a) Ordentliche Schlichtungsbehörde

In Appenzell Ausserrhoden bestehen drei Vermittleramtskreise. Die Vermittlerämter erfüllen die ihnen in Art. 197 ff. ZPO zugewiesenen Aufgaben (Art. 2 JG).

b) In Miet- und Pachtsachen

Es gibt eine kantonale Schlichtungsstelle für Verfahren bei Miete und nichtlandwirtschaftlicher Pacht mit Sitz in Herisau. Die Mitglieder werden vom Kantonsrat gewählt (Art. 5 ff. JG).

3. Sachwalter/Rechtsagenten

Die Verwalter von Liegenschaften bzw. Verpächter können die Vermieter vor Gericht vertreten. Spezifische Sachwalter bzw. Rechtsagenten zur Vertretung der Mieter sind nicht vorgesehen (Art. 3 Abs. 1 lit. c des Anwaltsgesetzes).

4. Gerichte

a) Mietgericht

Der Kanton Appenzell Ausserrhoden kennt keine Mietgerichte.

b) Erste Instanz

Das Kantonsgericht entscheidet unter Vorbehalt der Befugnisse der Einzelrichter und Einzelrichterinnen als erste Instanz in Zivilsachen. Im ordentlichen Verfahren entscheidet das Kantonsgericht in Fünferbesetzung. Die Einzelrichterin oder der Einzelrichter entscheiden alle nach der ZPO im vereinfachten Verfahren zu erledigenden Streitigkeiten (Art. 13 ff. JG).

d) Zweite Instanz

Das Obergericht entscheidet, soweit das Gesetz nichts anderes vorsieht, in Fünferbesetzung. Der Einzelrichter oder die Einzelrichterin des Obergerichtes ist Berufungs- und Beschwerdeinstanz gegenüber dem Einzelrichter oder der Einzelrichterin des Kantonsgerichtes. Der Einzelrichter oder die Einzelrichterin des Obergerichtes entscheidet über Beschwerden und Klagen in vermögensrechtlichen Streitigkeiten bis zu einem Streitwert 15 000 Franken (Art. 24 ff. JG).

5. *Mediation*

Die unentgeltliche Mediation kann nicht nur in kindesrechtlichen Angelegenheiten nicht vermögensrechtlicher Art, sondern auch in anderen Angelegenheiten beantragt werden. Hierfür haben die Parteien einen gemeinsamen Antrag beim mit dem Verfahren befassten Gericht einzureichen (Art. 66 JG).

6. *Unentgeltliche Rechtspflege*

Zuständig für deren Gewährung ist die jeweilige Verfahrensleitung (Art. 62 JG).

BE – Bern

1. Gesetzliche Grundlagen

Gesetz über die Organisation der Gerichtsbehörden und der Staatsanwaltschaft vom 11.6.2009 (GSOG; BSG 161.1)
Einführungsgesetz zur Zivilprozessordnung, zur Strafprozessordnung und zur Jugendstrafprozessordnung vom 11.6.2009 (EG ZSJ; BSG 271.1)

2. Schlichtungsbehörde

a) Ordentliche Schlichtungsbehörde

Die regionalen Schlichtungsbehörden führen die Schlichtungsversuche gemäss Art. 197 ff. ZPO durch. Die Schlichtungsbehörde führt ihre Verfahren grundsätzlich in Einerbesetzung durch. Gerichtspräsidentinnen und -präsidenten amten als Schlichtungsrichter (Art. 88 Abs. 1 GSOG).

b) In Miet- und Pachtsachen

Bei Streitigkeiten aus Miete und Pacht von Wohn- und Geschäftsräumen besteht die Schlichtungsbehörde aus einer oder einem Vorsitzenden sowie aus jeweils einer Vertreterin oder einem Vertreter der Mieter- und Vermieterseite oder der Pächter- und Verpächterseite (Art. 88 Abs. 3 GSOG).

3. Sachwalter/Rechtsagenten

Spezifische Sachwalter oder Rechtsagenten werden nicht zur Parteienvertretung (im Schlichtungsverfahren) zugelassen.

4. Gerichte

a) Mietgericht

Der Kanton Bern kennt keine Mietgerichte.

b) Erste Instanz

Erste kantonale Instanz ist das Regionalgericht. Der Kanton ist in vier Gerichtsregionen aufgeteilt. Das Regionalgericht urteilt in Mietsachen als Einzelgericht (Art. 81 GSOG).

c) Zweite Instanz/Handelsgericht

Das Obergericht ist die oberste kantonale rechtsprechende Behörde in Zivilsachen. Es hat seinen Sitz in Bern. Das Handelsgericht gehört der Zivilabteilung an. Das Handelsgericht ist als einzige kantonale Instanz zur Beurteilung der Streitigkeiten gemäss Art. 5 Abs. 1 lit. a–d, g und h sowie Art. 6 Abs. 1 ZPO zuständig (Art. 35 GSOG, Art. 7 EG ZSJ).

5. Mediation

Ausser für Mediationen in kindesrechtlichen Angelegenheiten nicht vermögensrechtlicher Art sind im Kanton Bern bei der Mediation keine Kostenerleichterungen vorgesehen.

6. Unentgeltliche Rechtspflege

In Angelegenheiten, in denen die ZPO ein Schlichtungsverfahren vorsieht, kann die unentgeltliche Rechtspflege für das Schlichtungsverfahren und das erstinstanzliche Gerichtsverfahren gesamthaft beantragt und bewilligt werden. Die regionale Schlichtungsbehörde ist in diesen Fällen auch vor Eintritt der Rechtshängigkeit zuständig für die Gewährung der unentgeltlichen Rechtspflege (Art. 13 EG ZSJ).

BL – Basel-Landschaft

1. Gesetzliche Grundlagen

Gesetz über die Organisation der Gerichte vom 22.2.2001 (Gerichtsorganisationsgesetz, GOG; SGS 170)
Einführungsgesetz zur Schweizerischen Zivilprozessordnung vom 23.9.2010 (EG ZPO; SGS 221)

2. *Schlichtungsbehörde*

a) Ordentliche Schlichtungsbehörde

Zuständig für Schlichtungsversuche sind die Friedensrichterinnen und Friedensrichter im ordentlichen und im vereinfachten Verfahren. Der Kanton ist in 15 Friedensrichterkreise eingeteilt (§ 18 GOG, § 2 Abs. 1 lit. a EG ZPO).

b) In Miet- und Pachtsachen

Bei Streitigkeiten aus Miete und Pacht von unbeweglichen Sachen ist die Schlichtungsstelle für Mietangelegenheiten mit Sitz in Liestal zuständig (§ 2 Abs. 1 lit. d EG ZPO).

3. *Sachwalter/Rechtsagenten*

Es sind keine spezifischen Sachwalter oder Rechtsagenten als Parteivertreter in Verfahren bei mietrechtlichen Streitigkeiten vorgesehen.

4. *Gerichte*

a) Mietgericht

Der Kanton Basel-Landschaft kennt keine Mietgerichte.

b) Erste Instanz

Erste Instanz sind die Zivilkreisgerichte (Zivilgerichtskreis Basel-Landschaft Ost, Zivilgerichtskreis Basel-Landschaft West). Die Zivilkreisgerichtspräsidien beurteilen alle Fälle, für die das vereinfachte oder das summarische Verfahren zur Anwendung gelangt. Die Dreierkammern der Zivilkreisgerichte beurteilen alle Fälle, die nicht in die Zuständigkeit der Zivilkreisgerichtspräsidien oder in die Zuständigkeit des Kantonsgerichts, Abteilung Zivilrecht, als einziger kantonaler Instanz fallen (§§ 3 und 4 EG ZPO).

c) Zweite Instanz

Zweite kantonale Instanz ist das Kantonsgericht. Das Präsidium der Abteilung Zivilrecht des Kantonsgerichts beurteilt Berufungen gegen Entscheide der Präsidien der Zivilkreisgerichte, die im summarischen Verfahren ergangen sind, und Beschwerden gegen Entscheide der Friedensrichterinnen und Friedensrichter und der Präsidien der Zivilkreisgerichte. Die Dreierkammer der Abteilung Zivilrecht des Kantonsgerichts beurteilt Berufungen gegen Entscheide der Präsidien der Zivilkreisgerichte, sofern diese nicht in die Zuständigkeit des Präsidiums fallen, Berufungen gegen Entscheide der Dreierkammern der Zivilkreisgerichte, Beschwerden gegen Entscheide der Dreierkammern der Zivilkreisgerichte und Beschwerden gegen Entscheide des Präsidiums der Abteilung Zivilrecht des Kantonsgerichts betreffend unentgeltliche Rechtspflege vor zweiter Instanz (§§ 5 und 6 EG ZPO).

5. *Mediation*

Das Einführungsgesetz zur Zivilprozessordnung sagt nichts über das Verfahren einer Mediation bzw. die Voraussetzungen für die Bewilligung einer unentgeltlichen Mediation. Auch sonst gibt es – soweit ersichtlich – keine Regelungen bezüglich der Mediation.

6. *Unentgeltliche Rechtspflege*

Im Rahmen der Prozessleitung ist auf die Möglichkeit der Mediation hinzuweisen (§ 7 Abs. 3 EG ZPO).

BS – Basel-Stadt

1. *Gesetzliche Grundlagen*

Gesetz betreffend Wahl und Organisation der Gerichte sowie der Arbeitsverhältnisse des Gerichtspersonals und der Staatsanwaltschaft vom 27.6.1895 (Gerichtsorganisationsgesetz, GOG; SG 154.100)
Gesetz über die Einführung der Schweizerischen Zivilprozessordnung vom 13.10.2010 (EG ZPO; SG 221.100)

2. *Schlichtungsbehörde*

a) Ordentliche Schlichtungsbehörde

Es bestehen die Schlichtungsbehörden des Zivilgerichts, des Appellationsgerichts und des Sozialversicherungsgerichts. Als Schlichtungsbehörde des Zivilgerichts amten die Gerichtspräsidentinnen und Gerichtspräsidenten, die Statthalterinnen und Statthalter sowie die dafür gewählten Gerichtsschreiberinnen und Gerichtsschreiber des jeweiligen Gerichts (§ 8 EG ZPO).

b) In Miet- und Pachtsachen

Es besteht eine paritätische Schlichtungsbehörde (Art. 200 und 201 ZPO) als staatliche Schlichtungsstelle für Mietstreitigkeiten (§ 8 EG ZPO).

3. Sachwalter/Rechtsagenten

Eine Parteivertretung durch Sachwalter oder Rechtsagenten ist im Schlichtungsverfahren nicht vorgesehen.

4. Gerichte

a) Mietgericht

Es gibt kein Mietgericht im Kanton Basel-Stadt.

b) Erste Instanz

Erste Instanz des Kantons Basel-Stadt ist das Zivilgericht, bestehend aus den Kammern, dem Dreiergericht und den Einzelgerichten sowie dem Arbeitsgericht, wobei in summarischen und vereinfachten Verfahren Einzelrichter entscheiden (für Rechtsschutz in klaren Fällen [Art. 257 ZPO] bis einem Streitwert unter 10 000 Franken und unabhängig vom Streitwert in miet- und pachtrechtlichen Ausweisungsverfahren) und im ordentlichen Verfahren bei einem Streitwert über 30 000 Franken das Dreiergericht. Im ordentlichen Verfahren ab einem Streitwert von 100 000 Franken urteilt die Kammer des Zivilgerichts (§§ 2 und 9 EG ZPO).

c) Zweite Instanz

Zweite kantonale Instanz ist das Appellationsgericht. Das Appellationsgericht entscheidet als Rechtsmittelinstanz über Berufungen (Art. 308 ff. ZPO) und Beschwerden (Art. 319 ff. ZPO). Sofern in der ersten Instanz eine Kammer des Zivilgerichts geurteilt hat, so entscheidet die Kammer, in allen übrigen Fällen ein Ausschuss des Appellationsgerichts (§ 10 EG ZPO).

5. Mediation

Jedes Gericht erlässt ein Reglement für seine Schlichtungsbehörde. Diese Reglemente sehen insbesondere vor, dass die Parteien auf die Möglichkeit der Mediation durch darin ausgebildete Fachpersonen hingewiesen werden. Ausser in familienrechtlichen Angelegenheiten haben die Parten keinen Anspruch auf eine unentgeltliche Mediation, wenn ihnen die erforderlichen Mittel fehlen (§ 8a EG ZPO).

6. Unentgeltliche Rechtspflege

Für die Gewährung der unentgeltlichen Rechtspflege ist die jeweilige Instruktionsrichterin oder der jeweilige Instruktionsrichter zuständig.

FR – Freiburg

1. Gesetzliche Grundlagen

Justizgesetz vom 31.5.2010 (JG; SGF 130.1)

2. Schlichtungsbehörde

a) Ordentliche Schlichtungsbehörde

Schlichtungsbehörde im Sinne der Art. 197 ff. ZPO ist eine Präsidentin/ein Präsident des Bezirksgerichts (Art. 60 JG).

b) In Miet- und Pachtsachen

Für Streitigkeiten aus Miete und Pacht von Wohn- und Geschäftsräumen bestehen drei Schlichtungsbehörden: eine für den Saanebezirk, eine für den Sense- und Seebezirk und eine für den Greyerz-, den Glane-, den Broye- und den Vivisbachbezirk (Art. 61 Abs. 1 JG).

3. Sachwalter/Rechtsagenten

Vor der Schlichtungsbehörde in Mietsachen können sich die Parteien auch durch eine gemäss Abs. 1 beruflich qualifizierte Vertreterin oder einen beruflich qualifizierten Vertreter verbeiständen lassen; Art. 204 ZPO gilt für die Vertretung. Vor Mietgericht können sich die Parteien auch durch eine Eigentümer- oder Mietervertretung oder die Verwalterin oder den Verwalter des Mietgegenstands vertreten oder verbeiständen lassen (Art. 129 JG).

4. Gerichte

a) Mietgericht

Die Mietgerichtsbarkeit wird von drei Mietgerichten wahrgenommen. Das Mietgericht entscheidet erstinstanzlich über alle Streitigkeiten zwischen Vermietern und Mietern, Verpächtern und Pächtern sowie Mietern und Untermietern, allenfalls auch anderen am Vertrag Beteiligten, die aus einem Mietvertrag oder einem nichtlandwirtschaftlichen Pachtvertrag über eine im Kanton gelegene unbewegliche Sache und ihre Zugehör entstehen. Der Einzelrichter entscheidet über Streitigkeiten, deren Streitwert weniger als 8000 Franken beträgt, in den Fällen des summarischen Verfahrens und in Ausweisungsverfahren bei Mietverträgen und nichtlandwirtschaftlichen Pachtverträgen (Art. 34 und 56 JG).

b) Erste Instanz

Das Zivilgericht entscheidet erstinstanzlich über alle zivilrechtlichen Angelegenheiten, für die keine anderen Zuständigkeiten vorgesehen sind. Ein Einzelrichter entscheidet erstinstanzlich in zivilrechtlichen Angelegenheiten: in den Fällen des vereinfachten Verfahrens (Art. 243 ff. ZPO) sowie in den Fällen des summarischen Verfahrens (Art. 248 ff. ZPO), auch wenn in der Hauptsache das Zivilgericht zuständig ist (Art. 50 und 51 JG).

c) Zweite Instanz

Das Kantonsgericht ist die oberste Behörde in Zivil-, Straf- und Verwaltungssachen. Es hat seinen Sitz in Freiburg. Das Kantonsgericht entscheidet über Zivilsachen, die mit Beschwerde oder Berufung bei ihm angefochten werden können (Art. 35 JG).

5. *Mediation*

In allen Verfahren kann jederzeit eine Mediation durchgeführt werden. Die Kosten der Mediation werden nach Massgabe des anwendbaren Verfahrensgesetzes verteilt. War die Mediation erfolgreich, so kann dies bei der Festsetzung der Kosten berücksichtigt werden (Art. 125 JG).

6. *Unentgeltliche Rechtspflege*

Über den Anspruch auf unentgeltliche Rechtspflege entscheidet die mit der Hauptsache betraute Behörde oder die mit der Instruktion beauftragte Behörde (Art. 123 JG).

GE – Genf

1. *Gesetzliche Grundlagen*

Loi sur l'organisation judiciaire du 26 septembre 2010 (LOJ; rs/GE E 2 05)
Loi d'application du code civil suisse et d'autres lois fédérales en matière civil du 11 octobre 2012 (LaCC; rs/GE E 1 05)

2. *Schlichtungsbehörde*

a) Ordentliche Schlichtungsbehörde

Das erstinstanzliche Zivilgericht (Tribunal de première instance) ist Schlichtungsbehörde in Zivilsachen (Art. 86 Abs. 2 lit. b LOJ).

b) In Miet- und Pachtsachen

Es gibt im ganzen Kanton Genf eine Schlichtungsbehörde für Miet- und Pachtsachen. Sie ist zuständig für Streitigkeiten aus Miet- und Pachtverträgen.

3. *Sachwalter/Rechtsagenten*

Gemäss Art. 15 LaCC sind zur Parteienvertretung bei mietrechtlichen Streitigkeiten vor der Schlichtungsbehörde sowohl auch vor dem Mietgericht und dem Gericht zweiter Instanz beruflich qualifizierte Vertreter gemäss Art. 68 Abs. 2 lit. d ZPO zugelassen.

4. *Gerichte*

a) Mietgericht

Im Kanton Genf gibt es ein spezielles Mietgericht, das «Tribunal des baux et loyers» (Art. 88 ff. LOJ). Es ist zuständig für Streitigkeiten aus Miet- und Pachtverträgen.

b) Erste Instanz

Erste kantonale Instanz ist das Zivilgericht («Tribunal civil»). Es behandelt alle nicht einem anderen Gericht zugewiesenen Streitigkeiten (Art. 1 lit. b LOJ).

c) Zweite Instanz

Zweite kantonale Instanz ist der «Cour de justice» (Appellationshof). Eine spezielle Kammer, «la chambre des baux et loyers», behandelt Berufungen und Beschwerden gegen Urteile des Mietgerichtes (Art. 121 LOJ).

5. *Mediation*

In den Art. 66–75 LOJ ist die Mediation ausführlich geregelt. Unter anderem brauchen die Mediatoren für die Ausführung ihrer Tätigkeit eine Genehmigung des Regierungsrates (Art. 66 LOJ). Zusätzlich wurde eine sog. «commission de préavis» geschaffen; an diese müssen sich angehende Mediatoren wenden, wenn sie eine Genehmigung des Regierungsrates bekommen möchten. Die Kommission stellt auch eine Liste der Mediatoren bereit und setzt Regeln über den Berufsethos der Mediatoren (Art. 68 LOJ).

6. *Unentgeltliche Rechtspflege*

Der Vorsitzende der Behörde (Gericht oder Schlichtungsbehörde) ist zuständig zur Erteilung der unentgeltlichen Rechtspflege.

GL – Glarus

1. Gesetzliche Grundlagen

Gesetz über die Gerichtsorganisation des Kantons Glarus vom 6.5.1990 (Gerichtsorganisationsgesetz, GOG; GS III A/2)
Einführungsgesetz zur Schweizerischen Zivilprozessordnung vom 2.5.2010 (EG ZPO; GS III C/1)

2. Schlichtungsbehörde

a) Ordentliche Schlichtungsbehörde

In jeder Gemeinde besteht ein Vermittleramt (Art. 4 Abs. 1 GOG). Das Vermittleramt führt alle Schlichtungsverfahren durch, welche dieses Gesetz nicht einer anderen Schlichtungsbehörde zuweist (Art. 10 EG ZPO).

b) In Miet- und Pachtsachen

Die kantonale Schlichtungsbehörde für Mietverhältnisse führt bei Streitigkeiten aus Miete und Pacht das Schlichtungsverfahren nach den Art. 197 ff. ZPO durch (Art. 8 EG ZPO).

3. Sachwalter/Rechtsagenten

Im summarischen Verfahren nach Art. 251 ZPO können sich die Parteien durch eine handlungsfähige natürliche Person ohne Zulassung zum Anwaltsberuf oder durch eine juristische Person vertreten lassen. In miet-, pacht- und arbeitsrechtlichen Streitigkeiten können sich die Parteien im vereinfachten Verfahren durch eine Person mit Funktion in einem Fachverband vertreten lassen (Art. 15 EG ZPO).

4. Gerichte

a) Mietgericht

Der Kanton Glarus kennt keine Mietgerichte.

b) Erste Instanz

Das Kantonsgericht ist die erste Instanz für Verfahren bei mietrechtlichen Streitigkeiten bzw. in summarischen und vereinfachten Verfahren ein Einzelrichter oder das Kantonsgerichtspräsidium (Art. 14 GOG).

c) Zweite Instanz

Zweite kantonale Instanz ist das Obergericht (Art. 16 GOG). Es ist Rechtsmittelinstanz in Zivilsachen für die Behandlung von Berufungen nach den Art. 308 ff. ZPO in der Besetzung mit dem Präsidenten und vier Richtern sowie Beschwerden nach den Art. 319 ff. ZPO in der Besetzung mit dem Präsidenten und zwei Richtern. Der Präsident des Obergerichtes ist als Einzelrichter zuständig für den Rechtsschutz in Zivilsachen bei klaren Fällen nach Art. 257 ZPO im Zuständigkeitsbereich des Obergerichts (Art. 16 GOG).

5. *Mediation*

Nur in kindesrechtlichen Angelegenheiten kann ein Gesuch um unentgeltliche Mediation gestellt werden (Art. 14 EG ZPO).

6. *Unentgeltliche Rechtspflege*

Über die Gewährung der unentgeltlichen Rechtspflege entscheidet das Präsidium der Schlichtungsbehörde (Art. 13 Abs. 3 EG ZPO).

GR – Graubünden

1. *Gesetzliche Grundlagen*

Gerichtsorganisationsgesetz vom 16.6.2010 (GOG; BR 173.000)
Einführungsgesetz zur Schweizerischen Zivilprozessordnung vom 16.6.2010 (EGzZPO; BR 320.100)

2. *Schlichtungsbehörde*

a) Ordentliche Schlichtungsbehörde

Als Schlichtungsbehörde besteht in jedem Bezirk ein Vermittleramt. Die Aufgaben der Schlichtungsbehörde gemäss ZPO obliegen dem Vermittleramt, soweit nicht eine andere Schlichtungsbehörde zuständig ist (Art. 45 GOG, Art. 3 Abs. 1 lit. a EGzZPO).

b) In Miet- und Pachtsachen

Für Streitigkeiten aus Miete und Pacht von Wohn- und Geschäftsräumen besteht in jedem Bezirk eine Schlichtungsbehörde. Die Aufgaben der Schlichtungsbehörde gemäss ZPO obliegen der Schlichtungsbehörde für Mietsachen bei Streitigkeiten aus Miete und Pacht von Wohn- und Geschäftsräumen (Art. 51 GOG, Art. 3 Abs. 1 lit. b EGzZPO).

3. Sachwalter/Rechtsagenten

Die Vertretung durch eine handlungsfähige, nicht im Anwaltsregister eingetragene oder Freizügigkeit nach dem BGFA geniessende Person ist auf begründetes Gesuch im Einzelfall mit Genehmigung der oder des Vorsitzenden möglich in miet- und arbeitsrechtlichen Streitigkeiten durch beruflich qualifizierte Personen (Art. 11 EGzZPO).

4. Gerichte

a) Mietgericht

Der Kanton Graubünden kennt keine Mietgerichte.

b) Erste Instanz

Das Bezirksgericht amtet als erstinstanzliches Zivilgericht, soweit nicht die Einzelrichterin oder der Einzelrichter zuständig ist. Es entscheidet in Fünferbesetzung in Angelegenheiten, für die das ordentliche Verfahren gilt, wenn der Streitwert für die Beschwerde in Zivilsachen an das Bundesgericht erreicht ist. In den anderen Fällen entscheidet das Bezirksgericht in Dreierbesetzung (Art. 4 ff. EGzZPO).

c) Zweite Instanz

Das Kantonsgericht beurteilt als Rechtsmittelinstanz zivilrechtliche Berufungen und Beschwerden. Es entscheidet in einzelrichterlicher Kompetenz, wenn der Streitwert 5000 Franken nicht überschreitet (Art. 7 EGzZPO).

5. Mediation

Ein Gesuch für unentgeltliche Mediation (für alle Rechtsgebiete) kann gestellt werden, wenn die Parteien nicht über die erforderlichen Mittel verfügen, ihr Rechtsbegehren oder die Mediation nicht aussichtslos erscheinen und sie durch eine anerkannte Mediatorin durchgeführt wird (Art. 12 Abs. 5 EGzZPO).

6. Unentgeltliche Rechtspflege

Vor Einreichung der Klage beim Gericht entscheidet die oder der Vorsitzende des erstinstanzlichen Gerichts über Gesuche um unentgeltliche Rechtspflege (Art. 12 Abs. 1 EGzZPO).

JU – Jura

1. Gesetzliche Grundlagen

Loi d'organisation judiciaire du 23 février 2000 (LOJ; RSJU 181.1)
Loi d'introduction du Code de procédure civile suisse du 16 juin 2010 (LiCPC; RSJU 271.1)
Loi instituant le Tribunal des baux à loyer et à ferme du 30 juin 1983 (TBF; RSJU 182.35)

2. Schlichtungsbehörde

a) Ordentliche Schlichtungsbehörde

Der erstinstanzliche Zivilrichter ist Schlichtungsrichter (Art. 6 Abs. 2 LiCPC).

b) In Miet- und Pachtsachen

Jede Gemeinde muss eine paritätische Schlichtungsbehörde haben. Die Gemeinden können sich zusammenschliessen (Art. 14 TBF).

3. Sachwalter/Rechtsagenten

Vor dem Mietgericht sind Repräsentanten der lokalen, regionalen oder kantonalen Mieter- oder Vermieterverbänden zur berufsmässigen Parteienvertretung zugelassen. Diese müssen sich aber vorgängig in einer Liste des Mietgerichtes einschreiben (Art. 32 Abs. 2 lit. b TBF).

4. Gerichte

a) Mietgericht

Im Kanton Jura gibt es ein spezielles Mietgericht, «le Tribunal des baux à loyer et à ferme» (Art. 7 LiCPC, Art. 1 TBF). Streitsachen bis zu einem Streitwert von 10 000 Franken unterstehen der Einzelrichterkompetenz. Bei einem Streitwert über 10 000 Franken urteilt das Kollegialgericht (Art. 29 und 30 TBF).

b) Erste Instanz

Erste Instanz ist der Zivilrichter (Art. 32 LOJ). Er ist für alle Streitigkeiten zuständig, die nicht einem anderen Gericht zugewiesen werden (Art. 6 Abs. 1 LiCPC).

c)   Zweite Instanz

Zweite Instanz ist das Kantonsgericht («le Tribunal cantonal»). Es tagt üblicherweise in Dreierbesetzung (Art. 15 ff. LOJ).

5.   Mediation

Die Kosten der Mediation sind gewöhnlich dem Kanton aufzuerlegen. Ausnahmsweise kann das Mietgericht die Kosten teilweise oder ganz einer Partei überwälzen, namentlich bei mutwilliger Prozessführung (Art. 11 LiCPC).

6.   Unentgeltliche Rechtspflege

Die unentgeltliche Rechtspflege wird von der jeweiligen Gerichtsleitung bzw. Schlichtungsstellenleitung angeordnet.

LU – Luzern

1.   Gesetzliche Grundlagen

Gesetz über die Organisation der Gerichte und Behörden in Zivil-, Straf- und verwaltungsgerichtlichen Verfahren vom 10.5.2010 (Justizgesetz, JusG; SRL 260) Kantonsratsbeschluss über die Sitze der Gerichte und Schlichtungsbehörden und die Einteilung des Kantons in Gerichtsbezirke vom 10.5.2010 (SRL 261)

2.   Schlichtungsbehörde

a)   Ordentliche Schlichtungsbehörde

Schlichtungsbehörden sind die Friedensrichterinnen und -richter (§ 3 JusG). Die Friedensrichterinnen und -richter haben ihren Sitz in Luzern, Kriens, Hochdorf und Willisau.

b)   In Miet- und Pachtsachen

In Mietsachen gibt es eine kantonale Schlichtungsbehörde (§ 3 JusG). Die Schlichtungsbehörde Miete und Pacht hat ihren Sitz in Luzern. Die paritätische Schlichtungsbehörde gibt sich eine Geschäftsordnung (§ 44 Abs. 1 JusG).

3.   Sachwalter/Rechtsagenten

Zur Parteivertretung in mietrechtlichen Streitigkeiten (Art. 68 Abs. 2d ZPO) sind Liegenschaftsverwaltungen für Vermieterinnen und Vermieter, sofern sie zum Abschluss eines Vergleichs ermächtigt sind, Verbandsvertreterinnen und -vertreter berechtigt (§ 83 JusG).

4. *Gerichte*

a) Mietgericht

Der Kanton Luzern kennt keine Mietgerichte.

b) Erste Instanz

In Zivilverfahren zuständig sind die Bezirksgerichte. Der Kanton besteht aus den vier Gerichtsbezirken Luzern, Kriens, Hochdorf und Willisau, mit je einem Bezirksgericht. Das Gericht entscheidet in Dreierbesetzung und ist zuständig im ordentlichen Verfahren und im vereinfachten Verfahren nach Art. 243 Abs. 2a, c, e und f ZPO bei vermögensrechtlichen Streitigkeiten über 30 000 Franken und bei Streitigkeiten, deren Streitwert nach der Natur der Sache nicht geschätzt werden kann (§ 34 JusG).

c) Zweite Instanz

Das Kantonsgericht ist die oberste richterliche Behörde des Kantons in Zivil-, Straf- und Verwaltungssachen (§ 14 JusG) und ist u.a. zuständig für Berufungen und Beschwerden. Der Einzelrichter oder die Einzelrichterin entscheidet in Zivil- und in Vollstreckungssachen über Rechtsmittel und Klagen, wenn der Streitwert weniger als 10 000 Franken beträgt (§ 18*a* Abs. 1 JusG).

5. *Mediation*

Gemäss § 36 Abs. 2 lit. f JusG entscheidet die Verfahrensleitung über die Kostenbefreiung bei Mediationen in kindesrechtlichen Angelegenheiten, was den Schluss zulässt, dass nur Kostenbefreiungen in diesen Belangen möglich sind.

6. *Unentgeltliche Rechtspflege*

Der Einzelrichter oder die Einzelrichterin ist in Zivilverfahren zuständig für die Vermittlung, sofern mit dem Begehren um Vermittlung ein Begehren um unentgeltliche Rechtspflege gestellt wird (§ 35 JusG).

NE – Neuenburg

1. *Gesetzliche Grundlagen*

Loi d'organisation judiciaire neuchâteloise du 27 janvier 2010 (OJN; RSN 161.1)
Loi d'introduction du code de procédure civile du 27 janvier 2010 (LI-CPC; RSN 251.1)

2. Schlichtungsbehörde

a) Ordentliche Schlichtungsbehörde

Innerhalb des «Tribunal d'instance» existiert eine sog. «Chambre de conciliation du tribunal d'instance», welche für jegliche Schlichtungsversuche zuständig ist. Sie tagt in Einerbesetzung (Art. 7 lit. a und Art. 12 OJN).

b) In Miet- und Pachtsachen

Für Miet- und Pachtverhältnisse gilt für die «Chambre de conciliation du tribunal d'instance» die Parität (Art. 12 Abs. 2 OJN).

3. Sachwalter/Rechtsagenten

Gemäss Art. 7 des Loi d'introduction du code des obligations können bei Streitigkeiten bezüglich Mietverträge auch Vertreter von Vermieter- oder Mieterverbänden die Parteien vertreten; dies sowohl vor der Schlichtungsbehörde sowie vor den Gerichten im vereinfachten oder summarischen Verfahren.

4. Gerichte

a) Mietgericht

Der Kanton Neuenburg kennt keine Mietgerichte.

b) Erste Instanz

Erste Instanz ist das «Tribunal d'instance» (Art. 6 OJN). Es tagt in Einerbesetzung.

c) Zweite Instanz

Zweite Instanz ist das Kantonsgericht («Tribunal cantonal») mit Sitz in Neuenburg (Art. 33 ff. OJN).

5. Mediation

Art. 14 OJN besagt, dass die Schlichtungsbehörde auf die Möglichkeit der Mediation zu verweisen hat.

6. Unentgeltliche Rechtspflege

Die unentgeltliche Rechtspflege wird vom jeweiligen Instruktionsrichter gewährt (Art. 12 LI-CPC).

NW – Nidwalden

1. Gesetzliche Grundlagen

Gesetz über die Gerichte und die Justizbehörden vom 9.6.2010 (Gerichtsgesetz, GerG; NG 261.1)

2. Schlichtungsbehörde

a) Ordentliche Schlichtungsbehörde

Für den Kanton besteht eine Schlichtungsbehörde. Die Schlichtungsbehörde tagt in Einerbesetzung.

b) In Miet- und Pachtsachen

Bei Streitigkeiten aus Miete und Pacht von Wohn- und Geschäftsräumen wird sie ergänzt mit je einer Vertreterin oder einem Vertreter der Vermieter- und Mieterseite.

3. Sachwalter/Rechtsagenten

Die vertragliche Vertretung von Parteien vor den Gerichten und den Strafuntersuchungsbehörden richtet sich nach den Bestimmungen des kantonalen Anwaltsgesetzes (Art. 70 GerG).

4. Gerichte

a) Mietgericht

Der Kanton Nidwalden kennt keine Mietgerichte.

b) Erste Instanz

Erste Instanz ist das Kantonsgericht (Art. 3 Abs. 1 Ziff. 1 GerG). Das Kantonsgericht entscheidet in Dreierbesetzung als Kollegialgericht. Das Kantonsgericht entscheidet als Einzelgericht erstinstanzlich über Streitigkeiten des vereinfachten Verfahrens gemäss Art. 243 Abs. 2 ZPO, die nicht einer anderen Instanz zugewiesen sind, und in Angelegenheiten und Streitigkeiten des summarischen Verfahrens (Art. 12 GerG).

c) Zweite Instanz

Das Obergericht ist das oberste Gericht in Zivil- und Strafsachen (Art. 20 GerG). Das Obergericht entscheidet als Einzelgericht, soweit das Gesetz diesem Geschäfte zuweist, in Dreierbesetzung, soweit gesetzlich nicht eine andere Besetzung vorgeschrieben ist, in Fünferbesetzung als einzige Instanz in Zivilsachen und als Berufungsinstanz gegen Entscheide des Kantonsgerichts als Kollegialgericht (Art. 22 GerG).

5. Mediation

Im Gerichtsorganisationsgesetz wird die Mediation mit keinem Wort erwähnt. Auch sonst findet sich keine Regelung diesbezüglich.

6. Unentgeltliche Rechtspflege

Über die unentgeltliche Rechtspflege, die Verfahrensabschreibung, Beweisabnahmen, genehmigungsbedürftige Vereinbarungen und die Erstattung von Vernehmlassungen kann präsidial entschieden werden (Art. 71 Abs. 2 GerG).

OW – Obwalden

1. Gesetzliche Grundlagen

Gesetz über die Gerichtsorganisation vom 22.9.1996 (GOG; GDB 134.1)

2. Schlichtungsbehörde

a) Ordentliche Schlichtungsbehörde

Die Schlichtungsbehörde besteht aus dem Präsidium und dem Vizepräsidium und mindestens sechs Mitgliedern. Die Besetzung der Schlichtungsbehörde legt im Einzelfall das Präsidium und im Rahmen der ihm zugewiesenen Fälle das Vizepräsidium fest. Das Präsidium oder das Vizepräsidium kann allein amten (Art. 6 Abs. 1 und 3 GOG).

b) In Miet- und Pachtsachen

In den Fällen nach Art. 200 ZPO amtet die Schlichtungsbehörde mit dem Präsidium oder dem Vizepräsidium und zwei Mitgliedern gemäss der geforderten Parität (Art. 6 Abs. 3 GOG).

3. Sachwalter/Rechtsagenten

Die Parteivertretung ist den Anwältinnen und Anwälten vorbehalten.

4. Gerichte

a) Mietgericht

Der Kanton Obwalden kennt keine Mietgerichte.

b) Erste Instanz

Das Kantonsgericht ist zuständig als erste Instanz für die Zivilstreitigkeiten, die nicht dem Kantonsgerichtspräsidium oder dem Obergericht zugewiesen sind. Das Kantonsgerichtspräsidium ist zuständig für alle erstinstanzlichen Entscheide und Verfügungen im vereinfachten Verfahren und für alle erstinstanzlichen Entscheide und Verfügungen im summarischen Verfahren (Art. 34 und 35 GOG).

c) Zweite Instanz

Das Obergericht ist die oberste Gerichtsbehörde des Kantons. Es besteht aus dem Präsidium (der Präsidentin oder dem Präsidenten) und neun Mitgliedern. Es tagt in Dreierbesetzung, in besonderen Fällen in Fünferbesetzung (Art. 1 GOG).

5. *Mediation*

Es gibt neben den kindes- bzw. familienrechtlichen Streitigkeiten nicht vermögensrechtlicher Natur keine weiteren Ausnahmen für die Gewährung der unentgeltlichen Mediation.

6. *Unentgeltliche Rechtspflege*

Über die Gewährung der unentgeltlichen Rechtspflege entscheidet vor Eintritt der Rechtshängigkeit das Präsidium des für die Rechtssache zuständigen Gerichtes bzw. das Präsidium der Schlichtungsbehörde. Auch in hängigen Verfahren entscheidet das Präsidium der befassten Schlichtungsbehörde (Art. 26 GOG).

SG – St. Gallen

1. *Gesetzliche Grundlagen*

Gerichtsgesetz vom 2.4.1987 (GerG; sGS 941.1)
Einführungsgesetz zur Schweizerischen Zivilprozessordnung vom 15.6.2010 (EG ZPO; sGS 961.2)
Verordnung über die Schlichtungsbehörden vom 14.11.2008 (sGS 941.112)

2. *Schlichtungsbehörde*

a) Ordentliche Schlichtungsbehörde

Die Vermittlerin oder der Vermittler führt den Schlichtungsversuch durch, soweit das Bundesrecht und dieser Erlass keine Ausnahme vorsehen (Art. 2 EG ZPO). Das Kreisgericht teilt den Gerichtskreis in höchstens vier Vermittlungskreise ein.

b) In Miet- und Pachtsachen

Die Schlichtungsstelle für Miet- und Pachtverhältnisse ist Schlichtungsbehörde in Streitigkeiten aus Miete und Pacht von Wohn- und Geschäftsräumen sowie aus landwirtschaftlicher Pacht. Jeder Gerichtskreis hat eine Schlichtungsbehörde (Art. 3 EG ZPO).

3. *Sachwalter/Rechtsagenten*

Der Rechtsagent mit Bewilligung zur Berufsausübung ist zugelassen als Vertreter im Zivilprozess vor dem Einzelrichter des Kreisgerichtes in vermögensrechtlichen Streitigkeiten des vereinfachten Verfahrens und im summarischen Verfahren, einschliesslich zugehörige Schlichtungs- und Rechtsmittelverfahren (Art. 11 AnwG).

4. *Gerichte*

a) Mietgericht

Der Kanton St. Gallen kennt keine Mietgerichte.

b) Erste Instanz

Das Kreisgericht entscheidet, soweit nichts anderes bestimmt wird (Art. 8 EG ZPO). Die Einzelrichterin oder der Einzelrichter des Kreisgerichtes entscheidet, soweit dieser Erlass nichts anderes bestimmt, im summarischen Verfahren im vereinfachten Verfahren (Art. 6 EG ZPO).

c) Zweite Instanz/Handelsgericht

Das Handelsgericht entscheidet über handelsrechtliche Streitigkeiten (Art. 10 EG ZPO).
Das Kantonsgericht entscheidet über Berufungen, soweit nichts anderes bestimmt wird (Art. 16 EG ZPO). Die Einzelrichterin oder der Einzelrichter des Kantonsgerichtes entscheidet über den Rechtsschutz in klaren Fällen, über Berufungen gegen Entscheide im summarischen Verfahren und über Beschwerden (Art. 12 und 15 EG ZPO).

5. *Mediation*

Das Einführungsgesetz zur Zivilprozessordnung erwähnt nur die unentgeltliche Mediation im Zusammenhang mit familienrechtlichen Streitigkeiten (Art. 7 lit. d EG ZPO).

6. *Unentgeltliche Rechtspflege*

Das zuständige Gericht bezeichnet eine verfahrensleitende Richterin oder einen verfahrensleitenden Richter. Sie oder er entscheidet über die unentgeltliche Rechtspflege (Art. 17 EG ZPO).

SH – Schaffhausen

1. *Gesetzliche Grundlagen*

Justizgesetz vom 9.11.2009 (JG; SHR 173.200)

2. *Schlichtungsbehörde*

a) Ordentliche Schlichtungsbehörde

Das Friedensrichteramt ist die zuständige Schlichtungsbehörde für die Gemeinden des jeweiligen Kreises bei streitigen Zivilsachen, soweit hierfür nicht eine besondere Schlichtungsbehörde besteht. Der Kanton Schaffhausen besteht aus höchstens vier Friedensrichterkreisen mit je einem Friedensrichteramt (Art. 9 JG).

b) In Miet- und Pachtsachen

Die Schlichtungsstelle für Mietsachen ist die für den ganzen Kanton zuständige Schlichtungsbehörde bei Streitigkeiten aus Miete und Pacht von Wohn- und Geschäftsräumen (Art. 10 JG).

3. *Sachwalter/Rechtsagenten*

In miet- und arbeitsrechtlichen Angelegenheiten sind Berufs- und Arbeitersekretärinnen oder -sekretäre sowie Personen in ähnlicher Stellung zur berufsmässigen Prozessvertretung von Unselbständigerwerbenden bzw. von Mieterinnen oder Mietern befugt. In mietrechtlichen Angelegenheiten sind Liegenschaftsverwalterinnen oder -verwalter zur berufsmässigen Prozessvertretung von Vermieterinnen oder Vermietern befugt (Art. 68 JG).

4. *Gerichte*

a) Mietgericht

Der Kanton Schaffhausen kennt keine Mietgerichte.

b) Erste Instanz

Das Kantonsgericht behandelt als erste Instanz zivilrechtliche Angelegenheiten, soweit nicht das Obergericht als einzige kantonale Instanz zuständig ist (Art. 28 JG). Das Kantonsgericht beurteilt durch Einzelrichterinnen oder Einzelrichter Fälle, die im vereinfachten und im summarischen Verfahren zu behandeln sind. Die übrigen Zivilfälle beurteilt das Kantonsgericht in Kammern (Art. 29 JG).

c) Zweite Instanz

Das Obergericht ist Berufungs- und Beschwerdeinstanz in der Zivilrechtspflege. Das Obergericht spricht Recht in Kammern mit Dreierbesetzung sowie durch Einzelrichterinnen und Einzelrichter. Im summarischen Verfahren werden die Rechtsmittel von einer Einzelrichterin oder einem Einzelrichter behandelt. Jede Partei kann die Behandlung durch eine Kammer verlangen (Art. 30 und 40 JG).

5. *Mediation*

Im Justizgesetz wird die Mediation mit keinem Wort erwähnt. Auch sonst findet sich diesbezüglich keine Regelung.

6. *Unentgeltliche Rechtspflege*

Der Vorsitzende oder der Instruktionsrichter eines Gerichts oder einer Kammer entscheidet bei einer hängigen Sache über die unentgeltliche Rechtspflege (Art. 53 JG).

SO – Solothurn

1. *Gesetzliche Grundlagen*

Gesetz über die Gerichtsorganisation vom 13.3.1977 (GO; BGS 125.12)
Einführungsgesetz zur Schweizerischen Zivilprozessordnung vom 10.3.2010 (EG ZPO; BGS 221.2)

2. *Schlichtungsbehörde*

a) Ordentliche Schlichtungsbehörde

In jeder Einwohnergemeinde wird ein Friedensrichter gewählt. Der Friedensrichter ist die zuständige Schlichtungsbehörde gemäss Art. 197 ZPO, sofern beide Parteien in derselben Gemeinde wohnen oder ihren Sitz haben (§§ 4 und 5 GO).

b) In Miet- und Pachtsachen

Für jede Amtei wird eine Schlichtungsbehörde für Miet- und Pachtverhältnisse bestellt. Diese besteht aus drei Mitgliedern (§ 34^{quinquies} GO). Die Schlichtungsbehörde ist bei Streitigkeiten aus Miete und Pacht von Wohn- und Geschäftsräumen sowie aus landwirtschaftlicher Pacht zuständig (§ 34^{sexies} GO).

3. *Sachwalter/Rechtsagenten*

Gemäss § 3 lit. c des Anwaltsgesetzes kann jede handlungsfähige Person in Streitigkeiten aus Miete unbeweglicher Sachen und aus Pacht Parteien im Schlichtungs- sowie auch Gerichtsverfahren vertreten.

4. *Gerichte*

a) Mietgericht

Der Kanton Solothurn kennt keine Mietgerichte.

b) Erste Instanz

Der Amtsgerichtspräsident ist in allen Streitigkeiten, die nicht ausdrücklich einer anderen Stelle zugewiesen sind, die Schlichtungsbehörde nach den Bestimmungen der ZPO. Er entscheidet als Einzelrichter in Zivilsachen, welche im vereinfachten Verfahren entschieden werden, und alle Rechtssachen des summarischen Verfahrens, unter Vorbehalt abweichender Zuständigkeitsvorschriften (§ 10 GO). Das Amtsgericht beurteilt als Zivilgericht in Dreierbesetzung alle Zivilsachen, für die kein anderes Gericht zuständig ist (§ 14 GO).

c) Zweite Instanz

Das Obergericht tagt als Gesamtgericht oder in Dreierbesetzung. Die Zivilkammer beurteilt durch Rechtsmittel weitergezogene Zivilsachen (§ 30 GO).

5. *Mediation*

Gemäss § 14 EG ZPO ist die unentgeltliche Mediation im Kanton Solothurn nur in kindesrechtlichen Angelegenheiten nicht vermögensrechtlicher Art vorgesehen.

6. *Unentgeltliche Rechtspflege*

In hängigen Verfahren entscheidet das befasste Gericht über die Gewährung und den Entzug der unentgeltlichen Rechtspflege. Vor Eintritt der Rechtshängigkeit entscheidet das Gericht, das in der Hauptsache zuständig wäre, über die Gewährung und den Entzug der unentgeltlichen Rechtspflege unter Vorbehalt abweichender gesetzlicher Bestimmungen. Ist zur Beurteilung eines Verfahrens eine Kollegialbehörde zuständig, entscheidet der Instruktionsrichter oder die Instruktionsrichterin. In Angelegenheiten, in welchen die ZPO ein Schlichtungsverfahren vorsieht, ist die entsprechende Schlichtungsbehörde für die Gewährung und den Entzug der unentgeltlichen Rechtspflege auch vor Eintritt der Rechtshängigkeit zuständig (§ 8 EG ZPO).

SZ – Schwyz

1. Gesetzliche Grundlagen

Justizgesetz vom 18.11.2009 (JG; SRSZ 231.110)
Einführungsgesetz zum Schweizerischen Obligationenrecht vom 25.10.1974 (EGzOR; SRSZ 217.110)

2. Schlichtungsbehörde

a) Ordentliche Schlichtungsbehörde

Die Vermittlerämter sind als Schlichtungsbehörden für alle Schlichtungsverfahren zuständig, die nicht einer anderen Behörde übertragen sind (§ 69 Abs. 1 JG).

b) In Miet- und Pachtsachen

Die Schlichtungsbehörden in Mietsachen sind für die gesetzlich vorgesehenen Mietverfahren zuständig (§ 69 Abs. 2 JG). Jeder Bezirk hat eine Schlichtungsbehörde. Mehrere Bezirke können durch öffentlich-rechtliche Vereinbarung eine gemeinsame Schlichtungsbehörde bilden (§ 10 EGzOR).

3. Sachwalter/Rechtsagenten

Gemäss § 2 des Anwaltsgesetzes können ausnahmsweise auch andere Personen als die im Anwaltsregister eingetragenen Personen die berufsmässige Parteivertretung übernehmen; jedoch lässt sich im Justizgesetz keine solche Ausnahme finden.

4. Gerichte

a) Mietgericht

Der Kanton Schwyz kennt keine Mietgerichte.

b) Erste Instanz

Die erstinstanzlichen Gerichte sind die Bezirksgerichte (§ 4 JG). Jeder Bezirk hat ein Bezirksgericht. Das Bezirksgericht behandelt seine Geschäfte nach Massgabe der gesetzlichen Bestimmungen als Gesamtgericht, in Kammern oder einzelrichterlich. Es beurteilt einzelrichterlich Miet-, Arbeits- und Konsumentensachen, die vereinfachten Verfahren und die summarischen Verfahren (§ 31 JG).

c) Zweite Instanz

Das oberste kantonale Gericht ist das Kantonsgericht (§ 4 JG). Es beurteilt Berufungen und Beschwerden in Zivil- und Schuldbetreibungssachen (§ 12 JG).

5. *Mediation*

Im Justizgesetz wird die Mediation mit keinem Wort erwähnt. Auch sonst findet sich keine Regelung diesbezüglich.

6. *Unentgeltliche Rechtspflege*

Der Präsident des Gerichts entscheidet über die unentgeltliche Rechtspflege (§ 40 Abs. 2 JG).

TG – Thurgau

1. *Gesetzliche Grundlagen*

Gesetz über die Zivil- und Strafrechtspflege vom 17.6.2009 (ZSRG; RB 271.1)
Verordnung des Obergerichts über die Zivil- und Strafrechtspflege vom 27.5.2010 (Zivil- und Strafrechtspflegeverordnung, ZSRV; RB 271.11)

2. *Schlichtungsbehörde*

a) Ordentliche Schlichtungsbehörde

Die Bezirke sind in Friedensrichterkreise eingeteilt. Jeder Kreis hat eine Friedensrichterin oder einen Friedensrichter. Soweit nicht besondere Schlichtungsbehörden bestehen, wirkt die Friedensrichterin oder der Friedensrichter als Schlichtungsbehörde gemäss den Bestimmungen der ZPO (§§ 5 und 16 ZSRG).

b) In Miet- und Pachtsachen

Die politischen Gemeinden bezeichnen eine Schlichtungsbehörde im Sinne von Art. 274a des Obligationenrechts (OR) und tragen deren Kosten. Mehrere Gemeinden innerhalb des Bezirks können sich zur Führung einer gemeinsamen Schlichtungsbehörde zusammenschliessen (§ 17 ZSRG).

3. *Sachwalter/Rechtsagenten*

Zur berufsmässigen Vertretung im Zivilprozess sind gemäss § 62 Abs. 1 der ZSRV keine patentierten Sachwalter sowie Rechtsagenten oder andere gewerbsmässige Vertreter zugelassen. Jedoch können sich die Parteien laut Abs. 2 desselben Artikels in mietrechtlichen Verfahren durch Mitarbeitende einer Institution mit weitgehend gemeinnütziger Ausrichtung vertreten lassen. Im Mietausweisungsverfahren ist die Vertretung zudem durch Liegenschaftsverwaltungen möglich.

4. *Gerichte*

a) Mietgericht

Der Kanton Thurgau kennt keine Mietgerichte.

b) Erste Instanz

Erste Instanz sind die Bezirksgerichte. Die Sitze der Bezirksgerichte befinden sich in Arbon, Frauenfeld, Kreuzlingen, Münchwilen und Weinfelden (§ 14 Abs. 2 ZSRG). In der Regel entscheiden die Bezirksgerichte in einer Dreierbesetzung. In Zivilsachen beurteilen die Einzelrichterinnen oder Einzelrichter alle nach der ZPO im vereinfachten Verfahren zu erledigenden Streitigkeiten und sämtliche Mietrechtsstreitigkeiten (§ 20 Abs. 2 ZSRG).

c) Zweite Instanz

Das Obergericht ist Berufungs-, Beschwerde- und Revisionsinstanz gemäss der Zivil- und der Strafprozessordnung. Das Obergericht tagt in Dreierbesetzung (§ 26 ZSRG).

5. *Mediation*

Weder im Gesetz über die Zivil- und Strafrechtspflege (ZSRG) noch in der entsprechenden Verordnung (ZSRV) ist die Mediation überhaupt erwähnt.

6. *Unentgeltliche Rechtspflege*

Ist für die Beurteilung ein Kollegialgericht zuständig, werden die prozessleitenden Anordnungen durch die Vorsitzende oder den Vorsitzenden getroffen. Die oder der Vorsitzende entscheidet insbesondere über die unentgeltliche Rechtspflege (§ 34 ZSRG).

TI – Tessin

1. *Gesetzliche Grundlagen*

Legge sull'organizzazione giudiziaria del 10 maggio 2006 (LOG; CAN 3.1.1.1)
Legge di applicazione del codice di diritto processuale civile svizzero del 24 giugno 2010 (LACPC; CAN 3.3.2.1)

2. *Schlichtungsbehörde*

a) Ordentliche Schlichtungsbehörde

In allen Bezirken amtet ein Friedensrichter («giudice di pace») als Schlichtungsbehörde. Über dessen Kompetenzen gibt Art. 31 LACPC Auskunft.

b) In Miet- und Pachtsachen

Für Miet- und Pachtverfahren gibt es elf paritätische Schlichtungsbehörden gemäss Art. 4 LACPC.

3. *Sachwalter/Rechtsagenten*

Gemäss Art. 12 Abs. 1 lit. a LACPC sind bei mietrechtlichen Streitigkeiten beruflich qualifizierte Vertreter von Fachverbänden, die betroffene Immobilienverwaltung sowie auch Treuhänder zur Parteienvertretung im vereinfachten und summarischen Verfahren zugelassen. Zusätzliche Voraussetzungen sind in Art. 12 Abs. 2 LACPC geregelt.

4. *Gerichte*

a) Mietgericht

Der Kanton Tessin kennt keine Mietgerichte.

b) Erste Instanz

Erste Instanz ist das Bezirksgericht («la pretura»). Die einzelnen Bezirksgerichte sind in Art. 32 LOG aufgezählt. In Einzelrichterkompetenz («il pretore») werden Streitigkeiten mit einem Streitwert über 5000 Franken sowie solche aus Miet- und Pachtverhältnissen entschieden (Art. 37 LOG).

c) Zweite Instanz

Zweite Instanz ist das Appellationsgericht («il Tribunale di appello»). Zuständig für Mietstreitigkeiten sind die Zivilkammern («la Sezione di diritto civile»; bestehend aus drei Mitgliedern, Art. 42 LOG).

5. Mediation

Im Einführungsgesetz zur eidgenössischen Zivilprozessordnung (LACPC) sowie in den damit zusammenhängenden Gesetzesänderungen ist die Mediation bei zivilrechtlichen Streitigkeiten mit keinem Wort erwähnt.

6. Unentgeltliche Rechtspflege

Die unentgeltliche Rechtspflege wird von der Instruktionsrichterin/dem Instruktionsrichter gewährt (Art. 37 Abs. 2 LOG).

UR – Uri

1. Gesetzliche Grundlagen

Gesetz über die Organisation der richterlichen Behörden vom 17.5.1992 (Gerichtsorganisationsgesetz, GOG; RB 2.3221)

2. Schlichtungsbehörde

a) Ordentliche Schlichtungsbehörde

Der Regierungsrat wählt eine zentrale Schlichtungsbehörde. Die Schlichtungsbehörde ist für sämtliche gesetzlich vorgeschriebenen Schlichtungsverfahren zuständig, soweit die besondere Gesetzgebung nichts anderes bestimmt (Art. 10 und 12 GOG). Wenn das Gesetz keine paritätische Vertretung verlangt, führt die vorsitzende Person oder eine Stellvertretung das Schlichtungsverfahren allein durch.

b) In Miet- und Pachtsachen

Die Schlichtungsbehörde besteht aus der vorsitzenden Person, einer oder mehreren Personen als Stellvertretung sowie aus den gesetzlich vorgeschriebenen paritätischen Vertretungen (Art. 11 GOG).

3. *Sachwalter/Rechtsagenten*

Zur berufsmässigen Vertretung im Zivilprozess sind keine patentierten Sachwalter oder Rechtsagenten zugelassen.

4. *Gerichte*

a) Mietgericht

Der Kanton Uri kennt keine Mietgerichte.

b) Erste Instanz

Erste kantonale Instanz sind die Landgerichte Uri und Ursern. Die zivilrechtliche Abteilung des Landgerichts beurteilt als erstinstanzliches Gericht Zivilfälle, soweit nicht das Landgerichtspräsidium Uri zuständig ist. Es beurteilt namentlich Streitigkeiten, deren Streitwert 30 000 Franken übersteigt (Art. 25*a* GOG). Soweit die Gesetzgebung nichts anderes bestimmt, entscheidet das Landgerichtspräsidium Streitigkeiten, deren Streitwert 30 000 Franken nicht übersteigt und Streitigkeiten im summarischen Verfahren (Art. 19*a* GOG).

c) Zweite Instanz

Als Rechtsmittelinstanz entscheidet das Obergericht über Berufungen und Beschwerden nach der ZPO (Art. 37*a* Abs. 2 GOG).

5. *Mediation*

Im Gerichtsorganisationsgesetz wird die Mediation mit keinem Wort erwähnt. Auch sonst findet sich keine Regelung diesbezüglich.

6. *Unentgeltliche Rechtspflege*

Die Instruktionsrichterin oder der Instruktionsrichter gewähren die unentgeltliche Rechtspflege (Art. 19*a* lit. b GOG).

VD – Waadt

1. *Gesetzliche Grundlagen*

Loi d'organisation judiciaire du 12 décembre 1979 (LOJV; RSV 173.01)
Loi sur la juridiction en matière de bail du 9 novembre 2010 (LJB; RSV 173.655)
Code de droit privé judiciaire vaudois du 12 janvier 2010 (CDPJ; RSV 211.02)

2. Schlichtungsbehörde

a) Ordentliche Schlichtungsbehörde

Jeder Bezirk hat einen Friedensrichter (Art. 107*a* LOJV).

b) In Miet- und Pachtsachen

In jedem Bezirk existiert eine paritätische Schlichtungsbehörde für Miet- und Pachtsachen (Art. 7 LJB).

3. *Sachwalter/Rechtsagenten*

Gemäss Art. 11 LJB dürfen vorgängig durch das Kantonsgericht anerkannte Rechtsagenten bzw. Vertreter von Vermieter- oder Mieterverbänden die Parteienvertretung vor der Schlichtungskommission und dem Mietgericht übernehmen.

4. *Gerichte*

a) Mietgericht

Der Kanton Waadt hat ein Mietgericht («le Tribunal des baux») für den ganzen Kanton, das Streitigkeiten aus Miete und Pacht behandelt (Art. 1 und 3 LJB). Das Mietgericht ist paritätisch zusammengesetzt (Art. 6 LJB). Gemäss Art. 12 LJB sind alle Verfahren vor dem Mietgericht kostenlos, solange nicht um Geschäfts(raum)mieten gestritten wird, denn diese Verfahren bleiben gemäss Art. 13 LJB kostenpflichtig.

b) Erste Instanz

Erste Instanz sind die Bezirksgerichte («les tribunaux d'arrondissement») (Art. 87 LOJV).

c) Zweite Instanz

Zweite Instanz ist das Kantonsgericht («le Tribunal cantonal»). Die Zivilkammer («la Cour d'appel civile») behandelt u.a. Berufungen und Beschwerden (Art. 84 LOJV).

5. *Mediation*

Gemäss Art. 40 des Code de droit privé judiciaire erstellt das Kantonsgericht eine Liste der anerkannten Mediatoren. Zusätzlich sind gewisse Voraussetzungen für die Anerkennung als Mediator in Abs. 2 festgelegt.

6. *Unentgeltliche Rechtspflege*

Die sich mit der Sache als Instruktionsrichter befasste Gerichtsperson ist zuständig für die Gewährung der unentgeltlichen Rechtspflege (Art. 39 CPJ).

VS – Wallis

1. *Gesetzliche Grundlagen*

Gesetz über die Rechtspflege vom 11.2.2009 (RPflG; SGS 173.1)
Einführungsgesetz zur Schweizerischen Zivilprozessordnung vom 11.2.2009 (EGZPO; SGS 270.1)
Ordonnance sur l'assistance judiciaire du 9 juin 2010 (OAJ; SGS 177.700)
Einführungsgesetz zum Schweizerischen Zivilgesetzbuch vom 24.3.1998 (EGZGB; SGS 211.1)

2. *Schlichtungsbehörde*

a) Ordentliche Schlichtungsbehörde

Der Gemeinderichter ist zuständig um einen Schlichtungsversuch zu unternehmen (Art. 201 Abs. 1 ZPO), bei vermögensrechtlichen Streitigkeiten mit einem Streitwert bis zu 5000 Franken einen Urteilsvorschlag zu unterbreiten, bei vermögensrechtlichen Streitigkeiten mit einem Streitwert bis zu 2000 Franken auf Antrag der klagenden Partei ein Sachurteil zu fällen (Art. 3 EGZPO).

b) In Miet- und Pachtsachen

Schlichtung im Bereich des Miet- und Pachtrechtes. Es wird eine für den ganzen Kanton zuständige Schlichtungsbehörde zum Vollzug der in den Art. 201, Art. 210 Abs. 1 lit. b und Art. 212 der ZPO vorgesehenen Aufgaben eingesetzt. Die Kommission hat ihren Sitz in Sitten. Sie kann ihre Sitzungen in irgendeinem Ort des Kantons abhalten (Art. 82 EGZGB).

3. *Sachwalter/Rechtsagenten*

Die gewerbsmässig qualifizierten Vertreter sind befugt, die Parteien vor der Schlichtungsbehörde zu vertreten (Art. 85 EGZGB).

4. *Gerichte*

a) Mietgericht

Der Kanton Wallis kennt keine Mietgerichte.

b) Erste Instanz

Neun Bezirksgerichte beurteilen Zivilsachen und entscheiden über vorsorgliche Massnahmen(Art. 10 RPflG).

c) Zweite Instanz

Das Kantonsgericht übt die oberste Gerichtsbarkeit im Kanton aus (Art. 14 RPflG). Es beurteilt als Rechtsmittelinstanz Berufungen und Beschwerden. In Angelegenheiten, die dem Kantonsgericht obliegen, ist ein einzelner Kantonsrichter zuständig über die Berufung oder die Beschwerde zu entscheiden, wenn das vereinfachte oder summarische Verfahren erstinstanzlich anwendbar war, wobei der bezeichnete Richter den Fall auch an einen Gerichtshof zuweisen kann (Art. 5 EGZPO).

5. *Mediation*

In Zivilsachen leistet der Staat für die Mediation Kostenvorschuss für die Parteien, die nicht über die notwendigen Mittel verfügen und sofern die Gerichtsbehörde den Weg der Mediation empfiehlt (Art. 9a EGZPO).

6. *Unentgeltliche Rechtspflege*

Die unentgeltliche Rechtspflege wird von der in der Hauptsache als Instruktionsrichter tätigen Gerichtsperson beurteilt (Art. 4 OAJ).

ZG – Zug

1. *Gesetzliche Grundlagen*

Gesetz über die Organisation der Zivil- und Strafrechtspflege vom 26.8.2010 (GOG; BGS 161.1)

2. *Schlichtungsbehörde*

a) Ordentliche Schlichtungsbehörde

Jede Einwohnergemeinde wählt für ihr Gebiet eine Friedensrichterin oder einen Friedensrichter. Das Friedensrichteramt ist die ordentliche Schlichtungsbehörde in Zivilsachen. Es ist zur Durchführung des Schlichtungsverfahrens zuständig, sofern nicht eine der besonderen Schlichtungsbehörden sachlich zuständig ist (§§ 37 und 38 GOG).

b) In Miet- und Pachtsachen

Die Schlichtungsbehörde Miet- und Pachtrecht handelt und beschliesst als Spruchkörper für den ganzen Kanton, bestehend aus einem oder einer Vorsitzenden und je einer Vertretung der Mieter- und Vermieterschaft mit Sitz in Zug (§ 41 Abs. 3 GOG). Im Kanton Zug organisiert die Volkswirtschaftsdirektion eine kantonale Beratung in Mietsachen, welche ihre Dienste unabhängig von der Schlichtungsbehörde in Mietsachen anbietet (§ 10 EG OR).

3. Sachwalter/Rechtsagenten

Zur berufsmässigen Vertretung der Parteien im Zivilprozess sind ausser den Anwältinnen und Anwälten in mietrechtlichen Streitigkeiten Vertreterinnen und Vertreter von Mieterverbänden und des Hauseigentümerverbands befugt (§ 100 Abs. 1 GOG).

4. Gerichte

a) Mietgericht

Der Kanton Zug kennt keine Mietgerichte.

b) Erste Instanz

Das Kantonsgericht ist das untere Gericht in Zivilsachen. Es beurteilt erstinstanzlich alle zivilrechtlichen Streitigkeiten, die durch Gesetz nicht einer anderen Justizbehörde zur Beurteilung zugewiesen werden. Die Abteilungen handeln als Spruchkörper mit drei Richterinnen oder Richtern (§ 26 GOG). Die Einzelrichterinnen und Einzelrichter beurteilen bzw. sind zuständig für Leistungsklagen, unbezifferte Forderungsklagen, Gestaltungsklagen und Feststellungsklagen im ordentlichen Verfahren mit einem Streitwert bis 30 000 Franken, vermögensrechtliche Streitigkeiten im vereinfachten Verfahren und Streitigkeiten im summarischen Verfahren (§ 28 Abs. 2 GOG).

c) Zweite Instanz

Das Obergericht handelt durch die Abteilungen bzw. Kammern als Spruchkörper mit drei Richterinnen oder Richtern. Die Zivilabteilung ist die Rechtsmittelinstanz für Berufungen nach Art. 308 ff. ZPO (§ 19 GOG). Die Einzelrichterinnen und Einzelrichter sind in den vom Abteilungspräsidium zugewiesenen Fällen an dessen Stelle abschliessend zur Verfahrensleitung bzw. zur Prozessleitung zuständig (§ 23 GOG).

5. Mediation

Im Gesetz über die Organisation der Zivil- und Strafrechtspflege wird die Mediation mit keinem Wort erwähnt. Auch sonst findet sich keine Regelung diesbezüglich.

6. Unentgeltliche Rechtspflege

Die Einzelrichterinnen und Richter des Kantonsgerichts beurteilen Gesuche um unentgeltliche Rechtspflege, unabhängig von der Zuständigkeit in der Hauptsache (§ 28 Abs. 2 lit. l GOG).

ZH – Zürich

1. Gesetzliche Grundlagen

Gesetz über die Gerichts- und Behördenorganisation im Zivil- und Strafprozess vom 10.5.2010 (GOG; LS 211.1)
Anwaltsgesetz vom 17.11.2003 (LS 215.1)

2. Schlichtungsbehörde

a) Ordentliche Schlichtungsbehörde

Schlichtungsbehörden gemäss ZPO sind die Friedensrichterinnen und -richter. Jede politische Gemeinde hat mindestens eine Friedensrichterin oder einen Friedensrichter (§ 53 GOG).

b) In Miet- und Pachtsachen

Schlichtungsbehörden gemäss ZPO sind die paritätischen Schlichtungsbehörden in Miet- und Pachtsachen. Jeder Bezirk hat eine paritätische Schlichtungsbehörde in Miet- und Pachtsachen. Sie ist zuständig für Streitigkeiten aus Miete und Pacht von Wohn- und Geschäftsräumen (§§ 63 und 66 GOG).

3. Sachwalter/Rechtsagenten

Zur Tätigkeit im Bereich des Anwaltsmonopols sind auch berechtigt Vertreterinnen und Vertreter im Sinne von Art. 68 Abs. 2 lit. d ZPO vor den Miet- und Arbeitsgerichten bis zu einem Streitwert von 30 000 Franken (§ 11 Abs. 2 lit. a Anwaltsgesetz).

4. Gerichte

a) Mietgericht

Der Kanton Zürich kennt Mietgerichte. In jedem Bezirk besteht ein Mietgericht. Das Mietgericht wird mit einer Präsidentin oder einem Präsidenten und zwei Beisitzenden besetzt (§ 16 GOG). Die Präsidentin oder der Präsident des Mietgerichts entscheidet als Einzelgericht Streitigkeiten gemäss § 21 bis zu einem Streitwert von 30 000 Franken. Sie oder er ist berechtigt und bei Streitwerten von mindestens 15 000 Franken auf Verlangen einer Partei verpflichtet, die Streitigkeit dem Kollegialgericht zu unterbreiten (§ 26 GOG).

b) Erste Instanz

Erste Instanz sind die Bezirksgerichte. Das Bezirksgericht entscheidet in Dreierbesetzung (Kollegialgericht). Vorbehalten sind die dem Einzelgericht zugewiesenen Geschäfte (§ 14 GOG). Das Einzelgericht entscheidet erstinstanzlich über Streitigkeiten im vereinfachten Verfahren gemäss Art. 243 ZPO, die nicht einer anderen Instanz zugewiesen sind (§ 24 GOG).

c) Zweite Instanz/Handelsgericht

Das Obergericht bildet zur Behandlung der einzelnen Rechtsstreitigkeiten Kammern und das Handelsgericht. Das Handelsgericht besteht aus Mitgliedern des Obergerichts sowie den Handelsrichterinnen und -richtern. Die Kammern des Obergerichts entscheiden in Dreierbesetzung (§ 39 GOG). Das Obergericht ist Berufungs- und Beschwerdeinstanz gemäss ZPO (§ 48 GOG).

5. Mediation

Das mit dem Verfahren befasste Gericht entscheidet über ein Gesuch um unentgeltliche Mediation (§ 129 GOG).

6. Unentgeltliche Rechtspflege

Die Präsidentin oder der Präsident des Obergerichts entscheidet über Gesuche um unentgeltliche Rechtspflege vor Einreichung der Klage beim Gericht (§ 128 GOG). Nach Rechtshängigkeit entscheidet über die unentgeltliche Rechtspflege die zuständige Prozessinstruktion (§ 24 lit. c GOG).

Anhang 4: Adressen der kantonalen Schlichtungsbehörden*

Bezeichnung	Adresse	PLZ Ortschaft	Telefon	Fax	E-Mail
AG					
Bezirksgericht Aarau	Kasinostrasse 5	5000 Aarau	062 836 56 36	062 836 56 88	mietschlichtung.aarau@ag.ch
Bezirksgericht Baden	Mellingerstrasse 2a	5400 Baden	056 200 13 13	056 200 13 14	mietschlichtung.baden@ag.ch
Bezirksgericht Bremgarten	Rathausplatz 1	5620 Bremgarten	056 648 75 51	056 648 75 50	mietschlichtung.bremgarten@ag.ch
Bezirksgericht Brugg	Untere Hofstatt 4	5200 Brugg	056 462 30 50	056 462 30 58	mietschlichtung.brugg@ag.ch
Bezirksgericht Kulm	Zentrumsplatz 1	5726 Unterkulm	062 768 55 55	062 768 55 56	mietschlichtung.kulm@ag.ch
Bezirksgericht Laufenburg	Gerichtsgasse 85	5080 Laufenburg	062 869 70 20	062 869 70 21	mietschlichtung.laufenburg@ag.ch
Bezirksgericht Lenzburg	Metzgplatz	5600 Lenzburg	062 886 01 70	062 886 01 71	mietschlichtung.lenzburg@ag.ch
Bezirksgericht Muri	Seetalstrasse 8	5630 Muri	056 675 85 55	056 675 85 51	mietschlichtung.muri@ag.ch
Bezirksgericht Rheinfelden	Hermann Keller-Strasse 6	4310 Rheinfelden	061 836 83 36	061 836 83 39	mietschlichtung.rheinfelden@ag.ch
Bezirksgericht Zofingen	Untere Grabenstrasse 30	4800 Zofingen	062 745 12 33	062 745 12 60	mietschlichtung.zofingen@ag.ch
Bezirksgericht Zurzach	Hauptstrasse 50	5330 Bad Zurzach	056 269 73 01	056 269 73 30	mietschlichtung.zurzach@ag.ch
AI					
Mieterschlichtungsstelle	Marktgasse 2	9050 Appenzell	071 788 93 22	071 788 93 39	michael.buehrer@rk.ai.ch
AR					
Schlichtungsstelle für Miete und nichtlandwirtschaftliche Pacht	Schützenstrasse 1A	9100 Herisau	071 343 63 54		Schlichtungsstelle@ar.ch

* Bundesamt für Wohnungswesen BWO, Adressen der Schlichtungsbehörden in Mietsachen, ‹http://www.bwo.admin.ch/themen/mietrecht› (30.6.16).

Anhang 4: Adressen der kantonalen Schlichtungsbehörden

Bezeichnung	Adresse	PLZ Ortschaft	Telefon	Fax	E-Mail
BE					
Schlichtungsbehörde Berner Jura-Seeland	Neuengasse 8	2501 Biel	032 344 59 00	032 344 59 04	Schlichtungsbehoerde.Biel@justice.be.ch
Autorité régionale de conciliation Jura bernois-Seeland	Agence du Jura bernois Rue Centrale 33	2740 Moutier	031 635 39 39	031 635 39 44	AutoriteDeConciliation.Moutier@justice.be.ch
Schlichtungsbehörde Emmental-Oberaargau	Dunantstrasse 3	3402 Burgdorf	034 420 25 50	034 420 25 51	Schlichtungsbehoerde.Burgdorf@justice.be.ch
Schlichtungsbehörde Bern-Mittelland	Effingerstrasse 34	3008 Bern	031 635 47 50	031 635 47 51	Schlichtungsbehoerde.Bern@justice.be.ch
Schlichtungsbehörde Oberland	Scheibenstrasse 11 B	3600 Thun	031 635 58 00	031 635 58 48	schlichtungsbehoerde.thun@justice.be.ch
BL					
Schlichtungsstelle für Mietangelegenheiten	Bahnhofstrasse 3	4410 Liestal	061 552 66 56	061 552 69 38	schlichtungsstelle@bl.ch
BS					
Staatliche Schlichtungsstelle für Mietstreitigkeiten	Utengasse 36	4005 Basel	061 267 85 21	061 267 60 08	ssm@bs.ch
FR					
Autorité de conciliation en matière de bail pour le district de la Sarine	Rue Joseph-Piller 13	1701 Fribourg	026 305 30 94		ComConcilBailSarine@fr.ch
Schlichtungsbehörde in Mietsachen für den Sense- und Seebezirk	Postfach	1712 Tafers	079 429 90 84		SchlichtungsKomSenseSee@fr.ch
Autorité de conciliation en matière de bail pour les districts de la Gruyère, de la Glâne, de la Broye et de la Veveyse	Case postale	1630 Bulle 1	026 305 94 71		ComConcilBailSud@fr.ch

Anhang 4: Adressen der kantonalen Schlichtungsbehörden

Bezeichnung	Adresse	PLZ Ortschaft	Telefon	Fax	E-Mail
GE					
Commission de conciliation en matière de baux et loyers	Place du Bourg-de-Four 1	1211 Genève 3	022 327 62 10	022 327 62 25	
GL					
Schlichtungsbehörde für Mietverhältnisse	Zwinglistrasse 6	8750 Glarus	055 646 66 00	055 646 66 38	schlichtungsbehoerde@gl.ch
GR					
Schlichtungsbehörde für Mietsachen Albula	Albulastrasse 11A	7450 Tiefencastel	079 616 07 54	081 681 22 72	info@va-albula.gr.ch
Schlichtungsbehörde für Mietsachen Bernina	Via dalla Pesa 234	7742 Poschiavo	081 834 60 42	081 834 60 43	info@td-bernina.gr.ch
Schlichtungsbehörde für Mietsachen Hinterrhein	Rathaus	7430 Thusis	081 650 07 39	081 650 07 31	schlichtungsbehoerde@va-hinterrhein.gr.ch
Schlichtungsbehörde für Mietsachen Imboden	Riel 2	7013 Domat/Ems	081 633 28 01	081 633 36 00	info@novatreuhand.ch
Schlichtungsbehörde Bezirk Inn	Porta 27	7550 Scuol	081 862 24 67	081 862 24 67	schlichtungsbehoerde.inn@bluewin.ch
Schlichtungsbehörde für Mietsachen Landquart	Bahnhofstrasse 2	7302 Landquart	081 322 86 40	081 322 86 41	info@vermittleramt.ch
Schlichtungsbehörde für Mietsachen Maloja	Via Stredas 4	7500 St. Moritz	081 833 19 15	081 833 32 15	schlichtung@bezirk-maloya.ch

Anhang 4: Adressen der kantonalen Schlichtungsbehörden

Bezeichnung	Adresse	PLZ Ortschaft	Telefon	Fax	E-Mail
Schlichtungsbehörde für Mietsachen Moesa	Centro regionale dei servizi	6535 Roveredo	091 827 17 12	091 821 00 09	conscilia.moesa@bluewin.ch
Schlichtungsbehörde für Mietsachen Plessur	Gäuggelistrasse 6	7002 Chur	081 250 58 82/80	081 250 58 81	
Schlichtungsbehörde für Mietsachen Prättigau/Davos	Doggilochstrasse 29	7250 Klosters	081 257 01 81		
Schlichtungsbehörde für Mietsachen Surselva	Postfach 109	7188 Sedrun	081 949 11 77		eingabe@sbm-surselva.gr.ch
JU					
Commissions de conciliation en matière de bail à loyer du District de Delémont	Hôtel-de-Ville	2800 Delémont	032 423 34 12		
Commissions de conciliation en matière de bail à loyer du District des Franches-Montagnes	c/o Jean-Marc Baume 8, rue de l'Aurore	2340 Le Noirmont	032 953 17 83		Jm.baume@bluemail.ch
Commissions de conciliation en matière de bail à loyer du District de Porrentruy	7, rue d'Airmont	2900 Porrentruy	032 466 88 81	032 466 88 82	secretariat@sidp.ch
LU					
Schlichtungsbehörde Miete und Pacht	Bahnhofstrasse 22	6002 Luzern	041 228 58 36	041 228 66 86	sb.miete+pacht@lu.ch
NE					
Tribunal régional des Montagnes et du Val-de-Ruz Chambre de conciliation	Avenue Léopold-Robert 10	2300 La Chaux-de-Fonds	032 889 61 81	032 889 60 69	TRMV@ne.ch

Anhang 4: Adressen der kantonalen Schlichtungsbehörden

Bezeichnung	Adresse	PLZ Ortschaft	Telefon	Fax	E-Mail
Tribunal régional du Littoral et du Val-de-Travers Chambre de conciliation	Rue de l'Hôtel-de-Ville 2	2000 Neuchâtel	032 889 61 80	032 889 62 54	TRLV-Neuchatel@ne.ch
Tribunal régional du Littoral et du Val-de-Travers Chambre de conciliation	Rue Louis-Favre 39	2017 Boudry	032 889 61 83	032 889 60 39	TRLV-Boudry@ne.ch
NW					
Schlichtungsbehörde Nidwalden	Rathausplatz 9	6371 Stans	041 618 79 80	041 618 79 63	schlichtungsbehoerde@nw.ch
OW					
Schlichtungsbehörde	Polizeigebäude Foribach	6061 Sarnen	041 666 61 77	041 666 61 96	schlichtungsbehoerde@ow.ch
SH					
Schlichtungsstelle für Mietsachen	Herrenacker 26	8201 Schaffhausen	052 632 75 18	052 632 78 29	schlichtungsstellen@ktsh.ch
SZ					
Schlichtungsbehörde im Mietwesen Schwyz	Postfach 547	6431 Schwyz	041 810 10 75		
Schlichtungsbehörde im Mietwesen Gersau	Postfach 59	6442 Gersau	041 828 16 10		w-gamper@bluewin.ch
Schlichtungsbehörde in Mietsachen March	Postfach 531	8853 Lachen	055 451 22 55		peter.ziltener@bezirk-march.ch
Schlichtungsbehörde im Mietwesen Einsiedeln	Postfach 161	8840 Einsiedeln	055 418 41 22	055 418 41 42	schlichtungsbehoerde-mietwesen@bezirkeinsiedeln.ch

Anhang 4: Adressen der kantonalen Schlichtungsbehörden

Bezeichnung	Adresse	PLZ Ortschaft	Telefon	Fax	E-Mail
Schlichtungsbehörde im Mietwesen Küssnacht	Breitfeld 15	6403 Küssnacht	041 852 15 25	041 852 15 27	
Schlichtungsbehörde im Mietwesen Höfe	Postfach 552	8832 Wollerau	044 786 73 43	044 786 73 44	schlichtungsbehoerde@hoefe.ch
SO					
Oberamt Region Solothurn Schlichtungsstelle	Rötistrasse 4	4501 Solothurn	032 627 75 27	032 627 76 26	oa-rs@ddi.so.ch
Oberamt Olten-Gösgen Schlichtungsstelle	Amthausquai 23	4600 Olten	062 311 86 44	062 311 86 60	oa-og@ddi.so.ch
Oberamt Thal-Gäu Schlichtungsstelle	Wengimattstrasse 2	4710 Balsthal	062 311 91 61	062 311 91 60	oa-tg@ddi.so.ch
Oberamt Dorneck-Thierstein	Amthaus	4226 Breitenbach	061 785 77 20	061 785 77 59	oa-dt@ddi.so.ch
SG					
Schlichtungsstelle für Miet- und Pachtverhältnisse St.Gallen	Wohnungsamt Rathaus	9001 St.Gallen	071 224 56 27		wohnungsamt@stadt.sg.ch
Schlichtungsstelle für Miet- und Pachtverhältnisse Rorschach	Hauptstrasse 29	9401 Rorschach	071 844 21 47	071 844 21 78	dominik.stillhard@rorschach.ch
Schlichtungsstelle für Miet- und Pachtverhältnisse Rheintal	Rathausplatz 2	9450 Altstätten	071 757 77 90	071 757 77 99	
Schlichtungsstelle für Miet- und Pachtverhältnisse Werdenberg-Sarganserland	St. Gallerstrasse 2	9471 Buchs SG	081 755 75 77	081 755 75 01	fredi.sonderegger@altstaetten.ch
Schlichtungsstelle für Miet- und Pachtverhältnisse See-Gaster	St. Gallerstrasse 40	8645 Jona	055 225 70 35	055 225 70 36	info@schlichtungsstelle-see-gaster.ch
Schlichtungsstelle für Miet- und Pachtverhältnisse Toggenburg	Grüenaustrasse 7	9630 Wattwil	071 987 55 39	071 988 61 82	joerg.wittenwiler@wattwil.ch

Anhang 4: Adressen der kantonalen Schlichtungsbehörden

Bezeichnung	Adresse	PLZ Ortschaft	Telefon	Fax	E-Mail
Schlichtungsstelle für Miet- und Pachtverhältnisse Will	Rathaus	9500 Will 2	071 913 52 08	071 913 53 76	schlichtungsstelle@stadtwil.ch
TI					
Ufficio di conciliazione Chiasso	Piazza Col. C. Bernasconi 1	6830 Chiasso	091 695 08 35	091 695 08 49	ufficio.conciliazione@chiasso.ch
Ufficio di conciliazione Mendrisio	Via Municipio 13	6850 Mendrisio	091 640 31 91		conciliazione@mendrisio.ch
Ufficio di conciliazione Lugano Ovest	Piazza Cattaneo 1, CP 45	6976 Lugano-Castagnola	058 866 69 01		conciliazione@lugano.ch
Ufficio di conciliazione Lugano Est	Piazza Cattaneo 1, CP 45	6976 Lugano-Castagnola	058 866 69 01		conciliazione@lugano.ch
Ufficio di conciliazione Agno	Contrada Nuova 3	6982 Agno	091 612 23 38		ufficioconciliazione@agno.ch
Ufficio di conciliazione Massagno	Via Motta 53	6900 Massagno	091 960 35 30		uffconciliazione@massagno.ch
Ufficio di conciliazione Locarno	Via Rusca 1	6600 Locarno	091 752 16 17		ufficio.locazione@locarno.ch
Ufficio di conciliazione Minusio	Via San Gottardo 60	6648 Minusio	091 743 20 44		ufficioconciliazione@minusio.ch
Ufficio di conciliazione Bellinzona	Via Lugano 1	6501 Bellinzona	091 825 10 75		ufficioconciliazione@bluewin.ch
Ufficio di conciliazione Giubiasco	Piazza Grande 63	6512 Giubiasco	091 857 01 06		uff.conc.giubiasco@bluewin.ch
Ufficio di conciliazione Biasca	Via Lucomagno 14	6710 Biasca	091 874 39 07	091 874 39 18	conciliazione@biasca.ch
TG					
Schlichtungsbehörde für das Miet- und Pachtwesen	Gemeindeplatz 1	8355 Aadorf	052 368 48 48		gemeindeverwaltung@aadorf.ch
Schlichtungsbehörde Mietwesen Gemeindekanzlei	Scherzingerstrasse 2	8595 Altnau	071 694 50 54	071 694 50 55	gemeindeschreiber@altnau.ch

409

Anhang 4: Adressen der kantonalen Schlichtungsbehörden

Bezeichnung	Adresse	PLZ Ortschaft	Telefon	Fax	E-Mail
Schlichtungsbehörde für Mietsachen	Frauenfelderstrasse 8	8570 Weinfelden	071 626 83 24	071 626 83 27	amt.sicherheit@weinfelden.ch
Schlichtungsbehörde Amriswil	Arbonerstrasse 2	8580 Amriswil	071 414 11 13	071 414 12 47	schlichtungsbehoerde@amriswil.ch
Schlichtungsstelle für Miete & Pacht	Hauptstrasse 12	9320 Arbon	071 447 61 08	071 446 30 80	
Mieterschlichtungskommission	Seestrasse 124	8266 Steckborn	058 346 20 01		monika.wueger@bluewin.ch
Schlichtungsbehörde im Mietwesen	Bahnhofstrasse 5	9220 Bischofszell	071 424 24 56	071 424 24 50	franco.capelli@bischofszell.ch
Schlichtungsbehörde für Mietsachen	Schulstrasse 4	8598 Bottighofen	071 688 69 49	071 688 69 53	info@bottighofen.ch
Mieterschlichtung	Rathaus	8253 Diessenhofen	052 646 42 12		a.jungi@diessenhofen.ch
Schlichtungsbehörde für Mietsachen	Bahnhofstrasse 81	9315 Neukirch-Egnach	071 474 77 77	071 474 77 76	manuel.gygax@egnach.ch
Mieterschlichtungsstelle AachThurLand	Thurbruggstrasse 11a	9215 Schönenberg	071 644 90 32	071 644 90 39	s.heim@pgks.ch
Schlichtungsbehörde für Mietsachen	Marktstrasse 4	8280 Kreuzlingen	071 677 62 31	071 663 30 49	millymaria.herzog@kreuzlingen.ch
Schlichtungsbehörde für Mietsachen	Hauptstrasse 88	8264 Eschenz	058 346 00 60		t.fleischmann@eschenz.ch
Schlichtungsstelle in Mietsachen	Wiesenstrasse 3	8360 Eschlikon	071 973 99 23	071 973 99 12	r.bosshart@eschlikon.ch
Schlichtungsstelle für Mietsachen	Oberdorfstrasse 11	8505 Dettighofen	052 765 18 73		
Schlichtungsbehörde für Mietwesen	Rathaus	8501 Frauenfeld	052 724 52 71		peter.mettier@stadtfrauenfeld.ch
Schlichtungsbehörde	Islikonerstrasse 7	8547 Gachnang	052 369 06 09		manuela.haas@gachnang.ch
Schlichtungsbehörde	Kirchstrasse 11	8274 Gottlieben	071 669 12 82	071 669 15 67	info@gottlieben.ch

Anhang 4: Adressen der kantonalen Schlichtungsbehörden

Bezeichnung	Adresse	PLZ Ortschaft	Telefon	Fax	E-Mail
Schlichtungsbehörde im Miet- und Pachtwesen	René Rempfler Aegelsee 10	8580 Hefenhofen	071 410 11 70		
Schlichtungsstelle	Tübacherstrasse 11	9326 Horn	071 844 11 71		m.de.tomasi@horn.ch
Schlichtungsbehörde für das Miet- und Pachtwesen	Marktstrasse 4	8280 Kreuzlingen	071 677 61 82		
Schlichtungsstelle für Mietsachen	Gemeindeverwaltung Liebenfelsstrasse 2	8265 Mammern	052 741 32 32		gemeinde@mammern.ch
Mieterschlichtungsstelle	Kurt Fäh Altholzstrasse 3	9548 Matzingen	052 369 69 11		
Schlichtungsbehörde für Miet- und Pachtwesen	Im Zentrum 4	9542 Münchwilen	071 969 11 71		peluso@muenchwilen.ch
Schlichtungskommission	Klostergasse 4	8596 Münsterlingen	071 686 85 44		gemeinde@muensterlingen.ch
Schlichtungsbehörde Mietwesen	Oberdorfstr. 3	9213 Hauptwil	071 424 60 64	071 424 60 69	einwohneramt@hauptwil-gottshaus.ch
Schlichtungsstelle für Mietsachen	Ifangstrasse 12	8558 Raperswilen	052 763 18 41		willi.hartmann@raperswilen.ch
Schlichtungsbehörde für das Mietwesen	Hans Suter Säntisblickstr. 13	9532 Rickenbach	071 911 05 54		
Schlichtungsstelle für Miet- und Pachtrecht	St. Gallerstrasse 64	9325 Roggwil	071 454 77 51	071 454 77 65	
Schlichtungsbehörde im Mietwesen	Bahnhofstrasse 19	8590 Romanshorn	071 466 83 83	071 466 83 82	einwohneramt@romanshorn.ch
Schlichtungsbehörde in Mietsachen der Einheitsgemeinde Salenstein	Edith Bihari Rheinsichtweg 12	8274 Tägerwilen	071 664 21 68		edith.bihari@hotmail.ch
Schlichtungsbehörde für das Mietwesen	Gemeindehaus Kirchplatz 5	8370 Sirnach	071 969 34 54	071 966 41 60	mezger@sirnach.ch

Anhang 4: Adressen der kantonalen Schlichtungsbehörden

Bezeichnung	Adresse	PLZ Ortschaft	Telefon	Fax	E-Mail
Schlichtungskommission Mietwesen	Hauptstrasse 33	8580 Sommeri	071 411 24 16	071 411 24 31	gemeinde@sommeri.ch
Schlichtungsbehörde	Bahnhofstrasse 3	8274 Tägerwilen	071 666 80 19	071 669 27 75	alessio.beneduce@taegerwilen.ch
Schlichtungsstelle für Mietsachen	Schaffhauserstrasse 12	8524 Uesslingen	052 744 50 40	052 744 50 41	info@uesslingen-buch.ch
Schlichtungsstelle für Mietsachen	Zentrumsplatz 2	8592 Uttwil	071 466 60 80	071 466 60 81	info@uttwil.ch
Mietschlichtstelle Wäldi	Kathrin Erni Zürcherstrasse 3	9500 Will	071 657 14 53		
Mieterschlichtungsbehörde Basadingen-Schlattingen	Rütimann Gerhard Fallentor 14	8252 Schlatt	052 657 11 20		
Mieterschlichtungsstelle Strässle Immobilien	Wilerstrasse 3	9545 Wängi	052 378 14 02	052 378 14 04	info@straessle-immo.ch
Schlichtungsbehörde für Mietsachen	Frauenfelderstrasse 8	8570 Weinfelden	071 626 83 25	071 626 83 27	amt.sicherheit@weinfelden.ch
Schlichtungsbehörde für Mietsachen Wagenhausen	Harry Müller Talacker 1	8259 Kaltenbach	052 742 82 54	079 404 94 31	gemeinde@wagenhausen.ch
Schlichtungsbehörde	Hubstrasse 1	9535 Wilen	071 929 55 05	071 929 55 09	gemeindeammann@wilen.ch
Mieterschlichtungsbehörde	Hauptstrasse 36	8588 Zihlschlacht	058 346 05 13	058 346 05 15	steueramt@zihlschlacht-sitterdorf.ch
UR					
Schlichtungsbehörde Uri	Bahnhofstrasse 43	6460 Altdorf	041 875 22 90		schlichtungsbehoerde@ur.ch
VD					
Préfecture d'Aigle	Rue de la Gare 4A	1860 Aigle	024 557 74 10	024 557 74 29	prefecture.aigle@vd.ch
Préfecture de la Broye-Vully	Rue du Temple 6	1530 Payerne	026 557 37 37	026 557 37 38	prefecture.broyevully@vd.ch
Préfecture du Gros-de-Vaud	Place Emile Gardaz 8	1040 Echallens	021 557 18 45	021 557 18 54	prefecture.grosdevaud@vd.ch

Anhang 4: Adressen der kantonalen Schlichtungsbehörden

Bezeichnung	Adresse	PLZ Ortschaft	Telefon	Fax	E-Mail
Préfecture du Jura-Nord vaudois	Rue des Moulins 10	1400 Yverdon-les-Bains	024 557 77 77	024 557 77 78	prefecture.juranordvaudois@vd.ch
Préfecture du Jura-Nord vaudois	Anntenne Vallée de Joux Grand-Rue 36	1347 Le Sentier			
Préfecture de Lausanne	Place du Château 1	1014 Lausanne	021 316 41 11	021 316 41 15	prefecture.lausanne@vd.ch
Préfecture de Lavaux-Oron	Rue du Temple 17	1096 Cully	021 316 07 10	021 316 07 11	prefecture.lavauxoron@vd.ch
Préfecture de Morges	Place Saint-Louis 4	1110 Morges 1	021 557 91 25	021 557 91 35	prefecture.morges@vd.ch
Préfecture de Nyon	Rue Juste-Olivier 8	1260 Nyon 1	022 557 52 75	022 557 52 76	prefecture.nyon@vd.ch
Préfecture de l'Ouest lausannois	Rue de Verdeaux 2	1020 Renens 1	021 557 86 90	021 557 86 97	prefecture.ouestlausannois@vd.ch
Préfecture de la Riviera-Pays-d'Enhaut	Rue du Simplon 22	1800 Vevey	021 557 16 11	021 557 16 19	prefecture.rivierapaysdenhaut@vd.ch
VS					
Schlichtungskommission für Mietverhältnisse	Av. du Midi 7	1951 Sitten	027 606 73 16	027 606 73 37	marina-brigitta.constantin@admin.vs.ch
ZG					
Schlichtungsbehörde Miet- und Pachtrecht	Industriestrasse 24	6301 Zug	041 728 37 30	041 728 37 19	miet.zug@zg.ch
ZH					
Bezirksgericht Affoltern	Im Grund 15	8910 Affoltern am Albis	044 763 17 00	044 763 17 01	
Bezirksgericht Andelfingen	Thurtalstrasse 1	8450 Andelfingen	052 304 20 10	052 304 20 39	
Bezirksgericht Bülach	Spitalstrasse 13	8180 Bülach	044 863 44 33	044 863 44 00	
Bezirksgericht Dielsdorf	Spitalstrasse 7	8157 Dielsdorf	044 854 88 11	044 854 88 77	
Bezirksgericht Dietikon	Bahnhofplatz 10	8953 Dietikon	044 256 12 12	044 256 12 13	

413

Anhang 4: Adressen der kantonalen Schlichtungsbehörden

Bezeichnung	Adresse	PLZ Ortschaft	Telefon	Fax	E-Mail
Bezirksgericht Hinwil	Gerichtshausstrasse 12	8340 Hinwil	044 938 81 11		
Bezirksgericht Horgen	Burghaldenstrasse 3	8810 Horgen	044 728 52 22	044 728 52 66	
Bezirksgericht Meilen	Untere Bruech 139	8706 Meilen	044 924 21 21	044 924 21 22	
Bezirksgericht Pfäffikon	Hörnlistrasse 55	8330 Pfäffikon	044 952 41 11	044 952 42 90	
Schlichtungsbehörde Uster	Gerichtsstrasse 17	8610 Uster	043 366 33 00	043 366 33 11	
Bezirksgericht Winterthur	Lindstrasse 10	8400 Winterthur	052 234 83 83	052 234 83 84	
Schlichtungsbehörde Bezirk Zürich	Wengistrasse 30	8004 Zürich	044 248 22 73		

Anhang 5: Kantonale Vollstreckungsinstanzen

Kanton	Vollstreckungsinstanz	Gesetzliche Grundlage
Aargau	Bezirksgerichtspräsidium	§ 6 Abs. 1 lit. b EG ZPO
Appenzell-Innerrhoden	Bezirksgerichtspräsident	Art. 4 Ziff. 1 EG ZPO
Appenzell-Ausserrhoden	Einzelrichter des Kantonsgerichts	§ 14 Abs. 1 lit. d JG
Bern	Regionalgericht (Einzelrichterkompetenz)	Art. 8 Abs. 1 EG ZSJ
Basel-Landschaft	Zivilgerichtspräsident	§ 3 Abs. 1 EG ZPO
Basel-Stadt	Einzelrichter des Zivilgerichts	§ 9 Abs. 2 lit. c EG ZPO
Freiburg	Präsident des Mietgerichts	Art. 56 Abs. 2 lit. b JG
Genf	Mietgericht	Art. 26 LaCC
Glarus	Kantonsgerichtspräsident	Art. 14 Abs. 3 lit. d GOG
Graubünden	Präsident des Bezirksgerichts	Art. 4 Abs. 1 lit. d EGzZPO
Jura	Präsident des Mietgerichts	§ 20 Abs. 2 TBF
Luzern	Einzelrichter am Bezirksgericht	§ 31 und § 35 Abs. 1 lit. c JusG
Neuenburg	Zivilgericht	Art. 15 Abs. 4 OJN
Nidwalden	Einzelrichter am Kantonsgericht	Art. 12 Ziff. 4 GerG
Obwalden	Präsident des Kantonsgerichts	Art. 34 Abs. 1 lit. b GOG
St. Gallen	Einzelrichter am Kreisgericht	Art. 6 Abs. 1 lit. c EG ZPO
Schaffhausen	Einzelrichter am Kantonsgericht	Art. 29 Abs. 1 lit. d JG
Solothurn	Oberamt	§ 20 Abs. 5 EG ZPO
Schwyz	Einzelrichter am Bezirksgericht	§ 102 Abs. 1 JG
Thurgau	Einzelrichter am Bezirksgericht	§ 20 Abs. 2 ZSRG
Tessin	Pretore am Bezirksgericht	Art. 37 Abs. 3 LOG
Uri	Landgerichtspräsident	Art. 19c GOG
Waadt	Friedensrichter	Art. 45 Abs. 1 LOJV
Wallis	Bezirksgericht	Art. 4 Abs. 2 lit. a EGZPO
Zug	Einzelrichter am Kantonsgericht	Art. 28 Abs. 2 lit. k GOG
Zürich	Einzelrichter am Bezirksgericht	§ 24 lit. e GOG

Anhang 6: Gesetzliche Feiertage gemäss Art. 142 Abs. 3 ZPO[1]

Eidgenössischer Feiertag

Bundesfeiertag: 1. August

AG – Aargau

Gesetzlich anerkannte Feiertage:

- Neujahrstag, 1. Januar
- Berchtoldstag, 2. Januar
- Karfreitag
- Ostermontag
- Tag der Arbeit, 1. Mai
- Auffahrt
- Pfingstmontag
- Fronleichnam
- Mariä Himmelfahrt, 15. August
- Allerheiligen, 1. November
- Mariä Empfängnis, 8. Dezember
- Weihnachtstag, 25. Dezember
- Stephanstag, 26. Dezember

AI – Appenzell Innerrhoden

Gesetzlich anerkannte Feiertage:

- Neujahrstag, 1. Januar
- Karfreitag
- Ostermontag
- Auffahrt
- Pfingstmontag
- Fronleichnam
- Mariä Himmelfahrt, 15. August
- Mauritiustag, 22. September[2]
- Allerheiligen, 1. November
- Mariä Empfängnis, 8. Dezember

---

[1] Dieser Anhang stützt sich auf das Dokument «Gesetzliche Feiertage und Tage, die in der Schweiz wie gesetzliche Feiertage behandelt werden» des Bundesamts für Justiz (‹https://www.bj.admin.ch/dam/data/bj/publiservice/service/zivilprozessrecht/kant-feiertage.pdf›; 4.5.2016).

[2] Nur im inneren Landesteil.

- Weihnachtstag, 25. Dezember
- Stephanstag, 26. Dezember[3]

AR – Appenzell Ausserrhoden

Gesetzlich anerkannte Feiertage:

- Neujahrstag, 1. Januar
- Karfreitag
- Ostermontag
- Auffahrt
- Pfingstmontag
- Weihnachtstag, 25. Dezember
- Stephanstag, 26. Dezember[4]

BE – Bern

Gesetzlich anerkannte Feiertage:

- Neujahrstag, 1. Januar
- Berchtoldstag, 2. Januar
- Karfreitag
- Ostermontag
- Auffahrt
- Pfingstmontag
- Weihnachtstag, 25. Dezember
- Stephanstag, 26. Dezember

BL – Basel-Landschaft

Gesetzlich anerkannte Feiertage:

- Neujahrstag, 1. Januar
- Karfreitag
- Ostermontag
- Tag der Arbeit, 1. Mai
- Auffahrt
- Pfingstmontag

---

3 Der Stephanstag wird nicht gefeiert, wenn der Weihnachtstag auf einen Montag oder Freitag fällt.
4 Der Stephanstag wird nicht gefeiert, wenn der Weihnachtstag auf einen Montag oder Freitag fällt.

- Weihnachtstag, 25. Dezember
- Stephanstag, 26. Dezember

BS – Basel-Stadt

Gesetzlich anerkannte Feiertage:

- Neujahrstag, 1. Januar
- Karfreitag
- Ostermontag
- Tag der Arbeit, 1. Mai
- Auffahrt
- Pfingstmontag
- Weihnachtstag, 25. Dezember
- Stephanstag, 26. Dezember

FR – Freiburg

Gesetzlich anerkannte Feiertage:

- Neujahrstag, 1. Januar
- Karfreitag
- Auffahrt
- Fronleichnam*
- Mariä Himmelfahrt, 15. August*
- Allerheiligen, 1. November*
- Mariä Empfängnis, 8. Dezember*
- Weihnachtstag, 25. Dezember

Tage, die wie gesetzliche Feiertage behandelt werden:

- Berchtoldstag, 2. Januar
- Ostermontag
- Pfingstmontag
- Stephanstag, 26. Dezember

---

*   Ausgenommen die folgenden Gemeinden des Bezirks See:
    Agriswil, Altavilla, Büchslen, Cordast, Courgevaux, Courlevon, Fräschels, Galmiz, Gempenach, Greng, Jeuss, Kerzers, Lurtigen, Meyriez, Muntelier, Murten, Ried bei Kerzers (halb), Salvenach, Ulmiz, Bas-Vully, Haut-Vully.

GE – Genf

Gesetzlich anerkannte Feiertage:

- Neujahrstag, 1. Januar
- Karfreitag
- Ostermontag
- Auffahrt
- Pfingstmontag
- Jeûne genevois
- Weihnachtstag, 25. Dezember
- Restauration de la République, 31. Dezember

GL – Glarus

Gesetzlich anerkannte Feiertage:

- Neujahrstag, 1. Januar
- Karfreitag
- Ostermontag
- Fahrtsfest
- Auffahrt
- Pfingstmontag
- Allerheiligen, 1. November
- Weihnachtstag, 25. Dezember
- Stephanstag, 26. Dezember

Tage, die wie gesetzliche Feiertage behandelt werden:

- Berchtoldstag, 2. Januar

GR – Graubünden

Gesetzlich anerkannte Feiertage:

- Neujahrstag, 1. Januar
- Ostermontag
- Auffahrt
- Pfingstmontag
- Weihnachtstag, 25. Dezember
- Stephanstag, 26. Dezember

Tage, die wie gesetzliche Feiertage behandelt werden:

- Karfreitag

Anhang 6: Gesetzliche Feiertage gemäss Art. 142 Abs. 3 ZPO

JU – Jura

Gesetzlich anerkannte Feiertage:

- Neujahrstag, 1. Januar
- 2. Januar
- Karfreitag
- Ostermontag
- Tag der Arbeit, 1. Mai
- Auffahrt
- Pfingstmontag
- Fronleichnam
- Commémoration du plébiscite jurassien, 23 juin
- Mariä Himmelfahrt, 15. August
- Allerheiligen, 1. November
- Weihnachtstag, 25. Dezember

LU – Luzern

Gesetzlich anerkannte Feiertage:

- Neujahrstag, 1. Januar
- Berchtoldstag, 2. Januar
- Karfreitag
- Ostermontag
- Auffahrt
- Pfingstmontag
- Fronleichnam
- Mariä Himmelfahrt, 15. August
- Allerheiligen, 1. November
- Mariä Empfängnis, 8. Dezember
- Weihnachtstag, 25. Dezember
- Stephanstag, 26. Dezember

NE – Neuenburg

Gesetzlich anerkannte Feiertage:

- Neujahrstag, 1. Januar
- 2. Januar[5]
- Instauration de la République, 1. März

---

5   Der 2. Januar und der 26. Dezember nur, wenn der 1. Januar und der 25. Dezember auf einen Sonntag fallen.

- Karfreitag
- Auffahrt
- Fronleichnam, Le Landeron
- Weihnachtstag, 25. Dezember
- 26. Dezember[6]
- 1. Mai

NW – Nidwalden

Gesetzlich anerkannte Feiertage:

- Neujahrstag, 1. Januar
- Josephstag, 19. März
- Karfreitag
- Auffahrt
- Fronleichnam
- Mariä Himmelfahrt, 15. August
- Allerheiligen, 1. November
- Mariä Empfängnis, 8. Dezember
- Weihnachtstag, 25. Dezember

Tage, die wie gesetzliche Feiertage behandelt werden:

- Berchtoldstag, 2. Januar
- Ostermontag
- Pfingstmontag
- Stephanstag, 26. Dezember

OW – Obwalden

Gesetzlich anerkannte Feiertage:

- Neujahrstag, 1. Januar
- Karfreitag
- Auffahrt
- Fronleichnam
- Mariä Himmelfahrt, 15. August
- Bruderklausenfest, 25. September
- Allerheiligen, 1. November
- Mariä Empfängnis, 8. Dezember
- Weihnachtstag, 25. Dezember

---

6   Der 2. Januar und der 26. Dezember nur, wenn der 1. Januar und der 25. Dezember auf einen Sonntag fallen.

Tage, die wie gesetzliche Feiertage behandelt werden:

- Berchtoldstag, 2. Januar
- Ostermontag
- Pfingstmontag
- Stephanstag, 26. Dezember

SG – St. Gallen

Gesetzlich anerkannte Feiertage:

- Neujahrstag, 1. Januar
- Karfreitag
- Ostermontag
- Auffahrt
- Pfingstmontag
- Allerheiligen, 1. November
- Weihnachtstag, 25. Dezember
- Stephanstag, 26. Dezember

Tage, die wie gesetzliche Feiertage behandelt werden:

- Berchtoldstag, 2. Januar

SH – Schaffhausen

Gesetzlich anerkannte Feiertage:

- Neujahrstag, 1. Januar
- Karfreitag
- Ostermontag
- Tag der Arbeit, 1. Mai
- Auffahrt
- Pfingstmontag
- Weihnachtstag, 25. Dezember
- Stephanstag, 26. Dezember

Tage, die wie gesetzliche Feiertage behandelt werden:

- Berchtoldstag, 2. Januar

Anhang 6: Gesetzliche Feiertage gemäss Art. 142 Abs. 3 ZPO

SO – Solothurn

Gesetzlich anerkannte Feiertage:

- Neujahrstag, 1. Januar
- Josephstag, 19. März, in den Gemeinden Fulenbach, Walterswil, Wisen, Metzerlen, Nulgar-St. Pantaleon, Rodersdorf, Bärschwil, Büsserach
- Karfreitag
- Tag der Arbeit, 1. Mai (ab 12.00 Uhr)
- Auffahrt
- Fronleichnam**
- Mariä Himmelfahrt, 15. August**
- Allerheiligen, 1. November**
- Weihnachtstag, 25. Dezember

Tage, die wie gesetzliche Feiertage behandelt werden:

- Berchtoldstag, 2. Januar
- Ostermontag[7]
- Tag der Arbeit, 1. Mai[8]
- Pfingstmontag[9]
- Fronleichnam***
- Mariä Himmelfahrt, 15. August***
- Allerheiligen, 1. November***
- Stephanstag[10]

SZ – Schwyz

Gesetzlich anerkannte Feiertage:

- Neujahrstag, 1. Januar
- Dreikönigstag, 6. Januar
- Josephstag, 19. März
- Karfreitag
- Ostermontag
- Auffahrt
- Pfingstmontag
- Fronleichnam

**	Ausgenommen den Bezirk Bucheggberg.
7	In einzelnen Gemeinden gesetzlich anerkannter Feiertag.
8	Ab 12.00 Uhr gilt der 1. Mai als gesetzlicher Feiertag.
9	In einzelnen Gemeinden gesetzlich anerkannter Feiertag.
***	Gilt für den Bezirk Bucheggberg, wo diese Feste keine gesetzlich anerkannten Feiertage sind.
10	In einzelnen Gemeinden gesetzlich anerkannter Feiertag.

- Mariä Himmelfahrt, 15. August
- Allerheiligen, 1. November
- Mariä Empfängnis, 8. Dezember
- Weihnachtstag, 25. Dezember
- Stephanstag, 26. Dezember

TG – Thurgau

Gesetzlich anerkannte Feiertage:

- Neujahrstag, 1. Januar
- Berchtoldstag, 2. Januar
- Karfreitag
- Ostermontag
- Tag der Arbeit, 1. Mai
- Auffahrt
- Pfingstmontag
- Weihnachtstag, 25. Dezember
- Stephanstag, 26. Dezember

TI – Tessin

Gesetzlich anerkannte Feiertage:

- Neujahrstag, 1. Januar
- Dreikönigstag, 6. Januar
- San Giuseppe, 19. März
- Ostermontag
- Tag der Arbeit, 1. März
- Auffahrt
- Pfingstmontag
- Fronleichnam
- San Pietro e Paolo, 29. Juni
- Mariä Himmelfahrt, 15. August
- Allerheiligen, 1. November
- Mariä Empfängnis, 8. Dezember
- Weihnachtstag, 25. Dezember
- Stephanstag, 26. Dezember

UR – Uri

Gesetzlich anerkannte Feiertage:

- Neujahrstag, 1. Januar
- Dreikönigstag, 6. Januar
- Josephstag, 19. März
- Karfreitag
- Ostermontag
- Auffahrt
- Pfingstmontag
- Fronleichnam
- Mariä Himmelfahrt, 15. August
- Allerheiligen, 1. November
- Mariä Empfängnis, 8. Dezember
- Weihnachtstag, 25. Dezember
- Stephanstag, 26. Dezember

VD – Waadt

Gesetzlich anerkannte Feiertage:

- Neujahrstag, 1. Januar
- 2. Januar
- Karfreitag
- Ostermontag
- Auffahrt
- Pfingstmontag
- Lundi du Jeûne fédéral
- Weihnachtstag, 25. Dezember

VS – Wallis

Gesetzlich anerkannte Feiertage:

- Neujahrstag, 1. Januar
- Josephstag, 19. März
- Auffahrt
- Fronleichnam
- Mariä Himmelfahrt, 15. August
- Allerheiligen, 1. November
- Mariä Empfängnis, 8. Dezember
- Weihnachtstag, 25. Dezember

Anhang 6: Gesetzliche Feiertage gemäss Art. 142 Abs. 3 ZPO

Tage, die wie gesetzliche Feiertage behandelt werden:

- Berchtoldstag, 2. Januar
- Ostermontag
- Pfingstmontag
- Saint-Etienne, 26. Dezember

ZG – Zug

Gesetzlich anerkannte Feiertage:

- Neujahrstag, 1. Januar
- Karfreitag
- Auffahrt
- Fronleichnam
- Mariä Himmelfahrt, 15. August
- Allerheiligen, 1. November
- Mariä Empfängnis, 8. Dezember
- Weihnachtstag, 25. Dezember

Tage, die wie gesetzliche Feiertage behandelt werden:

- Berchtoldstag, 2. Januar
- Ostermontag
- Pfingstmontag
- Stephanstag, 26. Dezember

ZH – Zürich

Gesetzlich anerkannte Feiertage:

- Neujahrstag, 1. Januar
- Berchtoldstag, 2. Januar
- Karfreitag
- Ostermontag
- Tag der Arbeit, 1. Mai
- Auffahrt
- Pfingstmontag
- Weihnachtstag, 25. Dezember
- Stephanstag, 26. Dezember

Sachregister

Aberkennungsklage 93
Abgeurteilte Sache 215 ff.
Abholungseinladung 526, 536, 538, 540, 551 ff.
Abschreibung des Verfahrens 879
– Kostenentscheid 880
– Rechtsmittel 1053
– bei Säumnis 604 ff.
– bei Vergleich 755
Abweisung
– des Erstreckungsgesuchs 591
– des Gesuchs um Rechtsschutz in klaren Fällen 969 ff.
– des Gesuchs um Urteilsbegründung 868
– des Wiederherstellungsgesuchs 610, 614
Aktenprozess
– erweiterter Schriftenwechsel 923
– Rechtsschutz in klaren Fällen 962
– Summarverfahren 931
Amtliches Honorar 467 ff.
– Rechtsmittel 471 ff.
– Anschlussberufung 1073 ff.
Anspruch auf rechtliches Gehör
– Klageänderung bei Säumnis des Beklagten 807
– Replikrecht 833, 838, 902
– superprovisorische Massnahmen 1015
– Zusammensetzung der Behörde 96, 732
A-Post Plus 526, 555
Äquivalenzprinzip 351, 375, 388
Aufklärung über Prozesskosten 347, 427
Aufschiebende Wirkung
– Berufung 1076 ff.
– Berufung gegen vorsorgliche Massnahmen 1077
– Beschwerde 1093
– Beschwerde ans Bundesgericht 1152
– Gesuch um Erläuterung und Berichtigung 1113
– Revisionsgesuch 1104
– vorsorgliche Massnahmen 1009
Augenschein 144, 642
– Protokollierungsverbot 739
– im Schlichtungsverfahren 661, 666 f.
– im Summarverfahren 929
Auslagen des Gerichts 349
Aussergerichtliche Einigung
– ordentliches Verfahren 874 f.
– Schlichtungsverfahren 715 ff.
Ausserordentliche Kündigung 1025
Aussichtslosigkeit 433 ff.
Ausstand 117 ff.
– Ausstandsgesuch 125 ff.
– Gründe 117 ff.
– Kasuistik 123 f.
– nach erstinstanzlichem Entscheid 1107
– Rechtsmittel 128
– im Schlichtungsverfahren 122 ff.
Ausweisungsverfahren
– Anwendungsfälle 1031
– hängiges Kündigungsverfahren 1035 ff.
– Kosten 1046
– Kritik 20
– ordentliches Verfahren 1038 ff.
– Rechtsschutz in klaren Fällen 1025 ff.
– Streitwert 341 f.
– Vollstreckung 1047

Sachregister

Begleitung 261
Beisitzer, *s. Schlichtungsbehörde, paritätische Zusammensetzung*
Beratungstätigkeit der Schlichtungsbehörde 670 ff.
– Abgrenzung Schlichtungsverfahren 677 ff.
Berufung
– Abschreibungsverfügung 1053
– Anschlussberufung 1073 ff.
– aufschiebende Wirkung 1076 ff.
– Begründung 1066 ff.
– Berufungsantwort 1071
– Einreichung 1059 ff.
– Einreichung bei falscher Instanz 1062 ff.
– Entscheid 1085 ff.
– Gegenstand 1052
– Gründe 1056 ff.
– Klageänderung 1082
– Novenrecht 1083 ff.
– Rechtsbegehren 1066 ff.
– Replik 1081
– Replikrecht 1072
– Streitwert 333, 1054 f.
– unrichtige Rechtsanwendung 1056
– unrichtiger Sachverhalt 1056
– Verfahren 1079 ff.
– vorzeitige Vollstreckung 1076 ff.
Berufungsantwort 1071
Beschränkung des Verfahrens 489
Beschwerde 1089 ff.
– Entscheid 1095 ff.
– Frist 1091
– Gegenstand 1089
– Gründe 1090
– Novenrecht 1094
– Verfahren 1092
– Vollstreckbarkeit Aufschub 1096
Beschwerde ans Bundesgericht
– aufschiebende Wirkung 1152
– Beschwerderecht 1120

– Endentscheid 1143 ff.
– Frist 1153
– Kosten 1138 ff.
– materielle Zulässigkeit 1120
– Novenrecht 1151
– öffentliche Beratung 1156 ff.
– Parteivertretung 1123
– rechtliche Grundlage 1116
– Rückweisung an Vorinstanz 1158
– Streitwert 1125 ff.
– Teilentscheid 1143 ff.
– Verfahren 1154 ff.
– Vorentscheid 1143 ff.
– Vorinstanzen 1117
– vorinstanzliche Beweiswürdigung 1150
– Zulässigkeit, formelle 1117
– Zwischenentscheid 1143 ff.
Besitzesstörung 983
Betreibungsrechtliches Existenzminimum 429, 431 f.
Beweisaussage 657, 660
Beweisgegenstand 617 ff.
Beweislast 616
Beweismass
– Ausstand 121, 125
– Ausweisungsverfahren 1030
– Dispensationsgrund 248
– Einstellung der Vollstreckung 1187
– Einwände bei indirekter Vollstreckung 1197
– gerichtliches Verbot 986 f.
– Rechtsöffnungsverfahren 940
– Rechtsschutz in klaren Fällen 950
– Summarverfahren 911, 930
– superprovisorische Massnahmen 1017
– Verschiebungsgrund 556
– Verschulden bei Säumnis 607, 612
– Vollstreckung einer Urkunde über eine Geldleistung 1220

- Vollstreckungsaufschub 870, 1096
- vorsorgliche Beweisführung 625
- vorsorgliche Massnahmen 996

Beweismittel
- Augenschein 616 ff., 642
- Beweisaussage 657, 660
- Gutachten 643 ff.
- Parteibefragung 657 ff.
- Rechtsschutz in klaren Fällen 950
- rechtswidrig erlangte 621
- Schiedsgutachten 647 ff.
- im Schlichtungsverfahren 661 ff.
- schriftliche Auskunft 655
- im Summarverfahren 929
- Urkunden 639 ff.
- vorsorgliche Beweisführung 624 ff.
- Zeugnis 637 ff.

Beweissicherung, s. Vorsorgliche Beweisführung

Beweiswürdigung
- Bundesgericht 1150
- unechte antizipierte 628 f.
- Untersuchungsgrundsatz 143
- Verweigerung der Mitwirkung an Beweiserhebung 623

Bundesgericht
- Erläuterung und Berichtigung 1161
- Funktion und Zusammensetzung 55 ff.
- Revision 1161
- subsidiäre Verfassungsbeschwerde 1159

Dispensationsgesuch 248
Dispositionsmaxime 15, 147, 307
Doppelrelevante Tatsachen 149
Double instance 9, 30, 50
Duplik 832
- Summarverfahren 934

Ehegatten, s.a. Familienwohnung
- als notwendige Streitgenossenschaft 287

Eingaben
- anwaltliche 233, 499 ff., 691
- elektronische 502 ff.
- Form 499 ff.
- von Laien 692
- mangelhafte 515 ff.
- querulatorische 515, 518
- rechtsmissbräuchliche 515

Einigung
- Abschreibungsverfügung 755
- aussergerichtliche 752, s.a. Vergleich
- in Schlichtungsverhandlung 747 ff.
- rechtliche Bedeutung 753
- vor Schlichtungsverhandlung 715

Einsprache gegen gerichtliches Verbot 991 f.
Einstellung der Vollstreckung 1185 ff.
Elektronische Signatur, s. Unterschrift
Empfangsbestätigung 525 f., 532 f., 555
Endentscheid 862
- Berufung 1052
- Beschwerde ans Bundesgericht 1143

Entscheid
- Begründung 867 ff.
- Berufung 1085 ff.
- Beschwerde 1095 ff.
- Eröffnung 864 ff.
- Kostenregelung 413 ff.
- ordentliches Verfahren 861 ff.
- Revision 1105
- Summarverfahren 935 f.
- vorsorgliche Massnahmen 1009

Entscheid durch Schlichtungsbehörde
- Antrag des Klägers 800 ff., 804 ff.
- Eröffnung 813
- Klageänderung 806 ff.
- Rechtsmittel 815
- Verfahren 809 ff.

Entscheidsurrogate 875

Sachregister

Erbengemeinschaft 288
Erläuterung und Berichtigung 1108
– Bundesgericht 1161
– Frist 1112
– Gegenstand 1109 ff.
– Rechtsmittel 1114 f.
– Verfahren 1112 f.
Erledigungsprinzip 909
Ermessensklage 303
Eventualgrundsatz 818

Fachrichter, s. *Schlichtungsbehörde, paritätische Zusammensetzung*
Falsche Instanz, Berufung 1062 ff.
Familienwohnung 287, 916 f., 955, 978
Ferienwohnung 85, 177, 183, 187, 1218, 1245
Feststellungsinteresse 315 ff.
Feststellungsklage
– Feststellungsinteresse 315 ff.
– im Mietrecht 322 ff.
– negative, bei gerichtlichem Verbot 993
– negatives Feststellungsinteresse 319 ff.
– ungerechtfertigte Betreibung 320
Flächenmiete, Parität der Schlichtungsbehörde 72 ff., 78 ff.
Forderungsklage 301 ff.
– unbezifferte 301 ff.
– unbezifferte, Abgrenzung zur Ermessensklage 303
Fragepflicht 136 ff., 143, 679
– im ordentlichen Verfahren 818
– bei der Sachverhaltsermittlung 726
– bei Säumnis im Schlichtungsverfahren 598
Fristen, *s.a. Klagefrist; Rechtsmittelfrist*
– Beginn und Berechnung 561 ff.
– Einhaltung 564 ff.
– Erstreckung 588 ff.
– falsche Fristbelehrung 574
– Fristenlauf 577 ff.
– kein Stillstand 583 ff.
– Stillstand 576 ff.
– Vertrauensschutz 564 ff.
– für Zahlungen 572
Fristenstillstand 576 ff.
Fristerstreckung 588 ff.

Gegenstandslosigkeit 879 ff.
– Kosten 393, 1142
– Säumnis im Schlichtungsverfahren 604
Geldleistung, Vollstreckung 1219 ff.
Geltungsbereich des Mietrechts
– gemischte Verträge 199 ff.
– gemischte Verträge, Kasuistik 201 f.
– sachliche Unzuständigkeit 198 ff.
– sachliche Zuständigkeit 194 ff.
Gemischte Mietverträge, s. *Geltungsbereich des Mietrechts*
Gerichtliche Vorladung, s. *Vorladung*
Gerichtliches Verbot 982 ff.
– Beweismass 987
– Einreichung und Bekanntmachung 986 ff.
– Einsprache 991 f.
– negative Feststellungsklage 993
– Rechtsmittel 990 ff.
– Voraussetzungen 983 ff.
Gerichtsinstanzen
– Bundesgericht 55 ff.
– Drei-Stufen-Modell 32 ff.
– Drei-Stufen-Modell, Ausnahmen 33 ff.
– erste kantonale Instanz 35
– erste kantonale Instanz, Mietgerichte 36 ff.
– erste kantonale Instanz, ordentliche Gerichte 44 ff.
– zweite kantonale Instanz 50 ff.
Gerichtskosten, *s.a. Kosten*
– Befreiung bei UR 442 ff.
– Entscheid 375 ff.

430

Gerichtsorganisation 29 ff., 32 ff.
Gerichtsverfahren
– ordentliches 816 ff.
– Zuständigkeit für UR-Erteilung 460 ff.
Gestaltungsklage 311 ff.
– im Mietrecht 313
Gesuch im Summarverfahren 919 ff.
Glaubhaftmachung, s. *Beweismass*
Gutachten 643 ff.
Gutheissung des Gesuchs um Rechtsschutz in klaren Fällen 965

Handelsgericht 102 ff.
– Voraussetzungen 104 ff.
– Zuständigkeit im Allgemeinen 105 ff.
– Zuständigkeit in Mietsachen 110 ff.
Handelsgerichtsbarkeit, Schlichtungsversuch 96
Hauptintervention 281
Hauptverhandlung 850

Internationale Zuständigkeit
– IPRG 185 ff.
– LugÜ 180 ff.

Kantonale Zuständigkeit
– Gerichtsorganisation 26, 29 ff.
– Vertretung in Mietstreitigkeiten 28
– Wahlgremium 31 ff.
Kantonales Recht, Kosten
– amtliches Honorar 467 ff.
– Kostenbefreiung 422 ff.
– Ordnungsbussen 410
– Pflichtmandat 452
Kaution, s. *Sicherheitsleistung*
Klage 823
– echte/unechte Teilklage 307 ff.
– Ermessensklage 303
– Feststellungsklage 314 ff.
– Gestaltungsklage 311 ff.
– Leistungsklage 299 ff.

– negative Leistungsklage 300
– unbezifferte Forderungsklage 301 ff.
Klageänderung
– im Berufungsverfahren 1082
– ordentliches Verfahren 848 ff.
– im Schlichtungsverfahren 806 ff.
Klageanerkennung
– ordentliches Verfahren 873 ff.
– in der Schlichtungsverhandlung 756
Klageantwort 829 ff.
– Schriftenwechsel 829 ff.
Klagebegründung, vereinfachtes Verfahren 898 ff.
Klagebewilligung
– Adressat 219, 761 ff., 771 ff., 795 ff.
– Klagefrist 772 ff.
– mangelhafte 765 ff.
– Nichteinreichen der Klage 798
– rechtliche Natur 770
– ungültige 767
Klageeinreichung, vereinfachtes Verfahren 897
Klagefrist 772 ff., 775, 797
Klagenhäufung 327 ff.
– Streitwert 345
Klagerückzug 798
– Folgen 229
– ordentliches Verfahren 873 ff.
– im Schlichtungsverfahren 230
– in der Schlichtungsverhandlung 757 ff.
Klares Recht 951 ff.
Kognition des Bundesgerichts 1150
Kollegendoppel 500
Kompetenz-Kompetenz der Schlichtungsbehörde 22 f., 150 ff., 234
Kontrollierte Mietzinse 101
Kosten, s.a. *Gerichtskosten; Kantonales Recht, Kosten*
– Ausweisungsverfahren 1046
– Beschwerde ans Bundesgericht 1138 ff.
– Mediation 1253

Sachregister

Kostenbefreiung 422 ff.
Kostenentscheid, Rechtsmittel 881 f.
Kostenvorschuss 218, 348 ff.
– Fristansetzung 354 f.
– Höhe 350 ff.
– Prozessvoraussetzung 361
– Ratenzahlung 359
– Rechtsmittel 362
– im Schlichtungsverfahren 353
– unentgeltliche Rechtspflege 360
Kündigung, Streitwert 337
Kündigungsschutz, Rechtsschutz in klaren Fällen 978

Leistungsentscheid, Vollstreckung 1166, 1206 ff.
Leistungsklage 299 ff.
– Typen 300
Leistungsmassnahmen 1002
Liquider Sachverhalt 946 ff., 1026, 1033
Luxuswohnung 87, 177, 187

Mangel, Streitwert 343
Materielle Rechtskraft
– Prozessvoraussetzung 148
– Rechtsschutz in klaren Fällen 961 f., 965, 970, 976
– Summarentscheid 936
– Teilklage 309
– Urteilsvorschlag 789
– Vergleich 753
– Vergleich, Mediation 1252
Mediation
– Freiwilligkeit 1250
– gerichtliche Genehmigung 1252
– Kosten 1253
Mietgerichte 36 ff.
– fachliche Voraussetzungen 40
– paritätische Zusammensetzung 39
– sachliche Zuständigkeit 41 ff.
Mietzinsänderung, Streitwert 334 f.
Mittellosigkeit, *s. Prozessarmut*

Mitwirkungspflicht 457 f., 599, 665
– Beweiserhebung 622 f.
– Prozessarmut 430
– Verweigerung der Mitwirkung 146

Nebenintervention 282 ff.
– Rechtsmittel 284
– im Schlichtungsverfahren 283
Negatives Feststellungsinteresse 319 ff.
Nichteinigung im Schlichtungsverfahren 761
Nichteinreichen der Klage 798
Nichteintreten
– Kündigungsschutz 978 ff.
– Rechtsschutz in klaren Fällen 975 ff.
Notfrist 236
Novenrecht 856
– Berufung 1083 ff.
– Beschwerde 1094
– Beschwerde ans Bundesgericht 1151
– ordentliches Verfahren 853 ff.

Öffentliche Register, Vollstreckung 1211
Öffentliche Urkunden
– keine direkte Vollstreckung 1217 ff.
– Vollstreckung 1214 ff.
Öffentlichkeit 129 ff.
– im ordentlichen Verfahren 820
– im Schlichtungsverfahren 132 ff., 723
Offizialmaxime 445, 447
Ordentliche Kündigungen, Rechtsschutz in klaren Fällen 1027
Ordentliches Verfahren
– Ausweisungsverfahren 1040 ff., 816 ff.
– Einleitung 821 ff.
– Entscheid 861 ff.
– Entscheideröffnung 864 ff.
– Eventualgrundsatz 818
– Gegenstandslosigkeit 879 ff.
– Geltungsbereich 816 ff.
– Hauptverhandlung 850
– Klageänderung 848 ff.

Sachregister

- Klageanerkennung 873 ff.
- Klageantwort 829 ff.
- Klagebewilligung 826
- Klagerückzug 873 ff.
- Novenrecht 853 ff.
- Öffentlichkeitsprinzip 820
- Protokoll 853
- Replikrecht 833 ff.
- Schriftenwechsel 829 ff.
- Vergleich 482 f., 873 ff.
- Verhandlungsgrundsatz 818
- Widerklage 841 ff.

Ordnungsbussen 399 ff., s.a. Kantonales Recht, Kosten
- Rechtsmittel 407 ff.
- Säumnisfolgen 402 ff.
- im Schlichtungsverfahren 401

Örtliche Zuständigkeit
- Binnenverhältnisse 175 ff.
- internationale Verhältnisse 178 ff.
- Vollstreckung 1181

Pachtvertrag, Streitwert 344
Parteibefragung 657 ff.
Parteibezeichnung 686 ff.
- falsche 697 ff.
Parteientschädigung
- Entscheid 380 ff.
- Sicherheit 363 ff.
Parteifähigkeit 205 f.
Parteivertretung bei Beschwerde ans Bundesgericht 1123
Parteiwechsel 293 ff., 885
- nicht bei Rechtsnachfolge von Todes wegen 297
- Rechtsnachfolge nach FusG 298
- bei Verkauf der Liegenschaft 294

Persönliches Erscheinen
- Ausnahmen 247
- Dispensationsgesuch 248
- Grundsatz 242
- im Schlichtungsverfahren 244 ff.

Pflichtmandat 452
PickPost 529
Postulationsfähigkeit 207, 243, 263 f.
Prorogationsverbot 187 ff.
Prosequierung der Widerklage 842 ff.
Prosequierungsfrist, s. *Klagefrist*
Prosequierungslast 796
- vorsorgliche Massnahmen 1007
Protokoll 805
- ordentliches Verfahren 853
- Schlichtungsverhandlung 736
- Schlichtungsverhandlung, Augenschein 739
- Schlichtungsverhandlung, Einigung 747
- Schlichtungsverhandlung, Urteilsvorschlag 738
Protokollierungsverbot
- Grenzen 740 ff.
- Schlichtungsverhandlung 735 ff.
Prozessarmut 429 ff.
Prozessfähigkeit 207 ff.
Prozesskosten, s.a. *Gerichtskosten; Parteientschädigung*
- Aufklärungspflicht 347, 427
- Kostenvorschuss 348 ff.
- Ordnungsbussen 399 ff.
- unnötige 398
- bei Vergleichsangeboten 395
- Verteilung 372 ff.
- Verteilung nach Ermessen 390 ff.
- Verteilung nach Verfahrensausgang 385 ff.
- Zusammensetzung 346
Prozessleitung 480 ff.
- im Schlichtungsverfahren 484 ff.
Prozessrechtsverhältnis, Zustellung 544 ff.
Prozessvereinfachung 488
- Beschränkung des Verfahrens 489
- Vereinigung von Verfahren 490 ff.

Prozessvoraussetzungen
- abgeurteilte Sache, res iudicata 215 ff.
- anderweitige Rechtshängigkeit 211 ff., 148 ff.
- doppelrelevante Tatsachen 149
- Klagebewilligung 219
- Kostenvorschuss 361
- örtliche Zuständigkeit, Binnenverhältnisse 175 ff.
- örtliche Zuständigkeit, internationale Verhältnisse 178 ff.
- örtliche Zuständigkeit, Prorogationsverbot 187 ff.
- Parteifähigkeit 205 f.
- Prozessfähigkeit 207 ff.
- Prüfung durch Schlichtungsbehörde 150 ff.
- sachliche Zuständigkeit 193 ff.
- schutzwürdiges Interesse 169 ff.
- Sicherheitsleistung 218
- Summarverfahren 921

Raummiete, Parität der Schlichtungsbehörde 72 ff.
Realleistung, Vollstreckung 1223 ff.
Realvollstreckung 1212 ff.
Rechtliches Gehör, s. Anspruch auf rechtliches Gehör
Rechtliches Interesse, s.a. negatives Feststellungsinteresse; Schutzwürdiges Interesse
- einfache Streitverkündung 270
- Nebenintervention 270, 282
Rechtsagent 254
Rechtsbegehren 920, 1066
- Berufung 1066 ff.
- Klagebewilligung 763
- nicht aussichtsloses 433 ff., 479
- im Schlichtungsverfahren 684, 703 f., 727
- im Schlichtungsverfahren, Änderung 704

- im Schlichtungsverfahren, Ergänzung 727
- Streitwert 329, 1054, 1136
- unbezifferte Forderungsklage 302, 1070
- Unterlassungsklage 300
- Verfahrensvereinigung 490
Rechtshängigkeit
- anderweitige Begründung 221 ff.
- Schiedsgerichtsbarkeit 1233
- verbesserungsfähige Fehler 228
- Wirkung 224 ff.
Rechtskraftbescheinigung 1171 ff.
Rechtsmittel
- Berufung 1051 ff.
- Beschwerde 1089 ff.
- Beschwerde ans Bundesgericht 1116
- gegen Entscheid der Schlichtungsbehörde 813 ff.
- Erläuterung und Berichtigung 1108 ff.
- gerichtliches Verbot 990 ff.
- Rechtsschutz in klaren Fällen 981
- Revision, Bundesgericht 1161
- Schiedsgerichtsbarkeit 1247
- subsidiäre Verfassungsbeschwerde 1159 ff.
- superprovisorische Massnahmen 1022 ff.
- vorsorgliche Massnahmen 1010 ff.
Rechtsmittelbelehrung 867
Rechtsmittelfrist
- Beschwerde 1091
- Beschwerde ans Bundesgericht 1153
- Erläuterung und Berichtigung 1112
- Revision 1102
Rechtsöffnungsverfahren
- Glaubhaftmachung 940
- in klaren Fällen 942 ff.
- Voraussetzungen 937 ff.
Rechtsschutz in klaren Fällen
- Abweisung 969 ff.
- ausserordentliche Kündigung 1025

Sachregister

- Ausweisungsverfahren 944, 1025 ff.
- Beweismittel 950
- Gutheissung 965
- klare Rechtslage 951 ff.
- liquider Sachverhalt 946 ff., 1026, 1033
- Nichteintreten 975 ff.
- ordentliche Kündigungen 1027
- Rechtsmittel 981
- Rechtsöffnungsverfahren 942 ff.
- Verfahren 958 ff.
- Voraussetzungen 945

Regelungsmassnahmen 1002
Relative Zustelltheorie 544 ff., 774, 786
Replikrecht 832 ff.
- Berufung 1072, 1081
- Summarverfahren 924, 934
- unbedingtes 833 ff.
- zeitliche Geltendmachung 835 ff.
- zeitliche Geltendmachung, Praxis 839

Revision 877
- Bundesgericht 1161
- Entscheid 1105
- Frist 1102
- Gegenstand 1098 ff.
- Rechtsmittel 1106
- Verfahren 1104

Rückhalteauftrag 550 ff.

Sachliche Zuständigkeit 193 ff.
- einfache Streitgenossenschaft 292 ff.
- der Schlichtungsbehörde 194 ff.

Sachwalter 254
Säumnis
- Abschreibung des Verfahrens 604 ff., 593 ff.
- beider Parteien 603
- der beklagten Partei 602
- der klagenden Partei 600 f.
- Ordnungsbussen 402 ff.
- im Schlichtungsverfahren 596
- im Summarverfahren 927 f.

Schadenersatz, Vollstreckung 1212 ff.
Schiedsgerichtsbarkeit 1228 ff.
- Mietrecht 1236 ff.
- Rechtshängigkeit 1233
- Rechtsmittel 1247
- unentgeltliche Rechtspflege 1235
- Wohnraum-Mietverhältnisse 1241 ff.

Schiedsgutachten 647 ff.
- Zulässigkeit bei der Geschäftsmiete 651
- Zulässigkeit bei der Wohnmiete 650

SchKG-Klagen, Schlichtungsversuch 95
Schlichtungsbehörde
- allgemeine 60 f.
- Aufgaben 669
- Beratung 670 ff.
- Organisation 60 ff.
- Parität bei Ferienwohnungen 85
- Parität bei Flächenmiete 72 ff.
- Parität bei Luxuswohnungen 87
- Parität bei Raummiete 72 ff.
- Parität für Immobiliar-Mieten 83
- paritätische Wahl, Vorschlagsrecht 64 ff.
- paritätische Zusammensetzung 63 ff.
- paritätische, fachliche Voraussetzungen 68 ff.

Schlichtungsgesuch
- falsche Parteibezeichnung 697 ff.
- Inhalt 684 ff.
- Parteibezeichnung 686 ff.
- Rechtsbegehren 703
- Streitgegenstand 706 ff.

Schlichtungstermin, Einladung 709
Schlichtungsverfahren
- Abschreibung infolge Säumnis 604 ff.
- Augenschein 666 ff.
- Ausweisungsverfahren 681 ff., 1038 ff.
- Beweismittel 661 ff.
- Dispensationsgesuch 248
- Einigung 747 ff.
- Einigung vor Verhandlung 715 ff.

435

- Einladung zum Schlichtungstermin 709
- Einleitung 681
- Entscheid 800 ff.
- falsche Parteibezeichnung 697 ff.
- Fristenstillstand 583 ff.
- Gesuchsinhalt 684 ff.
- Klageänderung 806 ff.
- Klagebewilligung 761 ff.
- Klagerückzug 230
- Kostenregelung bei Entscheid 413 ff.
- Kostenregelung bei Urteilsvorschlag 413 ff.
- Kostenvorschuss 353, 411 ff.
- Nichteinigung 761
- Ordnungsbussen 401
- Parteibezeichnung 686 ff.
- persönliches Erscheinen 244 ff.
- Prozessleitung 484 ff.
- Säumnis 596 ff.
- Schriftenwechsel 712
- Sistierung 495 ff.
- Urkunden 664 ff.
- Urteilsvorschlag 776 ff.
- vorsorgliche Beweisführung 629
- Zuständigkeit für UR-Erteilung 459

Schlichtungsverhandlung
- Ablauf 718 ff.
- Klageanerkennung 756
- Klagerückzug 757 ff.
- Nichteinigung 761 ff.
- Phasen 725 ff.
- Protokollierungsverbot 735 ff.
- Sachverhaltsermittlung 726 ff.
- Schlichtungsphase 728 ff.
- Sistierung 733
- Urteilsvorschlag 776 ff.
- Vergleich 747 ff.
- Verwertungsverbot 735 ff.
- weitere Termine 731

Schlichtungsversuch
- Aberkennungsklage 93
- handelsgerichtliche Verfahren 96
- Obligatorium als Grundsatz 88 ff.
- SchKG-Klagen 95
- Summarverfahren als Ausnahme 92
- übrige Ausnahmen 97 ff.

Schonende Rechtsausübung bei der Vollstreckung 1199 ff.

Schriftenwechsel
- Klageantwort 829 ff.
- im ordentlichen Verfahren 829 ff.
- Replikrecht 833 ff.
- Schlichtungsverfahren 712
- Summarverfahren 922 ff.

Schriftliche Auskunft 655

Schutzwürdiges Interesse 169 ff., s.a. *negatives Feststellungsinteresse; Rechtliches Interesse*

Schweizerische Zivilprozessordnung
- Änderungen im Mietrecht 17 ff.
- Entstehung 7
- erste Einschätzung 18 ff.
- Leitgedanken 8 ff.

Sicherheitsleistung 218
- für Parteienschädigung 363 ff.
- für Parteientschädigung, Gründe 366 ff.
- für Parteientschädigung, Rechtsmittel 371
- für Parteientschädigung, Schlichtungsverfahren 369
- für Parteientschädigung, vereinfachtes Verfahren 367
- vorsorgliche Massnahmen 1013

Sicherungsmassnahmen 1002

Sistierung 493 ff.
- Rechtsmittel 494
- im Schlichtungsverfahren 495 ff.
- Schlichtungsverhandlung 733
- Vergleichsgespräche 496

Solidarschuldner
- Auflösung der einfachen Gesellschaft 313

Sachregister

- einfache Streitgenossenschaft 290
- notwendige Streitgenossenschaft 287

Streitgegenstand 706 ff.

Streitgenossenschaft
- einfache 289 ff.
- notwendige 286 ff.
- Streitwert 345
- Verfahrensvereinigung 492

Streitschlichtung
- ausserbehördliche 2
- Kündigungsschutz 5
- im Mietwesen 1
- Rechtsberatung 3

Streitverkündung, einfache
- aussergerichtliche 266 ff., 269
- im Schlichtungsverfahren 268

Streitverkündungsklage 268, 273 ff.
- Rechtsmittel bei Nichtzulassung 280
- im Schlichtungsverfahren 275
- Zulässigkeit 278

Streitwert
- Änderung 331
- Ausweisungsverfahren 328 ff., 341 ff.
- Bedeutung 328
- Berufung 333, 1054 f., 1064
- Beschwerde ans Bundesgericht 1125 ff., 1128 ff.
- Bestimmung der gerichtlichen Zuständigkeit 330
- Erstreckung 340
- Klagenhäufung 345
- Kündigung 337 ff.
- Mangel 343
- Mietzinsänderung 334 f.
- Pachtverträge 344
- Streitgenossenschaften 345
- vereinfachtes Verfahren 890
- Zeitpunkt der Bestimmung 329

Stufenklage 301

Subsidiäre Verfassungsbeschwerde 1159

Summarverfahren
- im Aktenprozess 911, 931 ff.

- Beweismass 930
- Beweismittel 929
- Duplik 934
- Einleitung 919 ff.
- Entscheid 935
- Geltungsbereich 913 ff.
- Geltungsbereich bei Mietstreitigkeiten 915, 917 f.
- Merkmale 911
- mündliche Verhandlung 931
- Rechtsöffnungsverfahren 937
- Replik 934
- Replikrecht 924
- Säumnis 927 f.
- Schlichtungsversuch 92
- Schriftenwechsel 922 ff.
- Verhandlungsgrundsatz 1028
- Widerklage 926

Superprovisorische Massnahmen
- Ablehnung 1019
- Anhörung der Gegenpartei 1020
- Anordnung 1018
- Rechtsmittel 1022 ff.
- Voraussetzungen 1016

Teilentscheid 863
- Beschwerde ans Bundesgericht 1146

Teilklage 307 ff.

Überspitzter Formalismus, s. *Verbot des überspitzten Formalismus*

Unentgeltliche Rechtspflege
- Ausschluss 453
- Aussichtslosigkeit 433 ff., 425 ff.
- Befreiung vom Kostenvorschuss 441
- Befreiung von Gerichtskosten 442
- Entscheid 464 ff.
- Festsetzung des Honorars 467 ff.
- Gerichtskosten 472 f.
- Gesuchseinreichung 456 ff.
- Kostenvorschuss 360
- Prozessarmut 429 ff.

Sachregister

- Schiedsgerichtsbarkeit 1235
- teilweise Gewährung 476 ff.
- Umfang 441 ff.
- Zuständigkeit 459 ff.

Unentgeltlicher Rechtsbeistand 443 ff.
Unmittelbarkeitsprinzip 481
Unterschrift
- elektronische 506, 530 f.
- Empfangsbestätigung 530 f.
- fehlende, bei Eingabe 515 f.
- des Gerichts 520, 864 f.
- Gesuchseinreichung 681
- Klage 823, 898
- der Schlichtungsbehörde 761

Untersuchungsgrundsatz
- Augenschein 642
- Berufung 1058
- Beweiserhebung 622
- Fragepflicht 139
- gerichtliches Verbot 986
- im Mietwesen 140 ff.
- mündliche Verhandlung 906
- Noven 1083
- Schiedsverfahren 1237
- Schlichtungsverfahren 672, 692, 731, 733
- Streitwert 328
- Teilklage 308
- unentgeltliche Rechtspflege 445, 457
- Urkunden 664
- vereinfachtes Verfahren 887 ff., 891, 1028

Unvermögen, *s. Vertretung*
Urkunden 639 ff.
- öffentliche Register 641
- Schlichtungsverfahren 664 ff.

Urteilsvorschlag
- Ablehnung 791 ff.
- Ablehnung durch beide Parteien 799
- Abrenzung zum Vergleich 777
- Annahme 789
- Ausstellung 776, 783 ff.
- Eröffnung 786 ff.
- Kann-Vorschrift 778
- Kostenregelung 413 ff.
- Säumnis 793
- Zulässigkeit 779 ff.

Verbot des überspitzten Formalismus 499, 512, 515, 594, 1070
Vereinfachtes Verfahren
- Ausweisungsverfahren 1040 ff., 886
- Erledigungsprinzip 909
- Geltungsbereich bei Mietstreitigkeiten 888 ff.
- im Kernbereich des sozialen Mietrechts 891 ff.
- Klagebegründung 900 ff.
- Klageeinreichung 897
- mündliche Verhandlung 905 f.
- soziales Mietrecht 891 ff.
- Streitwert 890
- Verhandlung 905 ff.
- Verhandlung, Verzicht 907
- Vorladung zur Verhandlung 903

Verfahren
- Berufung 1079 ff.
- Beschwerde 1092
- Beschwerde ans Bundesgericht 1154 ff.
- Rechtsschutz in klaren Fällen 958 ff.
- Revision 1104

Verfahrensvereinigung 490
- Verrechnungseinrede 491

Vergleich, *s.a. Einigung*
- gerichtlicher, Revision 877
- ordentliches Verfahren 482 f., 873 ff.
- rechtliche Bedeutung 753 ff.
- Sistierung 496
- Widerrufsvorbehalt 759 f.

Verhältnismässigkeit bei der Vollstreckung 1199 ff.
Verhandlungsgrundsatz
- Augenschein 15, 135, 140, 642

Sachregister

- Beweisrecht 617
- Fragepflicht 136 ff.
- ordentliches Verfahren 818
- Summarverfahren 1028
- vereinfachtes Verfahren 888
- Vollstreckung 1194

Verrechnung 491, 1084, 1146, 1213
- im ordentlichen Verfahren 859

Verschiebungsgesuch 556 ff.
- Rechtsmittel 560

Verteilung der Gerichtskosten 375 ff.

Vertretung
- beruflich qualifizierte 258
- berufsmässige 250 ff., 265
- Beschwerde ans Bundesgericht 1123
- Bestellung 263 ff.
- einer juristischen Person 252, 766
- durch Liegenschaftsverwaltung 256 ff.
- vor Mietgericht 258 ff.
- nicht berufsmässige 249
- Orientierung der Gegenpartei 262
- Sachwalter und Rechtsagenten 254

Verwertungsverbot, Schlichtungsverhandlung 735 ff.

Vollmacht 208 f., 228, 246, 248, 252, 256
- fehlende 515 f.

Vollstreckung
- Abgabe einer Willenserklärung 1208 ff.
- Antrag 1179
- Aufschub, bei Beschwerde 1096 ff.
- ausländische Entscheide 1164
- Ausweisungsverfahren 1047
- bedingte Leistung 1203 ff.
- direkte 1176 ff.
- Einstellung 1185 ff.
- Geldzahlung oder Sicherheitsleistung 1163
- Geltungsbereich 1162 ff.
- indirekte 1190 ff.
- indirekte, Verfahren 1193 ff.
- Leistungsentscheide 1166
- Leistungsurteile 1206 ff.
- öffentliche Urkunden 1214 ff.
- öffentliche Urkunden über Geldleistungen 1219 ff.
- öffentliche Urkunden, Ausnahmen 1217 ff.
- örtliche Zuständigkeit 1181
- Realersatz 1212
- Realleistung 1223 ff.
- Rechtskraftbescheinigung 1171 ff.
- Rechtsmittel 1205
- Schadenersatz 1212 ff.
- schonende Rechtsausübung 1199 ff.
- Urkunde über Geldleistung 1219 ff.
- Verhältnismässigkeit 1199 ff.
- vollstreckungsfähiger Inhalt 1165
- Vollstreckungstitel 1167
- Vollzugsbehörde 1183

Vollstreckungstitel 1167

Vollzugsbehörde 1183

Vorentscheid als Beschwerdeobjekt 1143

Vorinstanzliche Beweiswürdigung 1150

Vorladung
- Abwesenheit 520 ff., 548 ff.
- falsche Abholfrist 550 ff.
- Rückhalteauftrag 550 ff.
- vereinfachtes Verfahren 903
- Verschiebungsgesuch 556 ff.

Vorschlagsrecht der Verbände 64 ff.

Vorsorgliche Beweisführung 624 ff.
- Ausschluss der UR 632

Vorsorgliche Massnahmen 995
- Entscheid 1009
- Kategorien 1001 ff.
- Leistungsmassnahmen 1002
- Mieterbegehren 1005
- Prosequierungslast 1007
- Rechtsmittel 1010 ff.
- Regelungsmassnahmen 1002
- Sicherheitsleistung 1013
- Sicherungsmassnahmen 1002

- Verfahrenseinleitung 1006
- Vermieterbegehren 1004
- Voraussetzungen 996 ff.
- Zuständigkeit 998

Vorzeitige Vollstreckung 1076 ff.

Widerklage
- Einreichung 845 ff.
- Prosequierung 842 ff.
- Schlichtungsverfahren 847
- Summarverfahren 926
- Voraussetzungen 841

Widerrufsvorbehalt 759 f.

Wiederherstellung 607 ff.
- Fristen 612
- Gründe 607 ff.
- Gutheissung 615
- Rechtsmittel 614

Willenserklärung, Vollstreckung 1208 ff.

Wohnraum-Mietverhältnisse, Schiedsgerichtsbarkeit 1241 ff.

Zeugnis 637 ff.

Zuständigkeit, *s.a. Örtliche Zuständigkeit; Sachliche Zuständigkeit*
- Binnenverhältnisse 175 ff.
- Handelsgericht 105 ff., 110 ff.
- identische Eingabe 240
- internationale 178 ff., 180 ff., 185
- kantonale 26 ff.
- mangelnde 232
- Mietgerichte 41 ff.
- Notfrist 236 ff.
- Prüfung durch Schlichtungsbehörde 235
- sachliche, im Mietrecht 194 ff.
- UR-Erteilung 460 ff.
- Vollstreckung 1181

Zustellfiktion 536 ff., 544 ff.

Zustellung
- im Ausland 522 ff., 528
- Form und Bestätigung 525 ff.
- durch öffentliche Publikation 527
- relative Zustelltheorie 540 ff.
- Urkunden 522
- an die Vertretung 523
- Zeitpunkt 524, 551
- Zustellfiktion 536 ff., 544 ff.

Zwischenentscheid 862
- Berufung 1052
- Beschwerde ans Bundesgericht 1144